Nagihan Musliu

Die Umsetzung eidgenössischer Volksinitiativen

Nagihan Musliu
Dr. iur.

Die Umsetzung eidgenössischer Volksinitiativen

DIKE

gefördert durch den SNF

FNSNF
SCHWEIZERISCHER NATIONALFONDS
ZUR FÖRDERUNG DER WISSENSCHAFTLICHEN FORSCHUNG

ZÜRCHER DISSERTATION 2019

Bibliografische Information der Deutschen Nationalbibliothek
Die Deutsche Nationalbibliothek verzeichnet diese Publikation in der Deutschen Nationalbibliografie; detaillierte bibliografische Daten sind im Internet über http://dnb.dnb.de abrufbar.

ISBN 978-3-03891-083-1

www.dike.ch

Vorwort

Die vorliegende Dissertation ist als Teil eines durch den Schweizerischen Nationalfonds (SNF) geförderten Forschungsprojektes entstanden und wurde im Oktober 2018 von der Rechtswissenschaftlichen Fakultät der Universität Zürich abgenommen. Gesetzgebung, Literatur und Rechtsprechung wurden bis im Juni 2018 berücksichtigt.

Mein herzlicher Dank gebührt zunächst meinem Doktorvater, Prof. Dr. Andreas Glaser, der mich stets wohlwollend gefördert und mit grossem Engagement bei der Ausarbeitung der Dissertation betreut hat. Als Assistentin am Zentrum für Demokratie Aarau (ZDA) habe ich eine lehrreiche und angenehme Assistenzzeit verbringen dürfen. Dank gebührt sodann Prof. Dr. Andreas Kley für die Zweitbegutachtung meiner Dissertation.

Ein besonderer Dank gilt meinen ehemaligen Kolleginnen und Kollegen am ZDA, insbesondere Dr. Corina Fuhrer und Dr. Nevin Bucher, für die bereichernden und ermutigenden Gespräche. Nicht zuletzt gilt mein Dank Liana Sala und Gabriel Steffen für die zuverlässige Mitarbeit an diesem Forschungsprojekt.

Grosser Dank gebührt sodann Thomas Riklin für die sorgfältige Korrektur dieser Arbeit und die hierdurch entstandenen anregenden Gespräche. Schliesslich danke ich meinem persönlichen Umfeld ganz herzlich für die gewährte Unterstützung. Allen voran gilt mein Dank meiner Mutter und meinen Geschwistern, auf deren bedingungslose Unterstützung ich stets zählen kann. Ihnen sei diese Arbeit gewidmet.

Zürich, im Mai 2019 Nagihan Musliu

Inhaltsübersicht

Vorwort ... V

Inhaltsverzeichnis ... IX

Abkürzungsverzeichnis ... XVII

Literaturverzeichnis ... XXV

Materialienverzeichnis ... XLVII

Quellenverzeichnis ... LIX

A. Einleitung ... 1

I. Ausgangslage ... 1

II. Forschungsfrage ... 3

III. Vorgehen ... 3

B. Grundlagen ... 5

I. Volksinitiative auf Teilrevision der Bundesverfassung ... 5

II. Die Auslegung des Verfassungsrechts ... 11

III. Die Typologie von Verfassungsbestimmungen und ihre Anwendbarkeit ... 26

IV. Der gesetzgeberische Handlungsspielraum bei der Umsetzung ... 33

C. Untersuchung einzelner angenommener Volksinitiativen ... 37

I. Die Verwahrungsinitiative ... 37

II. Die Ausschaffungsinitiative ... 76

III. Die Zweitwohnungsinitiative ... 119

IV. Die Abzockerinitiative ... 186

V. Die Masseneinwanderungsinitiative ... 255

D. Gesamtwürdigung ... 307

I. Die Umsetzung von Volksinitiativen im Spannungsfeld des Gewaltenteilungsprinzips ... 307

II. Die Umsetzung von Volksinitiativen im Spannungsfeld des rechtlichen «Dürfens» und «Könnens» 319

III. Fazit 333

E. Ausblick 337

Inhaltsverzeichnis

Abkürzungsverzeichnis XVII
Literaturverzeichnis XXV
Materialienverzeichnis XLVII
Quellenverzeichnis LIX

A. Einleitung 1
I. Ausgangslage 1
II. Forschungsfrage 3
III. Vorgehen 3

B. Grundlagen 5
I. Volksinitiative auf Teilrevision der Bundesverfassung 5
1. Ausgangslage 5
2. Erweiterung der materiellen Ungültigkeitsgründe 8
II. Die Auslegung des Verfassungsrechts 11
1. Der «Volkswille» als Ergebnis einer Auslegung 11
2. Methodenpluralismus 12
3. Grammatikalisches Element 14
4. Systematisches Element 16
5. Historisches Element 21
6. Zeitgemässes Element 23
7. Teleologisches Element 24
III. Die Typologie von Verfassungsbestimmungen und ihre Anwendbarkeit 26
1. Typologie 26
2. Direkte Anwendbarkeit 28
a) Normstufe und -dichte 28
b) Konditionale und finale Normen 30
3. Nicht direkte Anwendbarkeit 30

IV. Der gesetzgeberische Handlungsspielraum bei der Umsetzung 33
1. Umsetzungsspielraum des Parlaments 33
2. Umsetzungsspielraum des Bundesrates 34

C. Untersuchung einzelner angenommener Volksinitiativen 37

I. Die Verwahrungsinitiative 37
1. Ausgangslage 37
2. Abstimmung durch Volk und Stände 38
3. Typologie und Rechtsnatur 39
a) Normtyp 39
b) Direkte oder nicht direkte Anwendbarkeit 40
aa) Grundsatz der lebenslänglichen Verwahrung 40
bb) Aufhebung der lebenslänglichen Verwahrung und vorzeitige Entlassung 44
cc) Haftung der Behörden 45
dd) Anforderungen an Gutachten 45
ee) Einordnung 46
c) Ergebnis 49
4. Notwendigkeit und Ablauf der Umsetzungsgesetzgebung 50
5. Verfassungsmässigkeit der Ausführungsgesetzgebung 53
a) Die Voraussetzungen für die Anordnung der lebenslänglichen Verwahrung 53
aa) Deliktskatalog und besonders schwere Beeinträchtigung 53
bb) Extreme Gefährlichkeit und hohes Rückfallrisiko 56
cc) Nicht therapierbar 58
b) Die Überprüfung der lebenslänglichen Verwahrung 62
aa) Fachkommission in Zusammenarbeit mit der kantonalen Vollzugsbehörde 62
bb) Neue, wissenschaftliche Erkenntnisse über die Therapierbarkeit 65
c) Aufhebung der lebenslänglichen Verwahrung durch ein Gericht 67
d) Begutachtung durch zwei unabhängige Sachverständige 70
e) Haftung der Behörde 72
6. Ergebnis 73

II. Die Ausschaffungsinitiative ... 76
1. Ausgangslage ... 76
2. Abstimmung durch Volk und Stände ... 79
3. Typologie und Rechtsnatur ... 80
a) Normtyp ... 80
b) Direkte oder nicht direkte Anwendbarkeit ... 81
aa) Deliktskatalog ... 81
bb) Rechtsfolgen ... 86
cc) Einordnung ... 90
c) Ergebnis ... 94
4. Notwendigkeit und Ablauf der Umsetzungsgesetzgebung ... 101
5. Verfassungsmässigkeit der Ausführungsgesetzgebung ... 106
a) Die Voraussetzungen für die Aufenthaltsbeendigung ... 106
aa) Deliktskatalog ... 106
bb) Rechtskräftige Verurteilung ... 110
cc) Missbräuchliche Leistungen der Sozialversicherungen und der Sozialhilfe ... 111
b) Rechtsfolgen ... 112
aa) Obligatorische und fakultative Landesverweisung sowie Einreiseverbot ... 112
bb) Härtefallklausel ... 115
cc) Strafbarkeit illegaler Einreise ... 117
6. Ergebnis ... 117
III. Die Zweitwohnungsinitiative ... 119
1. Ausgangslage ... 119
2. Abstimmung durch Volk und Stände ... 120
3. Typologie und Rechtsnatur ... 121
a) Normtyp ... 121
b) Direkte oder nicht direkte Anwendbarkeit ... 122
aa) Zweitwohnungsbeschränkung ... 122
bb) Zeitlicher Geltungsbereich der Zweitwohnungsbeschränkung ... 127
cc) Gesetzgebungsauftrag ... 135
dd) Einordnung ... 136
c) Ergebnis ... 142

4. Verfassungsmässigkeit der Zweitwohnungsverordnung 143
   a) Ausgangslage 143
   b) Verfassungsgrundlage und Rechtsnatur 144
   c) Geltungsbereich der Zweitwohnungsverordnung 153
      aa) Räumlicher Geltungsbereich 153
      bb) Zeitlicher Geltungsbereich 155
      cc) Sachlicher Geltungsbereich 156
   d) Inhalt und Umfang der Zweitwohnungsverordnung 157
      aa) Umnutzung bestehender Wohnungen und von Hotelbetrieben 157
      bb) Neue Wohnungen 160
      cc) Sonderregelungen für Zweitwohnungen in landschaftsprägenden Bauten 162
      dd) Baubewilligungen gestützt auf projektbezogene Sondernutzungspläne 163
      ee) Nichtigkeit von erteilten Baubewilligungen 164
   e) Ergebnis 165
5. Notwendigkeit und Ablauf der Umsetzungsgesetzgebung 166
6. Verfassungsmässigkeit der Ausführungsgesetzgebung 169
   a) Zweitwohnungsbegriff 169
   b) Zweitwohnungsbeschränkung 172
   c) Erstellung neuer «warmer Betten» mit Nutzungsbeschränkung 174
      aa) Einliegerwohnungen 176
      bb) Touristisch bewirtschaftete Wohnungen 176
   d) Neue «kalte Betten» ohne Nutzungsbeschränkung 177
      aa) Neue «kalte Betten» für die Hotellerie 177
      bb) Neue «kalte Betten» in geschützten Bauten 180
   e) Altrechtliche Wohnungen 181
   f) Rechtsfolgen erteilter Baubewilligungen vor Inkrafttreten des ZWG 183
   g) Weitere Regelungen 184
7. Ergebnis 184

IV. Die Abzockerinitiative 186
1. Ausgangslage 186
2. Abstimmung durch Volk und Stände 188

3. Typologie und Rechtsnatur ... 189
a) Normtyp ... 189
b) Direkte oder nicht direkte Anwendbarkeit ... 191
aa) Anwendungsbereich ... 191
bb) Ingress Art. 95 Abs. 3 BV ... 191
cc) Entschädigungen ... 195
aaa) Vergütungen ... 195
bbb) Unzulässige Leistungen ... 197
ccc) Kredite, Darlehen und Renten ... 200
dd) Wahlen und Abstimmungen ... 201
aaa) Jährliche Wahl ... 201
bbb) Stimmrechtsvertretung ... 203
ccc) Elektronische Fernabstimmung ... 204
ddd) Abstimmung durch die Pensionskassen ... 205
ee) Delegation der Geschäftsführung ... 207
aaa) Delegation der Geschäftsführung ... 207
bbb) Regelung von VR-Mandaten und Arbeitsverträgen ... 207
ff) Strafbestimmung ... 208
aaa) Unerlaubte Ausrichtung von Vergütungen ... 209
bbb) Vereitelung von Mitwirkungsrechten der Aktionäre ... 210
ccc) Verletzung der Stimm- und Offenlegungspflicht der Vorsorgeeinrichtungen ... 211
ddd) Fehlende statutarische Regelungen ... 211
gg) Zwischenfazit ... 212
hh) Einordnung ... 213
c) Ergebnis ... 214
4. Verfassungsmässigkeit der Verordnung gegen übermässige Vergütungen bei börsenkotierten Aktiengesellschaften ... 214
a) Ausgangslage ... 214
b) Rechtsnatur der Verordnung ... 215
aa) Verhältnis zwischen der VegüV und dem Gesetzesrecht ... 218
bb) Verhältnis zwischen der VegüV und der Delegationsnorm ... 225
cc) Verhältnis zwischen der VegüV und dem übrigen Verfassungsrecht ... 226
dd) Zwischenfazit ... 227

c) Geltungsbereich ... 228
aa) Persönlicher und räumlicher Geltungsbereich ... 228
bb) Zeitlicher Geltungsbereich ... 231
d) Vorrang gegenüber widersprechenden Bestimmungen des OR ... 231
e) Inhalt und Umfang der VegüV ... 232
aa) Generalversammlung ... 232
bb) Verwaltungsrat ... 234
cc) Übertragung der Geschäftsführung ... 235
dd) Vergütungsausschuss ... 237
ee) Unabhängiger Stimmrechtsvertreter ... 242
aaa) Wahl und Amtsdauer ... 242
bbb) Erteilung von Vollmachten und Weisungen ... 243
ff) Statutenbestimmungen ... 244
aaa) Zwingend notwendiger Statuteninhalt ... 245
bbb) Bedingt notwendiger Statuteninhalt ... 246
gg) Vergütungsbericht ... 248
hh) Abstimmung der Generalversammlung über die Vergütungen ... 248
ii) Stimm- und Offenlegungspflicht der Vorsorgeeinrichtungen ... 249
jj) Strafbestimmung ... 250
5. Ergebnis ... 253
V. Die Masseneinwanderungsinitiative ... 255
1. Ausgangslage ... 255
2. Abstimmung durch Volk und Stände ... 255
3. Typologie und Rechtsnatur ... 256
a) Normtyp ... 256
b) Direkte oder nicht direkte Anwendbarkeit ... 258
aa) Grundsätzliche Zuwanderungssteuerung ... 258
bb) Die jährliche Zuwanderungsbegrenzung ... 261
aaa) Geltungsbereich und Steuerungsinstrumente ... 261
bbb) Höchstzahlen und Kontingente für ausländische Erwerbstätige ... 266
cc) Verbot neuer widersprechender völkerrechtlicher Verträge ... 271
dd) Gesetzgebungsauftrag ... 273

ee) Anpassung widersprechender völkerrechtlicher Verträge ... 273
ff) Subsidiäre Verordnungskompetenz des Bundesrates nach drei Jahren ... 277
gg) Einordnung ... 282
aaa) Harmonisierende Auslegung ... 282
bbb) Kollision zwischen Bundesverfassung und Völkerrecht ... 285
c) Ergebnis ... 292
4. Notwendigkeit und Ablauf der Umsetzungsgesetzgebung ... 293
5. Verfassungsmässigkeit der Ausführungsgesetzgebung ... 296
a) Zulassung zum Aufenthalt mit Erwerbstätigkeit ... 296
b) Inländische Arbeitnehmer ... 297
c) Massnahmen für stellensuchende Personen ... 298
d) Stellensuche ... 302
e) Erlöschen und Widerruf der Bewilligungen und Erlöschen des Aufenthaltsrechts ... 303
6. Ergebnis ... 305

D. Gesamtwürdigung ... 307
I. Die Umsetzung von Volksinitiativen im Spannungsfeld des Gewaltenteilungsprinzips ... 307
1. Kompetenzverschiebung bei der Verfassungskonkretisierung ... 307
2. Beurteilung der direkten Anwendbarkeit durch den Bundesrat ... 311
3. Beurteilung der direkten Anwendbarkeit durch die Bundesversammlung ... 313
4. Beurteilung der direkten Anwendbarkeit durch das Bundesgericht ... 314
II. Die Umsetzung von Volksinitiativen im Spannungsfeld des rechtlichen «Dürfens» und «Könnens» ... 319
1. Die Doppelfunktion der Bundesversammlung bei der Umsetzung von Volksinitiativen ... 319
2. Der Bundesrat als «Ersatzgesetzgeber» ... 322
a) Kompetenzverschiebung bei der Gesetzgebung und Umsetzungsspielraum ... 322
b) Verhältnis zwischen Verordnung und Delegationsnorm ... 325

c) Verhältnis zwischen der Verordnung und dem übrigen Verfassungsrecht 327
d) Verhältnis zwischen Verordnung und Gesetzesrecht 328
e) Verhältnis zwischen Verordnung und Völkerrecht 330
III. Fazit 333
E. Ausblick 337

Abkürzungsverzeichnis

AB	Amtliches Bulletin der Bundesversammlung
Abs.	Absatz
aBV	Bundesverfassung der Schweizerischen Eidgenossenschaft vom 19. Mai 1874 (in Kraft bis 31. Dezember 1999)
AHVG	Bundesgesetz über die Alters- und Hinterlassenenversicherung vom 20. Dezember 1946 (SR 831.10)
AISUF	Arbeiten aus dem Iuristischen Seminar der Universität Freiburg Schweiz
AJP/PJA	Aktuelle Juristische Praxis
a.M.	anderer Meinung
ANAG	Bundesgesetz über Aufenthalt und Niederlassung der Ausländer vom 26. März 1931 (in Kraft bis 31. Dezember 2007)
Anwaltsrevue	Das Praxismagazin des schweizerischen Anwaltsverbandes
ARE	Bundesamt für Raumentwicklung
Art.	Artikel
AS	Amtliche Sammlung des Bundesrechts
ASR	Abhandlungen zum Schweizerischen Recht
Asyl	Schweizerische Zeitschrift für Asylrecht und -praxis
AsylG	Asylgesetz vom 26. Juni 1998 (SR 142.31)
AT	Allgemeiner Teil
Aufl.	Auflage
AuG	Bundesgesetz über die Ausländerinnen und Ausländer vom 16. Dezember 2005 (Ausländergesetz, SR 142.20)
AVV	Verordnung über die Arbeitsvermittlung und den Personalverleih vom 16. Januar 1991 (Arbeitsvermittlungsverordnung, SR 823.111)
BBl	Bundesblatt der Schweizerischen Eidgenossenschaft
Bd.	Band
BE	Bern

BEHG	Bundesgesetz über die Börsen und den Effektenhandel vom 24. März 1995 (Börsengesetz, SR 954.1)
BetmG	Bundesgesetz über die Betäubungsmittel und die psychotropen Stoffe vom 3. Oktober 1951 (Betäubungsmittelgesetz, SR 812.121)
BewG	Bundesgesetz über den Erwerb von Grundstücken durch Personen im Ausland vom 16. Dezember 1983 (SR 211.412.41)
BewV	Verordnung über den Erwerb von Grundstücken durch Personen im Ausland vom 1. Oktober 1984 (SR 211.412.411)
BGE	Entscheidungen des Schweizerischen Bundesgerichts
BGer	Bundesgericht
BJ	Bundesamt für Justiz
BK	Bundeskanzlei
BK ZGB	Berner Kommentar zum Zivilgesetzbuch
BPR	Bundesgesetz über die politischen Rechte vom 17. Dezember 1976 (SR 161.1)
BR	Bundesrat
BR/DC	Beiträge aus dem Institut für Schweizerisches und internationales Baurecht, Universität Freiburg Schweiz
BRT	Schweizerische Baurechtstagung
BSK BV	Basler Kommentar zur Bundesverfassung
BSK StGB	Basler Kommentar zum Strafgesetzbuch
Bsp.	Beispiel
bspw.	beispielsweise
BSzR	Basler Studien zur Rechtswissenschaft
BV	Bundesverfassung der Schweizerischen Eidgenossenschaft vom 18. April 1999 (SR 101)
BVG	Bundesgesetz über die Alters-, Hinterlassenen- und Invalidenvorsorge vom 25. Juni 1982 (SR 831.40)
BVGer	Bundesverwaltungsgericht
bzw.	beziehungsweise
CHF	Schweizer Franken
Comm.	commentaire (französisch für Kommentar)

Cst.	Constitution fédérale (=Bundesverfassung)
d.h.	das heisst
Diss.	Dissertation
DV	Direktion für Völkerrecht
E.	Erwägung
E-AuG	Entwurf des Bundesrates zum Ausländergesetz
E-AVV	Entwurf des Bundesrates zur Verordnung über die Arbeitsvermittlung und den Personalverleih
EB	erläuternder Bericht
E-BV	Entwurf des Bundesrates zur Bundesverfassung
EFTA	Europäische Freihandelsassoziation
EGMR	Europäischer Gerichtshof für Menschenrechte
EHRA	Eidgenössisches Amt für das Handelsregister
EJPD	Eidgenössisches Justiz- und Polizeidepartement
EMRK	Konvention zum Schutze der Menschenrechte und Grundfreiheiten vom 4. November 1950 (für die Schweiz in Kraft getreten am 28. November 1974, SR 0.101)
E-OR	Entwurf des Bundesrates zum Obligationenrecht
E-StGB	Entwurf des Bundesrates zum Schweizerischen Strafgesetzbuch
et al.	et alii (lateinisch für «und weitere»)
EU	Europäische Union
E-VgdA	Vorentwurf zur Verordnung gegen die Abzockerei vom 22. November 2013
f., ff.	folgende, fortfolgende
FDP	Freisinnig-Demokratische Partei
FK	Abkommen über die Rechtsstellung der Flüchtlinge vom 28. Juli 1951 (für die Schweiz in Kraft getreten am 21. April 1955, SR 0.142.30)
Fn.	Fussnote
forumpoenale	Zeitschrift forumpoenale
FZA	Abkommen zwischen der Schweizerischen Eidgenossenschaft einerseits und der Europäischen Gemeinschaft und ihren Mitgliedstaaten andererseits über die Freizü-

	gigkeit vom 21. Juni 1999 (für die Schweiz in Kraft getreten am 1. Juni 2002, SR 0.142.112.681)
FZG	Bundesgesetz über die Freizügigkeit in der beruflichen Alters-, Hinterlassenen- und Invalidenvorsorge vom 17. Dezember 1993 (Freizügigkeitsgesetz, SR 831.42)
GesKR	Zeitschrift für Gesellschafts- und Kapitalmarktrecht
gl.M.	gleicher Meinung
GR	Graubünden
GV	Generalversammlung
Habil.	Habilitation
HK	Handkommentar
HRegV	Handelsregisterverordnung vom 17. Oktober 2007 (SR 221.411)
Hrsg.	Herausgeber
hrsg.	herausgegeben
HSG	Universität St. Gallen
i.d.S.	in diesem Sinn
INR	Institut für Notariatsrecht und Notarielle Praxis (Bern)
insb.	insbesondere
IRP	Institut für Rechtswissenschaft und Rechtspraxis (HSG)
i.S.	in Sachen
i.S.v.	im Sinne von
ius.full	Forum für juristische Bildung
i.V.m.	in Verbindung mit
JDC	Journées suisses du droit de la construction
Komm.	Kommentar
Komm. BV	Kommentar zur Bundesverfassung
krit.	kritisch
KRK	Übereinkommen über die Rechte des Kindes vom 20. November 1989 (für die Schweiz in Kraft getreten am 26. März 1997, SR 0.107)
LeGes	Zeitschrift für Gesetzgebung & Evaluation
lit.	litera
MEI	Masseneinwanderungsinitiative

Mio.	Million(en)
MStG	Militärstrafgesetz vom 13. Juni 1927 (SR 321.0)
m.w.H.	mit weiteren Hinweisen
MWST	Mehrwertsteuer
N	Randnote
nAuG	neuer Artikel des revidierten Ausländergesetzes (noch nicht in Kraft getreten)
nBV	Entwurf der Initianten für einen neuen Artikel der Bundesverfassung
NK	Neue Kriminalpolitik. Forum für Kriminalwissenschaften, Recht und Praxis
NLZ	Neue Luzerner Zeitung
Not@lex	Revue de droit privé et fiscal du patrimoine
NR	Nationalrat
Nr.	Nummer
NZZ	Neue Zürcher Zeitung
NZZaS	Neue Zürcher Zeitung am Sonntag
OHG	Bundesgesetz über die Hilfe an Opfer von Straftaten vom 23. März 2007 (Opferhilfegesetz, SR 312.5)
OR	Bundesgesetz betreffend die Ergänzung des Schweizerischen Zivilgesetzbuches (Fünfter Teil: Obligationenrecht) vom 30. März 1911 (SR 220)
ParlG	Bundesgesetz über die Bundesversammlung vom 13. Dezember 2002 (Parlamentsgesetz, SR 171.10)
passim	lateinisch für «zerstreut, überall»
PK	Praxiskommentar
plädoyer	Magazin für Recht und Politik
PublG	Bundesgesetz über die Sammlungen des Bundesrechts und das Bundesblatt vom 18. Juni 2004 (SR 170.512)
RAV	Amt für Wirtschaft und Arbeit
RDAF	Revue de droit administratif
recht	Zeitschrift für juristische Ausbildung und Praxis
resp.	respektive
RHG	Bundesgesetz über die Harmonisierung der Einwohnerregister und anderer amtlicher

	Personenregister vom 23. Juni 2006 (Registerharmonisierungsgesetz, SR 431.02)
RK-N	Kommission für Rechtsfragen des Nationalrates
RK-S	Kommission für Rechtsfragen des Ständerates
RPG	Bundesgesetz über die Raumplanung vom 22. Juni 1979 (Raumplanungsgesetz, SR 700)
RPV	Raumplanungsverordnung vom 28. Juni 2000 (SR 700.1)
RVOG	Regierungs- und Verwaltungsorganisationsgesetz vom 21. März 1997 (SR 172.010)
Rz.	Randziffer(n)
S.	Seite(n)
s.	siehe
s.a.	siehe auch
SDA	Schweizerische Depeschenagentur AG
SDF	Schriften zur Demokratieforschung
SECO	Staatssekretariat für Wirtschaft
SEM	Staatssekretariat für Migration
SG	St. Galler Kommentar zur Bundesverfassung
SGRW	St. Galler Schriften zur Rechtswissenschaft
SHK	Stämpflis Handkommentar
SJ	La Semaine judiciaire
SJZ	Schweizerische Juristen-Zeitung
sog.	sogenannt(e)
SÖR	Schriften zum Öffentlichen Recht
SPK-N	Staatspolitische Kommission des Nationalrates
SPK-S	Staatspolitische Kommission des Ständerates
SR	Systematische Sammlung des Bundesrechts
SR	Ständerat
S & R	Zeitschrift Sicherheit & Recht
SSHW	Schweizer Schriften zum Handels- und Wirtschaftsrecht
ST	Der Schweizer Treuhänder
StGB	Schweizerisches Strafgesetzbuch vom 21. Dezember 1937 (Strafgesetzbuch, SR 311.0)

SVP	Schweizerische Volkspartei
SZIER	Schweizerische Zeitschrift für internationales und europäisches Recht
SZK	Schweizerische Zeitschrift für Kriminologie
SZW/RSDA	Schweizerische Zeitschrift für Wirtschafts- und Finanzmarktrecht
u.	und
u.a.	unter anderem
UN-Folterkonvention	Übereinkommen gegen Folter und andere grausame, unmenschliche oder erniedrigende Behandlung oder Strafe vom 10. Dezember 1984 (für die Schweiz in Kraft getreten am 26. Juni 1987, SR 0.105)
UNO-Pakt II	Internationaler Pakt über bürgerliche und politische Rechte vom 16. Dezember 1966 (für die Schweiz in Kraft getreten am 18. September 1992, SR 0.103.2)
UREK-N	Kommission für Umwelt, Raumplanung und Energie des Nationalrates
UREK-S	Kommission für Umwelt, Raumplanung und Energie des Ständerates
usw.	und so weiter
UVEK	Eidgenössisches Departement für Umwelt, Verkehr, Energie und Kommunikation
v.a	vor allem
VegüV	Verordnung gegen übermässige Vergütungen bei börsenkotierten Aktiengesellschaften vom 20. November 2013 (SR 221.331)
VGer	Verwaltungsgericht
vgl.	vergleiche
Vol.	volume (französisch für Band)
VPB	Verwaltungspraxis der Bundesbehörden
VRK	Wiener Übereinkommen über das Recht der Verträge vom 23. Mai 1969 (für die Schweiz in Kraft getreten am 6. Juni 1990, SR 0.111)
VZAE	Verordnung über Zulassung, Aufenthalt und Erwerbstätigkeit vom 24. Oktober 2007 (SR 142.201)

WAK-S	Kommission für Wirtschaft und Abgaben des Ständerates
WEG	Wohnbau- und Eigentumsförderungsgesetz vom 4. Oktober 1974 (SR 843)
ZaöRV	Zeitschrift für ausländisches öffentliches Recht und Völkerrecht
z.B.	zum Beispiel
ZBGR/RNRF	Schweizerische Zeitschrift für Beurkundungs- und Grundbuchrecht
ZBJV	Zeitschrift des bernischen Juristenvereins
ZBl	Schweizerisches Zentralblatt für Staats- und Verwaltungsrecht
ZfR	Zentrum für Rechtsetzungslehre
ZGB	Schweizerisches Zivilgesetzbuch vom 10. Dezember 1907 (Zivilgesetzbuch, SR 210)
ZGRG	Zeitschrift für Gesetzgebung und Rechtsprechung in Graubünden
Ziff.	Ziffer(n)
zit.	zitiert
ZöR	Zeitschrift für öffentliches Recht
ZSR/RDS	Zeitschrift für Schweizerisches Recht
ZStöR	Zürcher Studien zum öffentlichen Recht
ZStP	Zürcher Studien zum Privatrecht
ZStrR/RPS	Schweizerische Zeitschrift für Strafrecht
ZWG	Bundesgesetz über Zweitwohnungen (Zweitwohnungsgesetz, SR 702)
ZWI	Zweitwohnungsinitiative
ZWV	Zweitwohnungsverordnung vom 4. Dezember 2015 (SR 702.1)
ZwVo	Verordnung über Zweitwohnungen vom 22. August 2012 (in Kraft bis 31. Dezember 2015)

Literaturverzeichnis

ACHERMANN ALBERTO, Der Vorrang des Völkerrechts im schweizerischen Recht, in: Cottier Thomas/Achermann Alberto/Wüger Daniel/Zellweger Valentin (Hrsg.), Der Staatsvertrag im schweizerischen Verfassungsrecht, Bern 2001, S. 33 ff.

ALIG JONAS, Das Zweitwohnungsgesetz, ZBl 117 (2016), S. 227 ff. (zit. ALIG, ZBl 2016)

ALIG JONAS, Der Wohnungsbegriff des Zweitwohnungsgesetzes (ZWG), Jusletter vom 30. Mai 2016 (zit. ALIG, Jusletter 30. Mai 2016)

ALIG JONAS, Das Zweitwohnungsgesetz, Jusletter vom 1. Dezember 2014 (zit. ALIG, Jusletter 1. Dezember 2014)

ALIG JONAS/GRIFFEL ALAIN, Zweitwohnungsinitiative: Bestehende Erstwohnungen, UBS Real Estate Focus 2015, S. 23 ff.

AMSTUTZ MAX DENIS, Macht und Ohnmacht des Aktionärs. Möglichkeiten und Grenzen der Corporate Governance bei der Wahrung der Aktionärsinteressen, Zürich 2007 = NZZ Libro

ANASTASI LORENZO/CANONICA FLAVIO/MOLO GIOVANNI, Riflessioni sulla limitazione delle residenze secondarie. Dalla Costituzione al progetto di ordinanza, Jusletter vom 2. Juli 2012

AUBERT JEAN-FRANÇOIS, Bundesstaatsrecht der Schweiz, Bd. I, II, Basel 1991

AUBERT JEAN-FRANÇOIS/MAHON PASCAL, Petit commentaire de la Constitution fédérale de la Confédération suisse du 18 avril 1999, Zürich/Basel/Genf 2003 (zit. BEARBEITER, Comm., Art. … N …)

AUBERT JEAN-FRANÇOIS/EICHENBERGER KURT/MÜLLER JÖRG PAUL/RHINOW RENÉ/SCHINDLER DIETRICH, Kommentar zur Bundesverfassung der Schweizerischen Eidgenossenschaft vom 29. Mai 1874 (Loseblattsammlung ab 1987, Stand 1996), Basel 1987–1996 (zit. BEARBEITER, in: Aubert et al., Komm. BV 1874, Art. … N …)

AUER ANDREAS, Ungereimtes im schweizerischen Verfassungsrecht/Incongruités constitutionnelles helvétiques, ZSR 132 (2013) I, S. 419 ff. (zit. AUER, ZSR 2013)

AUER ANDREAS, Direktdemokratie hat Grenzen, NZZ Nr. 62 vom 15. März 2013, S. 23 (zit. AUER, NZZ vom 15. März 2013)

AUER ANDREAS, Direkte Demokratie und Rechtsstaat, in: Biaggini Giovanni/Müller Georg/Müller Jörg Paul/Uhlmann Felix (Hrsg.), Demokratie – Regierungsreform – Verfassungsfortbildung. Symposium für René Rhinow zum 65. Geburtstag, Basel 2009, S. 31 ff. (zit. AUER, Symposium)

AUER ANDREAS, Die schweizerische Verfassungsgerichtsbarkeit, Basel 1984 (zit. AUER, Verfassungsgerichtsbarkeit)

AUER ANDREAS/TORNAY BÉNÉDIQTE, Aux limites de la souveraineté du constituant: l'initiative «Pour des naturalisations démocratiques», AJP 6 (2007), S. 740 ff.

AUER ANDREAS/MALINVERNI GIORGIO/HOTTELIER MICHEL, Droit constitutionnel suisse, Bd. I, 3. Aufl., Bern 2013

BAUMANN ROBERT, Die Tragweite der Schubert-Praxis, AJP 8 (2010), S. 1009 ff. (zit. BAUMANN, AJP 2010)

BAUMANN ROBERT, Die Umsetzung völkerrechtswidriger Volksinitiativen, ZBl 111 (2010), S. 241 ff. (zit. BAUMANN, ZBl 2010)

BAUMANN ROBERT, Völkerrechtliche Schranken der Verfassungsrevision, ZBl 108 (2007), S. 181 ff. (zit. BAUMANN, ZBl 2007)

BAUMANN ROBERT, Der Einfluss des Völkerrechts auf die Gewaltenteilung: am Beispiel Deutschlands, Frankreichs, des Vereinigten Königreichs, der Vereinigten Staaten von Amerika, Schwedens und der Schweiz, Diss. Zürich, Zürich 2002 = ZStöR 152 (zit. BAUMANN, Einfluss)

BELSER EVA MARIA, Das Bundesgericht nimmt das Ruder in die Hand, NZZ Nr. 35 vom 12. Februar 2013, S. 19

BÉNOÎT ANNE, Vers une hiérarchie des normes internationales en droit interne suisse?, ZSR 128 (2009) I, S. 453 ff.

BIAGGINI GIOVANNI, Bundesverfassung der Schweizerischen Eidgenossenschaft, Kommentar, 2. Aufl., Zürich 2017 (zit. BIAGGINI, Komm. BV, Art. … N …)

BIAGGINI GIOVANNI, Problematische Seiten der unmittelbaren Anwendbarkeit von Verfassungsnormen, ZBl 118 (2017), S. 581 f. (zit. BIAGGINI, ZBl 2017)

BIAGGINI GIOVANNI, Zur Umsetzung von Art. 121a BV durch die Bundesversammlung: Wo liegt und welcher Art ist das Problem (verfassungsrechtlich gesehen)?, ZBl 117 (2016), S. 588 ff. (zit. BIAGGINI, ZBl 2016)

BIAGGINI GIOVANNI, Über die Auslegung der Bundesverfassung und ihr Verhältnis zur EMRK. Bemerkungen aus Anlass des denkwürdigen, aber nicht durchweg überzeugenden Urteils des Bundesgerichts 2C_828/2011 (=BGE 139 I 16) vom 12. Oktober 2012 i.S. X. betreffend die Tragweite der sog. Ausschaffungsinitiative, (Art. 121 Abs. 3–6 BV), ZBl 114 (2013), S. 316 ff. (zit. BIAGGINI, ZBl 2013)

BIAGGINI GIOVANNI, Die schweizerische direkte Demokratie und das Völkerrecht – Gedanken aus Anlass der Volksabstimmung über die Volksinitiative «Gegen den Bau von Minaretten», ZöR 3 (2010), S. 325 ff. (zit. BIAGGINI, ZöR 2010)

BIAGGINI GIOVANNI, Verfahren und Methoden der Verfassungsfortbildung, in: Biaggini Giovanni/Müller Georg/Müller Jörg Paul/Uhlmann Felix (Hrsg.),

Demokratie – Regierungsreform – Verfassungsfortbildung. Symposium für René Rhinow zum 65. Geburtstag, Basel 2009, S. 125 ff. (zit. BIAGGINI, Symposium)

BIAGGINI GIOVANNI, Verfassung und Richterrecht. Verfassungsrechtliche Grenzen der Rechtsfortbildung im Wege der bundesgerichtlichen Rechtsprechung, Diss. Basel 1989, Basel 1991 = BSzR 31, Reihe B (zit. BIAGGINI, Richterrecht)

BIAGGINI GIOVANNI/GÄCHTER THOMAS/KIENER REGINA (Hrsg.), Staatsrecht, 2. Aufl., Zürich/St. Gallen 2015 (zit. BEARBEITER, in: Biaggini et al.)

BIANCHI FRANÇOIS, La loi sur les résidences secondaires: une première approche, RNRF 96 (2015), S. 293 ff. (zit. BIANCHI, RNRF 2015)

BIANCHI FRANÇOIS, La Lex Weber et les immeubles existants, RDAF 2013 I, S. 1 ff. (zit. BIANCHI, RDAF 2013)

BIANCHI FRANÇOIS/GROS SARAH, Arrêt du Tribunal fédéral sur l'application directe de l'article 75b Cst. (Lex Weber), Not@Lex 1 (2014), S. 41 ff.

BLECKMANN ALBERT, Begriff und Kriterien der innerstaatlichen Anwendbarkeit völkerrechtlicher Verträge. Versuch einer allgemeinen Theorie des self-executing treaty auf rechtsvergleichender Grundlage, Berlin 1970 = SÖR 123

BLOCHER CHRISTOPH, Wir sitzen im gleichen Boot, NZZ Nr. 54 vom 6. März 2013, S. 23

BLUM NINA/NAEGELI VERA/PETERS ANNE, Die verfassungsmässigen Beteiligungsrechte der Bundesversammlung und des Stimmvolkes an der Kündigung völkerrechtlicher Verträge, ZBl 114 (2013), S. 527 ff.

BÖCKLI PETER, Aktionärsdemokratie: ein Schlagwort mit Schlagseite. Nüchterne Vorschläge für eine verbesserte Aktionärsmitwirkung, GesKR 2 (2013), S. 179 ff. (zit. BÖCKLI, GesKR 2013)

BÖCKLI PETER, Zum neuen Schweizer Vergütungsrecht. Entlöhnung der Unternehmensspitze zwischen Lohndirigismus, Populismus und Aktienrecht, in: Grundmann Stefan/Haar Brigitte/Merkt Hanno et al. (Hrsg.), Unternehmen, Markt und Verantwortung. Festschrift für Klaus J. Hopt zum 70. Geburtstag am 24. August 2010, Bd. II, Berlin/New York 2010, S. 3003 ff. (zit. BÖCKLI, in: Grundmann et al.)

BÖCKLI PETER, Schweizer Aktienrecht, 4. Aufl., Zürich/Basel/Genf 2009 (zit. BÖCKLI, Aktienrecht)

BÖCKLI PETER, Doktor Eisenbart als Gesetzgeber? Die Initiative «Minder» und der Gegenvorschlag des Bundesrates zu den Vergütungen an Verwaltungsrat und Geschäftsleitung, in: Trigo Trindade Rita/Peter Henry/Bovet Christian (Hrsg.), Economie, environnement, éthique. De la responsabilité sociale et sociétale. Liber Amicorum Anne Petitpierre-Sauvain, Zürich/Basel/Genf 2009, S. 29 ff. (zit. BÖCKLI, in: Trigo et al.)

BOILLET VÉRONIQUE/LAMMERS GUILLAUME, La mise en œuvre des initiatives populaires fédérales, ZBl 117 (2016), S. 511 ff.

BRAND PATRIC/WYSS KARL-MARC/ZYSSET PASCAL, Nulla Minder-poena sine lege, Jusletter vom 27. Mai 2013

BRANDT ERIC, Résidences secondaires: premières jurisprudences cantonales, plädoyer 6 (2012), S. 38 ff.

BRUNNER HANS, Die Überprüfung der Rechtsverordnungen des Bundes auf ihre Verfassungs- und Gesetzmässigkeit, Diss. Bern, Bern 1953 = ASR 306

BÜHLER CHRISTOPH B., Vergütungsrecht «ad interim»: Übergangsfristen und Sofortmassnahmen. Übergangsrechtliche Überlegungen zur Umsetzung der Verfassungsgrundsätze «gegen die Abzockerei», ST 5 (2013), S. 332 ff. (zit. BÜHLER, ST 2013)

BÜHLER CHRISTOPH B., Showdown in der Vergütungsfrage: Volksinitiative «gegen die Abzockerei» oder indirekter Gegenentwurf des Parlaments, GesKR Online-Beitrag 1 (2012), S. 1 ff. (zit. BÜHLER, GesKR 2012)

BÜHLER CHRISTOPH B., Vergütungen an Verwaltungsrat und Geschäftsleitung: Volksinitiative «gegen die Abzockerei» und Gegenentwürfe, in: Watter Rolf (Hrsg.), Die «grosse» Schweizer Aktienrechtsrevision. Eine Standortbestimmung per Ende 2010, Zürich/St. Gallen 2010, S. 247 ff. (zit. BÜHLER, in: Watter)

BÜHLMANN MARC, Reformbedarf in der direkten Demokratie? Elitistische Einsprüche, partizipatorische Ansprüche und prozedurale Gelassenheit, LeGes 3 (2015), S. 571 ff.

BYDLINSKI FRANZ, Juristische Methodenlehre und Rechtsbegriff, 2. Aufl., Wien/New York 1991

CARONI MARTINA/GÄCHTER THOMAS/THURNHERR DANIELA (Hrsg.), Bundesgesetz über die Ausländerinnen und Ausländer (AuG), Stämpflis Handkommentar, Bern 2010 (zit. SHK AuG-BEARBEITER, Art. … N …)

CHAABAN ANITA, Von der eigenen Betroffenheit zur Volksinitiative – der Weg der Verwahrungsinitiative, LeGes 15 (2004), S. 103 f.

DAENIKER DANIEL/PESTALOZZI ULRICH, Gibt es «faire» Managersaläre?, Rechtliche und wirtschaftsethische Betrachtungen zu einem umstrittenen Thema, SJZ 108 (2012), S. 393 ff.

DELLEY JEAN-DANIEL, L'initiative populaire en Suisse. Mythe et réalité de la démocratie directe, Lausanne 1978

DETTWILER EMANUEL, Der Entwurf des Zweitwohnungsgesetzes. Die Ausnahme als Regel, SJZ 110 (2014), S. 341 ff. (zit. DETTWILER, SJZ 2014)

DETTWILER EMANUEL, Die Zweitwohnungsverordnung. Eine Übersicht mit ausgewählten Schwerpunkten, SJZ 109 (2013), S. 89 ff. (zit. DETTWILER, SJZ 2013)

DIGGELMANN OLIVER, Das Parlament als Hüter der Verfassung, NZZ Nr. 122 vom 28. Mai 2014, S. 23

DUBEY JACQUES, Droits fondamentaux, Notion, garantie, restriction et juridiction, Vol. I, Basel 2018 (zit. DUBEY, Droits fondamentaux)

DUBEY JACQUES, La Suisse, son territoire, sa démocratie et son fédéralisme. Le point sur les résidences secondaires et la révision de la LAT, JDC 2013, S. 93 ff. (zit. DUBEY, JDC 2013)

EBNER GERHARD/DITTMANN VOLKER/STEINER-KÖNIG URSULA/KURT HANS, Verwahrung gefährlicher Straftäter: Kluft zwischen politischen Forderungen und medizinisch-wissenschaftlicher Machbarkeit, SZK 2 (2005), S. 71 f. (zit. EBNER et al.)

EHRENZELLER BERNHARD, Eine Frage der Glaubwürdigkeit, NZZ vom 13. September 2016 (zit. EHRENZELLER, NZZ vom 13. September 2016)

EHRENZELLER BERNHARD, Gutachten zuhanden von economiesuisse betreffend die Eidgenössische Volksinitiative «für die Stärkung der Volksrechte in der Aussenpolitik (Staatsverträge vors Volk!)», 20. April 2012 (zit. EHRENZELLER, Gutachten)

EHRENZELLER BERNHARD, Garantie von Rechtsstaat und öffentlichem Diskurs – Das Verfahren der allgemeinen Anregung bei völkerrechtswidrigen Initiativen als Ausweg, NZZ Nr. 215 vom 16. September 2010, S. 11 (zit. EHRENZELLER, NZZ vom 16. September 2010)

EHRENZELLER BERNHARD/SCHINDLER BENJAMIN/SCHWEIZER RAINER J./VALLENDER KLAUS A. (Hrsg.), Die schweizerische Bundesverfassung, Kommentar, Bd. I, II, 3. Aufl., Zürich/St. Gallen 2014 (zit. SG Kommentar BV-BEARBEITER, Art. ... N ...)

EHRENZELLER BERNHARD/MASTRONARDI PHILIPPE/SCHWEIZER RAINER J./VALLENDER KLAUS A. (Hrsg.), Die Schweizerische Bundesverfassung, Kommentar, Bd. I, II, 2. Aufl., Zürich/St. Gallen 2008 (zit. SG Kommentar BV-BEARBEITER (2008), Art. ... N ...)

EHRENZELLER BERNHARD/MASTRONARDI PHILIPPE/SCHWEIZER RAINER J./VALLENDER KLAUS A. (Hrsg.), Die Schweizerische Bundesverfassung, Kommentar, Bd. II, Zürich/St. Gallen 2002 (zit. SG Kommentar BV-BEARBEITER (2002), Art. ... N ...)

EICHENBERGER STEFAN, Entschädigungsausschüsse im Schweizer Aktienrecht. Unter Einbezug der Situation in der Europäischen Union, Deutschland, Grossbritannien und den USA, Diss. Zürich, Zürich 2011

EPINEY ASTRID, Unterzeichnung, Genehmigung und Ratifizierung des Kroatien-Protokolls zum FZA. Eine rechtliche oder eine politische Frage?, Jusletter vom 13. Juni 2016 (zit. EPINEY, Jusletter 13. Juni 2016)

EPINEY ASTRID, Auslegung und Verhältnis des Freizügigkeitsabkommens zum nationalen Recht. Zum Urteil des Bundesgerichts 2C_716/2014 vom

26. November 2015, Jusletter vom 14. März 2016 (zit. EPINEY, Jusletter 14. März 2016)

EPINEY ASTRID, Zur (teilweisen) «Unmöglichkeit» der Umsetzung von auf Volksinitiativen beruhenden Verfassungsbestimmungen am Beispiel der Art. 121a, 197 Ziff. 11 BV, Jusletter vom 10. August 2015 (zit. EPINEY, Jusletter 10. August 2015)

EPINEY ASTRID, Zur Auslegung von Art. 121a Abs. 4 BV im Zusammenhang mit dem möglichen Abschluss des Kroatien-Protokolls zum FZA, Jusletter vom 15. Juni 2015 (zit. EPINEY, Jusletter 15. Juni 2015)

EPINEY ASTRID, Zur Rolle des Bundesgerichts bei der Verfassungsauslegung. Gedanken zu BGE 139 I 16, Jusletter vom 6. Oktober 2014 (zit. EPINEY, Jusletter 6. Oktober 2014)

EPINEY ASTRID, Zur rechtlichen Tragweite der Art. 121a, Art. 197 Ziff. 9 BV, Jusletter vom 2. Juni 2014 (zit. EPINEY, Jusletter 2. Juni 2014)

EPINEY ASTRID, Zum Verhältnis von Völkerrecht und Landesrecht: Eine politische oder eine rechtliche Frage? Ein Beitrag zur aktuellen Diskussion um den Vorrang des Völkerrechts und die Bindungswirkung der Urteile des Europäischen Gerichtshofes für Menschenrechte, Jusletter vom 16. Dezember 2013 (zit. EPINEY, Jusletter 16. Dezember 2013)

EPINEY ASTRID, Das Verhältnis von Völkerrecht und Landesrecht aus Sicht des Bundesgerichts. Anmerkung zum BGE 2C_828/2011 vom 12. Oktober 2012, Jusletter vom 18. März 2013 (zit. EPINEY, Jusletter 18. März 2013)

EPINEY ASTRID, Ausschaffungsinitiative und Freizügigkeitsabkommen, ZGRG 1 (2010), S. 3 ff. (zit. EPINEY, ZGRG 2010)

EPINEY ASTRID, Das Primat des Völkerrechts als Bestandteil des Rechtsstaatsprinzips, ZBl 95 (1994), S. 537 ff. (zit. EPINEY, ZBl 1994)

EQUEY DAVID, Résidences secondaires: de l'Initiative «Weber» à l'législation et à la réglementation d'application, Jusletter vom 8. Februar 2016

FLEINER FRITZ/GIACOMETTI ZACCARIA, Schweizerisches Bundesstaatsrecht, Zürich 1949

FONTANA KATHARINA, Der Volkswille spielt keine Rolle – Das Freizügigkeitsabkommen geht der Zuwanderungsinitiative vor, NZZ Nr. 24 vom 30. Januar 2016, S. 18

FORSTER MARC, Lebenslange Verwahrung: zur grundrechtskonformen Auslegung von Art. 123a BV, AJP 4 (2004), S. 418 ff.

FORSTMOSER PETER, «Say – on – Pay»: Die Volksinitiative «gegen die Abzockerei» und der Gegenvorschlag des Parlaments, SJZ 108 (2012), S. 337 ff. (zit. FORSTMOSER, SJZ 2012)

FORSTMOSER PETER, Organisation und Organisationsreglement der Aktiengesellschaft. Rechtliche Ordnung und Umsetzung in der Praxis, Zürich/Basel/Genf 2011 (zit. FORSTMOSER, Organisation)

FORSTMOSER PETER, Die «grosse» Aktienrechtsreform. Übersicht und Gesamtwürdigung, in: Watter Rolf (Hrsg.), Die «grosse» Schweizer Aktienrechtsrevision. Eine Standortbestimmung per Ende 2010, Zürich/St. Gallen 2010, S. 1 ff. (zit. FORSTMOSER, in: Watter)

FORSTMOSER PETER, Stärkung der Aktionärsdemokratie – aber wie?, NZZ Nr. 173 vom 29. Juli 2010, S. 26 (zit. FORSTMOSER, NZZ vom 29. Juli 2010)

FORSTMOSER PETER/VOGT HANS-UELI, Einführung in das Recht, 5. Aufl., Bern 2012

FORSTMOSER PETER/MEIER-HAYOZ ARTHUR/NOBEL PETER, Schweizerisches Aktienrecht, Bern 1996

FREUDIGER PATRICK, Das Minarettverbot ist anwendbar – auch in hängigen Verfahren, Jusletter vom 4. April 2011

GÄCHTER THOMAS/KRADOLFER MATTHIAS, Von schwarzen Schafen – Gedanken zur Ausschaffungsinitiative aus juristischer Sicht, Asyl 1 (2008), S. 12 ff.

GANZ GEORGE M., Zweitwohnungen in touristischen Destinationen. Rechtliche, raumplanerische und politische Aspekte, Zürich/Hinteregg 2012 (zit. GANZ, Destinationen)

GANZ GEORGE M., Zweitwohnungsinitiative: Verfassungsauftrag und Umsetzung, Jusletter vom 10. Dezember 2012 (zit. GANZ, Jusletter 10. Dezember 2012)

GÄUMANN STEFAN/STÖHR ANDREA-FRANCO, Die Querfinanzierung von strukturierten Beherbergungsbetrieben gemäss Zweitwohnungsgesetz, BR 5 (2016), S. 271 ff.

GELZER PHILIPP, Plädoyer für ein objektiv-historisches Verständnis des Gesetzes, recht 2 (2005), S. 37 ff.

GERHARD FRANK/MAIZAR KARIM/SPILLMANN TILL/WOLF MATTHIAS (Hrsg.), Vergütungsrecht der Schweizer Publikumsgesellschaften. GesKR-Kommentar zur Verordnung gegen übermässige Vergütungen bei börsenkotierten Aktiengesellschaften (VegüV), Zürich/St. Gallen 2014 (zit. GesKR-Kommentar VegüV-BEARBEITER, Art. … N …)

GIUSEP NAY, Vorrang Völkerrecht: kein obiter dictum, kein Meinungsaustausch, Jusletter vom 18. April 2016

GLANZMANN LUKAS, Die «Abzocker-Initiative» und ihre Folgen. Eine Annäherung an Art. 95 Abs. 3 BV, GesKR Online-Beitrag 1 (2013), S.1 ff.

GLASER ANDREAS, Direktdemokratisch legitimierte Grundrechtseinschränkungen, AJP 1 (2014), S. 60 ff.

GLASER ANDREAS, Zwingendes Völkerrecht: Wer hat die Deutungshoheit?, ZBl 115 (2014), S. 203 ff. (zit. GLASER, ZBl 2014)

GLASER ANDREAS/BRUNNER ARTHUR, Politik in der Defensive: Zwischen Vorrang des FZA und dynamischer Rezeption der EuGH-Rechtsprechung. Anmerkung zum Urteil des Bundesgerichts 2C_716/2014 vom 26. November 2015, Jusletter vom 18. April 2016

GMÜR MARIO, Die Gefährlichkeitsprognose, AJP 11 (2004), S. 1307 ff.

GOMM PETER/ZEHNTNER DOMINIK (Hrsg.), Bundesgesetz vom 23. März 2007 über die Hilfe an Opfern von Straftaten, Kommentar zum Opferhilfegesetz, 3. Aufl., Bern 2009 (zit. BEARBEITER, Komm. OHG, Art. … N …)

GONIN LUC, Les initiatives sur le renvoi des étrangers criminels: simple balade sur les rives du droit pénal ou plongée éprouvante dans les profondeurs de la mer constitutionnelle?, Jahrbuch für Migrationsrecht, Bern 2013/2014, S. 37 ff.

GRIFFEL ALAIN, Intertemporales Recht aus dem Blickwinkel des Verwaltungsrechts, in: Intertemporales Recht aus dem Blickwinkel der Rechtsetzungslehre und des Verwaltungsrechts, 13. Jahrestagung des Zentrums für Rechtsetzungslehre (=Zentrum für Rechtsetzungslehre (ZfR), Bd. 3) hrsg. von Uhlmann Felix, Zürich/St. Gallen 2014, S. 27 ff. (zit. GRIFFEL, Intertemporales Recht)

GRIFFEL ALAIN, Volksinitiative: auf dem Weg zur allgemeinen Anregung?, ZBl 115 (2014), S. 401 f. (zit. GRIFFEL, ZBl 2014)

GRIFFEL ALAIN, Die Umsetzung der Zweitwohnungsinitiative – eine Zwischenbilanz, ZBl 115 (2014), S. 59 ff. (zit. GRIFFEL, ZBl 2014)

GRIFFEL ALAIN, Zweitwohnungen – schamloser Verfassungsbruch, NZZ Nr. 247 vom 24. Oktober 2014, S. 23 (zit. GRIFFEL, NZZ vom 24. Oktober 2014)

GRIFFEL ALAIN, Entwicklungen im Raumplanungs-, Bau- und Umweltrecht, SJZ 108 (2012), S. 488 ff. (zit. GRIFFEL, SJZ 2012)

GRIFFEL ALAIN, zit. von ROMAN SCHENKEL, «Viele Fragezeichen in Andermatt», NLZ vom 30. März 2012, S. 17 (zit. GRIFFEL, NLZ vom 30. März 2012)

GRIFFEL ALAIN, zit. von SCHNEEBERGER PAUL, Kritik am UVEK auch aus Expertenmund, «Unnötige Verunsicherung» zu Zweitwohnungen, NZZ vom 19. März 2012, S. 8 (zit. GRIFFEL, NZZ vom 19. März 2012)

GRIFFEL ALAIN, Bauen im Spannungsfeld zwischen Eigentumsgarantie und Bauvorschriften, ZBl 103 (2002), S. 169 ff. (zit. GRIFFEL, ZBl 2002)

GRISEL ETIENNE, Initiative et référendum populaires. Traité de la démocratie semi-directe en droit suisse, 3. Aufl., Bern 2004

GRODECKI STÉPHANE, La démocratie directe en Suisse au XXIe siècle. Une évolution nécessaire?, ZSR 132 (2013) I, S. 95 ff. (zit. GRODECKI, ZSR 2013)

GRODECKI STÉPHANE, Construction de minarets. Une interdiction inapplicable, plädoyer 1 (2010), S. 56 ff. (zit. GORDECKI, plädoyer)

HÄFELIN ULRICH/MÜLLER GEORG/UHLMANN FELIX, Allgemeines Verwaltungsrecht, 7. Aufl., Zürich/St. Gallen 2016

HÄFELIN ULRICH/HALLER WALTER/KELLER HELEN/THURNHERR DANIELA, Schweizerisches Bundesstaatsrecht, 9. Aufl., Zürich/Basel/Genf 2016

HÄFLIGER MARKUS, Noch mehr Ausnahmen für Zweitwohnungen, NZZ vom 26. September 2014, S. 9

HANDSCHIN LUKAS, «Abzocker-Initiative» ist rechtlich fragwürdig, Finanz und Wirtschaft vom 5. Dezember 2012, S. 25 ff.

HANGARTNER YVO, Bundesgerichtlicher Positionsbezug zum Verhältnis von Bundesverfassung und Völkerrecht, AJP 5 (2013), S. 698 ff. (zit. HANGARTNER, AJP 2013)

HANGARTNER YVO, Unklarheiten bei Volksinitiativen – Bemerkungen aus Anlass des neuen Art. 121 Abs. 3 – 6 BV (Ausschaffungsinitiative), AJP 4 (2011), S. 471 ff. (zit. HANGARTNER, AJP 2011)

HANGARTNER YVO, Unmittelbare Anwendbarkeit völker- und verfassungsrechtlicher Normen, ZSR 126 (2007) I, S. 137 ff. (zit. HANGARTNER, ZSR 2007)

HANGARTNER YVO, Wie soll die Verwahrungsinitiative vollzogen werden?, St. Galler Tagblatt vom 13. Februar 2004 (zit. HANGARTNER, St. Galler Tagblatt vom 13. Februar 2004)

HANGARTNER YVO, Ausbau der Verfassungsgerichtsbarkeit, AJP 8 (1995), S. 1013 ff. (zit. HANGARTNER, AJP 1995)

HANGARTNER YVO, Völkerrecht und schweizerisches Landesrecht, in: Schluep Walter R./Ehrenzeller Bernhard/Hangartner Yvo/Zäch Roger (Hrsg.), Recht, Staat und Politik am Ende des zweiten Jahrtausends. Festschrift zum 60. Geburtstag von Bundesrat Arnold Koller, Bern 1993, S. 651 ff. (zit. HANGARTNER, in: Schluep et al.)

HANGARTNER YVO/KLEY ANDREAS, Die demokratischen Rechte in Bund und Kantonen der Schweizerischen Eidgenossenschaft, Zürich 2000

HASLER THOMAS, Massnahme ohne Mass? Die lebenslange Verwahrung aus ethischer Perspektive, Diplomarbeit, 2005

HÄUSERMANN DANIEL M., Minderheitenschutz in der «Aktionärsdemokratie». Vorschlag für eine dispositive «Mehrheit-der-Minderheit»-Regel in börsenkotierten Aktiengesellschaften, GesKR 2 (2014), S. 210 ff. (zit. HÄUSERMANN, GesKR 2014)

HÄUSERMANN DANIEL M., «Abzocker»-Initiative umsetzen – aber wie?, SJZ 109 (2013), S. 153 ff. (zit. HÄUSERMANN, SJZ 2013)

HÄUSERMANN DANIEL M., Strafrechtliche Konsequenzen der «Abzocker»-Initiative, Jusletter vom 11. Februar 2013 (zit. HÄUSERMANN, Jusletter 11. Februar 2013)

HÄUSERMANN DANIEL M., Aktienrechtliche Umsetzung der «Abzocker»-Initiative: Spielraum und Rechtstechniken, SJZ 108 (2012), S. 537 ff. (zit. HÄUSERMANN, SJZ 2012)

HÄUSERMANN DANIEL M., Auf dem Weg zur Aktionärsdemokratie? Eine kritische Analyse des indirekten Gegenvorschlags zur «Abzocker»-Initiative, Jusletter vom 19. März 2012 (zit. HÄUSERMANN, Jusletter 19. März 2012)

HAUSHEER HEINZ/WALTER HANS PETER (Hrsg.), Einleitung und Personenrecht. Einleitung, Art. 1–9 ZGB, Berner Kommentar zum schweizerischen Privatrecht, Bd. I/1. Abteilung, Bern 2012 (zit. BK ZGB-BEARBEITER, Art. … N …)

HAUSHERR HEINZ/JAUN MANUEL, Die Einleitungsartikel des ZGB. Art. 1–10 ZGB, Stämpflis Handkommentar, Bern 2003 (zit. SHK ZGB-HAUSHERR/JAUN, Art. … N …)

HAUSMANN YANNICK/BECHTOLD-ORTH ELISABETH, Corporate Governance: Überholt die Schweiz Europa, GesKR 2 (2013), S. 234 ff.

HEER MARIANNE, Psychische Gutachten als Grundlage für verantwortbare gerichtliche Entscheidungen, in: Hässler Frank/Rebernig Elisabeth/Schnoor Kathleen (Hrsg.), Forensische Kinder-, Jugend- und Erwachsenenpsychiatrie, Stuttgart 2003, S. 199 ff. (zit. HEER, in: Hässler et al.)

HEER MARIANNE, Lange Strafen und längere Verwahrung: Ein Überblick über das geltende und künftige Recht, in: Dittmann Volker/Kuhn André/Maag Renie/Wiprächtiger Hans (Hrsg.), Zwischen Mediation und Lebenslang. Neue Wege in der Kriminalitätsbekämpfung, Chur/Zürich 2002, S. 178 ff. (zit. HEER, in: Dittmann et al.)

HEINIGER MATTHIAS, Die Strafbestimmungen der Verordnung gegen übermässige Vergütungen bei börsenkotierten Aktiengesellschaften, AJP 1 (2015), S. 65 ff.

HERTIG RANDALL MAYA, L'internationalisation de la juridiction constitutionnelle: défis et perspectives, RDS 129 (2010) II, S. 221 ff.

HERZIG CHRISTOPH, Völkerrecht versus Landesrecht im Lichte der bundesgerichtlichen Rechtsprechung, Jusletter vom 8. April 2013

HESELHAUS SEBASTIAN/HÄNNI JULIA, Die eidgenössische Volksinitiative «Gegen Masseneinwanderung» (Zuwanderungsinitiative) im Lichte des Freizügigkeitsabkommens und der bilateralen Zusammenarbeit mit der EU, SZIER 1 (2013), S. 19 ff.

HESSE KONRAD, Grundzüge des Verfassungsrechts der Bundesrepublik Deutschland, 20. Aufl., 1995

HOCHSTRASSER CHRISTIAN, Die Rolle des Vergütungsausschusses nach der Umsetzung der Minder-Initiative, Diss. Zürich 2015, Zürich 2016 = SSHW 332

HÖHN ERNST, Praktische Methodik der Gesetzesauslegung, Zürich 1993

HUBER ADRIANO R., Vergütungsfestsetzung nach Art. 95 Abs. 3 BV, Diss. Zürich 2014, Zürich 2015 = ZStP 263

HUBER HANS, Der Formenreichtum der Verfassung und seine Bedeutung für ihre Auslegung, ZBJV 107 (1971), S. 172 ff.

HÜRLIMANN-KAUP BETTINA/SCHMID JÖRG, Einleitungsartikel des ZGB und Personenrecht, 3. Aufl., Zürich 2016

JAAG TOBIAS, im Interview von SCHNEEBERGER PAUL, «Bestehende Zweitwohnungen dürfen als solche weiterverkauft werden», Der Zürcher Staatsrechtsprofessor Tobias Jaag plädiert für den baldigen Erlass einer Verordnung, um Rechtssicherheit zu schaffen, NZZ vom 4. Mai 2012, S. 13 (zit. JAAG, NZZ vom 4. Mai 2012)

JAAG TOBIAS, Die Verordnung im schweizerischen Recht, ZBl 112 (2011), S. 629 ff. (zit. JAAG, ZBl 2011)

JAAG TOBIAS/RÜSSLI MARKUS, Gesetzmässigkeit und Verhältnismässigkeit beachten, NZZ Nr. 168 vom 23. Juli 2013, S. 19

JAAG TOBIAS/PRIULI VALERIO, Ausschaffungsinitiative und Freizügigkeitsabkommen, Jusletter vom 8. November 2010

JEANRENAUD YVES/SULC TIMO, Lex Weber: Premières commentaires de l'ordonnance du Conseil fédéral en attendant la législation d'exécution, Not@lex 4 (2012), S. 165 ff.

JORIO MARCO & STIFTUNG HISTORISCHES LEXIKON DER SCHWEIZ, Historisches Lexikon der Schweiz, Bd. 13, Basel 200–2014

JOSITSCH DANIEL, Hürdenreiche Umsetzung. Ein alternativer Vorschlag zur Verwahrungsinitiative, NZZ vom 20. Februar 2006, S. 9

JOSITSCH DANIEL/BISCHOFF PATRICK, Die Verwahrungsinitiative – ein Pyrrhussieg?, Jusletter vom 17. Januar 2005

KÄLIN WALTER, Das Verfahren der staatsrechtlichen Beschwerde, 2. Aufl., Bern 1994 (zit. KÄLIN, Verfahren)

KÄLIN WALTER, Schubert und der Rechtsstaat oder: Sind Bundesgesetze massgebender als Staatsverträge, ZSR 112 (1993) I, S. 73 ff. (zit. KÄLIN, ZSR 1993)

KÄLIN WALTER/EPINEY ASTRID/CARONI MARTINA/KÜNZLI JÖRG, Völkerrecht. Eine Einführung, 4. Aufl., Bern 2016

KAMMEIER HEINZ, Massregelrecht. Kriminalpolitik, Normgenese und systematische Struktur einer schuldunabhängigen Gefahrenabwehr, Berlin 1996

KELLER HELEN/BALAZS-HEGEDÜS NATALIE, Paradigmenwechsel im Verhältnis von Landesrecht und Völkerrecht?, AJP 6 (2016), S. 712 ff.

KELLER HELEN/LANTER MARKUS/FISCHER ANDREAS, Volksinitiativen und Völkerrecht: die Zeit ist reif für eine Verfassungsänderung, ZBl 109 (2008), S. 121 ff.

KETTIGER DANIEL, Minarettverbot: Offene Fragen zur Umsetzung, Jusletter vom 1. März 2010

KIENER REGINA/MEDICI GABRIELA, Die Arbeitssituation von Sans-Papiers in der Schweiz. Grundrechtliche und menschenrechtliche Aspekte, ZSR 133 (2014) I, S. 133 ff.

KIENER REGINA/KRÜSI MELANIE, Bedeutungswandel des Rechtsstaats und Folgen für die (direkte) Demokratie am Beispiel völkerrechtswidriger Volksinitiativen, ZBl 110 (2009), S. 237 ff.

KLEY ANDREAS, Die Umsetzung von Volksinitiativen aus politisch-historischer Sicht, LeGes 3 (2015), S. 497 ff. (zit. KLEY, LeGes 2015)

KLEY ANDREAS, Anwendung und Auslegung des Verwaltungsrechts, Anwaltsrevue 3 (2001), S. 15 ff. (zit. KLEY, Anwaltsrevue 2001)

KLEY ANDREAS/SEFEROVIC GORAN, Die Korrektur von negativen Volksentscheiden – ein demokratietheoretisches Problem, in: Good Andrea/Platipodis Bettina (Hrsg.), Direkte Demokratie. Herausforderungen zwischen Politik und Recht. Festschrift für Andreas Auer, Bern 2013, S. 177 ff.

KNOBLOCH STEFAN, Ist die Volksinitiative «gegen die Abzockerei» umsetzbar? Antrittsvorlesung vom 7. Mai 2012 an der Universität Zürich, GesKR 3 (2012), S. 372 ff.

KNUCHEL SÉVRINE, Initiatives populaires et droit international: quelques réflexions sur le chiffre IV de l'initiative populaire fédérale «Pour le renvoi effectif des étrangers criminels (initiative de mise en œuvre)», Jusletter vom 11. November 2013

KOLLER HEINRICH, Wunsch und Wirklichkeit im Umgang mit Volksinitiativen – Methodik der Umsetzung anhand von drei Beispielen, LeGes 3 (2015), S. 545 ff.

KRAMER ERNST A., Juristische Methodenlehre, 5. Aufl., Bern 2016

KUNZ KARL-LUDWIG, Zum Problem der gesetzlichen Umsetzung der Verfassungsbestimmung über die lebenslängliche Verwahrung extrem gefährlicher Straftäter (Art. 123a der Bundesverfassung): eine Quadratur des Kreises, ZStrR 125 (2007), S. 96 ff. (zit. KUNZ, ZStrR 2007)

KUNZ KARL-LUDWIG/STRATENWERTH GÜNTER, Zum Bericht der Arbeitsgruppe «Verwahrung», ZStrR 123 (2005), S. 2 ff.

KUNZ KARL-LUDWIG/BÄCHTOLD ANDREA/KIENER REGINA/HEINE GÜNTER et al., Universität Bern zum Vorentwurf der Arbeitsgruppe «Verwahrung», Jusletter vom 13. Dezember 2004 (zit. KUNZ et al., Jusletter 13. Dezember 2004)

KUNZ PETER V., Leitplanken zur Umsetzung der «Abzocker»-Initiative, NZZ Nr. 53 vom 5. März 2013, S. 19 (zit. KUNZ, NZZ vom 5. März 2013)

KUNZ PETER V., Eidgenössische Volksinitiative «gegen die Abzockerei» sowie Revision des Obligationenrechts als indirekter Gegenvorschlag: Aspekte im internationalen Quervergleich, Jusletter 4. Februar 2013 (zit. KUNZ, Jusletter 4. Februar 2013)

KUNZ RAFFAELA, Schweiz – EU: Wohin führt der bilaterale Weg nach der Annahme der Volksinitiative «Gegen Masseneinwanderung»?, ZaöRV 74 (2014), S. 329 ff. (zit. KUNZ R., ZaöRV 2014)

KÜNZLI JÖRG, Demokratische Partizipationsrechte bei neuen Formen der Begründung und bei der Auflösung völkerrechtlicher Verpflichtungen, ZSR 128 (2009) I, S. 47 ff.

KUSTER CLAUDIO, 24-teiliges Puzzlespiel wider die Abzockerei, NZZ vom 4. März 2013, S. 21

KUSTER CLAUDIO/MINDER THOMAS, Gutachten vom 29. Juli 2013: Art. 95 Abs. 3 BV (Eid. Volksinitiative «gegen die Abzockerei») im Vergleich mit dem Vorentwurf zur Verordnung gegen die Abzockerei vom 14. Juni 2013, abrufbar unter: <http://abzockerei.files.wordpress.com/2013/11/gutachten-abzockerei-vi-vs-vgda-2013-11.pdf> (besucht am 12. Juni 2018)

LANGER LORENZ, Menetekel oder Musterlösung? Das amerikanische Ausländerrecht und die Umsetzung der schweizerischen Ausschaffungsinitiative, SZIER 2 (2011), S. 195 ff.

LARENZ KARL/CANARIS CLAUS-WILHELM, Methodenlehre der Rechtswissenschaft, 3. Aufl., Berlin/Heidelberg 1995

LENDI MARTIN, Zweitwohnungen – rechtliche Erwägungen zum neuen Verfassungsartikel 75b BV samt Übergangsbestimmung, Entwurf eines Rechtsgutachtens zuhanden des Kantons Uri, Fassung vom 3. April 2012

LOOSER MARTIN E., Verfassungsgerichtliche Rechtskontrolle gegenüber schweizerischen Bundesgesetzen. Eine Bestandesaufnahme unter Berücksichtigung der amerikanischen und deutschen Verfassungsgerichtsbarkeit, der deutschen Verfassungsgerichtsbarkeit, der Geschichte der schweizerischen Verfassungsgerichtsbarkeit sowie der heutigen bundesgerichtlichen Praxis, Diss. St. Gallen, Zürich/St. Gallen 2011 = SGRW 21

LUSTENBERGER ERIK, Bestehende und neue Zweitwohnungen, in: Rechtliche Umsetzung der Zweitwohnungsinitiative, Tagung vom 11. Dezember 2012 in Luzern (=Weiterbildung Recht), hrsg. von Norer Roland/Rütsche Bernhard, Bern 2013, S. 41 ff.

MAHON PASCAL, Droit constitutionnel, Bd. I, 3. Aufl., Basel 2014/2015 (zit. MAHON, Droit)

MALACRIDA RALPH/SPILLMANN TILL, Corporate Governance im Interregnum. Die neue Verordnung gegen übermässige Vergütungen bei börsenkotierten

Aktiengesellschaften – Erste Analysen und praktische Hinweise, GesKR 4 (2013), S. 485 ff.

MALINVERNI GIORGIO, Démocratie directe et droits de l'homme, in: Good Andrea/Platipodis Bettina (Hrsg.), Direkte Demokratie. Herausforderungen zwischen Politik und Recht. Festschrift für Andreas Auer, Bern 2013, S. 453 ff.

MARTENET VINCENT, La validité des initiatives populaires fédérales, in: Good Andrea/Platipodis Bettina (Hrsg.), Direkte Demokratie. Herausforderungen zwischen Politik und Recht. Festschrift für Andreas Auer zum 65. Geburtstag, Bern 2013, S. 149 ff.

MARTI ARNOLD, Umsetzung der Zweitwohnungsinitiative – ungelöste Rätsel und des Pudels Kern, ZBl 113 (2012), S. 281 f.

MOECKLI DANIEL, Die Teilungültigerklärung und Aufspaltung von Volksinitiativen, ZBl 115 (2014), S. 579 ff.

MOOR PIERRE/FLÜCKIGER ALEXANDRE/MARTENET VINCENT, Droit administratif, Bd. I, 3. Aufl., Bern 2012

MÖSCHING FABIAN, Massnahmen zur Beschränkung von Zweitwohnungen, Diss. Bern, Bern 2014 = ASR 803 (zit. MÖSCHING, Massnahmen)

MÖSCHING FABIAN, Ab welchem Zeitpunkt ist die Zweitwohnungsinitiative anwendbar?, Jusletter vom 10. Dezember 2012 (zit. MÖSCHING, Jusletter 10. Dezember 2012)

MOSER-HARDER BRIGITTA, Abzocker-Initiative liegt im internationalen Trend, Jusletter vom 14. Januar 2013

MÜLLER ANDREAS/OSER DAVID, VegüV – Quo vadis?, Umsetzung der Bestimmungen der Verordnung gegen übermässige Vergütungen bei börsenkotierten Aktiengesellschaften im Vorentwurf zur «grossen» Aktienrechtsrevision, GesKR 1 (2015), S. 98 ff.

MÜLLER GEORG, Vom Sinn des Eigentums und seiner verfassungsrechtlichen Gewährleistung, ZSR 100 (1981) II, S. 1 ff. (zit. MÜLLER G., ZSR 1981)

MÜLLER GEORG, Inhalt und Formen der Rechtssetzung als Problem der demokratischen Kompetenzordnung, Habil. Basel 1977, Basel/Stuttgart 1979 = BSzR 119 (zit. MÜLLER, Inhalt und Formen)

MÜLLER GEORG/UHLMANN FELIX, Elemente einer Rechtssetzungslehre, 3. Aufl., Zürich/Basel/Genf 2013

MÜLLER JÖRG PAUL, Wie wird sich das Bundesgericht mit dem Minarettverbot der BV auseinandersetzen?, Jusletter vom 1. März 2010 (zit. MÜLLER J.P., Jusletter 1. März 2010)

MÜLLER JÖRG PAUL, Soziale Grundrechte in der Verfassung, 2. Aufl., Basel 1981 (zit. MÜLLER J.P., Soziale Grundrechte)

MÜLLER MARTIN L., Verordnung gegen übermässige Vergütungen bei börsenkotierten Aktiengesellschaften (VegüV): Lösungsansätze für die arbeitsrechtliche Umsetzung, AJP 4 (2014), S. 477 ff.

NGUYEN MINH SON/AMARELLE CESLA (Hrsg.), Code annoté de droit des migrations, Droit humains, Vol. I, Bern 2014 (zit. BEARBEITER, Code annoté, Art. … N …)

NIGGLI MARCEL ALEXANDER/WIPRÄCHTIGER HANS (Hrsg.), Basler Kommentar, Strafrecht (StGB), Bd. I, 3. Aufl., Basel 2013 (zit. BSK StGB-BEARBEITER, Art. … N …)

NIKITINE ALEXANDER, Der unabhängige Stimmrechtsvertreter in der Verordnung gegen übermässige Vergütungen bei börsenkotierten Aktiengesellschaften («VegüV»): Überblick – herausgegriffene Fragen – Lösungsansätze, SZW 5 (2013), S. 351 ff.

NOBEL PETER, «Mehr oder Minder»?, Gegenvorschlag und Minder-Initiative. Gutachten im Auftrag von economiesuisse, abrufbar unter: <https://biblio.parlament.ch/e-docs/367625.pdf> (besucht am 12. Juni 2018)

NOBS ROGER, Volksinitiative und Völkerrecht. Eine Studie zur Volksinitiative im Kontext der schweizerischen Aussenpolitik unter besonderer Berücksichtigung des Verhältnisses zum Völkerrecht, Diss. St. Gallen, Zürich 2006 = SGRW 13

NORER ROLAND, Zum Geltungsbereich der Zweitwohnungsverordnung, in: Rechtliche Umsetzung der Zweitwohnungsinitiative, Tagung vom 11. Dezember 2012 in Luzern (=Weiterbildung Recht), hrsg. von Norer Roland/Rütsche Bernhard, Bern 2013, S. 11 ff. (zit. NORER, in: Norer/Rütsche)

NORER ROLAND, Peinlicher Lapsus, NZZ vom 2. Oktober 2012, S. 20 (zit. NORER, NZZ vom 2. Oktober 2012)

NOTTER MARKUS, Volkes Wille gilt als Befehl. Umsetzen, marsch!, NZZaS vom 21. Dezember 2014, S. 18

NUSSBAUM HANS GEORG, Rahmenbedingungen der Verordnungsgebung: Rechtliche Grundlagen und Funktionen von Verordnungen, LeGes 1 (2003), S. 9 ff.

NUSSBAUMER MARKUS, «Der Monster-Paragraph», LeGes 3 (2015), S. 436 ff.

OSER DAVID/MÜLLER ANDREAS F. (Hrsg.), Verordnung gegen übermässige Vergütungen bei börsenkotierten Aktiengesellschaften, Praxiskommentar, Zürich/Basel/Genf 2014 (PK VegüV-BEARBEITER, Art. … N …)

OSER DAVID/MÜLLER ANDREAS F., Entwurf einer Verordnung zur Umsetzung von Artikel 95 Absatz 3 BV (Minder-Initiative), GesKR Online-Beitrag 2 (2013), S. 1 ff.

PÉREZ FELIP/BREMER FRANK/HOFMANN MICHAEL, Verfassungskonform völkerrechtswidrig: Schafft die Schweiz sich aus?, in: Tanner Anne-

Cathrine/Siebeneck Claudia/Brändli Beat (Hrsg.), Schweiz und Europa – Auswirkungen auf Wirtschaft, Recht und Gesellschaft, Bd. 6, Bern 2011, S. 31 ff.

PETERS ANNE, Völkerrecht. Allgemeiner Teil, 4. Aufl., Zürich/Basel/Genf 2016

PETERS ANNE/PAGOTTO ISABELLA, Das Verhältnis von Völkerrecht und Landesrecht in der Schweiz, ius.full 2 (2004), S. 54 ff.

PFAFFINGER MONIKA/ROSSÉ STÉPHANE, Einführung, in: Rechtliche Umsetzung der Zweitwohnungsinitiative, Tagung vom 11. Dezember 2012 in Luzern (=Weiterbildung Recht), hrsg. von Norer Roland/Rütsche Bernhard, Bern 2013, S. 1 ff.

PFAMMATTER ARON, Schweizerische Zweitwohnungsinitiative und deren Umsetzung – die Sicht eines Praktikers, in: Wolf Stephan/Lienhard Andreas (Hrsg.), Schweizerische Zweitwohnungsgesetzgebung – insbesondere praktische Umsetzungsfragen und Rechtsvergleich mit den Grundverkehrsbeschränkungen in Tirol. Symposium des Zivilistischen Seminars, des Instituts für öffentliches Recht und des Instituts für Notariatsrecht und Notarielle Praxis an der Universität Bern vom 21. Mai 2014, INR Bd. 15, Bern 2014, S. 121 ff.

PHILIPPIN EDGAR, La mise en œuvre de l'initiative «contre les rémunérations abusives», SJ 10 (2014) II, S. 261 ff.

RAMEL ERIC/FAVRE MARC-ETIENNE, «Lex Weber»: le jour d'après…, Anwaltsrevue 6–7 (2012), S. 279 ff.

REICH JOHANNES, Direkte Demokratie und völkerrechtliche Verpflichtungen im Konflikt. Funktionellrechtlich differenzierte Herstellung praktischer Konkordanz zwischen der Beachtung des Völkerrechts und konfligierenden Volksinitiativen im schweizerischen Bundesverfassungsrecht, ZaöRV 68 (2008), S. 979 ff. (zit. REICH, ZaöRV 2008)

REICH JOHANNES, Verletzt die «Ausschaffungsinitiative» zwingende Bestimmungen des Völkerrechts? Zur Frage der Gültigkeit der eidgenössischen Volksinitiative «für die Ausschaffung krimineller Ausländer (Ausschaffungsinitiative)» im Lichte von Art. 139 Abs. 2 BV, ZSR 127 (2008) I, S. 499 ff. (zit. REICH, ZSR 2008)

RHINOW RENÉ, Fehlende Sorgfalt bei Volksinitiativen, Die Südostschweiz vom 27. März 2012, S. 4

RHINOW RENÉ, Rechtsetzung und Methodik. Rechtstheoretische Untersuchungen zum gegenseitigen Verhältnis von Rechtsetzung und Rechtsanwendung, Habil. Basel 1978, Basel 1979 = BSzR 122 (zit. RHINOW, Rechtsetzung und Methodik)

RHINOW RENÉ/SCHEFER MARKUS/UEBERSAX PETER, Schweizerisches Verfassungsrecht, 3. Aufl., Basel 2016

ROHNER GABRIELA, Die Wirksamkeit von Volksinitiativen im Bund, 184–2010, Diss. Zürich 2011, Zürich 2012 = SDF 4

ROSSINELLI MICHEL, Résidences secondaires: l'illusion des cantons alpins, Le Temps vom 31. August 2012

ROTH FLORIAN C., Die Umsetzung der Zweitwohnungsinitiative als Lehrstück der Verfassungsauslegung. Überlegungen zur Kompetenzverteilung zwischen Bundesgericht und Bundesversammlung bei der Umsetzung von Volksinitiativen, dargestellt anhand der Zweitwohnungsinitiative, Jusletter vom 12. September 2016 (zit. ROTH, Jusletter 12. September 2016)

ROTH FLORIAN C., Die Umsetzung der Zweitwohnungsinitiative als Lehrstück der Verfassungsauslegung. Überlegungen zur Kompetenzverteilung zwischen Bundesgericht und Bundesversammlung bei der Umsetzung von Volksinitiativen, dargestellt anhand der Zweitwohnungsinitiative, Bern 2016 (zit. ROTH, Masterarbeit)

SÄGESSER THOMAS (Hrsg.), Die Bundesbehörden. Bundesversammlung – Bundesrat – Bundesgericht. Kommentar, Beiträge und Materialien zum 5. Titel der schweizerischen Bundesverfassung, Bern 2000 (zit. BEARBEITER, Komm. Bundesbehörden, Art. … N …)

SASSÓLI MARCO, Völkerrecht und Landesrecht: Plädoyer eines Völkerrechtlers für Schubert, in: Bellanger François/De Werra Jacques (Hrsg.), Genève au confluent du droit interne et du droit international: Mélanges offerts par la Faculté de droit de l'Université de Genève à la Société suisse des juristes à l'occasion du congrès 2012, Zürich 2012, S. 185 ff.

SCHEFER MARKUS/ZIMMERMANN ALEXANDRA, Materielle Schranken der Verfassungsgebung, LeGes 3 (2011), S. 343 ff.

SCHEIDEGGER STEPHAN, Zur Umsetzung der schweizerischen Zweitwohnungsinitiative, in: Wolf Stephan/Lienhard Andreas (Hrsg.), Schweizerische Zweitwohnungsgesetzgebung – insbesondere praktische Umsetzungsfragen und Rechtsvergleich mit den Grundverkehrsbeschränkungen in Tirol. Symposium des Zivilistischen Seminars, des Instituts für öffentliches Recht und des Instituts für Notariatsrecht und Notarielle Praxis an der Universität Bern vom 21. Mai 2014, INR Bd. 15, Bern 2014, S. 87 ff.

SCHERRER THOMAS, Geschichte und Auslegung des Massgeblichkeitsgebots von Art. 190 BV, Diss. St. Gallen 2000, St. Gallen 2001 = IRP HSG 5

SCHLEGEL STEFAN/SIEBER-GASSER CHARLOTTE, Der Dritte Weg zur Vierten Freiheit. Von bestehenden und künftigen Konflikten zwischen Handels- und Migrationsrecht, Jusletter vom 17. März 2014

SCHÖBI FELIX, Vorrang der EMRK vor Bundesgesetzen? – Bemerkungen zu BGE 136 III 168, recht 3 – 4 (2010), S. 131 ff.

SCHÜRER STEFAN, Hat die PKK-Rechtsprechung die Schubert-Praxis relativiert? Eine Analyse der PKK-Rechtsprechung und ihrer Auswirkungen auf die Schubert-Praxis, ZBl 116 (2015), S. 115 ff.

SEFEROVIC GORAN, Die Umsetzung der Verwahrungsinitiative – In zwei Schritten zur eingeschränkten Anwendbarkeit der lebenslänglichen Verwahrung, S & R 2 (2014), S. 105 ff. (zit. SEFEROVIC, S & R 2014)

SEFEROVIC GORAN, EMRK-widrige Volksinitiativen als Gefahr für das Initiativrecht, in: Fahrländer Lukas/Heizmann Reto M. (Hrsg.), Europäisierung der schweizerischen Rechtsordnung, Zürich/St.Gallen 2013, S. 425 ff. (zit. SEFEROVIC, in: Fahrländer et. al.)

STRATENWERTH GÜNTER, Weit übersteigerte Sicherheitsbedürfnisse, NZZ Nr. 27 vom 2. Februar 2005, S. 15

STRATENWERTH GÜNTER/WOHLERS WOLFGANG, Schweizerisches Strafgesetzbuch, Handkommentar, 3. Aufl., Bern 2013 (zit. HK StGB-STRATENWERTH/WOHLERS, Art. … N …)

TOBLER CHRISTA, Eine einvernehmliche Schutzklausel für das Vereinigte Königreich: Hoffnung für die Schweiz?, Jusletter vom 29. Februar 2016

TORNAY BÉNÉDIQTE, La démocratie directe saisie par le juge. L'empreinte de la jurisprudence sur les droits populaires en Suisse, Diss. Genf, Genf 2008

TRECHSEL STEFAN, Nr. 16, Bezirksgericht Weinfelden, Urteil vom 7. Oktober 2010 i.S. Staat Thurgau, V.C., P.F. und P.M. gegen M.A. – S.2010.39, forumpoenale 3 (2012), S. 138 ff. (zit. Nr. 16, Bezirksgericht Weinfelden, Urteil vom 7. Oktober 2012, FP 2012)

TRECHSEL STEFAN, «Entwurf einer gesetzlichen Regelung der lebenslangen Verwahrung», in: Frommel Monika, Lebenslange Verwahrung angeblich nicht therapierbarer und extrem gefährlicher Sexualstraftäter seit 1998 in Deutschland und der Schweiz, NK 3 (2004), S. 86 ff. (zit. TRECHSEL, NK 2004)

TRECHSEL STEFAN, Von der Initiative zum Strafgesetz. Gedanken zur Gestaltung der lebenslangen Verwahrung im StGB, Jusletter vom 17. Mai 2004 (zit. TRECHSEL, Jusletter 17. Mai 2004)

TRECHSEL STEFAN/PIETH MARK (Hrsg.), Schweizerisches Strafgesetzbuch, Praxiskommentar, 3. Aufl., Zürich/St. Gallen 2018 (zit. PK StGB-BEARBEITER, Art. … N …)

TSCHANNEN PIERRE, Staatsrecht der Schweizerischen Eidgenossenschaft, 4. Aufl., Bern 2016 (zit. TSCHANNEN, Staatsrecht)

TSCHANNEN PIERRE, Staat und Gesetzgebung / Etat et législation – Mehr Volk, weniger Staat: Direkt anwendbare Verfassungsinitiativen im Bund, in: Belser Maria Eva/Waldmann Bernhard (Hrsg.), Mehr oder weniger Staat? Festschrift für Peter Hänni zum 65. Geburtstag, Bern 2015, S. 131 ff. (zit. TSCHANNEN, in: Belser et al.)

TSCHANNEN PIERRE, Systeme des Allgemeinen Verwaltungsrechts, 2. Aufl., Bern 2011 (zit. TSCHANNEN, Systeme)

TSCHANNEN PIERRE, Die Verfassungsauslegung, in: Thürer Daniel/Aubert Jean-François/Müller Jörg Paul (Hrsg.), Verfassungsrecht der Schweiz, Zürich 2001, S. 149 ff. (zit. TSCHANNEN, in: Thürer et al.)

TSCHANNEN PIERRE/ZIMMERLI ULRICH/MÜLLER MARKUS, Allgemeines Verwaltungsrecht, 4. Aufl., Bern 2014

UEBERSAX PETER, Forum: Ist das vom Parlament beschlossene Ausführungsgesetz zu Art. 121a BV verfassungswidrig?, Jusletter vom 20. März 2017 (zit. UEBERSAX, Jusletter 20. März 2017)

UEBERSAX PETER, Zum bundesrätlichen Vernehmlassungsentwurf zur Umsetzung von Art. 121a BV, Jusletter vom 16. März 2015 (zit. UEBERSAX, Jusletter 16. März 2015)

UEBERSAX PETER, Die verfassungsrechtliche Zuwanderungssteuerung – Zur Auslegung von Art. 121a BV, Jusletter vom 14. April 2014 (zit. UEBERSAX, Jusletter 14. April 2014)

UEBERSAX PETER, Die verfassungsrechtliche Zuwanderungssteuerung – Zur Auslegung von Art. 121a BV, Jusletter vom 14. April 2014 (zit. UEBERSAX, Jusletter 14. April 2014)

UEBERSAX PETER, Zur Umsetzung der Ausschaffungsinitiative, Asyl 4 (2011), S. 9 ff. (zit. UEBERSAX, Asyl 2011)

UHLMANN FELIX, im Interview von SCHNEEBERGER PAUL, «Bangen und Bitten in den Bergen», NZZ vom 13. März 2012, S. 9 (zit. UHLMANN, NZZ vom 13. März 2012)

UHLMANN FELIX/HOFSTETTER DAVID, Die Verordnung aus dem Blickwinkel der Rechtsetzungslehre, ZBl 113 (2012), S. 455 ff.

URBANIOK FRANK, Gibt es unbehandelbare Täter?, in: Dittmann Volker/Kuhn André/Maag Renie/Wiprächtiger Hans (Hrsg.), Zwischen Mediation und Lebenslang. Neue Wege in der Kriminalitätsbekämpfung, Chur/Zürich 2002, S. 163 ff.

VALLENDER DORLE E., Zwischen Täterschutz und Opferschutz oder: Das Dilemma des Gesetzgebers bei der Regelung der Verwahrung, in: Dittmann Volker/Kuhn André/Maag Renie/Wiprächtiger Hans (Hrsg.), Zwischen Mediation und Lebenslang. Neue Wege in der Kriminalitätsbekämpfung, Chur/Zürich 2002, S. 201 ff.

VERDROSS ALFRED/SIMMA BRUNO, Universelles Völkerrecht. Theorie und Praxis, 3. Aufl., Berlin 1984

VOGT HANS-UELI/BASCHUNG MANUEL, Wie weiter im Aktienrecht nach der Annahme der Volksinitiative «gegen die Abzockerei»?, GesKR 1 (2013), S. 5 ff.

VOGT HANS-UELI, Aktionärsdemokratie, Zürich/St. Gallen 2012 (zit. VOGT, Aktionärsdemokratie)

VOGT HANS-UELI «Good Regulation» bei der Entschädigung von Verwaltungsrat und Management – Die Aktienrechtsrevision und die «Abzocker-Initiative» vor der Erstberatung im Ständerat, NZZ Nr. 127 vom 5. Juni 2009, S. 27 (zit. VOGT, NZZ vom 5. Juni 2009)

VON DER CRONE HANS CASPAR/HUBER ADRIANO R., Festlegung von Vergütungen in Publikumsgesellschaften, SJZ 109 (2013), S. 297 ff.

VON DER CRONE HANS CASPAR/JENTSCH VALENTIN, Aktuelle Entwicklungen in der Vergütungslandschaft des Finanzplatzes Schweiz. Vergütungen, Marktversagen und Regulierung, SZW 5 (2012), S. 377 ff.

WÄGER FABIAN/RÜEGG ERICH, Die Umgehung der Zweitwohnungsinitiative. Einige vertragsrechtliche Aspekte, Jusletter vom 10. Dezember 2012

WALDMANN BERNHARD, Die Umsetzung von Volksinitiativen aus rechtlicher Sicht, LeGes 3 (2015), S. 521 ff. (zit. WALDMANN, LeGes 2015)

WALDMANN BERNHARD, Das Bundesgericht hat gesprochen – erste Leiturteile zur Zweitwohnungsinitiative, BR 5 (2013), S. 233 ff. (zit. WALDMANN, BR 2013)

WALDMANN BERNHARD, Zweitwohnungen – vom Umgang mit einer sperrigen Verfassungsnorm. Der Umgang mit einer imperativen, aber weiterzuentwickelnden Verfassungsnorm, BRT 2013, S. 123 ff. (zit. WALDMANN, BRT 2013)

WALDMANN BERNHARD, Die Zweitwohnungsverordnung, Jusletter vom 10. Dezember 2012 (zit. WALDMANN, Jusletter 10. Dezember 2012)

WALDMANN BERNHARD, Der Schutz von Mooren und Moorlandschaften. Inhalt, Tragweite und Umsetzung des «Rothenthurmartikels» (Art. 24 sexies Abs. 5 BV), Diss. Freiburg 1996, Freiburg 1997 = AISUF 162 (zit. WALDMANN, Schutz von Mooren)

WALDMANN BERNHARD/HÄNNI PETER, Raumplanungsgesetz. Bundesgesetz vom 22. Juni 1979 über die Raumplanung (RPG), Stämpflis Handkommentar, Bern 2006 (zit. SHK RPG-WALDMANN/HÄNNI, Art. … N …)

WALDMANN BERNHARD/BELSER EVA MARIA/EPINEY ASTRID (Hrsg.), Basler Kommentar, Bundesverfassung, Basel 2015 (zit. BSK BV-BEARBEITER, Art. … N …)

WALTER MAX, Was denn ist eine Zweitwohnung?, Jusletter vom 10. Dezember 2012

WATTER ROLF, Minder-Medizin mit minderem Nutzen und riskanten Nebenwirkungen – Enger Spielraum für die Entschädigungspolitik der Firmen macht die Schweiz zur geschützten Werkstatt, NZZ vom 8. Juni 2009, S. 13

WATTER ROLF/VOGT HANS-UELI, Basler Kommentar, Verordnung gegen übermässige Vergütungen bei börsenkotierten Aktiengesellschaften (VegüV), Basel 2015 (zit. BSK VegüV-BEARBEITER, Art. ... N ...)

WEBER FLORIAN, Die gesetzlichen Umsetzungsvarianten der SVP-Ausschaffungsinitiative im Lichte des FZA und der Rechtsprechung des EGMR zu Art. 8 EMRK, AJP 10 (2012), S. 1436 ff.

WIEDERKEHR RENÉ/RICHLI PAUL, Praxis des allgemeinen Verwaltungsrechts, Bd. I, Bern 2012

WILDHABER LUZIUS, Neues zur Gültigkeit von Initiativen, in: Zen-Ruffinen Piermarco/Auer Andreas (Hrsg.), De la constitution. Études en l'honneur de Jean-François Aubert, Basel 1996, S. 293 ff.

WIPRÄCHTIGER HANS, Nr. 13, Obergericht Aargau, 1. Strafkammer, Entscheid vom 18. Oktober 2012 i.S. Staatsanwaltschaft Baden gegen B. - SST.2012.128, forumpoenale 2 (2013), S. 75 ff. (zit. Nr. 13, Obergericht Aargau, 1. Strafkammer, Entscheid vom 18. Oktober 2012 i.S. Staatsanwaltschaft Baden gegen B.-SST, FP 2013)

WOHLMANN HERBERT/BOSSY PHILIPPINE, Zum vorgeschlagenen Stimmzwang der Pensionskassen in den Generalversammlungen börsenkotierter Unternehmen, Jusletter vom 1. Oktober 2012

WOLF STEPHAN/PFAMMATTER ARON (Hrsg.), Zweitwohnungsgesetz (ZWG) – unter Einbezug der Zweitwohnungsverordnung (ZWV). Bundesgesetz über Zweitwohnungen vom 20. März 2015 (ZWG), Zweitwohnungsverordnung vom 4. Dezember 2015 (ZWV), Stämpflis Handkommentar, Bern 2017 (zit. Komm. ZWG-BEARBEITER, Art. ... N ...)

WYSS MARTIN, Die Umsetzung von Volksinitiativen – Einführung ins Tagungsthema, LeGes 3 (2015), S. 491 ff.

ZIHLER FLORIAN, Verordnung gegen übermässige Vergütungen. Erster Meilenstein auf dem Weg zur Umsetzung der Volksinitiative «gegen die Abzockerei» erreicht, ST 1-2 (2014), S. 46 ff.

Materialienverzeichnis

Übergreifend

Bericht der Arbeitsgruppe für die Umsetzung der neuen Verfassungsbestimmungen über die Ausweisung straffälliger Ausländerinnen und Ausländer zuhanden des Eidgenössischen Justiz- und Polizeidepartements vom 21. Juni 2011, abrufbar unter: <https://www.sem.admin.ch/dam/data/sem/aktuell/news/2011/2011-06-28/110628_ber_ausschaffungsinitiative-d.pdf> (besucht am 12. Juni 2018) (zit. Bericht Arbeitsgruppe Ausschaffungsinitiative)

Bericht des Bundesrates über das Verhältnis von Völkerrecht und Landesrecht vom 5. März 2010 (in Erfüllung des Postulats 07.3764 der Kommission für Rechtsfragen des Ständerates vom 16. Oktober 2007 und des Postulats 08.3765 der Staatspolitischen Kommission des Nationalrates vom 20. November 2008 (zit. Bericht BR Verhältnis Völkerrecht und Landesrecht)

Botschaft zur Volksinitiative «Schweizer Recht statt fremder Richter (Selbstbestimmungsinitiative)» vom 5. Juli 2017, BBl 2017 5355 ff. (zit. Botschaft Selbstbestimmungsinitiative)

Botschaft zur Volksinitiative «Zur Durchsetzung der Ausschaffung krimineller Ausländer (Durchsetzungsinitiative)» vom 20. November 2013, BBl 2013 9459 ff. (zit. Botschaft Durchsetzungsinitiative)

Botschaft zur Volksinitiative «für die Ausschaffung krimineller Ausländer (Ausschaffungsinitiative)» und zur Änderung des Bundesgesetzes über die Ausländerinnen und Ausländer vom 24. Juni 2009, BBl 2009 5097 ff. (zit. Botschaft Ausschaffungsinitiative)

Botschaft über die neue Bundesverfassung vom 20. November 1996, BBl 1997 I 1 ff. (zit. Botschaft BV)

Botschaft zur Volksinitiative «Zum Schutz der Moore – Rothenthurm-Initiative» vom 11. September 1985, BBl 1985 II 1445 ff. (zit. Botschaft Rothenthurminitiative)

Zusatzbericht des Bundesrates zu seinem Bericht vom 5. März 2010 über das Verhältnis von Völkerrecht und Landesrecht vom 30. März 2011, BBl 2011 3613 ff. (zit. BR Zusatzbericht)

Grundlagenteil

Bericht der Staatspolitischen Kommission des Ständerates SPK-S zu den Anforderungen an die Gültigkeit von Volksinitiativen. Prüfung des Reformbedarfs vom 20. August 2015, BBl 2015 7099 ff. (zit. Bericht SPK-S Gültigkeit von Volksinitiativen)

Botschaft zur Volksinitiative «Raus aus der Sackgasse! Verzicht auf die Wiedereinführung von Zuwanderungskontingenten» vom 27. Oktober 2015, BBl 2017 3341 ff. (zit. Botschaft Volksinitiative «Raus aus der Sackgasse»)

Botschaft zur Volksinitiative «Pädophile sollen nicht mehr mit Kindern arbeiten dürfen» sowie zum Bundesgesetz über das Tätigkeitsverbot und das Kontakt- und Rayonverbot (Änderung des Strafgesetzbuchs, des Militärstrafgesetzes und des Jugendstrafgesetzes) als indirektem Gegenvorschlag vom 10. Oktober 2012, BBl 2012 8819 ff. (zit. Botschaft Pädophileninitiative)

Botschaft zur Volksinitiative «Gegen den Bau von Minaretten» vom 27. August 2008, BBl 2008 7603 ff. (zit. Botschaft Minarettinitiative)

Botschaft zur Volksinitiative «für die Unverjährbarkeit pornographischer Straftaten an Kindern» und zum Bundesgesetz über die Verfolgungsverjährung bei Straftaten an Kindern (Änderung des Strafgesetzbuches und des Militärstrafgesetzes) vom 27. Juni 2007, BBl 2007 5369 ff. (zit. Botschaft Unverjährbarkeitsinitiative)

Botschaft zur Volksinitiative «für demokratische Einbürgerungen» vom 25. Oktober 2006, BBl 2006 8953 ff. (zit. Botschaft demokratische Einbürgerungen)

Botschaft zur Volksinitiative «Für einen zeitgemässen Tierschutz (Tierschutz – Ja!)» vom 7. Juni 2004, BBl 2004 3283 ff. (zit. Botschaft Tierschutzinitiative)

Botschaft zur Volksinitiative «für einen autofreien Sonntag pro Jahreszeit – ein Versuch für vier Jahre (Sonntags-Initiative)», vom 1. Dezember 1999, BBl 2000 503 ff. (zit. Botschaft Sonntagsinitiative)

Botschaft zur Volksinitiative «für die Halbierung des motorisierten Strassenverkehrs zur Erhaltung und Verbesserung von Lebensräumen (Verkehrshalbierungs-Initiative)» vom 29. Oktober 1997, BBl 1998 I 269 ff. (zit. Botschaft Verkehrshalbierungsinitiative)

Botschaft zur Volksinitiative «für eine vernünftige Asylpolitik» und «gegen die illegale Einwanderung» vom 22. Juni 1994, BBl 1994 IIII 1486 ff. (zit. Botschaft Asylinitiative)

Verwahrungsinitiative

Bericht der Arbeitsgruppe «Verwahrung» zur Änderung des Schweizerischen Strafgesetzbuches in der Fassung vom 13. Dezember 2002 betreffend die Umsetzung von Artikel 123a BV über die lebenslängliche Verwahrung extrem gefährlicher Straftäter und einzelne nachträgliche Korrekturen am neuen Massnahmenrecht vom 15. Juli 2004, abrufbar unter: <https://www.bj.admin.ch/dam/data/bj/sicherheit/gesetzgebung/archiv/verwahrung/vn-ber-d.pdf> (besucht am 11. Juni 2018) (zit. Bericht Verwahrung)

Bericht des Bundesrates über die Verwahrungspraxis in der Schweiz (in Erfüllung des Postulats 13.3978 Rickli vom 27. September 2013) vom 1. Juli 2015 (zit. BR Verwahrungspraxis)

Bericht des Eidgenössischen Justiz- und Polizeidepartements EJPD zuhanden der Kommission für Rechtsfragen des Nationalrates über die Voraussetzungen für die Gültigkeit von Volksinitiativen und die materiellen Schranken der Verfassungsrevision vom 28. Dezember 2006, VPB 2012.4, S. 55 ff. (zit. Bericht EJPD, VPB 2012.4)

Bericht der Kommission für Rechtsfragen des Nationalrates RK-N zur Volksinitiative «Lebenslange Verwahrung für nicht therapierbare, extrem gefährliche Sexual- und Gewaltstraftäter» vom 11. Februar 2002, abrufbar unter: <https://www.parlament.ch/centers/kb/Documents/2001/Kommissionsbericht_RK-N_01.025_2002-02-11.pdf> (besucht am 11. Juni 2018) (zit. Bericht RK-N vom 11. Februar 2002)

Bericht der Kommission für Rechtsfragen des Ständerates RK-S zur Volksinitiative «Lebenslange Verwahrung für nicht therapierbare, extrem gefährliche Sexual- und Gewaltstraftäter» vom 3. Mai 2002, abrufbar unter: <https://www.parlament.ch/centers/kb/Documents/2001/Kommissionsbericht_RK-S_01.025_2002-05-03.pdf> (besucht am 11. Juni 2018) (zit. Bericht RK-S vom 3. Mai 2002)

Botschaft zur Änderung des Schweizerischen Strafgesetzbuches in der Fassung vom 13. Dezember 2002 (Umsetzung von Art. 123a der Bundesverfassung über die lebenslängliche Verwahrung extrem gefährlicher Straftäter) vom 23. November 2005, BBl 2006 889 ff. (zit. Botschaft Ausführungsgesetz)

Botschaft zur Volksinitiative «Lebenslange Verwahrung für nicht therapierbare, extrem gefährliche Sexual- und Gewaltstraftäter» vom 4. April 2001, BBl 2001 3433 ff. (zit. Botschaft Verwahrungsinitiative)

Entwurf des Bundesrates zur Änderung des Schweizerischen Strafgesetzbuches (Lebenslängliche Verwahrung extrem gefährlicher Straftäter) vom 23. November 2005, BBl 2006 919 ff. (zit. E-StGB 2006)

Erläuterungen des Bundesrates zur Volksabstimmung vom 8. Februar 2004, abrufbar unter: <https://www.bk.admin.ch/bk/de/home/dokumentation/volksabstimmungen/volksabstimmung-20040208.html> (besucht am 12. Juni 2018) (zit. Abstimmungserläuterungen Verwahrungsinitiative)

Lebenslange Verwahrung für nicht therapierbare, extrem gefährliche Sexual- und Gewaltstraftäter. Volksinitiative, Nationalrat Fortsetzung, AB 2003 N 297 ff. (zit. AB 2003 N …)

Lebenslange Verwahrung für nicht therapierbare, extrem gefährliche Sexual- und Gewaltstraftäter. Volksinitiative, Ständerat, AB 2003 S 579 ff. (zit. AB 2003 S …)

StGB. Lebenslängliche Verwahrung extrem gefährlicher Straftäter, Schlussabstimmung Nationalrat, AB 2007 N 2076 (zit. AB 2007 N …)

StGB. Lebenslängliche Verwahrung extrem gefährlicher Straftäter, Nationalrat Fortsetzung, AB 2007 N 1960 ff. (zit. AB 2007 N …)

StGB. Lebenslängliche Verwahrung extrem gefährlicher Straftäter, Nationalrat, AB 2007 N 1185 ff. (zit. AB 2007 N …)

StGB. Lebenslängliche Verwahrung extrem gefährlicher Straftäter, Schlussabstimmung Ständerat, AB 2007 S 1211 (zit. AB 2007 S …)

StGB. Lebenslängliche Verwahrung extrem gefährlicher Straftäter, Ständerat, AB 2006 S 545 ff. (zit. AB 2006 S …)

Zusammenfassung der Ergebnisse des Vernehmlassungsverfahrens über den Bericht und Vorentwurf der Arbeitsgruppe «Verwahrung» vom 15. Juli 2004 zur Änderung des Schweizerischen Strafgesetzbuches in der Fassung vom 13. Dezember 2002 betreffend die Umsetzung von Art. 123a BV über die lebenslängliche Verwahrung extrem gefährlicher Straftäter und einzelne nachträgliche Korrekturen am neuen Massnahmenrecht (Teil 2: Umsetzung von Art. 123a BV über die lebenslängliche Verwahrung extrem gefährlicher Straftäter) vom Oktober 2005, abrufbar unter: <https://www.admin.ch/ch/d/gg/pc/documents/1178/Ergebnis_d.pdf> (besucht am 12. Juni 2018) (zit. Vernehmlassungsergebnisse Verwahrung)

Ausschaffungsinitiative

Argumentarium der Initianten zur Volksinitiative «für die Ausschaffung krimineller Ausländer (Ausschaffungsinitiative)», abrufbar unter: <http://www.ausschaffungsinitiative.ch/de/downloads/arg_ausschaffungsinitiative_lang.pdf> (besucht am 12. Juni 2018) (zit. Argumentarium Ausschaffungsinitiative)

Begleitschreiben des Eidgenössischen Justiz- und Polizeidepartements EJPD zur Umsetzung von Art. 121 Abs. 3 – 6 BV über die Ausschaffung krimineller Ausländerinnen und Ausländer (Eröffnung des Vernehmlassungsverfahrens), abrufbar unter: <https://www.admin.ch/ch/d/gg/pc/documents/2136/Ausschaffung-krimineller-Auslaender-07a-Brief-Org-de.pdf> (besucht am 12. Juni 2018) (zit. Begleitschreiben 2 zur Vernehmlassung)

Botschaft zur Änderung des Strafgesetzbuchs und des Militärstrafgesetzes (Umsetzung von Art. 121 Abs. 3 – 6 BV über die Ausschaffung krimineller Ausländerinnen und Ausländer) vom 26. Juni 2013, BBl 2013 5975 ff. (zit. Botschaft Umsetzung Ausschaffungsinitiative)

Botschaft zur Änderung des Schweizerischen Strafgesetzbuches (Allgemeine Bestimmungen, Einführung und Anwendung des Gesetzes) und des Militärstrafgesetzes sowie zu einem Bundesgesetz über das Jugendstrafrecht vom 21. September 1998, BBl 1999 II 1979 ff. (zit. BBl 1999 …)

Entwurf des Bundesrates zur Änderung des Schweizerischen Strafgesetzbuches und des Militärstrafgesetzes (Umsetzung von Art. 121 Abs. 3–6 BV über die Ausschaffung krimineller Ausländerinnen und Ausländer) vom 26. Juni 2013, BBl 2013 6063 ff. (zit. E-StGB 2013)

Erläuternder Bericht zur Änderung des Schweizerischen Strafgesetzbuches und des Militärstrafgesetzes (Umsetzung der neuen Verfassungsbestimmungen über die Ausschaffung krimineller Ausländerinnen und Ausländer; Art. 121 Abs. 3 – 6 BV) vom 14. Mai 2012, abrufbar unter: <https://www.admin.ch/ch/d/gg/pc/documents/2136/Ausschaffung-krimineller-Auslaender-05a-Bericht-de.pdf> (besucht am 12. Juni 2018) (zit. EB Umsetzung Ausschaffungsinitiative)

Erläuterungen des Bundesrates zur Volksabstimmung vom 28. November 2010, abrufbar unter: <https://www.bk.admin.ch/bk/de/home/dokumentation/volksabstimmungen/volksabstimmung-20101128.html> (besucht 12. Juni 2018) (zit. Abstimmungserläuterungen Ausschaffungsinitiative)

Für die Ausschaffung krimineller Ausländer (Ausschaffungs-Initiative). Volksinitiative. Änderung des AuG, Nationalrat Schlussabstimmung, AB 2010 N 898 (zit. AB 2010 N …)

Für die Ausschaffung krimineller Ausländer (Ausschaffungs-Initiative). Volksinitiative. Änderung des AuG, Nationalrat Fortsetzung, AB 2010 N 708 ff. (zit. AB 2010 N …)

Für die Ausschaffung krimineller Ausländer (Ausschaffungs-Initiative). Volksinitiative. Änderung des AuG, Nationalrat, AB 2010 N 599 ff. (zit. AB 2010 N …)

Für die Ausschaffung krimineller Ausländer (Ausschaffungs-Initiative). Volksinitiative. Änderung des AuG, Ständerat Schlussabstimmung, AB 2010 S 579 (zit. AB 2010 S …)

Für die Ausschaffung krimineller Ausländer (Ausschaffungs-Initiative). Volksinitiative. Änderung des AuG, Ständerat, AB 2010 S 309 ff. (zit. AB 2010 S …)

Für die Ausschaffung krimineller Ausländer (Ausschaffungs-Initiative). Volksinitiative. Änderung des AuG, Ständerat Ordnungsantrag, AB 2009 S 1298 ff. (zit. AB 2009 S …)

StGB und MStG. Ausschaffung krimineller Ausländer, Nationalrat Schlussabstimmung, AB 2015 N 596 ff. (zit. AB 2015 N …)

StGB und MStG. Ausschaffung krimineller Ausländer, Nationalrat Differenzen, AB 2015 N 250 ff. (zit. AB 2015 N …)

StGB und MStG. Ausschaffung krimineller Ausländer, Nationalrat Fortsetzung, AB 2014 N 502 ff. (zit. AB 2014 N …)

StGB und MStG. Ausschaffung krimineller Ausländer, Nationalrat, AB 2014 N 489 ff. (zit. AB 2014 N …)

StGB und MStG. Ausschaffung krimineller Ausländer, Ständerat Schlussabstimmung, AB 2015 S 300 (zit. AB 2015 S …)

StGB und MStG. Ausschaffung krimineller Ausländer, Ständerat Differenzen, AB 2015 S 190 ff. (zit. AB 2015 S …)

StGB und MStG. Ausschaffung krimineller Ausländer, Ständerat, AB 2014 S 1236 ff. (zit. AB 2014 S …)

Zusammenfassung der Ergebnisse des Vernehmlassungsverfahrens über den Bericht und die Vorentwürfe zur Änderung des Schweizerischen Strafgesetzbuchs und des Militärstrafgesetzes (Umsetzung von Art. 121 Abs. 3–6 über die Ausschaffung krimineller Ausländerinnen und Ausländer) vom 19. November 2012, abrufbar unter: <https://www.admin.ch/ch/d/gg/pc/documents/2136/Ergebniss_Ausschaffung_de.pdf> (besucht am 12. Juni 2018) (zit. Bericht Vernehmlassung Ausschaffungsinitiative)

Zusammenfassung der Verhandlungen im Nationalrat NR vom 11. März 2015 über die Umsetzung der Ausschaffungsinitiative, abrufbar unter: <https://www.parlament.ch/de/ratsbetrieb/suche-curia-vista/geschaeft?AffairId=20130056> (besucht am 12. Juni 2018) (zit. Zusammenfassung Verhandlungen NR vom 11. März 2015)

Zusammenfassung der Verhandlungen im Nationalrat NR vom 20. März 2014 über die Umsetzung der Ausschaffungsinitiative, abrufbar unter: <https://www.parlament.ch/de/ratsbetrieb/suche-curia-vista/geschaeft?AffairId=20130056> (besucht am 12. Juni 2018) (zit. Zusammenfassung Verhandlungen NR vom 20. März 2014)

Zusammenfassung der Verhandlungen im Ständerat SR vom 10. Dezember 2014 über die Umsetzung der Ausschaffungsinitiative, abrufbar unter: <https://www.parlament.ch/de/ratsbetrieb/suche-curia-vista/geschaeft?AffairId=20130056> (besucht am 12. Juni 2018) (zit. Zusammenfassung Verhandlungen SR vom 10. Dezember 2014)

Zweitwohnungsinitiative

Argumentarien Contra zur Volksinitiative «Schluss mit uferlosem Bau von Zweitwohnungen!», abrufbar unter: <https://www.parlament.ch/centers/documents/de/08-073-argumentarien-contra-d.pdf#search=zweitwohnungsinitiative> (besucht am 12. Juni 2018) (zit. Argumentarien Contra I)

Argumentarium der Initianten zur Volksinitiative «Schluss mit uferlosem Bau von Zweitwohnungen!», abrufbar unter: <http://www.zweitwohnungsinitiative.ch/tl_files/pdf/Argumentarium/Argumentarium-A4-D-Web.pdf> (besucht am 12. Juni 2018) (zit. Argumentarium Zweitwohnungsinitiative)

Bericht der Kommission für Umwelt, Raumplanung und Energie des Nationalrates UREK-N vom 8. Juni 2010, abrufbar unter: <https://www.parlament.ch/

centers/kb/Documents/2008/Kommissionsbericht_UREK-N_08.073_2010-06-08.pdf> (besucht am 12. Juni 2018) (zit. UREK-N, Bericht vom 8. Juni 2010)

Bericht der Kommission für Umwelt, Raumplanung und Energie des Ständerates UREK-S vom 26. April 2010, abrufbar unter: <https://www.parlament.ch/centers/kb/Documents/2008/Kommissionsbericht_UREK-S_08.073_2010-04-26.pdf> (besucht am 12. Juni 2018) (zit. UREK-S, Bericht vom 26. April 2010)

Botschaft zum Bundesgesetz über Zweitwohnungen vom 19. Februar 2014, BBl 2014 2287 ff. (zit. Botschaft ZWG)

Botschaft zur eidgenössischen Volksinitiative «Schluss mit uferlosem Bau von Zweitwohnungen!» vom 29. Oktober 2008, BBl 2008 8757 ff. (zit. Botschaft Zweitwohnungsinitiative)

Botschaft zur Änderung des Bundesgesetzes über die Raumplanung (Flankierende Massnahmen zur Aufhebung des Bundesgesetzes über den Erwerb von Grundstücken durch Personen im Ausland) vom 4. Juli 2007, BBl 2007 5765 ff. (zit. Botschaft RPG-Revision)

Bundesamt für Raumentwicklung ARE, Erläuterungen zur Zweitwohnungsverordnung vom 18. November 2015, abrufbar unter: <https://www.are.admin.ch/are/de/home/raumentwicklung-und-raumplanung/raumplanungsrecht/zweitwohnungen/dossier-zweitwohnungsgesetz-und--verordnung.html> (besucht am 12. Juni 2018) (zit. ARE, Erläuterungen ZWV)

Bundesamt für Raumentwicklung ARE, Erläuterungen zum Bundesgesetz über Zweitwohnungen (Entwurf) vom 26. Juni 2013, abrufbar unter: <https://www.are.admin.ch/are/de/home/raumentwicklung-und-raumplanung/raumplanungsrecht/zweitwohnungen/dossier-zweitwohnungsgesetz-und--verordnung.html> (besucht am 12. Juni 2018) (zit. ARE, Erläuterungen ZWG)

Bundesamt für Raumentwicklung ARE, Erläuternder Bericht zur Verordnung über Zweitwohnungen vom 17. August 2012, abrufbar unter: <https://www.are.admin.ch/are/de/home/raumentwicklung-und-raumplanung/raumplanungsrecht/zweitwohnungen/dossier-zweitwohnungsgesetz-und--verordnung.html> (besucht am 12. Juni 2018) (zit. ARE, EB ZwVo)

Bundesamt für Raumentwicklung ARE, Konferenzielle Anhörung vom 18. Juni 2012 zur Verordnung über den Bau von Zweitwohnungen. Auswertungsbericht mit Anhörungsentwurf im Anhang vom 19. Juli 2012, abrufbar unter: <http://gigantismus-andermatt.ch/data/downloads/gigantismus-downloads/zweitwohnungen_auswertungsbericht_de.pdf> (besucht am 12. Juni 2018) (zit. ARE, konferenzielle Anhörung Auswertungsbericht)

Eidgenössisches Departement für Umwelt, Verkehr, Energie und Kommunikation UVEK, Argumentarium zur Zweitwohnungsinitiative, abrufbar unter: <https://www.uvek.admin.ch/uvek/de/home/uvek/abstimmungen/zweitwohnungsinitiative/argumentarium.html> (besucht am 12. Juni 2018) (zit. Argumentarium Contra II)

Erläuterungen des Bundesrates zur Volksabstimmung vom 11. März 2012, abrufbar unter: <https://www.bk.admin.ch/ch/d/pore/va/20120311/index.html> (besucht am 12. Juni 2018) (zit. Abstimmungserläuterungen ZWI)

Gegen masslosen Bau umwelt- und landschaftsbelastender Anlagen. Volksinitiative, Nationalrat, AB 2009 N 1022 ff. (zit. AB 2009 N …)

Motionen vom 16. März 2012 zur «Klärung übergangsrechtlicher Fragen der Zweitwohnungs-Initiative», Volksabstimmung vom 11. März 2012: Curia Vista 12.3295 Motion Brand Heinz, abrufbar unter: <https://www.parlament.ch/de/ratsbetrieb/suche-curia-vista/geschaeft?AffairId=20123295> und Curia Vista 12.3322 Motion Schmid Martin, abrufbar unter: <https://www.parlament.ch/de/ratsbetrieb/suche-curia-vista/geschaeft?AffairId=20123322> (besucht am 12. Juni 2018) (zit. Motionen Brand und Schmid)

Rütter-Fischbacher Ursula/Rütter Heinz/Wegmann Armida, Wirkung der Eidgenössischen Volksinitiative «Schluss mit uferlosem Bau von Zweitwohnungen!» im Auftrag des Bundesamtes für Raumentwicklung ARE, Rüschlikon 2008 (zit. Rütter-Fischbacher/Rütter/Wegmann)

Schluss mit uferlosem Bau von Zweitwohnungen. Volksinitiative, Nationalrat Schlussabstimmung, AB 2011 N 1285 (zit. AB 2011 N …)

Schluss mit uferlosem Bau von Zweitwohnungen. Volksinitiative, Nationalrat, AB 2010 N 903 ff. (zit. AB 2010 N …)

Schluss mit uferlosem Bau von Zweitwohnungen. Volksinitiative, Nationalrat Fortsetzung, AB 2009 N 1035 ff. (zit. AB 2009 N …)

Schluss mit uferlosem Bau von Zweitwohnungen. Volksinitiative, Ständerat Schlussabstimmung, AB 2011 S 704 (zit. AB 2011 S …)

Schluss mit uferlosem Bau von Zweitwohnungen. Volksinitiative, Ständerat, AB 2011 S 427 ff. (zit. AB 2011 S …)

Schluss mit uferlosem Bau von Zweitwohnungen. Volksinitiative, Ständerat, AB 2010 S 421 ff. (zit. AB 2010 S …)

Zusammenfassung der Debatten im Nationalrat vom 3. März 2015 und vom 4. März 2015 zum Bundesgesetz über Zweitwohnungen, abrufbar unter: <https://www.parlament.ch/de/ratsbetrieb/suche-curia-vista/geschaeft?AffairId=20140023> (besucht am 12. Juni 2018) (zit. Zusammenfassung der Debatten im Nationalrat vom 3./4. März 2015)

Zweitwohnungen. Bundesgesetz, Nationalrat Schlussabstimmung, AB 2015 N 600 (zit. AB 2015 N …)

Zweitwohnungen. Bundesgesetz, Nationalrat Differenzen, AB 2015 N 308 f. (zit. AB 2015 N …)

Zweitwohnungen. Bundesgesetz, Nationalrat Fortsetzung, AB 2015 N 66 ff. (zit. AB 2015 N …)

Zweitwohnungen. Bundesgesetz, Nationalrat, AB 2015 N 32 ff. (zit. AB 2015 N …)

Zweitwohnungen. Bundesgesetz, Ständerat Schlussabstimmung, AB 2015 S 301 (zit. AB 2015 S …)

Zweitwohnungen. Bundesgesetz, Ständerat Differenzen, AB 2015 S 106 ff. (zit. AB 2015 S …)

Zweitwohnungen. Bundesgesetz, Ständerat Fortsetzung, AB 2014 S 962 ff. (zit. AB 2014 S …)

Zweitwohnungen. Bundesgesetz, Ständerat, AB 2014 S 919 ff. (zit. AB 2014 S …)

Abzockerinitiative

Bericht der Kommission für Rechtsfragen des Ständerates RK-S zur parlamentarischen Initiative «Indirekten Gegenentwurf zur Volksinitiative ‹gegen die Abzockerei›» vom 25. Oktober 2010, BBl 2010 8253 ff. (zit. Bericht RK-S vom 25. Oktober 2010)

Bericht der Kommission für Rechtsfragen des Ständerates RK-S zur Volksinitiative gegen die Abzockerei vom 20. Mai 2010, abrufbar unter: <https://www.parlament.ch/centers/kb/Documents/2008/Kommissionsbericht_RK-S_08.080_2010-05-20.pdf> (besucht am 12. Juni 2018) (zit. Bericht RK-S vom 20. Mai 2010)

Botschaft zur Änderung des Obligationenrechts (Aktienrecht) vom 23. November 2016, BBl 2017 399 ff. (zit. Botschaft Änderung OR 2016)

Botschaft zur Volksinitiative «gegen die Abzockerei» und zur Änderung des Obligationenrechts (Aktienrecht) vom 5. Dezember 2008, BBl 2008 299 ff. (zit. Zusatzbotschaft 2008)

Botschaft zur Änderung des Obligationenrechts (Aktienrecht und Rechnungslegungsrecht sowie Anpassungen im Recht der Kollektiv- und der Kommanditgesellschaft, im GmbH-Recht, Genossenschafts-, Handelsregister- sowie Firmenrecht) vom 21. Dezember 2007, BBl 2008 1589 ff. (zit. Botschaft Änderung OR 2007)

Entwurf des Bundesrates zur Änderung des Obligationenrechts (Aktienrecht und Rechnungslegungsrecht sowie Anpassungen im Recht der Kollektiv- und der Kommanditgesellschaft, im GmbH-Recht, Genossenschafts-, Handelsregister- sowie Firmenrecht), BBl 2008 1751 ff. (zit. E-OR)

Erläuternder Bericht des Bundesamts für Justiz BJ zum Vorentwurf zur Verordnung gegen die Abzockerei (VgdA) vom 14. Juni 2013, abrufbar unter: <https://www.admin.ch/ch/d/gg/pc/documents/2399/Abzockerei_Erl.-Bericht_de.pdf> (besucht am 12. Juni 2018) (zit. EB E-VgdA)

Erläuterungen des Bundesrates zur Volksabstimmung vom 3. März 2013, abrufbar unter: <https://www.bk.admin.ch/ch/d/pore/va/20130303/index.html> (besucht am 12. Juni 2018) (zit. Abstimmungserläuterungen Abzockerinitiative)

Erläuterungen des Initiativkomitees zum Initiativtext, abrufbar unter: <http://www.abzockerinitiativeja.ch/wp-content/uploads/Erlaeuterungen.pdf> (besucht am 12. Juni 2018) (zit. Erläuterungen der Initian-ten)

Gegen die Abzockerei. Volksinitiative, Nationalrat, Schlussabstimmung, AB 2012 N 1234 ff. (zit. AB 2012 N …)

Gegen die Abzockerei. Volksinitiative, Nationalrat Differenzen, AB 2012 N 230 ff. (zit. AB 2012 N …)

Gegen die Abzockerei. Volksinitiative, Nationalrat Fortsetzung, AB 2010 N 467 ff. (zit. AB 2010 N …)

Gegen die Abzockerei. Volksinitiative, Nationalrat Fortsetzung, AB 2010 N 435 ff. (zit. AB 2010 N …)

Gegen die Abzockerei. Volksinitiative, Nationalrat, AB 2010 N 336 ff. (zit. AB 2010 N …)

Gegen die Abzockerei. Volksinitiative, Nationalrat Ordnungsantrag, AB 2010 N 328 ff. (zit. AB 2010 N …)

Gegen die Abzockerei. Volksinitiative, Ständerat Schlussabstimmung, AB 2012 S 638 (zit. AB 2012 S …)

Gegen die Abzockerei. Volksinitiative, Ständerat Differenzen, AB 2012 S 344 ff. (zit. AB 2012 S …)

Gegen die Abzockerei. Volksinitiative, Ständerat Differenzen, AB 2010 S 1342 ff. (zit. AB 2010 S …)

Gegen die Abzockerei. Volksinitiative, Ständerat, AB 2009 S 601 ff. (zit. AB 2009 S …)

Parlamentarische Initiative: Aktienrechtliche und steuerrechtliche Behandlung sehr hoher Vergütungen vom 22. Juni 2010 (Geschäft 10.460), abrufbar unter: <https://www.parlament.ch/de/ratsbetrieb/suche-curia-vista/geschaeft?AffairId=20100460> (besucht am 12. Juni 2018) (zit. Parlamentarische Initiative)

Stellungnahme des Bundesrates zum Zusatzbericht der Kommission für Rechtsfragen des Ständerates vom 22. November 2010 zur parlamentarischen Initiative: Indirekter Gegenentwurf zur Volksinitiative «gegen die Abzockerei» vom 3. Dezember 2010, BBl 2011 243 ff. (zit. Stellungnahme BR vom 3. Dezember 2010)

Stellungnahme des Bundesrates zum Bericht der Kommission für Rechtsfragen des Ständerates vom 25. Oktober 2010 zur parlamentarischen Initiative: Indirekter Gegenentwurf zur Volksinitiative «gegen die Abzockerei» vom 17. November 2010, BBl 2010 8323 ff. (zit. Stellungnahme BR vom 17. November 2010)

Stellungnahme des Initiativkomitees an die Kommission für Rechtsfragen des Nationalrates RK-N vom 16. Juni 2017, abrufbar unter: <http://www.abzockerinitiativeja.ch/stellungnahme-an-nr-rechtskomission/> (besucht am 12. Juni 2018) (zit. Stellungnahme Initiativkomitee)

Vorentwurf zur Verordnung gegen die Abzockerei vom 22. November 2013, abrufbar unter: <https://www.admin.ch/ch/d/gg/pc/documents/2399/Abzockerei_Entwurf_de.pdf> (besucht am 12. Juni 2018) (zit. E-VgdA)

Zusammenfassung der Stellungnahmen zum Vorentwurf der Verordnung gegen die Abzockerei vom 4. September 2013, abrufbar unter: <https://www.bj.admin.ch/dam/data/bj/wirtschaft/gesetzgebung/aktienrechtsrevision14/voabzockerei/ve-ber-d.pdf> (besucht 12. Juni 2018) (zit. Zusammenfassung Stellungnahmen)

Zusatzbericht zum Entwurf zur Verordnung gegen übermässige Vergütungen bei börsenkotierten Aktiengesellschaften vom 8. Oktober 2013, abrufbar unter: <https://www.bj.admin.ch/dam/data/bj/wirtschaft/gesetzgebung/aktienrechtsrevision14/voabzockerei/erl-vo-d.pdf> (besucht am 12. Juni 2018) (zit. Zusatzbericht VegüV)

Zusatzbericht der Kommission für Rechtsfragen des Ständerates zur parlamentarischen Initiative: Indirekter Gegenentwurf zur Volksinitiative «gegen die Abzockerei» vom 22. November 2010, BBl 2011 209 ff. (zit. Zusatzbericht RK-S vom 22. November 2010)

Masseneinwanderungsinitiative

Änderung des Bundesgesetzes über die Ausländerinnen und Ausländer (Ausländergesetz, AuG), Steuerung der Zuwanderung und Vollzugsverbesserungen bei den Freizügigkeitsabkommen vom 16. Dezember 2016, Ablauf der Referendumsfrist: 7. April 2017 (noch nicht in Kraft), BBl 2016 8917 ff. (zit. Änderung AuG, BBl 2016 …)

Ausländergesetz. Steuerung der Zuwanderung und Vollzugsverbesserungen bei den Freizügigkeitsabkommen, Nationalrat Differenzen, AB 2016 N 1992 ff. (zit. AB 2016 N …)

Ausländergesetz. Steuerung der Zuwanderung und Vollzugsverbesserungen bei den Freizügigkeitsabkommen, Nationalrat, AB 2016 N 1496 ff. (zit. AB 2016 N …)

Ausländergesetz. Steuerung der Zuwanderung und Vollzugsverbesserungen bei den Freizügigkeitsabkommen, Ständerat Differenzen, AB 2016 S 1039 ff. (zit. AB 2016 S …)

Ausländergesetz. Steuerung der Zuwanderung und Vollzugsverbesserungen bei den Freizügigkeitsabkommen, Ständerat, AB 2016 S 921 ff. (zit. AB 2016 S …)

Botschaft zur Änderung des Ausländergesetzes (Steuerung der Zuwanderung und Vollzugsverbesserungen bei den Freizügigkeitsabkommen) vom 4. März 2016, BBl 2016 3007 ff. (zit. Botschaft Umsetzung MEI)

Botschaft des Bundesrates zur Volksinitiative «Gegen Masseneinwanderung» vom 7. Dezember 2012, BBl 2013 291 ff. (zit. Botschaft MEI)

Bundesamt für Justiz BJ zur angenommenen Volksinitiative «Gegen Masseneinwanderung»: Auslegung der Art. 121a und 197 Ziff. 9 der Bundesverfassung vom 8. April 2014, abrufbar unter: <https://www.sem.admin.ch/dam/data/sem/eu/fza/personenfreizuegigkeit/umsetz-mei/auslegung-bv-d.pdf> (besucht am 12. Juni 2018) (zit. BJ, Auslegung)

Direktion für Völkerrecht DV zu den Auswirkungen der neuen Verfassungsbestimmungen Art. 121a und Art. 197 Ziff. 9 auf die völkerrechtlichen Verpflichtungen der Schweiz vom 26. Mai 2014, abrufbar unter: <https://www.sem.admin.ch/dam/data/sem/eu/fza/personenfreizuegigkeit/umsetz-mei/auswirkung-voelkerrecht-d.pdf> (besucht am 12. Juni 2018) (zit. DV, Auswirkungen)

Entwurf des Bundesrates zur Änderung des Bundesgesetzes über die Ausländerinnen und Ausländer (Ausländergesetz, AuG), Steuerung der Zuwanderung und Vollzugsverbesserungen bei den Freizügigkeitsabkommen, BBl 2016 3079 ff. (zit. E-AuG)

Erläuterungen des Bundesrates zur Volksabstimmung vom 9. Februar 2014, abrufbar unter: <https://www.bk.admin.ch/bk/de/home/dokumentation/volksabstimmungen/volksabstimmung-20140209.html> (besucht am 12. Juni 2018) (zit. Abstimmungserläuterungen MEI)

Gegen Masseneinwanderung. Volksinitiative, Nationalrat Fortsetzung, AB 2013 N 1153 ff. (zit. AB 2013 N …)

Gegen Masseneinwanderung. Volksinitiative, Nationalrat, AB 2013 N 1120 ff. (zit. AB 2013 N …)

Gegen Masseneinwanderung. Volksinitiative, Ständerat, AB 2013 S 814 ff. (zit. AB 2013 S …)

Synthesebericht der Expertengruppe zur Umsetzung von Art. 121a BV vom 13. Juni 2014, abrufbar unter: <https://www.sem.admin.ch/dam/data/sem/eu/fza/personenfreizuegigkeit/umsetz-mei/syntheseber-experten-d.pdf> (besucht am 12. Juni 2018) (zit. Synthesebericht)

Umsetzungskonzept des Eidgenössischen Justiz und Polizeidepartements EJPD zu Art. 121a BV (Steuerung der Zuwanderung) vom 20. Juni 2014, abrufbar unter: <https://www.sem.admin.ch/dam/data/sem/eu/fza/personenfreizuegigkeit/umsetz-mei/konzept-umsetz-d.pdf> (besucht am 12. Juni 2018) (zit. EJPD, Umsetzungskonzept)

Quellenverzeichnis

Übergreifend

Aufstellung der Bundeskanzlei BK zu den hängigen Volksinitiativen, abrufbar unter: <https://www.bk.admin.ch/ch/d/pore/vi/vis_1_3_1_1.html> (besucht am 5. Juli 2018) (zit. BK, hängige Volksinitiativem)

Duden. Die Deutsche Rechtschreibung. Das umfassende Standardwerk auf der Grundlage der amtlichen Regeln, abrufbar unter: <https://www.duden.de/> (besucht am 12. Juni 2018) (zit. Duden online)

Medienmitteilung der Staatspolitischen Kommission des Ständerates SPK-S vom 22. August 2014, abrufbar unter: <http://www.parlament.ch/d/mm/2014/Seiten/mm-spk-s-2014-08-22.aspx> (besucht am 12. Juni 2018) (zit. Medienmitteilung SPK-S vom 22. August 2014)

Verwahrungsinitiative

Medienkonferenz vom 19. Januar 2004 über die Volksinitiative «Lebenslange Verwahrung», Referat Christoph Blocher, abrufbar unter: <https://www.ejpd.admin.ch/ejpd/de/home/aktuell/reden---interviews/reden/archiv/reden_christoph_blocher/2004/2004-01-19b.html> (besucht am 12. Juni 2018) (zit. Referat von Christoph Blocher vom 19. Januar 2004)

Medienkonferenz vom 18. November 2003 über die Volksinitiative «Lebenslange Verwahrung», Referat Ruth Metzler-Arnold, abrufbar unter: <https://www.ejpd.admin.ch/ejpd/de/home/aktuell/reden---interviews/reden/archiv/reden_ruth_metzler-arnold/2003/2003-11-180.html> (besucht am 12. Juni 2018) (zit. Referat von Ruth Metzler vom 18. November 2003)

Medienmitteilung des Bundesamtes für Justiz BJ vom 4. April 2001, abrufbar unter: <https://www.bj.admin.ch/bj/de/home/aktuell/news/2001/50.html> (besucht am 12. Juni 2018) (zit. Medienmitteilung BJ vom 4. April 2001)

Medienmitteilung der Schweizerischen Depeschenagentur AG SDA vom 24. November 2006, abrufbar unter: <https://www.parlament.ch/de/services/news/Seiten/2006/mm_2006-11-24_999_01.aspx> (besucht am 12. Juni 2018) (zit. Medienmitteilung SDA vom 24. November 2006)

Rede von Bundesrat Christoph Blocher zur Abstimmung vom 8. Februar 2004 über die Volksinitiative «Lebenslange Verwahrung», abrufbar unter: <https://www.ejpd.admin.ch/ejpd/de/home/aktuell/reden---interviews/reden/archiv/reden_christoph_blocher/2004/2004-02-08.html> (besucht am 12. Juni 2018) (zit. Rede Altbundesrat Blocher vom 8. Februar 2004)

Ausschaffungsinitiative

Medienmitteilung der Staatspolitischen Kommission des Nationalrates SPK-N vom 11. Oktober 2013, abrufbar unter: <https://www.parlament.ch/press-releases/Pages/2013/mm-spk-n-2013-10-11.aspx> (besucht am 12. Juni 2018) (zit. Medienmitteilung SPK-N vom 11. Oktober 2013)

Medienmitteilung vom 24. Juni 2009, abrufbar unter: <https://www.admin.ch/gov/de/start/dokumentation/medienmitteilungen.msg-id-27623.html> (besucht am 12. Juni 2018) (zit. Medienmitteilung vom 24. Juni 2009)

Zweitwohnungsinitiative

Bundesamt für Raumentwicklung ARE, Zweitwohnungen. Planungshilfe für die kantonale Richtplanung, abrufbar unter: <https://www.are.admin.ch/are/de/home/raumentwicklung-und-raumplanung/raumplanungsrecht/zweitwohnungen.html> (besucht am 12. Juni 2018) (zit. ARE, Planungshilfe)

Medienmitteilung des Eidgenössischen Departements für Umwelt, Verkehr, Energie und Kommunikation UVEK vom 2. Juli 2012, abrufbar unter: <https://www.uvek.admin.ch/uvek/de/home/uvek/medien/medienmitteilungen.msg-id-45236.html> (besucht am 12. Juni 2018) (zit. Medienmitteilung UVEK vom 2. Juli 2012)

Medienmitteilung des Eidgenössischen Departements für Umwelt, Verkehr, Energie und Kommunikation UVEK vom 30. Mai 2012, abrufbar unter: <https://www.uvek.admin.ch/uvek/de/home/uvek/medien/medienmitteilungen.msg-id-44739.html> (besucht am 12. Juni 2018) (zit. Medienmitteilung UVEK vom 30. Mai 2012)

Medienmitteilung des Eidgenössischen Departements für Umwelt, Verkehr, Energie und Kommunikation UVEK vom 15. März 2012, abrufbar unter: <https://www.uvek.admin.ch/uvek/de/home/uvek/medien/medienmitteilungen.msg-id-43775.html> (besucht am 12. Juni 2018) (zit. Medienmitteilung UVEK vom 15. März 2012)

Medienmitteilung der Kommission für Umwelt, Raumplanung und Energie des Nationalrates UREK-N vom 27. Januar 2015, abrufbar unter: <https://www.parlament.ch/press-releases/Pages/2015/mm-urek-n-2015-01-27.aspx> (besucht am 12. Juni 2018) (zit. Medienmitteilung UREK-N vom 27. Januar 2015)

Medienmitteilung der Kommission für Umwelt, Raumplanung und Energie des Nationalrates UREK-N vom 18. November 2014, abrufbar unter: <https://www.parlament.ch/press-releases/Pages/2014/mm-urek-n-2014-11-18.aspx> (besucht am 12. Juni 2018) (zit. Medienmitteilung UREK-N vom 18. November 2014)

Medienmitteilung der Kommission für Umwelt, Raumplanung und Energie des Ständerates UREK-S vom 15. August 2014, abrufbar unter: <https://

www.parlament.ch/press-releases/Pages/2014/mm-urek-s-2014-08-15.aspx> (besucht am 12. Juni 2018) (zit. Medienmitteilung UREK-S vom 15. August 2014)

Abzockerinitiative

Medienmitteilung des Bundesrates vom 26. März 2013, abrufbar unter: <https://www.admin.ch/gov/de/start/dokumentation/medienmitteilungen/bundesrat.msg-id-48294.html> (besucht am 12. Juni 2018) (zit. Medienmitteilung BR vom 26. März 2013)

Medienmitteilung des Eidgenössischen Justiz- und Polizeidepartements EJPD vom 26. März 2013, abrufbar unter: <https://www.ejpd.admin.ch/ejpd/de/home/aktuell/news/2013/2013-03-261.html> (besucht am 12. Juni 2018) (zit. Medienmitteilung EJPD vom 26. März 2013)

Medienmitteilung des Eidgenössischen Justiz- und Polizeidepartements EJPD vom 18. Dezember 2012, abrufbar unter: <https://www.ejpd.admin.ch/ejpd/de/home/aktuell/news/2012/2012-12-18.html> (besucht am 12. Juni 2018) (zit. Medienmitteilung EJPD vom 18. Dezember 2012)

Medienmitteilung der Kommission für Rechtsfragen des Nationalrates RK-N vom 2. Februar 2012, abrufbar unter: <https://www.parlament.ch/press-releases/Pages/2012/mm-rk-n-2012-02-02.aspx> (besucht am 12. Juni 2018) (zit. Medienmitteilung RK-N vom 2. Februar 2012)

Medienmitteilung der Kommission für Rechtsfragen des Nationalrates RK-N vom 3. September 2010, abrufbar unter: <https://www.parlament.ch/press-releases/Pages/2010/mm-rk-n-2010-09-03.aspx> (besucht am 12. Juni 2018) (zit. Medienmitteilung RK-N vom 3. September 2010)

Medienmitteilung der Kommission für Rechtsfragen des Nationalrates RK-N vom 26. März 2010, abrufbar unter: <https://www.parlament.ch/press-releases/Pages/2010/mm-rk-n-2010-03-26.aspx> (besucht am 12. Juni 2018) (zit. Medienmitteilung RK-N vom 26. März 2010)

Medienmitteilung der Kommission für Rechtsfragen des Nationalrates RK-N vom 29. Januar 2010, abrufbar unter: <https://www.parlament.ch/press-releases/Pages/2010/mm-rk-n-2010-01-29.aspx> (besucht am 12. Juni 2018) (zit. Medienmitteilung RK-N vom 29. Januar 2010)

Medienmitteilung der Kommission für Rechtsfragen des Ständerates RK-S vom 7. September 2010 (inkl. Beilage), abrufbar unter: <https://www.parlament.ch/press-releases/Pages/2010/mm-rk-s-2010-09-07.aspx> (besucht am 12. Juni 2018) (zit. Medienmitteilung RK-S vom 7. September 2010)

Medienmitteilung der Kommission für Rechtsfragen des Ständerates RK-S vom 23. April 2010, abrufbar unter: <https://www.parlament.ch/press-releases/Pages/2010/mm-rk-s-2010-04-23.aspx> (besucht am 12. Juni 2018) (zit. Medienmitteilung RK-S vom 23. April 2010)

Medienmitteilung der Kommission für Wirtschaft und Abgaben des Ständerates WAK-S vom 22. Juni 2010, abrufbar unter: <https://www.parlament.ch/press-releases/Pages/2010/mm-wak-s-2010-06-22.aspx> (besucht am 12. Juni 2018) (zit. Medienmitteilung WAK-S vom 22. Juni 2010)

Praxismitteilung 3/13 des EHRA zur Verordnung gegen übermässige Vergütungen bei börsenkotierten Aktiengesellschaften – Prüfungspflichten des Handelsregisteramtes vom 20. November 2013, abrufbar unter: <https://ehra.fenceit.ch/wp-content/uploads/sites/54/praxismitteilung/de/Praxismitteilung-3-13-EHRA.pdf> (besucht am 12. Juni 2018) (zit. Praxismitteilung EHRA)

Swiss Code of Best Practice for Corporate Governance vom September 2014, abrufbar unter: <https://www.economiesuisse.ch/de/publikationen/swiss-code-best-practice-corporate-governance> (besucht am 12. Juni 2018) (zit. «Swiss Code»)

Masseneinwanderungsinitiative

Avenir Suisse, Globalziel statt Kontingente. Umsetzungskonzept. Wie das Ziel der Zuwanderungsinitiative unter Beibehaltung der Personenfreizügigkeit erreicht werden kann, abrufbar unter: <https://www.avenir-suisse.ch/files/2001/01/Globalziel-statt-Kontingente.pdf#viewer.action=download> (besucht am 12. Juni 2018) (zit. Avenir Suisse, Globalziel)

Medienmitteilung des Bundesrates vom 28. Juni 2017, abrufbar unter: <https://www.admin.ch/gov/de/start/dokumentation/medienmitteilungen.msg-id-67318.html> (besucht am 12. Juni 2018) (zit. Medienmitteilung BR vom 28. Juni 2017)

Medienmitteilung des Eidgenössischen Justiz- und Polizeidepartements EJPD vom 20. Juni 2014, abrufbar unter: <https://www.ejpd.admin.ch/ejpd/de/home/aktuell/news/2014/2014-06-202.html> (besucht am 12. Juni 2018) (zit. Medienmitteilung EJPD vom 20. Juni 2014)

Medienmitteilung des Staatssekretariats für Migration SEM vom 4. März 2016, abrufbar unter: <https://www.sem.admin.ch/sem/de/home/aktuell/news/2016/ref_2016-03-04.html> (besucht am 12. Juni 2018) (zit. Medienmitteilung SEM vom 4. März 2016)

Wegleitung des Migrationsamts des Kantons Zürich, abrufbar unter: <https://www.zh.ch/internet/sicherheitsdirektion/migrationsamt/de/einreise_aufenthalt/ausweise_bewilligungsarten/_jcr_content/contentPar/downloadlist/download items/_bersicht_aufenthalt.spooler.download.1478527779432.pdf/Aufenthalts kategorien+in+der+Schweiz_CD.pdf> (besucht am 12. Juni 2018) (zit. Wegleitung Migrationsamt Zürich)

A. Einleitung

I. Ausgangslage

Seit der Einführung der Volksinitiative auf Bundesebene im Jahr 1891 fanden lediglich 22 Volksinitiativen bei Volk und Ständen Zustimmung. Während in den Jahren zwischen 1949 und 1982 keine einzige Volksinitiative Erfolg zu verzeichnen vermochte, änderte sich diese Ausgangslage nach der Jahrtausendwende in grundlegender Weise. Inzwischen stellt die Annahme einer Volksinitiative keineswegs mehr eine Ausnahmeerscheinung dar. Vielmehr dominieren erfolgreiche eidgenössische Volksinitiativen das schweizerische politische System. Seit 2008 bis heute wurden nicht weniger als sieben Volksinitiativen befürwortet. Zwischen 2008 und 2014 war mit Ausnahme des Wahljahres 2011 somit jedes Jahr eine Volksinitiative bei Volk und Ständen erfolgreich.[1] Sechs zustande gekommene Volksinitiativen befinden sich derzeit zur Behandlung beim Bundesrat und fünf weitere beim Parlament. Für 13 weitere Initiativen werden Unterschriften gesammelt.[2]

Die Volksinitiative auf Teilrevision der Bundesverfassung erfreut sich trotz der hohen formellen Hürden[3] einer immer grösseren Beliebtheit, stellt aber zugleich auch eine Herausforderung hinsichtlich des Umsetzungsprozesses für die damit betrauten staatlichen Gewalten dar. In erster Linie rückte mit Annahme der Verwahrungs-, Ausschaffungs-, Zweitwohnungs- und Masseneinwanderungsinitiative die Frage der gesetzlichen Konkretisierung einer auf einer Volksinitiative beruhenden Verfassungsbestimmung in den Mittelpunkt des staatsrechtlichen Diskurses. Dabei hat es sich als schwierig erwiesen, Verfassungsregelungen umzusetzen, die sowohl dem Rechtsstaatsprinzip als auch den völkerrechtlichen Verpflichtungen genügen,[4] ohne dabei gleichzeitig die zu konkretisierende Verfassungsnorm auszuhöhlen, zu «verwässern»

---

1 Siehe zum Ganzen JORIO & STIFTUNG HISTORISCHES LEXIKON DER SCHWEIZ, S. 54.

2 Vgl. hierzu BK, hängige Volksinitiativen.

3 Vgl. B.I.1.

4 Vgl. C.I, C.II, C.V.

oder gar «umzudeuten».[5] Immer wieder war bei der Umsetzung solcher Volksinitiativen von der «Quadratur des Kreises» die Rede.[6]

Die vorliegende Studie untersucht den Umsetzungsprozess der von Volk und Ständen angenommenen Volksinitiativen in Form des ausgearbeiteten Entwurfs auf Bundesebene. Im Unterschied zu den Auswirkungen abgelehnter Initiativen ist die Umsetzung angenommener Volksinitiativen bislang von der Rechtswissenschaft nicht übergreifend erforscht worden. Vornehmlich dürfte dies auf den langen Zeitraum erfolgloser Initiativen zurückzuführen sein.[7] Sowohl die Schrift GABRIELA ROHNERS, die den Stand der Umsetzung ausgewählter Volksinitiativen aufzeigt,[8] als auch die Dissertation von ROGER NOBS, welche die Umsetzung von völkerrechtswidrigen Volksinitiativen unter den Gesichtspunkten der Auslegung und der Harmonisierung thematisiert,[9] greifen zwar die Materie auf, ohne aber allgemeine Massgaben für die Umsetzung von Volksinitiativen zu entwickeln.[10] In der übrigen staatsrechtlichen Literatur wird das Thema entweder gar nicht[11] oder nur ansatzweise[12] erwähnt bzw. einzig fachrechtlich analysiert.[13] Angesichts der Tragweite der eidgenössischen Volksinitiative, die den Kern der direkten Demokratie bildet,[14] und mangels einer übergreifenden Systematisierung der im Zuge des

5 Vgl. D.II.1.

6 Vgl. statt vieler NR Romano, AB 2016 N 1501; SR Hegglin, AB 2016 S 930.

7 Exemplarisch DELLEY, S. 22.

8 ROHNER, S. 224–227.

9 NOBS, S. 346–384.

10 NOBS, S. 367–371. Der Autor zeigt indessen wertvolle Konfliktlösungsmechanismen durch Gesetzgeber und rechtsanwendende Behörden in diesem spezifischen Bereich auf, die gehaltvolle Ansatzpunkte für die Umsetzung bilden.

11 Die Darstellungen der Volksinitiative auf Teilrevision der Bundesverfassung enden bei GRISEL, N 748 f.; HANGARTNER/KLEY, Rz. 906, zeitlich mit dem Inkrafttreten durch die Annahme von Volk und Ständen.

12 AUER/MALINVERNI/HOTTELIER, Rz. 809, erwähnen, dass die Diskussion mit der Annahme der Initiative nicht beendet sei, sondern bei der Umsetzung und Anwendung der Normen ihre Fortsetzung fände, ohne indessen die Problematik weiter zu vertiefen.

13 Vgl. hierzu die Literaturnachweise bei der Verwahrungs-, Ausschaffungs-, Zweitwohnungs-, Abzocker- und Masseneinwanderungsinitiative.

14 JORIO & STIFTUNG HISTORISCHES LEXIKON DER SCHWEIZ, S. 52.

Umsetzungsprozesses aufgetretenen Rechtsprobleme, ist eine vertiefte Analyse gerechtfertigt.

II. Forschungsfrage

Die vorliegende Studie geht zunächst der unerforschten Frage des methodischen Umgangs mit auf Volksinitiativen beruhenden Verfassungsnormen nach und untersucht deren Eingliederung in den Gesamtzusammenhang der Verfassung und der völkerrechtlichen Ordnung. Aufbauend auf der so erarbeiteten Konzeption gilt es, die Umsetzung erfolgreicher Volksinitiativen durch Bundesversammlung, Bundesrat und Bundesgericht aus unterschiedlichen Blickwinkeln systematisch zu erfassen. Dabei rückt die Frage des Umsetzungsspielraums der mit Erlass der Ausführungsbestimmungen betrauten staatlichen Organe in den Vordergrund. Damit einhergehend muss der zulässige Regelungsrahmen, der durch die Verfassungsbestimmung selbst vorgegeben wird, eruiert werden. Gleichzeitig sind damit auch die Grenzen der Verfassungskonkretisierung zu untersuchen. Abgesehen von der Klärung der rechtlichen Schwierigkeiten, die im Zuge des Prozesses bei der Umsetzung aufgetreten sind, sollen mit der Studie auch grundlegende Kompetenz- und Gewaltenteilungsfragen thematisiert werden.

III. Vorgehen

Die Studie gliedert sich in vier Teile. Der erste Teil ist den Grundlagen gewidmet. Er erläutert die methodische Vorgehensweise, um den «Volkswillen» zu eruieren, der umgesetzt werden soll. Zugleich wird anhand der aufgezeigten Methodik die Typologie und die Rechtsnatur der auf einer Volksinitiative fussenden Verfassungsnorm bestimmt, da Umfang und Wesen der Umsetzung in erster Linie vom Typus des umzusetzenden Verfassungsartikels abhängen. Damit einhergehend werden sowohl die Kompetenzen der mit der Ausführungsgesetzgebung betrauten staatlichen Akteure als auch der Regelungsrahmen, innerhalb dessen legiferiert werden muss und darf, dargestellt (Teil B).

Der zweite Teil beschäftigt sich mit der Frage, «wie» die Umsetzung einzelner Volksinitiativen durch Bundesversammlung, Bundesrat und Bundesgericht erfolgt ist. In erster Linie wird diese Fragestellung anhand der Verwahrungs-, Ausschaffungs-, Zweitwohnungs-, Abzocker- und der Masseneinwanderungsinitiative nachgezeichnet. Beleuchtet wird im Wesentlichen, «wie» und «ob» der Verfassungsauftrag in den Ausführungsbestimmungen Niederschlag gefunden hat. Dazu wird einerseits auf die Typologie der Verfassungsbestimmung, auf deren unmittelbare Anwendbarkeit sowie auf deren Verhältnis zur übrigen Verfassung und zum Völkerrecht fokussiert. Andererseits werden auch die Zuständigkeiten bei der Umsetzung sowie die Notwendigkeit einer Ausführungsgesetzgebung einer genauen Prüfung unterzogen. Eine Analyse der Ausführungsgesetzgebung hinsichtlich ihrer Verfassungskonformität rundet diesen Teil ab (Teil C).

Der letzte Teil widmet sich einer gesamthaften Würdigung der Ergebnisse, die aus der Analyse der Umsetzung der Verwahrungs-, Ausschaffungs-, Zweitwohnungs-, Abzocker- und Masseneinwanderungsinitiative gewonnen wurden, sowie der daraus hervorgegangenen Gewaltenteilungsfragen. Diese werden in den Gesamtkontext des Initiativrechts gestellt. Bei gleichgelagerten Problemstellungen werden Parallelen zu anderen erfolgreichen Volksinitiativen gezogen (Teil D). Daraus sollen Konfliktlösungsmechanismen für den Fall einer Kollision mit dem Völkerrecht sowie mit der Bundesverfassung, die sich nach der Annahme einer Volksinitiative ergibt, sowie allgemeine Massgaben für die Umsetzung erfolgreicher Volksinitiativen auf Bundesebene herausgearbeitet werden (Teil E).

Die vorliegende Studie untersucht die rechtlichen Probleme, die im Zuge des Prozesses zur Umsetzung ausgewählter Volksinitiativen seit Inkrafttreten der neuen Bundesverfassung aus nationaler und staatsrechtlicher Sicht aufgetreten sind. Sie bietet insbesondere keine erschöpfende Darstellung der aufgeworfenen Problematik zum Völker-, Straf-, Gesellschafts- und Migrationsrecht.

B. Grundlagen

I. Volksinitiative auf Teilrevision der Bundesverfassung

1. Ausgangslage

Die Volksinitiative auf Teilrevision der Bundesverfassung ist «ein Instrument von hohem staatspolitischem und staatsrechtlichem Wert».[15] Eine verhältnismässig geringe Anzahl Stimmberechtigter (100'000) kann die Total- oder die Teilrevision der Bundesverfassung (BV) verlangen (Art. 138, Art. 139 BV). Die eidgenössische Verfassungsinitiative kann in Form des ausgearbeiteten Entwurfs oder als allgemeine Anregung ergehen (Art. 139 Abs. 2 BV). Zu wahren sind die Einheit der Form und der Materie. Ferner darf die Initiative nicht gegen Normen des zwingenden Völkerrechts verstossen,[16] andernfalls sie von der Bundesversammlung für ganz oder teilweise ungültig zu erklären ist (Art. 139 Abs. 3 BV).[17] Demgegenüber erwähnt die Bundesverfassung im Falle der von der Bundesversammlung begehrten Revisionen keine Sanktionen; die Gültigkeit wird von der Bundesversammlung selber beurteilt. Aufgrund von Art. 5 Abs. 1 BV darf sie jedoch keine Revision vorschlagen, die mit dem zwingenden Völkerrecht unvereinbar ist.[18] Dieses umfasst dabei nur die elementarsten Gebote und Verbote.[19] Ausserdem dürfen Volksinitiativen im Sinne eines ungeschriebe-

15 HANGARTNER, AJP 2011, S. 471.

16 Botschaft BV, S. 362, der Bundesrat hält fest, dass die zwingenden Bestimmungen des Völkerrechts als materielle Schranke der Verfassungsrevision explizit zu verankern seien, weil die Gültigkeitsvoraussetzungen für Volksinitiativen dadurch übersichtlich und transparent geregelt werden.

17 Vgl. dazu auch Bericht BR Verhältnis Völkerrecht und Landesrecht, S. 2263 ff.

18 Botschaft BV, S. 434; Bericht BR Verhältnis Völkerrecht und Landesrecht, S. 2308.

19 Über den Inhalt des zwingenden Völkerrechts besteht weitgehend Einigkeit. Zur Praxis der Bundesbehörden s. Bericht BR Verhältnis Völkerrecht und Landesrecht, S. 2314 ff.; vgl. auch die Zusammenstellung bei BAUMANN, ZBl 2007, S. 186 f.

nen Grundsatzes nichts Unmögliches verlangen. Unmöglichkeit meint hier faktische Undurchführbarkeit.[20]

Eidgenössische Volksinitiativen, die gegen andere Normen des Völkerrechts verstossen, sind aus systematischen Gesichtspunkten (Art. 194 Abs. 2 BV) hingegen als zulässig zu erachten, d.h. ein Verstoss gegen nicht zwingendes Völkerrecht ist zwar «rechtswidrig, aber durchführbar».[21] Angenommene eidgenössische Verfassungsinitiativen, die mit einem völkerrechtlichen Vertrag in Konflikt stehen, erteilen gemäss einem Teil der Lehre den expliziten oder impliziten Auftrag zur Vertragskündigung oder zumindest zu versuchen, «diesen zusammen mit dem Vertragspartner in eine der Initiative entsprechende Neuregelung zu überführen».[22] Entscheidend ist, dass eine allfäl-

20 Der Bundesrat bezieht in den meisten Botschaften Stellung zur faktischen Durchführbarkeit, die seiner Ansicht nach eine Voraussetzung für die Gültigkeit der Initiative darstellt (so bspw. Botschaft demokratische Einbürgerungen, S. 8958, Botschaft Sonntagsinitiative, S. 509, Botschaft Verkehrshalbierungsinitiative, S. 274; vgl. auch Bericht SPK-S Gültigkeit von Volksinitiativen, S. 7120, der die formelle verfassungsrechtliche Verankerung der «faktischen Undurchführbarkeit» verneint. Auch in der Lehre wird die faktische Durchführbarkeit teilweise als Gültigkeitsvoraussetzung anerkannt, so etwa HANGARTNER/KLEY, Rz. 497 f.; HÄFELIN/HALLER/KELLER/THURNHERR, N 1758; TSCHANNEN, Staatsrecht, § 44 Rz. 25 (zum Völkerrecht) und 26b; WILDHABER, S. 299; siehe dazu die Kritik bei AUBERT, Rz. 339 ff.; vgl. auch KÜNZLI, S. 65 f.; dezidiert dagegen SG Kommentar BV-EHRENZELLER/GERTSCH, Art. 139 N 48, welche die faktische Unkündbarkeit (implizit die faktische Undurchführbarkeit) aufgrund von faktisch zwingendem Völkerrecht als politisches Argument werten.

21 HANGARTNER, AJP 2011, S. 471; so auch HANGARTNER/KLEY, Rz. 557 f.; AUBERT, Rz. 326; KIENER/KRÜSI, S. 247; BIAGGINI, ZöR 2010, S. 336 f.; DERS., ZBl 2013, S. 331 f.; DERS., ZBl 2016, S. 588 ff.; SG Kommentar BV-EHRENZELLER/GERTSCH, Art. 139 N 50; GLASER, AJP 2014, S. 68 in fine; AUER/MALINVERNI/HOTTELIER, Rz. 1352; GRISEL, N 657; TORNAY, S. 144; TSCHANNEN, § 44 Rz. 26a; Bericht BR Verhältnis Völkerrecht und Landesrecht, S. 2316; Botschaft BV, S. 361 f.

22 HANGARTNER, AJP 2011, S. 471; so auch KÜNZLI, S. 70; KUNZ R., ZaöRV 2014, S. 357; BLUM/NAEGELI/PETERS, S. 554; Bericht BR Verhältnis Völkerrecht und Landesrecht, S. 2317; PETERS, Kapitel 8, Rz. 45; SG Kommentar BV-HANGARTNER, Vorbemerkungen zu Art. 192–195 N 6; sowie SG Kommentar BV-HANGARTNER (2008), Art. 139 N 34; KNUCHEL, Rz. 18; vgl. auch Botschaft Minarettinitiative, S. 7610; Botschaft Tierschutzinitiative, S. 3293 ff.; Botschaft BV, S. 446 Fn. 17; Botschaft Asylinitiative, S. 1495; a.M. EPINEY,

lige negative Reaktion des Vertragspartners die Nichtumsetzung und Nichtanwendung der neuen Verfassungsnorm nicht zu rechtfertigen vermag.[23]

In den politischen Debatten wird diese rechtliche Ausgangslage nicht klar von politischen Einschätzungen unterschieden. In der Praxis finden sich keine materiell bundesverfassungswidrigen Volksinitiativen auf Teilrevision der Bundesverfassung. So liegt es gerade im Wesen der eidgenössischen Verfassungsinitiative, Bundesverfassungsrecht zu ergänzen, zu ändern oder aufzuheben; das bestehende Verfassungsrecht stellt keine materielle Schranke dar.[24] Rechtswidrige landesrechtliche Volksinitiativen auf Teilrevision der Bundesverfassung wären nur dann anzutreffen, «wenn zwischen Verfassungsrecht unterschiedlicher Stufe (Kernbestimmungen und ‹gewöhnliche› Bestimmungen) unterschieden oder (ungeschriebenes) verfassungsübergeordnetes Staatsrecht angenommen würde».[25] Solche Grundgedanken sind in der Praxis jedoch nicht vorherrschend, auch wenn in der Lehre immer wieder Überlegungen zu materiellen Schranken der Verfassungsrevision diskutiert wurden.[26]

Die im Zusammenhang mit den jüngeren erfolgreichen Volksinitiativen erhobenen Einwände, eine Initiative verletze grundlegende Normen der Bundesverfassung, stellen nach dem gegenwärtigen Stand der Verfassungspraxis und angesichts der Gleichrangigkeit aller Verfassungsnormen[27] keine rechtli-

Jusletter 16. Dezember 2013, Fn. 41; zum Problemkreis im Einzelnen auch KÜNZLI, S. 47, 67 ff.

23 So auch HANGARTNER, AJP 2011, S. 471; vgl. Bericht BR Verhältnis Völkerrecht und Landesrecht, S. 2317.

24 HANGARTNER, AJP 2011, S. 471; gl.M. AUBERT, Rz. 327, der richtigerweise darauf hinweist, dass die Verfassung jederzeit durch Volk und Stände ganz oder teilweise revidiert werden kann, womit von Verfassungs wegen nicht die «kleinste materielle Schranke» vorliege.

25 HANGARTNER, AJP 2011, S. 471 f.; so auch HANGARTNER/KLEY, Rz. 474 ff.

26 HANGARTNER, AJP 2011, S. 471; m.w.H. auch HANGARTNER/KLEY, Rz. 474 ff., 483 ff.; Überblick bei GRISEL, S. 191 ff. , 255 ff.; TSCHANNEN, Staatsrecht, § 44 Rz. 27 ff.; vgl. auch Bericht BR Verhältnis Völkerrecht und Landesrecht, S. 2330 ff.; BR Zusatzbericht, S. 3641 ff.; Bericht EJPD, VPB 2012.4, S. 55 ff.; m.w.H. auch SG Kommentar BV-EHRENZELLER/GERTSCH, Art. 139 N 53; SCHEFER/ZIMMERMANN, S. 343 ff.

27 Vgl. AUBERT, Rz. 327; TSCHANNEN, in: Thürer et al., § 9 Rz. 5; AUER/TORNAY, S. 742 jeweils m.w.H.

che Beurteilung dar, wohl aber eine gewichtige politische Einschätzung.[28] Ebenso ist die Aussage, eine Verfassungsinitiative sei, soweit sie gegen dispositives Völkerrecht verstosse, nicht umsetzbar,[29] keine rechtliche, sondern eine politische Wertung.[30]

2. Erweiterung der materiellen Ungültigkeitsgründe

Vor diesem Hintergrund dreht sich die neuere staatsrechtliche Diskussion vermehrt um die Frage, wie Volksinitiativen umgesetzt werden können und die genannte Problematik umgangen werden kann.[31] Zur Vermeidung von völkerrechtswidrigen Volksinitiativen[32] wurde daher die Erweiterung der Ungültigkeitsgründe in Art. 139 Abs. 3 BV vorgeschlagen.[33] Die Bundesversammlung nimmt bei der Gültigkeitsprüfung einer Volksinitiative eine zurückhaltende Einstellung im Sinn einer Praxis ein, die sich auf den universellen völkerrechtlichen ius cogens bezieht.[34] Ein Teil der Lehre plädiert hingegen dafür, dass auch die EMRK oder zumindest der Kernbestand der

---

28 Vgl. für die erhobenen Einwände im Zusammenhang mit völkerrechtlich garantierten Grundrechten TORNAY, S. 746; so auch BÉNOÎT, S. 469 ff.; vgl. hierzu auch MÜLLER J.P., Jusletter 1. März 2013, Rz. 10 ff.

29 Vgl. bspw. NR Huber, AB 2007 N 1186 (Verwahrungsinitiative), die von «faktisch nicht umsetzbaren Volksinitiativen» spricht; so auch NR Thanei, AB 2007 N 1191 (Verwahrungsinitiative); vgl. auch SR Niederberger, AB 2010 S 314 (Ausschaffungsinitiative) u. SR Sommaruga, AB 2010 S 317 (Ausschaffungsinitiative), die davon spricht, jenen «Teil der Initiative, den wir *nicht umsetzen können* und *nicht umsetzen werden,* für ungültig zu erklären» (Hervorhebungen hinzugefügt).

30 So auch HANGARTNER, AJP 2011, S. 471.

31 Vgl. dazu auch die Beiträge in LeGes 2015 von WYSS, S. 491 ff.; KLEY, LeGes 2015, S. 497 ff. ; KOLLER, S. 545 ff.; BÜHLMANN, S. 571 ff. .; vgl. auch BOILLET/LAMMERS, S. 511 ff.; zu einem möglichen Ausweg aus der Konfliktlage, vgl. EHRENZELLER, NZZ vom 16. September 2010, S. 11; so auch GRIFFEL, ZBl 2014, S. 401 f.

32 Vgl. hierzu die neuere Tendenz in der rechtswissenschaftlichen Lehre mit Blick auf die Einräumung eines Vorrangs der völkerrechtlichen Verpflichtungen gegenüber der Bundesverfassung MARTENET, S. 153 f.; so auch EPINEY, ZBl 1994, S. 557; ablehnend hingegen REICH, ZaöRV 2008, S. 994.

33 Vgl. dazu MOECKLI, S. 579.

34 Vgl. Bericht BR Verhältnis Völkerrecht und Landesrecht, S. 2314 ff.

EMRK als regional zwingendes Völkerrecht (ordre public européen)[35] sowie faktisch zwingendes Völkerrecht[36] als zwingendes Völkerrecht im Sinn von Art. 139 Abs. 3 BV zu gelten haben.[37]

Infolgedessen hat die Staatspolitische Kommission des Ständerates (SPK-S) geprüft, ob infolge der Häufung von Initiativen, die mit Grundrechten und grundlegenden Prinzipien des Rechtsstaates kollidieren, eine grundsätzliche Überprüfung der Ungültigkeitsgründe vorzunehmen wäre.[38] Die SPK-S hält nach Anhörung verschiedener Experten[39] in ihrem Bericht fest, dass nur «bescheidene Ergänzungen bzw. Präzisierungen der Ungültigkeitsgründe»[40] vorzunehmen seien, denn die Bestimmung von neuen Ungültigkeitsgründen sei ein «schwieriges Unterfangen».[41] Neue Kriterien für die Teilungültigerklärung müssten in rechtlicher Hinsicht so präzise formuliert sein, dass sie von der Bundesversammlung angewendet werden können. Die Glaubwürdigkeit der politischen Institutionen werde durch die Diskussionen über die Gültigkeit einzelner Initiativen nicht gesteigert. Vielmehr sollte sich die Debatte um die inhaltlichen Forderungen der Initiative drehen.[42] Die Kommis-

[35] Vgl. VERDROSS/SIMMA, S. 334; SG Kommentar BV-HANGARTNER (2008), Art. 139 N 29; HANGARTNER, AJP 2013, S. 702 f., 705.

[36] Vgl. SG Kommentar BV-HANGARTNER (2008), Art. 139 N 30; vgl. auch den Vorschlag von KELLER/LANTER/FISCHER, S. 147; BSK BV-EPINEY/DIEZIG, Art. 139 N 47 f.; dezidiert dagegen SG Kommentar BV-EHRENZELLER/GERTSCH, Art. 139 N 47 f., welche die faktische Unkündbarkeit (implizit damit auch die Undurchführbarkeit) aufgrund von faktisch zwingendem Völkerrecht als politisches Argument werten; in diese Richtung plädieren aber PETERS/PAGOTTO, S. 62; zur Recht ablehnend Botschaft Tierschutzinitiative, S. 3292 f.; so auch Parlament, AB 2004 S 596–601 u. AB 2005 N 708–716; TSCHANNEN, Staatsrecht, § 44 Rz. 26b; BAUMANN, ZBl 2007, S. 208; GRODECKI, ZSR 2013, S. 136 ff.; DERS., plädoyer, S. 61; REICH, ZaöRV 2008, S. 1007 m.w.H.; im Ergebnis auch HANGARTNER, AJP 2013, S. 702.

[37] Vgl. zum Ganzen die Darstellung bei NOBS, S. 106, 388 ff.

[38] Medienmitteilung SPK-S vom 22. August 2014.

[39] Der besseren Lesbarkeit wegen wird in dieser Arbeit nur die männliche Form verwendet.

[40] Bericht SPK-S Gültigkeit von Volksinitiativen, S. 7117.

[41] Bericht SPK-S Gültigkeit von Volksinitiativen, S. 7117.

[42] Bericht SPK-S Gültigkeit von Volksinitiativen, S. 7117.

sionsmehrheit lehnte die Erweiterung der materiellen Ungültigkeitsgründe schliesslich ab.[43]

[43] Bericht SPK-S Gültigkeit von Volksinitiativen, S. 7120 ff.

II. Die Auslegung des Verfassungsrechts

1. Der «Volkswille» als Ergebnis einer Auslegung

Der Umsetzungsprozess der in jüngerer Zeit angenommenen Volksinitiativen auf Teilrevision der Bundesverfassung ist nicht selten von Vorwürfen des Verfassungsbruchs und der Missachtung des Volkswillens begleitet. Dabei wird häufig mit dem Referendum oder sogar mit neuen Initiativen zur Durchsetzung[44] des Volkswillens gedroht oder es werden bereits Initiativen lanciert, die eine neue, durch eine Volksinitiative geschaffene Verfassungsnorm wieder aufheben oder abändern wollen.[45] Klärungsbedürftig erscheint, wie sich dieser Volkswille, dessen Umsetzung verlangt wird, denn ermitteln lässt. Die in den Medien und der Politik vorherrschende Vorstellung, es existiere ein einzig richtiger und die Gesamtheit der Stimmbürger umfassender Volkswille, erweist sich als trügerisch.[46]

Die Annahme einer Volksinitiative bedeutet in erster Linie lediglich, dass die Mehrheit der Stimmbürger sowie die Mehrheit der Stände der begehrten Verfassungsänderung zugestimmt haben. Welches Verständnis dieser dabei zugrunde liegt, ist durch Auslegung zu ermitteln. Mithin wird nicht die Volksinitiative ausgelegt, sondern die neue Verfassungsbestimmung.[47] Die Auslegung bildet somit «den Ausgangspunkt der Umsetzung und beinhaltet die Methode zur Herausschälung des normativen Gehalts»[48] des neuen Verfassungsartikels. Dies gilt nicht nur für die Sinnbestimmung der Verfassungsnorm, sondern auch für die Beseitigung von Konflikten mit anderen Verfassungsbestimmungen sowie für die zentrale Frage, ob die neue Verfas-

---

44 Vgl. dazu die Volksinitiative «Zur Durchsetzung der Ausschaffung krimineller Ausländer (Durchsetzungsinitiative)», eingereicht am 28. Dezember 2012 (Botschaft Durchsetzungsinitiative, S. 9459 ff.), abgelehnt in der Volksabstimmung vom 28. Februar 2016 (BBl 2016 3715).

45 Vgl. dazu die Volksinitiative «Raus aus der Sackgasse! Verzicht auf die Wiedereinführung von Zuwanderungskontingenten» vom 27. Oktober 2015 (Botschaft Volksinitiative «Raus aus der Sackgasse», S. 3341 ff.), zurückgezogen am 13. Dezember 2017 (BBl 2018 215).

46 WALDMANN, LeGes 2015, S. 523; vgl. hierzu auch NOTTER, S. 18.

47 Statt vieler BIAGGINI, Komm. BV, Einleitung N 24 ff.

48 WALDMANN, LeGes 2015, S. 523.

sungsnorm direkt anwendbar[49] ist oder der vorgängigen Konkretisierung durch den Gesetzgeber (Art. 164 Abs. 1 BV) bedarf.[50]

Die vorliegende Studie geht daher im Rahmen dieses Abschnitts einführend auf den in der Lehre und Rechtsprechung verwendeten Methodenkanon für die Auslegung der durch Volksinitiativen eingeführten Verfassungsbestimmungen ein. Die Darstellung der Auslegungsmethodik bezweckt nicht die kritische Analyse der juristischen Methodologie der Gesetzes- und Verfassungsauslegung, sondern soll die zur Auslegung verwendeten Instrumentarien im Hinblick auf die Eruierung des normativen Gehalts der neuen Verfassungsbestimmung als Ausgangspunkt der Umsetzung beschreiben.

2. Methodenpluralismus

Mit der Annahme einer eidgenössischen Verfassungsinitiative durch Volk und Stände wird der Initiativtext zu geltendem Verfassungsrecht (Art. 195 BV). Die Auslegung von Verfassungsnormen richtet sich gemäss konstanter Rechtsprechung des Bundesgerichts «grundsätzlich nach denselben methodischen Regeln [...], wie sie für die Auslegung der einfachen Gesetze entwickelt wurden».[51] Der Sinn einer Norm muss ausgehend vom Wortlaut der Bestimmung (grammatikalisches Element) ermittelt werden. Dabei müssen die Entstehungsgeschichte und die Materialien (historisches Element), der Zweck der Bestimmung (teleologisches Element) und der Zusammenhang mit anderen Verfassungsbestimmungen (systematisches Element) berücksichtigt werden. Keine der Methode geniesst grundsätzlich Vorrang gegenüber einer anderen.[52] Das Bundesgericht lehnt es indessen ab, «die einzelnen Auslegungselemente einer hierarchischen Prioritätsordnung zu unterstellen».[53] Lässt ein Text mehrere Deutungen zu, so muss – unter

49 Die Termini «direkt anwendbar» und «unmittelbar anwendbar» werden als Synonyme verwendet.

50 So auch Waldmann, LeGes 2015, S. 523.

51 BGE 116 Ia 359, 367 E. 5c; vgl. auch BGE 139 II 243, 248 ff. E. 8 u. E. 10; BGE 139 I 16, 24 ff. E. 4.2; BGE 131 I 74, 80 f. E. 4.1; BGE 128 I 288, 291 E. 2.4; BGE 112 Ia 208, 212 E. 2a.

52 BGE 128 I 34, 41 E. 3b.

53 BGE 128 I 34, 41 E. 3b.

Berücksichtigung aller Auslegungselemente (Methodenpluralismus) – nach seiner wahren Tragweite gesucht werden.[54]

Eine Norm muss in erster Linie aus sich selbst heraus, das heisst nach Wortlaut, Sinn und Zweck und nach den ihr zugrundeliegenden Wertungen, auf der Basis einer teleologischen Verständnismethode ausgelegt werden. Dabei hat sich die Auslegung gemäss der jüngeren Rechtsprechung des Bundesgerichts an der ratio legis zu orientieren.[55] Je nach Standpunkt resultiert daraus eine Spannweite vertretbarer Auslegungsergebnisse – und mithin eine engere oder eine weite Auslegung der Verfassungsbestimmung.[56]

Bei der Auslegung ist die Offenheit und die Gleichwertigkeit der Verfassungsregelungen zu berücksichtigen.[57] Verfassungsbestimmungen sind oftmals «als politische Normen konzipiert, allgemein gehalten und relativ unbestimmt formuliert».[58] Daher geht es bei ihrer Auslegung häufig «weniger um Auslegung als um Konkretisierung: weniger um den Nachvollzug eines vorbestimmten, allgemeingültigen Normwillens als um den Aufbau eines aktuellen, problembezogenen Normsinns».[59] Sofern verschiedene Bestimmungen anzuwenden sind, ist die Herstellung praktischer Konkordanz anzustreben.[60] Bei der Verfassungsauslegung werden auf diese Weise die beiden anerkannten Grundsätze der Gesetzesauslegung, wonach späteres dem früheren und

---

54 BGE 132 V 93, 101 E. 5.2.1; BGE 131 III 314, 316 E. 2.2; BGE 131 II 13, 31 E. 7.1; BGE 125 II 326, 333 E. 5; BGE 124 II 193, 199 E. 5a; BGE 124 II 372, 376 E. 5.

55 Vgl. aus der Rechtsprechung etwa BGE 142 IV 137; BGE 131 II 217, 221 E. 2.3; BGE 131 I 74, 80 f. E. 4.1 oder BGE 128 I 34, 40 f. E. 3b.

56 Ehrenzeller, Gutachten, S. 22.

57 Statt vieler Tschannen, Staatsrecht, § 4 Rz. 9 u. 13.

58 Ehrenzeller, Gutachten, S. 22.

59 Tschannen, Staatsrecht, § 4 Rz. 9.

60 BGE 139 I 16, 24 E. 4.2.2; BGE 129 I 173, 181 E. 5.1; BGE 126 III 129, 148 ff. E. 8a; für die Lehre statt vieler Tschannen, Staatsrecht, § 9 Rz. 41; a.M. Auer/Torney, S. 745, die aus Art. 5 Abs. 4 und Art. 190 BV ableiten, dass Volksinitiativen, die gegen völkerrechtlich geschützte Grundrechte verstossen, nie umgesetzt werden dürfen. Aus der Verfassung ergibt sich aber keine solche Priorisierung der genannten Bestimmungen – ganz abgesehen von der Frage, ob diese Auslegung von Art. 5 Abs. 4 und Art. 190 BV überhaupt korrekt ist.

spezielleres dem allgemeineren Recht vorgehen soll, relativiert.[61] Eine durch eine Volksinitiative geschaffene Verfassungsnorm ist nach den allgemeinen Methoden der Verfassungsauslegung zu interpretieren. Dabei ist der Einheit der Verfassung Rechnung zu tragen.[62]

3. Grammatikalisches Element

Der Wortlaut und der ihm zu entnehmende Wortsinn einer Norm sind Ausgangspunkte[63] jeder Auslegung und stellen das wichtigste Indiz zur Sinnermittlung dar.[64]

Die grammatikalische Auslegung fokussiert auf den Wortlaut, die Wortbedeutung und den Sprachgebrauch[65] einer Verfassungsnorm.[66] Dabei sind die Titel, die Sachüberschriften und die Randtitel (Marginalien) als Bestandteile des Verfassungstextes ebenfalls zu gewichten.[67] Von Bedeutung sind auch Satzzeichen (Kommas, Strichpunkte) und sprachliche Verknüpfungsmittel wie «und» sowie «oder».[68]

Gemäss Art. 9 Abs. 1 und Art. 14 Abs. 1 des Publikationsgesetzes (PublG) ist die Gleichrangigkeit der drei Amtssprachen zu beachten.[69] In welcher Sprache die Textfassung ursprünglich verfasst wurde, ist nicht entscheidend. Massgeblich ist vielmehr, welcher Text den wahren Sinn der Norm am tref-

---

61 BGE 139 I 16, 25 E. 4.2.2.

62 Vgl. RHINOW/SCHEFER/UEBERSAX, Rz. 529; TSCHANNEN, Staatsrecht, § 4 Rz. 40 ff.; so auch Bericht Arbeitsgruppe Ausschaffungsinitiative, S. 19.

63 Statt vieler BAUMANN, ZBl 2010, S. 250.

64 KRAMER, S. 61; vgl. auch BK ZGB-EMMENEGGER/TSCHENTSCHER, Art. 1 N 206; vgl. auch HÖHN, S. 208, wobei dieser sich darauf beruft, dass der «Wortsinn» nicht dem «Normsinn» entspricht.

65 BGE 98 Ia 35, 39 E. 3.

66 KLEY, Anwaltsrevue 2001, S. 16.

67 HÄFELIN/HALLER/KELLER/THURNHERR, N 94; GÄCHTER, in: Biaggini et al., § 26 Rz. 10.

68 HÜRLIMANN-KAUP/SCHMID, § 6 Rz. 134.

69 Vgl. dazu auch BGE 140 II 495, 499 E. 3.1; vgl. auch BGE 125 III 57, 58 E. 2b; BGE 120 II 112, 113 E. 3a; BGE 116 II 525, 526 E. 2a.

fendsten wiedergibt.[70] Bei der grammatikalischen Auslegung bildet der allgemeine Sprachgebrauch grundsätzlich den Ausgangspunkt für die Gesetzes-[71] und damit auch für die Verfassungsauslegung. Insbesondere für Verfassungsbestimmungen, die auf Volksinitiativen beruhen, ist dies von Relevanz.[72] Zu berücksichtigen ist dabei, dass bestehende Legaldefinitionen den Gesetzestext vom allgemeinen Sprachgebrauch ablösen, da diese ja gerade eine Begriffsbedeutung statuieren, die nicht vom allgemeinen Verständnis abhängig ist.[73]

Die geltende Bundesverfassung ist sprachlich «aus einem Guss»[74] entstanden. Der Wortlaut des Verfassungstextes ist dabei aufgrund der mehrheitlich kohärenten, einheitlichen und verständlichen Begriffsverwendungen der sprachlichen Anpassungen sowie aufgrund der Streichung altertümlicher Formulierungen aussagekräftiger.[75] Infolgedessen kommt der grammatikalischen Auslegung von Verfassungsbestimmungen mehr Gewicht zu.[76] Die Auslegung darf gemäss höchstrichterlicher Rechtsprechung dabei nur dann vom klaren Wortlaut einer Norm abweichen, wenn triftige Gründe bestehen, dass er nicht den wahren Sinn eines Rechtsatzes wiedergibt. Dies kann in der Entstehungsgeschichte sowie im Sinn und Zweck der Regelung begründet sein oder sich aus dem Zusammenhang mit anderen Normen ergeben. Entscheidend ist dabei der durch Auslegung ermittelte wahre Rechtssinn, die ratio legis, einer Norm, und nicht der vermeintlich klare Wortlaut.[77] Bei einem unklaren oder nur scheinbar klaren Wortlaut müssen stets auch die weiteren Auslegungselemente angewendet werden. Letztendlich muss abge-

---

70 BGE 140 II 495, 500 E. 2.3.1; BGE 135 IV 113, 116 E. 2.4.2; BGE 134 V 1, 2 E. 6.1; BGE 126 V 435, 438 E. 3.

71 BGE 98 Ia 35, 39 E. 3, «Nach dem allgemeinen Sprachgebrauch, von dem bei der Auslegung mangels anderer Anhaltspunkte auszugehen ist […]»; für die Doktorin statt vieler KRAMER, S. 91; BAUMANN, ZBl 2010, S. 251; GELZER, S. 41.

72 BAUMANN, ZBl 2010, S. 251.

73 BK ZGB-EMMENEGGER/TSCHENTSCHER, Art. 1 N 212; so auch KRAMER, S. 90 f.

74 TSCHANNEN, Staatsrecht, § 4 Rz. 19.

75 RHINOW/SCHEFER/UEBERSAX, Rz. 128, 506.

76 RHINOW/SCHEFER/UEBERSAX, Rz. 506.

77 BGE 131 II 217, 221 E. 2.3.

wogen werden, welche Methode den wahren Sinn einer Bestimmung am besten wiedergibt.[78]

4. Systematisches Element

Bei der systematischen Auslegung wird eine Bestimmung sowohl im Verhältnis zu anderen Normen des konkreten Erlasses als auch im Zusammenhang mit der gesamten Rechtsordnung ausgelegt.[79] Dabei wird zwischen äusserer und innerer Systematik unterschieden.[80] Die äussere Systematik bezieht sich auf den formellen Aufbau unter Einschluss der Titel, der Sachüberschriften und der Marginalien.[81] Mithin sind verfassungsbedingte Besonderheiten – wie die Offenheit von Verfassungsnormen und der Gedanke der Einheit der Rechtsordnung – zu berücksichtigen.[82] Seit Inkrafttreten der neuen Bundesverfassung wird der systematischen Auslegung indessen mehr Gewicht beigemessen.[83] Die Verfassung bildet daneben auch ein inneres System von Wertentscheidungen; sie soll diese wertenden Zusammenhänge offenlegen und die einzelnen Bestimmungen in eine angestrebte Sinneinheit der Verfassung einordnen.[84] Sie ist daher mit Blick auf die Strukturprinzipien und die Völkerrechtskonformität als eine minimale Einheit zu interpretieren.[85] Zudem stellt sie kein geschlossenes Wertesystem dar, sondern ist punktueller Natur.[86] Die Sinneinheit kann folglich nicht einfach aus dem

---

78 BGE 131 II 217, 221 E. 2.3 in fine; BGE 131 II 13, 31 E. 7.1; BGE 129 II 145, 155 E. 3.4.2; BGE 128 I 34, 40 ff. E. 3b; BGE 124 II 193, 199 E. 5a.

79 Vgl. HÖHN, S. 209; HÄFELIN/HALLER/KELLER/THURNHERR, N 97; TSCHANNEN, Staatsrecht, § 4 Rz. 21; RHINOW/SCHEFER/UEBERSAX, Rz. 520.

80 Vgl. dazu LARENZ/CANARIS, S. 263 ff., 302 ff.

81 HÄFELIN/HALLER/KELLER/THURNHERR, N 98.

82 BIAGGINI, Komm. BV, Einleitung N 18; m.w.H. insb. TSCHANNEN, Staatsrecht, § 4 Rz. 38 ff.

83 RHINOW/SCHEFER/UEBERSAX, Rz. 532; HÄFELIN/HALLER/KELLER/THURNHERR, N 99; a.M. TSCHANNEN, in: Thürer et al., § 9 Rz. 10; so auch NOBS, S. 234.

84 NOBS, S. 234; RHINOW/SCHEFER/UEBERSAX, Rz. 523, die von integrierter Auslegung sprechen.

85 BGE 139 I 16, 24 E. 4.2.1; TSCHANNEN, in: Thürer et al., § 9 Rz. 19, 21; TSCHANNEN, Staatsrecht, § 4 Rz. 38 ff.

86 TSCHANNEN, Staatsrecht, § 4 Rz. 44.

Verfassungstext abgeleitet werden, sondern ist vielmehr durch eine wertende Auslegung im Einzelfall herzustellen.[87]

Im Zusammenhang mit Verfassungsbestimmungen, die auf Volksinitiativen beruhen und dabei die rechtsstaatlichen Grundsätze – wie das Verhältnismässigkeitsprinzip in Art. 5 Abs. 2 BV – tangieren,[88] stellt sich die Frage, ob diese bei der Rechtsanwendung ebenso zu berücksichtigen sind. Dafür spricht in erster Linie die Gleichrangigkeit der Verfassungsbestimmungen.[89] BIAGGINI gibt hingegen zu bedenken, dass im Rahmen der harmonisierenden Auslegung, die im Sinne der «praktischen Konkordanz» der Einheit der Verfassung Rechnung tragen wolle, Grenzen gesetzt seien. Dem demokratischen Gesetzgeber stehe es vielmehr zu, neue Regel-Ausnahme-Verhältnisse zu begründen und dabei – wie im Falle des absoluten Verbots, Minarette zu bauen[90] – gewisse Widersprüche in Kauf zu nehmen.[91] Auch nach TSCHANNEN ist eine Vorrangstellung einer Verfassungsnorm gegenüber einer anderen im konkreten Konfliktfall nach problembezogener Auslegung der konkurrierenden Verfassungsbestimmung möglich.[92] Eine solche absolute Verfassungsbestimmung würde als «lex specialis» vorgehen.[93] Gleicher Ansicht ist WALDMANN, der konstatiert, dass es dem Verfassungsgeber unbenommen sei, das Verhältnis der Verfassungsnormen untereinander zu ordnen und einer Bestimmung Vorrang einzuräumen. Dabei müsse sich das Vorrangsverhältnis nicht zwangsläufig aus dem Wortlaut[94] ergeben; vielmehr

87 NOBS, S. 234.

88 Vgl. Art. 123a BV (Verwahrungsinitiative), Art. 121 Abs. 3–6 BV (Ausschaffungsinitiative), Art. 121a BV (Masseneinwanderungsinitiative).

89 Vgl. für die Gleichrangigkeit der Verfassungsnormen statt vieler BGE 139 I 16, 24 E. 4.2.1; BGE 128 II 1, 10 f. E. 3d; HÄFELIN/HALLER/KELLER/THURNHERR, N 1759; TSCHANNEN, Staatsrecht, § 4 Rz. 16; RHINOW/SCHEFER/UEBERSAX, Rz. 66.

90 Vgl. Art. 72 Abs. 3 BV.

91 BIAGGINI, ZBl 2013, S. 321.

92 TSCHANNEN, Staatsrecht, § 4 Rz. 16.

93 TSCHANNEN, Staatsrecht, § 4 Rz. 41; vgl. KRAMER, S. 116 ff., für die Klärung der Frage, wann überhaupt ein Spezialitätsverhältnis anzunehmen ist.

94 So aber BGE 139 I 16, 24 E. 4.2.1 («Solange der Verfassungsgeber einer einzelnen Norm nicht *ausdrücklich* Vorrang einräumt, ist auslegungsmässig grundsätzlich von einer Gleichwertigkeit der Regelungen auszugehen…») (Hervorhebung hinzugefügt).

könne im Einzelfall auch Sinn und Zweck sowie die Entstehungsgeschichte diesen Rückschluss bekräftigen.[95] HÄFELIN/HALLER/KELLER/THURNHERR plädieren demgegenüber dafür, ein solches Auslegungsergebnis erforderlichenfalls aufgrund völkerrechtlicher Verpflichtungen zu korrigieren, wenn dabei gleichzeitig auch gegen dieselben – in der EMRK garantierten – Rechte verstossen werde.[96]

Nach bundesgerichtlicher Rechtsprechung ist eine Vorrangstellung bzw. eine Abwägung zugunsten der in der neuen Verfassungsbestimmung normierten Regelung in Fällen eines möglichen Widerspruchs zu grundrechtlichen Ansprüchen, die in den für die Schweiz verbindlichen Menschenrechtspakten garantiert sind, nicht «leichthin anzunehmen».[97] Normwidersprüche dürfen nicht ohne Weiteres unter dem Vorrang der «lex posterior»[98] gelöst werden.[99] In diesem Zusammenhang gilt es jedoch zu berücksichtigen, dass nach geltendem Verfassungsrecht (Art. 139 Abs. 3 BV) eine Volksinitiative unverhältnismässig sein darf. Ob diese es auch tatsächlich ist und sein will, ist durch Auslegung im konkreten Einzelfall zu ermitteln.[100]

Aus der systematischen Auslegung lässt sich aber nicht folgern, dass die im 1. Titel «Allgemeine Bestimmungen» verankerte, durch Art. 5 Abs. 4 BV geforderte Beachtung des Völkerrechts vor den spezielleren Bestimmungen der übrigen Titel stets zurückzutreten habe.[101] Aufgrund ihrer Stellung am Anfang der Verfassung kann auch nicht gefolgert werden, dass Art. 5 Abs. 4 BV ein stets durchzusetzendes Grundgebot sei.[102] Art. 5 Abs. 4 BV ist

---

95 WALDMANN, LeGes 2015, S. 528.

96 HÄFELIN/HALLER/KELLER/THURNHERR, N 100, wobei die Autoren sich damit an BGE 139 I 16, 29 E. 5.1 angleichen.

97 BGE 139 I 16, 25 E. 4.2.2.

98 Vgl. KRAMER, S. 121 Fn. 309, der richtigerweise darauf hinweist, dass in diesem Zusammenhang auch von «zeitlicher Gesetzeskonkurrenz» bzw. «Normkollision» gesprochen wird.

99 BGE 139 I 16, 25 E. 4.2.2.

100 BIAGGINI, Komm. BV, Art. 5 N 21b.

101 BAUMANN, ZBl 2010, S. 252; TSCHANNEN, in: Thürer et al., § 9 Rz. 20 in fine; DERS., Staatsrecht, § 4 Rz. 24.

102 BAUMANN, ZBl 2010, S. 252; TSCHANNEN, in: Thürer et al., § 9 Rz. 20 in fine; DERS., Staatsrecht, § 4 Rz. 24.

«prinzipienhaft»[103] formuliert und erhebt nicht den Anspruch, eine eigentliche Kollisionsregel aufzustellen.[104] Die Verfassung stellt keine unverrückbare Wertehierarchie auf; alle Verfassungsnormen sind gleichrangig.[105]

Art. 5 Abs. 4 BV verpflichtet hingegen zur völkerrechtskonformen Auslegung und damit zur Herstellung praktischer Konkordanz, um weitgehend allen Verfassungsanliegen zur Wirksamkeit zu verhelfen und Wertungswidersprüche zu vermeiden.[106] Die völkerrechtskonforme Auslegung stellt einen Sonderfall der systematischen Auslegung dar.[107] Damit soll die Völkerrechtsfreundlichkeit der Schweiz zum Ausdruck gebracht werden.[108] Es wird angenommen, «dass der Bundesgesetzgeber gültig abgeschlossene Staatsverträge gelten lassen will, sofern er nicht ausdrücklich in Kauf nimmt, dass völkerrechtswidriges Landesrecht zustande komme. Im Zweifel muss innerstaatliches Recht völkerrechtskonform ausgelegt werden; d.h. so, dass ein Widerspruch mit dem Völkerrecht nicht besteht. Diese Auslegungsregel erlaubt es, Konflikte zwischen den beiden Rechtsordnungen meistens zu

---

103 BIAGGINI, Komm. BV, Art. 5 N 30 ff.; m.w.H. für das Verhältnis von Völkerrecht und Landesrecht statt vieler BIAGGINI, Komm. BV, Art. 5 N 26 ff.; RHINOW/SCHEFER/UEBERSAX, Rz. 3584 ff.; SG Kommentar BV-TSCHUMI/SCHINDLER, Art. 5 N 71 ff.; BSK BV-EPINEY, Art. 5 N 76 ff.

104 Botschaft BV, S. 135.

105 BAUMANN, ZBl 2010, S. 252; HÄFELIN/HALLER/KELLER/THURNHERR, N 1759; TSCHANNEN, Staatsrecht, § 4 Rz. 16; a.M. offenbar AUER, Symposium, S. 40, wonach die Gerichte einer grundrechtswidrigen Verfassungsnorm gemäss Art. 191c BV und EMRK bzw. UNO-Pakte die Anwendung versagen müssen – vor allem, wenn ein internationales Gericht oder eine internationale Kommission eine Konventionsverletzung festgestellt hat. Nach Art. 191c BV sind die gerichtlichen Behörden nur dem Recht verpflichtet. Einer Verfassungsbestimmung die Anwendung nur gestützt hierauf zu versagen, überzeugt nicht, weil alle Verfassungsnormen gleichrangig sind. Es liefe zudem darauf hinaus, eine neue Schranke der Verfassungsrevision in eine Bestimmung zu lesen, die nicht diese Funktion hat.

106 RHINOW/SCHEFER/UEBERSAX, Rz. 529; TSCHANNEN, Staatsrecht, § 4 Rz. 38 ff.; DERS., in: Thürer et al., § 9 Rz. 20; BAUMANN, ZBl 2010, S. 252; HANGARTNER, AJP 2014, S. 473; HESSE, Rz. 70 ff.; REICH, ZSR 2008, S. 516; BGE 139 I 16, 24 E. 4.2.2; BGE 129 I 173, 181 E. 5.1; BGE 126 III 129, 149 E. 8a.

107 Statt vieler HÄFELIN/HALLER/KELLER/THURNHERR, N 98.

108 SG Kommentar BV-TSCHUMI/SCHINDLER, Art. 5 N 74.

vermeiden».[109] In neueren Entscheiden relativierte das Bundesgericht hingegen seine Rechtsprechung und führte aus, dass bei resultierenden Normkollisionen – selbst nach einer völkerrechtskonformen Auslegung des Bundesgesetzes – das Völkerrecht regelmässig vorgehe.[110]

Der völkerrechtskonformen Auslegung kommt insbesondere bei der Gültigkeitsprüfung von Volksinitiativen sowie der durch diese entstandenen Verfassungsbestimmungen eine Bedeutung zu. Sie enthebt jedoch nicht von der Pflicht, den wahren Sinn einer Norm unter Anwendung der übrigen Auslegungselemente zu ergründen.[111] Massgebliche Grenzen der völkerrechtskonformen Auslegung sind der unüberwindbare Widerspruch zwischen dem klaren Sinn einer Verfassungsbestimmung und der völkerrechtlichen Norm[112] sowie der Kern der Zielsetzung der auf einer Initiative beruhenden Verfassungsnorm.[113] In einem solchen Fall würde die völkerrechtskonforme Auslegung zu einer verfassungswidrigen Sinnänderung der auf einer Volksinitiative fussenden Verfassungsbestimmung führen.[114]

Die völkerrechtskonforme Auslegung kann zwar gewisse Spannungen zwischen dem Völkerrecht und einer Verfassungsbestimmung, die ihren Ursprung in einer Initiative hat, lösen, nicht jedoch eigentliche Normkollisio-

---

109 BGE 94 I 669, 678 f. E. 6a (Frigerio).

110 BGE 142 II 35, 38 f. E. 3.2; BGE 139 I 16, 28 E. 5.1; BGE 136 II 241, 255 E. 16.1; vgl. BIAGGINI, Komm. BV, Art. 5 N 32; vgl. zur Frage, ob die Schubert-Praxis aufgehoben worden ist, befürwortend TSCHANNEN, Staatsrecht, § 9 Rz. 34; BSK BV-EPINEY, Art. 5 N 97; KÄLIN/EPINEY/CARONI/KÜNZLI, S. 124; vorsichtiger SG Kommentar BV-TSCHUMI/SCHINDLER, Art. 5 N 83; vgl. auch SCHÜRER, ZBl 2015, S. 115; zur Entwicklung der Schubert-Praxis auch BR Zusatzbericht, S. 3613, 3655 ff.; BAUMANN, AJP 2010, S. 1009 ff.; AUER, ZSR 2013, S. 432 ff.

111 BGE 129 I 392, 395 E. 2.2; BGE 124 I 107, 119 E. 5b.

112 BGE 125 II 417, 424 E. 4c; RHINOW/SCHEFER/UEBERSAX, Rz. 565; HÄFELIN/HALLER/KELLER/THURNHERR, N 167; TSCHANNEN, Staatsrecht, § 9 Rz. 39; LOOSER, § 8 Rz. 231.

113 WALDMANN, LeGes 2015, S. 525; Bericht BR Verhältnis Völkerrecht und Landesrecht, S. 2331.

114 Vgl. BGE 125 III 209, 215 f. E. 4c; BGE 123 II 9, 11 E. 2; Bericht BR Verhältnis Völkerrecht und Landesrecht, S. 2331; HANGARTNER, in: Schluep et al., S. 675; BAUMANN, ZBl 2010, S. 253.

nen beseitigen.[115] Der Verfassungsgeber hat mit Bedacht den Handlungsspielraum in Bezug auf das dispositive Völkerrecht gewahrt. Einzig Verfassungsänderungen, die gegen das zwingende Völkerrecht verstossen (Art. 139 Abs. 2, 193 Abs. 4 und 194 Abs. 2 BV), sind unzulässig.[116]

5. Historisches Element

Das historische Auslegungselement stellt auf den Sinn einer Bestimmung zur Zeit ihrer Entstehung ab.[117] Die Normsinnermittlung wird einerseits aus dem Willen des historischen Verfassungsgebers, den Materialien, gewonnen (subjektiv-historische Auslegung)[118] und andererseits aus dem damaligen allgemeinen Verständnis des Verfassungsgebers (objektiv-historische Auslegung) abgeleitet.[119] Beide Ausprägungen sind Ausfluss des Prinzips der Gewaltenteilung: Die subjektiv-historische Auslegung bindet den Rechtsanwender an den Willen des Gesetzgebers,[120] während die objektiv-historische Auslegung die Norm im Sinne des Verständnisses, das zur Zeit des Erlasses vorherrschte, anwenden möchte.[121] Gerade bei jungen Normen ist die objektiv-historische Auslegung von grosser Bedeutung;[122] angesichts der zeitlichen Nähe zwischen dem Inkrafttreten und der Anwendung der Norm nähert sie sich der geltungszeitlichen Auslegung an.[123]

---

115 BAUMANN, ZBl 2010, S. 253; RHINOW/SCHEFER/UEBERSAX, Rz. 565, 3615 ff.; a.M. LOOSER, § 16 Rz. 46, der die völkerrechtskonforme Auslegung als Kollisionsregel bei Vorhandensein mehrerer Normhypothesen ansieht.

116 NOBS, S. 113 ff.; KELLER/LANTER/FISCHER, S. 121 ff.; TSCHANNEN, Staatsrecht, § 44 Rz. 25; BAUMANN, ZBl 2010, S. 253.

117 KLEY, Anwaltsrevue 2001, S. 16; HÄFELIN/HALLER/KELLER/THURNHERR, N 101; TSCHANNEN, Staatsrecht, § 4 Rz. 26.

118 Vgl. für den Begriff BYDLINSKI, S. 451 f.

119 Statt vieler BK ZGB-EMMENEGGER/TSCHENTSCHER,Art.. 1 N 151 ff.; KRAMER, S. 129 f.; HÄFELIN/HALLER/KELLER/THURNHERR, N 102 u. 111; KLEY, Anwaltsrevue 2001, S. 16 f.; TSCHANNEN, Staatsrecht, § 4 Rz. 26; RHINOW/SCHEFER/UEBERSAX, Rz. 514.

120 BGE 140 I 305, 311 E. 6.2; BGE 140 III 616, 621 E. 3.3.

121 HÄFELIN/HALLER/KELLER/THURNHERR, N 111.

122 Vgl. hierzu statt vieler BGE 135 III 349, 352 E. 2.1; BGE 135 III 59, 63 E. 4.3; BGE 135 IV 102, 110 E. 2.3.1.

123 Statt vieler WALDMANN, LeGes 2015, S. 525.

Für die objektiv-historische Auslegung sind jene Materialien zu konsultieren, die den Sinn, den der historische Gesetzgeber einer Bestimmung zweifelsfrei zumessen wollte, klar und widerspruchsfrei zum Ausdruck bringen.[124] Insbesondere bei Verfassungsnormen, die auf Volksinitiativen basieren, ist auf den Sinn abzustellen, wie er sich für die Stimmbürger aus der Unterschriftensammlungs- und Abstimmungskampagne sowie der Botschaft des Bundesrates[125] und den parlamentarischen Beratungen ergeben hat.[126] Auch Vorentwürfe, Entwürfe, Erläuterungen, Gutachten, Parlamentsprotokolle und das Abstimmungsbüchlein sind zu konsultieren.[127] Nicht zur Anwendung gelangt hingegen die subjektive Ansicht des Verfassungsgebers (subjektiv-historische Auslegung), da es unmöglich ist zu eruieren, auf welche Weise der Verfassungsgeber eine Volksinitiative interpretiert hat und wie er diese in der Stimmabgabe zum Ausdruck bringen wollte.[128] Entscheidend ist somit einzig der Sinn, wie er sich für die Stimmberechtigten aus den Argumenten der Befürworter und Gegner objektiv ergibt. Eine Verfassungsbestimmung, die auf einer Volksinitiative beruht, ist daher stets nach der objektiv-historischen Methode auszulegen.[129]

Der Funktion der Volksinitiative, die Verfassung nach den Vorstellungen der Stimmbürger zu ändern, wird durch die objektiv-historische Auslegung am besten entsprochen, da sowohl die Exekutive und die Legislative als auch die Judikative an das Normverständnis der Stimmbürger gebunden werden. Gleichzeitig wird verhindert, dass sich die Auslegung zu weit davon ent-

---

124 KRAMER, S. 138 f.

125 BGE 130 IV 20, 25 E. 2.3; so auch KRAMER, S. 153; vgl. hierzu die Kritik bei WALDMANN, LeGes 2015, Fn. 17, der darauf hinweist, dass es sich bei den Materialien (Botschaft und Abstimmungserläuterungen) meistens um *politische* und nicht rechtliche Wertungen zum Verständnis des Initiativtextes handelt (Hervorhebung hinzugefügt).

126 BAUMANN, ZBl 2010, S. 253; so auch WALDMANN, LeGes 2015, S. 525; vgl. für kantonale Volksinitiativen BGE 129 I 232, 241 E. 3.5.

127 BK ZGB-EMMENEGGER/TSCHENTSCHER, Art. 1 N 312.

128 WALDMANN, LeGes 2015, S. 524 in fine.

129 BAUMANN, ZBl 2010, S. 254; HÄFELIN/HALLER/KELLER/THURNHERR, N 110 ff.; Bericht BR Verhältnis Völkerrecht und Landesrecht, S. 2315 f. Bei der Ausschaffungsinitiative bezieht sich der Bundesrat z.B. auf das im Internet publizierte Argumentarium der Initianten s. Botschaft Ausschaffungsinitiative, S. 5103; vgl. auch BGE 139 I 16, 24 E. 4.2.1; vgl. auch WIEDERKEHR/RICHLI, Rz. 941 ff.

fernt.[130] Insofern wird sichergestellt, dass Volk und Stände weiterhin die Spielregeln bestimmen.[131] Eine allzu starke Gewichtung der historischen Auslegung verhindert jedoch die Anpassung an veränderte Verhältnisse.[132]

6. Zeitgemässes Element

Die zeitgemässe Auslegung bildet das Gegengewicht zur historischen Auslegung und ermöglicht eine Anpassung des Rechts an veränderte Verhältnisse. Sie stellt insbesondere auf das Normverständnis zur Zeit der Rechtsanwendung ab[133] und ermöglicht den Rechtsunterworfenen, ihre Rechte und Pflichten ohne Zuhilfenahme der Materialien zu erkennen.[134] Hingegen sind die rechtsanwendenden Organe nicht vollends an die Wertentscheidung des Verfassungsgebers gebunden, was sich mit Blick auf das Gewaltenteilungsprinzip als problematisch erweisen kann.[135] Das Bundesgericht pflegt bei der Auslegung von neueren Normen, der entstehungszeitlichen Argumentation besonderes Gewicht zuzumessen.[136] Umgekehrt verringert sich die Bedeutung bei besonders alten Erlassen.[137] Aufgrund der zeitlichen Nähe zwischen Inkrafttreten der Verfassungsnorm und deren Umsetzung fällt die zeitgemäs-

130 BAUMANN, ZBl 2010, S. 254.

131 BAUMANN, ZBl 2010, S. 254.

132 Statt vieler HÄFELIN/HALLER/KELLER/THURNHERR, N 113.

133 KRAMER, S. 159; HÄFELIN/HALLER/KELLER/THURNHERR, N 114 ff.. Zur Diskussion, ob die geltungszeitliche Auslegung eine eigenständige Auslegungsmethode darstellt, vgl. HÄFELIN/HALLER/KELLER/THURNHERR, N 119 (bejahend); so auch TSCHANNEN, Staatsrecht, § 4 Rz. 28 ff.; verneinend hingegen RHINOW/SCHEFER/UEBERSAX, Rz. 513; so auch MAHON, Droit, Rz. 49.

134 BAUMANN, ZBl 2010, S. 254.

135 BAUMANN, ZBl 2010, S. 254; vgl. den Kommentar zu BGE 116 Ia 359 (Rohner) von BIAGGINI, Symposium, S. 134; so auch HÄFELIN/HALLER/KELLER/THURNHERR, N 117.

136 TSCHANNEN, Staatsrecht, § 4 Rz. 27; BGE 114 Ia 191, 196 E. 3b, 3bb; vgl. auch BGE 130 V 294, 295 f. E. 5.3.1; BGE 128 I 288, 292 E. 2.4; BGE 126 V 103, 107 E. 3b; zustimmend KRAMER, S. 144 ff.; SHK ZGB-HAUSHERR/JAUN, Art. 1 N 194 Fn. 1.

137 SHK ZGB-HAUSHERR/JAUN, Art. 1 N 150 Fn. 1; ablehnend, GELZER, S. 44.

se Auslegung mit der objektiv-historischen Auslegung bei auf Volksinitiativen beruhenden Verfassungsbestimmungen zusammen.[138]

7. Teleologisches Element

Der Verfassungs- und Gesetzgeber verfolgt bei den zu erlassenen Normen stets eine gewisse Regelungsabsicht. Daher sind diese immer zweckgerichtet.[139] Bestimmungen, die Ziele, Zwecke und Aufgaben des Staates normieren, sind jedoch weit vielseitiger als etwa Zweckartikel von Bundesgesetzen.[140] Es ist folglich weniger nach dem Verfassungszweck zu fragen als vielmehr nach der für die fragliche Norm einschlägigen Verfassungsfunktion.[141]

Ausgangspunkt für die Ermittlung des Normzwecks bildet der Wortlaut.[142] Der Verfassung lässt sich mit Ausnahme der Präambel und der Zweckartikel kaum eine ausdrückliche Erklärung darüber entnehmen, welche Absichten die jeweiligen Verfassungsbestimmungen verfolgen.[143] Daher kann sich der Normzweck nicht alleine aus dem Wortsinn ergeben.[144] Der Normsinn, die ratio legis, einer Verfassungsbestimmung resultiert vielmehr aus dem Zusammenspiel sämtlicher Auslegungselemente.[145] Hinweise auf den Normzweck können einerseits den Materialien entnommen werden und ergeben sich andererseits aus dem systematischen Zusammenhang mit den weiteren

---

138 So auch WALDMANN, LeGes 2015, S. 525.

139 AUBERT, Rz. 288, 300; RHINOW/SCHEFER/UEBERSAX, Rz. 508; HÖHN, S. 219; TSCHANNEN, in: Thürer et al., § 9 Rz. 16; vgl. aus der Rechtsprechung etwa BGE 131 I 74, 80 f. E. 4.1 oder BGE 128 I 34, 40 E. 3b.

140 Vgl. TSCHANNEN, in: Thürer et al., § 9 Rz. 18.

141 NOBS, S. 272.

142 NOBS, S. 272; HÄFELIN/HALLER/KELLER/THURNHERR, N 124; BAUMANN, ZBl 2010, S. 255.

143 Vgl. RHINOW/SCHEFER/UEBERSAX, Rz. 510.

144 LOOSER, § 8 Rz. 182.

145 GÄCHTER, in: Biaggini et al., § 26 Rz. 15; vgl. dazu auch LARENZ/CANARIS, S. 139, insb. 153; TSCHANNEN, in: Thürer et al., § 9 Rz. 16.

Verfassungsartikeln.[146] Je nach Konstellation kann sich dabei die teleologische Auslegung mit der historischen oder mit der zeitgemässen Auslegung verbinden.[147] Die ratio legis muss aber vom Wortlaut einer Bestimmung gedeckt sein.[148] Eine Norm darf nur dann entgegen dem Wortlaut ausgelegt werden, wenn triftige Gründe für die Annahme vorliegen, dass der Wortlaut nicht dem Sinn einer Norm entspricht.[149] Ein solches Vorgehen ist nur dann als zulässig zu erachten, wenn der Zweck einer Bestimmung eindeutig feststeht und diesem Zweck innerhalb der rechtlichen Regelungen eine grosse Bedeutung zukommt.[150]

---

146 BK ZGB-MEIER-HAYOZ, Art. 1 N 203 ff.; FORSTMOSER/VOGT, § 19 Rz. 90; HÖHN, S. 218; SHK ZGB-HAUSHERR/JAUN, Art. 1 N 163; RHINOW/SCHEFER/UEBERSAX, Rz. 509; LARENZ/CANARIS, S. 153.

147 HÄFELIN/HALLER/KELLER/THURNHERR, N 121; TSCHANNEN, Staatsrecht, § 9 Rz. 16.

148 BAUMANN, ZBl 2010, S. 255.

149 HÄFELIN/HALLER/KELLER/THURNHERR, N 124; vgl. für eine teleologische Auslegung, die vom Wortlaut abweicht BGE 131 I 217.

150 HÄFELIN/HALLER/KELLER/THURNHERR, N 126.

III. Die Typologie von Verfassungsbestimmungen und ihre Anwendbarkeit

1. Typologie

Der Inhalt der Verfassung und die darin enthaltenen Normtypen entsprechen den verschiedenen Funktionen, die eine Verfassung heute wahrnehmen muss.[151] Mit Initiativbegehren in der Form des ausgearbeiteten Entwurfs auf Teilrevision der Bundesverfassung können alle Arten von Verfassungsnormen vorgeschlagen werden. Mithin ist es möglich, direkt anwendbare Rechte und Pflichten, Gesetzgebungsaufträge mit oder ohne Regelungsprogramm, Kompetenz- und Aufgabennormen, Zielbestimmungen, Organisationsbestimmungen usw. zu verankern.[152] Ein Numerus Clausus von Verfassungsbestimmungen besteht indessen nicht.[153] Vielfach sind auch Kombinationen aus verschiedenen Normtypen anzutreffen.[154] Welche Art von Verfassungsbestimmung vorliegt, ist dabei durch Auslegung zu ermitteln.

Gemäss dem Bundesgericht bedürfen bspw. Grundrechtsnormen eher der Konkretisierung als der Auslegung.[155] Bei organisatorischen Bestimmungen, insbesondere Kompetenz- und Aufgabennormen, ist der Auslegungsspielraum gewöhnlich enger begrenzt. In diesem Bereich ist «vermehrt dem historischen Element Rechnung zu tragen».[156] Auch Aufgabennormen können direkt anwendbar sein.[157] Nicht ganz so weit, aber ebenso in Richtung direkt anwendbarer Bestimmungen gehen Verfassungssätze mit zwingenden Vorgaben, sogenannte «quasi-direkt»[158] anwendbare Normen. Mithin sind solche Verfassungsbestimmungen so kategorisch formuliert, dass dem Gesetzgeber

---

151 BIAGGINI, in: Biaggini et al., § 7 Rz. 7.

152 Vgl. zur Typologie von Verfassungsnormen statt vieler BIAGGINI, in: Biaggini et al., § 7 Rz. 17 f.; TSCHANNEN, Staatsrecht, § 5 Rz. 5 ff.; RHINOW/SCHEFER/UEBERSAX, Rz. 65.

153 WALDMANN, LeGes 2015, S. 526.

154 BIAGGINI, in: Biaggini et al., § 7 Rz. 7; RHINOW/SCHEFER/UEBERSAX, Rz. 65.

155 BGE 112 Ia 208, 212 ff. E. 2; BGE 115 Ia 127, 130 ff. E. 3.

156 BGE 128 I 327, 329 f. E. 2.1.

157 TSCHANNEN, Staatsrecht, § 4 Rz. 16.

158 Vgl. für die Bezeichnung TSCHANNEN, Staatsrecht, § 4 Rz. 16b.

kaum ein Konkretisierungsspielraum beim Erlass des Ausführungsgesetzes verbleibt.[159]

Im Zusammenhang mit der Umsetzung der in jüngerer Zeit angenommenen Volksinitiativen erwies sich die Abgrenzung zwischen rein programmatischen Ziel- und Aufgabenbestimmungen, direkt bzw. quasi-direkt anwendbaren Verfassungsbestimmungen und «Pseudo-Konditionalnormen»[160] als problematisch. Das Bundesgericht zeigte sich entsprechend zurückhaltend bei der Bejahung der direkten Anwendbarkeit einer Verfassungsnorm.[161] Auch der Bundesrat neigt in seinen Botschaften dazu, die unmittelbare Anwendbarkeit zu verneinen.[162] In die gleiche Richtung tendiert die Bundesversammlung, die dabei den oft bestehenden Konkretisierungsspielraum einer Bestimmung zur völkerrechtskonformen Auslegung nutzt.[163] Diese restriktive Praxis von Legislative, Exekutive und Judikative ist nicht zuletzt auch eine Folge der Tatsache, dass sich bei der Bejahung der direkten Anwendbarkeit die Verfassungskonkretisierung vom demokratisch legitimierten Gesetzgeber zu den Organen der Rechtsanwendung – mithin der Verwaltung

159 TSCHANNEN, Staatsrecht, § 4 Rz. 16b.

160 Vgl. die Bezeichnung bei BIAGGINI, Komm. BV, Einleitung N 23.

161 Vgl. für die Ausschaffungsinitiative (Art. 121 Abs. 3–6 BV) BGE 139 I 16, 26–28 E. 4.3 (direkte Anwendbarkeit verneint); für die Zweitwohnungsinitiative (Art. 75b Abs. 1 BV) BGE 139 II 243, 256–259 E. 10.5–10.8 (direkte Anwendbarkeit für den «harten Kern» bejaht); für die Rothenthurminitiative (Art. 78 Abs. 5 BV) BGE 117 Ib 243, 246 f. E. 3b; BGE 118 Ib 11, 15 E. 2e; BGE 123 II 248, 251 E. 3a, 3aa (direkte Anwendbarkeit bejaht); für die Masseneinwanderungsinitiative (Art. 121a BV) BGE 142 II 35, 38 E. 3 (direkte Anwendbarkeit verneint).

162 Vgl. für die Verwahrungsinitiative C.I.4; vgl. für die Ausschaffungsinitiative C.II.4; vgl. für Zweitwohnungsinitiative, C.III.4; vgl. für die Unverjährbarkeitsinitiative (Art. 123b BV): Hier lagen die Unklarheiten bezüglich der Termini «Kinder vor der Pubertät» und «sexuelle pornografische Straftaten» vor, s. Botschaft Unverjährbarkeitsinitiative, S. 5381 f.; vgl. für die Pädophileninitiative (Art. 123c BV): Wegen zahlreicher offener Rechtsbegriffe hielt der Bundesrat das Begehren für «nicht direkt anwendbar», wobei er aber den «zwingenden Charakter» des Tätigkeitsverbots für verurteilte Straftäter anerkannte, s. Botschaft Pädophileninitiative, S. 8839 ff.; vgl. für die Masseneinwanderungsinitiative C.V.3.b).

163 Vgl. hierzu die Ausführungen zur Verwahrungs-, Ausschaffungs- und Masseneinwanderungsinitiative; vgl. auch D.II.1.

und Justiz – verschiebt und damit stets heikle Gewaltenteilungs- und Kompetenzfragen betroffen sind.[164]

Es wird nachfolgend aufgezeigt, anhand welcher Kriterien sich die direkte Anwendbarkeit einer Verfassungsbestimmung eruieren lässt.

2. Direkte Anwendbarkeit

a) Normstufe und -dichte

Die aus dem Gesetzmässigkeitsprinzip (Art. 5 Abs. 1 BV) fliessende rechtsstaatliche Funktion fordert, dass Staatshandlungen nur aufgrund und nach Massgabe von generell-abstrakten Normen (Rechtssatz) ausgeübt werden.[165] Ein Rechtssatz muss genügend bestimmt sein, um dem Bedürfnis des Bürgers nach Rechtssicherheit und Rechtsgleichheit gerecht zu werden.[166] Gleichzeitig wird durch das Legalitätsprinzip[167] der demokratischen Legitimation staatlichen Handelns Genüge getan.[168] Damit ein Gesetzesvorbehalt eine möglichst wirksame rechtsstaatliche Schranke bilden kann, muss gefordert werden, dass die belastende und in ein Individualrecht eingreifende Norm einen optimalen Grad der Bestimmtheit aufweist und nicht unnötig wesentliche Wertungen der Gesetzesanwendung überlässt.[169]

Der Grad der erforderlichen Bestimmtheit kann nicht abstrakt festgelegt werden. Vielmehr müssen sowohl die Vielfalt der regelungsbedürftigen Sachverhalte, die Komplexität sowie die Vorhersehbarkeit der im Einzelfall erforderlichen Entscheidungen als auch die Schwere des Eingriffs in verfas-

---

164 Vgl. dazu die Gesamtwürdigung D.I.1.

165 Statt vieler HÄFELIN/MÜLLER/UHLMANN, N 338, 340.

166 HÄFELIN/HALLER/KELLER/THURNHERR, N 171; RHINOW/SCHEFER/UEBERSAX, Rz. 2624; TSCHANNEN/ZIMMERLI/MÜLLER, § 19 Rz. 13; so auch BGE 131 II 271, 278 E. 6.1.

167 Vgl. HANGARTNER, ZSR 2007, S. 148; zum Gesetzesvorbehalt BIAGGINI, Richterrecht, S. 314 ff. m.w.H.

168 Statt vieler HÄFELIN/HALLER/KELLER/THURNHERR, N 171; TSCHANNEN/ZIMMERLI/MÜLLER, § 19 Rz. 2.

169 BGE 135 I 169, 173 E. 5.4.1; BGE 132 I 49, 58 f. E. 6.2; BGE 113 Ib 60, 63 f. E. 3b; BGE 109 Ia 273, 483 f. E. 4d.

sungsmässige Rechte berücksichtigt werden.[170] Während im Umweltrecht keine allzu hohen Anforderungen an den Bestimmtheitsgrad eines direkt anzuwendenden Rechtssatzes gestellt werden,[171] sind bei der Einschränkung von Freiheitsrechten besonders hohe Anforderungen zu erfüllen.[172] Ein weiteres Kriterium bildet der Adressatenkreis der Bestimmung. Richtet sich eine Norm an die Behörden, so darf diese weniger bestimmt sein.[173] Diese Anforderungen des Gesetzmässigkeitsprinzips kommen nicht nur für Gesetze im formellen Sinn, sondern auch für Verfassungsnormen zum Tragen, wenn sie unmittelbare Grundlage für eine Verwaltungshandlung sein sollen.[174]

Die Verfassung als höchste innerstaatliche Normstufe erfüllt durch die doppelte Mehrheit von Volk und Ständen zweifelsfrei das Erfordernis der demokratischen Legitimation des Rechtssatzes. Verfassungsbestimmungen können ohne Ausführungsgesetzgebung unmittelbar angewendet werden, wenn sie so präzise gefasst sind, dass sie Rechte und Pflichten der Bürger begründen und von den Verwaltungsbehörden und Gerichten direkt angewendet werden können.[175] Andernfalls ist eine Ausführungsgesetzgebung unerlässlich.[176] Die Normierung eines Gesetzgebungsauftrags schliesst dabei die direkte Anwendbarkeit für andere Teile derselben Verfassungsbestimmung nicht aus, sofern diese genügend bestimmt sind.[177] Zudem können Verfassungsnormen direkt anwendbar sein, in denen Tatbestände und Rechtsfolgen mit

[170] BGE 139 II 243, 252 E. 10; BGE 136 I 87, 90 E. 3.1 mit Hinweisen.

[171] MÖSCHING, Massnahmen, S. 67.

[172] HÄFELIN/MÜLLER/UHLMANN, N 344; MÜLLER, Inhalt und Formen, S. 112.

[173] RHINOW, Rechtsetzung und Methodik, S. 264; MÜLLER/UHLMANN, N 252.

[174] WALDMANN, Schutz von Mooren, S. 70.

[175] Statt vieler BGE 125 I 361, 364 E. 4a.

[176] Statt vieler HANGARTNER, AJP 2011, S. 476; SG Kommentar BV-MÜLLER, Art. 195 N 12 ff.

[177] BGE 139 I 16, 26 E. 4.3.1; so auch WALDMANN, LeGes 2015, S. 527; a.M. hingegen HANGARTNER, AJP 2011, S. 474, der aufgrund des Gesetzgebungsauftrags in Art. 121 Abs. 4 BV, die unmittelbare Anwendbarkeit des «Ausschaffungsartikels» verneint.

unbestimmten und offenen Rechtsbegriffen umschrieben sind und für die eine gesetzliche Konkretisierung hilfreich wäre.[178]

b) Konditionale und finale Normen

Verfügungsgrundlage kann nur eine konditionale Norm sein, denn nur sie vermag das Verhalten zu steuern und eine strittige Rechtsfrage zu entscheiden.[179] Eine Norm muss dazu genügend bestimmte Rechte und Pflichten (Rechtsfolge) mit einem konkreten Verhalten (Tatbestand) verbinden.[180] Viele Normen weisen auf den ersten Blick keine konditionale Struktur auf, doch lassen sie sich bei näherer Betrachtung in einen Wenn-Dann-Satz umformulieren.[181] Als Äquivalent sind finale Normen anzusehen, die Ziele und Grundlagen statuieren. Diese normieren weder Tatbestand noch Rechtsfolge und können folglich nicht Verfügungsgrundlage sein.[182] Finale Normen helfen hingegen bei der Entscheidungsfindung, indem sie als Bezugspunkte im Rahmen der teleologischen Auslegung oder als Argumentationsstütze bei der Interessenabwägung zur Anwendung gelangen können.[183]

3. Nicht direkte Anwendbarkeit

Nicht direkt anwendbare Verfassungsnormen bedingen demgegenüber erst die Schaffung und Legitimierung von Massnahmen und Instrumenten zur Durchsetzung ihres verfassungsrechtlichen Verbots bzw. ihres Anspruchs durch den Gesetzgeber (zumindest in den Grundzügen).[184] Dies ist bspw. für die Alpeninitiative, die den alpenüberquerenden Gütertransitverkehr von

---

[178] WALDMANN, LeGes 2015, S. 527; a.M. BR, Botschaft Pädophileninitiative, S. 8844, der die unmittelbare Anwendbarkeit von Art. 123c BV auch mit dem Argument verneint, dass diese Bestimmung «offene Begriffe» verwende.

[179] MÖSCHING, Massnahmen, S. 68.

[180] Statt vieler BIAGGINI, Komm. BV, Einleitung N 23.

[181] TSCHANNEN, Systeme, S. 55.

[182] MÖSCHING, Massnahmen, S. 68.

[183] TSCHANNEN, Systeme, S. 56 f.

[184] WALDMANN, LeGes 2015, S. 528.

Grenze zu Grenze auf die Schiene (Art. 84 Abs. 2 BV)[185] verlagert, oder für die Masseneinwanderungsinitiative, die den Auftrag der eigenständigen Zuwanderungssteuerung durch die Schweiz (Art. 121a Abs. 1 BV) normiert, der Fall.[186] Obwohl der Wortlaut solcher Verfassungsbestimmungen den Anschein einer unmittelbar anwendbaren Konditionalnorm erweckt, ist bei genauerer Betrachtung sehr oft eine Kombination einer Ziel- und Aufgabennorm gegeben.[187] Dies ist auch für Verbote der Fall, welche die Anforderungen des Legalitätsprinzips (Art. 5 Abs. 1 BV) an die Normdichte nicht erfüllen, sofern sie in der umzusetzenden Verfassungsbestimmung nicht gerade konkretisiert oder gar relativiert werden.[188] Es bleibt jedoch auch in solchen Fällen zu untersuchen, ob nicht ein «Kern des verfassungsrechtlichen Verbots»[189] gegeben ist, innerhalb dessen die Verfassungsregelung die Voraussetzungen der hinreichenden Bestimmtheit erfüllt.[190]

Wird die direkte Anwendbarkeit verneint, so ist der Gesetzgeber gehalten, die nötigen Ausführungsbestimmungen im Sinne von Art. 164 Abs. 1 BV zu erlassen.[191] Dabei hat sich der Gesetzgeber aber stets innerhalb des Rege-

---

185 Gemäss BIAGGINI, Komm. BV, Art. 84 N 6, handelt es sich um einen «Verkehrsumlagerungsauftrag» und nicht nur um eine Zielnorm; a.M. SG Kommentar BV-LENDI/VOGEL, Art. 84 N 15, die von einer «finalen Rechtsnorm» bzw. «Zielnorm» sprechen.

186 Gemäss SG Kommentar BV-SCHWEIZER, Art. 121a N 23, handelt es sich dabei um eine «Zielnorm»; a.M. UEBERSAX, Jusletter 14. April 2014, Rz. 4, der von einer «Aufgabennorm» spricht; vgl. MEI C.V.3.b)aa).

187 WALDMANN, LeGes 2015, S. 528; so auch BIAGGINI, Komm. BV, Einleitung N 23, der von «Pseudo-Konditionalnormen» spricht. Gemäss dem Autor sind z.B. Art. 123b, Art. 123c und Art. 95 BV solche «Pseudo-Konditionalnormen».

188 WALDMANN, LeGes 2015, S. 528.

189 Vgl. BGE 139 II 243, 256 E. 10.5.

190 WALDMANN, LeGes 2015, S. 527 in fine; vgl. BGE 139 II 243, 256 E. 10.5 (Zweitwohnungsinitiative) für den ermittelten «harten Kern» von Art. 75b BV. Auch bei Art. 121 Abs. 3–6 BV (Ausschaffungsinitiative) wäre die direkte Anwendbarkeit eines «harten Kerns» möglich gewesen (vom Bundesgericht hingegen in BGE 139 I 16 nicht geprüft); so auch HANGARTNER, AJP 2011, S. 474; vgl. Ausschaffungsinitiative C.II.3.b)bb).

191 Bericht EJPD, VPB 2012.4, S. 66.

lungsrahmens zu bewegen, der durch den Zweck[192] und die Vorgaben des Verfassungsartikels bestimmt wird.[193]

[192] Gl. M. BAUMANN, ZBl 2010, S. 257; VOGT/BASCHUNG, S. 34.
[193] Vgl. auch Gesamtwürdigung D.III.

IV. Der gesetzgeberische Handlungsspielraum bei der Umsetzung

Bei der Umsetzung von Verfassungsrecht, das auf Volksinitiativen beruht, rückt nebst der Frage, ob die neue Verfassungsbestimmung direkt anwendbar ist, auch die Frage des Umsetzungsspielraums der mit Erlass der Ausführungsgesetzgebung betrauten Legislative in den Vordergrund. In diesem Zusammenhang ist danach zu differenzieren, welche Vorschriften das Parlament in Erfüllung seines Auftrages erlassen «darf» und welche Bestimmungen es angesichts des Massgeblichkeitsgebots der Bundesgesetze (Art. 190 BV) erlassen «kann».[194] Letzterer Fragestellung kommt insbesondere auch mit Blick auf die in den Übergangsbestimmungen statuierte Verordnungsermächtigung der Exekutive eine folgenreiche Bedeutung zu.[195]

1. Umsetzungsspielraum des Parlaments

Der Konkretisierungsspielraum des Parlaments bestimmt sich in erster Linie anhand seiner verfassungsmässigen Zuständigkeiten.[196] Diese sind im Wesentlichen im 2. Kapitel über die Zuständigkeiten des 3. Titels der Bundesverfassung (Bund, Kantone und Gemeinden) sowie im 3. Kapitel über die Finanzordnung (z.B. Art. 38 BV) zu finden. Mit Annahme der Ausschaffungs-,[197] Zweitwohnungs-,[198] Abzocker-[199] sowie Masseneinwanderungsinitiative[200] wurden in den Übergangsbestimmungen ebenfalls einzelne Kompetenzen des Gesetzgebers verankert. Dabei ergibt sich der dem Parlament zukommende Umfang der Rechtsetzungskompetenz in einem bestimmten Sachbereich einerseits aus der Formulierung durch die Verfassungsnorm

---

194 Vgl. auch Gesamtwürdigung D.II; vgl. auch SG Kommentar BV-HANGARTNER (2008), Art. 190 N 35 in fine.

195 Vgl. hierzu C.III.4.b) für die Zweitwohnungsinitiative; C.IV.4.b) für die Abzockerinitiative; C.V.3.b)gg)bbb) für die MEI; vgl. auch Gesamtwürdigung D.II.2.a).

196 Statt vieler HÄFELIN/HALLER/KELLER/THURNHERR, N 1071.

197 Art. 197 Ziff. 8 BV.

198 Art. 197 Ziff. 9 Abs. 1 BV.

199 Art. 197 Ziff. 10 BV.

200 Art. 197 Ziff. 11 Abs. 2 BV.

sowie aus deren Auslegung.[201] Andererseits begrenzt die Typologie der Verfassungsbestimmung den Umsetzungsspielraum der Legislative in unterschiedlich hohem Mass.[202]

2. Umsetzungsspielraum des Bundesrates

Durch die Annahme der Zweitwohnungs-, Abzocker- und Masseneinwanderungsinitiative sind in den Übergangsbestimmungen nebst den Rechtssetzungsbefugnissen der Legislative auch Rechtsetzungskompetenzen des Bundesrates normiert worden. Dieser ist verpflichtet, die «nötigen»,[203] «erforderlichen»[204] oder «vorübergehenden»[205] Ausführungsbestimmungen durch Verordnung zu erlassen. Dabei ist es entscheidend, welche Rechtsnatur der zu erlassenden selbstständigen Verordnung im Einzelfall zukommt. Anhand dieser Verordnung bestimmt sich sowohl der der Exekutive zukommende Umfang der Regelungsbefugnisse als auch der zulässige Regelungsrahmen.[206] Die Unterscheidung nach selbstständigen Vollzugs- oder gesetzesvertretenden Verordnungen ist auch mit Blick auf das akzessorische Prüfungsrecht[207] des Bundesgerichts von Bedeutung.[208]

Eine Vollziehungsverordnung will gemäss höchstrichterlicher Rechtsprechung «Gedanken des Gesetzgebers durch Detailvorschriften näher ausführen und auf diese Weise die Anwendbarkeit der Gesetze ermöglichen. Sie dürfen das auszuführende Gesetz – wie auch alle anderen Gesetze – weder aufheben noch abändern; sie müssen der Zielsetzung des Gesetzes folgen und dürfen dabei lediglich die Regelung, die in grundsätzlicher Weise bereits

201 Statt vieler HÄFELIN/HALLER/KELLER/THURNHERR, N 1083.

202 Vgl. Gesamtwürdigung D.I.

203 Art. 197 Ziff. 9 Abs. 1 BV (Übergangsbestimmung zu Art. 75b BV).

204 Art. 197 Ziff. 10 BV (Übergangsbestimmung zu Art. 95 Abs. 3 BV).

205 Art. 197 Ziff. 11 BV (Übergangsbestimmung zu Art. 121a BV).

206 Vgl. hierzu C.III.4.b) für Zweitwohnungsinitiative; vgl. auch Abzockerinitiative C.IV.4.b); s.a. Gesamtwürdigung D.II.2.

207 Zur gerichtlichen Überprüfung selbstständiger Verordnungen des Bundesrates NUSSBAUM, S. 19 f.; HÄFELIN/HALLER/KELLER/THURNHERR, N 2098; so auch BSK BV-UHLMANN, Art. 95 N 30.

208 Vgl. Abzockerinitiative C.IV.4.b); vgl. auch Gesamtwürdigung D.II.2.a).

im Gesetz Gestalt angenommen hat, aus- und weiterführen».[209] Eine Vollziehungsverordnung darf dem Bürger aber keine neuen Rechte und Pflichten auferlegen, selbst wenn dies dem Gesetzeszweck besser entsprechen würde.[210] Der Bundesrat ist im Rahmen seiner Rechtsetzungsbefugnisse zwingend an diese Grenzen des Vollzugsverordnungsrechts gebunden. Eine Missachtung dieser Schranken führt zu einer Verletzung des Gewaltenteilungs- und des Legalitätsprinzips.[211]

Demgegenüber stützen sich gesetzesvertretende Verordnungen auf eine Ermächtigung in einem Gesetz, das noch keine vollständige materielle Regelung enthält; «solche Verordnungen fügen der weitmaschigen, sich auf das Grundsätzliche beschränkenden Regelung im Gesetz neue Normen hinzu».[212] Eine gesetzesvertretende Verordnung kommt dann in Betracht, wenn entweder bestimmte Fragen nicht geregelt wurden und somit durch die Exekutive zu vervollständigen sind oder wenn zwar eine vollständige Regelung besteht, aber der Exekutive die Möglichkeit eingeräumt wird, diese unter Umständen zu durchbrechen.[213] Es müssen jedoch die Voraussetzungen und Grenzen der Gesetzesdelegation beachtet werden. Bei einer selbstständigen gesetzesvertretenden Verordnung enthält jedoch bereits die Verfassung eine ausdrückliche Ermächtigung zum Erlass einer solchen, sodass sich eine Rechtsetzungsdelegation in einem Gesetz erübrigt.[214] Selbständigen gesetzesvertretenden Verordnungen kommt im Sinne der Rechtsprechung die Bedeutung formeller Gesetze zu.[215]

---

209 BGE 136 I 29, 33 E. 3.3.

210 Vgl. BGE 130 I 140, 149 E. 5.1; m.w.H. auch BGE 128 II 222, 225 E. 3.2.1; analog zu den Grenzen des Vollzugsverordnungsrechts gegenüber Gesetzen BGE 139 II 460, 462 f. E. 2.1; BGE 136 I 29, 33 E. 3.3; BGE 130 I 140, 149 E. 5.1; BGE 129 V 95, 97 E. 2.1.

211 BIAGGINI, Komm. BV, Art. 182 N 4 m.w.H. auf BVGer, Urteil C-4724/2010 vom 10. März 2014, E. 4.3.5.

212 HÄFELIN/MÜLLER/UHLMANN, N 103.

213 Statt vieler TSCHANNEN, Staatsrecht, § 46 Rz. 23.

214 HÄFELIN/MÜLLER/UHLMANN, N 106.

215 Statt vieler BGE 125 II 326, 331 E. 3a; BGE 128 I 327, 338 E. 4.1.

C. Untersuchung einzelner angenommener Volksinitiativen

I. Die Verwahrungsinitiative

1. Ausgangslage

Die eidgenössische Volksinitiative «Lebenslange Verwahrung für nicht therapierbare, extrem gefährliche Sexual- und Gewaltstraftäter» (sog. Verwahrungsinitiative) ging massgeblich auf Anita Chaaban zurück, deren Patenkind Opfer eines schweren Gewalt- und Sexualverbrechens geworden war.[216] Am 20. Oktober 1998 wurde die Verwahrungsinitiative von der Bundeskanzlei vorgeprüft[217] und am 3. Mai 2000 durch das Initiativkomitee «Selbsthilfegruppe Licht der Hoffnung» eingereicht. Mit Verfügung vom 13. Juni 2000 stellte die Bundeskanzlei fest, dass die Initiative mit 194'390 gültigen Unterschriften zustande gekommen war.[218]

Der Bundesrat verabschiedete am 4. April 2001 seine Botschaft zur Verwahrungsinitiative[219] und unterbreitete dieser weder einen Gegenentwurf noch einen indirekten Gegenvorschlag. Begründet wurde dies in erster Linie damit, dass die mit der Volksinitiative vorgeschlagenen Änderungen kaum über die damals bereits bestandenen Regelungen im Strafgesetzbuch (StGB) hinausgingen. Die in jenem Zeitpunkt laufende Revision des StGB sah bereits eine Reihe von Neuerungen vor, welche die Gesellschaft besser vor gefährlichen Straftätern schützen sollten.[220] Die Rechtskommissionen des National- und Ständerates hingegen erachteten die Revision des allgemeinen Teils (AT) des StGB als indirekten Gegenvorschlag zur Verwahrungsinitiative. Damit die Revision des StGB AT besser mit der Initiative in Einklang gebracht werden konnte, verlängerte die Bundesversammlung die Behandlungsfrist der Volksinitiative um ein weiteres Jahr.[221] Obwohl die Initianten

216 Vgl. CHAABAN, S. 103.

217 BBl 1998 4961.

218 BBl 2000 3336.

219 BBl 2001 3433.

220 Medienmitteilung BJ vom 4. April 2001.

221 Vgl. Bericht RK-N vom 11. Februar 2002 u. Bericht RK-S vom 3. Mai 2002.

ihre Anliegen in den Rechtskommissionen vorbrachten, hielten sie an der Initiative fest, da ihnen die Änderungen des StGB AT nicht weit genug gingen.[222]

Das Hauptanliegen der Initiative betraf die Einführung einer Verwahrung mit restriktiven Entlassungsbedingungen für eine bestimmte Gruppe von Tätern. Die Entlassung aus der lebenslänglichen Verwahrung sollte dabei nur dann geprüft werden können, wenn «neue, wissenschaftliche Erkenntnisse» belegten, dass der Täter geheilt werden könne und für die Öffentlichkeit künftig keine Gefahr mehr darstelle.[223] Die Initiative sah überdies vor, dass zur Beurteilung der Sexual- und Gewaltstraftäter stets zwei voneinander unabhängige Gutachten erstellt werden müssten.[224] Einzelne Mitglieder des Initiativkomitees postulierten in diesem Zusammenhang auch, dass Straftäter «zu rasch und auf der Grundlage ungenügender Gutachten freigelassen»[225] würden. Auch eine «zu häufige Prüfung der Entlassung solcher Straftäter» führe bloss «zu einer grossen Anzahl von Irrtümern».[226] Die von der Bundesversammlung beschlossene Revision des StGB AT[227] weitete zwar die ordentliche Verwahrung aus, nahm jedoch das Kernanliegen der Initiative – die eingeschränkte Überprüfbarkeit – nicht auf.[228]

2. Abstimmung durch Volk und Stände

Obwohl der Bundesrat[229] und die Bundesversammlung[230] die Verwahrungsinitiative ablehnten, wurde diese am 8. Februar 2004 vom Volk mit 1'198'867 Ja- gegen 934'569 Nein-Stimmen und von den Ständen mit

222 Vgl. CHAABAN, S. 104; VALLENDER, S. 208 f.

223 Vgl. Art. 123a Abs. 2 BV; siehe auch Botschaft Verwahrungsinitiative, S. 3440.

224 Vgl. Art. 123a Abs. 3 BV.

225 Botschaft Verwahrungsinitiative, S. 3436 f.

226 Botschaft Verwahrungsinitiative, S. 3436 f.

227 Vgl. AS 2006 3459.

228 Vgl. den geltenden Art. 64c Abs. 1 StGB (AS 2008 2961).

229 Vgl. Botschaft Verwahrungsinitiative, S. 3464.

230 Der Nationalrat verwarf die Initiative in der Gesamtabstimmung mit 128 zu 35 Stimmen bei 3 Enthaltungen, AB 2003 N 303, der Ständerat stimmte dem Beschluss des Nationalrates, die Initiative zu verwerfen, mit 23 Stimmen und einer Gegenstimme zu, AB 2003 S 580.

195/2 Ja- gegen 1½ Nein-Stimmen angenommen.[231] Damit trat der neue Art. 123a BV unmittelbar in Kraft[232] und hält Folgendes fest:

> [1] Wird ein Sexual- oder Gewaltstraftäter in den Gutachten, die für das Gerichtsurteil nötig sind, als extrem gefährlich erachtet und nicht therapierbar eingestuft, ist er wegen des hohen Rückfallrisikos bis an sein Lebensende zu verwahren. Frühzeitige Entlassung und Hafturlaub sind ausgeschlossen.
>
> [2] Nur wenn durch neue, wissenschaftliche Erkenntnisse erwiesen wird, dass der Täter geheilt werden kann und somit keine Gefahr mehr für die Öffentlichkeit darstellt, können neue Gutachten erstellt werden. Sollte auf Grund dieser neuen Gutachten die Verwahrung aufgehoben werden, so muss die Haftung für einen Rückfall des Täters von der Behörde übernommen werden, die die Verwahrung aufgehoben hat.
>
> [3] Alle Gutachten zur Beurteilung der Sexual- und Gewaltstraftäter sind von mindestens zwei voneinander unabhängigen, erfahrenen Fachleuten unter Berücksichtigung aller für die Beurteilung wichtigen Grundlagen zu erstellen.

3. Typologie und Rechtsnatur

a) Normtyp

Art. 123a Abs. 1 BV normiert, dass ein Sexual- oder Gewaltstraftäter aufgrund des hohen Rückfallrisikos bis an sein Lebensende zu verwahren ist, wenn er in den Gutachten, die für das Gerichtsurteil nötig sind, als extrem gefährlich und nicht therapierbar eingestuft wird. Eine frühzeitige Entlassung und ein Hafturlaub sind ausgeschlossen. Abs. 1 enthält weder einen Gesetzgebungsauftrag noch Elemente einer Ziel- oder Aufgabennorm, sondern weist vielmehr auf eine Konditionalnorm (Wenn-Dann-Bestimmung) hin. Auch Abs. 2 der Verfassungsbestimmung ist weder ein Gesetzgebungsauftrag noch die Normierung eines Ziels- bzw. eines Zwecks zu entnehmen, die erst durch das Einschreiten des Gesetzgebers verwirklicht werden könnten. So bestimmt Abs. 2, dass neue Gutachten erst erstellt werden dürfen, wenn durch «neue, wissenschaftliche Erkenntnisse» erwiesen ist, dass der Täter geheilt werden kann und somit keine Gefahr mehr für die Öffentlichkeit darstellt. Sollte in einem solchen Fall die lebenslängliche Verwahrung aufgehoben werden, so muss die Haftung für einen Rückfall des Täters von der

---

231 BBl 2004 2199.

232 Vgl. Art. 195 Abs. 1 BV.

Behörde übernommen werden, welche die Verwahrung aufgehoben hat (Art. 123a Abs. 2 Satz 2 BV). Auch Abs. 2 ist als Konditionalnorm formuliert und statuiert sowohl Tatbestand als auch Rechtsfolgen. Dasselbe trifft auf Art. 123a Abs. 3 BV zu, wonach alle zur Beurteilung der Sexual- und Gewaltstraftäter notwendigen Gutachten von mindestens zwei voneinander unabhängigen Fachleuten zu erstellen sind.

Die neue Verfassungsbestimmung stellt demnach keine Aufgabennorm mit reinen Zielvorgaben dar, die eine direkte Anwendbarkeit auszuschliessen vermag.[233]

b) Direkte oder nicht direkte Anwendbarkeit

aa) Grundsatz der lebenslänglichen Verwahrung

Art. 121a Abs. 1 BV erfasst dem Wortlaut nach «Sexual- *oder* Gewaltstraftäter». Die Voraussetzungen sind durch die Konjunktion «oder» alternativ zu verstehen.[234] Demgegenüber war gemäss dem Titel der Initiative – der von «extrem gefährlichen Sexual- *und* Gewaltstraftätern» spricht – von einer Kumulation auszugehen.[235] Da der Titel einer Initiative nicht zum Verfassungsrecht wird, ist dieser bei der Auslegung unbeachtlich.[236] Als Täter kommen demnach sowohl Sexualstraftäter, die sich keiner Gewalt bedienen, als auch Gewaltstraftäter, die ohne jegliche sexuelle Motive gehandelt haben, in Frage.[237]

Die Begriffe Sexual- oder Gewaltstraftäter verfügen über keine klare Entsprechung im StGB;[238] sie können jedoch einzelnen Tatbeständen zugeordnet

---

233 Vgl. für die Aufgabennormen, die sich einer direkten Anwendbarkeit entziehen WALDMANN, LeGes 2015, S. 529.

234 Gl.M. BSK BV-GÖKSU, Art.. 123a N 5; vgl. Altbundesrat Blocher, AB 2007 N 1962.

235 TRECHSEL, Jusletter 17. Mai 2004, Rz. 13.

236 Vgl. auch BIAGGINI, Komm. BV, Art. 123a N 3.

237 BSK BV-GÖKSU, Art.. 123a N 5; Bericht Verwahrung, S. 14 ff.; vgl. Altbundesrat Blocher, AB 2007 N 1962; vgl. auch Schlussabstimmung AB 2007 N 1965; a.M. KUNZ/STRATENWERTH, S. 8; TRECHSEL, Jusletter 17. Mai 2004, Rz. 13 und 40 ff., die sich für eine restriktive Auslegung aussprechen.

238 Botschaft Verwahrungsinitiative, S. 3442 f.; KUNZ/STRATENWERTH, S. 7.

werden. Ein Sexualstraftäter ist nach allgemeinem Sprachgebrauch jemand, der sich durch sein sexuelles Verhalten strafbar macht oder sich sexuell an anderen vergeht.[239] Eine Anknüpfung an die Straftatbestände gegen die sexuelle Integrität nach Art. 187–200 StGB erscheint daher folgerichtig und zweckmässig.[240] Dafür spricht auch die historische Auslegung.[241] Das StGB kennt keine eigentlichen Gewalttaten, weshalb keine direkte Anknüpfung vorgenommen werden kann.[242] Nach allgemeinem Sprachgebrauch hingegen ist ein Gewaltstraftäter jemand, der durch die Ausübung von (grober) Gewalt straffällig wird.[243] Nach KUNZ/STRATENWERTH ist ein Gewaltstraftäter jemand, der «einen Straftatbestand verwirklicht, der seinem Wortlaut oder Sinn nach die Verübung (wie immer definierter) Gewalt voraussetzt».[244] Für einen Durchschnittsadressaten ist der Täterkreis bereits nach allgemeinem Sprachgebrauch als hinreichend bestimmt anzusehen. Es verbleibt dennoch Raum für eine Konkretisierung auf Gesetzesstufe.

Unter «extrem gefährlich»[245] ist nach allgemeinem Sprachgebrauch eine Situation zu verstehen, die so beschaffen ist, dass grosse Vorsicht geboten ist.[246] Dieses Begriffsverständnis wird durch das Adjektiv «extrem» indessen noch verschärft. Daraus ergibt sich, dass nicht nur der erfüllte Straftatbestand entscheidend ist, sondern ebenso die Art und Weise der Tatbegehung. Erfasst werden somit nur schwere Sexual- oder Gewaltdelikte.[247] Infolge des in Abs. 1 geforderten hohen Rückfallrisikos ist davon auszugehen, dass eine hohe Wahrscheinlichkeit gegeben sein muss, dass der Täter erneut eine extrem gefährliche Tat begeht.[248]

---

239 Duden online.

240 So auch Definition bei KUNZ/STRATENWERTH, S. 7.

241 Botschaft Verwahrungsinitiative, S. 3442.

242 So auch Botschaft Verwahrungsinitiative, S. 3442.

243 Vgl. Botschaft Verwahrungsinitiative, S. 3439, in welcher der Bundesrat in Fn. 5 eine Subsumtion der Straftatbestände vornimmt.

244 KUNZ/STRATENWERTH, S. 7 in fine.

245 Der französische und italienische Wortlaut stimmt mit dem deutschen überein.

246 Duden online.

247 BSK BV-GÖKSU, Art.. 123a N 5; so auch Abstimmungserläuterungen Verwahrungsinitiative, S. 25; Botschaft Verwahrungsinitiative, S. 3444; vgl. auch Altbundesbrat Blocher, AB 2007 N 1962, AB 2006 S 550.

248 Botschaft Verwahrungsinitiative, S. 3444.

Zudem muss der Täter als «nicht therapierbar»[249] eingestuft werden. Gemeint sein kann nur, dass keine die Gefährlichkeit des Täters ansprechende Therapie existiert;[250] folglich also keine Heilung möglich ist.[251] Aus systematischen Erwägungen und entsprechend dem Sinn und Zweck der Verfassungsbestimmung muss die Voraussetzung der fehlenden Therapierbarkeit angesichts der in Abs. 1 angeordneten Rechtsfolge der lebenslänglichen Verwahrung dauerhafter Natur sein.[252] Ob unter «dauerhaft» tatsächlich «lebenslang» zu verstehen ist, lässt sich der Verfassungsnorm nicht zweifelsfrei entnehmen. Der Wortlaut gibt darauf keine Antwort und auch die historische Auslegung scheint diffus: So spricht die Botschaft zur Verwahrungsinitiative davon, die Verfassungsbestimmung fordere eine lebenslange Verwahrung. Dabei dürfte aber insbesondere deren Höchstdauer und weniger die Untherapierbarkeit gemeint sein.[253]

Als hilfreicher erweist sich hingegen die systematische und teleologische Auslegung; aufgrund der angeordneten Rechtsfolge der lebenslänglichen Verwahrung erscheint es konsequent, dass die Nichttherapierbarkeit von gleicher Länge – mithin lebenslang – sein muss.[254]

Ausserdem ist aufgrund des Wortlautes unklar, ob Art. 123a Abs. 1 BV nur bei einem Straftäter mit psychischer Störung Anwendung findet.[255] «Nicht

---

249 Der französische und italienische Wortlaut ist mit dem deutschen deckungsgleich.

250 BSK BV-GÖKSU, Art.. 123a N 6.

251 Duden online.

252 Vgl. auch BSK BV-GÖKSU, Art. 123a N 6.

253 Botschaft Verwahrungsinitiative, S. 3446 u. 3449, die keine Ausführungen zur Dauer der Untherapierbarkeit enthält.

254 Gl.M. BSK BV-GÖKSU, Art. 123a N 6; vgl. zum daraus resultierenden methodischen Problem, dass insbesondere bei jüngeren Tätern Prognosen auf über 20 Jahren oder auf Lebzeiten nicht möglich sind SG Kommentar BV-VEST, Art. 123a N 22; vgl. BGE 140 IV I, 5 E. 3, wonach unter «dauerhafter Untherapierbarkeit» eine lebenslange Untherapierbarkeit zu verstehen sei; vgl. auch URBANIOK, in: Dittmann et al., S. 163; vgl. für den erfassten Täterkreis und die Dauer HEER, in: Dittmann et al., S. 178 ff.

255 Davon geht der Bundesrat aus, vgl. Referat von Ruth Metzler-Arnold vom 18. November 2003; vgl. auch Botschaft Verwahrungsinitiative, S. 3446; vgl. hingegen Botschaft Ausführungsgesetz, S. 904, 913 f., in der der Bundesrat von seiner originären Beurteilung abweicht.

therapierbar» umfasst an sich auch Personen, die psychisch intakt sind. Nach allgemeinem Sprachgebrauch wird unter «nicht therapierbar» die fehlende Möglichkeit einer Heilung verstanden.[256] Dies lässt den Schluss zu, dass Art. 123a Abs. 1 BV nur bei Tätern mit einer psychischen Krankheit Anwendung findet. Für eine solche Auslegung spricht insbesondere auch die Systematik und der Sinn und Zweck der Verfassungsnorm, da eine Entlassung aus der lebenslänglichen Verwahrung nur angeordnet werden darf, wenn der Täter geheilt werden kann (Art. 123a Abs. 2 BV).[257]

Sodann müssen die extreme Gefährlichkeit und die Nichttherapierbarkeit in einem Gutachten im Strafverfahren festgestellt werden (Art. 123a Abs. 1 erster Satz BV). Daraus folgt, dass eine frühzeitige Entlassung sowie ein Hafturlaub ausgeschlossen sind (Art. 123a Abs. 1 Satz 2 BV). Andere Vollzugslockerungen sind durch die Verfassungsbestimmung zwar weiterhin möglich, sie werden jedoch aufgrund von Art. 84 Abs. 6bis[258] und Art. 90 Abs. 4ter StGB[259] ausgenommen.[260] Infolge der Konjunktion «und» muss der Täter sowohl als extrem gefährlich als auch als nicht therapierbar gelten und zusätzlich ein hohes Rückfallrisiko aufweisen, damit eine lebenslange Verwahrung ausgesprochen werden kann. Für eine Kumulation der Voraussetzungen spricht insbesondere die Systematik.[261] Mithin ist der Täter zwingend zu verwahren, wenn sämtliche Voraussetzungen nach Art. 121a Abs. 1 BV gegeben sind.[262] E contrario bedeutet dies, dass der Täter trotz der ausgewiesenen extremen Gefährlichkeit und der fehlenden Therapierbarkeit nicht lebenslänglich verwahrt werden darf, wenn kein hohes Rückfallrisiko besteht.[263]

---

256 Duden online.

257 So auch Botschaft Verwahrungsinitiative, S. 3446.

258 AS 2008 2961; Botschaft Ausführungsgesetz, S. 889.

259 AS 2008 2961; Botschaft Ausführungsgesetz, S. 889.

260 So auch BSK BV-Göksu, Art. 123a N 9.

261 So auch BSK BV-Göksu, Art.. 123a N 6.

262 Vgl. für die zwingende Natur Botschaft Verwahrungsinitiative, S. 3448, die von einem «starren» Wortlaut spricht.

263 So auch BSK BV-Göksu, Art. 123a N 6. Der Gesetzgeber fordert daher in Art. 64 Abs. 1bis lit. b StGB eine sehr hohe Wahrscheinlichkeit für eine erneute Tatbegehung.

Sowohl der Tatbestand als auch die Rechtsfolgen sind für einen Durchschnittsadressaten genügend konkret umschrieben, weshalb Art. 123a Abs. 1 BV hinreichend bestimmt ist. Insbesondere hinsichtlich der Sexualstraftäter ist eine direkte Anwendbarkeit ohne Weiteres möglich. Demgegenüber lässt sich für den Begriff der «Gewaltstraftäter» ein «harter Kern»[264] ausmachen, der unmittelbar anwendbar ist, da dieser nach allgemeinem Sprachgebrauch für einen Durchschnittsadressaten ebenfalls als genügend bestimmt anzusehen ist.[265] Es verbleibt jedoch ein Konkretisierungsspielraum für den Gesetzgeber.

bb) Aufhebung der lebenslänglichen Verwahrung und vorzeitige Entlassung

Gemäss Art. 123a Abs. 2 BV können neue Gutachten nur erstellt werden, wenn durch neue, wissenschaftliche Erkenntnisse erwiesen ist, dass der Täter geheilt werden kann und somit keine Gefahr mehr für die Öffentlichkeit darstellt (Art. 123a Abs. 2 Satz 1 BV). Abs. 2 ist als Konditionalnorm formuliert und zusammen mit Abs. 1 zu lesen. Eine Entlassung aus der lebenslänglichen Verwahrung ist nur möglich, wenn «neue, wissenschaftliche Erkenntnisse» vorliegen. Erst dann darf ein neues Gutachten überhaupt erstellt werden. Der Täter gilt also bis zum Vorhandensein neuer, wissenschaftlicher Erkenntnisse als gefährlich.[266] Das Erfordernis der «neuen, wissenschaftlichen Erkenntnisse»[267] erscheint auf den ersten Blick unbestimmt und konkretisierungsbedürftig. Unter historischen, systematischen und teleologi-

---

264 BGE 139 II 243, 256 E. 10.5.

265 So auch NR Huber, AB 2007 N 1185 f.; NR Menétrey-Savary, AB 2007 N 1187; NR Sommaruga, AB 2007 N 1191, die sich für die direkte Anwendbarkeit von Art. 123a BV aussprechen; a.M. SR Bürgi, AB 2006 S 546; SR Bonhôte, AB 2006 S 545, die sich für die nicht direkte Anwendbarkeit von Art. 123a BV aufgrund seiner unbestimmten Rechtsbegriffe aussprechen; vgl. auch Altbundesrat Blocher, AB 2007 N 1194, der festhält, dass vor der Abstimmung sowohl Gegner als auch Befürworter stets davon ausgegangen seien, dass ein Ausführungsgesetz erlassen werde, auch wenn eine direkt auf die Verfassung gestützte Anwendung möglich sei; a.M. Bericht Verwahrung, S. 14, der Abs. 1 «mit mehr oder weniger unbestimmten Rechtsbegriffen» umschrieben sieht, womit ein «erheblicher» Auslegungsbedarf bestehe.

266 So auch PK StGB-TRECHSEL, Art. 64c N 2; BSK BV-GÖKSU, Art. 123a N 10.

267 Der französische und italienische Wortlaut stimmt mit dem deutschen überein.

schen Gesichtspunkten sind darunter neue Therapiemethoden zu verstehen, die das hohe Rückfallrisiko des Täters eliminieren und diesen damit heilen.[268] Mithin ist ein Wegfall des Rückfallrisikos infolge einer Krankheit oder sonstiger körperlicher Gebrechen unbeachtlich, da diese keine neuen, wissenschaftlichen Erkenntnisse darstellen.[269] Abs. 2 ist daher genügend bestimmt, um Verfügungsgrundlage im Einzelfall und somit direkt anwendbar zu sein.[270]

cc) Haftung der Behörden

Sollte aufgrund dieser neuen Gutachten die Verwahrung aufgehoben werden, so muss die Haftung für einen Rückfall des Täters von jener Behörde übernommen werden, welche die Aufhebung der Verwahrung angeordnet hat (Art. 123a Abs. 2 Satz 2 BV). Art. 123a Abs. 2 Satz 2 BV verankert die zivilrechtliche Staatshaftung[271] und führt dabei eine staatliche Kausalhaftung ein, die das Gemeinwesen zum Ersatz des Schadens verpflichtet, der durch einen Beamten, eine Behörde oder ein Mitglied einer solchen in Ausübung seiner amtlichen Tätigkeit verursacht wurde. Es muss einzig ein Kausalzusammenhang zwischen der Amtshandlung und dem durch den rückfälligen Täter verursachten Schaden bestehen.[272]

Auch Art. 123a Abs. 2 Satz 2 BV ist für die rechtsanwendenden Behörden infolge des klaren Wortlauts sowie hinsichtlich der Ausgestaltung als Konditionalnorm direkt anwendbar.

dd) Anforderungen an Gutachten

Alle Gutachten zur Beurteilung von Sexual- und Gewaltstraftätern sind von mindestens zwei voneinander unabhängigen, erfahrenen Fachleuten unter

268 Vgl. Botschaft Verwahrungsinitiative, S. 3451; vgl. auch Bericht Verwahrung, S. 20.

269 So auch BSK BV-GÖKSU, Art. 123a N 10.

270 Vgl. Referat von Christoph Blocher vom 19. Januar 2004, der von einer EMRK-konformen Umsetzung ausgeht, wenn der Wortlaut von Abs. 2 *weit* ausgelegt werde (Hervorhebung hinzugefügt).

271 BSK BV-GÖKSU, Art. 123a N 11.

272 SG Kommentar BV-VEST, Art.. 123a N 39; Botschaft Verwahrungsinitiative, S. 3454; Botschaft Ausführungsgesetz, S. 910 f.

Berücksichtigung aller für die Beurteilung wichtigen Grundlagen zu erstellen. Abs. 3 ist zusammen mit Art. 123a Abs. 1 und 2 zu lesen. Die Bestimmung kommt sowohl für die Anordnung der Verwahrung als auch für deren Aufhebung zur Anwendung. Obwohl dem Wortlaut folgend zwar mindestens zwei Gutachten zum gleichen Ergebnis gelangen müssten, können dennoch auch mehr als zwei Gutachten erstellt werden.[273] Die beiden Gutachten müssen unter Berücksichtigung aller für die Beurteilung wichtigen Grundlagen verfasst werden. In welchen Punkten eine Übereinstimmung gegeben sein muss, lässt die Verfassungsbestimmung indessen offen. Hier besteht ein gewisser Konkretisierungsspielraum für den Gesetzgeber.[274]

Dieser Konkretisierungsspielraum vermag jedoch die direkte Anwendbarkeit nicht zu hindern, da auch Abs. 3 als Konditionalnorm formuliert ist und sich insbesondere an die rechtsanwendenden Behörden richtet. In einem solchen Fall sind weniger hohe Anforderungen an die Normdichte zu stellen.[275]

ee) Einordnung

Art. 123a BV befindet sich aufgrund seiner systematischen Stellung im 10. Abschnitt des 2. Kapitels des 3. Titels der Bundesverfassung im Bereich der Aufgaben- und Kompetenznormen zum Zivil- und Strafrecht sowie des Messwesens. Art. 123a BV folgt auf Art. 123 BV, der in Abs. 1 eine umfassende und verpflichtende Gesetzgebungskompetenz des Bundes mit nachträglich derogatorischer Wirkung (konkurrierende Kompetenz) konstituiert.[276] Art. 123a BV ist für sich alleine betrachtet nicht kompetenzbegründend,[277] sondern knüpft an bestehende Bundeskompetenzen (Art. 123 BV) an.

Nach dem Wortlaut von Art. 123a Abs. 1 BV ist die Verwahrung bei einem hohen Rückfallrisiko eines extrem gefährlichen und nicht therapierbaren Täters anzuordnen. Das Gericht muss bei rückfallgefährdeten Tätern die Verwahrung aussprechen, auch wenn eine andere Sanktion gleich gut oder

---

273 Gl.M. BSK BV-GÖKSU, Art. 123a N 14.

274 Gl.M. BSK BV-GÖKSU, Art. 123a N 14.

275 RHINOW, Rechtsetzung und Methodik, S. 264.

276 BIAGGINI, Komm. BV, Art. 123a N 2.

277 BIAGGINI, Komm. BV, Art. 123a N 2.

besser geeignet wäre. Vor dem Hintergrund des Verhältnismässigkeitsprinzips in Art. 5 Abs. 2 BV und vornehmlich der Zweck-Mittel-Relation erweist sich die Bestimmung als problematisch.[278] Auch Art. 123a Abs. 2 BV, der die Überprüfung der lebenslänglichen Verwahrung nur bei Vorliegen neuer, wissenschaftlicher Erkenntnisse zulässt, wurde im Abstimmungskampf kontrovers diskutiert. Fraglich war, ob die neue Verfassungsbestimmung mit dem «bedingungsfeindlichen»[279] Art. 5 Ziff. 4 der Europäischen Menschenrechtskonvention (EMRK) in Übereinstimmung gebracht werden konnte.

Gemäss Art. 5 Ziff. 4 EMRK hat jede Person, die festgenommen oder der die Freiheit entzogen wird, das Recht zu beantragen, dass ein Gericht innerhalb kurzer Frist über die Rechtmässigkeit der Freiheitsentziehung entscheidet und ihre Entlassung anordnet, wenn diese Freiheitsentziehung nicht rechtmässig ist. Der Bundesrat stellte fest, dass Art. 123a Abs. 2 BV nur dann mit der EMRK vereinbar ist, wenn der Begriff der «neuen, wissenschaftlichen Erkenntnisse» weit und damit entgegen dem mutmasslichen Willen der Initianten ausgelegt werde, da der Europäische Gerichtshof für Menschenrechte (EGMR) die regelmässige Überprüfung der stationären Massnahmen für psychisch kranke Personen verlange.[280] Ist der Freiheitsentzug durch eine persönliche Eigenschaft des zu begutachtenden Täters begründet – wie dies bei der Verwahrung der Fall ist – so verlangt der EGMR zusätzlich, dass der Freiheitsentzug in regelmässigen Zeitabständen überprüft wird, weil diese persönliche Eigenschaft nachträglich nicht mehr gegeben sein kann.[281] Aus diesem Grund konstatierte eine Minderheit der Arbeitsgruppe, dass die durch die Verwahrungsinitiative eingefügte Verfassungsbestimmung mit Art. 5 Ziff. 4 EMRK unvereinbar ist.[282] Eine Mehrheit sprach sich hingegen dafür aus, Art. 123a Abs. 2 BV im eben erst revidierten StGB AT umzusetzen.[283]

---

278 So auch Botschaft Verwahrungsinitiative, S. 3447 f.; vgl. auch in allgemeiner Weise TSCHANNEN, Staatsrecht, § 6 Rz. 49 in fine.

279 BIAGGINI, Komm. BV, Art. 123a N 4.

280 Botschaft Verwahrungsinitiative, S. 3455 f.

281 Vgl. etwa EGMR 5. November 1981, X. gegen Vereinigtes Königreich, Serie A Bd. 46 § 52.

282 Bericht Verwahrung, S. 14; vgl. auch zusammenfassend NR Huber, AB 2007 N 1185.

283 Botschaft Ausführungsgesetz, S. 898; vgl. SR Bürgi, AB 2006 S 546.

Neben der EMRK gewährt auch Art. 9 Abs. 4 des Internationalen Paktes über bürgerliche und politische Rechte (UNO-Pakt II) jedem, dessen Freiheit durch Haft entzogen ist, das Recht, ein Verfahren vor einem Gericht zu beantragen. Wird um ein solches ersucht, hat das Gericht unverzüglich über die Rechtmässigkeit der Freiheitsentziehung zu entscheiden und gegebenenfalls eine Freilassung anzuordnen. Dieses Recht kommt nach ständiger Praxis des EGMR und des UNO-Menschenrechtsausschusses auch einem lebenslänglich Verwahrten zu.[284] Art. 123a Abs. 2 BV nennt die Voraussetzungen, unter denen eine Aufhebung der lebenslänglichen Verwahrung wieder geprüft werden darf.[285] Gemäss dem unmissverständlichen Wortlaut des Verfassungsartikels darf dies nur bei Vorliegen «neuer, wissenschaftlicher Erkenntnisse» erfolgen, worunter einzig neue Therapiemethoden im objektiven Sinn zu verstehen sind. Folglich besteht zwischen Art. 123a Abs. 2 BV und Art. 5 Abs. 2 BV, Art. 5 Ziff. 4 EMRK sowie Art. 9 Abs. 4 UNO-Pakt II ein Widerspruch.

Die Auslegung zeigt, dass Art. 123a Abs. 1 BV die Anordnung der lebenslänglichen Verwahrung durch das Gericht zwingend vorsieht, unabhängig davon, ob eine mildere Massnahme besser geeignet wäre. Die eingeschränkte Überprüfbarkeit der lebenslänglichen Verwahrung (diese erfolgt nach Art. 123a Abs. 2 BV nur bei Vorliegen neuer, wissenschaftlicher Erkenntnisse) verdeutlicht ebenfalls, dass die Verfassungsbestimmung die geforderte Verhältnismässigkeitsprüfung nach Art. 5 Abs. 2 BV und die nach der EMRK und dem UNO-Pakt II gebotene Interessenabwägung und Beurteilung, gestützt auf die Umstände im Einzelfall, ausschliesst. Eine völkerrechtskonforme Auslegung von Art. 123a BV stösst da an ihre Grenzen, wo, entgegen dem klaren gesetzgeberischen Willen und dem Normsinn, eine Überprüfung der lebenslänglichen Verwahrung auch ohne das Vorliegen neuer, wissenschaftlicher Erkenntnisse durchgeführt wird.[286] In einem sol-

---

284 Botschaft Ausführungsgesetz, S. 898 ff.

285 Botschaft Ausführungsgesetz, S. 902 ff.

286 Vgl. zur Grenze der verfassungs- und völkerrechtskonformen Auslegung BGE 140 I 305, 311 E. 6.2 und 314 E. 7.4; vgl. zur Unvereinbarkeit mit der EMRK NR Vischer, AB 2007 N 1190; irrtümlich hingegen Altbundesrat Blocher, AB 2006 S 549, der davon ausgeht, dass der Verfassungstext nicht EMRK-widrig sei, da einerseits die Initiative für ungültig hätte erklärt werden müssen

chen Fall würde die völkerrechtskonforme Auslegung zu einer verfassungswidrigen Sinnänderung der Verfassungsbestimmung führen.[287] Im Ergebnis erhält Art. 123a BV aufgrund seiner absoluten Natur als «lex specialis» bzw. als «lex posterior» Vorrang vor den konfligierenden Bestimmungen der Bundesverfassung und der EMRK sowie des UNO-Paktes II.[288]

c) Ergebnis

Die Auslegung von Art. 123a BV zeigt ein einheitliches Bild. Art. 123a Abs. 1 BV ist hinreichend bestimmt, da sowohl Tatbestand als auch Rechtsfolgen für einen Durchschnittsadressaten genügend konkret umschrieben sind. Insbesondere hinsichtlich der Sexualstraftäter ist eine direkte Anwendbarkeit möglich. Demgegenüber lässt sich für Gewaltstraftäter ein harter Kern ausmachen, der unmittelbar angewendet werden kann. Es verbleibt jedoch ein Konkretisierungsspielraum für den Gesetzgeber. Auch Abs. 2 ist als Konditionalnorm formuliert und kann aufgrund der systematischen und teleologischen Auslegung des Begriffs der «neuen, wissenschaftlichen Erkenntnisse» direkt angewendet werden. Abs. 3 des Verfassungsartikels lässt zwar offen, in welchen Punkten die geforderten Gutachten genau übereinstimmen müssen, da die Norm jedoch an die rechtsanwendenden Behörden gerichtet ist, darf sie weniger bestimmt sein.[289] Der hier vorhandene Konkretisierungsspielraum des Gesetzgebers vermag die direkte Anwendbarkeit nicht zu hindern.[290]

---

und andererseits der Begriff «neue, wissenschaftliche Erkenntnisse» so ausgelegt werden könne, dass die Norm mit der EMRK vereinbar sei (mithin extensiv).

287 Vgl. BGE 125 III 209, 215 f. E. 4c; BGE 123 II 9, 11 E. 2; Bericht BR Verhältnis Völkerrecht und Landesrecht, S. 2331; HANGARTNER, in: Schluep et al., S. 675; BAUMANN, ZBl 2010, S. 253.

288 Für den Vorrang einer absoluten Verfassungsnorm gegenüber anderen Verfassungsbestimmungen plädiert auch TSCHANNEN, Staatsrecht, § 4 Rz. 41; so auch WALDMANN, LeGes 2015, S. 528; DERS., Schutz von Mooren, S. 90; BIAGGINI, ZBl 2013, S. 321; Bericht BR Verhältnis Völkerrecht und Landesrecht, S. 2310, 2323, 2331; BR Zusatzbericht, S. 3658.

289 RHINOW, Rechtsetzung und Methodik, S. 264.

290 Gl.M. HANGARTNER, ZSR 2007, S. 140; HANGARTNER, AJP 2011, S. 477; SEFEROVIC, S & R 2014, S. 110; STRATENWERTH, S. 15; vgl. auch Botschaft Ausführungsgesetz, S. 898; Bericht Verwahrung, S. 10; STRATENWERTH, S. 15;

Das Verhältnis von Art. 123a BV zum Verhältnismässigkeitsprinzip, zur EMRK und zum UNO-Pakt II wird durch die Verfassungsnorm selber geregelt, da sich diese «eindeutig» und «ausdrücklich» Vorrang vor anderen Verfassungsnormen und dem Völkerrecht gibt.[291] Auch wenn der Einsatz der formalen Argumente «lex specialis derogat legi generali» und «lex posterior derogat legi priori» im Rahmen der Verfassungsauslegung relativiert ist,[292] so kommen diese als Kollisionsregel nach erfolgter Auslegung und bei Vorhandensein von echten Normkollisionen – wie dies hier der Fall ist – dennoch zum Tragen.[293]

Es bleibt festzuhalten, dass – trotz der direkten Anwendbarkeit einer Verfassungsnorm – ergänzendes Gesetzesrecht nicht ausgeschlossen ist; die Klärung einzelner Fragen, insbesondere das Verhältnis zum Grundsatz der Verhältnismässigkeit und der Grundrechte, sollte eher durch den Gesetzgeber als durch die rechtsanwendenden Behörden erfolgen.[294]

4. Notwendigkeit und Ablauf der Umsetzungsgesetzgebung

Die Problematik der direkten Anwendbarkeit und der damit verbundenen Frage der Notwendigkeit der Umsetzungsgesetzgebung zeigte sich erstmalig bei der Verwahrungsinitiative. Nach deren Annahme am 8. Februar 2004

so auch NR Huber, AB 2007 N 1185 f.; NR Menétrey-Savary, AB 2007 N 1187; NR Sommaruga, AB 2007 N 1191, die sich für die direkte Anwendbarkeit von Art. 123a BV aussprechen; a.M. SR Bürgi, AB 2006 S 546; SR Bonhôte, AB 2006 S 545, die sich für die nicht direkte Anwendbarkeit von Art. 123a BV aufgrund seiner unbestimmten Rechtsbegriffe aussprechen; vgl. auch Altbundesrat Blocher, AB 2007 N 1194, der festhält, dass vor der Abstimmung sowohl Gegner als auch Befürworter stets davon ausgegangen seien, dass ein Ausführungsgesetz erlassen werde, auch wenn eine direkt auf die Verfassung gestützte Anwendung möglich sei.

291 Vgl. hierzu BGE 139 I 16, 26 f. E. 4.3.2.

292 Vgl. BGE 139 I 16, 24 f. E. 4.2.2; UEBERSAX, Asyl 2011, S. 9 ff., dort S. 10; HANGARTNER, AJP 2011, S. 475; HANGARTNER/KLEY, Rz. 2124 ff.; MÜLLER J.P., Jusletter 1. März 2010, Rz. 7; LOOSER, § 8 Rz. 69.

293 LOOSER, § 8 Rz. 69.

294 Siehe auch Botschaft Durchsetzungsinitiative, S. 9491; in diesem Sinne mit Bezug auf die Grundrechte BGE 139 I 16.

äusserte sich Altbundesrat Christoph Blocher in einer Stellungnahme zur Volksabstimmung dahingehend, dass der Volkswille respektiert werden müsse und «durch die Annahme der Initiative Bundesrat und Parlament verpflichtet sind, unverzüglich die entsprechenden Gesetzgebungsarbeiten an die Hand zu nehmen».[295] Während der Bundesrat vor Annahme der Verwahrungsinitiative von einer direkten Anwendbarkeit ausging,[296] wich er nach der Annahme der Initiative von dieser originären Beurteilung ab und sah einen Interpretationsspielraum, um insbesondere im Hinblick auf Art. 123a Abs. 2 BV eine völkerrechtskonforme Umsetzungsgesetzgebung zu erlassen.[297]

Die vom Eidgenössischen Justiz- und Polizeidepartement (EJPD) zu diesem Zweck eingesetzte Arbeitsgruppe «Verwahrung» hielt in ihrem Bericht[298] fest, dass es unumgänglich sei, ein Ausführungsgesetz auf Gesetzesstufe zu erlassen, da Art. 123a BV aufgrund seiner unbestimmten Rechtsbegriffe zu viele Fragen offen liesse.[299] In diesem Sinn konstatierte auch der Bundesrat in seiner Botschaft zur Änderung des Schweizerischen Strafgesetzbuches zur Umsetzung von Art. 123a BV,[300] die Verfassungsbestimmung sei in zahlreichen Punkten interpretationsbedürftig, weshalb es Ausführungsbestimmungen zum Verfassungsartikel bedürfe.[301] Diese sollten die von den eidgenössischen Räten im Dezember 2002 verabschiedete Revision des StGB AT ergänzen. Eigentlicher Schwerpunkt bildete die Regelung der Voraussetzungen und des Verfahrens zur Klärung der Frage, ob in konkreten Fällen die Aufrechterhaltung der lebenslänglichen Verwahrung weiterhin berechtigt

[295] Rede von Altbundesrat Blocher vom 8. Februar 2004.

[296] Vgl. Abstimmungserläuterungen Verwahrungsinitiative, S. 30 f., die so abgefasst waren, dass die Verfassungsbestimmung direkt anwendbar war.

[297] Vgl. Botschaft Ausführungsgesetz, S. 898, die von einer direkten Anwendbarkeit spricht; vgl. auch HANGARTNER, AJP 2011, S. 477; siehe auch Botschaft Verwahrungsinitiative, S. 3434, die festhält, dass der EMRK und dem Verhältnismässigkeitsprinzip nur durch eine Auslegung Rechnung getragen werden könne, die gerade noch mit dem Wortlaut übereinstimmt.

[298] Vgl. Bericht Verwahrung, S. 8 f.; vgl. auch Bericht EJPD, VPB 2012.4, S. 65 f.

[299] Bericht Verwahrung, S. 10.

[300] Botschaft Ausführungsgesetz, S. 889.

[301] Botschaft Ausführungsgesetz, S. 897.

sei.[302] Auch die Initianten zeigten ein Interesse an einer Ausführungsgesetzgebung, da verschiedene strittige Auslegungsfragen zur neuen Verfassungsnorm unerledigt waren.[303] Indessen gab es jedoch auch Stimmen, die sich dafür aussprachen, die Auslegung der Verfassungsnorm der Lehre und Rechtsprechung zu überlassen.[304]

Die vom Bundesrat vorgeschlagenen Änderungen des StGB wurden vom Ständerat als Erstrat beraten. Dabei folgte das Plenum dem Eintretensantrag seiner vorberatenden Rechtskommission und stimmte einstimmig der Vorlage des Bundesrates ohne inhaltliche Änderungen in der Gesamtabstimmung zu.[305] Demgegenüber war die bundesrätliche Vorlage bereits in der vorberatenden Kommission für Rechtsfragen des Nationalrates (RK-N) umstritten. Nachdem die Kommission auf die Vorlage äusserst knapp eingetreten war, lehnte sie diese in den Detailberatungen dennoch ab, was faktisch einem Nichteintretensantrag gleichkam.[306] In erster Linie stellte sich die RK-N auf den Standpunkt, dass es keine Umsetzungsarbeiten zu Art. 123a BV brauche, da die Verfassungsbestimmung direkt anwendbar und die Umsetzung den Gerichten zu überlassen sei.[307] Darüber hinaus könne kein Ausführungsgesetz erlassen werden, das die Verfassungsbestimmung umsetze, ohne gleichzeitig die EMRK zu verletzen.[308] Das Plenum des Nationalrates folgte seiner vorberatenden Kommission jedoch nicht, womit die Vorlage an die RK-N zur Detailberatung zurückging.[309] Diese empfahl nun, dem Beschluss des Ständerates zuzustimmen, was der Nationalrat auch tat.[310] Sowohl National-

---

302 Botschaft Ausführungsgesetz, S. 897, 902.

303 Bericht Verwahrung, S. 10.

304 HANGARTNER, St. Galler Tagblatt vom 13. Februar 2004; so auch NR Huber, AB 2007 N 1185 f.; NR Menétrey-Savary, AB 2007 N 1187; NR Sommaruga, AB 2007 N 1191, die sich für die direkte Anwendbarkeit von Art. 123a BV aussprechen.

305 AB 2006 S 545.

306 Vgl. AB 2007 N 1184 ff.; vgl. insb. NR Aeschbacher, AB 2007 N 1187 f.

307 Vgl. Medienmitteilung SDA vom 24. November 2006; NR Huber, AB 2007 N 1185; vgl. auch die Diskussion im Ständerat, die Umsetzung den Gerichten zu überlassen AB 2006 S 545.

308 Vgl. NR Hochreutener, AB 2007 N 1188; so auch NR Huber, AB 2007 N 1185.

309 AB 2007 N 1196.

310 AB 2007 N 1965, 2076.

rat als auch Ständerat stimmten damit einer Umsetzung von Art. 123a BV auf Gesetzesstufe zu. Gegen die beschlossene Ausführungsgesetzgebung vom 21. Dezember 2007 wurde kein Referendum ergriffen, worauf diese am 1. August 2008 in Kraft trat.[311] Geregelt wurden namentlich die Voraussetzungen (inkl. Anlasstatenkatalog) der lebenslänglichen Verwahrung (Art. 64 Abs. 1bis StGB), die Begutachtung (Art. 56 Abs. 4bis StGB), die Prüfung der Entlassung (Art. 64c StGB), der Ausschluss von Urlauben bzw. Vollzugsöffnungen (Art. 84 Abs. 6bis und 90 Abs. 4ter StGB) sowie die Haftung bei Aufhebung der lebenslänglichen Verwahrung (Art. 380a StGB).

5. Verfassungsmässigkeit der Ausführungsgesetzgebung

a) Die Voraussetzungen für die Anordnung der lebenslänglichen Verwahrung

aa) Deliktskatalog und besonders schwere Beeinträchtigung

Gemäss Art. 64 Abs. 1bis StGB[312] ordnet das Gericht die lebenslängliche Verwahrung an, wenn der Täter einen Mord, eine vorsätzliche Tötung, eine schwere Körperverletzung, einen Raub, eine Vergewaltigung, eine sexuelle Nötigung, eine Freiheitsberaubung oder eine Entführung, eine Geiselnahme, Menschenhandel, Völkermord, ein Verbrechen gegen die Menschlichkeit oder ein Kriegsverbrechen (zwölfter Titel^ter) begangen hat.[313]

Die Arbeitsgruppe hat den Begriff des «Sexual- oder Gewaltstraftäters» mittels eines Anlasstatenkatalogs konkretisiert. Der Bundesrat ist diesem Vorschlag in seiner Botschaft zur Umsetzung der Verwahrungsinitiative gefolgt.[314] Entgegen dem Vorschlag der Arbeitsgruppe,[315] aber entsprechend

---

311 AS 2008 2961.

312 AS 2008 2961.

313 Vgl. Art. 64 Abs. 1bis E-StGB 2006, S. 919, der noch eine Verletzung des Völkerrechts im Falle eines bewaffneten Konflikts nach den Art. 108–113 MStG vorsah.

314 Vgl. Botschaft Ausführungsgesetz, S. 902; so auch Altbundesrat Blocher, AB 2007 N 1962 f.

315 Bericht Verwahrung, S. 15 f., der noch einen Auffangtatbestand vorsah, womit der Anwendungsbereich weiter gefasst wurde, als von Art. 123a BV verlangt;

dem bundesrätlichen Entwurf[316] hat sich der Gesetzgeber für eine Konkretisierung mittels abschliessender Aufzählung[317] jener Gewalt- und Sexualdelikte entschieden, die Anlass für eine lebenslängliche Verwahrung bilden können.[318] Auch im Abstimmungskampf zu Art. 123a BV war in Bezug auf die Formulierung «extrem gefährliche, nicht therapierbare Sexual- und Gewaltstraftäter» sowie im nachfolgenden Gesetzgebungsverfahren stets nur von allerschwersten Tötungsdelikten die Rede.[319] Eine Minderheit im Nationalrat wollte die Anlasstaten nur auf sexuell motivierte schwere Tötungsdelikte (Mord, vorsätzliche Tötung oder der Versuch dazu) einschränken.[320] Auch das Bundesgericht konstatierte, dass die Anlasstaten nach Art. 64 Abs. 1bis lit. a StGB in Verbindung mit der Ausübung sexueller Gewalt auszulegen seien.[321] Dabei wird jedoch verkannt, dass die Verfassungsbestimmung einerseits einen weiten Anwendungsbereich normiert; mithin kommen als Täter sowohl Sexualstraftäter, die sich keiner Gewalt bedienen, als auch Gewaltstraftäter, die ohne jegliche sexuelle Motive gehandelt haben, in Frage.[322] Andererseits wurde der Antrag der Minderheit, die Anlasstaten nur auf sexuell motivierte schwere Tötungsdelikte einzuschränken, im Nationalrat abgelehnt,[323] weshalb eine solche Auffassung bei der Auslegung von Art. 64 Abs. 1bis lit. a StGB nicht berücksichtigt werden darf. Die von HEER und dem Bundesgericht vertretene Ansicht ist deshalb abzulehnen. Art. 123a

---

vgl. auch die diesbezügliche Kritik Vernehmlassungsergebnisse Verwahrung, S. 12.

316 Vgl. Botschaft Ausführungsgesetz, S. 902.

317 Vgl. NR Huber, AB 2007 N 1960 in fine; Altbundesrat Blocher, AB 2007 N 1962; vgl. dazu auch Botschaft Ausführungsgesetz, S. 902; so auch SG Kommentar BV-VEST, Art. 123a N 18.

318 Vgl. Art. 64 Abs. 1bis StGB (AS 2008 2961).

319 Vgl. Altbundesrat Blocher, AB 2007 N 1962 f.

320 Vgl. NR Hämmerle, AB 2007 N 1960; NR Hochreutener, AB 2007 N 1961.

321 BGE 141 IV 423, 434 E. 4.3.3; m.w.H. auch BSK StGB-HEER, Art. 64 N 117; SG Kommentar BV-VEST, Art. 123a N 16.

322 BSK BV-GÖKSU, Art. 123a N 5; Bericht Verwahrung, S. 14 ff.; a.M. KUNZ/STRATENWERTH, S. 8; TRECHSEL, Jusletter 17. Mai 2004, Rz. 13 und 40 ff., die sich für eine restriktive Auslegung aussprechen; vgl. Altbundesrat Blocher, AB 2007 N 1962; vgl. auch Schlussabstimmung AB 2007 N 1965.

323 Vgl. Ablehnung des Antrags der Kommissionsminderheit (Hämmerle, Allemann, Daguet, Dormond, Heim, Menétrey-Savary, Vischer), AB 2007 N 1963.

Abs. 1 BV geht gerade nicht von einer Kumulation aus, sondern umfasst Sexual- *oder* Gewaltstraftäter.[324] Der Titel der Initiative ist bei der Auslegung nicht zu berücksichtigen, da dieser nicht zum Verfassungsrecht wird.[325]

Die Schwere der Anlasstat ergibt sich dann, wenn der Täter die physische, psychische oder sexuelle Integrität einer anderen Person besonders schwer beeinträchtigt oder beeinträchtigen wollte (lit. a).[326] Die in lit. a genannten Anforderungen sind dabei nicht kumulativ zu verstehen.[327] Diese sich an den Geltungsbereich des Opferhilfegesetzes (OHG) anlehnende Qualifizierung verdeutlicht, dass eine lebenslängliche Verwahrung nur bei schweren Formen der aufgezählten Verbrechen in Frage kommt.[328] Dabei ist im Einzelfall nicht die Schwere der Straftat massgebend, sondern einzig die Betroffenheit der geschädigten Person,[329] wobei eine gewisse Intensität der Beeinträchtigung vorhanden sein muss.[330]

Der Terminus der «besonders schweren Beeinträchtigung» wird in Anlehnung an Art. 1 OHG zur Abgrenzung derjenigen Straftaten verwendet, die zu keiner Leistung berechtigen. Ein Teil der Lehre kritisiert daher zu Recht, dass die Heranziehung dieses Begriffs zur Konkretisierung der «schweren Beeinträchtigung» gemäss Art. 64 Abs. 1bis StGB als verfehlt taxiert werden müsste.[331] Vielmehr ist unter dem Begriff «beeinträchtigen» eine Schädigung

---

324 So auch Altbundesrat Blocher, AB 2007 N 1963 (Hervorhebung hinzugefügt).

325 BIAGGINI, Komm. BV, Art. 123a N 3.

326 Vgl. Altbundesrat Blocher, AB 2007 N 1963.

327 Vgl. NR Aeschbacher, AB 2007 N 1963; Ablehnung des diesbezüglichen Antrags NR Reimann, AB 2007 N 1963 in fine.

328 Botschaft Ausführungsgesetz, S. 902; BSK StGB-HEER, Art. 64 N 117; SG Kommentar BV-VEST,Art. 123a N 18 in fine; so auch Altbundesrat Blocher, AB 2007 N 1962.

329 ZEHNTNER, Komm. OHG, Art. 2 N 37.

330 Vgl. BGE 125 II 265; vgl. BGE 141 IV 423, 434 ff. E. 4.3.3–4.3.5, in welchem das Bundesgericht die besonders schwere Beeinträchtigung der physischen, psychischen oder sexuellen Integrität des Opfers im konkreten Fall verneinte.

331 Zum Ganzen SG Kommentar BV-VEST, Art. 123a N 19; so aber, wenn im Ergebnis wohl richtig, Nr. 16, Bezirksgericht Weinfelden, Urteil vom 7. Oktober 2012, FP 2012, S. 140, wonach als Beeinträchtigung der massgeblichen Integrität einer Person im Sinne des OHG eine Verschlechterung ihres körperlichen oder psychischen Zustandes oder eine Verletzung ihrer sexuellen Unversehrtheit durch die Straftat zu verstehen sei.

zu verstehen, während demgegenüber eine «schwere Beeinträchtigung» eine schwere Schädigung sowie eine «besonders schwere Beeinträchtigung» eine besonders schwere Schädigung umschreiben.[332]

Die Verfassungsbestimmung geht zwar von einem weiten Anwendungsbereich aus und erfasst sämtliche schweren Formen von Sexual- oder Gewaltstraftaten,[333] nicht nachvollziehbar ist jedoch, dass der Grundtatbestand der Freiheitsberaubung und Entführung gemäss Art. 183 StGB genannt wird, obwohl dieser im Anlasstatenkatalog für die ordentliche Verwahrung nicht aufgeführt und dort nur über die Generalklausel erfasst wird.[334] Als weiterer «konzeptionsloser Missgriff»[335] kann die pauschale Übernahme aller Völkerrechtsverbrechen des Titel $12^{bis,ter}$ gesehen werden, anstatt nur jene zu nennen, die bei einer lebenslangen Verwahrung tatsächlich diskutabel gewesen wären.[336] Nichtsdestotrotz ist die gesetzliche Präzisierung der Sexual- und Gewaltdelikte aufgrund des weiten Anwendungsbereichs der Verfassungsbestimmung verfassungskonform erfolgt.

bb) Extreme Gefährlichkeit und hohes Rückfallrisiko

Der Begriff der «extremen Gefährlichkeit» gab Anlass zu vertieften Diskussionen. Extrem gefährliche Täter sind nach dem neu eingefügten und geltenden Art. 64 Abs. 1bis lit. b StGB[337] Personen, bei denen die Wahrscheinlichkeit sehr hoch ist, dass sie weitere Verbrechen jener Art begehen werden, wie sie im Anlasstatenkatalog aufgezählt sind. Der in Art. 123a Abs. 1 BV normierte Begriff der «extremen Gefährlichkeit» kommt in Art. 64 Abs. 1bis lit. b StGB als solcher nicht explizit vor, da dieser in der Psychiatrie nicht verwendet wird.[338] Die Arbeitsgruppe hat diesen durch Abstellen auf eine

---

332 SG Kommentar BV-VEST, Art. 123a N 19; m.w.H. auch PK StGB-TRECHSEL/PAUEN BORER, Art. 64 N 17.

333 A.M. KUNZ/STRATENWERTH, S. 9; TRECHSEL, NK 2004, S. 88, der allerdings einen etwas weiteren Anlasstatenkatalog vorschlägt als die ersten beiden Autoren.

334 SG Kommentar BV-VEST, Art. 123a N 18.

335 SG Kommentar BV-VEST, Art. 123a N 18.

336 SG Kommentar BV-VEST, Art. 123a N 18.

337 AS 2008 2961.

338 Vgl. Altbundesrat Blocher, AB 2007 N 1962; vgl. auch Bericht Verwahrung, S. 15; Botschaft Ausführungsgesetz, S. 902.

Vergleichsbasis präzisiert. Demnach sind extrem gefährliche Täter Personen, «bei denen im Vergleich zu anderen Tätern, die eines der aufgezählten schweren Verbrechen begangen haben, die Wahrscheinlichkeit sehr hoch ist, dass sie weitere Taten dieser Art begehen werden».[339] Diese Formulierung im Vorentwurf stiess im Vernehmlassungsverfahren auf Kritik, da der Vergleich mehr schade als nütze und praxisuntauglich sei. Der Bundesrat schloss sich dieser Meinung an und verankerte diesen daher nicht im Gesetzesentwurf.[340]

Dem Wortlaut und dem Zweck der Norm folgend ist nicht die Anlasstat als solche massgebend, sondern die bei deren Aufklärung festgestellten «Persönlichkeitsmerkmale» der extremen Gefährlichkeit und der fehlenden Therapierbarkeit.[341] Die extreme Gefährlichkeit ergibt sich nach Art. 64 Abs. 1bis lit. b StGB bereits dann, wenn beim Täter eine sehr hohe Wahrscheinlichkeit gegeben ist, dass er erneut eines der in Abs. 1bis genannten Delikte begeht.[342] Mithin muss begründeter Anlass für die Annahme bestehen, dass der Täter ein hohes Rückfallrisiko aufweist und erneut gemäss Abs. 1bis delinquiert. Die Tatbegehung irgendeiner Straftat reicht indessen nicht aus.[343] Hingegen muss nicht zwingend eine Verbindung zwischen der Schwere der Anlasstat und dem Gefährlichkeitsgrad bestehen,[344] wobei aber die Schwere der Anlasstat erste Anhaltspunkte für die Verhältnismässigkeit der Verwahrung bietet.[345] Eine sehr hohe Rückfallwahrscheinlichkeit liegt gemäss einem Urteil des Bezirksgerichts Weinfelden dann vor, «wenn sich das Gericht kaum vorstellen kann, dass der Täter nicht wiederum eine gleichartige Tat begeht».[346] Letztendlich muss jedoch das Gericht, das die Verwahrung anordnet, über die Gefährlichkeit des Täters entscheiden.[347] Das Vorliegen

339 Bericht Verwahrung, S. 15.

340 Botschaft Ausführungsgesetz, S. 902.

341 SG Kommentar BV-VEST, Art. 123a N 20.

342 Vgl. Altbundesrat Blocher, AB 2007 N 1962; Botschaft Verwahrungsinitiative, S. 3444; allg. zur Kriminalprognose GMÜR, S. 1310 ff.

343 Vgl. Altbundesrat Blocher, AB 2007 N 1962.

344 Bericht Verwahrung, S. 32; KUNZ/STRATENWERTH, S. 3.

345 TRECHSEL, Jusletter 17. Mai 2004, Rz. 45; KUNZ/STRATENWERTH, S. 3.

346 Vgl. Nr. 16, Bezirksgericht Weinfelden, Urteil vom 7. Oktober 2012, FP 2012, S. 140 f.; vgl. zum Ganzen auch BR Verwahrungspraxis, S.12 ff.

347 TRECHSEL, Jusletter 17. Mai 2004, Rz. 44; HEER, in: Hässler et al., S. 200 f.

einer psychischen Krankheit lässt für sich allein noch nicht auf die (extreme) Gefährlichkeit schliessen.[348]

Bis auf redaktionelle Nuancen und mit Ausnahme des Erfordernisses einer Höchststrafandrohung entsprechen die für eine lebenslängliche Verwahrung aufgelisteten Anlasstaten Art. 64 Abs. 1 StGB. Ein Teil der Lehre schliesst daraus, dass alle Delikte, die bei ernsthafter Rückfallgefahr zur ordentlichen Verwahrung auch von psychisch intakten Ersttätern begangen werden können, nun auch für die Extremvariante der lebenslänglichen Verwahrung zur Anwendung gelangen.[349] Dem ist entgegenzuhalten, dass Art. 64 Abs. 1bis lit. b StGB gerade nicht nur eine ernsthafte Rückfallgefahr, sondern eine sehr hohe Wahrscheinlichkeit einer erneuten Tatbegehung verlangt. Zudem müssen die weiteren Voraussetzungen nach lit. a und c kumulativ erfüllt sein.[350]

Art. 64 Abs. 1bis lit. a und b StGB setzen damit die von Art. 123a Abs. 1 BV geforderte extreme Gefährlichkeit und das hohe Rückfallrisiko verfassungskonform um.[351]

cc) Nicht therapierbar

Der Terminus «nicht therapierbar» führte bereits im Abstimmungskampf über die Verwahrungsinitiative zu kontroversen Diskussionen, weshalb sich die Arbeitsgruppe längere Zeit mit der Konkretisierung dieses Begriffs beschäftigte.[352] Die Mehrheit der Arbeitsgruppe entschied sich dafür, die Untherapierbarkeit nach Art. 123a Abs. 1 BV in dem Sinne zu präzisieren, dass der betreffende Täter «aufgrund besonderer Persönlichkeitsmerkmale» als «dauerhaft nicht therapierbar» eingestuft wird, weil «die Behandlung langfristig keinen ausreichenden Erfolg verspricht».[353] Der dem Begriff «nicht therapierbar» vorangehende Zusatz «dauerhaft» sollte insbesondere verdeutlichen, dass vorübergehende Therapiehindernisse, wie die fehlende Motivation des Täters oder fehlende Therapieeinrichtungen, nicht berücksichtigt

---

348 Botschaft Verwahrungsinitiative, S. 3445; KAMMEIER, S. 203 f. m.w.H.

349 KUNZ/STRATENWERTH, S. 8; TRECHSEL, Jusletter 17. Mai 2004, Rz. 13 u. 40 ff.

350 BGE 141 IV 423, 432 E. 4.2.

351 Gl.M. BSK BV-GÖKSU, Art. 123a N 5.

352 Vgl. Botschaft Ausführungsgesetz, S. 903; Bericht Verwahrung, S. 15.

353 Botschaft Ausführungsgesetz, S. 903; Bericht Verwahrung, S. 15 f.

werden sollten.[354] Die Formulierung «langfristig keinen Erfolg verspricht»[355] präzisiere gemäss der Arbeitsgruppe, dass eine «chronische Untherapierbarkeit» vorliegen müsse. Diese sei jedoch stets eine «Wahrscheinlichkeitsrelation, bei der einem ausserordentlich hohen Risiko für die erneute Begehung schwerster Straftaten eine ausserordentlich geringe Wahrscheinlichkeit für risikomindernde Veränderungen»[356] gegenüberstehe.

Damit solle ein «Personenkreis erfasst werden, der dauerhaft höchste, nicht ausreichend verminderbare Risiken für die öffentliche Sicherheit»[357] repräsentiere. Dieser Vorschlag wurde von der überwiegenden Mehrheit der Vernehmlasser, die sich auf die Minderheitsmeinung der Arbeitsgruppe stützte, dahingehend kritisiert, dass diese Begriffsdefinition gegen «berufsethische Regeln der Psychiatrie verstosse, wissenschaftlich nicht fundiert, zu unbestimmt und für die Praxis nicht brauchbar sei».[358] Ausserdem sei es wissenschaftlich nicht möglich, im Voraus und auf lange Sicht festzustellen, ob jemand nicht therapierbar sei, weshalb eine Notwendigkeit für eine regelmässige Überprüfung bestehe.[359] Ob sich die Gutachten zu einer lebenslangen Untherapierbarkeit äussern müssen, geht aus dem Bericht der Arbeitsgruppe hingegen nicht explizit hervor.[360]

Die vom Bundesrat vorgelegte und überarbeitete Definition des Gesetzesentwurfs bezieht sich auf die bereits vorhandene Umschreibung in Art. 64 Abs. 1 lit. b StGB.[361] Gemäss dem nunmehr geltenden Art. 64 Abs. 1bis lit. c StGB[362] wird der Täter als dauerhaft nicht therapierbar eingestuft, weil die

354 Bericht Verwahrung, S. 15 f.

355 Bericht Verwahrung, S. 16.

356 Bericht Verwahrung, S. 16.

357 Bericht Verwahrung, S. 16; wortwörtliche Übernahme in der Botschaft Ausführungsgesetz, S. 903.

358 Botschaft Ausführungsgesetz, S. 903; vgl. auch Vernehmlassungsergebnisse Verwahrung, S. 13.

359 Botschaft Ausführungsgesetz, S. 903; Bericht Verwahrung, S. 16; vgl. auch Vernehmlassungsergebnisse Verwahrung, S. 13; vgl. auch EBNER et al., S. 71.

360 So auch SEFEROVIC, S & R 2014, S. 107.

361 Botschaft Ausführungsgesetz, S. 903.

362 AS 2008 2961.

Behandlung keinen langfristigen Erfolg verspricht.[363] Die bundesrätliche Botschaft zur Änderung des Schweizerischen Strafgesetzbuches übernahm die von der Arbeitsgruppe erarbeitete Konkretisierung des Terminus der «dauerhaften Untherapierbarkeit», ohne dabei eine Zeitspanne zu definieren.[364] In der parlamentarischen Diskussion hingegen sprach der damalige Justizminister erstmalig in Anlehnung an den bundesrätlichen Gesetzesentwurf und ausgehend von der Formulierung «dauerhaft nicht therapierbar» von «lebenslänglicher Untherapierbarkeit».[365]

Der geltende Art. 64 Abs. 1bis lit. c StGB ist sowohl auf psychisch kranke als auch auf psychisch intakte Täter anwendbar.[366] Diese Auffassung ist zu unterstreichen, da im Abstimmungskampf zur Verwahrungsinitiative die Auslegung von Art. 123a BV diesbezüglich sehr umstritten war. Der Bundesrat schloss in der Botschaft zur Verwahrungsinitiative, dass nur psychisch kranke Täter von den in der Verfassungsbestimmung normierten Begriffen «nicht therapierbar» und «nicht heilbar» erfasst würden.[367] Demgegenüber änderte der Bundesrat sein Begriffsverständnis in der Botschaft zur Änderung des StGB zur Umsetzung von Art. 123a BV und folgte dem Konkretisierungsvorschlag der Arbeitsgruppe.[368]

Schliesslich hatte sich das Bundesgericht in einem ersten Beschwerdefall ebenfalls mit der Konkretisierung der «dauerhaften Untherapierbarkeit» zu befassen.[369] Das höchste Gericht stellte dabei fest, dass Art. 64 Abs. 1bis lit. c StGB zu unbestimmt sei, denn unter «dauerhafte Nichttherapierbarkeit» falle

---

[363] SG Kommentar BV-VEST, Art. 123a N 26; m.w.H. auch URBANIOK, in: Dittmann et al., S. 161 ff.; skeptisch HASLER, S. 28 f.; vgl. für die «strukturelle» bzw. «chronische Unbehandelbarkeit» Botschaft Ausführungsgesetz, S. 903; vgl. Nr. 16, Bezirksgerichts Weinfelden, Urteil vom 7. Oktober 2012, FP 2012, S. 142.

[364] Vgl. Botschaft Ausführungsgesetz, S. 903; vgl. auch Bericht Verwahrung, S. 15 f.

[365] Vgl. AB 2006 S 547; AB 2007 N 1195, 1960 u. 1962.

[366] Bericht Verwahrung, S. 16 f.

[367] Botschaft Verwahrungsinitiative, S. 3446.

[368] Botschaft Ausführungsgesetz, S. 904, 913 f.; ohne inhaltliche Änderungen in den Schlussabstimmungen übernommen, vgl. AB 2007 S 1212 u. AB 2007 N 2077.

[369] BGE 140 IV 1; vgl. Nr. 13, Obergericht Aargau, 1. Strafkammer, Entscheid vom 18. Oktober 2012, FP 2013, aufgehoben durch BGE 140 IV 1, 5 ff. E. 3.

sowohl lebenslängliche als auch langfristige Nichttherapierbarkeit.[370] Das Bundesgericht konstatierte aufgrund des Gesetzeswortlautes und der hierzu kaum diskutierten Begriffsauffassung in den Materialien,[371] dass dauerhafte Nichttherapierbarkeit einen dauerhaften unveränderten Zustand umschreibe.[372] Unter Anwendung der verfassungskonformen Auslegung des Gesetzesrechts kam das Gericht zum Schluss, dass die von Art. 123a Abs. 1 BV geforderte Nichttherapierbarkeit von vornherein nur dauerhaft unbehandelbare Täter umfasse.[373] Unter systematischen Gesichtspunkten müsste der Begriff so ausgelegt werden, dass «dauerhaft nicht therapierbar» einen Zustand erfasse, «der grundsätzlich unveränderlich ist und für immer besteht, also eine chronische Untherapierbarkeit bzw. eine definitive Therapieresistenz»[374] auf «Lebzeiten»[375] beschreibe. Eine entsprechende Differenzierung sei notwendig, zumal die lebenslängliche Verwahrung im Vergleich zur ordentlichen Verwahrung die gravierendere Massnahme darstelle.[376]

Die in Art. 123a Abs. 1 BV geforderte Untherapierbarkeit des Täters bezieht sich gemäss den bundesgerichtlichen Erwägungen aufgrund der Systematik und der teleologischen Auslegung auf eine lebenslängliche Nichttherapier-

---

370 BGE 140 IV 1, 4 E. 2.3.

371 Vgl. die hierzu unzutreffende Feststellung des Bundesgerichts, die Räte hätten sich «zu einem grossen Teil» mit der Frage der lebenslangen Prognosen und der lebenslangen Untherapierbarkeit befasst BGE 140 IV 1, 6 E. 3.2.2. Altbundesrat Blocher führte erstmalig aus, dass psychiatrische Gutachten für die Feststellung der «Lebenslänglichkeit der Gefährlichkeit» einer Person notwendig wären, AB 2006 S 547 u. AB 2007 N 1195. Ansonsten wurde diese Frage kaum diskutiert. Im Zentrum stand vielmehr die Vereinbarkeit des vom Bundesrat vorgeschlagenen Verfahrens zur Überprüfbarkeit der lebenslänglichen Verwahrung mit der EMRK, vgl. hierzu NR Vischer, AB 2007 N 1964; Altbundesrat Blocher, AB 2007 N 1964; NR Aeschbacher, AB 2007 N 1965.

372 Vgl. BGE 140 IV 1, 5 ff. E. 3.2.1 und E. 3.2.2.

373 Vgl. auch Auslegungsergebnis C.I.3.c); so auch BGE 140 IV 1, 8 E. 3.2.3; SG Kommentar BV-VEST, Art. 123a N 24; FORSTER, S. 418 ff., insb. 420 u. 422; so auch HASLER, S. 28 ff., 32; JOSITSCH/BISCHOFF, Rz. 14.

374 BGE 140 IV 1, 6 E. 3.2.1.

375 BGE 140 IV 1, 8 E. 3.2.3.

376 BGE 140 IV 1, 8 E. 3.2.4.

barkeit.[377] Dies deckt sich mit der Auslegung von Art. 121a Abs. 1 BV. Demgegenüber hat sich der Gesetzgeber bei der Präzisierung des Begriffs der «dauerhaften Untherapierbarkeit» für einen «Mittelweg»[378] entschieden. Eine solche Konkretisierung erweist sich aber aufgrund der Auslegung von Art. 123a Abs. 1 BV als verfassungswidrig. Auch die Ausweitung des von Art. 64 Abs. 1bis lit. c StGB erfassten Täterkreises auf psychisch intakte Täter ist aufgrund des allgemeinen Sprachgebrauchs des Terminus «nicht therapierbar» sowie aufgrund der Systematik von Art. 123a Abs. 1 i.V.m. Abs. 2 BV als verfassungswidrig zu qualifizieren.

b) Die Überprüfung der lebenslänglichen Verwahrung

Entscheidendes und im Abstimmungskampf zur Verwahrungsinitiative am heftigsten diskutiertes Element des Art. 123a BV war zweifelsfrei dessen zweiter Absatz: die eingeschränkte Überprüfbarkeit der lebenslänglichen Verwahrung.[379]

Gemäss Art. 123a Abs. 2 BV dürfen neue Gutachten über einen lebenslänglich verwahrten Täter erst verfasst werden, wenn durch neue, wissenschaftliche Erkenntnisse erwiesen ist, dass er geheilt werden kann und infolgedessen keine Gefahr mehr für die Öffentlichkeit besteht.[380] Die Arbeitsgruppe hielt in zutreffender Weise fest, dass es entscheidend von der Art und Weise, wie diese Norm konkretisiert werde, abhänge, ob diese in einem Beschwerdefall vor Art. 5 Abs. 4 EMRK standhalten würde.[381]

aa) Fachkommission in Zusammenarbeit mit der kantonalen Vollzugsbehörde

Ob neue, wissenschaftliche Erkenntnisse zur Therapierbarkeit des Täters im Sinne von Art. 123a Abs. 2 BV gegeben sind, soll eine spezielle, vom Bun-

---

377 Dem Wortlaut ist nicht zu entnehmen, auf welche Zeitspanne sich diese Untherapierbarkeit beziehen muss.

378 BSK BV-GÖKSU, Art. 123a N 6.

379 Bericht Verwahrung, S. 17.

380 So auch Bericht Verwahrung, S. 17.

381 Botschaft Ausführungsgesetz, S. 905; Bericht Verwahrung, S. 17.

desrat einzusetzende eidgenössische Fachkommission vornehmen.[382] Hierzu wurde ein neuer, separater Art. 64c StGB geschaffen,[383] der ein mehrstufiges Verfahren zur Überprüfung der lebenslänglichen Verwahrung vorsieht.[384]

Dabei kann die Behörde von Amtes wegen oder auf Gesuch hin tätig werden.[385] Der Begriff «von Amtes» wegen wurde im bundesrätlichen Entwurf hinzugefügt.[386] Damit sollte insbesondere bei schwierigen Tätern gewährleistet werden, dass eine Überprüfung durchgeführt wird, sofern diese Person nicht mehr gefährlich, aber ausser Stande ist, selber ein Gesuch zu stellen.[387] Damit sollten nicht zuletzt auch jene Fallkonstellationen abgedeckt werden, in denen der Täter keine Angehörigen hat.[388]

Die zuständige Behörde entscheidet aufgrund des Berichts der Fachkommission, ob dem Täter eine Behandlung angeboten werden soll (Art. 64c Abs. 1 und 2 StGB). Dabei muss dieser einer Behandlung zustimmen. Nur so kann konkret identifiziert werden, ob damit seine Gefährlichkeit gemindert werden kann.[389] Zeigt die Behandlung, dass sich die Gefährlichkeit des Täters erheblich verringert hat oder soweit verringern lässt, dass er für die Öffentlichkeit keine Gefahr mehr darstellt, so wird die lebenslängliche Verwahrung durch das zuständige Gericht in eine stationäre therapeutische Massnahme nach Art. 59–61 StGB umgewandelt (Art. 64c Abs. 3 StGB). Die nach dem Vorentwurf vorgesehene Möglichkeit der blossen Versetzung in die ordentliche Verwahrung wurde im Vernehmlassungsverfahren als Verstoss gegen das

---

[382] Botschaft Ausführungsgesetz, S. 905; Bericht Verwahrung, S. 17.

[383] Vgl. AS 2008 2961.

[384] Vgl. auch Altbundesrat Blocher, AB 2006 S 549.

[385] Vgl. Botschaft Ausführungsgesetz, S. 905.

[386] Vgl. Altbundesrat Blocher, AB 2007 N 1964.

[387] Altbundesrat Blocher, AB 2007 N 1964 u. AB 2006 S 550, hinsichtlich des Minderheitsantrags «Leuenberger-Solothurn» zu Art. 64c Abs. 1 E-StGB, E-StGB 2006, S. 920, um den Zusatz «regelmässige Überprüfung von Amtes wegen oder auf Gesuch hin» einzuführen. Der Minderheitsantrag wurde abgelehnt, da man damit etwas aufnehmen wollte, was man mit dem «Verfassungstext expressis verbis ausschliessen» wollte; vgl. auch den geltenden Art. 64c Abs. 1 StGB (AS 2008 2961).

[388] Altbundesrat Blocher, AB 2007 N 1964.

[389] Botschaft Ausführungsgesetz, S. 905.

Verhältnismässigkeitsprinzip qualifiziert und letztlich im bundesrätlichen Entwurf fallengelassen.[390]

Die Einzelheiten der Zusammensetzung dieser Eidgenössischen Fachkommission wurden gemäss Art. 387 Abs. 1 StGB[391] in einer Verordnung geregelt.[392] Nach Art. 3 der Verordnung besteht die Fachkommission aus zehn Mitgliedern.[393] Sie soll dabei «Garantin für die Wissenschaftlichkeit der Erkenntnisse im zu beurteilenden Einzelfall»[394] sein. Der erste Schritt erfüllt damit die Anforderungen an die Wissenschaftlichkeit. Dabei kommt der Fachkommission einzig beratende Funktion zu, auch wenn deren Bericht natürlich grosses Gewicht beizumessen ist.[395]

In einem zweiten Schritt entscheidet die Vollzugsbehörde, die sich dabei auf den Bericht der Fachkommission abstützt.[396] Vorgesehen ist die Anfechtbarkeit dieser Entscheide vor einem Gericht, wobei dieses über die Gefährlichkeit des Täters innert nützlicher Frist[397] zu urteilen und im gegebenen Fall dessen Freilassung anzuordnen hat. Hingegen sind die Bewertungen der eidgenössischen Fachkommission oder die psychiatrischen Gutachten nicht

---

390 Vgl. Botschaft Ausführungsgesetz, S. 905; vgl. auch AB 2006 S 552 (einstimmiger Beschluss zum Entwurf des Bundesrates); vgl. auch Schlussabstimmung AB 2007 S 1212 u. AB 2007 N 2077, in der der bundesrätliche Entwurf ohne inhaltliche Änderungen übernommen wurde.

391 AS 2008 2961.

392 Vgl. Altbundesrat Blocher, AB 2006 S 549; vgl. Verordnung über die Eidgenössische Fachkommission zur Beurteilung der Behandelbarkeit lebenslänglich verwahrter Straftäter vom 26. Juni 2013 (SR 311.039.2).

393 Demgegenüber sah der bundesrätliche Entwurf fünf bis sieben Mitglieder vor, Botschaft Ausführungsgesetz, S. 906; vgl. auch Altbundesrat Blocher, AB 2006 S 549.

394 Altbundesrat Blocher, AB 2006 S 550.

395 Botschaft Ausführungsgesetz, S. 905; vgl. auch Altbundesrat Blocher, AB 2006 S 550.

396 Botschaft Ausführungsgesetz, S. 905; vgl. auch Altbundesrat Blocher, AB 2006 S 550.

397 Vgl. Altbundesrat Blocher, AB 2006 S 550.

direkt anfechtbar.[398] Demnach ist eine klare Rollenverteilung festgelegt.[399] Die Vollzugsbehörde leitet das Verfahren und entscheidet über die Therapierbarkeit des Täters.[400] Dabei kann sie entweder weitere Schritte ablehnen oder dem Täter eine Behandlung vorschlagen (Art. 64c Abs. 2 StGB). Das weitere Verfahren – die Fortsetzung der Therapie, die bedingte Entlassung, eventuell auch die Rückversetzung bei Nichtbewährung – richtet sich dann nicht mehr nach den besonderen, sondern nach den allgemeinen Bestimmungen des Strafgesetzbuches (Art. 64c Abs. 3 StGB).[401]

bb) Neue, wissenschaftliche Erkenntnisse über die Therapierbarkeit

Ob «neue, wissenschaftliche Erkenntnisse» zur Therapierbarkeit des Täters gegeben sind, soll durch die eidgenössische Fachkommission beurteilt werden (Art. 64c Abs. 1 StGB). Da die Anwendbarkeit der genannten Erkenntnisse auf den Einzelfall nicht getrennt beurteilt werden soll, muss ihr deshalb die Kompetenz zukommen, beides zu verifizieren.[402]

Bei der Frage, ob auch Änderungen im subjektiven Sinn, d.h. in der Person des Täters, von der Verfassungsbestimmung erfasst werden, war die Arbeitsgruppe unterschiedlicher Meinung. Die Vernehmlasser und ein Teil der Arbeitsgruppe forderten, dass auch Veränderungen im subjektiven Sinne, d.h. in der Person des Täters, erfasst sein müssten, da die neue Regelung sonst gegen die EMRK verstosse.[403] Die Initianten hingegen verstanden «neue, wissenschaftliche Erkenntnisse» im objektiven Sinne als neue Therapiemethoden.[404] Der Bundesrat folgte der Minderheitsmeinung der Arbeitsgruppe und führte aus, dass unter «neuen, wissenschaftlichen Erkenntnissen» letztlich «alle neuen, durch methodisches Vorgehen erlangten Erkenntnisse über

---

398 Botschaft Ausführungsgesetz, S. 905; vgl. auch Altbundesrat Blocher, AB 2006 S 550.

399 Botschaft Ausführungsgesetz, S. 905; vgl. auch Altbundesrat Blocher, AB 2006 S 550.

400 Vgl. Altbundesrat Blocher, AB 2006 S 550.

401 Vgl. Altbundesrat Blocher, AB 2006 S 550.

402 Botschaft Ausführungsgesetz, S. 905, 907.

403 Botschaft Ausführungsgesetz, S. 907.

404 Bericht Verwahrung, S. 20.

die Therapierbarkeit der lebenslänglich verwahrten Person»[405] zu verstehen seien. Dabei könnten auch Veränderungen in der Person des Täters Gegenstand der Prüfung sein, wie der Bundesrat in der Botschaft deutlich gemacht hatte.[406] Diese Interpretation von Art. 123a Abs. 2 BV war auch ein wesentlicher Grund für die Haltung des Bundesrates zur Vereinbarkeit der Verfassungsbestimmung mit Art. 5 Abs. 4 EMRK.[407]

Ziel war es somit, die Verwahrungsinitiative über den «Umweg»[408] der Umsetzungsgesetzgebung in Einklang mit der EMRK zu bringen.[409] Eine solche Auslegung erweist sich aber mit Blick auf den Wortlaut, den Sinn und Zweck sowie auf die Materialien[410] als extensiv[411] und damit als verfassungswidrig. Der Verfassungsbestimmung wird dadurch die «Schneidigkeit»[412] genommen, nur bei objektiv neuen Therapiemethoden eine Überprüfung der lebenslänglichen Verwahrung vorzunehmen.[413] Damit wurde das Ziel der Initiative, Fehldiagnosen zu reduzieren, verfehlt.[414] Zudem ist die Argumentation des Bundesrates fragwürdig, weil diese Begründung bereits in der Botschaft zur Verwahrungsinitiative bei der Frage der Vereinbarkeit mit dem Verhältnismässigkeitsprinzip vorgebracht wurde.[415]

---

405 Altbundesrat Blocher, AB 2006 S 549; Botschaft Ausführungsgesetz, S. 907; so auch bereits in der Botschaft zur Verwahrungsinitiative, S. 3451 f. u. 3456; vgl. auch Einschätzung bei KUNZ, ZStrR 2007, S. 99 Fn. 16; gl.M. SEFEROVIC, S & R 2014, S. 108.

406 Altbundesrat Blocher, AB 2006 S 549; vgl. bereits Botschaft Verwahrungsinitiative, S. 3451 f.

407 Botschaft Ausführungsgesetz, S. 907; vgl. auch HK StGB-STRATENWERTH/WOHLERS, Art. 64c N 1.

408 SEFEROVIC, S & R 2014, S. 108.

409 SEFEROVIC, S & R 2014, S. 108; so auch HK StGB-STRATENWERTH/WOHLERS, Art. 64c N 1, die davon sprechen, dass Art. 64c StGB versucht den «Anschein ihrer Vereinbarkeit mit der Menschenrechtskonvention» zu erwecken.

410 Bericht Verwahrung, S. 20; vgl. auch für die Verfassungswidrigkeit des vorgeschlagenen Gesetzesartikels NR Vischer, AB 2007 N 1961.

411 So auch Bezeichnung durch KIENER/KRÜSI, S. 238.

412 KUNZ, ZStrR 2007, S. 98 f.; vgl. auch FORSTER, S. 422.

413 KUNZ, ZStrR 2007, S. 98 f.; vgl. auch FORSTER, S. 422.

414 Gleiche Einschätzung bei SEFEROVIC, S & R 2014, S. 108.

415 Botschaft Verwahrungsinitiative, S. 3433 ff., 3455 f.; so auch KUNZ, ZStrR 2007, S. 99.

Die aufgezeigte Regelung in Art. 64c Abs. 1 StGB ist trotz anderslautender Beteuerung des Bundesrates[416] mit Blick auf Art. 5 Ziff. 4 EMRK problematisch. Die Lehre ist sich darin einig, dass der in Art. 64c Abs. 1 StGB vorgesehene mehrstufige Prozess, in dem eine Fachkommission über neue, wissenschaftliche Erkenntnisse berichtet, eine Behörde gestützt auf diese Erkenntnisse über eine Behandlung entscheidet und ein Gericht letztlich über die Entlassung urteilt, nicht mit Art. 5 Ziff. 4 EMRK vereinbar ist.[417] So kann weder die zuständige Behörde noch die beratende Fachkommission unter Anwendung jeglicher Auslegungsvarianten als Gericht angesehen werden. Der Weiterzug des Entscheids der Vollzugsbehörde an ein Gericht betrifft aber nur die Frage, ob neue, wissenschaftliche Erkenntnisse über die Therapierbarkeit des Täters vorliegen und ob diese begründet verneint wurden. Nicht Gegenstand dieser Prüfung ist hingegen die Frage nach der Rechtmässigkeit des Freiheitsentzugs. Von deren Beantwortung hängt jedoch schlussendlich ab, ob die weiteren Voraussetzungen, wie die Gefährlichkeit des Inhaftierten und die Verhältnismässigkeit der Massnahme, überhaupt noch gegeben sind.[418] Auch das Bundesgericht scheint diese Einschätzung zu teilen, weshalb es auf Prognosen über die lebenslängliche Nichttherapierbarkeit besteht. Damit beschränkt es den Anwendungsbereich der lebenslänglichen Verwahrung auf eine sehr kleine Gruppe.[419]

c) Aufhebung der lebenslänglichen Verwahrung durch ein Gericht

Damit eine lebenslängliche Verwahrung aufgehoben werden kann, muss die angeordnete Behandlung zeigen, dass sich die Gefährlichkeit des Täters erheblich verringert hat und soweit verringern lässt, dass er für die Öffentlichkeit keine Gefahr mehr darstellt (Art. 64c Abs. 3 StGB). Unabhängig von neuen, wissenschaftlichen Erkenntnissen und damit entgegen Art. 123a Abs. 1 und 2 BV ist gemäss Art. 64c Abs.4 StGB auch eine vorzeitige bedingte Entlassung möglich, wenn der Täter infolge hohen Alters, schwerer

416 Vgl. Botschaft Ausführungsgesetz, S. 907.

417 STRATENWERTH, S. 15; KUNZ, ZStrR 2007, S. 100.

418 KUNZ/STRATENWERTH, S. 10.

419 Gl.M. SEFEROVIC, S & R 2014, S. 112.

Krankheit oder aus einem anderen Grund für die Öffentlichkeit keine Gefahr mehr darstellt. Im Vernehmlassungsverfahren wurde gefordert, dass der Vorentwurf die bedingte Entlassung auch «aus anderen als den oben aufgelisteten Gründen»[420] vorsehen müsse. Der hinzugefügte Zusatz «aus anderem Grund» ermögliche dieser Kritik Rechnung zu tragen und insbesondere sei dadurch die Vereinbarkeit mit der EMRK sichergestellt.[421] Hier setzte aber die zweite grosse Kritik im Parlament an: Die Ausführungsbestimmung sei zu weit gefasst und gefährlich, da ein «Freipass für eine Entlassung aus allen denkbaren und undenkbaren Gründen»[422] ermöglicht werde. Ausserdem werde damit ein Hintertürchen geschaffen, um das gesamte Gesetz zu umgehen.[423] Die im Parlament vorgeschlagene Streichung des oben genannten Zusatzes wurde im Nationalrat abgelehnt.[424]

Eine frühzeitige Entlassung, wie sie in Art. 64c Abs. 4 StGB vorgesehen ist, verstösst jedoch gegen Art. 123a Abs. 2 BV. Eine Haftprüfung darf erst vorgenommen werden, wenn neue, wissenschaftliche Erkenntnisse vorliegen, nicht aber, solange dieser wissenschaftliche Fortschritt nicht erzielt worden ist. Subjektive Gründe, die in der Persönlichkeit des Täters liegen, bleiben unberücksichtigt.[425] Auch wenn Art. 64c Abs. 4 StGB unter dem Aspekt der teleologischen Auslegung folgerichtig erscheint, ist aufgrund des unmissverständlichen Wortlautes, der Entstehungsgeschichte sowie der Systematik von einer Verfassungswidrigkeit auszugehen.[426]

Zuständig für die Aufhebung der lebenslänglichen Verwahrung und für die bedingte Entlassung ist stets das Gericht, das die lebenslängliche Verwahrung angeordnet hat. Es entscheidet nach Art. 64c Abs. 5 StGB, gestützt auf

---

420 Botschaft Ausführungsgesetz, S. 908.

421 Vgl. Altbundesrat Blocher, AB 2006 S 550.

422 NR Reimann, AB 2007 N 1963.

423 NR Reimann, AB 2007 N 1963.

424 Ablehnung des Antrags NR Reimann, AB 2007 N 1965.

425 Zum gleichen Auslegungsergebnis kommt BSK BV-Göksu, Art. 123a N 10, der darauf hinweist, dass die Regelung in Art. 123a BV gegen das Verhältnismässigkeitsprinzip verstösst.

426 A.M. BSK BV-Göksu, Art. 123a N 10, der von einer verfassungskonformen Auslegung ausgeht, da das Verhältnismässigkeitsprinzip bei der Auslegung von Art. 123a BV berücksichtigt werden müsste.

die Gutachten von mindestens zwei Sachverständigen, die – entgegen der Verfassungsbestimmung (Art. 123a Abs. 3 BV) – den Täter «weder behandelt noch in anderer Weise betreut haben». Diese Abweichung vom Verfassungstext wurde im Parlament verschiedentlich kritisiert.[427] Gemäss den Ausführungen von Altbundesrat Blocher sei dieser Zusatz jedoch folgerichtig, da die Gutachter schon bei der ordentlichen Verwahrung den Täter weder behandelt noch in anderer Weise betreut haben dürfen. Damit soll eine mögliche Befangenheit der Gutachter ausgeschlossen werden.[428] Mit Blick auf Sinn und Zweck des Verfassungsartikels ist dieser Zusatz verfassungskonform.

Eine bedingte Entlassung aus der lebenslänglichen Verwahrung ist ausser bei Invalidität, hohem Alter oder schwerer Krankheit nicht vorgesehen. Unter Aufrechterhaltung der Massnahme ist eine Entlassung nur in eine stationäre therapeutische Massnahme möglich (Art. 64c Abs. 4 StGB). Eine Prüfung der Frage, ob es überhaupt noch einer stationären Behandlung bedarf, ist hingegen nicht vorgesehen, obwohl deren materielle Voraussetzungen womöglich gar nicht mehr vorliegen (Art. 64c Abs. 3 StGB). Damit verstösst die Norm gegen das verfassungsmässig garantierte Verhältnismässigkeitsprinzip, da eine stationäre therapeutische Massnahme zu vollziehen ist, deren materielle Voraussetzungen nicht mehr überprüft werden und die allenfalls nicht erforderlich und daher unverhältnismässig ist.[429] Auch die nach Art. 5 Ziff. 4 EMRK und Art. 9 Abs. 4 UNO-Pakt II geforderte Haftprüfung wird durch die in Art. 64c Abs. 3 StGB normierte Regelung verletzt, da eine Entlassung aus der lebenslänglichen Verwahrung trotz Wegfallens der Voraussetzungen zu keiner Entlassung aus dem Strafvollzug führt.[430]

---

[427] Vgl. Altbundesrat Blocher, AB 2006 S 548; die Botschaft äussert sich nur am Rande dazu, Botschaft Ausführungsgesetz, S. 900.

[428] Altbundesrat Blocher, AB 2006 S 548.

[429] Vgl. auch KUNZ, ZStrR 2007, S. 96, 100; KUNZ/STRATENWERTH, S. 11.

[430] KUNZ, ZStrR 2007, S. 96, 100; KUNZ/STRATENWERTH, S. 2 ff., insb. 10; so auch KUNZ et al., Jusletter 3. Dezember 2004, Rz. 7 ff.

d) Begutachtung durch zwei unabhängige Sachverständige

Gemäss Art. 123a Abs. 3 BV sind alle Gutachten zur Beurteilung der Sexual- und Gewaltstraftäter von mindestens zwei voneinander unabhängigen, erfahrenen Fachleuten unter Berücksichtigung aller für die Beurteilung wichtigen Grundlagen zu erstellen. Diese Vorschrift wurde als neuer Abs. 4bis in Art. 56 StGB eingefügt, allerdings eindeutig beschränkt auf die Fälle lebenslänglicher Verwahrung.[431] In Anlehnung an den Wortlaut der Verfassungsnorm (Art. 123a Abs. 3 BV) verdeutlicht Art. 56 Abs. 4bis StGB, dass mindestens zwei Gutachten vorliegen müssen. Gleichzeitig reicht es auch nicht aus, wenn zwei Sachverständige ein Gutachten gemeinsam verfassen, weil sie dann entgegen Art. 123a Abs. 3 BV nicht voneinander unabhängig sind.[432]

Die Sachverständigen müssen gemäss der Botschaft zur Umsetzung der Verwahrungsinitiative ausgewiesene forensisch psychiatrische Experten für die legalprognostische Beurteilung und für die Behandlung von Gewalt- und Sexualstraftätern sein.[433] Zusätzlich wird verlangt, dass sie «über eine langjährige Erfahrung in der intensiven rückfallpräventiven Therapie sowohl von Sexual- als auch von Gewaltstraftätern» verfügen. Zudem müssen sie «prognostische Stellungnahmen oder Gutachten zu Vollzugsentscheiden» erstellt, «fundierte Strafvollzugskenntnisse» haben und «während einigen Jahren regelmässig als Sachverständige bei komplexen Fällen von Gewalt- und Sexualkriminalität» beigezogen worden sein. Ausserdem wird verlangt, dass sie «in einem oder mehreren Fällen, in denen das Gericht eine Verwahrung anordnete, bereits strafrechtliche Gutachten verfasst haben, auf welchen der Gerichtsentscheid» basierte. Als weitere Voraussetzung gilt die Qualität ihrer «bisherigen prognostischen Arbeit und ihrer fachlichen Positionierung». Überdies dürfen die Gutachter den Täter nicht schon anderweitig begutachtet haben.[434]

Art. 56 Abs. 4bis StGB lässt hingegen offen, welche spezifischen Anforderungen die begutachteten Sachverständigen erfüllen müssen. Es wurde auf eine Konkretisierung im Gesetz verzichtet, um den Spielraum und die Aus-

---

431 Botschaft Ausführungsgesetz, S. 900.

432 Botschaft Ausführungsgesetz, S. 900.

433 Botschaft Ausführungsgesetz, S. 901.

434 Siehe zum Ganzen Botschaft Ausführungsgesetz, S. 901.

wahlmöglichkeiten nicht unnötig einzuschränken. Es reiche aus, dass die Anforderungen in der Botschaft umschrieben sind.[435] Einige Vernehmlasser unterstrichen, dass die von der Arbeitsgruppe gewünschten hohen Anforderungen an die Sachverständigen zwar wünschenswert seien, diese aber nicht zwingend vorausgesetzt werden dürften. Es werde schwierig sein, stets genügend kompetente Sachverständige zu finden.[436] Diese Befürchtung ist mit Blick auf den Wortlaut von Art. 123a Abs. 2 BV begründet, da die Beurteilung stets durch zwei Sachverständige zu erfolgen hat und damit gerechnet werden muss, dass für unbestimmte Zeit nicht zwei qualifizierte Sachverständige gleichzeitig verfügbar sind.[437]

Im Vernehmlassungsverfahren herrschte Unsicherheit darüber, ob beide Gutachten zum gleichen Ergebnis gelangen müssten.[438] Der Verfassungstext (Art. 123a Abs. 3 BV) wie auch das Gesetz sind nicht eindeutig, denn es kann nicht herausgelesen werden, dass Einstimmigkeit herrschen muss. Dieser Unstimmigkeit wurde mit einer redaktionellen Anpassung von Art. 56 Abs. 4bis StGB an die Formulierung von Art. 64c Abs. 5 StGB teilweise Rechnung getragen. Demnach stützt sich das Gericht beim Entscheid über die lebenslängliche Verwahrung auf beide Gutachten, was darauf schliessen lässt, dass keine lebenslängliche Verwahrung angeordnet werden darf, wenn sich beide Gutachten hinsichtlich Voraussetzungen und Notwendigkeit der lebenslänglichen Verwahrung «grundsätzlich widersprechen».[439] Eine andere Auslegung von Art. 123a Abs. 1 BV fällt ausser Betracht.[440] In solchen Fallkonstellationen ist es dem Gericht jedoch erlaubt, ein drittes Gutachten zu den strittigen Fragen einzuholen, wobei sich das Gericht für seinen Entscheid auf die Befunde und Argumente stützen muss, welche die Gutachten enthal-

---

435 Botschaft Ausführungsgesetz, S. 901.

436 Botschaft Ausführungsgesetz, S. 901.

437 Vgl. Botschaft Verwahrungsinitiative, S. 3453; vgl. auch Botschaft Ausführungsgesetz, S. 901.

438 Botschaft Ausführungsgesetz, S. 900.

439 Botschaft Ausführungsgesetz, S. 900; so auch Altbundesrat Blocher, AB 2006 S 548.

440 Botschaft Ausführungsgesetz, S. 900; so auch Altbundesrat Blocher, AB 2006 S 548.

ten.[441] Sinn und Zweck der Bestimmung kann es indessen nicht sein, solange Gutachten einzuholen, bis diese übereinstimmen.[442] Liegen zwei Gutachten vor, die einander nicht grundsätzlich widersprechen und welche die (lebenslange) Untherapierbarkeit bestätigen, so muss das Gericht die lebenslängliche Verwahrung anordnen, da es sich um eine zwingende Bestimmung handelt.[443]

e) Haftung der Behörde

Art. 123a Abs. 2 Satz 2 BV fordert, dass die Haftung für den Rückfall des Täters, dessen lebenslängliche Verwahrung aufgehoben worden ist, von jener Behörde übernommen werden muss, welche die Verwahrung angeordnet hat.

In der Arbeitsgruppe war der Begriff der Haftung umstritten. Den Initianten ging es in erster Linie darum, dass die für die Freilassung des Täters zuständigen Entscheidträger zur Verantwortung gezogen werden müssten und weniger um finanzielle Entschädigungen.[444] Demgegenüber verstand die grosse Mehrheit der Arbeitsgruppe den Haftungsbegriff im juristischen Sinn, worunter nur «die Leistung von Schadenersatz für die vermögensrechtlichen Folgen»[445] zu verstehen sei. Der Begriff der Haftung soll gemäss der Arbeitsgruppe in Anlehnung an den Schadensbegriff im Obligationenrecht verstanden werden.[446]

Der neu eingefügte Art. 380a Abs. 1 StGB[447] sieht als einzige Haftungsvoraussetzung des Gemeinwesens den Rückfall einer Person vor, der gegenüber

441 Botschaft Ausführungsgesetz, S. 900; vgl. auch Nr. 16, Bezirksgericht Weinfelden, Urteil vom 7. Oktober 2012, FP 2012, S. 140.

442 Botschaft Ausführungsgesetz, S. 900.

443 Nr. 16, Bezirksgericht Weinfelden, Urteil vom 7. Oktober 2012, FP 2012, S. 140; so auch Nr. 13, Obergericht Aargau, 1. Strafkammer, Entscheid vom 18. Oktober 2012, FP 2013, S. 77, aufgehoben durch BGE 141 IV I, 5 ff. E. 3; vgl. auch für die Anordnung der lebenslänglichen Verwahrung Urteil Regionalgericht Berner Jura-Seeland vom 11. Mai 2012 (bestätigt vom Obergericht Bern), aufgehoben durch BGer, Urteil 6B_13/2014 vom 3. Juni 2014.

444 Vgl. zum Ganzen Bericht Verwahrung, S. 27.

445 Bericht Verwahrung, S. 27.

446 Bericht Verwahrung, S. 30.

447 AS 2008 2961.

die lebenslängliche Verwahrung angeordnet wurde.[448] Mithin wird eine Kausalhaftung (Gefährdungshaftung) des Gemeinwesens normiert,[449] wenn der Täter die Voraussetzung des Rückfalls erfüllt.[450] Dabei muss der Täter erneut ein Delikt nach Art. 64 Abs. 1bis StGB begangen haben. Gefordert wird jedoch weder, dass es sich um das gleiche Delikt handelt, noch, dass das neuerliche Delikt auf die gleiche psychische Krankheit zurückzuführen ist.[451] Die Haftung tritt unabhängig davon ein, ob der Entlassungsentscheid fehlerhaft oder rechtswidrig war oder selbst rückwirkend[452] noch rechtens erscheint.[453] Die geschädigte Person hat aber keinen Anspruch gegen ein Mitglied einer Behörde, sondern nur gegenüber dem Gemeinwesen.[454]

Art. 380a Abs. 1 StGB erweist sich als verfassungskonform, da es zu berücksichtigen gilt, das bestehende Legaldefinitionen den Gesetzestext vom allgemeinen Sprachgebrauch ablösen. Diese statuieren eine Begriffsbedeutung, die nicht vom allgemeinen Verständnis abhängig ist.[455]

6. Ergebnis

Der Gesetzgeber hat das verfassungsrechtliche Erfordernis der extremen Gefährlichkeit (Art. 123a Abs. 1 BV) in Art. 64 Abs. 1bis lit. a StGB dahingehend umgesetzt, dass sich die Schwere der Anlasstaten, die zu einer lebenslänglichen Verwahrung führen, dadurch auszeichnen, dass der Täter mit dem Verbrechen die psychische, physische oder sexuelle Integrität einer Person besonders schwer beeinträchtigt oder beeinträchtigen wollte. Das in Art. 123a Abs. 1 BV geforderte hohe Rückfallrisiko des Täters konkretisiert das Gesetz dadurch, dass eine sehr hohe Wahrscheinlichkeit für eine erneute

[448] Bericht Verwahrung, S. 28; BSK BV-GÖKSU, Art. 123a N 13.
[449] Vgl. SG Kommentar BV-VEST, Art. 123a N 39.
[450] BSK BV-GÖKSU, Art. 123a N 13.
[451] BSK BV-GÖKSU, Art. 123a N 13.
[452] PK StGB-TRECHSEL/LIEBER, Art. 380a N 3.
[453] Diese Stelle behandelt den korrekten Entlassungsentscheid; s. Bericht Verwahrung, S. 28; BSK BV-GÖKSU, Art. 123a N 13.
[454] Bericht Verwahrung, S. 29 f.
[455] BK ZGB-EMMENEGGER/TSCHENTSCHER, Art. 1 N 212.

Tatbegehung gegeben sein muss. Art. 64 Abs. 1bis lit. a und b StGB erweisen sich als verfassungskonform.

Die in Art. 123a Abs. 1 BV geforderte Untherapierbarkeit des Täters bezieht sich aufgrund der Systematik und der teleologischen Auslegung auf eine lebenslängliche Untherapierbarkeit.[456] Der Gesetzgeber hat sich mit Erlass von Art. 64 Abs. 1bis lit. c StGB für einen Mittelweg entschieden.[457] Damit unterschreitet er jedoch den durch die Verfassungsbestimmung vorgegebenen Regelungsrahmen und verstösst daher gegen die Verfassungsnorm. Auch die Ausweitung des von Art. 64 Abs. 1bis lit. c StGB erfassten Täterkreises auf psychisch intakte Täter ist aufgrund des im allgemeinen Sprachgebrauch verwendeten Begriffs «nicht therapierbar» sowie aufgrund der Systematik von Art. 123a Abs. 1 i.V.m. Art. 123a Abs. 2 BV verfassungswidrig.

Art. 123a Abs. 2 BV fordert sodann, dass die Überprüfung der lebenslänglichen Verwahrung nur bei Vorliegen neuer, wissenschaftlicher Erkenntnisse möglich sein soll. Der in Art. 64c Abs. 1 StGB vorgesehene mehrstufige Prozess, in dem eine Fachkommission über neue, wissenschaftliche Erkenntnisse berichtet und die Gerichte schliesslich über die Entlassung urteilen sollen, ist mit Art. 5 Ziff. 4 EMRK sowie Art. 9 Abs. 4 UNO-Pakt II unvereinbar.[458] Dass unter den Begriff der «neuen, wissenschaftliche Erkenntnisse» «alle neuen, durch methodisches Vorgehen erlangten Erkenntnisse betreffend die Therapierbarkeit des Täters»[459] zu subsumieren sind, widerspricht überdies Art. 123a Abs. 2 BV und ist daher verfassungswidrig. Unter Anwendung der grammatikalischen, systematischen und historischen Auslegung sind darunter nur neue, objektive Therapiemethoden zu verstehen.

Eine frühzeitige Entlassung aus der lebenslänglichen Verwahrung ist mangels neuer, wissenschaftlicher Erkenntnisse nicht möglich (Art. 123a Abs. 1 letzter Satz BV). Art. 64c Abs. 4 StGB regelt jedoch eine vorzeitige, bedingte Entlassung. Der Wortlaut und die Systematik sprechen für eine Verfassungswidrigkeit der gesetzlichen Konkretisierung, da eine Überprüfung der

---

456 Dem Wortlaut ist nicht zu entnehmen, auf welche Zeitspanne sich diese Untherapierbarkeit beziehen muss.

457 BSK BV-GÖKSU, Art. 123a N 6.

458 STRATENWERTH, S. 15; KUNZ, ZStrR 2007, S. 100.

459 Botschaft Ausführungsgesetz, S. 906 f.

lebenslänglichen Verwahrung nicht aufgrund subjektiver Veränderungen der Täterpersönlichkeit während des Vollzugs erfolgen darf.[460] Auch der Zusatz «aus anderem Grund» in Art. 64c Abs. 4 StGB ermöglicht zwar die Vereinbarkeit mit der EMRK, ist jedoch angesichts des klaren Wortlauts und der Systematik von Art. 123a BV extensiv ausgelegt worden und daher verfassungswidrig.

Das Ausführungsgesetz trat am 1. August 2008 in Kraft[461] und ist aufgrund von Art. 190 BV für die rechtsanwendenden Behörden massgebend. Sofern die Ausführungsgesetzgebung das Verfassungsrecht verdrängt, kommt Letzterem immer noch eine Bedeutung im Rahmen der verfassungskonformen Auslegung des Gesetzesrechts zu.[462]

---

[460] Zum gleichen Ergebnis kommt auch SG Kommentar BV-GÖKSU, Art. 123a N 10.

[461] AS 2008 2961.

[462] SEFEROVIC, S & R 2014, S. 110.

II. Die Ausschaffungsinitiative

1. Ausgangslage

Seit den sechziger Jahren kamen mehrere Initiativen erfolgreich zustande, die alle eine Anpassung von Art. 121 BV verlangten, um die Einwanderung zu beschränken (sog. «Überfremdungsinitiativen»). Bis und mit der Abstimmung über die Volksinitiative «für eine Regelung der Zuwanderung» im Jahr 2000[463] wurde keine dieser Initiativen von Volk und Ständen angenommen.[464]

Die Volksinitiative «für die Ausschaffung krimineller Ausländer» (sog. Ausschaffungsinitiative) wurde am 26. Juni 2007 von der Bundeskanzlei vorgeprüft[465] und am 15. Februar 2008 eingereicht. Mit Verfügung vom 7. März 2008 stellte die Bundeskanzlei fest, dass die Initiative mit 210'919 Unterschriften gültig zustande gekommen war.[466]

Das Hauptanliegen der Initiative war der automatische Verlust aller Aufenthaltsansprüche sowie die automatische Ausweisung aus der Schweiz, wenn ein Ausländer wegen bestimmter Straftaten verurteilt wurde oder miss-

---

463 Vgl. die Volksinitiative «für eine Regelung der Zuwanderung» vom 7. November 1995 (BBl 1997 IV 521), abgelehnt in der Volksabstimmung vom 24. September 2000 (BBl 2001 183).

464 Vgl. hierzu die Volksinitiative gegen «Überfremdung» vom 19. Juni 1969 (BBl 1969 II 1044), abgelehnt in der Volksabstimmung vom 7. Juni 1970 (BBl 1970 II 304); vgl. auch die Volksinitiative «gegen die Überfremdung und Überbevölkerung der Schweiz» vom 27. November 1972 (BBl 1974 I 190), abgelehnt in der Volksabstimmung vom 20. Oktober 1974 (BBl 1974 II 1355); vgl. auch die Volksinitiative «IV. Überfremdungsinitiative» vom 9. April 1974 (BBl 1976 I 1337), abgelehnt in der Volksabstimmung vom 13. März 1977 (BBl 1977 II 201); vgl. die Volksinitiative «gegen den Ausverkauf der Heimat» vom 8. November 1979 (BBl 1981 III 585), abgelehnt in der Volksabstimmung vom 20. Mai 1984 (BBl 1988 I 589); vgl. die Volksinitiative «für die Begrenzung der Einwanderung» vom 21. Mai 1985 (BBl 1985 II 34), abgelehnt in der Volksabstimmung vom 4. Dezember 1988 (BBl 1989 I 233); vgl. auch die Volksinitiative «gegen die illegale Einwanderung» vom 30. Mai 1994 (BBl 1994 III 1486), abgelehnt in der Volksabstimmung vom 1. Dezember 1996 (BBl 1997 I 996).

465 BBl 2007 4969 ff.

466 BBl 2008 1927.

bräuchlich Leistungen der Sozialversicherungen oder der Sozialhilfe bezogen hatte.[467] Diese Personen sollten zudem mit einem Einreiseverbot belegt und bei dessen Missachtung bestraft werden.[468] Massgebliches Ziel war es, den Ermessensspielraum der Behörde im Einzelfall zu begrenzen.[469]

Der Bundesrat verabschiedete am 24. Juni 2009 die dazugehörige Botschaft und unterbreitete der Initiative einen indirekten Gegenvorschlag auf Gesetzesstufe.[470] Begründet wurde dies in erster Linie damit, dass der indirekte Gegenvorschlag die Anliegen der Initianten aufnehme, ohne dabei aber gegen die Bundesverfassung oder das Völkerrecht zu verstossen. Darüber hinaus könne die Initiative so ausgelegt werden, dass das sog. «Non-Refoulement-Prinzip» nach Art. 25 Abs. 2 BV und Art. 33 der Flüchtlingskonvention (FK) nicht verletzt werde, weshalb die Initiative gültig sei.[471] Die vom Bundesrat als indirekter Gegenvorschlag zur Ausschaffungsinitiative vorgeschlagenen Änderungen des Ausländergesetzes wurden vom Ständerat jedoch am 10. Dezember 2009 mit der Rückweisung an die vorberatende Kommission quittiert.[472] Dies erfolgte, weil die vorberatende Staatspolitische Kommission des Ständerates (SPK-S) das Geschäft im Nachgang zur Volksabstimmung über die Minarettinitiative zurücknehmen wollte, um die Frage der Gültigkeit der Volksinitiative vertieft zu prüfen sowie einen direkten Gegenvorschlag auf Verfassungsstufe auszuarbeiten.[473]

Die Diskussion um die Gültigkeit der Initiative betraf insbesondere das zum ius cogens gehörende Non-Refoulement-Prinzip sowie die Frage, ob die Ausschaffungsinitiative gegen zwingendes Völkerrecht im Sinn von Art. 139 Abs. 3 BV verstiess. Für einige Parlamentarier war aufgrund des Initiativtextes erwiesen, dass das flüchtlingsrechtliche Non-Refoulement-

467 Vgl. Art. 121 Abs. 3–5 BV; Botschaft Ausschaffungsinitiative, S. 5098.

468 Botschaft Ausschaffungsinitiative, S. 5098.

469 Botschaft Ausschaffungsinitiative, S. 5106.

470 Botschaft Ausschaffungsinitiative, S. 5098.

471 Botschaft Ausschaffungsinitiative, S. 5098; vgl. auch Medienmitteilung vom 24. Juni 2009.

472 AB 2009 S 1303, wobei der Ständerat den Ordnungsantrag seiner Kommission mit 30 zu 6 Stimmen annahm.

473 AB 2009 S 1297; für den direkten Gegenvorschlag SR Büttiker, AB 2009 S 1298.

Gebot und das menschenrechtliche Refoulement-Verbot (Art. 3 UN-Folterkonvention, Art. 3 EMRK, Art. 7 UNO-Pakt II) verletzt seien, da verurteilte Ausländer unabhängig von ihrem ausländerrechtlichen Status (somit namentlich Asylsuchende, vorläufig Aufgenommene und anerkannte Flüchtlinge) automatisch und ohne behördliche Überprüfung ausgewiesen werden müssten.[474] Die Befürworter der Initiative wiesen für die Gültigkeit hingegen auf den Wortlaut des Initiativtextes hin.[475] Obwohl der Titel der Initiative von «Ausschaffung» spreche, werde im Initiativtext nur das Wort «ausweisen» verwendet. Zwischen der Ausweisung als solcher, die lediglich eine Verfügung darstelle, und dem eigentlichen Vollzug müsse genau differenziert werden. Da das Non-Refoulement-Gebot erst beim Vollzug der Ausweisung zur Anwendung komme, stünde die Initiative nicht im Konflikt mit dem zwingenden Völkerrecht.[476] In der Frühjahressession 2010 bejahte der Ständerat die Gültigkeit der Ausschaffungsinitiative in der Schlussabstimmung mit 28 zu 13 Stimmen.[477] Auch der Nationalrat folgte in der Sommersession 2010 dem Votum der kleinen Kammer und sprach sich in der Gesamtabstimmung mit 94 zu 86 Stimmen für die Gültigkeit der Initiative aus.[478]

Die SPK-S unterbreitete der Ausschaffungsinitiative dabei gleichzeitig einen direkten Gegenvorschlag auf Verfassungsstufe. In erster Linie sollten dabei als elementares Prinzip rechtsstaatlichen Handelns das Verhältnismässigkeitsprinzip, die Grundrechte und das Völkerrecht[479] berücksichtigt wer-

---

474 SR Maissen, AB 2010 S 322 f.; SR Seydoux, AB 2010 S 318; SR Marty, AB 2010 S 326 ff.; SR David, AB 2010 S 325 f.; so auch NR Schmid-Federer, AB 2010 N 700.

475 Für die Gültigkeit der Volksinitiative SR Büttiker, AB 2010 S 325; SR Inderkum, AB 2010 S 309 f.

476 SR Inderkum, AB 2010 S 310; SR Reimann, AB 2010 S 312; SR Jenny, AB 2010 S 314; SR Imoberdorf, AB 2010 S 319; für die Gültigkeit BR Widmer-Schlumpf, AB 2010 S 320; a.M. SR Fetz, AB 2010 S 314; für eine Teilungültigkeit der Initiative plädiert SR Sommaruga, AB 2010 S 317.

477 AB 2010 S 328 in fine.

478 AB 2010 N 718; vgl. für die Frage der Vereinbarkeit mit dem zwingenden Völkerrecht Reich, ZSR 2008, S. 514; Glaser, ZBl 2014, S. 204.

479 Vgl. hierzu bspw. SR Inderkum, AB 2010 S 311; SR Brändli, AB 2010 S 333; SR Büttiker, AB 2010 S 333; so auch NR Fluri, AB 2010 N 685.

den.[480] Der Gegenvorschlag ging klar von der Einhaltung dieser Prinzipien aus.[481] Sodann wurde ein ausführlicher Deliktskatalog sowie eine Generalklausel aufgenommen. Letztere war nur auf Delikte anwendbar, für die das Strafrecht eine Freiheitsstrafe von mindestens einem Jahr vorsah.[482] Der von der SPK-S ausgearbeitete direkte Gegenvorschlag wurde nach Bereinigung der Differenzen, die insbesondere den vom Ständerat hinzugefügten Integrationsartikel[483] betrafen, von beiden Kammern in der Schlussabstimmung gutgeheissen.[484]

2. Abstimmung durch Volk und Stände

In der Abstimmung vom 28. November 2010 wurde die Ausschaffungsinitiative vom Volk mit 1'397'923 Ja- gegen 1'243'942 Nein-Stimmen und von den Ständen mit 17½ Ja- gegen 5½ Nein-Stimmen angenommen. Der direkte Gegenentwurf wurde vom Volk mit 1'407'839 Nein- gegen 1'189'269 Ja-Stimmen und von allen Ständen abgelehnt.[485]

Damit wurde Art. 121 BV um die Absätze 3–6 und die dazugehörige Übergangsbestimmung in Art. 197 Ziff. 8 BV[486] ergänzt. Diese halten Folgendes fest:

> **Art. 121**
>
> [3] Sie verlieren unabhängig von ihrem ausländerrechtlichen Status ihr Aufenthaltsrecht sowie alle Rechtsansprüche auf Aufenthalt in der Schweiz, wenn sie:
>
> a. wegen eines vorsätzlichen Tötungsdelikts, wegen einer Vergewaltigung oder eines anderen schweren Sexualdelikts, wegen eines anderen Gewaltdelikts wie

---

480 SR Inderkum, AB 2010 S 311; SR Brändli, AB 2010 S 333; SR Büttiker, AB 2010 S 333.

481 SR Büttiker, AB 2010 S 333 f.; dagegen NR Wobmann, AB 2010 N 682; so auch NR Jositsch, AB 2010 N 702, der eine klare Verhältnismässigkeitsprüfung verlangt; vgl. Abstimmungserläuterungen Ausschaffungsinitiative, S. 9–11.

482 Vgl. Art. 121 Abs. 1ter lit. a–c E-BV (AB 2010 S 330).

483 Vgl. Art. 121 Abs. 1bis E-BV (AB 2010 S 330); SR Inderkum, AB 2010 S 330; NR Humbel, AB 2010 N 683; für die Ablehnung des Integrationsartikels NR Joder, AB 2010 N 702.

484 AB 2010 N 898; AB 2010 S 579.

485 BBl 2011 2771.

486 Für Art. 121 Abs. 3–6 BV, AS 2011 1199; für die Übergangsbestimmung, AS 2011 1200.

Raub, wegen Menschenhandels, Drogenhandels oder eines Einbruchsdelikts rechtskräftig verurteilt worden sind; oder

b. missbräuchlich Leistungen der Sozialversicherungen oder der Sozialhilfe bezogen haben.

[4] Der Gesetzgeber umschreibt die Tatbestände nach Absatz 3 näher. Er kann sie um weitere Tatbestände ergänzen.

[5] Ausländerinnen und Ausländer, die nach den Absätzen 3 und 4 ihr Aufenthaltsrecht sowie alle Rechtsansprüche auf Aufenthalt in der Schweiz verlieren, sind von der zuständigen Behörde aus der Schweiz auszuweisen und mit einem Einreiseverbot von 5–15 Jahren zu belegen. Im Wiederholungsfall ist das Einreiseverbot auf 20 Jahre anzusetzen.

[6] Wer das Einreiseverbot missachtet oder sonst wie illegal in die Schweiz einreist, macht sich strafbar. Der Gesetzgeber erlässt die entsprechenden Bestimmungen.

Art. 197 Ziff. 8

[8] Der Gesetzgeber hat innert fünf Jahren seit Annahme von Art. 121 Absätze 3–6 durch Volk und Stände die Tatbestände nach Art. 121 Abs. 3 zu definieren und zu ergänzen und die Strafbestimmungen bezüglich illegaler Einreise nach Art. 121 Abs. 6 zu erlassen.

3. Typologie und Rechtsnatur

a) Normtyp

Art. 121 Abs. 3 BV verankert, dass Ausländer unabhängig von ihrem ausländerrechtlichen Status ihr Aufenthaltsrecht sowie alle Rechtsansprüche auf Aufenthalt in der Schweiz verlieren, wenn sie wegen eines vorsätzlichen Tötungsdelikts, wegen einer Vergewaltigung oder eines anderen schweren Sexualdelikts, wegen eines anderen Gewaltdelikts wie Raub, wegen Menschenhandels, Drogenhandels oder eines Einbruchsdelikts rechtskräftig verurteilt worden sind (lit. a) oder missbräuchlich Leistungen der Sozialversicherungen oder der Sozialhilfe bezogen haben (lit. b). Art. 121 Abs. 3 lit. a und b BV enthalten weder einen Gesetzgebungsauftrag noch Elemente einer Ziel- oder Aufgabennorm, sondern weisen vielmehr auf eine Konditionalnorm (Wenn-Dann-Bestimmung) hin. Sodann hält Abs. 4 fest, dass der Gesetzgeber die Tatbestände nach Abs. 3 näher umschreibt und er diese auch um weitere Tatbestände ergänzen kann. Hier wird der Gesetzgeber in die Pflicht genommen, die einzelnen Tatbestände zu präzisieren, wobei sich dieser stets an den Regelungsrahmen und den Sinn und Zweck der

Verfassungsnorm halten muss. Mit Blick auf die Ergänzung der einzelnen Tatbestände kommt dem Gesetzgeber indessen ein erheblicher Ermessenspielraum zu. Ferner sind nach Abs. 5 Ausländer, die nach Abs. 3 und 4 delinquiert haben und sämtliche Aufenthaltsrechte sowie alle Rechtsansprüche auf Aufenthalt in der Schweiz verlieren, von der zuständigen Behörde aus der Schweiz auszuweisen und mit einem Einreiseverbot von 5–15 Jahren zu belegen. Im Wiederholungsfall ist das Einreiseverbot auf 20 Jahre anzusetzen. Abs. 5 ist als Konditionalnorm formuliert und hält sowohl Tatbestand als auch Rechtsfolgen hinreichend genau fest. Demgegenüber verpflichtet Abs. 6 erneut den Gesetzgeber, für den Fall der Missachtung des Einreiseverbotes und bei illegaler Einreise die entsprechenden Bestimmungen zu erlassen.

Die Verfassungsbestimmung enthält demnach sowohl Elemente einer Aufgaben- als auch einer Konditionalnorm. Aus der Normierung eines Gesetzgebungsauftrages bzw. aus der Verwendung unbestimmter Begriffe, wie der «Gewalt- und Einbruchsdelikte», kann für sich alleine noch nicht auf die mittelbare Anwendbarkeit geschlossen werden,[487] sofern diese hinreichend bestimmt ist.[488] Letzteres ist durch Auslegung zu ermitteln. Gleichwohl kann es trotz der Normierung einer direkt anwendbaren Verfassungsregelung verschiedentlich wünschenswert erscheinen, eine Ausführungsgesetzgebung zu erlassen. Der Gesetzgeber ist jedoch stets an den Sinn und Zweck der Verfassungsbestimmung und den vorgegebenen Regelungsrahmen gebunden.

b) Direkte oder nicht direkte Anwendbarkeit

aa) Deliktskatalog

Art. 121 Abs. 3 BV verankert in lit. a, dass Ausländer, die wegen eines vorsätzlichen Tötungsdelikts, wegen einer Vergewaltigung oder eines anderen schweren Sexualdelikts, wegen eines anderen Gewaltdelikts wie Raub, wegen Menschenhandels und Drogenhandels oder eines Einbruchsdelikts

[487] Vgl. BGE 139 I 16, 26 E. 4.3.1; so auch WALDMANN, LeGes 2015, S. 527; DERS., Schutz von Mooren, S. 71; a.M. hingegen HANGARTNER, AJP 2011, S. 474, der aufgrund des Verweises in Art. 121 Abs. 4 BV auf die Gesetzgebung, die unmittelbare Anwendbarkeit des Ausschaffungsartikels verneint.

[488] So auch BGE 139 I 16, 26 E. 4.3.1; vgl. auch WALDMANN, LeGes 2015, S. 527.

rechtskräftig verurteilt worden sind oder nach lit. b missbräuchliche Leistungen der Sozialversicherungen oder der Sozialhilfe bezogen haben, unabhängig von ihrem ausländerrechtlichen Status ihr Aufenthaltsrecht sowie alle Rechtsansprüche auf Aufenthalt in der Schweiz verlieren.

Der allgemeine Sprachgebrauch des in Art. 121 Abs. 3 BV normierten Begriffs «Ausländer» bezieht sich auf Personen, die nicht im Besitz des Schweizer Bürgerrechts nach Art. 37 BV sind. Unabhängig von ihrem Aufenthaltsstatus und Herkunftsland[489] erfasst der Wortlaut der Verfassungsnorm sämtliche Personen, die unter das Ausländer- und das Asylrecht fallen. Der Terminus «Asyl» ist ein gesetzlicher Begriff (Art. 2 Abs. 2 AsylG), weshalb auf dieses Verständnis referiert werden muss. Demnach richtet sich die Bestimmung sowohl an Drittstaats- als auch an EU- bzw. EFTA-Staatsangehörige sowie an Personen, die unter den Anwendungsbereich des AsylG fallen.[490]

Die in Abs. 3 lit. a aufgelisteten Delikte sind teilweise sprachlich unpräzise. Das StGB kennt keine Gewaltdelikte als solche, womit eine gesetzliche Anknüpfungsmöglichkeit fehlt.[491] Nach allgemeinem Sprachgebrauch hingegen ist ein Gewaltstraftäter jemand, der durch die Ausübung von (grober) Gewalt straffällig wird.[492] Auch der französische und italienische Wortlaut bekräftigen dieses Verständnis.[493] Unter systematischen Gesichtspunkten hält die Verfassungsnorm fest, dass die Rechtsfolgen des Verlustes des Aufenthaltsrechts und aller Rechtsansprüche auf Aufenthalt bei einem Gewaltdelikt «wie

---

489 Gl.M. BSK BV-ACHERMANN, Art. 121 N 35; Botschaft Ausschaffungsinitiative, S. 5106 ff.; Bericht Arbeitsgruppe Ausschaffungsinitiative, S. 25; Botschaft Umsetzung Ausschaffungsinitiative, passim; Argumentarium Ausschaffungsinitiative, S. 12.

490 Vgl. dazu auch Argumentarium Ausschaffungsinitiative, S. 12; Bericht Arbeitsgruppe Ausschaffungsinitiative, S. 25; vgl. für die Änderung des AsylG Botschaft Ausschaffungsinitiative, S. 5111, 5127; Botschaft Umsetzung Ausschaffungsinitiative, S. 6059.

491 So auch Bericht Arbeitsgruppe Verwahrung, S. 30; Botschaft Umsetzung Ausschaffungsinitiative, S. 5986; gl.M. BIAGGINI, Komm. BV, Art. 121 N 18.

492 Duden online.

493 Der französische («pour un acte de violence d'une autre nature tel que le brigandage») und italienische («per un reato violento quale ad esempio la rapina») Wortlaut sind mit dem deutschen deckungsgleich.

Raub» greifen.[494] Aufgrund des Wortlautes scheint eine Anknüpfung an das geschützte Rechtsgut (Leib und Leben) sowie an die angedrohte Strafhöhe (sechs Monate bis zehn Jahre Gefängnis) für eine Konkretisierung im Einzelfall zweckmässig.[495] Gemäss den Initianten sollen darunter die Tatbestände der schweren Körperverletzung, Gefährdung des Lebens, Freiheitsberaubung, Entführung sowie der Geiselnahme subsumiert werden.[496] Aufgrund des allgemeinen Sprachgebrauchs, der Systematik sowie der historischen Auslegung ist der Tatbestand der Gewaltdelikte für einen Durchschnittsadressaten sowie die rechtsanwendenden Behörden hinreichend genau umschrieben.[497] Es verbleibt dennoch Raum für eine Präzisierung durch den Gesetzgeber (Art. 121 Abs. 4 BV). Dieser ist jedoch in Bezug auf die Ergänzung und Konkretisierung des Deliktskatalogs an den vorgegebenen Regelungsrahmen («einem Gewaltdelikt wie Raub») gebunden.[498]

Sodann entspricht auch der in Art. 121a Abs. 3 lit. a BV verankerte Straftatbestand der «anderen schweren Sexualdelikte» keinem strafrechtlich vordefinierten Inhalt. Ein Sexualstraftäter ist nach allgemeinem Sprachgebrauch eine Person, die sich durch ihr sexuelles Verhalten strafbar macht oder sich sexuell an anderen vergeht.[499] Unter systematischen Gesichtspunkten scheint eine Anknüpfung an die Straftatbestände gegen die sexuelle Integrität nach Art. 187–200 StGB, die eine vergleichbare Schwere wie die Vergewaltigung aufweisen (Art. 121 Abs. 3 lit. a BV), folgerichtig und zweckmässig.[500] Auch

---

494 Argumentarium Ausschaffungsinitiative, S. 16.

495 Vgl. Art. 140 Abs. 1 StGB, nach dem ein Raub dann vorliegt, wenn jemand mit Gewalt gegen Personen oder unter Androhung gegenwärtiger Gefahr für Leib und Leben oder nachdem er den Betroffenen zum Widerstand unfähig gemacht hat, einen Diebstahl begeht. Die Sanktion ist Freiheitsstrafe von sechs Monaten bis zu zehn Jahren; vgl. auch Bericht Arbeitsgruppe Ausschaffungsinitiative, S. 31.

496 Argumentarium Ausschaffungsinitiative, S. 16.

497 A.M. Bericht Arbeitsgruppe Ausschaffungsinitiative, S. 31, der den Begriff als offen taxiert; so auch Botschaft Umsetzung Ausschaffungsinitiative, S. 5986; gl.M. BIAGGINI, Komm. BV, Art. 121 N 18.

498 Gl.M. Abstimmungserläuterungen Ausschaffungsinitiative, S. 8; Bericht Arbeitsgruppe Ausschaffungsinitiative, S. 31.

499 Duden online.

500 So auch Definition bei KUNZ/STRATENWERTH, S. 7, im Hinblick auf den in Art. 123a Abs. 1 BV verwendeten Begriff der «Sexual- oder Gewaltstraftäter».

die historische Auslegung[501] sowie Sinn und Zweck der Verfassungsnorm sprechen für eine solche Leseart.[502] Folglich erweist sich auch der Begriff der «anderen Sexualdelikte» für einen Durchschnittsadressaten als genügend bestimmt, um im Einzelfall als Verfügungsgrundlage zu dienen.[503]

Die weiteren in lit. a verankerten Delikte (die vorsätzliche Tötung, die Vergewaltigung, der Raub und der Menschenhandel) verfügen bereits über eine strafrechtliche Entsprechung im StGB und können einzelnen Tatbeständen klar zugeordnet werden. Infolgedessen ist auf dieses Begriffsverständnis Bezug zu nehmen. Der Straftatbestand des Drogenhandels knüpft an eine Widerhandlung gegen das BetmG an.[504] Mit Blick auf die Strafbarkeit des Einbruchsdelikts enthält das StGB zwar keinen solchen ausdrücklichen Straftatbestand, eine Bezugnahme auf die strafbaren Handlungen gegen das Vermögen scheint aber aufgrund der Systematik und des allgemeinen Sprachgebrauchs folgerichtig. Darunter sind der Diebstahl (Art. 139 StGB) und die Sachentziehung (Art. 141 StGB) sowie der Hausfriedensbruch (Art. 186 StGB) zu subsumieren.[505] Aufgrund von Art. 121 Abs. 4 BV verbleibt dennoch Raum für eine Konkretisierung durch den Gesetzgeber.[506]

Gemäss Art. 121 Abs. 3 lit. b BV führt auch der missbräuchliche Bezug von Leistungen der Sozialversicherungen oder der Sozialhilfe zum Verlust des Aufenthaltsrechts und aller Rechtsansprüche auf Aufenthalt in der Schweiz.

---

501 Vgl. Argumentarium Ausschaffungsinitiative, S. 16, welches insbesondere die sexuelle Nötigung und die Schändung darunter subsumiert.

502 So auch Bericht Arbeitsgruppe Ausschaffungsinitiative, S. 30, der im Ergebnis aber dennoch davon ausgeht, der Begriff der «anderen schweren Sexualdelikte» sei ein offener Begriff; Botschaft Umsetzung Ausschaffungsinitiative, S. 5986; so auch BIAGGINI, Komm. BV, Art. 121 N 18.

503 Vgl. für die Offenheit des Begriffs Bericht Arbeitsgruppe Ausschaffungsinitiative, S. 30; so auch Botschaft Umsetzung Ausschaffungsinitiative, S. 5986; gl.M. BIAGGINI, Komm. BV, Art. 121 N 18.

504 So auch Argumentarium Ausschaffungsinitiative, S. 16.

505 So auch Argumentarium Ausschaffungsinitiative, S. 16; Bericht Arbeitsgruppe Ausschaffungsinitiative, S. 60; Botschaft Umsetzung Ausschaffungsinitiative, S. 5986.

506 Vgl. auch Bericht Arbeitsgruppe Ausschaffungsinitiative, S. 30 f.; Botschaft Umsetzung Ausschaffungsinitiative, S. 5986; BIAGGINI, Komm. BV, Art. 121 N 18.

Auch diese Anlasstat findet zwar kein Äquivalent im StGB, ist jedoch nach allgemeinem Sprachgebrauch wenig präzisierungsbedürftig. In erster Linie sind darunter der Betrug und der unrechtmässige Bezug von öffentlichen Sozialleistungen, der Vorsorgeeinrichtungen und der Sozialhilfe im Allgemeinen zu verstehen.[507] Der Terminus des «Missbrauchs» ist nach allgemeinem Sprachgebrauch hinreichend genau umschrieben und findet überdies seinen Niederschlag in Art. 2 Abs. 2 ZGB, der als Leitgedanke die gesamte Rechtsordnung durchzieht. Demnach bedarf es keiner weiteren Präzisierung auf Gesetzesstufe.[508]

Art. 121 Abs. 4 BV richtet sich demgegenüber explizit an die Adresse des Bundesgesetzgebers, indem dieser ermächtigt wird, die Tatbestände nach Abs. 3 näher zu umschreiben. Aus systematischen Erwägungen resultiert daraus, dass Abs. 3 nicht abschliessender Natur ist. Auch die Kann-Formulierung in Art. 121 Abs. 4 letzter Halbsatz BV untermauert diese Interpretation. Aufgrund des Wortlautes kommt dem Gesetzgeber im Hinblick auf die Präzisierung und die Ergänzung der zu einem Verlust des Aufenthaltsrechtes sowie sämtlicher Rechtsansprüche auf Aufenthalt führenden Tatbestände ein beachtlicher Konkretisierungsspielraum innerhalb des verfassungsrechtlich vorgegebenen Regelungsrahmens zu. Diese Ansicht wird zudem durch die Übergangsbestimmung in Art. 197 Ziff. 8 BV bekräftigt, worin der Gesetzgeber innert fünf Jahren verpflichtet wird, die Tatbestände nach Art. 121 Abs. 3 BV näher zu definieren und zu ergänzen. Demgegenüber ist der Konkretisierungs- und Komplettierungsspielraum unter historischen Gesichtspunkten als eng zu taxieren.[509] Mithin sollen nur Ausländer erfasst werden, die schwere Verbrechen begangen haben.[510] Unter systematischen Gesichtspunkten statuiert die Verfassungsbestimmung hingegen bereits Vergehen (Einbruchsdelikte, missbräuchlicher Bezug von Leistungen

---

507 Vgl. Duden online; so auch Argumentarium Ausschaffungsinitiative, S. 16; a.M. HANGARTNER, AJP 2011, S. 473; BSK BV-ACHERMANN, Art. 121 N 36.

508 So auch Bericht Arbeitsgruppe Ausschaffungsinitiative, S. 32.

509 Vgl. auch Bericht Arbeitsgruppe Ausschaffungsinitiative, S. 33.

510 Argumentarium Ausschaffungsinitiative, S. 2, 12, 16; BR Sommaruga, AB 2014 S 1246, die auch von schweren Verbrechen spricht; NR Humbel, AB 2015 N 252; BR Sommaruga, AB 2015 N 255; Abstimmungserläuterungen Ausschaffungsinitiative, S. 12, worin die Initianten ihrerseits nur von schweren Verbrechen sprechen.

der Sozialversicherungen und der Sozialhilfe), weshalb der Gesetzgeber im Hinblick auf den Erlass eines Deliktskatalogs auch als Vergehen konzipierte Tatbestände aufnehmen kann. Dieser ist jedoch nicht befugt, die in Abs. 5 angeordneten Rechtsfolgen auch für Bagatelldelikte zur Anwendung zu bringen. Insbesondere die Systematik, der Sinn und Zweck der Verfassungsnorm sowie die historische Auslegung konsolidieren eine solche Interpretation.

Es kann abschliessend konstatiert werden, dass sowohl der Tatbestand als auch die Rechtsfolgen für die Straftatbestände der vorsätzlichen Tötung, des Raubes, der Vergewaltigung, des Menschenhandels sowie der Drogendelikte hinreichend präzise umschrieben sind, sodass ein Einzelner sein Verhalten danach ausrichten kann. Mithin ist auch hinsichtlich der Sexualstraftäter eine direkte Anwendbarkeit ohne Weiteres möglich. Auch im Hinblick auf die Gewalt- und Einbruchsdelikte lässt sich ein «harter Kern» ausmachen, der unmittelbar anwendbar ist. Ausserhalb dieses «harten Kerns» verbleibt dem Gesetzgeber jedoch ein Konkretisierungsspielraum (Art. 121 Abs. 4 BV).

bb) Rechtsfolgen

Die Rechtsfolgen, die bei einer rechtskräftigen Verurteilung in Erfüllung der Tatbestände nach Art. 123 Abs. 3 lit. a und b BV eintreten, sind der Verlust des Aufenthaltsrechts und aller Rechtsansprüche auf Aufenthalt (Abs. 3 Einleitungssatz), die Ausweisung aus der Schweiz (Abs. 5), ein Einreiseverbot von 5–15 Jahren, im Wiederholungsfall von 20 Jahren (Abs. 5), sowie die Strafbarkeit bei Missachtung des Einreiseverbots und bei sonstiger illegaler Einreise in die Schweiz (Abs. 6).

Das Recht auf Aufenthalt ist ein gesetzlicher Begriff und in Art. 32 des Ausländergesetzes (AuG) definiert. Die angeordnete Rechtsfolge des Verlusts des Aufenthaltsrechts umfasst den Verlust der nach Art. 32–35 AuG normierten Aufenthaltstitel.[511] Erfasst werden auch Ausländer, die aufgrund

[511] Darunter fallen somit die Aufenthaltsbewilligung (Art. 33 AuG), die Niederlassungsbewilligung (Art. 34 AuG), die Kurzaufenthaltsbewilligung (Art. 32 AuG), die Grenzgängerbewilligung (Art. 35 AuG), der Status von vorläufig aufgenommenen (Art. 41 Abs. 2, Art. 83 ff. AuG) und die Asylsuchenden (Art. 42 f. AuG); Bericht Arbeitsgruppe Ausschaffungsinitiative, S. 24 f.; so auch Botschaft Umsetzung Ausschaffungsinitiative, S. 5987 f.; BIAGGINI,

staatsvertraglicher oder gesetzlicher Voraussetzungen über einen Bewilligungsanspruch verfügen und gleichzeitig die materiellen Bedingungen für die Verlängerung, Festigung oder Gewährung eines Aufenthaltsrechts erfüllen.[512] Die auf Art. 121 Abs. 3 BV aufbauende weitere Rechtsfolge der «Ausweisung»[513] ist in Anlehnung an Art. 10 des Bundesgesetzes über Aufenthalt und Niederlassung der Ausländer (ANAG) zu verstehen, der explizit die Ausweisung von Ausländern wegen eines fehlenden Aufenthaltsrechts vorsah. Hingegen ist der Terminus unter neuem Recht im Sinn von Art. 64 Abs.1 AuG (Wegweisung) zu begreifen.[514] Der im Titel der Initiative verwendete Begriff der «Ausschaffung» wurde nicht zu geltendem Verfassungsrecht und ist für die Auslegung daher unbeachtlich.[515] Bei einer Ausreiseverweigerung des nichtaufenthaltsberechtigten Ausländers erfolgt der zwangsweise Vollzug und mithin die Ausschaffung,[516] sofern keine Vollzugshindernisse vorliegen.[517]

Die Verfassungsbestimmung verlangt in lit. a weiter, dass eine rechtskräftige Verurteilung für die Anordnung der Rechtsfolgen vorliegen muss. Auch der französische Wortlaut (condamnés par un jugement entré en force) und der italienische (condannati con sentenza passata in guidiato) gehen von einer rechtskräftigen Verurteilung aus. In der juristischen Terminologie bedeutet eine Verurteilung, dass jemand einen Straftatbestand «rechtswidrig und schuldhaft»[518] erfüllt hat, wobei das Gericht trotz Verurteilung von einer

---

Komm. BV, Art. 121 N 19; BSK BV-ACHERMANN, Art. 121 N 35; SG Kommentar BV-THURNHERR, Art. 121 N 51.

512 Vgl. Argumentarium Ausschaffungsinitiative, S. 12; Botschaft Umsetzung Ausschaffungsinitiative, S. 5988; so auch BIAGGINI, Komm. BV, Art. 121 N 19; SG Kommentar BV-THURNHERR, Art. 121 N 51; so auch BSK BV-ACHERMANN, Art. 121 N 35; gl.M. GONIN/MAHON, Code annoté, Art. 121 N 54.

513 Vgl. Art. 123 Abs. 5 BV, der von «ausweisen» spricht.

514 Bericht Arbeitsgruppe Ausschaffungsinitiative, S. 25 f.; Botschaft Umsetzung Ausschaffungsinitiative, S. 5988; RHINOW/SCHEFER/UEBERSAX, Rz. 406a; gl.M. SG Kommentar BV-THURNHERR, Art. 121 N 51.

515 Vgl. für die Unbeachtlichkeit des Titels BIAGGINI, Komm. BV, Art. 123a N 3.

516 Bericht Arbeitsgruppe Ausschaffungsinitiative, S. 26; REICH, ZSR 2008, S. 513; RHINOW/SCHEFER/UEBERSAX, Rz. 396, 406a; vgl. Art. 69 AuG ff.

517 Vgl. auch Botschaft Umsetzung Ausschaffungsinitiative, S. 6006.

518 Bericht Arbeitsgruppe Ausschaffungsinitiative, S. 73; Botschaft Umsetzung Ausschaffungsinitiative, S. 6000.

Sanktion absehen kann.[519] Im allgemeinen Sprachgebrauch knüpft eine Verurteilung hingegen an die Ausfällung einer Strafe durch ein Gericht an.[520] Angesichts der weitreichenden Konsequenzen ist – in Anlehnung an den allgemeinen Sprachgebrauch und entgegen der juristischen Terminologie – von einer rechtskräftigen Verurteilung unter Ausfällung einer Sanktion auszugehen.[521] Auch der Sinn und Zweck der Verfassungsnorm untermauern eine solche Leseart.

Art. 121 Abs. 3 lit. b BV legt fest, dass eine ausländische Person aus der Schweiz auszuweisen ist, wenn sie missbräuchlich Leistungen der Sozialversicherungen und der Sozialhilfe bezogen hat. Die Verfassungsnorm knüpft die Wegweisung[522] entgegen lit. a nicht an eine rechtskräftige Verurteilung. Vielmehr ist aufgrund der historischen Auslegung massgebend, dass eine Strafe[523] ausgesprochen wird, wobei der Verfassungswortlaut offenlässt, ob es sich dabei um eine verwaltungsrechtliche oder strafrechtliche Sanktion handeln muss.[524] Weder die Systematik noch die teleologische Auslegung vermögen Klarheit zu schaffen. Dem Gesetzgeber wird damit ein Konkretisierungsspielraum im Rahmen der Ausführungsgesetzgebung belassen.[525] Sodann verankert Art. 121 Abs. 6 BV die Strafbarkeit des Einreiseverbots nach Abs. 5 und der sonstigen illegalen Einreise in die Schweiz, die durch den Gesetzgeber zu verwirklichen sind. Mangels hoher Normdichte kann Abs. 6 nicht direkt angewendet werden. Der in die Pflicht genommene Bundesgesetzgeber muss nach Art. 197 Ziff. 8 BV innert fünf Jahren seit Inkrafttreten der Verfassungsnorm die entsprechenden Bestimmungen erlassen.

---

519 Vgl. Art. 23, 52–54 StGB; vgl. hierzu auch BBl 1999, S. 2011, 2063 ff.

520 Duden online; so auch Bericht Arbeitsgruppe Ausschaffungsinitiative, S. 26 f.; Botschaft Umsetzung Ausschaffungsinitiative, S. 6000.

521 So auch Bericht Arbeitsgruppe Ausschaffungsinitiative, S. 73; Botschaft Umsetzung Ausschaffungsinitiative, S. 6000.

522 Die Verfassungsbestimmung spricht in Anlehnung an die Terminologie des ANAG von «Ausweisung». Das geltende AuG verwendet hingegen den Begriff der «Wegweisung».

523 Argumentarium Ausschaffungsinitiative, S. 16 in fine.

524 So auch Botschaft Umsetzung Ausschaffungsinitiative, S. 6004.

525 Botschaft Umsetzung Ausschaffungsinitiative, S. 6004.

Art. 121 Abs. 5 BV muss stets in Verbindung mit Abs. 3 der Verfassungsbestimmung gelesen werden. Es handelt sich hierbei um einen Rechtsatz, der sowohl konditionale als auch finale Elemente enthält. Nach allgemeinem Sprachgebrauch ist die Verfassungsnorm hinreichend bestimmt, sind doch Tatbestand (Deliktskategorie nach Art. 121 Abs. 3 lit. a und b BV) und Rechtsfolgen (Verlust des Aufenthaltsrecht und aller Rechtsansprüche, Einreiseverbot nach Art. 121 Abs. 3 und 5 BV) eindeutig. Sind die Voraussetzungen nach Art. 121 Abs. 3 lit. a und b BV erfüllt, so treten die vorgenannten Rechtsfolgen automatisch ein[526] und müssen zwingend[527] angewendet werden. Sowohl der Wortlaut,[528] die Systematik als auch die teleologische Auslegung affirmieren ein solches Auslegungsergebnis. Der Sinn und Zweck der Bestimmung ist in erster Linie darin zu erblicken, die unterschiedliche und langwierige Wegweisungspraxis der Kantone, die sich aufgrund des fehlenden Ermessensspielraums und der Einführung eines Automatismus ergeben,[529] zu vereinheitlichen.[530] Art. 121 Abs. 3 i.V.m. Abs. 5 BV enthält

---

526 Botschaft Ausschaffungsinitiative, S. 5107, 5115; Abstimmungserläuterungen Ausschaffungsinitiative, S. 6, 7, 11, 14 f.; AB 2010 S 311 f.; AB 2010 N 681 ff.; EPINEY, ZGRG 2010, S. 6 f.; GÄCHTER/KRADOLFER, S. 17; JAAG/PRIULI, Rz. 11, 28, 42; LANGER, S. 228 f.; PEREZ/BREMER/HOFMANN, S. 38, 47; Botschaft Umsetzung Ausschaffungsinitiative, S. 5976; BIAGGINI, Komm. BV, Art. 121 N 16; BSK BV-ACHERMANN, Art. 121 N 36; SG Kommentar BV-THURNHERR, Art. 121 N 39, die von einem Automatismus bei isolierter Betrachtung von Abs. 3–6 ausgeht; vgl. AB 2010 S 311 f.; AB 2010 N 681 ff.; a.M. im Nachgang zur Volksabstimmung HANGARTNER, AJP 2011, S. 473, 475, der von einer verfassungs- und völkerrechtskonformen Interpretation ausgeht; BGE 139 I 16, 27 E. 4.3.3.

527 So auch Botschaft Ausschaffungsinitiative, S. 5107; Botschaft Umsetzung Ausschaffungsinitiative, S. 6015.

528 Der französische Wortlaut spricht von «expulsés du pays» und der italienische von «espelle». Beide sind im Sinne einer automatischen Wegweisung zu verstehen und damit mit dem deutschen Wortlaut deckungsgleich.

529 So auch BIAGGINI, Komm. BV, Art. 121 N 20; für den verfassungsrechtlich verankerten Ausweisungsautomatismus, NR Flach, AB 2015 N 254; BR Sommaruga, AB 2015 N 255; NR Moret, AB 2015 N 256; SR Engler, AB 2014 S 1237; SR Comte, AB 2014 S 1241; SR Schwaller, AB 2014 S 1242; BR Sommaruga, AB 2014 S 1245, insb. 1252; SR Föhn, AB 2014 S 1251.

530 Argumentarium Ausschaffungsinitiative, S. 13.

damit einen eindeutigen Rechtsanwendungsbefehl und ist direkt anwendbar.[531]

cc) Einordnung

Art. 121 Abs. 3–6 BV befindet sich aufgrund seiner systematischen Stellung im 9. Abschnitt des 2. Kapitels des 3. Titels der Bundesverfassung, der die Zuständigkeiten von Bund, Kantonen und den Gemeinden ordnet. Art. 121 BV trägt die Marginalie «Gesetzgebung im Ausländer- und Asylbereich». Abs. 1 begründet eine umfassende, verpflichtende Kompetenznorm zu Gunsten des Bundes.[532] In diesem Sinne verfügt der Bund im Bereich des Ausländer- und Asylrechts über eine Gesetzgebungskompetenz mit nachträglich derogatorischer Wirkung.[533] Art. 121 Abs. 3–6 BV knüpfen an diese bestehende Bundeskompetenz an.

Nach dem Wortlaut von Art. 121 Abs. 3 i.V.m. Abs. 5 BV verlieren Ausländer unabhängig von ihrem ausländerrechtlichen Status ihr Aufenthaltsrecht sowie alle Rechtsansprüche auf Aufenthalt in der Schweiz, wenn sie gegen die in lit. a und b normierten Tatbestände verstossen. Diesfalls sind sie von der zuständigen Behörde zwingend[534] aus der Schweiz auszuweisen und mit einem Einreiseverbot von 5 bis 15 Jahren, im Wiederholungsfall von 20 Jahren zu belegen. Vor dem Hintergrund des Gebots der Verhältnismässigkeit behördlicher Massnahmen nach Art. 5 Abs. 2 BV, in erster Linie der

---

531 A.M. BGE 139 I 16 Regeste; divergierend BIAGGINI, Komm. BV, Art. 121 N 16, der die direkte Anwendbarkeit verneint. Es handle sich bei dieser Bestimmung um «an bestehende Bundeskompetenzen anknüpfende *Gesetzgebungsaufträge,* die mit diversen *inhaltlichen Vorgaben* verknüpft» seien (Hervorhebungen hinzugefügt); DERS., ZBl 2013, S. 323, der unter Verweis auf Art. 72 Abs. 3 und Art. 78 Abs. 5 BV aber zum Schluss kommt, es müsse ernstlich erwogen werden, dass auch Art. 121 Abs. 3– 6 BV zu solchen Normen zählt, die sich nicht widerspruchsfrei einordnen lassen; BSK BV-ACHERMANN, Art. 121 N 36; GONIN/MAHON, Code annoté, Art. 121 N 55 f.

532 SG Kommentar BV-THURNHERR, Art. 121 N 3; BIAGGINI, Komm. BV, Art. 121 N 6; BSK BV-ACHERMANN, Art. 121 N 14; Botschaft BV, S. 336.

533 SG Kommentar BV-THURNHERR, Art. 121 N 3; BIAGGINI, Komm. BV, Art. 121 N 6; BSK BV-ACHERMANN, Art. 121 N 14; Botschaft BV, S. 336.

534 So auch Botschaft Ausschaffungsinitiative, S. 5107; Botschaft Umsetzung Ausschaffungsinitiative, S. 6015.

Zweck-Mittel-Relation, erweist sich die Normierung eines Ausweisungsautomatismus[535] als problematisch.[536] Gleichzeitig verlangen auch die EMRK und das FZA eine Verhältnismässigkeitsprüfung bei aufenthaltsbeendenden Massnahmen.[537] Im Falle des FZA kann eine Bewilligung für EU-/EFTA-Staatsangehörige nur dann widerrufen werden, wenn gemäss Art. 5 Abs. 1 Anhang I FZA Gründe der öffentlichen Ordnung, Sicherheit und Gesundheit tangiert werden. Für eine Landesverweisung oder ein Einreiseverbot muss zudem eine gegenwärtige, tatsächliche und hinreichend schwere Gefährdung der öffentlichen Ordnung bestehen. Ferner müssen die rechtsanwendenden Behörden eine solche Massnahme einer Einzelfallprüfung unterziehen, da andernfalls ein Widerspruch zum FZA besteht.[538] Erschwerend kommt hinzu, dass der verankerte Ausweisungsautomatismus den in Art. 8 EMRK garantierten Schutz des Familien- und Privatlebens, wie er auch in Art. 10 und Art. 13 BV normiert ist, tangiert.[539] In solchen Konstellationen verlangt der EGMR stets eine Interessenabwägung zwischen den Interessen der Öffentlichkeit an einer Wegweisung und den persönlichen Interessen an einem Aufenthalt.[540]

Der den rechtsanwendenden Behörden zukommende Ermessensspielraum wird durch den in Art. 121 Abs. 3 i.V.m. Abs. 5 BV verankerten Ausweisungsautomatismus vollständig ausgeschaltet.[541] Dadurch resultiert ein Widerspruch zwischen der Verfassungsbestimmung und dem Grundsatz der Verhältnismässigkeit behördlicher Massnahmen sowie zwischen den Be-

---

535 BGE 139 I 16, 27 E. 4.3.3; in diesem Sinn NR Flach, AB 2015 N 254; BR Sommaruga, AB 2015 N 255; NR Moret, AB 2015 N 256; SR Engler, AB 2014 S 1237; SR Comte, AB 2014 S 1241; SR Schwaller, AB 2014 S 1242; BR Sommaruga, AB 2014 S 1245, insb. 1252; SR Föhn, AB 2014 S 1251; Botschaft Umsetzung Ausschaffungsinitiative, S. 5991.

536 Botschaft Ausschaffungsinitiative, S. 5098; Botschaft Umsetzung Ausschaffungsinitiative, S. 5991.

537 Botschaft Ausschaffungsinitiative, S. 5108.

538 Vgl. zum Ganzen Botschaft Umsetzung Ausschaffungsinitiative, S. 6056.

539 Vgl. dazu WEBER, S. 1445 ff.

540 EGMR 16. April 2013, Udeh gegen die Schweiz, Nr. 12020/09, Ziff. 38; siehe auch EGMR 18. Februar 1991, Moustaquim gegen Belgien, Serie A Nr. 193 § 36.

541 So auch BIAGGINI, Komm. BV, Art. 121 N 20.

stimmungen der EMRK und des FZA. Eine neue Verfassungsbestimmung muss im Sinn der Einheit der Verfassung die weiteren Bestimmungen der Bundesverfassung und des Völkerrechts berücksichtigen, ausser die neue Verfassungsnorm weist sich selbst «im Sinne einer verfassungsrechtlichen Kollisionsregel eindeutig den Vorrang»[542] zu. Allein der Umstand, dass die neue Verfassungsregelung dabei jüngeres Recht darstellt, reicht dafür indessen nicht aus.[543] Es ist zudem nicht «leichthin anzunehmen»,[544] dass eine Verfassungsnorm absolut gilt und bei konfligierenden Grundrechtsinteressen die erforderliche Güterabwägung im Sinn einer Konfliktlösung bereits selber vornimmt. Dies gilt umso mehr, wenn die Verfassungsbestimmung in Konflikt mit Grundrechten steht, die in den für die Schweiz verbindlichen Menschenrechtspakten garantiert sind.[545]

Mithin stellt Art. 121 Abs. 3 i.V.m. Abs. 5 BV jedoch gerade eine solche absolute Norm im Sinne der bundesgerichtlichen Rechtsprechung dar, welche die erforderliche Güterabwägung bereits selber vornimmt. Dies geht schon aus dem Wortlaut der Bestimmung hervor, wobei auch der historischen Auslegung besonderes Gewicht zukommt. Mit Annahme der Ausschaffungsinitiative und der gleichzeitigen Ablehnung des direkten Gegenvorschlags, nach dem in erster Linie «beim Entscheid über die Aus- und Wegweisung [...] die Grundrechte und die Grundprinzipien der Bundesverfassung und des Völkerrechts, insbesondere der Grundsatz der Verhältnismässigkeit»[546] zu beachten gewesen wären, hat sich der Verfassungsgeber bewusst gegen eine Verhältnismässigkeitsprüfung behördlicher Massnahmen im Einzelfall und für einen fehlenden Ermessensspielraum der rechtsanwendenden Behörden entschieden.[547] Art. 121 Abs. 3 i.V.m. Abs. 5 BV nimmt damit jegliche Interessenabwägung vorweg. Die Durchbrechung der Gleich-

---

542 BGE 139 I 16, 25 E. 4.2.2; vgl. auch UEBERSAX, Asyl 2011, S. 9 f.; kritisch hingegen BIAGGINI, ZBl 2013, S. 321 ff.

543 BGE 139 I 16, 25 E. 4.2.2.

544 BGE 139 I 16, 25 E. 4.2.2.

545 BGE 139 I 16, 25 E. 4.2.2.

546 Vgl. für Art. 121 Abs. 3 E-BV, Abstimmungserläuterungen Ausschaffungsinitiative, S. 6 ff.; vgl. auch BGE 139 I 16, 23 f. E. 4.1; m.w.H. auch Botschaft Ausschaffungsinitiative, S. 5107; AB 2010 S 309 ff.; AB 2010 N 679 ff.; Abstimmungserläuterungen Ausschaffungsinitiative, S. 9, 10, 14.

547 Gl.M. BIAGGINI, Komm. BV, Art. 121 N 20.

rangigkeit des Verfassungsrechts folgt unmittelbar aus der Auslegung von Art. 121 Abs. 3 i.V.m. Abs. 5 BV.[548] Es kann somit konstatiert werden, dass die Initianten eine automatische Wegweisung verankern wollten.[549] Mit Blick auf die konfligierenden völkerrechtlichen Bestimmungen der EMRK und des FZA bilden der unüberwindbare Widerspruch zwischen dem klaren Sinn einer Verfassungsbestimmung und der völkerrechtlichen Norm[550] sowie der Kern der Zielsetzung der auf einer Initiative beruhenden Verfassungsnorm[551] die massgebliche Schranke, womit der praktischen Konkordanz enge Grenzen gesetzt werden.[552] Im Ergebnis erhält Art. 121 Abs. 3 i.V.m. Abs. 5 BV aufgrund seiner absoluten Natur als «lex specialis» Vorrang vor den

---

548 Vgl. WALDMANN, Schutz von Mooren, S. 90, der für Art. 24^{sexies} Abs. 5 BV (der dem geltenden Art. 78 Abs. 5 BV entspricht) die Durchbrechung der Gleichrangigkeit des Verfassungsrechts aufgrund der absoluten Natur der Verfassungsbestimmung folgert.

549 Im Ergebnis auch BIAGGINI, Komm. BV, Art. 121 N 16, 20; so auch bereits Abstimmungserläuterungen Ausschaffungsinitiative, S. 6, 7, 11, 14 f.; Botschaft Ausschaffungsinitiative, S. 5107, 5115; AB 2010 S 311 f.; AB 2010 N 681 ff.; EPINEY, ZGRG 2010, S. 6 f.; GÄCHTER/KRADOLFER, S. 17; JAAG/PRIULI, Rz. 11, 28, 42; LANGER, S. 228 f.; PEREZ/BREMER/HOFMANN, S. 38, 47; Botschaft Umsetzung Ausschaffungsinitiative, S. 5976; BSK BV-ACHERMANN, Art. 121 N 36; SG Kommentar BV-THURNHERR, Art. 121 N 39, die von einem Automatismus bei isolierter Betrachtung von Abs. 3–6 ausgeht; vgl. auch AB 2010 S 311 f.; AB 2010 N 681 ff.; divergierend hingegen HANGARTNER, AJP 2011, S. 474 f., der von einem Automatismus ausgeht, aber gleichzeitig auch eine völkerrechtskonforme Auslegung für möglich erachtet; DERS., AJP 2013, S. 700; so haben es auch die eidg. Räte verstanden NR Flach, AB 2015 N 254; BR Sommaruga, AB 2015 N 255; NR Moret, AB 2015 N 256; SR Engler, AB 2014 S 1237; SR Comte, AB 2014 S 1241; SR Schwaller, AB 2014 S 1242; BR Sommaruga, AB 2014 S 1245, insb. 1252; SR Föhn, AB 2014 S 1251.

550 BGE 125 II 417, 424 E. 4c; RHINOW/SCHEFER/UEBERSAX, Rz. 565; HÄFELIN/HALLER/KELLER/THURNHERR, N 167; TSCHANNEN, Staatsrecht, § 9 Rz. 39; LOOSER, § 8 Rz. 231.

551 WALDMANN, LeGes 2015, S. 525; Bericht BR Verhältnis Völkerrecht und Landesrecht, S. 2331.

552 So auch REICH, ZSR 2008, S. 517, der davon spricht, dass dem Völkerrecht «soweit möglich Rechnung zu tragen» sei; sinngemäss auch BIAGGINI, ZBl 2013, S. 323.

konfligierenden Bestimmungen der Bundesverfassung und der EMRK sowie des FZA.[553]

c) Ergebnis

Die Auslegung der Verfassungsnorm zeigt auf, dass der Deliktskatalog in Art. 121 Abs. 3 lit. a BV teilweise der Konkretisierung durch den Gesetzgeber bedarf, da insbesondere die Straftatbestände der «Gewalt- und Einbruchsdelikte» keine exakte gesetzliche Umschreibung im schweizerischen Strafgesetzbuch kennen. Der allgemeine Sprachgebrauch und die Systematik vermögen jedoch den Anwendungsbereich einzugrenzen, sodass ein «harter Kern» der Gewalt- und Einbruchsdelikte direkt angewendet werden kann. Für diejenigen Tatbestände (vorsätzliche Tötung, Vergewaltigung, Raub, Menschenhandel, Drogenhandel), die auf Normen des Strafgesetzbuches und des BetmG Bezug nehmen, ist hingegen die direkte Anwendbarkeit ohne Weiteres möglich.[554] Ebenso ist Art. 121 Abs. 3 lit. b BV nach allgemeinem Sprachgebrauch genügend bestimmt. Der Gesetzgeber ist jedoch gehalten, einen entsprechenden Straftatbestand zu erlassen (Art. 121 Abs. 4 i.V.m. Art. 197 Ziff. 8 BV). Art. 121 Abs. 3 BV muss zusammen mit Art. 121 Abs. 5 BV betrachtet werden. Diese beiden Absätze bilden die Kernbestimmung, die Bedingungen nennen, die automatisch zum Verlust des Aufenthaltsrechts und aller Rechtsansprüche auf Aufenthalt führen. Dies erfolgt unabhängig vom ausländerrechtlichen Status und vom Herkunftsland. Art. 121 Abs. 3 i.V.m. Abs. 5 BV ist insofern genügend bestimmt (Konditio-

---

553 Für den Vorrang einer absoluten Verfassungsnorm gegenüber anderen Verfassungsbestimmungen plädiert auch TSCHANNEN, Staatsrecht, § 4 Rz. 41; so auch WALDMANN, LeGes 2015, S. 528; DERS., Schutz von Mooren, S. 90; BIAGGINI, ZBl 2013, S. 321; Bericht BR Verhältnis Völkerrecht und Landesrecht, S. 2323, 2331; Botschaft Durchsetzungsinitiative, S. 9480; in allgemeiner Weise zum Vorrang direkt anwendbarer Verfassungsnormen gegenüber älteren Staatsverträgen BAUMANN, Einfluss, S. 277 f., 317; DERS., ZBl 2010, S. 260 ff.; diese Ansicht verwerfen KÜNZLI, ZSR 2009, S. 71; so auch KIENER/KRÜSI, S. 249 ff.; verneinend auch BGE 139 I 16, 31 E. 5.3; im Ergebnis auch REICH, ZSR 2008, S. 517; SG Kommentar BV-THURNHERR, Art. 121 N 45 in fine.

554 So auch EB Umsetzung Ausschaffungsinitiative, S. 26.

nalnorm), um im Einzelfall die Grundlage eines Entscheides zu bilden.[555] Gleichzeitig geht aus der Verfassungsbestimmung ein eindeutiger Ausweisungsautomatismus hervor, der eine Verhältnismässigkeitsprüfung im Einzelfall ausschliesst.[556] In diesem Sinn sind der praktischen Konkordanz enge Grenzen gesetzt.[557] Mit Blick auf die konfligierenden Bestimmungen der Bundesverfassung und der EMRK sowie des FZA erhält Art. 121 Abs. 3 i.V.m. Abs. 5 BV als «lex specialis» bzw. als «lex posterior» Vorrang.[558]

---

555 A.M. BGE 139 I 16, 26 E. 4.3.2; BGE 139 I 31, 34 E. 2.3.2 in fine; BIAGGINI, Komm. BV, Art. 121 N 16; DERS., ZBl 2013, S. 326; BSK BV-ACHERMANN, Art. 121 N 36; HANGARTNER, AJP 2011, S. 474; vgl. demgegenüber EB Umsetzung Ausschaffungsinitiative, S. 26, der die Frage der direkten Anwendbarkeit als «umstritten» bezeichnet.

556 Im Ergebnis auch BIAGGINI, Komm. BV, Art. 121 N 16, 20; so bereits auch Abstimmungserläuterungen Ausschaffungsinitiative, S. 6, 7, 11, 14 f.; Botschaft Ausschaffungsinitiative, S. 5107, 5115; AB 2010 S 311 f.; AB 2010 N 681 ff.; EPINEY, ZGRG, S. 6 f.; GÄCHTER/KRADOLFER, S. 17; JAAG/PRIULI, Rz. 11, 28, 42; LANGER, S. 228 f.; PEREZ/BREMER/HOFMANN, S. 38, 47; Botschaft Umsetzung Ausschaffungsinitiative, S. 5976; BSK BV-ACHERMANN, Art. 121 N 36; SG Kommentar BV-THURNHERR, Art. 121 N 39, die von einem Automatismus bei isolierter Betrachtung von Abs. 3–6 ausgeht; divergierend hingegen HANGARTNER, AJP 2011, S. 474 f., der von einem Automatismus ausgeht, aber gleichzeitig auch eine völkerrechtskonforme Auslegung für möglich erachtet; DERS., AJP 2013, S. 700; so haben es auch die eidg. Räte verstanden NR Flach, AB 2015 N 254; BR Sommaruga, AB 2015 N 255; NR Moret, AB 2015 N 256; SR Engler, AB 2014 S 1237; SR Comte, AB 2014 S 1241; SR Schwaller, AB 2014 S 1242; BR Sommaruga, AB 2014 S 1245, insb. 1252; SR Föhn, AB 2014 S 1251.

557 So auch REICH, ZSR 2008, S. 517, der davon spricht, dass dem Völkerrecht «soweit möglich Rechnung zu tragen» sei; sinngemäss auch BIAGGINI, ZBl 2013, S. 323.

558 Für den Vorrang einer absoluten Verfassungsnorm gegenüber anderen Verfassungsbestimmungen plädiert auch TSCHANNEN, Staatsrecht, § 4 Rz. 41; so auch WALDMANN, LeGes 2015, S. 528; DERS., Schutz von Mooren, S. 90; BIAGGINI, ZBl 2013, S. 321; Bericht BR Verhältnis Völkerrecht und Landesrecht, S. 2310, 2323, 2331; BR Zusatzbericht, S. 3658; Botschaft Durchsetzungsinitiative, S. 9480; in allgemeiner Weise zum Vorrang direkt anwendbarer Verfassungsnormen gegenüber älteren Staatsverträgen BAUMANN, Einfluss, S. 277 f., 317; DERS., ZBl 2010, S. 260 ff.; diese Ansicht verwerfen KÜNZLI, ZSR 2009, S. 71; so auch KIENER/KRÜSI, S. 249 ff.; verneinend auch

Das Bundesgericht taxierte demgegenüber die in Art. 121 Abs. 3 BV normierten Straftatbestände als «sehr offen und untechnisch [...], welche keine klaren Konturen haben und nach dem Verfassungstext selber erst noch durch den Gesetzgeber konkretisiert werden sollen (Art. 121 Abs. 4 BV)».[559] Es träfe zwar zu, dass einige der in Art. 121 Abs. 3 BV genannten Verhaltensweisen hinreichend bestimmt seien, doch bilde «die Abstimmung der gestützt auf Art. 121 Abs. 3–6 BV zu einer Aufenthaltsbeendigung führenden Straffälligkeit wertungsmässig ein noch erst zu konkretisierendes Gesamtsystem, aus dem nicht rechtsprechungsmässig einzelne Delikte herausgelöst werden können».[560] Im Zusammenhang mit der Frage des Verhältnisses zwischen Völkerrecht und Art. 123 Abs. 3 BV hob das höchste Gericht demgegenüber eine «vom Verfassungsgeber zum Ausdruck gebrachten Wertung» hervor,[561] die «im Widerspruch zu übergeordnetem Recht»[562] stehe. Mithin stellt Art. 123 Abs. 3 BV also doch keine offene Norm dar, sondern bringt den Willen des Bundesverfassungsgebers hinreichend genau zum Vorschein.[563]

An anderer Stelle im Urteil konstatierte das Bundesgericht, die Verfassungsregelung mache «keinen Unterschied zwischen leichteren und schweren Straftaten [...]» und schliesse «die nach der EMRK gebotene [...] Interessenabwägung und Beurteilung gestützt auf die Umstände im Einzelfall»[564] aus.

Daraus folgt, dass Art. 121 Abs. 3–6 BV also doch «ausdrücklich»[565] und «eindeutig»[566] Vorrang vor anderen Verfassungsnormen beansprucht.[567] Als

---

BGE 139 I 16, 31 E. 5.3; im Ergebnis auch REICH, ZSR 2008, S. 517; SG Kommentar BV-THURNHERR, Art. 121 N 45 in fine; EPINEY, Jusletter 18. März 2013, Rz. 32 ff.

559 BGE 139 I 16, 26 E. 4.3.1.

560 BGE 139 I 16, 26 E. 4.3.2.

561 BGE 139 I 16, 31 E. 5.3.

562 BGE 139 I 16, 31 E. 5.3.

563 BIAGGINI, ZBl 2013, S. 322.

564 BGE 139 I 16, 27 E. 4.3.3.

565 BGE 139 I 16, 24 E. 4.2.1.

566 BGE 139 I 16, 25 E. 4.2.2.

567 So bereits BIAGGINI, ZBl 2013, S. 323.

Beispiel für eine solche Norm führte das Bundesgericht sein Urteil vom 12. Juni 2012 i.S. Zürcher Oberlandautobahn/Moorlandschaft Wetzikon-Hinwil auf. In diesem stellte das höchste Gericht fest, Art. 78 Abs. 5 BV räume dem Schutz von Mooren und Moorlandschaften «absoluten Vorrang ein und belässt keinen Raum für eine Abwägung mit anderen Interessen im Einzelfall».[568] Anhand dieses Beispiels wird deutlich, was das Bundesgericht als «ausdrücklich» bzw. «eindeutig» qualifiziert. Der Wortlaut von Art. 78 Abs. 5 BV ist zwar hinreichend präzise formuliert, jedoch lässt sich darin ebenfalls keine explizite Zurücksetzung anderer Verfassungsbestimmungen[569] oder eine Relativierung des Verhältnismässigkeitsprinzips finden,[570] wie das Bundesgericht dies für die unmittelbare Anwendbarkeit von Art. 121 Abs. 3 BV fordert. Im Sinn dieser Erwägungen wäre Art. 121 Abs. 3 i.V.m. Abs. 5 BV in seiner Gesamtheit also doch als direkt anwendbar einzustufen gewesen. Bemerkenswert ist die Anführung des Urteils zu Art. 78 Abs. 5 BV insbesondere deswegen, weil diese Bestimmung ebenfalls durch die Annahme einer Volksinitiative (Rhothenthurminitiative) Eingang in die Verfassung gefunden hat.

Es erstaunt freilich, dass das Bundesgericht die einzelnen Verhaltensweisen, die über eine klare Entsprechung im StGB verfügen (vorsätzliche Tötung, Raub, Vergewaltigung, Menschenhandel), anders als bei seinem Leitentscheid zum Zweitwohnungsartikel, nicht im Sinne eines «harten Kerns»[571] als direkt anwendbar eingestuft hat. Das Bundesgericht wies hingegen dem Wortlaut der Bestimmung eine dominante Rolle zu, ohne dabei auf die weiteren Auslegungselemente einzugehen. Diese Vorgehensweise steht jedoch im Kontrast zum bewährten Methodenpluralismus,[572] wonach der Wortlaut den Ausgangspunkt der Auslegung bildet und der Interpret unter Berücksichtigung aller Auslegungselemente stets nach der wahren Tragweite der Bestimmung zu suchen hat.[573]

---

568 BGE 138 II 281, 295 E. 6.2.

569 Wie zum Beispiel die Eigentumsgarantie (Art. 26 BV).

570 So bereits BIAGGINI, ZBl 2013, S. 322.

571 BGE 139 II 243, 256 E. 10.5.

572 BIAGGINI, ZBl 2013, S. 319.

573 Statt vieler BGE 135 II 416, 418 E. 2.2.

Auch wenn bei der Auslegung von Verfassungsnormen, die auf Volksinitiativen beruhen, nicht schwergewichtig auf den Willen der Initianten abzustellen ist,[574] so ist dieser dennoch im Rahmen der historischen Auslegung mit zu berücksichtigen. Gerade im Fall der Ausschaffungsinitiative wird durch die Ablehnung des direkten Gegenvorschlags jedoch ersichtlich, dass die Verfassungsbestimmung Vorrang vor konfligierenden Normen beansprucht. Infolgedessen hätte durch das Bundesgericht in Betracht gezogen werden müssen, dass auch Art. 121 Abs. 3 i.V.m. Abs. 5 BV zu jenen Verfassungsbestimmungen zählt, die, wie Art. 78 Abs. 5 oder Art. 72 Abs. 3 BV, absoluten Vorrang gegenüber Bestimmungen der Bundesverfassung und des Völkerrechts beanspruchen.[575] Für die Frage der direkten Anwendbarkeit ist es daher entscheidend, dass alle Auslegungselemente für die Präzisierung der Verfassungsbestimmung herangezogen werden.[576] Dies ist im Urteil des Bundesgerichts nicht ausreichend geschehen. Der Herstellung praktischer Konkordanz werden – entgegen dem Bundesgericht – indessen durch den eindeutigen Normsinn und die Zielsetzung der Verfassungsbestimmung enge Grenzen gesetzt.[577] Dem Bundesverfassungsgeber steht es freilich zu, neue «Regel-Ausnahme-Verhältnisse»[578] zu begründen. Dies gilt nicht nur für das Verhältnis zwischen den einzelnen Verfassungsbestimmungen, sondern auch für das Verhältnis zwischen einer absoluten Verfassungsnorm und dem konfligierenden Völkerrecht.

Das Bundesgericht vertrat hingegen eine gegenteilige Ansicht: Es läge «vorerst an den politischen Instanzen, den erforderlichen Ausgleich zwischen den auf dem Spiel stehenden verfassungsrechtlichen Werten auf Gesetzesstufe zu

---

574 Vgl. dazu BGE 139 I 39, 25 E. 4.2.2; so auch BGE 129 I 392, 395 E. 2.2.

575 Vgl. auch BIAGGINI, ZBl 113, S. 323, der von einer nicht widerspruchsfreien Eingliederung «in den (vorbestehenden) verfassungsrechtlichen Gesamtkontext» spricht.

576 Gl.M. BIAGGINI, ZBl 113, S. 323.

577 BGE 125 II 417, 424 E. 4c; RHINOW/SCHEFER/UEBERSAX, Rz. 565; HÄFELIN/HALLER/KELLER/THURNHERR, N 167; TSCHANNEN, Staatsrecht, § 9 Rz. 39; LOOSER, § 8 Rz. 231; WALDMANN, LeGes 2015, S. 525; Bericht BR Verhältnis Völkerrecht und Landesrecht, S. 2331; BIAGGINI, ZBl 113, S. 323, der ebenfalls dafür plädiert, die «Interpretationsmaxime der praktischen Konkordanz nicht zu überdehnen».

578 BIAGGINI, ZBl 113, S. 321.

regeln».[579] In einem weitreichenden obiter dictum[580] hielt es sodann fest, dass es im Rahmen der Rechtsanwendung an die Vorgaben der EMRK gebunden wäre,[581] selbst wenn Art. 121 Abs. 3 BV als direkt anwendbar eingestuft werde.[582] Damit brachte das Bundesgericht unter Verweis auf die Schubert-[583] und PKK-Praxis[584] bereits zum Ausdruck, dass es – unabhängig davon, auf welche Weise der Gesetzgeber die Verfassungsbestimmung noch umsetzen werde – der EMRK im Rahmen der Rechtsanwendung (Art. 190 BV)[585] grundsätzlich Vorrang gegenüber dem Ausführungsgesetz[586] und damit auch gegenüber einer jüngeren Verfassungsbestimmung zukommen lassen werde, da sich das Massgeblichkeitsgebot nicht auf Verfassungsnormen beziehe.[587] Diese Frage war bislang umstritten.[588]

Diese Ausführungen des höchsten Gerichts sind mit Blick auf das Gewaltenteilungsprinzip nicht unbedenklich.[589] Einerseits hat das Bundesgericht durch die Formulierung, es läge «vorerst» an den politischen Instanzen, die konfligierenden Bestimmungen in Einklang zu bringen, eine Warnbotschaft an die Adresse des Bundesgesetzgebers gesendet und diesen zur harmonisierenden

579 BGE 139 I 16, 27 f. E. 4.3.4.

580 Siehe dazu auch BELSER, S. 19; BLOCHER, S. 23; AUER, NZZ vom 15. März 2013, S. 23.

581 BGE 139 I 16, 31 E. 5.3.

582 BGE 139 I 16, 28 E. 5.1.

583 BGE 99 Ib 39, 43 ff. E. 3 und 4.

584 BGE 125 II 417, 425 E. 4d m.w.H. auf BGE 133 V 367, 387 E. 11.1.1; BGE 136 III 168, 172 E. 3.3.4.

585 BGE 139 I 16, 28 E. 5.3.

586 BGE 139 I 16, 28 E. 5. 1.

587 BGE 139 I 16, 29 ff. E. 5.2.1 ff.; insb. E. 5.3.

588 HARNGARTNER, AJP 2013, S. 700; vgl. zum Vorrang direkt anwendbarer Verfassungsnormen gegenüber älteren Staatsverträgen BAUMANN, Einfluss, S. 277 f., 317; DERS., ZBl 2010, S. 260 ff.; diese Ansicht verwerfen KÜNZLI, ZSR 2009, S. 71; so auch KIENER/KRÜSI, S. 249 ff.; vgl. zur eingeschränkten Wirksamkeit des obiter dictums für spätere Fälle BIAGGINI, ZBl 2013, S. 323 ff.; vgl. zur methodischen Zulässigkeit EPINEY, Jusletter 18. März 2013, Rz. 39; DIES., Jusletter 6. Oktober 2014, Rz. 22; vgl. auch HERZIG, Rz. 1 ff.

589 A.M. EPINEY, Jusletter 6. Oktober 2014, Rz. 22; DIES., Jusletter 18. März 2013, Rz. 39 ff.; vgl. zum Ganzen BELSER, S. 19.

Umsetzung aufgefordert,[590] da es dies andernfalls im Rahmen der Rechtsanwendung selber tun werde. Andererseits ist aufgrund dieser Erwägungen unklar, ob der demokratisch legitimierte Bundesgesetzgeber überhaupt noch gegen älteres Staatsvertragsrecht verstossen kann.[591] Die Regelung von Vorrangfragen obliegt aber in erster Linie dem Bundesverfassungsgeber und hiernach der Bundesversammlung als Organ der Gesetzgebung. Aufgrund der fehlenden direkten Anwendbarkeit der Verfassungsnorm ist es dem Bundesgericht indessen verwehrt, Vorrangregelungen aufzustellen. In einem solchen Fall fällt die Verfassungskonkretisierung in den Zuständigkeitsbereich der Legislative.[592] Mithin hat das Bundesgericht durch den postulierten Vorrang der EMRK die Schwelle zur Verfassungskonkretisierung überschritten und damit in den Zuständigkeitsbereich des Gesetzgebers eingegriffen (Art. 188 BV).

Das Bundesgericht hatte die Anwendung der Schubert-Praxis im Falle eines Konflikts mit Menschenrechtspakten bereits früher eingeschränkt,[593] teilweise aber auch offen gelassen.[594] Insbesondere auch mit Blick auf Art. 190 BV sind die bundesgerichtlichen Erwägungen kritisch zu hinterfragen, denn sowohl Bundesgesetze als auch das Völkerrecht sind für das Bundesgericht gleichermassen massgebend.[595] Der Zweck von Art. 190 BV liegt in erster Linie darin, zu verhindern, dass die Gerichte ihre eigene Interessenabwägung anstelle derjenigen des Gesetzgebers setzen.[596] Dadurch soll gewährleistet

---

590 So auch NR Masshardt, AB 2014 N 516; SEFEROVIC, S & R 2014, S. 113.

591 Vgl. zur Frage, ob die Schubert-Praxis aufgehoben worden ist: befürwortend TSCHANNEN, Staatsrecht, § 9 Rz. 34; BSK BV-EPINEY, Art. 5 N 97; KÄLIN/EPINEY/CARONI/KÜNZLI, S. 124; vorsichtiger SG Kommentar BV-TSCHUMI/SCHINDLER, Art. 5 N 83; vgl. auch SCHÜRER, S. 115; HANGARTNER, AJP 2013, S. 702, der folgert, dass die Schubert-Praxis «wohl» aufgehoben wurde; so auch GONIN, S. 43, der von «l'arrêt de mort de la mélodie tissée d'audace de la ‹jurisprudence Schubert›» spricht.

592 TSCHANNEN, in: Belser et al., S. 131; FORSTMOSER/VOGT, § 15 N 3 f.; HUBER, S. 195; a.M. AUER, Verfassungsgerichtsbarkeit, S. 85.

593 BGE 136 II 241, 255 E. 16.1; BGE 131 II 352, 355 E. 1.3.1; BGE 125 II 417, 424 E. 4d.

594 BGE 136 III 168, 172 E. 3.3.4.

595 So auch BIAGGINI, Komm. BV, Art. 190 N 16; HERZIG, Rz. 43; Bericht BR Verhältnis Völkerrecht und Landesrecht, S. 2308; kritisch auch GONIN, S. 53.

596 Statt vieler Bericht BRVerhältnis Völkerrecht und Landesrecht, S. 2308 f.

werden, dass sich «die richterliche nicht über die gesetzgebende Gewalt erhebe».[597] Der hier statuierte generelle Vorrang des Völkerrechts auch gegenüber später erlassenen Bundesgesetzen muss kritisch hinterfragt werden. Weder das Völkerrecht selbst noch Art. 5 Abs. 4 BV[598] normieren eine solche Vorrangstellung. Stehen ein Ausführungsgesetz einer Verfassungsbestimmung und direkt anwendbare Normen des Völkerrechts im Konfliktfall einander gegenüber, so muss stets anhand des Einzelfalls entschieden werden, welche Bestimmungen für das Gericht «massgebend» sind.

4. Notwendigkeit und Ablauf der Umsetzungsgesetzgebung

Die neu eingefügten Zusätze in Art. 121 Abs. 3–6 BV i.V.m. Art. 197 Ziff. 8 BV erteilen dem Bundesgesetzgeber einen ausdrücklichen Gesetzgebungsauftrag, um die in Abs. 3 aufgeführten Tatbestände innert fünf Jahren seit Inkrafttreten der Verfassungsbestimmung, also bis zum 28. November 2015, näher zu definieren und zu konkretisieren. Der Bundesrat vertrat in seiner Botschaft zur Umsetzung von Art. 121 Abs. 3–6 BV unter Hinweis auf die bundesgerichtlichen Urteile[599] die Ansicht, die Verfassungsbestimmung sei nicht direkt anwendbar, weshalb sie auf Gesetzesstufe umgesetzt werden müsse.[600]

Um den Gesetzgebungsaufträgen zu entsprechen, setzte die Vorsteherin des EJPD mit Verfügung vom 22. Dezember 2010 eine Arbeitsgruppe für die Umsetzung der neuen Verfassungsbestimmung über den Umgang mit straffälligen Ausländern ein.[601] Die Arbeitsgruppe konstituierte sich aus Vertre-

---

[597] Botschaft BV, S. 428.

[598] Botschaft BV, S. 135; BIAGGINI, Komm. BV, Art. 5 N 30 ff.; m.w.H. für das Verhältnis von Völkerrecht und Landesrecht, vgl. statt vieler BIAGGINI, Komm. BV, Art. 5 N 26 ff.; RHINOW/SCHEFER/UEBERSAX, Rz. 3584 ff.; SG Kommentar BV-TSCHUMI/SCHINDLER, Art. 5 N 71 ff.; BSK BV-EPINEY, Art. 5 N 76 ff.; BR Zusatzbericht, S. 3613, 3653.

[599] Vgl. Botschaft Umsetzung Ausschaffungsinitiative, S. 6011 m.w.H. auf BGE 139 I 16, 26 E. 4.3.2; BGE 139 I 31, 34 E. 2.3.2; BGer, Urteil 2C_162/2012 vom 12. Oktober 2012 E. 3.2.2.

[600] Vgl. auch BR Sommaruga, AB 2014 N 498.

[601] Botschaft Umsetzung Ausschaffungsinitiative, S. 5990.

tern der Initianten, externen Fachleuten und Mitarbeitern der Bundesverwaltung.[602] Aufgabe der Arbeitsgruppe war die Ausarbeitung eines Berichts mit Vorschlägen zur Umsetzung der neuen Verfassungsbestimmung auf Gesetzesstufe. Ferner sollten darin die rechtlichen Auswirkungen der möglichen Vorschläge aufgezeigt werden.[603]

Die Arbeitsgruppe legte am 21. Juni 2011 dem EJPD ihren Bericht mit vier Umsetzungsvarianten vor. Dabei schlugen die Vertreter des Initiativkomitees, die eine wortgetreue Umsetzung der Verfassungsbestimmung anstrebten, Variante eins vor. Die Mehrheit der Arbeitsgruppe lehnte diesen Vorschlag jedoch mit der Begründung ab, dieser verstosse gegen rechtsstaatliche Grundprinzipien der Bundesverfassung und schliesse eine völkerrechtskonforme Auslegung des Verfassungsrechts aus.[604]

Demgegenüber hatte die Mehrheit der Arbeitsgruppe drei Umsetzungsvarianten ausgearbeitet: Zwei Varianten sahen dabei eine Umsetzung der neuen Verfassungsnormen im StGB vor (Varianten zwei und drei),[605] während in der dritten Variante (Variante vier)[606] eine Umsetzung im AuG vorgeschlagen wurde. In allen drei Umsetzungsvarianten wurde ein Deliktskatalog ausgearbeitet, der nur bei schweren Straftaten zur Anwendung gelangen sollte.[607] Dabei sollte die vorgesehene Landesverweisung (respektive der Entzug der Bewilligung) bei einer Mindeststrafe von sechs Monaten Freiheitsstrafe, 180 Tagessätzen Geldstrafe oder 720 Stunden gemeinnütziger Arbeit greifen.[608] Die Anordnung der Landesverweisung respektive der zwingende Widerruf der Bewilligung wurden ausdrücklich ausgeschlossen, wenn die Voraussetzungen der gegenwärtigen, tatsächlichen und hinreichenden Ge-

---

[602] Bericht Arbeitsgruppe Ausschaffungsinitiative, S. 15.

[603] Botschaft Umsetzung Ausschaffungsinitiative, S. 5990; Bericht Arbeitsgruppe Ausschaffungsinitiative, S. 14.

[604] Botschaft Umsetzung Ausschaffungsinitiative, S. 5990; Bericht Arbeitsgruppe Ausschaffungsinitiative, S. 11.

[605] Vgl. Bericht Arbeitsgruppe Ausschaffungsinitiative, S. 123 ff., Art. 73a ff. E-StGB (Variante 2) u. Art. 67c ff. E-StGB (Variante 3).

[606] Bericht Arbeitsgruppe Ausschaffungsinitiative, S. 129 ff.; Botschaft Umsetzung Ausschaffungsinitiative, S. 5990.

[607] Vgl. Bericht Arbeitsgruppe Ausschaffungsinitiative, S. 123 ff.

[608] Bericht Arbeitsgruppe Ausschaffungsinitiative, S. 76 ff.; Botschaft Umsetzung Ausschaffungsinitiative, S. 5990.

fährdung der öffentlichen Ordnung im Sinn des FZA und des EFTA-Übereinkommens nicht gegeben waren.[609] Insbesondere wurde in den Varianten der Mehrheit der Arbeitsgruppe die Möglichkeit vorgesehen, den Vollzug einer angeordneten Landesverweisung aufzuschieben oder bei Unmöglichkeit eine vorläufige Aufnahme anzuordnen. Zusätzlich zum Rückschiebeverbot nach Art. 25 Abs. 2 und 3 BV waren auch die Unmöglichkeit und die Unzumutbarkeit als Aufschiebungsgründe vorgesehen, wobei in Fällen der Unzumutbarkeit aufgrund schwerwiegender persönlicher Gründe die Vollzugsbehörde verpflichtet gewesen wäre, die Anforderungen der EMRK und des UNO-Paktes II sowie der KRK zu berücksichtigen.[610]

Der Bundesrat beauftragte am 23. Mai 2012 das EJPD damit, ein Vernehmlassungsverfahren über zwei Vorentwürfe und einen erläuternden Bericht zur Änderung des StGB und des MStG durchzuführen. Die Vernehmlassung dauerte dabei bis zum 30. September 2012.[611]

Die Varianten eins und zwei stützten sich in erster Linie auf die Vorschläge der vom EJPD eingesetzten Arbeitsgruppe und sahen die Einführung einer neuen Form der Landesverweisung im StGB vor. Der Bundesrat bevorzugte indessen Variante eins, die insbesondere den bestehenden Verfassungsgrundsätzen und dem Völkerrecht so weit wie möglich Rechnung trug,[612] gleichzeitig aber auch gewisse Einschränkungen im Bereich des verfassungsrechtlich normierten Ausweisungsautomatismus in Kauf nahm.[613] Der vom Gesetzgeber zu ergänzende Deliktskatalog umfasste dabei – nebst den in der neuen Verfassungsnorm ausdrücklich genannten Straftaten – lediglich schwere Sexual-, Gewalt- und Vermögensdelikte, wodurch insbesondere der Konflikt zum FZA minimiert werden konnte.[614] Ausnahmen von der Landesverweisung waren hierbei nur im Falle der Unzumutbarkeit für den Be-

609 Bericht Arbeitsgruppe Ausschaffungsinitiative, S. 124 ff., Art. 73c E-StGB (Variante 2), Art. 67d Abs. 1 E-StGB (Variante 3), Art. 63b E-AuG (Variante 4).

610 Vgl. zum Ganzen Botschaft Umsetzung Ausschaffungsinitiative, S. 5990 f.; vgl. auch Bericht Arbeitsgruppe Ausschaffungsinitiative, S. 92 f.

611 Botschaft Umsetzung Ausschaffungsinitiative, S. 5991.

612 Begleitschreiben 2 zur Vernehmlassung, S. 1.

613 Botschaft Umsetzung Ausschaffungsinitiative, S. 5995; Bericht Vernehmlassung Ausschaffungsinitiative, S. 2.

614 Botschaft Umsetzung Ausschaffungsinitiative, S. 5992.

troffenen vorgesehen. Bei ausgesprochenen Strafen von höchstens sechs Monaten Freiheitsstrafe war die Anordnung der Landesverweisung nur statthaft, wenn die öffentlichen Interessen höher gewichtet wurden als das Interesse des Betroffenen an einem Verbleib in der Schweiz.[615]

Die Variante zwei, die von den Vertretern des Initiativkomitees im Rahmen der Arbeitsgruppe ausgearbeitet wurde, sah hingegen einen weiten Deliktskatalog vor. Dieser enthielt nebst der Auflistung von schweren Verbrechen auch leichtere Verbrechen und Vergehen, sodass Delinquenten auch bei einer rechtskräftigen Verurteilung für ein Bagatelldelikt des Landes verwiesen werden mussten. Mithin war nicht die Schwere der Tat entscheidend, sondern die Art des begangenen Delikts, sodass auf das Erfordernis einer Mindeststrafandrohung verzichtet wurde. Überdies beanspruchte die zweite Variante unter Anführung der «lex-posterior»-Regel Vorrang vor konfligierendem Verfassungsrecht und dispositivem Völkerrecht.[616]

Am 26. Juni 2013 verabschiedete der Bundesrat den Entwurf für die Umsetzung der Ausschaffungsinitiative. Dieser basierte im Wesentlichen auf Variante eins der Vernehmlassungsvorlage. Variante zwei wurde im Vernehmlassungsverfahren stark kritisiert und nur von einer Minderheit gestützt.[617] Sie entsprach im Wesentlichen der Durchsetzungsinitiative.[618] In erster Linie hatte sich der Bundesrat in seinem Entwurf dafür entschieden, die Nebenstrafe der Landesverweisung wieder einzuführen und dabei nicht bei den Aufenthaltsbeendigungsgründen anzusetzen.[619] Darüber hinaus wurden auch die bundesgerichtlichen Ausführungen zur Vereinbarkeit des Verfassungsartikels mit der EMRK und den übrigen Verfassungsanliegen berücksichtigt.[620]

Die vom Bundesrat vorgeschlagenen Änderungen des StGB und des MStG wurden vom Nationalrat als Erstrat unter dem Einfluss der Durchsetzungsinitiative beraten, die am 28. Dezember 2012 mit den nötigen Unterschriften

---

615 Bericht Vernehmlassung Ausschaffungsinitiative, S. 2.

616 Siehe zum Ganzen Bericht Vernehmlassung Ausschaffungsinitiative, S. 2; vgl. auch BR Sommaruga, AB 2014 N 509.

617 Vgl. Bericht Vernehmlassung Ausschaffungsinitiative, S. 27 Fn. 227.

618 Vgl. Bericht Vernehmlassung Ausschaffungsinitiative, S. 25 f.; BR Sommaruga, AB 2014 N 498; Botschaft Umsetzung Ausschaffungsinitiative, S. 5993 in fine.

619 SG Kommentar BV-THURNHERR, Art. 121 N 48.

620 Botschaft Umsetzung Ausschaffungsinitiative, S. 5997.

eingereicht wurde.[621] Der Nationalrat orientierte sich, wie von seiner Staatspolitischen Kommission vorgeschlagen, stark am Initiativtext der Durchsetzungsinitiative, obwohl diese inhaltlich über die Ausschaffungsinitiative hinausging. Damit sollte eine Abstimmung über die Durchsetzungsinitiative überflüssig gemacht werden.[622] Mit 106 zu 65 Stimmen bei 11 Enthaltungen folgte der Nationalrat dem Antrag der SPK-N.[623]

Demgegenüber behandelte der Ständerat den Vorschlag seiner vorberatenden Kommission, die dem bundesrätlichen Entwurf und dem Vorschlag des Nationalrates eine eigene Variante für die Beratungen gegenüberstellte.[624] In der Gesamtabstimmung stimmte der Ständerat mit 28 zu 3 Stimmen bei 9 Enthaltungen dem Vorschlag seiner vorberatenden Kommission zu.[625] Der Nationalrat liess infolgedessen von seiner ursprünglichen Idee ab und schloss sich mit 109 zu 68 Stimmen bei 18 Enthaltungen dem Ständerat an und übernahm dessen Vorschlag mitsamt der Härtefallklausel.[626] In der Folge hielten die Initianten der Durchsetzungsinitiative an einer Abstimmung fest. Es wurde beschlossen, dass erst nach der vollständigen Ausarbeitung der Umsetzungsbestimmungen über die Durchsetzungsinitiative abgestimmt werden sollte.[627] Die Umsetzungsvorlage wurde in den Schlussabstimmungen beider Räte angenommen.[628] Die beschlossenen Gesetzesänderungen traten am 1. Oktober 2016 in Kraft. Ein Referendum kam nicht zu Stande.[629] Die Durchsetzungsinitiative wurde in der Volksabstimmung vom 28. Februar 2016 vom Volk mit 1'966'965 Nein- gegen 1'375'098 Ja-Stimmen und von den Ständen mit 17 3/2 Nein- gegen 3 3/2 Ja-Stimmen abgelehnt.[630]

621 NR Pfister, AB 2014 N 489 f.; Botschaft Durchsetzungsinitiative, S. 9467.

622 Medienmitteilung SPK-N vom 11. Oktober 2013; AB 2014 N 489 ff.

623 Zusammenfassung Verhandlungen NR vom 20. März 2014.

624 SR Engler, AB 2014 S 1236 f.

625 Zusammenfassung Verhandlungen SR vom 10. Dezember 2014.

626 AB 2015 N 598.

627 AB 2015 N 250 ff.; Zusammenfassung Verhandlungen NR vom 11. März 2015.

628 AB 2015 N 598 ff.; AB 2015 S 300.

629 AS 2016 2329.

630 BBl 2016 3715.

5. Verfassungsmässigkeit der Ausführungsgesetzgebung

a) Die Voraussetzungen für die Aufenthaltsbeendigung

aa) Deliktskatalog

Nach Art. 121 Abs. 4 BV umfasst der Gesetzgebungsauftrag zunächst die Umschreibung der Tatbestände nach Art. 121 Abs. 3 BV. Ein Gestaltungsspielraum ist gemäss der Botschaft des Bundesrates insofern gegeben, als nicht alle in der Verfassungsnorm genannten Delikte über eine Entsprechung im StGB verfügen.[631] In Satz 2 von Art. 121 Abs. 4 BV wird der Gesetzgeber darüber hinaus explizit ermächtigt, die Norm um weitere Tatbestände zu ergänzen.

Gemäss geltendem Art. 66a Abs. 1 StGB[632] verweist das Gericht diejenigen Ausländer für 5–15 Jahre aus der Schweiz, die wegen einer der folgenden strafbaren Handlungen verurteilt wurden (die Höhe ihrer Strafe ist dabei nicht entscheidend):

a. vorsätzliche Tötung (Art. 111), Mord (Art. 112), Totschlag (Art. 113), Verleitung und Beihilfe zum Selbstmord (Art. 115), strafbarer Schwangerschaftsabbruch (Art. 118 Abs. 1 und 2);
b. schwere Körperverletzung (Art. 122), Verstümmelung weiblicher Genitalien (Art. 124 Abs. 1), Aussetzung (Art. 127), Gefährdung des Lebens (Art. 129), Angriff (Art. 134);
c. qualifizierte Veruntreuung (Art. 138 Ziff. 2), qualifizierter Diebstahl (Art. 139 Ziff. 2 und 3), Raub (Art. 140), gewerbsmässiger Betrug (Art. 146 Abs. 2), gewerbsmässiger betrügerischer Missbrauch einer Datenverarbeitungsanlage (Art. 147 Abs. 2), gewerbsmässiger Check- und Kreditkartenmissbrauch (Art. 148 Abs. 2), qualifizierte Erpressung (Art. 156 Ziff. 2–4), gewerbsmässiger Wucher (Art. 157 Ziff. 2), gewerbsmässige Hehlerei (Art. 160 Ziff. 2);
d. Diebstahl (Art. 139) in Verbindung mit Hausfriedensbruch (Art. 186);
e. Betrug (Art. 146 Abs. 1) im Bereich einer Sozialversicherung oder der Sozialhilfe, unrechtmässiger Bezug von Leistungen einer Sozialversicherung oder der Sozialhilfe (Art. 148a Abs. 1);
f. Betrug (Art. 146 Abs. 1), Leistungs- und Abgabebetrug (Art. 14 Abs. 1, 2 und 4 des BG vom 22. März 1974 über das Verwaltungsstrafrecht) oder Steuerbetrug, Veruntreuung von Quellensteuern oder eine andere Straftat

[631] Botschaft Umsetzung Ausschaffungsinitiative, S. 5986.

[632] AS 2016 2329.

im Bereich der öffentlich-rechtlichen Abgaben, die mit einer Höchststrafe von einem Jahr Freiheitsstrafe oder mehr bedroht ist;

g. Zwangsheirat, erzwungene eingetragene Partnerschaft (Art. 181a), Menschenhandel (Art. 182), Freiheitsberaubung und Entführung (Art. 183), qualifizierte Freiheitsberaubung und Entführung (Art. 184), Geiselnahme (Art. 185);

h. sexuelle Handlungen mit Kindern (Art. 187 Ziff. 1), sexuelle Nötigung (Art. 189), Vergewaltigung (Art. 190), Schändung (Art. 191), Förderung der Prostitution (Art. 195), Pornografie (Art. 197 Abs. 4 zweiter Satz);

i. Brandstiftung (Art. 221 Abs. 1 und 2), vorsätzliche Verursachung einer Explosion (Art. 223 Ziff. 1 Abs. 1), Gefährdung durch Sprengstoffe und giftige Gase in verbrecherischer Absicht (Art. 224 Abs. 1), vorsätzliche Gefährdung ohne verbrecherische Absicht (Art. 225 Abs. 1), Herstellen, Verbergen, Weiterschaffen von Sprengstoffen und giftigen Gasen (Art. 226), Gefährdung durch Kernenergie, Radioaktivität und ionisierende Strahlen (Art. 226bis), strafbare Vorbereitungshandlungen (Art. 226ter), vorsätzliches Verursachen einer Überschwemmung oder eines Einsturzes (Art. 227 Ziff. 1 Abs. 1), vorsätzliche Beschädigung von elektrischen Anlagen, Wasserbauten und Schutzvorrichtungen (Art. 228 Ziff. 1 Abs. 1);

j. vorsätzliche Gefährdung durch gentechnisch veränderte oder pathogene Organismen (Art. 230bis Abs. 1), vorsätzliches Verbreiten menschlicher Krankheiten (Art. 231 Ziff. 1), vorsätzliche Trinkwasserverunreinigung (Art. 234 Abs. 1);

k. qualifizierte Störung des öffentlichen Verkehrs (Art. 237 Ziff. 1 Abs. 2), vorsätzliche Störung des Eisenbahnverkehrs (Art. 238 Abs. 1);

l. strafbare Vorbereitungshandlungen (Art. 260bis Abs. 1 und 3), Beteiligung an oder Unterstützung einer kriminellen Organisation (Art. 260ter), Gefährdung der öffentlichen Sicherheit mit Waffen (Art. 260quater), Finanzierung des Terrorismus (Art. 260^{quinquies});

m. Völkermord (Art. 264), Verbrechen gegen die Menschlichkeit (Art. 264a), schwere Verletzungen der Genfer Konventionen vom 12. August 1949 (Art. 264c), andere Kriegsverbrechen (Art. 264d–264h);

n. vorsätzliche Widerhandlung gegen Artikel 116 Absatz 3 oder Artikel 118 Absatz 3 des Ausländergesetzes vom 16. Dezember 2005;

o. Widerhandlung gegen Artikel 19 Absatz 2 oder 20 Absatz 2 des Betäubungsmittelgesetzes vom 3. Oktober 1951 (BetmG).

Die Botschaft des Bundesrates zur Umsetzung von Art. 121 Abs. 3–6 BV sah lediglich Art. 66a Abs. 1 lit. a–e E-StGB vor.[633] Dabei konkretisierte

[633] Vgl. für Art. 66a, E-StGB 2013, S. 6063; vgl. Botschaft Umsetzung Ausschaffungsinitiative, S. 6027.

dieser im Wesentlichen die Delikte und Deliktsgruppen nach Art. 121 Abs. 3 lit. a BV auf vorsätzliche Tötungsdelikte, Vergewaltigung, Raub und Menschenhandel und dehnte die Präzisierung der Verfassungsnorm gleichzeitig auf andere Verbrechen aus, die hinsichtlich der Schwere der Anlasstat mit jenen Delikten, die in Art. 121 Abs. 3 lit. a BV verankert sind, vergleichbar sind.[634] Es erfolgte dabei keine Enumeration, stattdessen orientierte sich die Definition der einzelnen Straftaten an den geschützten Rechtsgütern sowie an der Strafandrohung (Art. 66a E-StGB).[635] Darunter fielen sämtliche Straftaten, die mit einer Mindeststrafandrohung von einem Jahr oder mehr oder mit einer Höchststrafe von zehn Jahren belegt sind.[636] Die Möglichkeit, die Tatbestände zu ergänzen (Art. 121 Abs. 4 BV), wurde unter Rücksichtnahme auf das Verhältnismässigkeitsprinzip nur zurückhaltend wahrgenommen.[637] Der Bundesrat strebte dabei insbesondere eine vermittelnde Lösung zwischen dem Wortlaut der Verfassungsnorm und den rechtsstaatlichen Garantien bei der Ausgestaltung des Deliktskatalogs an.[638] Dabei entsprach der bundesrätliche Entwurf im Wesentlichen der in die Vernehmlassung geschickten Variante eins.[639] Dieser fokussierte in erster Linie auf schwere Verbrechen, wie es Art. 121 Abs. 3 lit. a BV vorgibt.[640] Daneben wurden auch die in der Verfassungsnorm verankerten Vergehen (Einbruchsdelikte, missbräuchlicher Bezug von Leistungen der Sozialversicherungen und der Sozialhilfe) in den Deliktskatalog aufgenommen.[641]

Demgegenüber entschied sich der Nationalrat, basierend auf dem Vorschlag seiner vorberatenden Kommission, für eine Konkretisierung des Deliktskata-

---

634 Botschaft Umsetzung Ausschaffungsinitiative, S. 5997; SG Kommentar BV-THURNHERR, Art. 121 N 50; BR Sommaruga, AB 2014 N 509.

635 Vgl. Botschaft Umsetzung Ausschaffungsinitiative, S. 6021; für Art. 66a, E-StGB 2013, S. 6063.

636 Botschaft Umsetzung Ausschaffungsinitiative, S. 6021; so auch SG Kommentar BV-THURNHERR, Art. 121 N 50.

637 Botschaft Umsetzung Ausschaffungsinitiative, S. 5997; BR Sommaruga, AB 2014 N 509.

638 BR Sommaruga, AB 2014 N 498 f.; BR Sommaruga, AB 2014 S 1245.

639 BR Sommaruga, AB 2014 N 498.

640 Bericht Vernehmlassung Ausschaffungsinitiative, S. 2.

641 BR Sommaruga, AB 2014 N 498 f.; für die Vergehen BR Sommaruga, AB 2014 S 1245.

logs im Sinne der Durchsetzungsinitiative sowie der strikten Handhabung des Ausweisungsautomatismus. Dabei sollte eine Landesverweisung unabhängig von der Strafhöhe bei Tatbegehung eines Anlassdelikts zwingend ausgesprochen werden.[642] Ferner schlug der Nationalrat einen zweiten Deliktskatalog vor. Dieser enthielt entgegen dem ersten Katalog nicht nur Verbrechen, sondern auch leichte Vergehen. Diese sollten zu einer automatischen Landesverweisung führen, wenn der Täter Vorstrafen aufwies, wobei die Art der ausgesprochenen Sanktion unerheblich sein sollte.[643] Mit diesem zweistufigen Mechanismus sollte das Verhältnismässigkeitsprinzip gewahrt werden.[644]

Dem stellte der Ständerat als Zweitrat eine eigene Variante gegenüber. Hinsichtlich des Deliktskatalogs wurden nur jene Delikte aufgenommen, die aufgrund ihrer Schwere eine obligatorische Landesverweisung rechtfertigten. Eingang fanden alle Gewalt- und Sexualdelikte, die als Verbrechen qualifiziert werden können.[645] Straftaten, die nicht im eigentlichen Anwendungsbereich von Art. 121 Abs. 3–6 BV lagen, wurden hingegen nicht in den Deliktskatalog aufgenommen. Ebenfalls wurden keine Vergehen einbezogen, ausgenommen jene, die in Art. 121 Abs. 3 BV ausdrücklich erwähnt werden, sowie Antragsdelikte.[646]

Entgegen dem bundesrätlichen Entwurf hat sich der Gesetzgeber für eine nicht zurückhaltende Ausdehnung des Deliktskatalogs ausgesprochen, der insbesondere sämtliche schweren Gewalt- und Sexualdelikte erfasst. Der heute geltende Deliktskatalog umfasst alle Straftaten gegen Leib und Leben, alle Delikte gegen die Freiheit, gegen die sexuelle Integrität und gegen den öffentlichen Frieden, den Völkermord sowie Delikte gegen die Menschlichkeit und Kriegsdelikte, wenn diese als Verbrechen qualifiziert werden kön-

[642] BR Sommaruga, AB 2014 N 498 f., 509; NR Rutz, AB 2014 N 494, 507; vgl. auch NR Fluri, AB 2014 N 508, der dafür plädiert, die Einhaltung des Verhältnismässigkeitsprinzips dem Bundesgericht zu überlassen; vgl. auch NR Amarelle, AB 2014 N 509.

[643] BR Sommaruga, AB 2014 N 509; NR Rutz, AB 2014 N 507.

[644] NR Rutz, AB 2014 N 494, 507.

[645] SR Egerszegi-Obrist, AB 2014 S 1238, wobei der Deliktskatalog des Ständerates über den des Nationalrates hinausgeht; vgl. auch SR Engler, AB 2014 S 1237.

[646] SR Engler, AB 2014 S 1237.

nen. Dasselbe gilt für Vermögensdelikte, sofern diese ein schwereres Verbrechen darstellen und mit einer Höchststrafe von zehn Jahren Freiheitsstrafe oder mehr bedroht sind. Die gemeingefährlichen Delikte, mithin die Delikte gegen die öffentliche Gesundheit, gegen den öffentlichen Verkehr sowie gegen den öffentlichen Frieden, wurden in den Deliktskatalog nur soweit aufgenommen, als diese als Verbrechen qualifiziert werden konnten und damit eine Gefahr für Leib und Leben darstellten.[647] Abgesehen von Vergehen, die bereits in Art. 123 Abs. 3 lit. a und b BV normiert sind, haben keine weiteren Vergehen in den Deliktskatalog Eingang gefunden. Überdies wurde die obligatorische sowie die fakultative Landesverweisung als Massnahme wiedereingeführt.[648]

Art. 121 Abs. 4 i.V.m. Art. 197 Ziff. 8 BV verpflichtet den Gesetzgeber, die in Art. 121 Abs. 3 BV verankerten Tatbestände zu definieren und zu ergänzen. Art. 121 Abs. 4 BV ist – entgegen der Übergangsbestimmung hinsichtlich der Komplettierung der Straftaten – nur als Kann-Vorschrift ausgestaltet. Der Gesetzgeber kam diesem Konkretisierungs- und Vervollständigungsauftrag pflichtgemäss nach, wobei die Verfassungsbestimmung dem Bundesgesetzgeber einen beachtlichen Ermessensspielraum gewährt. Der Sinn und Zweck sowie der Regelungsrahmen der Verfassungsnorm müssen dabei dennoch stets berücksichtigt werden. Angesichts des Umstandes, dass bereits Art. 121 Abs. 3 lit. a und b BV sowohl schwere als auch einfache Vergehen verankert, hätten auch Delikte, die nur die Schwere eines Vergehens erreichen, aufgenommen werden können. Mit Blick auf den weiten Ermessensspielraum des Gesetzgebers ist jedoch sowohl der Verzicht auf die Aufnahme der Vergehen als auch die umfassende Ergänzung des Deliktskatalogs als verfassungskonform zu qualifizieren.

bb) Rechtskräftige Verurteilung

Nach Art. 123 Abs. 3 BV verlieren Ausländer unabhängig von ihrem ausländerrechtlichen Status ihr Aufenthaltsrecht und alle Rechtsansprüche auf Auf-

---

[647] SR Engler, AB 2014 S 1248; vgl. Schlussabstimmung, AB 2015 N 598 u. AB 2015 S 300.

[648] SR Engler, AB 2014 S 1244.

enthalt, wenn sie wegen eines Delikts nach lit. a rechtskräftig verurteilt werden.

Für eine Verurteilung wird vorausgesetzt, dass ein Straftatbestand rechtswidrig und schuldhaft erfüllt worden ist. In der juristischen Terminologie ist eine Verurteilung indessen auch unabhängig von der Aussprechung einer Strafe möglich, da das Gericht gestützt auf Art. 23 und Art. 52–54 StGB von einer Sanktion absehen kann. Der Täter wird jedoch für gewöhnlich mit einer bestimmten Sanktion belegt.[649] Gleichermassen wird nach allgemeinen Sprachgebrauch unter Verurteilung eine Bestrafung verstanden. Der Bundesrat stützte sich in seinem Gesetzesentwurf auf den allgemeinen Sprachgebrauch und sah die Landesverweisung nur vor, wenn auch tatsächlich eine Sanktion durch das beurteilende Gericht ausgesprochen wurde.[650] Der Gesetzgeber ist in Art. 66a und Art. 66a^{bis} StGB[651] diesem Verständnis gefolgt. Aus dem Wortlaut der Bestimmung geht hervor, dass das Gericht die Landesverweisung unabhängig von der Strafhöhe aussprechen muss. Mithin ist aufgrund des Wortlauts eine Strafe anzuordnen, wobei die Höhe nicht entscheidend ist. In diesem Sinn ist das Parlament dem bundesrätlichen Verständnis gefolgt. Die gesetzliche Umsetzung erweist sich angesichts des allgemeinen Sprachgebrauchs, der historischen und der teleologischen Auslegung von Art. 121 Abs. 3 BV als verfassungskonform.

cc) Missbräuchliche Leistungen der Sozialversicherungen und der Sozialhilfe

Gemäss Art. 148a StGB wird mit Freiheitsstrafe bis zu einem Jahr oder Geldstrafe bestraft, wer jemanden durch unwahre oder unvollständige Angaben, durch Verschweigen von Tatsachen oder in anderer Weise irreführt oder in einem Irrtum bestärkt, sodass er oder ein anderer Leistungen einer Sozialversicherung oder der Sozialhilfe bezieht, die ihm oder dem andern nicht zustehen. Nach Art. 66a lit. e StGB ist eine solche Person bei einer Verurteilung zu 5 bis 15 Jahren Haft aus der Schweiz auszuweisen.

649 Vgl. zum Ganzen Botschaft Umsetzung Ausschaffungsinitiative, S. 6000.

650 Vgl. zum Ganzen Botschaft Umsetzung Ausschaffungsinitiative, S. 6000.

651 AS 2016 2329.

Der in Art. 121 Abs. 3 lit. b BV normierte Straftatbestand des missbräuchlichen Bezugs von Leistungen der Sozialversicherungen und der Sozialhilfe verfügte über keinen vordefinierten strafrechtlichen Inhalt. Der Gesetzgeber war nach Art. 121 Abs. 4 i.V.m. Art. 197 Ziff. 8 BV angehalten, einen solchen zu erlassen. In der Verfassungsbestimmung wird die Landesverweisung für das vorgenannte Delikt nicht an eine Verurteilung gekoppelt. Es bestand daher Spielraum, den entsprechenden Tatbestand als verwaltungsrechtliche oder strafrechtliche Sanktion zu definieren, wobei sich der Bundesrat für eine strafrechtliche Ausgestaltung entschied.[652] Art. 148a StGB geht massgeblich auf den Vorschlag der Arbeitsgruppe in den Varianten zwei bis vier zurück.[653] In den Parlamentsdebatten wurde dieser unterstützt und ohne Änderungen angenommen.[654] Die Umsetzung von Art. 121 Abs. 3 lit. b BV erweist sich als verfassungskonform.

b) Rechtsfolgen

aa) Obligatorische und fakultative Landesverweisung sowie Einreiseverbot

Die Verfassungsbestimmung fordert in Art. 121 Abs. 3 BV, dass ein Ausländer sein Recht auf Aufenthalt und sämtliche Rechtsansprüche bei Begehung eines Delikts nach lit. a und b verliert. Als weitere Folge ist dieser aus der Schweiz auszuweisen. Der Gesetzgeber ist diesem Erfordernis mit der Änderung des AuG und des AsylG nachgekommen. Eine Bewilligung erlischt mit der rechtskräftigen Landesverweisung und dessen Vollzug (Art. 61 Abs. 1 lit. e und f AuG).[655] Das Refoulementverbot wird als Vollzugshindernis in Art. 66d StGB[656] vorbehalten. Die darunter zu subsumierenden Personen erhalten nicht den Status eines vorläufig Aufgenommenen (Art. 83 Abs. 9

[652] Bericht Arbeitsgruppe Ausschaffungsinitiative, S. 33; dieser Ansicht folgend Botschaft zur Umsetzung Ausschaffungsinitiative, S. 6004.

[653] Bericht Arbeitsgruppe Ausschaffungsinitiative, S. 66 ff.; dieser Ansicht folgend Botschaft zur Umsetzung Ausschaffungsinitiative, S. 6004.

[654] AB 2014 S 1235, 1258; AB 2015 N 258, 261.

[655] AS 2016 2329; vgl. für die weiteren Änderungen im AuG und AsylG Botschaft Umsetzung Ausschaffungsinitiative, S. 6045 ff.

[656] AS 2016 2329.

AuG);[657] vielmehr sind sie ohne Rechtsansprüche in der Schweiz anwesend und erhalten bei Bedarf – sofern sie nicht Flüchtlingseigenschaften aufweisen (Art. 86 Abs. 1 AuG, Art. 7 Ziff. 1 FK) – lediglich Nothilfe.[658]

Gemäss Art. 66a Abs. 1 StGB[659] verweist das Gericht den Ausländer wegen einer im Deliktkatalog begangenen Tat unabhängig von der Strafhöhe für 5–15 Jahre aus der Schweiz. Die obligatorische Landesverweisung, die durch den Ständerat eingefügt worden war, sollte insbesondere bei Verbrechen und unabhängig von der Höhe der Strafe stets für 5 bis 15 Jahre ausgesprochen werden.[660] Die kleine Kammer wich damit massgeblich vom bundesrätlichen Entwurf ab. Demgegenüber hält Art. 66a^{bis} StGB[661]für die fakultative Landesverweisung fest, dass das Gericht Ausländer für drei bis 15 Jahre des Landes verweisen kann, wenn sie wegen eines Verbrechens oder Vergehens, das nicht von Art. 66a StGB erfasst wird, zu einer Strafe verurteilt wurden oder wenn gegen sie eine Massnahme nach den Art. 59–61 StGB angeordnet wurde. Umfasst werden demnach sämtliche Ausländer, die wegen einer Straftat schuldig gesprochen wurden.[662] Dadurch sollte dem Gericht die Möglichkeit gegeben werden, auch bei leichten Delikten, insbesondere im Wiederholungsfall, eine Landesverweisung auszusprechen. Unter diesen Anwendungsbereich fielen somit v.a. die Kriminaltouristen.[663]

Der Wortlaut der Gesetzesbestimmung besagt jedoch, dass eine fakultative Landesverweisung ausgesprochen werden kann, wenn die normierten Voraussetzungen erfüllt sind. Dass es sich hierbei um einen Wiederholungstäter handeln muss, ergibt sich weder aus dem Wortlaut noch aus der Systematik oder dem Sinn und Zweck der Gesetzesbestimmung. Mithin werden auch Ersttäter vom Anwendungsbereich erfasst, die nicht unter Art. 66a Abs. 1 StGB fallen. Die fakultative Landesverweisung ist als Auffangtatbestand ausgestaltet, der in erster Linie einen umfassenden Anwendungsbereich

---

657 Vgl. auch BBl 2015 2735, für Art. 83 Abs. 9 E-AuG.

658 Botschaft Umsetzung Ausschaffungsinitiative, S. 6007 ff.

659 AS 2016 2329.

660 SR Engler, AB 2014 S 1237; SR Egerszegi-Obrist, AB 2014 S 1238.

661 AS 2016 2329.

662 SR Engler, AB 2014 S 1237.

663 SR Engler, AB 2014 S 1237.

der strafrechtlichen Landesverweisung sicherstellen möchte.[664] Letztere steht jedoch im Widerspruch zu Art. 121 Abs. 3 i.V.m. 5 BV. Die Verfassungsbestimmung verankert in hinreichend präziser Weise die Minimal- und Maximaldauer der Wegweisung (mithin fünf bis 15 Jahre). Eine Landesverweisung für drei Jahre erweist sich somit als verfassungswidrig.

Begeht jemand, nachdem gegen ihn eine Landesverweisung angeordnet worden ist, eine neue Straftat, welche die Voraussetzungen für eine Landesverweisung nach Art. 66a StGB erfüllt, so ist die neue Landesverweisung auf 20 Jahre auszusprechen (Art. 66b Abs. 1 StGB). Das Einreiseverbot ergeht nicht als Sanktion für vergangenes Fehlverhalten, sondern dient der Abwendung einer künftigen Störung der öffentlichen Sicherheit und Ordnung.[665] Der bundesrätliche Entwurf übernahm den durch die Verfassungsnorm eingefügten Rahmen des Einreiseverbots in Art. 121 Abs. 5 BV und wollte den Entscheid über die effektive Dauer der Landesverweisung dem Ermessen des Gerichts überlassen (Art. 66a E-StGB).[666] Auf Vorschlag der vorberatenden Kommission wollte der Nationalrat demgegenüber bei bestimmten Delikten ein mindestens zehnjähriges Einreiseverbot aussprechen.[667] Dieser Gedanke war jedoch infolge des ständerätlichen Vorschlags nicht mehrheitsfähig. Der nunmehr geltende Art. 66a StGB, der mit der bundesrätlichen Version übereinstimmt, stellt den Entscheid über die effektive Dauer der Landesverweisung ins Ermessen des beurteilenden Gerichts. Die geltende Regelung erweist sich damit als verfassungskonform.

Eine Landesverweisung kann gemäss Art. 66b Abs. 2 StGB auch auf Lebzeiten ausgesprochen werden, wenn der Verurteilte die neue Tat begeht, solange die für die frühere Tat ausgesprochene Landesverweisung noch wirksam ist. Der durch den Ständerat eingefügte Abs. 2 geht über den Regelungsrahmen hinaus, den die Verfassungsnorm vorgibt. Eine Landesverweisung darf nach Art. 121 Abs. 5 BV für maximal 20 Jahre ausgesprochen werden. Die heutige Regelung im StGB ist somit verfassungswidrig.

---

664 So auch SR Engler, AB 2014 S 1237.

665 Vgl. Botschaft Umsetzung Ausschaffungsinitiative, S. 5989.

666 Vgl. Botschaft Umsetzung Ausschaffungsinitiative, S. 5989; vgl. für Art. 66a, E-StGB 2013, S. 6063.

667 AB 2014 N 513 ff.

bb) Härtefallklausel

Nach Art. 66a Abs. 2 StGB kann das Gericht ausnahmsweise von einer Landesverweisung absehen, wenn diese für den Ausländer einen schweren persönlichen Härtefall bewirken würde und wenn die öffentlichen Interessen an der Landesverweisung gegenüber den privaten Interessen des Ausländers am Verbleib in der Schweiz nicht überwiegen. Dabei ist der besonderen Situation von Ausländern Rechnung zu tragen, die in der Schweiz geboren und aufgewachsen sind.

Um das Gebot der Verhältnismässigkeit staatlichen Handelns einzuhalten[668] und die völkerrechtlichen Bestimmungen zu beachten, hatte sich der Bundesrat in seinem Gesetzesentwurf zwar für eine automatische Landesverweisung bei Begehung schwerer Straftaten entschieden. Relativiert wurde dieser vorgesehene Automatismus hingegen dadurch, dass die Schwere der Tat einerseits anhand der ausgesprochenen Strafe beurteilt wurde (Sanktionen mit einem Strafmass von über sechs Monaten Freiheitsstrafe, 180 Tagessätzen Geldstrafe oder 720 Stunden gemeinnütziger Arbeit).[669] Andererseits musste für eine Landesverweisung in jenen Fällen, in denen eine Sanktion von unter sechs Monaten Freiheitsstrafe, 180 Tagessätzen Geldstrafe oder 720 Stunden gemeinnütziger Arbeit ausgesprochen wurde, das öffentliche Interesse die privaten Interessen am Verbleib in der Schweiz überwiegen. Bei Strafen von mehr als sechs Monaten Freiheitsstrafe sollte die Landesverweisung dabei die Regel darstellen. Eine Ausnahme sah der Entwurf dabei nur bei einem schwerwiegenden Verstoss gegen die in den Menschenrechtspakten garantierten Rechte vor.[670]

Art. 66a Abs. 2 und 3 E-StGB[671] wurde in der vom Bundesrat in seiner Botschaft zur Umsetzung der Ausschaffungsinitiative vorgeschlagenen Form von beiden Räten verworfen. Gemäss der ständerätlichen Variante sollte die obligatorische Landesverweisung für sämtliche Straftaten im Deliktskatalog

---

[668] Vgl. Botschaft Umsetzung Ausschaffungsinitiative, S. 6028.

[669] BR Sommaruga, AB 2014 S 1245 f.; Botschaft Umsetzung Ausschaffungsinitiative, S. 6003.

[670] BR Sommaruga, AB 2014 S 1245 f.; Botschaft Umsetzung Ausschaffungsinitiative, S. 6003.

[671] Vgl. Botschaft Umsetzung Ausschaffungsinitiative, S. 6028; vgl. E-StGB 2013, S. 6063 f.

5 bis 15 Jahre betragen. Das den Gerichten zugestandene freie Ermessen für die Kassation, einer im Einzelfall unverhältnismässigen Landesverweisung, wie sie der nationalrätliche Entwurf noch vorsah, sollte gemäss der ständerätlichen Fassung strengen und einschränkenden Vorgaben für die Gerichte bei der Handhabung des Verhältnismässigkeitsprinzips weichen. Im Einzelfall dürfe nur dann von der Landesverweisung abgesehen werden, wenn diese für die betroffene Person einen schweren persönlichen Härtefall darstelle und das öffentliche Interesse das private Interesse am Verbleib in der Schweiz nicht überwiege.[672] Die Härtefallklausel des Ständerates war strenger ausgestaltet als jene des Bundesrates, da auf das Erfordernis der Strafhöhe verzichtet wurde.[673] Insbesondere sollte dadurch dem verfassungsrechtlich verankerten Ausweisungsautomatismus entsprochen werden.[674] Der heute geltende Art. 66a Abs. 2 StGB[675] orientiert sich an dieser ständerätlichen Version, wonach es den Gerichten in Ausnahmefällen zusteht von einer Landesverweisung abzusehen.

Auch Art. 66a Abs. 3 E-StGB[676] des bundesrätlichen Gesetzesentwurfs wurde durch das Parlament geändert. Der Verweis auf die Unzumutbarkeit wurde gestrichen, weil der Ausländer dadurch in seinen persönlichen Rechten, die durch internationale Menschenrechtsgarantien gewährleistet werden, verletzt werde.[677] Gemäss geltendem Art. 66a Abs. 3 StGB[678] kann von einer Landesverweisung abgesehen werden, wenn die Tat in entschuldbarer Notwehr (Art. 16 StGB) oder in entschuldbarem Notstand (Art. 18 Abs. 1 StGB) begangen wurde.

Die gesetzliche Verankerung der Härtefallklausel und die damit einhergehende Relativierung des verfassungsrechtlich statuierten Ausweisungsauto-

---

672 SR Engler, AB 2014 S 1237.

673 SR Engler, AB 2014 S 1237; SR Luginbühl, AB 2014 S 1243 f.

674 SR Engler, AB 2014 S 1237; SR Diener, AB 2014 S 1240; SR Schwaller, AB 2014 S 1242; SR Minder, AB 2014 S 1242 f.

675 AS 2016 2329.

676 Vgl. E-StGB 2013, S. 6064; Botschaft Umsetzung Ausschaffungsinitiative, S. 6029 f.

677 Vgl. Botschaft Umsetzung Ausschaffungsinitiative, S. 6029.

678 AS 2016 2329.

matismus in Art. 121 Abs. 3 i.V.m. Abs. 5 BV sind als verfassungswidrig zu taxieren.

cc) Strafbarkeit illegaler Einreise

Art. 121 Abs. 6 BV stellt die Missachtung des ausgesprochenen Einreiseverbots sowie die sonstige illegale Einreise unter Strafe. Der erstgenannte Fall ist gegeben, wenn jemand erneut einen Tatbestand in Art. 121 Abs. 3 und 4 BV erfüllt (Art. 66b Abs. 1 StGB). Die Strafbarkeit der illegalen Einreise in die Schweiz bestand bereits vor der Annahme der Ausschaffungsinitiative (vgl. Art. 115 Abs. 1 lit. a AuG). Infolgedessen erachtete der Bundesrat es für unnötig, zusätzliche Normen im Strafgesetzbuch zu erlassen. Auf welcher Grundlage nun die illegale Einreise künftig sanktioniert werden soll, lässt die Botschaft des Bundesrates indessen offen.[679] Da jedoch die obligatorische Landesverweisung wiedereingeführt wurde, wäre die Anwendung von Art. 291 StGB als konsequent zu erachten.[680]

6. Ergebnis

Der Gesetzgeber ist dem Konkretisierungs- und Ergänzungsauftrag in Art. 121 Abs. 4 i.V.m. Art. 197 Ziff. 8 BV fristgerecht nachgekommen. Der Deliktskatalog in Art. 121 Abs. 3 lit. a BV wurde insbesondere um Delikte ergänzt, die schwere Verbrechen darstellen, wobei auf die Aufnahme von Vergehen – ausgenommen die in der Verfassungsnorm selbst enthaltenen – verzichtet wurde (Art. 66a lit. a–o StGB). Nebst der obligatorischen (Art. 66a StGB) wurde auch die fakultative Landesverweisung (Art. 66a^{bis} StGB) für Ausländer wiedereingeführt. Erstere setzt die in Art. 121 Abs. 5 BV angeordnete Rechtsfolge der Wegweisung von 5 bis 15 Jahren verfassungskonform um, wobei die Aufnahme der Härtefallklausel in Abs. 2 eine nicht unbeachtliche Relativierung des verfassungsrechtlich statuierten Ausweisungsautomatismus zur Folge hat. Dies erweist sich als verfassungswidrig. Letztere normiert hingegen eine Landesverweisung von drei bis vier Jahren, was mit der verfassungsrechtlich vorgegebenen Mini-

---

679 Botschaft Umsetzung Ausschaffungsinitiative, S. 6012.

680 SG Kommentar BV-THURNHERR, Art. 121 N 58.

maldauer in Art. 121 Abs. 5 BV unvereinbar ist. Sowohl die obligatorische als auch die fakultative Landesverweisung sehen eine Verurteilung durch ein Gericht vor, wobei dieses gemäss dem Wortlaut von Art. 66a und Art. 66a^{bis} StGB eine Strafe aussprechen muss. Damit kommt der Gesetzgeber Art. 121 Abs. 3 BV nach. Auch der in Art. 121 Abs. 3 lit. b BV vorgesehene Tatbestand des missbräuchlichen Bezugs von Leistungen der Sozialversicherungen und der Sozialhilfe wurde in Art. 148a i.V.m. Art. 66a lit. e StGB verfassungskonform umgesetzt. Sodann stellt Art. 121 Abs. 6 BV die Missachtung des ausgesprochenen Einreiseverbots sowie die sonstige illegale Einreise unter Strafe. Ersteres wurde in Art. 66b Abs. 1 StGB verfassungskonform umgesetzt. Für die illegale Einreise kann Art. 291 StGB aufgrund der Wiederaufnahme der Landesverweisung angewendet werden. Letzterer Tatbestand hingegen wurde in Art. 66b Abs. 2 StGB in verfassungswidriger Weise durch den Gesetzgeber konkretisiert.

Die beschlossenen Gesetzesänderungen traten am 1. Oktober 2016 in Kraft, wogegen kein Referendum ergriffen wurde.[681] Aufgrund von Art. 190 BV sind diese durch die rechtsanwendenden Behörden anzuwenden.

681 AS 2016 2329.

III. Die Zweitwohnungsinitiative

1. Ausgangslage

Die vom Initiativkomitee «Stiftung Helvetia Nostra» als ausgearbeiteter Entwurf abgefasste eidgenössische Volksinitiative «Schluss mit uferlosem Bau von Zweitwohnungen!» (sog. Zweitwohnungsinitiative) wurde am 6. Juni 2006 durch die Bundeskanzlei vorgeprüft[682] und am 18. Dezember 2007 eingereicht. Am 18. Januar 2008 stellte die Bundeskanzlei mit Verfügung fest, dass die Initiative mit 108'497 gültigen Unterschriften zustande gekommen war.[683] Gleichzeitig wurde mit der Zweitwohnungsinitiative auch eine zweite, jedoch später zurückgezogene Initiative namens «Gegen masslosen Bau umwelt- und landschaftsbelastender Anlagen» eingereicht.[684] Die beiden sog. «Tandem-Initiativen» standen unter dem Motto «Rettet den Schweizer Boden».[685]

Der Bundesrat verabschiedete am 29. Oktober 2008 seine Botschaft zur Zweitwohnungsinitiative und unterbreitete dieser dabei weder einen Gegenentwurf noch einen indirekten Gegenvorschlag.[686] Sodann empfahl der Nationalrat am 4. Juni 2009 die Zweitwohnungsinitiative zur Ablehnung.[687] Die Kommissionen für Umwelt, Raumplanung und Energie beider Räte (UREK) beantragten, die Behandlungsfrist der Volksinitiative um ein Jahr, das heisst bis zum 18. Juni 2011,[688] zu verlängern, um sich zunächst mit der Revision des Raumplanungsgesetzes zu beschäftigen. Dabei erachteten beide Kommissionen diese als indirekten Gegenvorschlag zur Initiative.[689] Die Revision beinhaltete in erster Linie flankierende Massnahmen zur Aufhebung der Lex Koller, welche die Kantone in die Pflicht nahmen, sich in den Richtplänen

682 BBl 2006 5229.

683 BBl 2008 1113.

684 BBl 2009 7391.

685 Botschaft Zweitwohnungsinitiative, S. 8763.

686 Botschaft Zweitwohnungsinitiative, S. 8760.

687 AB 2009 N 1038.

688 AB 2010 S 421; AB 2010 N 903.

689 UREK-S, Bericht vom 26. April 2010; UREK-N, Bericht vom 8. Juni 2010; AB 2010 S 421.

der Zweitwohnungsproblematik anzunehmen.[690] Eine zwingende Beschränkung des Anteils an Zweitwohnungen, wie sie die Initiative vorsah, war jedoch nicht Gegenstand der vorgeschlagenen Lösung.[691] Das Parlament nahm die Revision des Raumplanungsgesetzes in der Wintersession 2010 an.[692] In der Folge lehnte der Ständerat – wie von seiner Kommission beantragt – die Initiative ab.[693] Sowohl der Ständerat als auch der Nationalrat empfahlen in der Schlussabstimmung die Ablehnung der Initiative.[694]

Das Hauptanliegen der Initiative war es, den Zweitwohnungsanteil am Gesamtbestand der Wohneinheiten und an der für Wohnzwecke genutzten Bruttogeschossfläche schweizweit auf 20 % zu begrenzen.[695] Zweitwohnungen seien angesichts der grossen Nachfrage in den klassischen Tourismusgebieten der Kantone Graubünden, Wallis, Tessin, Bern und Waadt stark verbreitet.[696] Diese würden jedoch über das Jahr hinweg wenig genutzt, weshalb sog. «kalte Betten» entstünden. Der vermehrte Bau von Zweitwohnungen führe zur Zersiedlung der Landschaft und habe steigende Immobilien- und Bodenpreise zur Folge. Dies führe schliesslich dazu, dass für die lokale Bevölkerung immer weniger bezahlbarer Wohnraum zur Verfügung stünde.[697]

2. Abstimmung durch Volk und Stände

Am 11. März 2012 wurde die Zweitwohnungsinitiative vom Volk mit 1'152'598 Ja- gegen 1'123'802 Nein-Stimmen und von den Ständen mit 12 3/2 Ja- gegen 8 3/2 Nein-Stimmen angenommen.[698] Damit traten der neue

690 Botschaft Zweitwohnungsinitiative, S. 8762.
691 Botschaft RPG-Revision, S. 5771 ff.
692 AB 2010 N 2181.
693 AB 2011 S 427, 429.
694 AB 2011 S 704 u. AB 2011 N 1285; BBl 2011 4825 f.
695 Vgl. Art. 75b Abs. 1 BV; vgl. dazu auch Botschaft Zweitwohnungsinitiative, S. 8764.
696 Botschaft Zweitwohnungsinitiative, S. 8766; vgl. hierzu auch PFAFFINGER/ROSSÉ, S. 2 f.
697 Abstimmungserläuterungen ZWI, S. 6.
698 BBl 2012 6623.

Art. 75b BV und die dazugehörige Übergangsbestimmung in Art. 197 Ziff. 9 BV unmittelbar in Kraft.[699] Diese lauten wie folgt:

Art. 75b

[1] Der Anteil von Zweitwohnungen am Gesamtbestand der Wohneinheiten und der für Wohnzwecke genutzten Bruttogeschossfläche einer Gemeinde ist auf höchstens 20 Prozent beschränkt.

[2] Das Gesetz verpflichtet die Gemeinden, ihren Erstwohnungsanteilplan und den detaillierten Stand seines Vollzugs alljährlich zu veröffentlichen.

Art. 197 Ziff. 9

[1] Tritt die entsprechende Gesetzgebung nach Annahme von Artikel 75b nicht innerhalb von zwei Jahren in Kraft, so erlässt der Bundesrat die nötigen Ausführungsbestimmungen über Erstellung, Verkauf und Registrierung im Grundbuch durch Verordnung.

[2] Baubewilligungen für Zweitwohnungen, die zwischen dem 1. Januar des auf die Annahme von Artikel 75b folgenden Jahres und dem Inkrafttreten der Ausführungsbestimmungen erteilt werden, sind nichtig.

3. Typologie und Rechtsnatur

a) Normtyp

Die Rechtsnatur von Art. 75b Abs. 1 BV wurde in der Lehre kontrovers beurteilt. Nach ALIG/GRIFFEL stellt Art. 75b BV eine «untypische Verfassungsnorm mit hybridem Charakter»[700] dar. In erster Linie normiere Art. 75b BV eine Aufgabennorm, mithin einen Gesetzgebungsauftrag. Dies impliziere gleichzeitig auch eine «umfassende, nachträglich derogatorische Rechtsetzungskompetenz»[701] zu Gunsten des Bundes.[702] Darüber hinaus sei Art. 75b Abs. 1 BV rein programmatischer Natur.[703] Nach WALDMANN enthält Art. 75b Abs. 1 BV demgegenüber sowohl ein Regelungsprogramm als auch Zielvorgaben und werde daher fälschlicherweise mit einer direkt anwendba-

[699] Art. 195 BV, Art. 15 Abs. 3 BPR.

[700] BSK BV-ALIG/GRIFFEL, Art. 75b N 8.

[701] BSK BV-ALIG/GRIFFEL, Art. 75b N 8.

[702] So auch SG Kommentar BV-RUCH, Art. 75b N 24; BIAGGINI, Komm. BV, Art. 75b N 3.

[703] BSK BV-ALIG/GRIFFEL, Art. 75b N 8.

ren Verfassungsbestimmung verwechselt. Verfassungsartikel, die Gesetzgebungsaufträge normieren, könnten daher nicht als direkt anwendbare Normen qualifiziert werden.[704]

Diesen Ansichten ist nicht vollends zuzustimmen. Art. 75b Abs. 1 BV bestimmt, dass der Anteil von Zweitwohnungen am Gesamtbestand der Wohneinheiten und der für Wohnzwecke genutzten Bruttogeschossfläche einer Gemeinde auf höchstens 20 % beschränkt ist. Art. 75b Abs. 1 BV statuiert einen Rechtssatz, der sowohl konditionale als auch finale Elemente enthält.[705] Abs. 1 ist hinreichend bestimmt, sowohl Tatbestand (20 % der Zweitwohnungen, gemessen am Gesamtbestand) als auch Rechtsfolgen (keine neue Baubewilligung bei Überschreitung der Obergrenze von 20 %) sind für einen Durchschnittsadressaten sowie für die rechtsanwendenden Behörden genügend präzise. Der nur implizit normierte Rechtsanwendungsbefehl vermag die direkte Anwendbarkeit nicht zu verhindern.[706] Abs. 1 enthält gleichzeitig auch finale Elemente, indem der Zweitwohnungsanteil einer Gemeinde im Sinne einer Zielgrösse bei max. 20 % liegen soll. Art. 75b Abs. 1 BV stellt demnach keine Aufgabennorm dar. Als klare Aufgabennorm ist hingegen Art. 75b Abs. 2 BV ausgestaltet. Trotz direkter Anwendbarkeit von Art. 75b Abs. 1 BV sind Konkretisierungen auf Gesetzes- und allenfalls Verordnungsstufe insbesondere über Registrierung, Verkauf und Grundbucheintrag notwendig.

b) Direkte oder nicht direkte Anwendbarkeit

aa) Zweitwohnungsbeschränkung

Art. 75b Abs. 1 BV bestimmt, dass der Anteil von Zweitwohnungen am Gesamtbestand der Wohneinheiten und der für Wohnzwecke genutzten Bruttogeschossfläche einer Gemeinde auf höchstens 20 % beschränkt ist.

Die Bedeutung von Art. 75b Abs. 1 BV ist zunächst anhand des allgemeinen Sprachgebrauchs, wie er sich aus Wörterbücher und Lexika sinngemäss ent-

---

704 WALDMANN, BR 2013, S. 234 f.; a.M. DERS., LeGes 2015, S. 527; DERS., Schutz von Mooren, S. 71.

705 Gl.M. MÖSCHING, Massnahmen, S. 69.

706 MÖSCHING, Massnahmen, S. 69 m.w.H. auf BBl 1989 III 997.

nehmen lässt, zu ermitteln. Abs. 1 ist in allgemeiner Form abgefasst und richtet sich an einen unbestimmten Adressatenkreis. In erster Linie werden jedoch die rechtsanwendenden Behörden im Rahmen der Baubewilligungserteilung angesprochen. Der in Abs. 1 verwendete Begriff der «Zweitwohnung» ist sprachlich präzis; per Definition sind damit Wohnungen gemeint, die nicht als Erstwohnungen genutzt werden.[707] Darunter sind insbesondere Ferienwohnungen zu subsumieren.[708] Überdies ist der Begriff der Zweitwohnung im schweizerischen Recht nicht unbekannt. Im Bundesrecht wird der Zweitwohnungsterminus ebenfalls verwendet, aber nicht explizit definiert.[709] In der Planungshilfe des Bundesamtes für Raumentwicklung (ARE) findet sich indessen eine präzise Begriffsumschreibung; als Zweitwohnungen gelten alle Wohnungen, die nicht als Erst- oder Hauptwohnung genutzt werden. Zu letzteren zählen Wohnungen, die von Personen mit zivilrechtlichem Wohnsitz (Art. 23 ZGB) in der Gemeinde genutzt werden sowie Wohnungen, die von Berufstätigen oder in Ausbildung stehenden Personen am Ort oder in der Region bewohnt werden.[710] Im kantonalen und kommunalen Recht zum Zweitwohnungsbau finden sich bisher unterschiedliche Definitionen.[711]

Mithin ist der Begriff der Zweitwohnung aufgrund des Wortlautes und des allgemeinen Sprachgebrauchs auf touristisch bewirtschaftete Wohnungen beschränkt, die sich nicht am Wohnsitz oder am gewöhnlichen Aufenthaltsort der Person befinden.[712] Die Abstimmungserläuterungen des Bundesrates subsumierten jedoch auch Wohnungen von Berufstätigen unter den Begriff

707 So auch BGE 139 II 243, 254 E. 10.2.

708 Duden online; so auch Abstimmungserläuterungen ZWI, S. 5.

709 Vgl. Art. 8 Abs. 2 RPG, der die Definition des Zweitwohnungsbegriffs den Kantonen überlässt; so auch WALDMANN, BRT 2013, S. 133; vgl. Art. 7 lit. j und Art. 9 Abs. 1 lit. c BewG und Ausführungsverordnung zum BewG (BewV), wo zwischen «Zweitwohnung» und «Ferienwohnung» eine Unterscheidung getroffen wird. Das Begriffspaar «Zweit- und Ferienwohnung» findet sich auch in Art. 2 Abs. 3 WEG.

710 ARE, Planungshilfe, S. 7 f.

711 M.w.H. WALDMANN, BRT 2013, Fn. 49.

712 BGE 139 II 243, 254 E. 10.2; a.M. BIANCHI/GROS, S. 43.

der Zweitwohnung.[713] Eine solche Auslegung ist abzulehnen, da Nebenwohnsitze für Schul- und Arbeitszwecke eine hohe Nutzungsintensität aufweisen und deshalb nicht unter den Zweck der Verfassungsbestimmung subsumiert werden können.[714] Insbesondere eine historisch-teleologische Leseart spricht für einen engen Zweitwohnungsbegriff, der somit die klassischen Ferienwohnungen umfasst, die eine geringe Nutzungsintensität aufweisen (sog. «kalte Betten).[715]

Art. 75b Abs. 1 BV beschränkt den Anteil von Zweitwohnungen gemessen am Gesamtbestand der Erstwohnungen oder an der für Wohnzwecke genutzten Bruttogeschossfläche pro Gemeinde auf 20 %.[716] Das Wort «beschränken» wird im allgemeinen Sprachgebrauch als Synonym für ein Verbot verwendet.[717] Auch der Terminus der «Wohneinheit» ist nach allgemeinem Sprachgebrauch hinreichend präzise; darunter ist eine «in sich (geschlossene) Wohnung» zu verstehen.[718] Der Begriff der Bruttogeschossfläche ist im kommunalen Baurecht normiert, weshalb auf dieses Begriffsverständnis zurückgegriffen werden kann. Demnach zielt die zweite Tatbestandsvariante «auf die räumliche Beschränkung der der Zweitwohnungsnutzung dienenden Gesamtfläche» ab.[719] Die Konjunktion «oder» lässt indessen auf alternative Tatbestände für die Ermittlung der vorgegebenen Zweitwohnungsobergrenze schliessen. Die Rechtsfolge tritt dabei ein, wenn mindestens eine der beiden

---

713 Abstimmungserläuterungen ZWI, S. 5; Argumentarium Zweitwohnungsinitiative, S. 26.

714 So auch WALDMANN, BRT 2013, S. 133; kritisch BSK BV-ALIG/GRIFFEL, Art. 75b N 18; so auch Argumentarium Zweitwohnungsinitiative, S. 26.

715 Abstimmungserläuterungen ZWI, S. 6; Argumentarium Zweitwohnungsinitiative, S. 13; so auch BGE 139 II 243, 256 E. 10.5, bekräftigt in BGE 142 II 206, 208 E. 2.1; zustimmend auch WALDMANN, BRT 2013, S. 133 in fine; so auch BSK BV-ALIG/GRIFFEL, Art. 75b N 19, die einen engen Anwendungsbereich als «vertretbar» erachten, sofern es sich nachhaltig um «warme Betten» handelt.

716 Sowohl die Bedeutung des französischen Wortes «constituent» als auch die Bedeutung des italienischen Wortes «eccedere» sind mit der deutschen deckungsgleich.

717 Duden online.

718 Duden online.

719 BSK BV-ALIG/GRIFFEL, Art. 75b N 21.

Quoten überschritten ist.[720] Dies entbindet die Behörden jedoch nicht davon, den Zweitwohnungsanteil für beide Tatbestandsvarianten zu ermitteln und die Einhaltung der Obergrenze zu überwachen.[721] In diesem Sinn sind auch weniger hohe Anforderungen an die Normdichte zu stellen, da sich die Bestimmung an die rechtsanwendenden Behörden richtet. Die normierte Obergrenze von 20 % bezieht sich dabei auf das Gemeindegebiet und nicht auf die einzelnen Bauzonen.[722] Überdies sind die Gemeinden mit überschiessendem Zweitwohnungsanteil aufgrund der Formulierung «höchstens 20 %» angehalten, entsprechende Massnahmen zur Senkung zu ergreifen.[723] Dies ergibt sich sowohl aus der historischen Auslegung[724] als auch aus dem Sinn und Zweck der Verfassungsnorm.

Aus einer historisch-teleologischen Auslegung folgt einerseits, dass Art. 75b Abs. 1 BV die Erteilung einer Baubewilligung bei Erreichen der Zweitwohnungsobergrenze von 20 % in einer Gemeinde verbietet. Andererseits fällt auch die Umnutzung von Erst- in Zweitwohnungen unter den sachlichen Anwendungsbereich von Art. 75b Abs. 1 BV.[725] In diesem Sinn ist Art. 75b Abs. 1 BV sowohl hinsichtlich der geforderten Doppelquote als auch mit Blick auf den Zweitwohnungsbegriff hinreichend präzise umschrieben.[726] Mithin ist dieser direkt anwendbar.[727]

Dem widersprechen WALDMANN, DUBEY und MÖSCHING. Nach WALDMANN bedarf die Einführung einer schweizweit geltenden Plafonierung einer

---

720 BGE 139 II 243, 251 E. 9.1; so auch BSK BV-ALIG/GRIFFEL, Art. 75b N 12; so auch SG Kommentar BV-RUCH, Art. 75b N 15; ARE, EB ZwVo, S. 17 f.

721 So auch Botschaft Zweitwohnungsinitiative, S. 8764; SG Kommentar BV-RUCH, Art. 75b N 33.

722 Vgl. ANASTASI/CANONICA/MOLO, Rz. 26.

723 Vgl. WALDMANN, BRT 2013, S. 135; in diesem Sinne auch BSK BV-ALIG/GRIFFEL, Art. 75b N 14; SG Kommentar BV-RUCH, Art. 75b N 32.

724 Argumentarium Zweitwohnungsinitiative, S. 23, 26.

725 Vgl. Argumentarium Zweitwohnungsinitiative, S. 23, 26.

726 MARTI, S. 281; DUBEY, JDC 2013, S. 107; SG Kommentar BV-RUCH, Art. 75b N 15; ARE, EB ZwVo, S. 17 f.; BSK BV-ALIG/GRIFFEL, Art. 75b N 22.

727 A.M. WALDMANN, BRT 2013, S. 136, der davon ausgeht, dass die Zweitwohnungsbauplafonierung eine Erhebungssystematik der nötigen Berechnungsgrundlagen und der objektiven Wohnungserfassungen voraussetze, daher sei Art. 75b Abs. 1 BV nicht direkt anwendbar.

einheitlichen Begriffsbestimmung, die primär durch den Gesetzgeber konkretisiert werden müsste. Überdies sei unklar, wie weit der Zweitwohnungsbegriff und damit einhergehend der sachliche Anwendungsbereich von Art. 75b BV greife.[728] DUBEY argumentiert ähnlich wie WALDMANN. Mangels genügender Bestimmtheit der Verfassungsnorm könne Art. 75b Abs. 1 BV keine gesetzliche Grundlage für schwerwiegende Eingriffe in die Eigentumsgarantie und die Niederlassungsfreiheit bilden.[729] Auch nach MÖSCHING bedürfen sowohl der Zweitwohnungsbegriff als auch die verwirrende Übergangsbestimmung in Art. 197 Ziff. 9 Abs. 2 BV, welche die Nichtigkeit für Baubewilligungen für Zweitwohnungen erst ab dem 1. Januar 2013 vorsehe, einer Konkretisierung auf Gesetzes- und Verordnungsstufe.[730]

Diesen Ansichten kann indessen nicht gefolgt werden. Art. 75b Abs. 1 BV kann auch ohne Dazwischentreten des Gesetzgebers im Einzelfall unmittelbare Verfügungsgrundlage für den «harten Kern» bilden. In erster Linie richtet sich die Bestimmung an die rechtsanwendenden Behörden, weshalb weniger hohe Anforderungen an die Normdichte zu stellen sind.[731] Der allgemeine Sprachgebrauch und eine historisch-teleologische Auslegung vermögen überdies den Zweitwohnungsbegriff hinreichend genau einzugrenzen. Unter das direkt anwendbare verfassungsrechtliche Verbot fallen klassische Ferienwohnungen sowie Umnutzungen von Erst- in Zweitwohnungen, wobei die geringe Nutzungsintensität das massgebende Kriterium für die Abgrenzung bildet.[732] Der Umstand, dass Art. 75b Abs. 1 BV zwei unter-

---

728 WALDMANN, BRT 2013, S. 133.

729 DUBEY, JDC 2013, S. 112 ff.

730 MÖSCHING, Massnahmen, S. 65 ff.; DERS., Jusletter 10. Dezember 2012, Rz. 25, 35 und 41 ff.; ablehnend auch ROTH, Jusletter 12. September 2016, Rz. 16 ff.; a.M. in Bezug auf Art. 197 Ziff. 9 Abs. 2 BV WALDMANN, Jusletter 10. Dezember 2012, Rz. 6.

731 RHINOW, Rechtsetzung und Methodik, S. 264; MÜLLER/UHLMANN, N 252.

732 Argumentarium Zweitwohnungsinitiative, S. 23; vgl. Botschaft Zweitwohnungsinitiative, S. 8767, die festhält: «Bei den bestehenden Erstwohnungen würde die Perspektive wegfallen, diese einmal in lukrative Zweitwohnungen umnutzen zu können»; vgl. auch die im Auftrag des ARE erstellte Studie RÜTTER-FISCHBACHER/RÜTTER/WEGMANN, S. 66, die festhält: «Umnutzungen von bestehenden Erstwohnungen […] sind nicht möglich, da sich bei einer Umnutzung das Verhältnis von Erst- zu Zweitwohnungen zugunsten der Zweitwohnungen verändern würde, was die Initiative untersagt».

schiedliche Messweisen für die Erfüllung der 20 %-Quote in einer Gemeinde statuiert, relativiert die unmittelbare Anwendbarkeit der Verfassungsnorm in keiner Weise, da Tatbestand sowie Rechtsfolgen die Anforderungen an die Normdichte erfüllen.[733] Ausserhalb dieses «harten Kerns» bedarf es hingegen der Konkretisierung durch den Gesetzgeber.[734] Insbesondere muss geklärt werden, ob und in welcher Form Bewilligungen für intensiv genutzte Zweitwohnungen, sog. «warme Betten», erteilt werden dürfen.[735]

bb) Zeitlicher Geltungsbereich der Zweitwohnungsbeschränkung

Gemäss Art. 197 Ziff. 9 Abs. 2 BV sind Baubewilligungen, die zwischen dem 1. Januar des Jahres, das auf die Annahme von Art. 75b BV folgt, und dem Inkrafttreten der Ausführungsbestimmungen erteilt werden, nichtig. Aufgrund des Wortlautes war unklar, ob zwischen der Annahme der Initiative (11. März 2012) bis zum 1. Januar 2013 weiterhin Baubewilligungen in Gemeinden erteilt werden dürften, in denen die Zweitwohnungsobergrenze von 20 % bereits überschritten wurde. Fraglich war überdies, ob auch Zweitwohnungen in Gemeinden mit einem Zweitwohnungsanteil von unter 20 % vom Anwendungsbereich erfasst würden.

Die Übergangsbestimmung ist – gleich wie Art. 75b BV – als Konditionalnorm formuliert. Sie enthält sowohl Tatbestand als auch Rechtsfolgen und ist somit direkt anwendbar.[736] Nach allgemeinem Sprachgebrauch bedeutet der Begriff «nichtig», dass erteilte Baubewilligungen zwischen dem 1. Januar 2013 bis zum Inkrafttreten der Ausführungsgesetzgebung «ohne Wert, belanglos»[737] bleiben. Auch in der juristischen Terminologie ist Nichtigkeit in dem Sinne zu verstehen, dass bewilligten Baugesuchen von Anfang an keine

---

733 So auch MARTI, S. 282; gl.M. BSK BV-ALIG/GRIFFEL, Art. 75b N 22; BGE 139 II 243, 256 f. E. 10.5, bekräftigt in BGE 142 II 206, 208 E. 2.1; a.M. WALDMANN, BRT 2013, S. 129 f.; verneinend aufgrund des vorzeitigen Erlasses der Zweitwohnungsverordnung DUBEY, JDC 2013, S. 109; verneinend auch MÖSCHING, Jusletter 10. Dezember 2012, Rz. 22; MÖSCHING, Massnahmen, S. 65 ff.; ablehnend BIAGGINI, ZBl 2017, S. 581 f.; so auch Botschaft Zweitwohnungsinitiative, S. 8766.

734 Gl.M. BSK BV-ALIG/GRIFFEL, Art. 75b N 22; BGE 139 II 243, 256 f. E. 10.5.

735 BGE 139 II 243, 257 E. 10.5.

736 So auch BGE 139 II 243, 250 E. 9.1.

737 Vgl. Duden online.

Rechtswirkung und Verbindlichkeit, mithin «absolute Unwirksamkeit»[738] zukommt.[739] Eine wortwörtliche Auslegung dieser Bestimmung besagt, dass ab dem 1. Januar 2013 alle Baubewilligungen für Zweitwohnungen in der ganzen Schweiz der Nichtigkeitsfolge unterliegen, unabhängig davon, ob der Zweitwohnungsanteil in einer Gemeinde über 20 % liegt.[740] Unter systematischen Gesichtspunkten ergibt sich jedoch, dass Art. 197 Ziff. 9 Abs. 2 BV auf Art. 75b Abs. 1 BV verweist. Daher ist der Hauptnorm zu entnehmen, welche Baubewilligungen bis zum Inkrafttreten der Ausführungsgesetzgebung als nichtig zu beurteilen sind.[741] Darunter fallen nur Baubewilligungen in Gemeinden mit überschiessendem Zweitwohnungsanteil. In zeitlicher Hinsicht greifen demnach die verfassungsrechtlich vorgesehenen Nichtigkeitsfolgen für sämtliche Baubewilligungen, die nach dem 1. Januar 2013 in Gemeinden mit einem Zweitwohnungsanteil von mehr als 20 % erteilt worden sind. Mithin äussert sich Art. 197 Ziff. 9 Abs. 2 BV dem Wortlaut nach einzig zu den Rechtsfolgen erteilter Baubewilligungen für den Zeitraum ab dem 1. Januar 2013.[742]

Ob die Bestimmung im Sinne einer intertemporalrechtlichen Norm zu verstehen ist, kann weder dem Wortlaut noch der historischen Auslegung entnommen werden, da die Übergangsbestimmung im Vorfeld der Abstimmung nicht thematisiert wurde.[743] Viele Autoren zogen aufgrund der Formulierung den Schluss, dass es sich bei Art. 197 Ziff. 9 Abs. 2 BV unter Anwendung der systematischen Auslegung um eine intertemporalrechtliche Norm und nicht um eine direkt anwendbare Bestimmung handle. Aufgrund des Vertrauensschutzes dürften Bauvorhaben, die zwischen dem 11. März 2012 und dem 31. Dezember 2012 rechtskräftig bewilligt wurden, auch gebaut werden.[744] Gemäss WALDMANN enthält Art. 75b BV in erster Linie einen Ge-

---

738 BGE 132 II 21, 27 E. 3.1.

739 Statt vieler BGE 139 II 243, 260 E. 11.2.

740 Vgl. auch DUBEY, JDC 2013, S. 113 f.

741 Vgl. auch BGE 139 II 243, 251 E. 9.1; so auch WALDMANN, BRT 2013, S. 140.

742 So auch SG Kommentar BV-RUCH, Art. 75b N 18.

743 So auch BGE 139 II 243, 261 E. 11.4; vgl. auch GRIFFEL, Intertemporales Recht, S. 29.

744 Vgl. GRIFFEL, NZZ vom 19. März 2012, S. 8; JAAG, NZZ vom 4. Mai 2012, S. 13; UHLMANN, NZZ vom 13. März 2012, S. 9; MÖSCHING, Jusletter 10. Dezember 2012, Rz. 25, 34, 41 ff.; GANZ, Jusletter 10. Dezember 2012, Rz. 33

setzgebungsauftrag mit dem Ziel, die Zweitwohnungsanteilsobergrenze in allen Gemeinden einzuhalten, mithin auch in solchen, die einen überschiessenden Zweitwohnungsanteil aufweisen.[745] Das vorsorgliche Baubewilligungsverbot in der Übergangsbestimmung in Art. 197 Ziff. 9 Abs. 2 BV solle verhindern, dass die neue Verfassungsnorm unterlaufen werde.[746] Einzig das vorübergehende Verbot sei direkt anwendbar und könne durch die bundesrätliche Verordnung hinsichtlich des Geltungsbereiches und des Inhaltes konkretisiert werden.[747] Die Inkraftsetzung dieser Verordnung auf den 1. Januar 2013 sei im Hinblick auf den Wortlaut von Art. 197 Ziff. 9 Abs. 2 BV vertretbar, obwohl «auf den ersten Blick nur die Rechtsfolge der Bewilligungserteilung (Nichtigkeit) und nicht der zeitliche Geltungsbereich des Bewilligungsverbots»[748] umfasst seien; es sei jedoch zweifelhaft, ob die Initianten eine solch spitzfindige Begrifflichkeit intendiert hatten.[749] Daher erscheine die vom Bundesrat gewählte Lösung «als vernünftiges und praktikables Ergebnis einer verfassungsmässigen Auslegung».[750] Infolgedessen seien Baubewilligungen für Zweitwohnungen, die vor dem 31. Dezember 2012 in Rechtskraft erwachsen sind, gültig und die daraus entstandenen Zweitwohnungen könnten auch in Zukunft als solche genutzt werden. Dagegen sei das neue Recht für alle Baubewilligungen anwendbar, die am 1. Januar 2013 noch nicht rechtskräftig waren.[751]

DUBEY plädiert in eine ähnliche Richtung wie WALDMANN. Art. 197 Ziff. 9 Abs. 2 BV statuiere ein direkt anwendbares Moratorium für Zweitwohnungsbaubewilligungen. Aus diesem Grund entfalte das neue Recht negative

---

und 45; GANZ, Destinationen, Rz. 234 f.; DUBEY, JDC 2013, S. 112; BRANDT, S. 42 f.; JEANRENAUD/SULC, S. 185 f.; RAMEL/FAVRE, S. 285 f.; NORER, in: Norer/Rütsche, S. 36 f.; so auch Entscheide des Verwaltungsgerichts Graubünden R 12 108 vom 5. November 2012 E. 2; R 12 44 vom 23. Oktober 2012 E. 3a; R 12 77 vom 23. Oktober 2012 E. 2b; a.M. ROSSINELLI; ähnlich MARTI, S. 281; DETTWILER, SJZ 2013, S. 90; ANASTASI/CANONICA/MOLO, Rz. 3.

745 WALDMANN, BRT 2013, S. 136.

746 WALDMANN, BRT 2013, S. 140.

747 WALDMANN, Jusletter 10. Dezember 2012, Rz. 6 f.; BRT 2013, S. 140 ff.

748 WALDMANN, BRT 2013, S. 142 f.

749 WALDMANN, BRT 2013, S. 142 f.

750 WALDMANN, BRT 2013, S. 142 f.; DERS, Jusletter 10. Dezember 2012, Rz. 21.

751 WALDMANN, BRT 2013, S. 143; DERS, Jusletter 10. Dezember 2012, Rz. 23 f.

Vorwirkung ab dem 1. Januar 2013 bis zum Inkrafttreten der Ausführungsgesetzgebung.[752] Im Unterschied zu WALDMANN vertritt DUBEY jedoch die Auffassung, dieses Moratorium sei für sämtliche Baubewilligungen für Zweitwohnungen anwendbar, die ab dem 1. Januar 2013 in den betroffenen Gemeinden erteilt wurden; diese seien – unabhängig vom Zweitwohnungsanteil – nichtig.[753] Allerdings sei dieser weite Anwendungsbereich des Moratoriums mit dem Verhältnismässigkeitsprinzip unvereinbar, weshalb sich dessen Einschränkung durch den Erlass der bundesrätlichen Polizeiverordnung als rechtmässig erweise.[754] Die Anwendung des bisherigen Rechts auf Baubewilligungen, die vor dem 1. Januar 2013 erteilt wurden, sei aufgrund des Vertrauensschutzes und der Rechtssicherheit geboten. Art. 197 Ziff. 9 Abs. 2 BV statuiere insofern eine intertemporale Regelung.[755]

Demgegenüber hielt das ARE in seinem erläuternden Bericht vom 17. August 2012 fest, dass Art. 75b BV mindestens teilweise direkt anwendbar sei. Der Anteil an Zweitwohnungen, gemessen am Gesamtbestand der Wohneinheiten und der für Wohnzwecke genutzten Bruttogeschossfläche einer Gemeinde, sei durch Art. 75b Abs. 1 BV auf 20 % beschränkt worden und daher auch direkt anwendbar. Es sei unerheblich, dass der Begriff «Zweitwohnung» gewisse Spielräume eröffne. Diese würden die unmittelbare Anwendbarkeit nicht hindern. Es genüge, wenn die 20 %-Quote bereits nur für eine der beiden Varianten erfüllt sei.[756]

Auch andere Autoren schlossen sich der Auffassung des ARE an, wonach Art. 75b Abs. 1 BV ab dem 11. März 2012 direkt anwendbar sei und zumindest die Baubewilligungserteilung für Zweitwohnungen untersage, die nach diesem Zeitpunkt eingereicht wurden. BRANDT hält Art. 75b BV grundsätzlich für mittelbar anwendbar, weil einerseits die betroffenen Gemeinden, in denen der Zweitwohnungsanteil die Obergrenze von 20 % der für Wohnzwecke genutzten Bruttogeschossfläche übersteige, aufgrund der damaligen statistischen Grundlagen gar nicht ermittelt werden könnten. Andererseits mangle es an einer Präzisierung in Art. 75b Abs. 1 BV hinsichtlich der ge-

---

752 DUBEY, JDC 2013, S. 112 ff.
753 DUBEY, JDC 2013, S. 113 f.
754 DUBEY, JDC 2013, S. 124.
755 DUBEY, JDC 2013, S. 112.
756 ARE, EB ZwVo, S. 17 f.

wünschten Umsetzung in der raumplanerischen Hierarchie (Richtplan, Sachplan, Nutzungsplan, Baubewilligung).[757] Die Übergangsbestimmung in Art. 197 Ziff. 9 Abs. 2 BV sei hingegen viel präziser und schreibe die Nichtigkeit für Baubewilligungen vor, die ab 1. Januar 2013 erteilt worden seien. Sie lege fest, dass die Nichtigkeitsfolge nur Baubewilligungen für Zweitwohnungen in Gemeinden mit einem überschiessenden Zweitwohnungsanteil erfasse. Insoweit erklärt BRANDT Art. 75b Abs. 1 BV für unmittelbar anwendbar, allerdings erst ab dem 1. Januar 2013. Bis dahin würde für neue Zweitwohnungen noch das alte Recht Anwendung finden.[758] Diese Auffassung wird von JEANRENAUD/SULC, RAMEL/FAVRE, GANZ und NORER geteilt.[759]

MARTI vertritt hingegen die Ansicht, dass Art. 75b Abs. 1 BV grundsätzlich den Anteil an Zweitwohnungen in einer Gemeinde auf 20 % im Sinne einer direkt anwendbaren Bestimmung beschränke. Art. 75b Abs. 2 BV enthalte zwar einen konkreten Gesetzgebungsauftrag für die Schaffung von Erstwohnungsanteilplänen, doch könne Abs. 1 auch ohne solche Pläne im Einzelfall angewendet werden. Ferner könne aus der Übergangsbestimmung in Art. 197 Ziff. 9 Abs. 2 BV nicht abgeleitet werden, dass Baubewilligungen für Zweitwohnungen noch bis zum 1. Januar 2013 weiterhin erteilt werden dürften. Sowohl der Titel der Initiative als auch das klare Anliegen der Initianten stünden dieser Auslegung diametral entgegen. Art. 197 Ziff. 9 Abs. 2 BV sei vielmehr so auszulegen, dass Baugesuche, die nach dem 11. März 2012 eingereicht worden seien, wegen Verfassungswidrigkeit aufgehoben werden müssten. Ein überwiegendes Interesse am Vertrauensschutz zugunsten des Weiterbestandes des bisherigen Rechts sei hingegen nicht gegeben. Eine solche Auslegung erlaube es, praktische Konkordanz zwischen den verschiedenen Auslegungselementen herzustellen.[760]

Ähnlich argumentiert ROSSINELLI.[761] Es widerspreche Sinn und Zweck der Zweitwohnungsinitiative, wenn innerhalb einiger Monate mehr Zweitwoh-

---

757 BRANDT, S. 42 f.

758 BRANDT, S. 42 f.

759 JEANRENAUD/SULC, S. 185 f.; RAMEL/FAVRE, S. 285 f.; GANZ, Jusletter 10. Dezember 2012, Rz. 33; NORER, in: Norer/Rütsche, S. 36 f.

760 Zum Ganzen MARTI, S. 281 f.

761 ROSSINELLI.

nungen bewilligt würden als in sämtlichen Jahren zuvor. Art. 75b Abs. 1 BV sei trotz Inkrafttreten der Verordnung auf den 1. Januar 2013 direkt anwendbar; erfasst seien alle seit dem 11. März 2012 gestellten Baugesuche. Für den Wohnsitzbegriff und damit e contrario auch für den Zweitwohnungsterminus könne insofern auf das ZGB referiert werden, zumal die im Anhang zur Verordnung des Bundesrats aufgeführte Liste diejenigen Gemeinden erfasse, die einen überschiessenden Zweitwohnungsanteil aufweisen. Aus diesem Grund sei die Verfassungsnorm direkt anwendbar und bedürfe keiner Konkretisierung auf Gesetzes- und Verordnungsstufe.[762]Auch ANASTASI/ CANONICA/MOLO sprechen sich für die direkte Anwendbarkeit von Art. 75b Abs. 1 BV ab dessen Inkrafttreten am 11. März 2012 aus; ein Umkehrschluss aus Art. 197 Ziff. 9 Abs. 2 BV sei nicht zulässig.[763]

Gleicher Ansicht ist DETTWILER, der sich auf die historische Auslegung beruft und auf das einhellige Verständnis von Befürwortern wie Gegnern verweist, wonach die Annahme der Zweitwohnungsinitiative einen unmittelbaren Baustopp zur Folge hätte.[764] Auch die missverständlich formulierte Übergangsbestimmung in Art. 197 Ziff. 9 Abs. 2 BV vermöge an der unmittelbaren Anwendbarkeit nichts zu ändern: Ein Umkehrschluss verbiete sich aufgrund des Fehlens eines qualifizierten Schweigens des Erlasses. Art. 75b Abs. 1 BV normiere somit seit dem 11. März 2012 ein Baubewilligungsverbot für Zweitwohnungen in Gemeinden mit einem Zweitwohnungsanteil von über 20 %. Solche Baubewilligungen unterlägen zwar nicht der Nichtigkeitsfolge, sehr wohl jedoch der Anfechtbarkeit.[765] Ferner gebiete es der Grundsatz des Vertrauensschutzes, die am 11. März 2012 bereits eingereichten Baugesuche noch nach altem Recht zu bewilligen.[766] Für Eigentümer müsse allerdings die Möglichkeit bestehen, in Analogie zu Art. 4 lit. b Ziff. 1 der Verordnung über Zweitwohnungen (ZwVo) nachzuweisen, dass die in dieser Zeitspanne erteilten Baubewilligungen qualifiziert touristisch bewirtschaftete Zweitwohnungen darstellen würden.[767]

---

762 ROSSINELLI.

763 ANASTASI/CANONICA/MOLO, Rz. 3.

764 DETTWILER, SJZ 2013, S. 90.

765 DETTWILER, SJZ 2013, S. 90.

766 DETTWILER, SJZ 2013, S. 90.

767 DETTWILER, SJZ 2013, S. 98.

Art. 197 Ziff. 9 Abs. 2 BV ist stets zusammen mit Art. 75b Abs. 1 BV zu lesen, da diese eine Einheit bilden.[768] Art. 75b Abs. 1 BV legt sowohl den Tatbestand als auch die Rechtsfolge für den «harten Kern» der Zweitwohnungsbeschränkung hinreichend genau fest. Mithin ist das verfassungsrechtliche Verbot neuer Zweitwohnungen in Gemeinden mit einem überschiessenden Zweitwohnungsanteil seit dem 11. März 2012 direkt anwendbar. Die Übergangsbestimmung präzisiert in Abs. 2 die in Art. 75b Abs. 1 BV bereits genannte Rechtsfolge (keine neuen Baubewilligungen) und geht dieser als «lex specialis» vor.[769] Eine Präzisierung wäre an sich nicht erforderlich, stellt Art. 75b Abs. 1 BV ja bereits einen kompletten Rechtssatz dar; in Gemeinden mit überschiessendem Zweitwohnungsanteil (über 20 %, unabhängig von der Tatbestandsvariante) dürfen keine neuen Zweitwohnungen mehr bewilligt werden. Aus der Systematik folgt, dass das Verbot neuer Zweitwohnungen für sämtliche noch nicht rechtskräftigen Baubewilligungen zwischen dem 11. März und dem 31. Dezember 2012 greift. Ab 1. Januar 2013 wird aufgrund von Art. 197 Ziff. 9 Abs. 2 BV das Verbot neuer Zweitwohnungen in Gemeinden mit überschiessendem Zweitwohnungsanteil indessen verschärft; die in diesem Zeitraum bewilligten Bauvorhaben sind zwar nicht nichtig, jedoch anfechtbar.[770] Gleiches gilt für Baubewilligungen, die nach dem 11. März 2012 erstinstanzlich erteilt worden sind, auch wenn das Baugesuch bereits zuvor eingereicht wurde.[771] Vom Anwendungsbereich werden auch Baubewilligungen erfasst, die im Rechtsmittelverfahren erheblich modifiziert wurden.[772] Demgegenüber bleiben bewilligte Baugesuche, die vor der Annahme der Initiative erstinstanzlich erteilt worden sind, – unabhängig

768 So auch Urteil des Verwaltungsgerichts Graubünden R 12 77 vom 23. Oktober 2012 E. 2b.

769 MÖSCHING, Massnahmen, S. 73; DERS., Jusletter 10. Dezember 2012, Rz. 23; JAAG, NZZ vom 4. Mai 2012, S. 13.

770 BGE 139 II 243, 261 E. 11.3; a.M. MÖSCHING, Jusletter 10. Dezember 2012, Rz. 24; GRIFFEL, NZZ vom 19. März 2012, S. 8; JAAG, NZZ vom 4. Mai 2012, S. 13; UHLMANN, NZZ vom 13. März 2012, S. 9; GANZ, Destinationen, Rz. 235.

771 BGE 139 II 263, 268 E. 7.

772 BGE 139 II 263, 268 E. 7.

von der Rechtskraft – davon unberührt.[773] In diesem Sinn normiert Art. 197 Ziff. 9 Abs. 2 BV einzig eine Verschärfung der Rechtsfolge[774] des in Art. 75b Abs. 1 BV statuierten Baubewilligungsverbots für Zweitwohnungen in Gemeinden mit überschiessendem Zweitwohnungsanteil.[775] Insbesondere eine historisch-teleologische Auslegung untermauert diese Leseart.[776] So äusserte sich der Bundesrat in den Abstimmungserläuterungen zur Zweitwohnungsinitiative, dass das Zweitwohnungsverbot zu «starr» sei und in «zahlreichen Gemeinden zu einem abrupten Baustopp» führen werde.[777] In diesem Sinn haben es auch die eidgenössischen Räte verstanden.[778] Zwar trifft es zu, dass ein solcher Baustopp auch erst ab dem 1. Januar 2013 zur Anwendung gelangen könnte,[779] jedoch wäre eine solche Auslegung zweifelsfrei entgegen dem Sinn und Zweck der Verfassungsregelung. Demnach

---

773 BGE 139 II 243, 263 E. 11.6; so auch BGE 139 II 263, 268 E. 7; vgl. auch BGE 139 II 271; vgl. auch BGer, 1C_159/2014 vom 14. Dezember 2012 E. 6.2; BGer, 1C_215/2012 vom 14. Dezember 2012 E. 2.4.

774 BGE 139 II 243, 261 E. 11.3.

775 Gl.M. BGE 139 II 243, 263 E. 11.6; so auch MARTI, S. 281 f.; ROSSINELLI; DETTWILER, S. 89; ANASTASI/CANONICA/MOLO, Rz. 3; a.M. BRANDT, S. 38 ff.; JEANRENAUD/SULC, S. 185 f.; RAMEL/FAVRE, S. 285 f.; MÖSCHING, Jusletter 10. Dezember 2012, Rz. 35 und 41 ff.; GANZ, Jusletter 10. Dezember 2012, Rz. 33, 37; NORER, in: Norer/Rütsche, S. 36 f., der den Umkehrschluss immerhin für problematisch hält, im Ergebnis aber Baubewilligungen vor dem 1. Januar 2013 zulässt; GRIFFEL, NZZ vom 19. März 2012, S. 8; ohne Begründung UHLMANN, NZZ vom 13. März 2012, S. 9; JAAG, NZZ vom 4. Mai 2012, S. 13; RHINOW, Die Südostschweiz vom 27. März 2012, S. 4, der eine Sistierung befürwortet; WALDMANN, BRT 2013, S. 123 ff.; DUBEY, JDC 2013, S. 93; vgl. auch GRIFFEL, ZBl 2014, S. 64, für den eine solche Auslegung «nicht wirklich einen Sinn ergibt», aber das kleinere Übel sei.

776 So auch BGE 139 II 261 f. E. 11.4 und E. 11.5.

777 Vgl. Abstimmungserläuterungen ZWI, S. 12; vgl. auch Argumentarien Contra I, S. 4 in fine; vgl. auch Argumentarium Contra II.

778 Vgl. auch NR Cathomas, AB 2009 N 1023, der die Initiative für zu «starr» erachtet; vgl. NR Messmer, AB 2009 N 1027, der von einem «radikalen» Baustopp spricht; so auch NR Amherd, AB 2009 N 1028, die von einem «jahrelangen Baustopp» spricht; NR Engelberger, AB 2009 N 1031, der von einem «faktischen Baustopp» spricht; vgl. auch SR Jenny, AB 2011 S 428; SR Brändli, AB 2011 S 428, der von einem «absoluten Baustopp» spricht; so auch BR Leuthard, AB 2011 S 428.

779 WALDMANN, BR 2013, S. 236.

greift die unmittelbare Anwendbarkeit des «harten Kerns» von Art. 75b Abs. 1 i.V.m. Art. 197 Ziff. 9 Abs. 2 BV für sämtliche Bauvorhaben in Gemeinden, in denen die Obergrenze von 20 % bereits überschritten ist oder in denen eine Bewilligung zu einer Überschreitung führen würde. Dies gilt ab dem 11. März 2012, bis die Ausführungsbestimmungen erlassen werden (Art. 75b Abs. 2 i.V.m. Art. 197 Ziff. 9 Abs. 1 BV). Dieses vorsorgliche Baubewilligungsverbot kommt einer Planungszone gleich.[780]

cc) Gesetzgebungsauftrag

Ausserhalb des direkt anwendbaren «harten Kerns» sind die Gemeinden durch Gesetz dazu zu verpflichten, ihren Erstwohnungsanteilplan und den detaillierten Stand seines Vollzugs alljährlich zu veröffentlichen (Art. 75b Abs. 2 BV). Abs. 2 richtet sich an den Gesetzgeber und verpflichtet diesen zum Erlass von konkretisierendem Ausführungsrecht i.S.v. Art. 164 Abs. 1 BV hinsichtlich der Plafonierung des Zweitwohnungsanteils auf 20 %.[781] Auch Art. 197 Ziff. 9 Abs. 1 BV spiegelt die in Art. 75b Abs. 2 BV bereits verankerte Regelungsverpflichtung des Bundesgesetzgebers wider, eine Ausführungsgesetzgebung zu erlassen. Dabei sind aufgrund der Verfassung (Art. 197 Ziff. 9 Abs. 1 BV) zwingend Vorschriften über Erstellung, Verkauf und Registrierung im Grundbuch zu erlassen.[782] Der Gesetzgeber ist überdies angehalten, die beiden Tatbestandsvarianten in Art. 75b Abs. 1 BV näher zu regeln.[783]

Art. 197 Ziff. 9 Abs. 1 BV hält zudem die Verordnungskompetenz des Bundesrates fest. Sofern die entsprechende Ausführungsgesetzgebung nicht innerhalb von zwei Jahren, also bis zum 11. März 2014, in Kraft tritt, erlässt der Bundesrat die nötigen Ausführungsbestimmungen durch Verordnung. Aufgrund des Wortlautes der Verfassungsnorm handelt es sich bei der zu

---

[780] BGE 139 II 243, 257 E. 10.5; vgl. auch FREUDIGER, Rz. 15, der alle justiziablen Verfassungsnormen auf hängige Verfahren (auch solche vor einer Beschwerdeinstanz) angewendet haben will.

[781] Vgl. WALDMANN, BRT 2013, S. 136, der aus diesem Gesetzgebungsauftrag die mittelbare Anwendbarkeit ableitet; vgl. zum Gesetzgebungsauftrag auch BSK BV-ALIG/GRIFFEL, Art. 75b N 33.

[782] WALDMANN, BRT 2013, S. 130.

[783] BSK BV-ALIG/GRIFFEL, Art. 75b N 37.

erlassenden Verordnung um eine gesetzesvertretende Verordnung.[784] Ob diese sich auf die in Art. 197 Ziff. 9 Abs. 1 BV genannten Norminhalte beschränken muss oder darüber hinausgehen darf, ist unklar.[785] Auf eine Beschränkung bezüglich «Erstellung, Verkauf und Registrierung» deutet der klare Wortlaut der Bestimmung hin. Demgegenüber ist aufgrund der Qualifikation der Verordnung als gesetzesvertretende Verordnung von einem weiten Konkretisierungsspielraum des Bundesrates auszugehen, da der ordentliche Gesetzgeber nicht innerhalb der verankerten Umsetzungsfrist von zwei Jahren legislatorisch tätig war und der Bundesrat nunmehr als «Ersatzgesetzgeber» tätig werden muss. Unklar bleibt, ob die bundesrätliche Verordnung die in Art. 197 Ziff. 9 Abs. 2 BV verankerte Nichtigkeitsfolge beendet.[786]

dd) Einordnung

Art. 75b BV befindet sich aufgrund seiner äusseren systematischen Stellung im 4. Abschnitt zur Umwelt und Raumplanung des 2. Kapitels des 3. Titels der Bundesverfassung. Dieser ordnet die Zuständigkeiten von Bund, Kantonen und Gemeinden. Art. 75b BV gliedert sich in unmittelbarer Nähe zu Art. 75 BV ein, der den haushälterischen Umgang mit dem Boden gebietet, sowie zu Art. 78 Abs. 2 BV, der die Rücksichtnahme auf den Schutz des Natur- und Landschaftsbildes fordert. Diese verfassungsrechtlichen Zielvorgaben könnten durch die Zweitwohnungsbeschränkung unterlaufen bzw. unterstützt werden.[787] Nach Art. 75 Abs. 1 Satz 1 BV ist der Bund nicht nur zur Grundsatzgesetzgebung ermächtigt, sondern dazu verpflichtet. Dabei wird nicht ausgeschlossen, dass der Bund auch detaillierte Regelungen zur Verwirklichung der verfassungsrechtlichen Ziele für bestimmte Fragen aufstellen, ja sogar direkt anwendbare Normen erlassen darf, wenn und soweit eine bundesweite einheitliche Regelung bzw. Rechtspraxis erforderlich erscheint.[788] Demgegenüber obliegt die Raumplanung den Kantonen und dient

---

[784] Gl.M. BSK BV-ALIG/GRIFFEL, Art. 75b N 34; GRIFFEL, ZBl 2014, S. 68 in fine.

[785] WALDMANN, BRT 2013, S. 130; GRIFFEL, ZBl 2014, S. 68 in fine.

[786] Nicht eindeutig GRIFFEL, ZBl 2014, S. 68 in fine; vgl. Verfassungsgrundlage C.III.4.b).

[787] SG Kommentar BV-RUCH, Art. 75b N 27; GRIFFEL, ZBl 2014, S. 76; BSK BV-ALIG/GRIFFEL, Art. 75b N 36.

[788] Statt vieler BIAGGINI, Komm. BV, Art. 75 N 3.

der zweckmässigen und haushälterischen Nutzung des Bodens und der geordneten Besiedlung des Landes (Art. 75 Abs. 1 Satz 2 BV).[789]

Mit Annahme der Zweitwohnungsinitiative wurde eine neue Bundeskompetenz zur Regelung des Zweitwohnungsbaus begründet, der auch die Kontrolle über die Umsetzung inhärent ist.[790] Diese ist aufgrund der systematischen Stellung als umfassende Kompetenz ausgestaltet,[791] jedoch lassen sich in Art. 75b BV keine Hinweise darauf finden, dass die bestehende verfassungsrechtliche Kompetenzordnung im Bereich der Raumplanung durch Art. 75b BV geändert werden soll.[792] Da es sich um eine konkurrierende Kompetenz mit nachträglich derogatorischer Wirkung handelt, sind die Kantone ermächtigt, selber Grundsätze zu statuieren, wenn und soweit die Bundesgesetzgebung dafür Raum belässt.[793] In diesem Sinne obliegt den Kantonen weiterhin die Raumplanung und das Baurecht mit Ausnahme der Zweitwohnungen.[794]

Das verfassungsrechtliche, direkt anwendbare Baubewilligungsverbot in Gemeinden mit einem überschiessenden Zweitwohnungsanteil tangiert in erster Linie die Eigentumsgarantie (Art. 26 BV). Gemäss Art. 26 Abs. 1 BV ist das Eigentum gewährleistet. Enteignungen und Eigentumsbeschränkungen, die einer Enteignung gleichkommen, werden voll entschädigt (Art. 26 Abs. 2 BV). Die Eigentumsgarantie begründet hauptsächlich ein gegen den Staat gerichtetes Abwehrrecht[795] und vermittelt im Grundsatz keine einklagbaren Leistungsansprüche – mit Ausnahme des Entschädigungsanspruchs in Abs. 2.[796] Nach herrschender Lehre und Rechtsprechung

---

789 SG Kommentar BV-RUCH, Art. 75 N 34.

790 Botschaft Zweitwohnungsinitiative, S. 8768; die Kompetenzübertragung umfasst auch die Kontrolle über die Umsetzung der Initiative; vgl. auch BSK BV-ALIG/GRIFFEL, Art. 75b N 8; SG Kommentar BV-RUCH, Art. 75b N 24; WALDMANN, BRT 2013, S. 136.

791 So auch MÖSCHING, Massnahmen, S. 74; BSK BV-ALIG/GRIFFEL, Art. 75b N 8; SG Kommentar BV-RUCH, Art. 75b N 24; WALDMANN, BRT 2013, S. 136.

792 So auch MÖSCHING, Jusletter 10. Dezember 2012, Rz. 26.

793 BIAGGINI, Komm. BV, Art. 75 N 3; MAHON, Comm., Art. 75 N 4; BSK BV-ALIG/GRIFFEL, Art. 75b N 8; SG Kommentar BV-RUCH, Art. 75b N 24; WALDMANN, BRT 2013, S. 136.

794 So auch MÖSCHING, Massnahmen, S. 74.

795 BIAGGINI, Komm. BV, Art. 26 N 6.

796 BGE 119 Ia 28, 30 E. 2; BGE 105 Ia 330, 337 E. 3d; BGE 92 I 503, 509 f. E. 2a.

ist die Eigentumsgarantie in drei Teilgehalte gegliedert.[797] Als Bestandesgarantie schützt die Eigentumsgarantie den Bürger vor staatlichen Eingriffen in seine Rechtssphäre.[798] Die Wertgarantie verschafft bei Enteignungen und bestimmten Eigentumsbeschränkungen Anspruch auf volle Entschädigung.[799] Die Institutsgarantie bewahrt das Rechtsinstitut (Privateigentum) davor, in seinem Wesensgehalt beeinträchtigt oder gänzlich aufgehoben zu werden.[800] Aus der Eigentumsgarantie und dem Vertrauensgrundsatz wird die Besitzstandsgarantie abgeleitet. Danach sind bewilligte Bauten in ihrem Bestand geschützt und dürfen in diesem bestehenden Rahmen auch weiterhin genutzt und unterhalten werden.[801] Auf diese finden nachträgliche Rechtsänderungen grundsätzlich keine Anwendung.[802] Gleiches gilt für bestehende Zweitwohnungen.[803] Wenn überhaupt, so sind – wie bei allen Grundrechten – Eingriffe in die Eigentumsgarantie nur unter den Voraussetzungen von Art. 36 BV zulässig.

Art. 75b Abs. 1 BV verbietet die Erteilung einer Baubewilligung in einer Gemeinde mit einer Zweitwohnungsquote von über 20 %. Eine Bauverweigerung als schwerwiegender Eingriff in die Eigentumsgarantie bedarf einer klaren Grundlage in einem Gesetz im formellen Sinn. Ein Teil der Lehre vertritt die Ansicht, die Verfassungsbestimmung könne aufgrund des unbestimmten Zweitwohnungsbegriffs indessen nicht als Grundlage dienen.[804] Die Auslegung zeigt jedoch, dass von einem engen Zweitwohnungsbegriff

---

[797] Statt vieler BGE 92 I 503, 509 f. E. 2; vgl. auch SG Kommentar BV-VALLENDER/HETTICH, Art. 26 N 29 ff.; BSK BV-WALDMANN, Art. 26 N 33 ff.; BIAGGINI, Komm. BV, Art. 26 N 9.

[798] Statt vieler HÄFELIN/HALLER/KELLER/THURNHERR, N 599; RHINOW/SCHEFER/UEBERSAX, Rz. 1797; BGE 92 I 503, 509 f. E. 2; BIAGGINI, Komm. BV, Art. 26 N 9.

[799] Statt vieler HÄFELIN/HALLER/KELLER/THURNHERR, N 606; RHINOW/SCHEFER/UEBERSAX, Rz. 1808.

[800] Statt vieler HÄFELIN/HALLER/KELLER/THURNHERR, N 594; RHINOW/SCHEFER/UEBERSAX, Rz. 179; BIAGGINI, Komm. BV, Art. 26 N 9; BGE 92 I 503, 509 f. E. 2.

[801] WALDMANN, BRT 2013, S. 149.

[802] Satt vieler GRIFFEL, NZZ vom 19. März 2012, S. 8; DERS., ZBl 2014, S. 76; WALDMANN, BRT 2013, S. 150.

[803] GRIFFEL, ZBl 2014, S. 76; WALDMANN, BRT 2013, S. 150.

[804] Vgl. DUBEY, JDC 2013, S. 108.

auszugehen ist. Mithin werden klassische Ferienwohnungen, Wohnungen, die keine hohe Nutzungsintensität aufweisen, sowie Umnutzungen von Erst- in Zweitwohnungen vom Zweitwohnungsterminus erfasst. Für diesen «harten Kern» ist der Begriff der Zweitwohnung genügend bestimmt und direkt anwendbar,[805] bis der Gesetzgeber die weiteren Ausführungsbestimmungen erlässt. In diesem Sinn handelt es sich um ein vorübergehendes Baubewilligungsverbot.[806]

Im Falle der Eigentumsgarantie kommt indessen die Besonderheit hinzu, dass es Sache des Gesetzgebers ist, den Schutzgegenstand – mithin das Eigentum im Sinn von Art. 26 BV – näher zu bestimmen und zu definieren. Dabei verfügt der Gesetzgeber über einen grossen Gestaltungsspielraum.[807] Der Inhalt der Eigentumsgarantie wird durch Art. 75b BV und die darauf basierende Ausführungsgesetzgebung in allgemeingültiger Weise neu definiert.[808] Demnach wirkt sich der Zweitwohnungsartikel nicht eigentumsbeschränkend, sondern eigentumsgestaltend aus.[809] Dieser Umstand muss auch bei der Beurteilung von allfälligen Entschädigungsbegehren aus materieller Enteignung berücksichtigt werden.[810]

Auch das Bundesgericht führte in seinem Leiturteil[811] aus, dass der sofortigen Anwendbarkeit des «harten Kerns» nichts entgegenstehe. Art. 75b BV stelle die speziellere Norm dar, auch «wenn dies eine nicht unerhebliche Einschränkung der Eigentumsgarantie»[812] bedeute. Das aus Art. 75b Abs. 1 i.V.m. Art. 197 Ziff. 9 Abs. 2 BV fliessende vorsorgliche Baubewilligungs-

---

805 So auch BGE 139 II 243, 256 ff. E. 10.5 und 10.8.

806 So auch BGE 139 II 243, 257 E. 10.5.

807 WALDMANN, BRT 2013, S. 132.

808 WALDMANN, BRT 2013, S. 132.

809 WALDMANN, BRT 2013, S. 132, 136 f.; m.w.H. auf MÜLLER G., ZSR 1981, S. 1 ff. Für GRIFFEL, ZBl 2002, S. 174, haben (gesetzliche) Regelungen bezüglich des Mindestwohnanteiles eher Schranken- als Konkretisierungscharakter; so auch BSK BV-ALIG/GRIFFEL, Art. 75b N 36; GRIFFEL, ZBl 2014, S. 76; a.M. BGE 139 II 243, 256 E. 10.5.

810 Die gestützt auf die (raumbezogenen) verfassungsrechtlichen Normen erlassenen Gesetze und deren Umsetzung bleiben grundsätzlich entschädigungslos, vgl. zum Ganzen WALDMANN/HÄNNI, HK RPG, Art. 5 N 51 ff.

811 BGE 139 II 243, 256 E. 10.5.

812 BGE 139 II 243, 256 E. 10.5.

verbot stelle insoweit eine bloss vorübergehende Beschränkung der Eigentumsgarantie zwischen dem 11. März 2012 und dem Erlass von Ausführungsbestimmungen dar. Für solche vorsorglichen und zeitlich beschränkten Massnahmen seien keine zu hohen Anforderungen an die Normdichte zu stellen.[813]

Genau darin unterscheide sich der Fall wesentlich von jenem in BGE 139 I 16 (Ausschaffungsinitiative). Die direkte Anwendung der Art. 121 Abs. 3–6 BV führe gemäss dem Bundesgericht zu schwerwiegenden Eingriffen in die Grundrechte der betroffenen Ausländer. In einer solchen «Situation verbieten es die Grundsätze der Legalität und der Gewaltenteilung, die neuen Verfassungsbestimmungen (ganz oder teilweise) direkt anzuwenden, bevor der in Abs. 4 ausdrücklich damit beauftragte Gesetzgeber die erforderliche Konkretisierung und Feinabstimmung vorgenommen hat».[814] Auch die Übergangsbestimmung zu Art. 121 (Art. 197 Ziff. 8 BV) richte sich ausschliesslich an den Gesetzgeber und sehe entgegen Art. 197 Ziff. 9 Abs. 2 BV keine direkt anwendbaren Rechtsfolgen vor. Die vorliegende Rechtslage sei vielmehr mit der «Rothenthurminitiative» vergleichbar, die ebenfalls ein Inventar des Bundes sowie eine parzellenscharfe Abgrenzung der geschützten Moore und Moorlandschaften verlangte, bis dahin aber ein unmittelbar anwendbares, grundeigentümerverbindliches und absolutes Veränderungsverbot statuierte.[815]

Es fällt indessen auf, dass das Bundesgericht bei der Ausschaffungsinitiative – anders als im vorliegenden Fall – höhere Anforderungen an eine hinreichend präzise Formulierung gestellt hat, welche die Voraussetzung für die unmittelbare Anwendbarkeit einer Verfassungsnorm bildet.[816] Die angeführte Begründung vermag jedoch nicht vollends zu überzeugen. Art. 121 Abs. 3 i.V.m. Abs. 5 BV hat bereits für jene Delikte, die über eine klare Entspre-

---

813 BGE 139 II 243, 257 E. 10.5.

814 BGE 139 II 243, 257 E. 10.6.

815 BGE 139 II 243, 258 E. 10.6 und 10.7.

816 Zum gleichen Ergebnis kommt WALDMANN, BR 2013, S. 235; so auch im Zusammenhang mit der Ausschaffungsinitiative BIAGGINI ZBl 2013, S. 323, der anlässlich des Urteils BGE 139 I 16 und anlässlich des darin enthaltenen Vergleichs zwischen der Rothenthurm- und der Ausschaffungsinitiative bezüglich der Frage der direkten Anwendbarkeit fragt, ob die Erwägungen «mit zweierlei Mass gemessen» sind.

chung im StGB verfügten, einen direkt anwendbaren «harten Kern» enthalten, ohne dabei die Anforderungen an die Normstufe und -dichte zu unterlaufen. Genau wie Art. 75b und Art. 78 Abs. 5 BV hat auch Art. 121 Abs. 3 i.V.m. Abs. 5 BV sowohl Tatbestand (vorsätzliche Tötung, Vergewaltigung, Raub, Menschenhandel) als auch Rechtsfolgen (Verlust des Aufenthaltsrechts und aller Rechtsansprüche auf Aufenthalt in der Schweiz sowie Wegweisung) hinreichend genau umschrieben. Die dazugehörige Übergangsbestimmung diente der Präzisierung und ist im Rahmen der systematischen Auslegung stets mit zu berücksichtigen, da die Hauptnorm und die Übergangsbestimmung eine Einheit bilden.[817] Infolgedessen ist es entgegen dem Bundesgericht unerheblich, ob die Übergangsbestimmung bereits alleine direkt anwendbar ist oder «nur» einen Gesetzgebungsauftrag enthält. Das Bundesgericht konstatierte in diesem Sinn in seinem Leitentscheid zum Ausschaffungsartikel, dass ein Gesetzgebungsauftrag die direkte Anwendbarkeit einer Verfassungsnorm nicht zu hindern vermöge,[818] diese aber in Frage stelle.[819] Sofern die Verfassungsbestimmung die Anforderungen der Normdichte trotz eines darin enthaltenen Gesetzgebungsauftrags erfüllt, vermag die Normierung eines solchen die unmittelbare Anwendbarkeit nicht zu hindern.[820]

Sodann ist nicht ersichtlich, wieso ein Eingriff in die Eigentumsgarantie weniger schwer wiegen soll als ein Eingriff in andere Grundrechte.[821] Das Bundesgericht hätte für die Legitimität der Einschränkung der Eigentumsgarantie vielmehr auf die dem Gesetzgeber zukommende Kompetenz, den Schutzgegenstand des Eigentums im Sinne von Art. 26 BV näher zu definieren, verweisen sollen. Die Heranziehung der Kollisionsregel «lex specialis derogat legi generali»[822] für die Auflösung von Wertungskonflikten zwischen den einzelnen Verfassungsnormen ist mit Blick auf die vom Bundes-

---

817 Diese treten auch stets gleichzeitig in Kraft (Art. 195 BV).

818 Vgl. auch BGE 139 I 16, 26 E. 4.3.1.

819 Vgl. auch BGE 139 I 16, 26 E. 4.3.1; so auch UEBERSAX, Asyl 2011, S. 10; HANGARTNER, AJP 2011, S. 474; REICH, ZSR 2008, S. 517.

820 Gl.M. WALDMANN, LeGes 2015, S. 527; DERS., Schutz von Mooren, S. 71; a.M. WALDMANN, BRT 2013, S. 235.

821 Vgl. BGE 139 II 243, 257 E. 10.5; BGE 139 I 16, 27 E. 4.3.4.

822 BGE 139 II 243, 256 E. 10.5.

gericht postulierte Gleichrangigkeit der Verfassungsnormen hingegen kritisch zu hinterfragen. Diese höchstrichterliche Rechtsprechung führt im Ergebnis dazu, dass jede speziellere Verfassungsnorm einer allgemeineren vorgeht.[823] Das Bundesgericht hat damit entgegen seinem Leitentscheid zum Ausschaffungsartikel die Gleichrangigkeit aller Verfassungsnormen sowie die Notwendigkeit der Herstellung praktischer Konkordanz grundsätzlich in Frage gestellt. Eine Übertragung dieser Erwägungen auf das Urteil zum Ausschaffungsartikel würde in letzter Konsequenz dazu führen, dass Art. 121 Abs. 3–6 BV dem Verhältnismässigkeitsprinzip als speziellere sowie dem Völkerrecht als jüngere Norm stets vorzugehen hätte.

c) Ergebnis

Zusammenfassend kann festgehalten werden, dass Art. 75b Abs. 1 BV i.V.m. Art. 197 Ziff. 2 BV in einem «harten Kern» ab 11. März 2012 ein Baubewilligungsverbot für Zweitwohnungen in Gemeinden statuiert, in denen die 20 %-Quote überschritten ist. Mithin ist der Geltungsbereich in sachlicher, örtlicher sowie zeitlicher Hinsicht hinreichend genau bestimmt. In allen übrigen Gemeinden ist der Bau von Zweitwohnungen erlaubt. Für Baubewilligungen, die vor dem 1. Januar 2013 erteilt worden sind, greift demnach der subsidiäre intertemporalrechtliche Grundsatz, dass Rechtsänderungen während eines erstinstanzlichen Verfahrens zu berücksichtigen sind und die Behörden das Recht anzuwenden haben, das im Zeitpunkt des Entscheides in Kraft ist.[824] Damit ist Art. 75b Abs. 1 i.V.m. Art. 197 Ziff. 9 Abs. 2 BV seit 11. März 2012 in seinem «harten Kern» direkt anwendbar. Gleiches gilt für Bauvorhaben, die bereits vor dem 11. März 2012 eingereicht und danach erstinstanzlich bewilligt wurden, sowie für Baubewilligungen, die nach dem 11. März 2012 im Rechtsmittelverfahren erheblich modifiziert wurden.[825] Gleich wie bei der Ausschaffungsinitiative kann auch vorliegend allein aus der Normierung eines Gesetzgebungsauftrags die direkte Anwendbarkeit von

---

823 Vgl. BGE 139 II 243, 256 E. 10.5.

824 HÄFELIN/MÜLLER/UHLMANN, N 292 ff.; TSCHANNEN/ZIMMERLI/MÜLLER, § 24 Rz. 20; vgl. auch BGE 127 II 209, 211 E. 2b; MOOR/FLÜCKIGER/MARTENET, S. 187 f., 194 f.

825 BGE 139 II 263, 268 E. 7.

Art. 75b Abs. 1 i.V.m. Art. 197 Ziff. 2 BV nicht verneint werden.[826] Art. 75b Abs. 1 BV statuiert eine bundesweite Zweitwohnungsquote von 20 % in allen Gemeinden. Hinsichtlich der klassischen «kalten Betten» belässt Art. 75b Abs. 1 BV dem Gesetzgeber keinen Interpretationsspielraum. Für den nicht «harten Kern» resultiert die Notwendigkeit einer Ausführungsgesetzgebung, die sich stets an den Regelungszweck und -rahmen der Verfassungsbestimmung halten muss. Mit Blick auf die Eigentumsgarantie ist es Sache des Gesetzgebers, deren Umfang näher zu definieren.

4. Verfassungsmässigkeit der Zweitwohnungsverordnung

a) Ausgangslage

Durch den Erlass der ZwVo sollten in erster Linie die «drängendsten Fragen»[827] geklärt werden, die seit der Annahme von Art. 75b BV durch Volk und Stände am 11. März 2012 aufgekommen sind. Der Bundesrat hielt bereits in seiner Botschaft zur Zweitwohnungsinitiative fest, dass die Umsetzung von Art. 75b BV mit Schwierigkeiten verbunden sein würde.[828] Der Klärungsbedarf bezüglich des Inhalts und der Tragweite der neuen Verfassungsbestimmung wurde mit Annahme der Initiative indessen grösser.[829]

Das UVEK und die Kantone versuchten daraufhin, mithilfe von Richtlinien und Faktenblättern für Rechtsklarheit zu sorgen.[830] Bundesrätin Doris Leuthard setzte bereits wenige Tage nach der Annahme der Zweitwohnungsinitiative eine Arbeitsgruppe ein, die in erster Linie mit der Klärung des Zweitwohnungsbegriffs und der Konkretisierung der Übergangsbestimmung (Art. 197 Ziff. 9 Abs. 2 BV) zur neuen Verfassungsnorm beauftragt war.

---

826 Vgl. WALDMANN, Schutz von Mooren, S. 71 m.w.H. auf BGE 112 Ib 39, 43 E. 1c; BGE 113 Ib 60, 62 E. 3a.

827 ARE, EB ZwVo, S. 2.

828 Vgl. Botschaft Zweitwohnungsinitiative, S. 8769; vgl. auch zu den Wirkungen der Initiative RÜTTER-FISCHBACHER/RÜTTER/WEGMANN, S. 11 ff.

829 Vgl. dazu Motionen Brand und Schmid, die parallel in beiden Räten eingereichten wurden und die «Klärung übergangsrechtlicher Fragen der Zweitwohnungs-Initiative» forderten.

830 Vgl. WALDMANN, Jusletter 10. Dezember 2012, Rz. 2.

Dabei unterstand die Gruppe der Leitung des Bundesamtes für Raumentwicklung (ARE) und setzte sich ferner aus Vertretern des Initiativkomitees, der kantonalen Bau- und Planungsdirektorenkonferenz, der Konferenz Kantonaler Volkswirtschaftsdirektoren, der Schweizerischen Kantonsplanerkonferenz, des Schweizerischen Gemeindeverbandes, der Schweizerischen Arbeitsgemeinschaft für die Berggebiete sowie aus Tourismusexperten und Vertretern des Bundesamtes für Justiz (BJ), des Bundesamtes für Statistik, des Bundesamtes für Wohnungswesen sowie des Staatssekretariats für Wirtschaft (SECO) zusammen.[831]

Das ARE führte am 18. Juni 2012 eine konferenzielle Anhörung zu einem Verordnungsentwurf durch.[832] Der Bundesrat übernahm diesen Entwurf – mit einzelnen Änderungen – und erliess die Verordnung über Zweitwohnungen am 22. August 2012 vor Ablauf der zweijährigen Übergangsfrist gemäss Art. 197 Ziff. 9 Abs. 1 BV.[833] Die Verordnung über Zweitwohnungen wurde auf den 1. Januar 2013 in Kraft gesetzt.[834] Sie galt bis zum Inkrafttreten der Ausführungsgesetzgebung zu Art. 75b BV (Art. 9 Abs. 2 ZwVo). Mit ihrem Erlass wurde die Regelung, die in der Übergangsbestimmung festgelegt ist (Art. 197 Ziff. 9 Abs. 1 BV), abgelöst.[835]

b) Verfassungsgrundlage und Rechtsnatur

Die Verordnung über Zweitwohnungen stützt sich gemäss ihrem Ingress auf Art. 182 Abs. 2 BV[836] und bezeichnet sich selbst als Vollzugsverordnung. Ungeklärt war, ob dem Bundesrat die Befugnis zukam, gestützt auf Art. 182

---

831 Vgl. Medienmitteilung UVEK vom 2. Juli 2012.

832 Vgl. Medienmitteilung UVEK vom 30. Mai 2012.

833 AS 2012 4583.

834 AS 2012 4583 (nicht mehr in Kraft seit 1. Januar 2016).

835 WALDMANN, Jusletter 10. Dezember 2012, Rz. 2; so auch BIAGGINI, Komm. BV, Art. 197 Ziff. 9 N 1; BSK BV-ALIG/GRIFFEL, Art. 197 Ziff. 9 N 3, die trotz des vorzeitigen Erlasses der Verordnung von einer Verordnung im Sinn von Art. 197 Ziff. 9 Abs. 1 BV ausgehen; anders SG Kommentar BV-RUCH, Art. 75b N 48.

836 A.M. hingegen VGer GR, Urteil R 12 77 vom 23. Oktober 2012 E. 2b und Energiedirektion BE Entscheid RA Nr. 110/2012/164 vom 12. November 2012, I.3, die davon ausgehen, die Verordnung sei gestützt auf Art. 197 Ziff. 9 Abs. 1 BV erlassen worden.

Abs. 2 BV und vor Ablauf der verfassungsrechtlich normierten Umsetzungsfrist des ordentlichen Gesetzgebers zu legiferieren.[837]

Das ARE führte zur Begründung dieses Vorgehens aus, dass angesichts der einschneidenden Nichtigkeitsfolge (Art. 197 Ziff. 9 Abs. 1 BV) ein «legitimes Bedürfnis» bestehe, bis zum Erlass des Ausführungsgesetzes in genereller Weise durch den Bund klären zu lassen, welche Fälle von Baubewilligungen überhaupt vom Anwendungsbereich der Verfassungsbestimmung erfasst seien und welche nicht.[838] Daher sei es «vertretbar», den Auftrag des Bundesrates zum Vollzug der Gesetzgebung nach Art. 182 Abs. 2 BV «hier heranzuziehen und den Bundesrat gestützt darauf für zuständig zu erachten, Verordnungsrecht zur Klärung des Anwendungsbereichs von Artikel 75b BV während der ersten zwei Jahre nach Annahme von Art. 75b BV für die Zeit bis zum Erlass des Ausführungsgesetzes zu erlassen».[839]

Gemäss Art. 182 Abs. 2 BV wird der Bundesrat mit dem «Vollzug der Gesetzgebung» beauftragt. Mithin ist die bundesrätliche Kompetenz zum Erlass von Vollziehungsverordnungen in dieser Vollzugskompetenz enthalten. Sie beruht daher nicht auf einer Gesetzesdelegation i.S.v. Art. 164 Abs. 2 BV.[840] Dem Grundsatz nach dienen Vollziehungsverordnungen[841] der Konkretisierung von Bundesgesetzen.[842] In diesem Zusammenhang war es in der Lehre nicht unumstritten,[843] ob sich diese Kompetenz nur auf den Vollzug von

[837] Vgl. auch statt vieler ANASTASI/CANONICA/MOLO, Rz. 7 ff., 11; GRIFFEL, ZBl 2014, S. 59 ff.; WALDMANN, BRT 2013, S. 129 ff.; DERS., Jusletter 10. Dezember 2012, Rz. 4 ff.; kritisch WALTER, Rz. 7 m.w.H in Fn. 21; MÖSCHING, Jusletter 10. Dezember 2012, Rz. 25. Laut GRIFFEL, SJZ 2012, S. 488, stellt der Erlass der Zweitwohnungsverordnung einen rechtlich wie politisch problematischen Weg dar.

[838] ARE, EB ZwVo, S. 2.

[839] ARE, EB ZwVo, S. 2.

[840] HÄFELIN/HALLER/KELLER/THURNHERR, N 1859.

[841] Die Begriffe der Vollziehungs- und Vollzugsverordnung werden als Synonyme verwendet.

[842] JAAG, ZBl 2011, S. 643; vgl. auch NUSSBAUM, S. 20 ff.; BGE 136 I 29, 33 E. 3.3; BGE 130 I 140, 149 E. 5.1; UHLMANN/HOFSTETTER, S. 457.

[843] ANASTASI/CANONICA/MOLO, Rz. 7 ff., 11.

Bundesgesetzen bezieht[844] oder ob Art. 182 Abs. 2 BV die zu vollziehende Gesetzgebung in einem materiellen Sinne versteht, Art. 182 Abs. 2 BV also auch den Erlass von selbstständigen Verordnungen, die sich direkt auf die Verfassung stützen, umfasst.[845]

In der vor Erlass der Verordnung über Zweitwohnungen publizierten Literatur äusserte sich anfänglich MAHON dahingehend, dass der in Art. 182 Abs. 2 BV verwendete Begriff «législation» auch die Verfassungsstufe umfasse.[846] Eine Begründung seiner Ansicht blieb der Autor jedoch schuldig. Ebenso vertrat SÄGESSER zunächst die Ansicht, dass der in Art. 182 Abs. 2 BV verwendete Begriff der «Gesetzgebung» in Anlehnung an Art. 164 BV in einem engen Sinn zu verstehen sei.[847] Der Autor revidierte jedoch seine Lehrmeinung unter Verweis auf MAHON und konstatierte, dass der Begriff «Gesetzgebung» weit zu begreifen sei und folglich auch direkt auf die Verfassung gestützte Verordnungen umfasse.[848] Im gleichen Sinne argumentierte DETTWILER,[849] der sich der Lehrmeinung SÄGESSERS anschloss. Auch WALDMANN plädierte dafür, dass die Vollzugskompetenz des Bundesrates gemäss Art. 182 Abs. 2 BV auch Verfassungsbestimmungen umfasse, allerdings nur soweit, als diese direkt anwendbare Rechtsvorschriften statuieren. Ausserdem würde der Gesetzesvorbehalt in Art. 164 BV der bundesrätlichen Befugnis zur Schaffung von Ausführungsrecht zu direkt anwendbaren Verfassungsbestimmungen unter nachfolgenden Voraussetzungen nicht entgegenstehen: Die Verordnung müsse sich einzig auf die Materie begrenzen, die auch Gegenstand des zu vollziehenden, direkt anwendbaren Verfassungs-

844 BIAGGINI, Komm. BV, Art. 182 N 5; so auch SG Kommentar BV-TSCHANNEN Art. 182 N 12; BSK BV-KÜNZLI, Art. 182 N 19; SÄGESSER, Komm. Bundesbehörden, Art. 182 N 889 f.; NUSSBAUM, S. 11.

845 MAHON, Comm., Art. 182 N 20; SG Kommentar BV-SÄGESSER (2008), Art. 182 N 19; so auch WALDMANN, Jusletter 10. Dezember 2012, Rz. 5; DERS., BRT 2013, S. 129.

846 MAHON, Comm., Art. 182 N 20.

847 Vgl. SÄGESSER, Komm. Bundesbehörden, Art. 182 N 922; SG Kommentar BV-SÄGESSER (2002), Art. 182 N 12; für eine enge Begriffsauffassung auch AUER/MALINVERNI/HOTTELIER, Rz. 1603, welche die Grundlage für die Zweitwohnungsverordnung ausdrücklich als «problématique» taxieren.

848 SG Kommentar BV-SÄGESSER (2008), Art. 182 N 19.

849 DETTWILER, SJZ 2013, S. 91.

rechts sei. Dabei dürfe die Verordnung die verfassungsrechtlichen Norminhalte weder aufheben noch abändern. Ferner müsse die Verordnung der Zielrichtung der Verfassungsnorm folgen und dürfe dem Bürger keine neuen Pflichten auferlegen, die sich nicht schon aus der Verfassung selbst ergeben.[850] Gleiches müsse daher auch für die neue Verfassungsbestimmung in Art. 75b BV gelten, sofern die Verfassungsnorm bereits vor dem Erlass von Ausführungsrecht unmittelbare Rechtswirkungen entfalte.[851] Ähnlich argumentieren MARTI[852] und LENDI.[853]

Gegenteiliger Ansicht ist hingegen GRIFFEL. Er ist der Meinung, dass der Verfassung keine anderweitigen als die in Art. 184 Abs. 3 und Art. 185 Abs. 3 BV bereits normierten Kompetenzen zu entnehmen seien, die den Bundesrat ermächtigen würden, «auch andere Verordnungen zu erlassen».[854] Überdies sei in Art. 182 Abs. 2 BV – gleich wie in Art. 164 und Art. 165 BV – von Gesetzgebung die Rede, womit unmissverständlich nur die Gesetzgebung im engeren Sinne gemeint sei.[855] Nach TSCHANNEN[856] und KÜNZLI[857] ist der Begriff der «Bundesgesetzgebung» i.S.v. Art. 182 Abs. 2 BV zwar weit auszulegen (MAHON folgend), jedoch seien Vollziehungsverordnungen ohne vorheriges Tätigwerden des Gesetzgebers unzulässig. Auch BIAGGINI ist der Ansicht, dass sich die Kompetenz des Bundesrates zum Erlass von Vollziehungsverordnungen erst mit dem Erlass des zu vollziehenden Bundesgesetzes ergebe,[858] welches das Tätigwerden des Gesetzgebers bedinge.[859] Er spricht von einer «schlummernden Vollzugskompetenz».[860]

---

850 Zum Ganzen WALDMANN, Jusletter 10. Dezember 2012, Rz. 5.

851 WALDMANN, Jusletter 10. Dezember 2012, Rz. 6.

852 MARTI, S. 282.

853 LENDI, S. 16.

854 GRIFFEL, ZBl 2014, S. 70.

855 GRIFFEL, ZBl 2014, S. 70.

856 SG Kommentar BV-TSCHANNEN, Art. 182 N 12, 17; DERS., Staatsrecht, § 46 Rz. 13.

857 BSK BV-KÜNZLI, Art. 182 N 26.

858 BIAGGINI, in: Biaggini et al., § 19 Rz. 34 f.

859 BIAGGINI, Komm. BV, Art. 182 N 5.

860 BIAGGINI, Komm. BV, Art. 182 N 5.

Nach RHINOW/SCHEFER/UEBERSAX stellt Art. 182 Abs. 2 BV «keine Kompetenznorm zum Erlass von Verordnungen ohne Grundlage im Gesetz dar».[861] Vollziehungsverordnungen führen den Inhalt des Gesetzes näher aus, machen diesen erst «anwendungsbereit».[862] In die gleiche Richtung plädieren DUBEY,[863] AUBERT,[864] AUER/MALINVERNI/HOTTELIER,[865] GÄCHTER,[866] HÄFELIN/HALLER/KELLER/THURNHERR,[867] JAAG,[868] MOOR/FLÜCKINGER/MARTENET[869] sowie UHLMANN/HOFSTETTER.[870]

Letztere Lehrmeinungen, wonach Art. 182 Abs. 2 BV keine Kompetenzgrundlage für den Erlass von Verordnungen darstellt, die direkt auf der Verfassung beruhen, werden unterstützt. Für diese Auffassung spricht auch die historische Auslegung: So hielt bereits Art. 102 Ziff. 5 aBV fest, dass der Bundesrat die Bundesgesetze «vollzieht». Diese Kompetenz war dabei darauf beschränkt, «einen vorangehenden Erlass der Gesetzesstufe mit ‹sekundärem Recht› vollzugstauglich zu machen».[871] Der Bundesrat hielt denn auch in seiner Botschaft zur neuen Bundesverfassung fest, dass Art. 170 Abs. 2 E-BV (der wortwörtlich mit Art. 182 Abs. 2 BV übereinstimmt) dem Bundesrat lediglich die Befugnis für den Vollzug von Gesetzen übertrage.[872] Inwieweit sich an dieser Kompetenzzuteilung etwas geändert haben soll, ist nicht ersichtlich. Eine derartige Kompetenzzuteilung mit einer solch erheblichen Tragweite bedarf im Übrigen einer Grundlage in der Verfassung selbst (analog Art. 184 Abs. 3 und Art. 185 Abs. 3 BV).

---

861 RHINOW/SCHEFER/UEBERSAX, Rz. 2694.

862 RHINOW/SCHEFER/UEBERSAX, Rz. 2699; BGE 130 I 140, 149 E. 5.1; BGE 126 II 283, 291 E. 3b.

863 DUBEY, Droits fondamentaux, Rz. 606.

864 AUBERT, Rz. 1526.

865 AUER/MALINVERNI/HOTTELIER, Rz. 1603.

866 GÄCHTER, in: Biaggini et al., § 23 Rz. 118.

867 HÄFELIN/HALLER/KELLER/THURNHERR, N 1859.

868 JAAG, ZBl 2011, S. 640 f.

869 MOOR/FLÜCKIGER/MARTENET, S. 251.

870 UHLMANN/HOFSTETTER, S. 457 in fine.

871 EICHENBERGER, in: Aubert et al., Komm. BV 1874, Art. 102 N 85; gl.M. GRIFFEL, ZBl 2014, S. 72.

872 Botschaft BV, S. 414.

Sodann vermag die von WALDMANN vertretene Ansicht, dass sich Art. 182 Abs. 2 BV auf direkt anwendbare Verfassungsbestimmungen erstrecke, nur partiell zu überzeugen.[873] Der Autor differenziert dabei nicht klar zwischen der Ebene der Kompetenzgrundlage zum Erlass und der Rechtsnatur einer selbstständigen Verordnung. Art. 182 Abs. 2 BV stellt keine Kompetenzgrundlage für selbstständige Verordnungen des Bundesrates dar. Es ist stets die Verfassung selbst, welche die Ermächtigung zum Erlass einer solchen normiert. Eine andere Frage ist hingegen, welche Rechtsnatur einer selbstständigen bundesrätlichen Verordnung im Einzelfall zukommt. Anhand dieser bestimmt sich der Regelungs- und der Kompetenzrahmen, innerhalb dessen der Bundesrat gesetzgeberisch tätig sein darf.[874]

Vor diesem Hintergrund ist WALDMANN dahingehend zuzustimmen, dass Art. 182 Abs. 2 BV auch auf selbstständige Vollzugsverordnungen des Bundesrates Anwendung findet, allerdings nur in *analoger Weise* hinsichtlich der Grenzen des Vollzugsverordnungsrechts und nur soweit, als der Bundesrat ausdrücklich zum Erlass einer Verordnung durch eine Verfassungsbestimmung ermächtigt ist. Mithin wird für die analoge Anwendung eine Delegationsnorm also die Verfassungsbestimmung selbst vorausgesetzt. Die Rechtsnatur der Verfassungsnorm ist dabei hinsichtlich der Regelungsbefugnisse des Bundesrates entscheidend. Eine selbstständige Vollzugsverordnung kann sowohl bei direkt anwendbaren als auch bei nicht direkt anwendbaren Verfassungsbestimmungen angezeigt sein. Die hierzu von GRIFFEL geäusserte Kritik, es sei nicht ersichtlich, wieso gerade eine unmittelbar anwendbare Verfassungsbestimmung einer Vollzugsverordnung bedürfe, da der Sinn und Zweck einer direkt anwendbaren Verfassungsnorm ja gerade darin liege, dass es keiner weiteren Konkretisierungen bedürfe, zielt ins Leere.[875] Eine Vollzugsverordnung führt die bereits im Gesetz enthaltenen Regelungen durch Detailvorschriften näher aus.[876] Eine direkt anwendbare Verfassungsnorm erfüllt die Anforderungen sowohl an die Normstufe als auch an die Normdichte. In diesem Sinne kann es für ihre Anwendbarkeit – gleich wie

---

873 WALDMANN, Jusletter 10. Dezember 2012, Rz. 5.

874 Vgl. BGE 125 II 326, 331 E. 3a; sinngemäss JAAG, ZBl 2011, S. 642; so auch UHLMANN/HOFSTETTER, S. 459.

875 GRIFFEL, ZBl 2014, S. 73.

876 HÄFELIN/HALLER/KELLER/THURNHERR, N 1857.

bei Gesetzen – hilfreich sein, Vollzugsregelungen zu erlassen. Diese müssen sich – unabhängig von der Rechtsnatur der Delegationsnorm – auf die zu vollziehende Materie beschränken, dürfen andere Gesetze weder abändern noch aufheben und müssen sich an die Zielsetzung der Verfassungsbestimmung halten. Sie dürfen den Bürgern zudem keine neuen Pflichten auferlegen, ausser jenen, die sich schon aus der Verfassungsbestimmung selber ergeben.[877] Eine Missachtung dieser Grenzen führt zur Verletzung des Gewaltenteilungs- und des Legalitätsprinzips.[878] In diesem Sinn greift Art. 182 Abs. 2 BV im Hinblick auf die Vollzugsverordnungsgrenzen und im Hinblick auf den durch diese umrissenen Kompetenzrahmen des Bundesrates bei Verfassungsnormen in analoger Weise, wenn die Verfassungsbestimmung die Kompetenzgrundlage zum Erlass bildet.

Zusammenfassend kann somit konstatiert werden, dass Art. 182 Abs. 2 BV nicht Grundlage für den Erlass von selbstständigen bundesrätlichen Verordnungen darstellen kann. Insbesondere Sinn und Zweck sowie die historische Auslegung sprechen gegen eine materielle Auffassung des Terminus «Gesetzgebung». Eine analoge Anwendung greift aber dann, wenn der Bundesrat einerseits durch eine Verfassungsbestimmung, welche die Delegationsnorm bildet, ausdrücklich zum Erlass einer Verordnung ermächtigt ist. Andererseits muss durch Auslegung der Verfassungsbestimmung stets evident sein, welche Rechtsnatur der zu erlassenden Verordnung zukommen soll. Anhand dieser bestimmt sich der Regelungs- und Kompetenzrahmen, innerhalb dessen der Bundesrat gesetzgeberisch tätig sein darf.[879] Dieser Regelungsbereich und insbesondere die sich aus der Rechtsnatur der Verordnung ergebenden Regelungsbefugnisse sind dabei je nach Rechtsnatur der Verfassungsbestimmung unterschiedlich gross. Eine direkt anwendbare Verfassungsnorm schränkt kraft ihrer genügenden Bestimmtheit den Regelungsbereich der Verordnung und die Regelungsbefugnis des Bundesrates stark ein. Dieser

---

877 WALDMANN, Jusletter 10. Dezember 2012, Rz. 5; HÄFELIN/HALLER/KELLER/THURNHERR, N 1860; m.w.H. JAAG, ZBl 2011, S. 643; analog zu den Grenzen des Vollzugsverordnungsrechts gegenüber Gesetzen BGE 139 II 460, 462 f. E. 2.1; BGE 136 I 29, 33 E. 3.3; BGE 130 I 140, 149 E. 5.1; BGE 129 V 95, 97 E. 2.1.

878 BIAGGINI, Komm. BV, Art. 182 N 4 m.w.H. auf BVGer, Urteil C-4724/2010 vom 10. März 2014, E. 4.3.5.

879 BGE 125 II 326, 331 E. 3a.

darf nur Regelungen erlassen, welche die Verfassungsbestimmung «vollzugstauglich» machen.

Wie die obige Auslegung von Art. 75b i.V.m. Art. 197 Ziff. 9 BV ergeben hat,[880] normiert Art. 75 Abs. 1 i.V.m. Art. 197 Ziff. 9 Abs. 2 BV ein direkt anwendbares vorsorgliches Baubewilligungsverbot für klassische Zweitwohnungen und für Wohnungen, die über keine hohe Nutzungsintensität verfügen. Auch die Umnutzung von Erst- in Zweitwohnungen fällt unter den ermittelten «harten Kern». Die Übergangsbestimmung hält in Art. 197 Ziff. 9 Abs. 1 BV fest, dass der Bundesrat die nötigen Ausführungsbestimmungen über Erstellung, Verkauf und Registrierung im Grundbuch durch Verordnung erlässt, wenn die entsprechende Gesetzgebung nach Annahme von Art. 75b nicht innerhalb von zwei Jahren in Kraft tritt. Die Formulierung als «Wenn-Dann-Satz» und insbesondere die Normierung einer Frist lassen einzig den Schluss zu, dass es sich bei der zu erlassenden Verordnung um eine gesetzesvertretende Verordnung handelt.[881] In kompetenzieller Hinsicht erfolgt jedoch eine Begrenzung: Einerseits darf der Bundesrat nicht vor Ablauf der dem Gesetzgeber gewährten Umsetzungsfrist legislatorisch tätig werden. Andererseits wird der Regelungsrahmen in materieller Hinsicht sowohl durch die Formulierung der «nötigen» Ausführungsbestimmungen als auch durch den direkt anwendbaren «harten Kern» sowie die programmatische Zielsetzung der Verfassungsbestimmung und die direkt anwendbare Nichtigkeitsfolge eingeschränkt.[882] Mithin ist es dem Bundesrat erlaubt, eine gesetzesvertretende Verordnung erst nach Ablauf der Umsetzungsfrist zu erlassen.[883] Dabei wird der Spielraum des Bundesrates durch die Delegationsnorm selbst begrenzt.[884]

---

880 Vgl. oben C.III.3.c).

881 So auch GRIFFEL, ZBl 2014, S. 73; BSK BV-ALIG/GRIFFEL, Art. 75b N 34.

882 Vgl. BGE 125 II 326, 331 E. 3a, wonach nicht gegen den Gegenstand, den Zweck und den Umfang «der vom Verfassungsgeber gewollten Lösung» verstossen werden darf.

883 In diesem Sinn auch ANASTASI/CANONICA/MOLO, Rz. 7, welche die Verordnung zwar als selbstständig qualifizieren, jedoch ohne eine genaue Differenzierung hinsichtlich der Rechtsnatur als Vollzugs- oder gesetzesvertretende Verordnung vorzunehmen; a.M. WALDMANN, BRT 2013, S. 129 f.; DERS., Jusletter 10. Dezember 2012, Rz. 6.

884 In diesem Sinn auch BGE 125 II 326, 331 E. 3a.

Demgegenüber erweist sich die ausdrücklich als Vollzugsverordnung erlassene Zweitwohnungsverordnung nur dann als rechtmässig, wenn sie den direkt anwendbaren «harten Kern» der Verfassungsbestimmung vollzugstauglich macht und die Grenzen des Vollzugsverordnungsrechts einhält.[885] Infolge der direkten Anwendbarkeit der Verfassungsbestimmung durfte diese auch vor Ablauf der in Art. 197 Ziff. 9 Abs. 1 BV normierten Frist erlassen werden, da die Verordnung nur den «harten Kern» vollziehen darf.[886] Mithin ist die Zweitwohnungsverordnung nicht durchsetzbar, wenn sie den in Art. 75b und Art. 197 Ziff. 9 BV normierten Regelungsinhalten widerspricht.[887]

Am 12. März 2014 ist die in Art. 197 Ziff. 9 Abs. 1 BV verankerte Übergangsfrist verstrichen, ohne dass eine Ausführungsgesetzgebung in Kraft trat. Danach war der Bundesrat nunmehr befugt, die nötigen Ausführungsbestimmungen über Erstellung, Verkauf und Registrierung im Grundbuch durch eine gesetzesvertretende Verordnung zu regeln (Art. 197 Ziff. 9 Abs. 1 BV). In diesem Sinn äusserte sich auch das Bundesgericht in seinem Entscheid BGE 140 II 378 dahingehend, dass der Bundesrat nunmehr (mit Ablauf der Umsetzungsfrist) über eine verfassungsrechtliche Ermächtigung zum Erlass von Ausführungsbestimmungen in Form einer Verordnung verfüge; so würden aus «kompetenzrechtlicher Sicht keine Bedenken mehr gegen die Zweitwohnungsverordnung» bestehen. «Es wäre überspitzt formalistisch, vom Bundesrat zu verlangen, die Zweitwohnungsverordnung ein zweites Mal zu erlassen, diesmal gestützt auf Art. 197 Ziff. 9 Abs. 1 BV».[888] Auch das höchste Gericht äusserte sich somit implizit über die Unzulässigkeit des Erlasses der Zweitwohnungsverordnung, gestützt auf Art. 182 Abs. 2 BV. Weiter führte es aus, dass die Zweitwohnungsverordnung vom 22. August 2012 bis zum Inkrafttreten des Zweitwohnungsgesetzes anzuwenden sei,

---

885 BGE 128 II 222, 225 E. 3.2.1; analog zu den Grenzen des Vollzugsverordnungsrechts gegenüber Gesetzen BGE 139 II 460, 462 f. E. 2.1; BGE 136 I 29, 33 E. 3.3; BGE 130 I 140, 149 E. 5.1; BGE 129 V 95, 97 E. 2.1.

886 Zum gleichen Ergebnis (aber mit einer anderen Begründung) kommen auch WALDMANN, Jusletter 10. Dezember 2012, Rz. 6; DERS., BRT 2013, S. 129; so auch MARTI, S. 282.

887 DETTWILER, SJZ 2013, S. 89, 91; vgl. auch BGE 128 II 222, 225 E. 3.2.1.

888 BGE 140 II 378, 381 f. E. 4.1.

«sofern sie den Anwendungsbereich von Art. 75b BV in zulässiger Weise» präzisiere.[889] Ob damit die Grenzen einer Vollzugs- oder einer gesetzesvertretenden Verordnung angesprochen werden, bleibt unklar. Es gilt daher nachfolgend zu untersuchen, ob die Regelungen der Zweitwohnungsverordnung die Grenzen des Vollzugsverordnungsrechts berücksichtigen.

c) Geltungsbereich der Zweitwohnungsverordnung

Die Zweitwohnungsverordnung regelt in erster Linie den Bau neuer Zweitwohnungen.[890] Sie besteht aus neun Artikeln inkl. Anhang und enthält für Zweitwohnungen, die bereits zum Zeitpunkt der Annahme der Volksinitiative bestanden oder rechtskräftig bewilligt sind, im Grundsatz keine Einschränkungen.[891] Dies wird im Wesentlichen damit begründet, dass ein Eingriff in die Eigentumsgarantie stets eine gesetzliche Grundlage im formellen Sinn voraussetze.[892] Diese Argumentation vermag indessen nicht zu überzeugen. Einerseits bedürfen Grundrechtseingriffe keines Gesetzes im formellen Sinn.[893] Andererseits sind sog. «altrechtliche Wohnungen» nicht vom Anwendungsbereich der Verfassungsnorm erfasst.

aa) Räumlicher Geltungsbereich

Gemäss dem Wortlaut von Art. 197 Ziff. 9 Abs. 2 BV wird ein vorsorgliches Baubewilligungsverbot für alle Gemeinden statuiert. Unter Anwendung der systematischen Auslegung hat sich jedoch ergeben, dass Art. 197 Ziff. 9 Abs. 2 i.V.m. Art. 75b Abs. 1 BV zu lesen und zu verstehen ist. Danach gilt das vorsorgliche Baubewilligungsverbot nur für Gemeinden, die – gemessen am Gesamtbestand der Wohnungen – einen Zweitwohnungsanteil von über 20 % erreicht haben. Dies wird auch in Art. 1 Abs. 1 ZwVo festgehalten. Die Verordnung listet im Anhang 573 Gemeinden[894] auf, die möglicherweise

---

889 BGE 140 II 378, 382 E. 4.1.

890 Medienmitteilung UVEK vom 30. Mai 2012.

891 Vgl. Art. 3 Abs. 1 ZwVo; DETTWILER, SJZ 2013, S. 91.

892 Medienmitteilung UVEK vom 30. Mai 2012.

893 Statt vieler SG Kommentar BV-SCHWEIZER, Art. 36 N 15; BIAGGINI, Komm. BV, Art. 36 N 9.

894 Vgl. zur Methodik der Erstellung dieser Liste ARE, EB ZwVo, S. 4 f.

einen überschiessenden Zweitwohnungsanteil aufweisen (Art. 1 Abs. 2 ZwVo). Gemäss Art. 1 Abs. 3 ZwVo können die im Anhang aufgenommenen Gemeinden die Vermutung widerlegen, dass der Anteil an Zweitwohnungen – gemessen am Gesamtbestand von Wohneinheiten – die 20 %-Quote übersteigt.[895] Im Übrigen ist der Anhang jährlich vom ARE zu aktualisieren (Art. 1 Abs. 4 ZwVo).

Während die Verfassungsbestimmung (Art. 75b Abs. 1 BV) die 20 %-Obergrenze sowohl auf den Gesamtbestand der Wohneinheiten als auch auf die für Wohnzwecke genutzte Bruttogeschossfläche bezieht, erstreckt sich demgegenüber der Geltungsbereich der Zweitwohnungsverordnung einzig auf den Zweitwohnungsanteil, gemessen am Gesamtbestand der Wohneinheiten.[896] Zur Begründung führte das ARE aus, es gäbe keine schweizweit gültige Definition des Begriffs der Bruttogeschossfläche, weshalb angesichts des engen Zeitrahmens diese nicht praxistauglich erhoben werden könne. Insofern sei diese Präzisierung sachgerecht.[897] Vielmehr bleibe Art. 75b Abs. 1 BV und damit auch die darin enthaltene 20 %-Beschränkung hinsichtlich der für Wohnzwecke genutzten Bruttogeschossfläche trotz des Verzichts auf Aufnahme in der Verordnung direkt anwendbar.[898] Gleiches gelte im Falle eines Verzichts auf das in Art. 75 Abs. 2 BV vorgesehene Ausführungsrecht.[899] Die 20 %-Quote sei indessen bereits erreicht bzw. überschritten, wenn nur eine der beiden Varianten, nämlich die Messung am Gesamtbestand an Wohneinheiten, gegeben sei.[900]

---

[895] Vgl. zum Ganzen ARE, EB ZwVo, S. 5; gemäss ANASTASI/CANONICA/MOLO, Rz. 60, gelingt den Gemeinden eine Widerlegung der Vermutung nur, wenn sie über ein Erst- oder Zweitwohnungsinventar verfügen; vgl. zur Widerlegbarkeit juristischer Vermutungen MÜLLER/UHLMANN, N 384 ff.

[896] ARE, EB ZwVo, S. 3, das auf diese Diskrepanz selbst aufmerksam macht.

[897] ARE, EB ZwVo, S. 3; für den Verzicht auch LUSTENBERGER, S. 49.

[898] ARE, EB ZwVo, S. 17; kritisch GANZ, Jusletter 10. Dezember 2012, Rz. 52; WALDMANN, BRT 2013, S. 134 f., der das Abstellen auf nur eine Referenzgrösse als «hinzunehmen» taxiert, solange keine schweizweit gültige Definition existiere.

[899] ARE, EB ZwVo, S. 17 f.

[900] ARE, EB ZwVo, S. 18.

bb) Zeitlicher Geltungsbereich

Gemäss Art. 197 Ziff. 9 Abs. 2 BV sind Baubewilligungen für Zweitwohnungen, die zwischen dem 1. Januar des Jahres, das auf die Annahme von Art. 75b BV folgt, und dem Inkrafttreten der Ausführungsgesetzgebung erteilt werden, nichtig. Diese Übergangsbestimmung sorgte für kontroverse Diskussionen. Viele Autoren zogen aus Abs. 2 der Übergangsbestimmung den Umkehrschluss, dass neue Zweitwohnungen bis Ende des Annahmejahres (31. Dezember 2012) nach bisherigem Recht beurteilt werden und rechtswirksam bewilligt werden könnten (intertemporalrechtliche Norm).[901] Das UVEK hielt diesen Umkehrschluss im Hinblick auf die Zielsetzung des neuen Verfassungsartikels für nicht zwingend. Es konstatierte, dass die ab dem 1. Januar 2013 vorgesehene Nichtigkeitsfolge nicht dazu führe, dass Baugesuche, die noch bis Ende 2012 behandelt würden, ohne Weiteres nach früherem Recht beurteilt werden könnten. Vielmehr sei die neue Verfassungsnorm bereits auf Baugesuche applikabel, die nach dem 11. März 2012 eingereicht worden waren. Im Zweifelsfall sei das Verfahren zu sistieren.[902] Das Bundesgericht qualifizierte demgegenüber Art. 197 Ziff. 9 Abs. 2 BV nicht als intertemporalrechtliche Norm, sondern als Verschärfung der Rechtsfolge (Nichtigkeit statt Anfechtbarkeit) ab 1. Januar 2013 bis zum Inkrafttreten des Ausführungsgesetzes.[903] Der Bundesrat wich in seiner Zweitwohnungsverordnung von dieser Ansicht ab und legte den zeitlichen Geltungsbereich des vorsorglichen Baubewilligungsverbots auf den 1. Januar 2013 fest (Art. 9 Abs. 1 ZwVo). Gemäss Art. 9 Abs. 2 ZwVo gilt die ZwVo bis zum Inkrafttreten der Ausführungsgesetzgebung zu Art. 75b BV – soweit eine solche notwendig ist.[904] Die bundesrätliche Regelung erweist sich mit Blick auf den direkt anwendbaren «harten Kern» der Zweitwohnungsbe-

---

[901] Vgl. GRIFFEL, NZZ vom 19. März 2012, S. 8; JAAG, NZZ vom 4. Mai 2012, S. 13; UHLMANN, NZZ vom 13. März 2012, S. 9; GANZ, Destinationen, Rz. 235; VGer GR, Urteil R 12 77 vom 23. Oktober 2012, Energiedirektion BE, Entscheid RA Nr. 110/2012/149 vom 30. Oktober 2012.

[902] Medienmitteilung UVEK vom 15. März 2012.

[903] BGE 139 II 243, 261 E. 11.3.

[904] DETTWILER, SJZ 2013, S. 92.

schränkung in Gemeinden mit überschiessendem Zweitwohnungsanteil als verfassungswidrig.[905]

cc) Sachlicher Geltungsbereich

Art. 197 Ziff. 9 Abs. 2 BV statuiert ein vorsorgliches Baubewilligungsverbot für Zweitwohnungen in Gemeinden mit überschiessendem Zweitwohnungsanteil. Ein Teil der Lehre sowie der Bundesrat vertraten die Ansicht, dass der verfassungsrechtliche Begriff der «Zweitwohnungen» nicht hinreichend genau bestimmt sei, zumal kein einheitlicher Rechtsbegriff existiere, an den angeknüpft werden könnte.[906] Der Bundesrat hat bei der Präzisierung des Zweitwohnungsbegriffs in Art. 2 ZwVo indessen eine weite[907] und «unglücklich»[908] formulierte Definition gewählt: Danach gelten als Zweitwohnungen Wohnungen, die von den Bewohnern mit Wohnsitz in der Gemeinde nur teilweise bzw. vorübergehend (Art. 2 lit. a ZwVo) oder durch Personen zu Erwerbs- oder Ausbildungszwecken (Art. 2 lit. b ZwVo) genutzt werden. Der weite Begriff der Zweitwohnungen umfasst somit auch touristisch bewirtschaftete Wohnungen. Insgesamt werden damit nicht nur Ferien- und Freizeitwohnungen, sondern auch bewirtschaftete Ferienwohnungen dem vorsorglichen Baubewilligungsverbot unterstellt.[909] Ausgeklammert wurden indessen Erstwohnungen sowie Wohnungen zu Arbeits- und Schulzwecken.[910] Sodann wurde auch der in Art. 75b Abs. 1 BV verwendete Begriff der «Wohneinheit» in der Begriffsumschreibung des ARE näher definiert. Gemäss dem ARE sei dieser missverständlich, weshalb auf den Terminus der «Wohnung» abgestellt werde.[911] Danach ist unter einer «Wohnung die Ge-

---

905 Vgl. C.III.3.b)bb); vgl. auch BIANCHI, RDAF 2013, S. 3, der darauf hinweist, dass dies im Ausführungsgesetz korrigiert werden müsse.

906 Vgl. dazu WALDMANN, Jusletter 10. Dezember 2012, Rz. 18; MÖSCHING, Massnahmen, S. 17 f.; ROTH, Masterarbeit, S. 23; vgl. auch DETTWILER, SJZ 2013, S. 92, der vor diesem Hintergrund die einheitliche Begriffsklärung als zulässig erachtet.

907 ARE, EB ZwVo, S. 6; so auch WALDMANN, BRT 2013, S. 134; DERS., Jusletter 10. Dezember 2012, Rz. 19.

908 Vgl. dazu NORER, NZZ vom 2. Oktober 2012, S. 20.

909 WALDMANN, Jusletter 10. Dezember 2012, Rz. 19.

910 ARE, konferenzielle Anhörung Auswertungsbericht, S. 7.

911 ARE, EB ZwVo, S. 3.

samtheit der Räume zu verstehen, die eine bauliche Einheit bilden und einen eigenen Zugang entweder von aussen oder von einem gemeinsamen Bereich innerhalb des Gebäudes (Treppenhaus) haben […]».[912] Der weite Anwendungsbereich des vorsorglichen Baubewilligungsverbots erweist sich als verfassungswidrig. Die ausdrücklich als Vollzugsverordnung erlassene Zweitwohnungsverordnung hätte, in Anlehnung an den direkt anwendbaren «harten Kern», nur klassische Ferienwohnungen und Zweitwohnungen mit geringer Nutzungsintensität umfassen dürfen. Bewirtschaftete Zweitwohnungen werden aufgrund einer historisch-teleologischen Auslegung nicht darunter subsumiert,[913] womit die Regelung über die Zielsetzung der zu vollziehenden Verfassungsbestimmung hinausgeht.

d) Inhalt und Umfang der Zweitwohnungsverordnung

aa) Umnutzung bestehender Wohnungen und von Hotelbetrieben

Gemäss Art. 3 Abs. 1 ZwVo können Wohnungen, die am 11. März 2012 bereits bestanden oder rechtskräftig bewilligt waren, im Rahmen der vorbestandenen, anrechenbaren Bruttogeschossfläche und unter Vorbehalt bestehender Nutzungseinschränkungen auch in Gemeinden mit einem überschiessenden Zweitwohnungsanteil von Erst- in Zweit- und von Zweit- in Erstwohnungen umgenutzt werden. Begründet wurde dies damit, dass es mit Schwierigkeiten verbunden sei, festzustellen, wie eine Wohnung vor Inkrafttreten von Art. 75b BV genutzt wurde.[914] Dieses Argument vermag indessen nicht zu überzeugen. Wie DETTWILER zu Recht anführt, beruht die Auflistung der von der Zweitwohnungsverordnung umfassten Gemeinden auf statistischen Daten, die auf der tatsächlichen Nutzung jeder individuellen Wohnung als Erst- oder Zweitwohnung basieren. Folglich hätten dieselben Daten für die Bestimmung der bestehenden Wohnungen als Erst- oder Zweitwoh-

---

912 ARE, EB ZwVo, S. 3.

913 Vgl. auch WALDMANN, Jusletter 10. Dezember 2012, Rz. 19, der festhält, dass ein weiter Anwendungsbereich mit Blick auf das übergangsrechtliche Baubewilligungsverbot nachvollziehbar sei, jedoch keineswegs zwingend; so auch DETTWILER, SJZ 2013, S. 92; vgl. auch Argumentarium Zweitwohnungsinitiative, S. 26.

914 ARE, EB ZwVo, S. 7.

nungen herangezogen werden können.[915] Gemäss WALDMANN vermag diese Regelung indessen «keine eigentliche Ausnahme vom vorsorglichen Baubewilligungsverbot» zu begründen, da dem Bundesrat nicht die Kompetenz zum Erlass einer «echten Ausnahmeregelung» zukäme. Es sei jedoch mit Blick auf die Zielsetzung von Art. 75b BV, «kalte Betten» zu vermeiden, durchaus vertretbar, eine Umnutzung im Zusammenhang mit einer Erbschaft, einem Wohnsitzwechsel oder einer Änderung des Zivilstandes (Art. 3 Abs. 2 lit. a und b ZwVo), zu erlauben.[916] Art. 3 Abs. 1 lit. a und b ZwVo seien vielmehr als Konkretisierungen des auf Verfassungsstufe normierten und geforderten Baubewilligungsstopps anzusehen.[917]

Dieser Ansicht kann aus mehreren Gründen nicht gefolgt werden. Zum einen ergibt die Auslegung von Art. 75b Abs. 1 i.V.m. 197 Ziff. 9 Abs. 2 BV eindeutig, dass keine neuen Zweitwohnungen ab dem 11. März 2012 mehr zulässig sind, da Art. 75b Abs. 1 BV nicht den «Bau» neuer Zweitwohnungen beschränkt, sondern den «Anteil von Zweitwohnungen am Gesamtbestand» der Wohneinheiten. Im Ergebnis erhöht sich der Zweitwohnungsanteil, der einerseits aufgrund einer historisch-teleologischen Auslegung[918] dem direkt anwendbaren «harten Kern» der Verfassungsnorm zuwiderläuft.[919] Andererseits zeigt sich darin eine Kompetenzüberschreitung des Bundesrates, die nicht mehr von der Vollzugsverordnungskompetenz gedeckt ist. Eine solche Regelung wäre denn auch auf Gesetzesebene anzuordnen.[920] Zum anderen vermag auch die in Art. 3 Abs. 4 ZwVo verankerte Unzulässigkeit der Um-

---

915 DETTWILER, SJZ 2013, S. 93.

916 WALDMANN, Jusletter 10. Dezember 2012, Rz. 26.

917 WALDMANN, Jusletter 10. Dezember 2012, Rz. 27.

918 Vgl. Botschaft Zweitwohnungsinitiative, S. 8767, die festhält: «Bei den bestehenden Erstwohnungen würde die Perspektive wegfallen, diese einmal in lukrative Zweitwohnungen umnutzen zu können»; Argumentarium Zweitwohnungsinitiative, S. 23; vgl. auch die im Auftrag des ARE erstellte Studie RÜTTER-FISCHBACHER/RÜTTER/WEGMANN, S. 66, die festhält: «Umnutzungen von bestehenden Erstwohnungen […] sind nicht möglich, da sich bei einer Umnutzung das Verhältnis von Erst- zu Zweitwohnungen zugunsten der Zweitwohnungen verändern würde, was die Initiative untersagt».

919 Vgl. hierzu auch LUSTENBERGER, S. 47, der diese Umnutzung nur als «heikel» bezeichnet.

920 Gl.M. DETTWILER, SJZ 2013, S. 93; so auch ARE, EB ZwVo, S. 7 in fine; im Ergebnis auch WALDMANN, Jusletter 10. Dezember 2012, Rz. 26.

nutzung im Falle eines Missbrauchs nicht hinwegzutäuschen.[921] Mithin wurde das Gewaltenteilungs- und Legalitätsprinzip verletzt.

Art. 3 Abs. 3 ZwVo lässt ferner auch die Umnutzung von Hotelbetrieben in Wohnungen zu, die als Erstwohnungen genutzt werden (Art. 4 Abs. 1 lit. a ZwVo) oder nicht individuell ausgestaltet sind sowie dauerhaft und ausschliesslich zur kurzzeitigen Nutzung durch Gäste zu marktüblichen Bedingungen angeboten werden (Art. 4 Abs. 1 lit. b ZwVo). In der Lehre sind die Ansichten über die Zulässigkeit von Art. 3 Abs. 3 Satz 1 ZwVo einheitlich. So vertritt beispielsweise DETTWILER die Meinung, dass diese Regelung Art. 75b BV nicht entgegenstehe, da der Bau neuer Wohnungen unter den Voraussetzungen von Art. 4 ZwVo zulässig wäre. Auch WALDMANN führt aus, dass die Schaffung von qualifiziert touristisch bewirtschafteten Zweitwohnungen mit Art. 75b BV vereinbar sei (Art. 3 Abs. 3 Satz 1 i.V.m. Art. 4 lit. b ZwVo).[922] Diese Ansichten werden durch die historische Auslegung untermauert, wonach der Baubewilligungsstopp nicht für sog. «warme Betten» gilt.[923]

Die darüber hinausgehende Regelung in Art. 3 Abs. 3 Satz 2 ZwVo, die auch die Umnutzung von Hotels in nicht qualifiziert touristisch bewirtschaftete Wohnungen erlaubt, sofern es sich dabei um Hotelbetriebe handelt, die mindestens 25 Jahre lang als solche bewirtschaftet worden sind und bei denen ein unabhängiges Gutachten feststellt, dass sie ohne Verschulden der Besitzer nicht mehr wirtschaftlich weitergeführt werden können (Art. 3 Abs. 3 Satz 2 ZwVo), sei nur zulässig, wenn keine generelle Abwägung mit öffentlichen Interessen (z.B. Tourismus, Wirtschaftspolitik) erfolge.[924] Auch das ARE führte aus, dass durch die Umnutzung von Hotelbetrieben in Zweitwohnungen «eine Wertverminderung der Hotelimmobilien mit damit zu-

---

921 Gl.M. DETTWILER, SJZ 2013, S. 93; kritisch auch GANZ, Jusletter 10. Dezember 2012, Rz. 47, 50; a.M. WALDMANN, Jusletter 10. Dezember 2012, Rz. 28; divergierend LUSTENBERGER, der sich auf S. 50 für die Zulässigkeit ausspricht, auf S. 54 f. dies jedoch wieder revidiert.

922 WALDMANN, Jusletter 10. Dezember 2012, Rz. 29, 34.

923 Vgl. Argumentarium Zweitwohnungsinitiative, S. 26.

924 WALDMANN, Jusletter 10. Dezember 2012, Rz. 30; gl.M. DETTWILER, SJZ 2013, S. 94.

sammenhängenden Folgen für die Hotelfinanzierung vermieden werden»[925] könnte. Diese Begründung zeigt, dass sich der Bundesrat von öffentlichen Interessen leiten liess und damit seine Konkretisierungsbefugnis im Rahmen seiner Vollzugsverordnungstätigkeit überschritten hat.[926] Eine solche Regelung ist einzig dem Gesetzgeber vorbehalten. Aus diesem Grund ist Art. 3 Abs. 3 Satz 2 ZwVo ebenfalls als verfassungswidrig zu taxieren, da diese Ausnahme insbesondere der Strukturerhaltung durch Quersubventionierung von bestehenden Hotelbetrieben dient.[927]

bb) Neue Wohnungen

In Gemeinden mit einem Zweitwohnungsanteil von mehr als 20 % dürfen unter bestimmten Voraussetzungen[928] Baubewilligungen für den Bau von neuen Erst- und Zweitwohnungen erteilt werden (Art. 4 lit. a und b ZwVo). Begründet wurde dies damit, dass sich die Initiative nur gegen die Erstellung von neuen «kalten Betten» richte, die Erstellung von «warmen Betten» hingegen durchaus zulässig sei. An die Erlaubnis zur Erstellung von Zweitwohnungen, die qualifiziert touristisch bewirtschaftet werden, sind nach Art. 4 lit. b Ziff. 1 ZwVo indessen hohe Anforderungen zu stellen.[929]

Gemäss Art. 4 lit. a ZwVo dürfen neue Erstwohnungen gebaut werden. Diese Regelung erweist sich als obsolet, da Art. 75b Abs. 1 BV ohnehin nur Zweitwohnungen erfasst.[930] Für den Bau von neuen Erstwohnungen verpflichtet Art. 6 Abs. 1 ZwVo die Baubewilligungsbehörde, mittels Auflage sicherzustellen, dass diese tatsächlich als Erstwohnung genutzt werden. Art. 4 lit. b ZwVo regelt die Voraussetzungen, unter denen neue Zweitwoh-

---

925 ARE, EB ZwVo, S. 9.

926 WALDMANN, Jusletter 10. Dezember 2012, Rz. 30; gl.M. DETTWILER, SJZ 2013, S. 94.

927 WALDMANN, Jusletter 10. Dezember 2012, Rz. 30; gl.M. DETTWILER, SJZ 2013, S. 94; vgl. auch GANZ, Jusletter 10. Dezember 2012, Rz. 50; vgl. für die Quersubventionierung von Hotelbetrieben durch den Verkauf von Zweitwohnungen ARE, EB ZwVo, S. 9.

928 Vgl. WALDMANN, Jusletter 10. Dezember 2012, Rz. 31, der diese Voraussetzungen als abschliessend qualifiziert.

929 ARE, EB ZwVo, S. 11.

930 Gl.M. WALDMANN, Jusletter 10. Dezember 2012, Rz. 32.

nungen gebaut werden dürfen. Demnach werden Baubewilligungen für Zweitwohnungen erteilt, wenn sie nicht individuell ausgestaltet sind sowie dauerhaft und ausschliesslich zur kurzzeitigen Nutzung durch Gäste zu marktüblichen Bedingungen angeboten werden, sofern sie im Rahmen strukturierter Beherbergungsformen bewirtschaftet werden (Ziff. 1) oder die Eigentümer im gleichen Haus leben (Ziff. 2). Eine Vermietung über eine Vertriebsorganisation ist indessen als unzureichend anzusehen.[931]

Eine «strukturierte Beherbergungsform» liegt dann vor, wenn eine Einliegerwohnung vorhanden ist, die nicht individualisiert ausgestaltet ist, ein hotelähnliches Betriebskonzept aufweist sowie über eine gewisse Betriebsgrösse verfügt. Überdies darf die Eigennutzung der Eigentümer pro Hauptsaison drei Wochen nicht übersteigen. Dabei ist der Nachweis zu erbringen, dass die hotelmässigen Dienstleistungen von der Mehrheit der Gäste tatsächlich beansprucht werden.[932] Sind diese Anforderungen erfüllt, so besteht ein Anspruch auf Erteilung der Baubewilligung für eine qualifiziert touristisch bewirtschaftete Zweitwohnung.[933] Dabei legt die Baubewilligungsbehörde in der Baubewilligung fest, dass nach Art. 4 lit. a und b ZwVo eine Nutzungspflicht besteht. Ferner weist sie in der Baubewilligung das Grundbuchamt an, auf dem Grundbuchblatt des betroffenen Grundstücks die Anmerkung «Erstwohnung» oder «qualifiziert bewirtschaftete Wohnung» anzubringen (Art. 6 Abs. 1 und 2 ZwVo).[934] Die Baubewilligung ist nach Art. 6 Abs. 3 ZwVo dem Bundesamt für Raumentwicklung zu eröffnen. Diese Regelung erweist sich mit Blick auf Sinn und Zweck der Verfassungsnorm sowie mit Blick auf die historische Auslegung als mit der Verfas-

---

931 ARE, EB ZwVo, S. 11.

932 ARE, EB ZwVo, S. 11.

933 Gl.M. WALDMANN, Jusletter 10. Dezember 2012, Rz. 36.

934 Die Regelung dürfte auch für neue Wohnungen, die zu Arbeits- und Schulzwecken genutzt werden, greifen (Art. 2 lit. b ZwVo), da diese vom Anwendungsbereich der Verordnung ausgenommen wurden; gl.M. WALDMANN, Jusletter 10. Dezember 2012, Rz. 33.

sungsbestimmung vereinbar. «Warme Betten» fallen nicht in den Anwendungsbereich der Zweitwohnungsbeschränkung.[935]

cc) Sonderregelungen für Zweitwohnungen in landschaftsprägenden Bauten

Gemäss Art. 5 ZwVo dürfen Zweitwohnungen in landschaftsprägenden Bauten in einer Gemeinde mit einem Zweitwohnungsanteil von 20 % unter den Voraussetzungen von Art. 39 Abs. 2 und 3 der Raumplanungsverordnung (RPV) bewilligt werden, auch wenn es sich um nicht touristisch bewirtschaftete Zweitwohnungen handelt. Dabei sind insbesondere Rustici und Maiensässbauten betroffen.[936] Der Bundesrat begründet diese Sonderregelung mit der Zielsetzung von Art. 75b BV, da die Möglichkeit, einen solchen Bau umzunutzen, gerade dem Zweck diene, eine attraktive Landschaft zu erhalten.[937] Eine solche Ausnahme wäre jedoch nur dann sinnvoll, wenn die Eigentümer selbst ein Interesse an der Erhaltung der Schutzwürdigkeit hätten.[938] Gesichert werde dies damit, dass Baubewilligungen nach Art. 39 Abs. 2 RPV unter einer auflösenden Bedingung erteilt werden. Entfalle die Schutzwürdigkeit, so verfalle auch die Baubewilligung.[939] Art. 39 RPV wurde um zwei neue Absätze (Abs. 4 und 5) ergänzt.[940]

Auch in diesem Zusammenhang hat der Bundesrat seine Befugnisse zur Konkretisierung überschritten. Art. 75b BV hält hinreichend genau fest, dass der Anteil an Zweitwohnungen am Gesamtbestand der Wohneinheiten nicht über 20 % liegen darf. Durch die Gewährung von Umnutzungen wird Art. 75b BV untergraben, da mehr Zweitwohnungseinheiten hinzukommen. Diese Sonderregelung erscheint wie Art. 3 Abs. 3 Satz 2 ZwVo interessenpo-

---

[935] Gl.M. ARE, EB ZwVo, S. 11; WALDMANN, Jusletter 10. Dezember 2012, Rz. 34; Argumentarium Zweitwohnungsinitiative, S. 23; kritisch GANZ, Jusletter 10. Dezember 2012, Rz. 54.

[936] ARE, EB ZwVo, S. 13.

[937] ARE, EB ZwVo, S. 13 f.

[938] ARE, EB ZwVo, S. 14.

[939] ARE, EB ZwVo, S. 14.

[940] ARE, EB ZwVo, S. 14; vgl. auch Art. 7 ZwVo hinsichtlich der Änderungen der RPV.

litisch motiviert.[941] Eine solche Ausnahme darf nur auf Gesetzesstufe, also im Ausführungsgesetz selbst, statuiert werden.[942]

dd) Baubewilligungen gestützt auf projektbezogene Sondernutzungspläne

Art. 8 Abs. 1 ZwVo regelt die Erteilung von Baubewilligungen für Zweitwohnungen nach bisherigem Recht. Demnach dürfen Baubewilligungen auch nach dem 1. Januar 2013 gestützt auf einen Sondernutzungsplan erteilt werden, wenn die Baubewilligung vor dem 11. März 2012 genehmigt wurde (Art. 8 Abs. 1 lit a ZwVo) und die Kernelemente der Baubewilligung bezüglich Lage, Stellung, Grösse und Gestaltung der Bauten und Anlagen sowie deren Nutzungsart und Nutzungsmass bereits geregelt wurden (Art. 8 Abs. 1 lit. b ZwVo). Gemäss dem erläuternden Bericht des ARE führen verfassungsrechtliche Änderungen nicht einfach dazu, dass bestehende Sondernutzungspläne aufgehoben werden.[943] DETTWILER verneint die Verfassungskonformität von Art. 8 ZwVo ohne nähere Begründung.[944] WALDMANN hingegen plädiert für eine verfassungskonforme Konkretisierung. Art. 8 ZwVo sei nicht eine echte Ausnahme vom vorsorglichen Baubewilligungsverbot für Zweitwohnungen, sondern «eine Vorschrift, die vor dem 11. März 2012 rechtskräftig genehmigte projektbezogene Sondernutzungspläne mit einer hohen Regelungsdichte (insb. auch bezüglich der Nutzungsart) den altrechtlichen Baubewilligungen gleichstellt».[945] Ferner bestimme Art. 8 ZwVo den zeitlichen Geltungsbereich des verfassungsrechtlichen Verbots, da Art. 75b BV entgegenstehende Nutzungspläne nicht einfach derogiere. Solche Pläne seien vielmehr seit dem 11. März 2012 nachträglich fehlerhaft geworden.[946] Unter Anwendung des Grundsatzes des Vertrauensschutzes (Art. 9 BV) stand es dem Bundesrat folglich zu, für Rechtssicherheit zu sor-

---

941 WALDMANN, Jusletter 10. Dezember 2012, Rz. 39; a.M. DETTWILER, SJZ 2013, S. 97.

942 WALDMANN, Jusletter 10. Dezember 2012, Rz. 39.

943 ARE, EB ZwVo, S. 17.

944 DETTWILER, SJZ 2013, S. 98.

945 WALDMANN, Jusletter 10. Dezember 2012, Rz. 40.

946 WALDMANN, Jusletter 10. Dezember 2012, Rz. 41.

gen.[947] Zu beachten gelte es weiter, dass Lehre und Rechtsprechung projektbezogenen Sondernutzungsplänen aufgrund ihres hohen Detaillierungsgrades die gleiche Tragweite wie einer Baubewilligung zukommen liessen. Konsequenterweise leite sich daraus eine Erteilung der Baubewilligung ab.[948]

Entgegen der von WALDMANN vertretenen Ansicht bezieht sich diese Regelung in der Verordnung gerade nicht nur auf «rechtskräftig genehmigte projektbezogene Sondernutzungspläne», sondern es wurde ausdrücklich festgehalten, dass eine einfache Genehmigung ausreiche.[949] Trotz des hohen Detailierungsgrades der Quartiergestaltungspläne bedürfen die zu errichtenden Gebäude dennoch einer rechtskräftigen Baubewilligung. Es rechtfertigt sich daher, auf diese abzustellen. Erschwerend kommt hinzu, dass der Zweitwohnungsartikel normenhierarchisch höher steht als der Quartiergestaltungsplan, der auf Stufe Raumplanungsrecht anzuordnen ist.[950]

ee) Nichtigkeit von erteilten Baubewilligungen

Art. 8 Abs. 2 ZwVo statuiert, dass Bewilligungen für den Bau von Zweitwohnungen, die zwischen dem 1. Januar 2013 und dem Zeitpunkt erteilt werden, an dem die Verordnung durch die ordentliche Gesetzgebung abgelöst wird, nichtig sind (vorbehalten der normierten Ausnahmen). Damit vollzieht die Verordnung die direkt anwendbaren Nichtigkeitsfolgen in korrekter Weise. Aufgrund ihrer Rechtsnatur als selbstständige Vollzugsverordnung wäre ein Abweichen von dieser verfassungsrechtlich normierten Nichtigkeitsfolge nicht rechtmässig.

---

947 WALDMANN, Jusletter 10. Dezember 2012, Rz. 41.

948 WALDMANN, Jusletter 10. Dezember 2012, Rz. 41; ARE, EB ZwVo, S. 17.

949 ARE, EB ZwVo, S. 17; vgl. dazu auch BGer, Urteil 1C_393/2011 vom 3. Juli 2012, das die Beschwerde abwies; vgl. harsche Kritik der Initianten, «Der Bundesrat knickt vor den Lobbys ein» vom 23. August 2012, <http://www.zweitwohnungsinitiative.ch/news/iteseoworolarer-graben-zwischen-berg-und-tal.html?page=2> (besucht am 10. Juni 2018).

950 GRIFFEL, NLZ vom 30. März 2012, S. 17; im Ergebnis auch NORER, in: Norer/Rütsche, S. 27.

e) Ergebnis

Die in Art. 197 Ziff. 9 Abs. 1 BV verankerte Ermächtigung des Bundesrates zum Erlass einer Verordnung bezieht sich aufgrund des Wortlautes und der Systematik auf eine gesetzesvertretende Verordnung. Eine selbstständige gesetzesvertretende Verordnung des Bundesrates darf dabei vor Ablauf der dem ordentlichen Gesetzgeber gewährten verfassungsrechtlich normierten Umsetzungsfrist von zwei Jahren nicht erlassen werden. Hingegen ist der Erlass einer selbstständigen Vollzugsverordnung vor Ablauf der in Art. 197 Ziff. 9 Abs. 1 BV statuierten Umsetzungsfrist aufgrund des direkt anwendbaren «harten Kerns» von Art. 75b Abs. 1 i.V.m. Art. 197 Ziff. 9 Abs. 2 BV erlaubt. Es müssen jedoch stets die Grenzen des Vollzugsverordnungsrechts analog Art. 182 Abs. 2 BV respektiert werden. Diese müssen sich auf die zu vollziehende Materie beschränken, dürfen andere Gesetze weder abändern noch aufheben, müssen sich an die Zielsetzung der Verfassungsbestimmung halten und dürfen den Bürgern keine neuen Pflichten auferlegen ausser jenen, die sich bereits aus der Verfassungsbestimmung selbst ergeben.[951]

Die Verfassungsmässigkeit der Verordnung über Zweitwohnungen beurteilt sich zum einen danach, ob diese sich innerhalb der materiellen Vorgaben von Art. 75b i.V.m. Art. 197 Ziff. 9 BV bewegt. Zum anderen müssen die Verordnungsbestimmungen durch den Regelungszweck der Verfassungsnorm gedeckt werden.[952] Der Bundesrat verfügt mit Blick auf die Klärung der Frage, «ob und unter welchen Voraussetzungen in den betroffenen Gemeinden noch Baubewilligungen für bestimmte, besonders intensiv genutzte Arten von Zweitwohnungen (‹warme Betten›) erteilt werden dürfen»,[953] über einen Regelungsspielraum. Entgegen dem Bundesgericht besteht jedoch kein Spielraum bei der Klärung der Frage, ob Umnutzungen von Erst- in Zweit-

[951] Vgl. analog zu den Grenzen des Vollzugsverordnungsrechts gegenüber Gesetzen BGE 141 II 169, 172 E. 3.3 und 3.4; BGE 139 II 460, 462 f. E. 2.1 ff.; BGE 136 I 29, 33 E. 3.3; BGE 129 V 95, 97 E. 2.1; HÄFELIN/HALLER/KELLER/THURNHERR, N 1860; RHINOW/SCHEFER/UEBERSAX, Rz. 2700; JAAG, ZBl 2011, S. 643; so auch WALDMANN, Jusletter 10. Dezember 2012, Rz. 5.

[952] Zum gleichen Ergebnis kommt auch WALDMANN, BRT 2013, S. 137; GRIFFEL, ZBl 2014, S. 74 in fine.

[953] BGE 139 II 243, 257 E. 10.5.

wohnungen möglich sind,[954] da eine Umnutzung stets zu einer Erhöhung des Zweitwohnungsanteils führt, was expressis verbis durch die Verfassungsregelung untersagt wird. Der in der selbstständigen Vollzugsverordnung weit gefasste Zweitwohnungsbegriff, die erlaubte Umnutzung von Erst- in Zweitwohnungen, die Möglichkeit des Baus von nicht qualifiziert touristisch bewirtschafteten Wohnungen sowie die Zulassung neuer Zweitwohnungen in landschaftsprägenden Bauten sind einerseits als Verstoss gegen den direkt anwendbaren «harten Kern» der Verfassungsnorm zu taxieren.[955] Andererseits hat der Bundesrat seine Kompetenzen zur Regelung in einer Vollzugsverordnung überschritten sowie die Grenzen des Vollzugsverordnungsrechts missachtet. Mithin hat er das Gewaltenteilungs- und Legalitätsprinzip verletzt.

5. Notwendigkeit und Ablauf der Umsetzungsgesetzgebung

Art. 75b Abs. 2 i.V.m. Art. 197 Ziff. 9 Abs. 1 BV normieren einen klaren Gesetzgebungsauftrag. Infolgedessen ist trotz des direkt anwendbaren «harten Kerns» von Art. 75b BV eine Ausführungsgesetzgebung erforderlich.

Diesem Auftrag ist der Bundesrat mit der Botschaft zum Zweitwohnungsgesetz nachgekommen. Der Entwurf des Ausführungsgesetzes wurde in «enger Zusammenarbeit mit den betroffenen Kreisen erarbeitet».[956] Im Herbst 2012 begann eine Steuerungsgruppe im Auftrag des UVEK und unter der Leitung des ARE mit den Entwürfen zum Ausführungsgesetz.[957] GRIFFEL kritisierte dabei den Ablauf des Gesetzgebungsprozesses, da dieser doch in erster Linie interessengeleitet gewesen sei und die vorgelagerte Stufe der Expertenarbeit als Basis des Entwurfs eliminiert habe. Diese konzeptionellen Mängel würden sich denn auch im Zweitwohnungsgesetz (ZWG) widerspiegeln.[958]

---

[954] BGE 139 II 243, 257 E. 10.5; unter Verweis auf diesen Leitentscheid auch GRIFFEL, ZBl 2014, S. 74.

[955] Im Ergebnis auch DETTWILER, SJZ 2013, S. 99; WALDMANN, Jusletter 10. Dezember 2012, Rz. 45.

[956] ARE, Erläuterungen ZWG, S. 1.

[957] ARE, Erläuterungen ZWG, S. 1; Botschaft ZWG, S. 2290.

[958] GRIFFEL, ZBl 2014, S. 73.

Nach umfangreichen Vernehmlassungsarbeiten[959] verabschiedete der Bundesrat am 19. Februar 2014 die Botschaft zum Zweitwohnungsgesetz.[960] Mit dem vorgeschlagenen Entwurf zum Zweitwohnungsgesetz wurden im Wesentlichen die bereits bestandenen Regelungen der ZwVo übernommen.[961]

Die Vorlage sollte durch den Ständerat als Erstrat in der Sommersession 2014 beraten werden. Infolge vieler offener Fragen wurde das Geschäft auf die Herbstsession 2014 verschoben. Der Umsetzungsentwurf des Bundesrates wurde zuerst vom Ständerat beraten.[962] Die Kommission des Ständerats stimmte der Vorlage des Bundesrats weitgehend zu, beantragte aber Änderungen an verschiedenen Stellen.[963] Der Ständerat folgte in vielen Punkten seiner Kommission und beschloss anschliessend in der Detailberatung eine vom Bundesratsentwurf abweichende Regelung, die in vielen Punkten sehr grosszügig ausfiel. Entscheidende Teile des Beschlusses betrafen einen grösseren Spielraum für die Kantone bei der Bezeichnung von Gebieten, in denen Ausnahmeregelungen für touristisch bewirtschaftete Wohnungen gelten sollen, eine Spezialregelung für Hotels, die Möglichkeit der Umnutzung aller erhaltenswerten Bauten in der Bauzone zu Wohnungen und die Möglichkeit, bestehende Wohnungen flächenmässig um 30 %, maximal jedoch um 30 Quadratmeter zu erweitern.[964]

Die Kommission des Nationalrats folgte im Wesentlichen den Beschlüssen des Ständerats, nahm jedoch wiederum gewisse Änderungen vor und beantragte, das Gesetz für dringlich zu erklären. Sie schlug vor, touristisch bewirtschaftete Wohnungen gar vom Zweitwohnungsbegriff auszunehmen und den Erstwohnungen zuzuordnen, Kantone mit niedrigem Zweitwohnungsanteil von der Inventarpflicht zu befreien und bei der Umnutzung von nicht rentablen Hotels der Meinung des Bundesrates zu folgen.[965]

---

[959] Eingegangen sind 144 Stellungnahmen, dazu Botschaft ZWG, S. 2292.

[960] Botschaft ZWG, S. 2287 ff.

[961] In diesem Sinn auch DETTWILER, SJZ 2014, S. 342; so auch Komm. ZWG-WOLF/NUSPLIGER, Einleitung N 24.

[962] AB 2014 S 919 ff.

[963] AB 2014 S 919 f.; Medienmitteilung UREK-S vom 15. August 2014.

[964] AB 2014 S 932 ff.; vgl. dazu auch HÄFLIGER, S. 9.

[965] AB 2015 N 32 ff.; Medienmitteilung UREK-N vom 27. Januar 2015; Medienmitteilung UREK-N vom 18. November 2014.

Infolge der zahlreichen Ausnahmen erhöhte sich die Möglichkeit eines Referendums, weshalb am 2. März 2015 ein ausserparlamentarischer Kompromiss ausgehandelt wurde.[966] Die Ausnahmeregelung für touristisch bewirtschaftete Wohnungen, die auf kommerziellen Vermittlungsplattformen zur Vermietung ausgeschrieben werden, wurde gestrichen, die Umnutzung in Zweitwohnungen wurde auf geschützte oder ortsbildende Bauten beschränkt und die Möglichkeit, unrentable Hotels in Zweitwohnungen umzubauen, auf die Hälfte der Fläche limitiert. Trotz Widerstandes wurde am Grundsatz, dass Erstwohnungen in Zweitwohnungen umgewandelt werden können, touristisch bewirtschaftete Wohnungen den Erstwohnungen zugeordnet werden und bestehende Wohnungen flächenmässig um 30 % erweitert werden können, festgehalten. Dabei wurde jedoch die Obergrenze von 30 Quadratmetern fallen gelassen.[967] Zudem beschloss der Nationalrat, auf eine Dringlichkeitserklärung des Gesetzes zu verzichten, da dies nach dem Kompromiss nicht mehr nötig war.[968] Auch im Ständerat setzte sich der Kompromiss des Nationalrats durch. Es wurden jedoch nicht sämtliche Entscheide des Nationalrats übernommen. So gelten gemäss Ständerat auch touristisch bewirtschaftete Wohnungen als Zweitwohnungen.[969]

Am 12. März 2015 stimmte der Nationalrat der differenzbereinigten Version des Gesetzes zu.[970] In der Schlussabstimmung wurde das Zweitwohnungsgesetz im Nationalrat mit 159 gegen 12 Stimmen bei 23 Enthaltungen[971] und im Ständerat mit 40 gegen 2 Stimmen bei 2 Enthaltungen angenommen.[972]

---

966 Der Kompromiss wurde zwischen der Präsidentin des Vereins Helvetia Nostra, Vera Weber, und einer Delegation von Nationalräten, namentlich Vertretern der FDP und der SVP, am 2. März 2015 beschlossen. Dies erfolgte in erster Linie zur Schaffung von Rechtssicherheit und zur Verhinderung eines Referendums. Vgl. dazu auch EQUEY, Rz. 28; m.w.H. auch die parlamentarischen Beratungen, insbesondere die Voten NR Killer und NR Amstutz AB 2015 N 39–41.

967 AB 2015 N 32 ff.; vgl. auch Zusammenfassungen der Debatten im Nationalrat vom 3./4. März 2015.

968 AB 2015 N 67 ff.; vgl. auch Zusammenfassungen der Debatten im Nationalrat vom 3./4. März 2015.

969 AB 2015 S 106 ff.

970 AB 2015 N 308 f.

971 AB 2015 N 600.

972 AB 2015 S 301.

Die Referendumsfrist lief bis zum 9. Juli 2015.[973] In den Waadtländer Alpen formierte sich ein Komitee, das zwar ein Referendum lancierte. Dieses kam jedoch wegen Nichterreichens der geforderten Unterschriftenanzahl nicht zustande.[974] Das ZWG trat am 1. Januar 2016 in Kraft.[975]

Das Bundesgesetz über Zweitwohnungen enthält 28 Artikel, die in acht Kapiteln untergliedert sind. Das ZWG nimmt dabei vorab eine negative Umschreibung des Zweitwohnungsbegriffs vor, legt die Berechnung des Zweitwohnungsanteils fest und statuiert ein grundsätzliches Baubewilligungsverbot für Zweitwohnungen. Zudem finden sich Regelungen zur Erstellung neuer Zweitwohnungen sowie zu Änderung altrechtlicher Wohnungen in Gemeinden mit überschiessendem Zweitwohnungsanteil. Ferner normiert es Vollzugs-, Straf- und Ausnahmebestimmungen zu der in der Verfassung vorgesehenen Zweitwohnungsbeschränkung.[976]

6. Verfassungsmässigkeit der Ausführungsgesetzgebung

a) Zweitwohnungsbegriff

Der Zweitwohnungsbegriff wurde in Art. 2 ZWG definiert.[977] Die angeführten Voraussetzungen in Abs. 1 lit. a–e müssen kumulativ erfüllt sein.[978] Abs. 1 erläutert, was unter einer Wohnung im Sinne des ZWG zu verstehen ist und grenzt diese – über das Erfordernis einer Kocheinrichtung – von Einzelzimmern in Hotels oder Altersheimen (lit. d) sowie von mobilen Unterkünften (lit. e) ab. Gemäss Abs. 2 gilt als Erstwohnung eine Wohnung, die von mindestens einer Person genutzt wird, die gemäss Art. 3 des Registerharmonisierungsgesetzes (RHG) in der Gemeinde, in der die Wohnung liegt,

---

973 BBl 2015 2753.

974 EQUEY, Rz. 33.

975 AS 2015 5657.

976 Vgl. zum Ganzen ALIG, Jusletter 1. Dezember 2014, Rz. 1; DERS., ZBl 2016, S. 227, 230, der das ZWG im Wesentlichen als «eine von Vollzugs- und Strafbestimmungen flankierende Ausnahmeregelung von der in der Verfassung vorgesehenen Zweitwohnungsbeschränkung» qualifiziert; vgl. ebenfalls ausführlich EQUEY, Rz. 34 ff.

977 Vgl. für den Wohnungsbegriff ALIG, Jusletter 30. Mai 2016, Rz. 11 ff.

978 Vgl. Botschaft ZWG, S. 2297.

niedergelassen ist; gemeint ist hier, dass die Person ihren Hauptwohnsitz[979] und damit ihren Lebensmittelpunkt[980] in der betroffenen Gemeinde haben muss.[981] Ob sie Eigentümerin ist oder die Nutzung anderweitig – z.B. im Rahmen eines Mietverhältnisses oder eines Wohnrechts – wahrnimmt, ist nicht entscheidend.[982]

Art. 2 Abs. 3 ZWG listet den Erstwohnungen gleichgestellte Wohnungen auf. Dazu zählen Wohnungen, die «dauernd bewohnt» werden und mithin eine intensive Nutzung aufweisen.[983] Dies betrifft etwa Wohnungen zu Erwerbs- oder Ausbildungszwecken (lit. a), wobei hier vorausgesetzt wird, dass eine Wochenaufenthaltsbescheinigung vorliegt,[984] Wohnungen von Privathaushalten, die im gleichen Gebäude eine andere Wohnung dauernd bewohnen (lit. b), sowie Wohnungen von nichtmeldepflichtigen Personen, wie insbesondere diplomatischem Personal und Asylsuchenden. Den Erstwohnungen gleichgestellt werden überdies Leerwohnungen (lit. d), landwirtschaftlich genutzte Wohnungen (Alpwirtschaft), Wohnungen für Saisonniers und Temporärkräfte in der Landwirtschaft (lit. f), Dienstwohnungen (lit. g) sowie Wohnungen, die vorübergehend als Praxen und Büros genutzt werden (lit. h).[985]

Festzuhalten gilt an dieser Stelle, dass das ZWG nicht definiert, was unter «dauernd bewohnt» zu verstehen ist.[986] Die Botschaft zum Bundesgesetz über Zweitwohnungen hält zwar fest, dass den Erstwohnungen gleichgestellte Wohnungen nicht an den Hauptwohnsitz anknüpfen, sondern am Umstand, dass eine Wohnung an sich «dauernd bewohnt», also auch durch wechselnde Personen genutzt wird oder aus anderen Gründe nicht als

---

979 Vgl. zum Missbrauchspotenzial und dem Aufwand bei der Beweiserhebung durch die Behörden Komm. ZWG-MÖSCHING, Art. 2 N 29.

980 Vgl. zur Bestimmung des Lebensmittelpunktes Komm. ZWG-MÖSCHING, Art. 2 N 12.

981 Vgl. Botschaft ZWG, S. 2298.

982 BSK BV-ALIG/GRIFFEL, Art. 75b N 16; MÖSCHING, Massnahmen, S. 9.

983 Vgl. Botschaft ZWG, S. 2298.

984 Vgl. Botschaft ZWG, S. 2298; so auch ALIG, ZBl 2016, S. 231; vgl. auch MÖSCHING, Massnahmen, S. 195 f.

985 Vgl. Botschaft ZWG, S. 2298 f.; vgl. dazu auch SR Bischofberger, AB 2014 S 933.

986 Gl.M. ALIG, ZBl 2016, S. 230.

Zweitwohnung qualifiziert werden kann. Welche Gründe dies jedoch im Einzelnen sind, verschweigt die Botschaft.[987]

Art. 2 Abs. 4 ZWG führt schliesslich aus, was unter einer Zweitwohnung im Sinne des ZWG zu verstehen ist. Demnach ist eine Zweitwohnung eine Wohnung, die weder eine Erstwohnung ist noch einer solchen gleichgestellt werden kann. Sinngemäss gelten auch touristisch bewirtschaftete Wohnungen als Zweitwohnungen (Art. 7 lit. b ZWG),[988] womit von einem weiten Anwendungsbereich ausgegangen werden kann.[989] Die Erstellung neuer touristisch bewirtschafteter Zweitwohnungen ist nach Art. 6 Abs. 2 ZWG jedoch weiterhin zulässig. Der in Art. 75b Abs. 1 BV verankerte Zweitwohnungsbegriff umfasst aufgrund einer historisch-teleologischen Auslegung[990]

---

[987] Vgl. Botschaft ZWG, S. 2298; vgl. auch SR Bischofberger, AB 2014 S 933, der als einziger auf diesen Begriff in den gesamten parlamentarischen Beratungen eingeht; so auch Komm. ZWG-MÖSCHING, Art. 2 N 17.

[988] Die Frage, ob intensiv genutzte Zweitwohnungen – sog. bewirtschaftete Wohnungen – gänzlich vom Anwendungsbereich des ZWG ausgenommen werden sollten, war im Gesetzgebungsverfahren umstritten; vgl. hierzu NR Semadeni, AB 2015 N 37, die festhält, dass der Bundesrat, der Ständerat und das UVEK den direkt anwendbaren harten Kern der Verfassungsnorm «durchlöchert» haben; gegen den weiten Begriff der Zweitwohnungen auch NR Candinas, AB 2015 N 41; vgl. auch für die Zusammenfassung der Minderheitsanträge im Nationalrat NR Jans, AB 2015 N 46; für einen weiten Zweitwohnungsbegriff SR Bischofberger, AB 2014 S 919 f.; der Nationalrat votierte dafür, der Ständerat, der sich durchsetzte, dagegen, vgl. AB 2015 S 106; vgl. auch ALIG, ZBl 2016, S. 231, der fälschlicherweise auch die Wohnungen zu Erwerbs- und Studienzwecken unter den Zweitwohnungsbegriff subsumiert. Diese sind nach Art. 2 Abs. 3 lit. a ZWG richtigerweise den Erstwohnungen gleichgestellt. Dies wird insbesondere durch eine historisch-teleologische Auslegung gedeckt. Abgestellt werden muss auf die Nutzungsintensität. Die Initianten klammerten solche Wohnungen explizit vom Anwendungsbereich aus, vgl. dazu Argumentarium, S. 26. In diesem Sinn sind auch die Erläuterungen des Bundesrates unzutreffend, vgl. dazu Abstimmungserläuterungen ZWI, S. 4 f.

[989] Gl.M. ALIG, ZBl 2016, S. 231; DERS, Jusletter, 30. Mai 2016, Rz. 27 f. und 38 ff.; so auch BSK BV-ALIG/GRIFFEL, Art. 75b N 47; Komm. ZWG-MÖSCHING, Art. 2 N 25.

[990] Vgl. Argumentarium Zweitwohnungsinitiative, S. 26, das touristisch bewirtschaftete Zweitwohnungen explizit vom Anwendungsbereich ausschliesst; kritisch auch PFAMMATTER, S. 129 ff., wonach touristisch bewirtschaftete Wohnungen nicht unter den Zweitwohnungsbegriff fallen sollten; vgl. auch

gerade keine touristisch bewirtschafteten Wohnungen. Die Erfassung unter den Zweitwohnungsbegriff ist damit verfassungswidrig.

b) Zweitwohnungsbeschränkung

Das zweite Kapitel des Zweitwohnungsgesetzes regelt in Art. 4 und 5 das Wohnungsinventar und den Zweitwohnungsanteil. Art. 75b Abs. 2 BV statuiert einen Gesetzgebungsauftrag und ist nicht direkt anwendbar.[991] Danach werden die Gemeinden durch Gesetz verpflichtet, jährlich einen Erstwohnungsanteilplan und den Stand des Vollzuges zu veröffentlichen, unabhängig davon, ob der Zweitwohnungsanteil über oder unter 20 % liegt. Dieser Auftrag wurde nun in Art. 4 ZWG umgesetzt. Abs. 1 hält fest, dass jede Gemeinde jährlich ein «Wohnungsinventar» erstellt. Das ZWG spricht nicht von Erstwohnungsanteilplan, «weil darunter üblicherweise ein Nutzungsplan verstanden wird, der für bestimmte Zonen Mindestanteile an Erstwohnungen festlegt».[992] Das Wohnungsinventar erfasst richtigerweise den tatsächlichen Bestand von Erstwohnungen in einer Gemeinde.[993] Auf dieser Basis stellt der Bund für jede Gemeinde den Anteil der Zweitwohnungen am Gesamtbestand der Wohnungen fest (Art. 5 Abs. 1 ZWG). Von dieser Regelung weicht die dazugehörige Zweitwohnungsverordnung (ZWV) ab. Art. 1 Abs. 1 ZWV[994] regelt, dass die Gemeinden, anstatt ein Wohnungsinventar zu erstellen, die entsprechenden Daten im eidgenössischen Gebäude- und Wohnungsregister nachzuführen haben. Gestützt darauf stellt das ARE fest, ob der Zweitwohnungsanteil einer Gemeinde mehr als 20 % beträgt oder nicht (Art. 2 Abs. 2 ZWV). Der gemäss Art. 2 Abs. 4 ZWV vorgesehenen Liste kommt die Funktion zu, das öffentliche Informationsbedürfnis zu befriedigen.[995] Den Erstwohnungen gleichgestellte Wohnungen können von Gemeinden gesondert

WALDMANN, BRT 2013, S. 137 Fn. 68; DERS., Jusletter 10. Dezember 2012, Rz. 12 u. 18.

991 So auch SG Kommentar BV-RUCH, Art. 75b N 43; Komm. ZWG-MÖSCHING, Art. 4 N 1.

992 Vgl. Botschaft ZWG, S. 2301.

993 Vgl. Botschaft ZWG, S. 2301.

994 AS 2015 5569.

995 ARE, Erläuterungen ZWV, S. 1 f.

aufgeführt und den Erstwohnungen zugerechnet werden (Art. 4 Abs. 3 ZWG).

Art. 4 ZWG bezieht sich für die Berechnung des Anteils an Zweitwohnungen einzig auf den Gesamtbestand an Wohneinheiten. Eine Umsetzung der in Art. 75b Abs. 1 BV normierten zweiten Tatbestandsvariante der «für Wohnzwecke genutzten Bruttogeschossfläche» erfolgte dabei nicht.[996] Sowohl bei der Übergangsverordnung des Bundesrates als auch beim Erlass des Bundesgesetzes über Zweitwohnungen beruft sich der Bundesrat auf das Fehlen einer einheitlichen Definition, den unverhältnismässigen Aufwand für das Erfassen der Bruttogeschossfläche nach einer einheitlichen Definition und den sich daraus ergebenden geringen Nutzen. Begründet wird dies damit (wie auch bei der Übergangsverordnung des Bundesrates), dass Zweitwohnungen eine geringere Fläche als Erstwohnungen aufweisen und dem Begriff der Bruttogeschossfläche daher keine selbstständige Bedeutung zukomme.[997] Der gänzliche Verzicht auf eine solche Regelung erweist sich als verfassungswidrig, zumal es leicht gewesen wäre, auf die Hauptnutzungsfläche zu referieren, die ebenfalls dazu dient, die für Zweitwohnungen genutzte Grundfläche zu beschränken (vgl. Art. 8, 11 und 26 ZWG).[998]

---

[996] Vgl. dazu BR Leuthard, AB 2014 S 930 f., die mit dem Verzicht auf die Aufnahme der zweiten Tatbestandsvariante den vorhandenen Auslegungsspielraum als «mehr als ausgereizt» bezeichnet, gleichzeitig aber auch darauf hinweist, dass diese umzusetzen sei.

[997] Vgl. Botschaft ZWG, S. 2301; vgl. dazu die gegenteilige Begründung von BR Leuthard, AB 2014 S 931, die diese Umsetzung folgendermassen begründet: «Wenn Sie wie bei anderen Initiativen – wie es zum Teil getan wird – eine konsequente, buchstabengetreue Umsetzung wünschen würden, dann müssten Sie diese Vorlage zurückweisen. Wir nutzen den Spielraum aus, gerade weil wir anerkennen: Den Ausschlag für das Ja haben die Zentren und die Agglomerationen gegeben und nicht die betroffenen Berggebiete. Die betroffenen Berggebiete sind Hauptbetroffene dieses Volksentscheides. Deshalb sind – gerade weil es knapp war, gerade weil diese Gebiete natürlich auch die wirtschaftlichen Konsequenzen zu tragen haben – eine massvolle Umsetzung und die Nutzung des vorhandenen Spielraums Ziel des Bundesrates».

[998] Gl.M. Waldmann, BRT 2013, S. 134 f.; BSK BV-Alig/Griffel, Art. 75b N 20; Alig, Jusletter 1. Dezember 2014, Rz. 11; Biaggini, Komm. BV, Art. 75b N 5; a.M. Komm. ZWG-Mösching, Art. 4 N 7.

Im dritten Kapitel des Zweitwohnungsgesetzes wird das Verbot neuer Zweitwohnungen statuiert (Art. 6 Abs. 1 ZWG).[999] In Gemeinden, in denen der nach Art. 5 ZWG festgestellte Zweitwohnungsanteil über 20 % liegt, dürfen keine neuen Zweitwohnungen bewilligt werden. Eine Baubewilligung muss ferner verweigert werden, wenn die Erteilung dieser Baubewilligung dazu führen würde, dass der Zweitwohnungsanteil über 20 % betragen würde. In Art. 6 Abs. 2 ZWG wird jedoch vom grundsätzlichen Baubewilligungsverbot für neue Zweitwohnungen ein Vorbehalt zu Gunsten der Erstellung neuer Wohnungen nach Art. 7 Abs. 1 lit. b und nach Art. 8, 9, 26 oder 27 ZWG normiert.

c) Erstellung neuer «warmer Betten» mit Nutzungsbeschränkung

In Gemeinden mit einem Zweitwohnungsanteil von über 20 % dürfen neue Wohnungen nur als Erstwohnungen, als Wohnungen, die nach Art. 2 Abs. 3 ZWG einer Erstwohnung gleichgestellt sind, oder als touristisch bewirtschaftete Wohnungen bewilligt werden (Art. 7 Abs. 1 lit. a, b ZWG).[1000] Als neue Wohnung gilt dabei ein Neubau oder eine Umgestaltung einer bestehenden Wohnung, die bislang nicht unter den Anwendungsbereich von Art. 2 Abs. 1 ZWG gefallen ist.[1001] Im Rahmen der Baubewilligung ist jedoch eine entsprechende Nutzungsbeschränkung anzuordnen (Art. 7 Abs. 3 ZWG). Enthält die Baubewilligung für eine neue Wohnung keine Nutzungsbeschränkung und liegt auch keine Baubewilligung nach Art. 8, 9, 26 oder 27 ZWG vor, so greift die gesetzliche Vermutung, dass die Nutzungsbeschränkung nach Abs. 1 lit. a gilt (Art. 7 Abs. 3 ZWG). Die Nutzungsbeschränkung wird unmittelbar nach Rechtskraft der Baubewilligung für das betreffende Grundstück im Grundbuch angemerkt (Art. 7 Abs. 4 ZWG).[1002]

---

999 Vgl. für die Auswirkungen auf Grundstückkaufverträge und Mietverträge WÄGER/RÜEGG, Rz. 4 ff.

1000 Zu beachten sind die in Art. 6 Abs. 2 ZWG genannten Ausnahmen.

1001 Botschaft ZWG, S. 2303.

1002 Vgl. EQUEY, Rz. 67, für die Anforderungen an die Baubewilligung; so auch BGer, Urteil 1C_240/2014 vom 24. Oktober 2014 E. 2.5.

Art. 7 Abs. 2 ZWG erfasst einerseits die Einliegerwohnungen (lit. a) und andererseits strukturiert bewirtschaftete Wohnungen (lit. b). Eine Wohnung gilt dann als touristisch bewirtschaftete Wohnung, wenn sie dauerhaft zur ausschliesslich kurzzeitigen Nutzung durch Gäste zu markt- und ortsüblichen Bedingungen angeboten wird (Art. 7 Abs. 2 ZWG). Unter einem «Angebot zu markt- und ortsüblichen Bedingungen» wird das Anbieten von Wohnungen verstanden, die attraktiv sind und dem lokalen Preisniveau entsprechen.[1003] «Dauerhaft» bedeutet eine gewisse Nutzungsintensität,[1004] wobei die Wohnung während der Hauptsaisonzeit angeboten werden muss (eine Eigennutzung während der Hauptsaison ist nur für max. drei Wochen erlaubt).[1005] Ferner dürfen diese Wohnungen nur für die kurzzeitige Beherbergung von Gästen vorgesehen sein, womit eine dauerhafte Vermietung ausser Betracht fällt.[1006] Nur so kann gewährleistet werden, dass «warme Betten» geschaffen werden.[1007] Als «kurzzeitig» gilt dabei eine durchschnittliche Aufenthaltsdauer der Gäste zwischen zwei Wochen und 90 Tagen.[1008] Sind die genannten Voraussetzungen erfüllt, so besteht ein Anspruch auf Erteilung der Baubewilligung.[1009]

[1003] Botschaft ZWG, S. 2303; vgl. Kritik bei Komm. ZWG-PFAMMATTER, Art. 7 N 17, der das zusätzliche Kriterium der «Attraktivität» ablehnt, da dieses zu unbestimmt sei.

[1004] Botschaft ZWG, S. 2303; vgl. auch SCHEIDEGGER, S. 94.

[1005] Botschaft ZWG, S. 2304; der Botschaft folgend hinsichtlich der zeitlichen Voraussetzung des Angebots BIANCHI, RNRF 2015, S. 305; EQUEY, Rz. 70; a.M. Komm. ZWG-PFAMMATTER, Art. 7 N 17; vgl. auch ALIG, ZBl 2016, S. 235, der in Anlehnung an Art. 4 ZwVo, eine nicht individuelle Ausgestaltung der Wohnung fordert; vgl. für die Nutzungsintensität auch SR Bischofberger, AB 2014 S 936.

[1006] Botschaft ZWG, S. 2303.

[1007] Botschaft ZWG, S. 2303.

[1008] ALIG, ZBl 2016, S. 235, unter Verweis auf den erläuternden Bericht des Bundesrates zur Verordnung über die Förderung der Beherbergungswirtschaft vom Februar 2015 (SR 935.121), S. 7, 10, die infolge der jüngsten Totalrevision, die ausdrücklich auf die Übereinstimmung mit dem ZWG abstellte, den Begriff der kurzzeitigen Beherbergung verwendet. Dieser kann analog angewendet werden; so auch Komm. ZWG-PFAMMATTER, Art. 7 N 16.

[1009] Vgl. bereits zur Zweitwohnungsverordnung WALDMANN, Jusletter 10. Dezember 2012, Rz. 36; MÖSCHING, Massnahmen, S. 221.

aa) Einliegerwohnungen

Art. 7 Abs. 2 lit. a ZWG regelt den Bau einer Wohnung, wenn diese im selben Haus liegt, in dem der Eigentümer seinen Hauptwohnsitz hat (Einliegerwohnung). Rechtlich sind Einliegerwohnungen damit vom Bestand eines Haupthauses abhängig.[1010] Diese Variante wurde geschaffen, damit Ortsansässige eine aktive Gastgeberrolle übernehmen können – dies ist jedoch gemäss bundesrätlicher Botschaft für maximal vier Einliegerwohnungen möglich.[1011] Im Gesetz und in der Verordnung wurde diese zahlenmässige Beschränkung indessen nicht aufgenommen.[1012] Im Übrigen haben Einliegerwohnungen die Voraussetzungen nach Art. 7 Abs. 2 ZWG zu erfüllen.[1013]

bb) Touristisch bewirtschaftete Wohnungen

Die nach Art. 7 Abs. 2 lit. b ZWG erlaubten Wohnungen dürfen nebst den generellen Voraussetzungen nach Abs. 2[1014] einerseits nicht auf die persönlichen Verhältnisse des Eigentümers zugeschnitten sein[1015] und müssen andererseits im Rahmen eines strukturierten Beherbergungsbetriebs bewirtschaftet werden. Ein strukturierter Beherbergungsbetrieb liegt gemäss Art. 4 ZWV dann vor, wenn hotelmässige Dienstleistungen und Infrastrukturen, wie Rezeption, Zimmerdienst und Restaurants,[1016] gegeben sind, die von der Mehrheit der Gäste beansprucht werden (lit. a), oder wenn ein hotelähnliches Betriebskonzept aufgezeigt wird (lit. b) und wenn die Bewirtschaftung im Rahmen eines einheitlichen Betriebs gewährleistet ist (lit. c). Mithin ist die

---

1010 Gl.M. ALIG, ZBl 2016, S. 236; Komm. ZWG-PFAMMATTER, Art. 7 N 9.

1011 Botschaft ZWG, S. 2303; kritisch MÖSCHING, Massnahmen, S. 219 ff., der die Vereinbarkeit dieser Bestimmung mit dem Grundsatz der Gleichbehandlung direkter Konkurrenten anzweifelt.

1012 Vgl. ALIG, ZBl 2016, S. 236, der die in der Botschaft genannte Anzahl für fix hält; vgl. auch DETTWILER, SJZ 2014, S. 341, der eine entsprechende Regelung im Gesetz fordert und eine Limitierung auf zwei Einliegerwohnungen für angemessen hält.

1013 Komm. ZWG-PFAMMATTER, Art. 7 N 21.

1014 So auch Komm. ZWG-PFAMMATTER, Art. 7 N 23.

1015 Diese Voraussetzung wurde durch den Ständerat eingefügt, vgl. SR Bischofberger, AB 2014 S 936.

1016 ARE, Erläuterungen ZWG, S. 6.

kurzzeitige und professionelle Beherbergung von Gästen entscheidend.[1017] Art. 4 ZWV ist weitgehend deckungsgleich mit der in der Botschaft zum Zweitwohnungsgesetz vorgeschlagenen Regelung.[1018]

d) Neue «kalte Betten» ohne Nutzungsbeschränkung

Bei den in Art. 8 und Art. 9 ZWG vorgesehenen Möglichkeiten der Errichtung neuer «kalter Betten» in Gemeinden mit einem Zweitwohnungsanteil von über 20 % handelt es sich um die in Art. 6 Abs. 2 ZWG vorbehaltenen Sonderfälle.[1019]

aa) Neue «kalte Betten» für die Hotellerie

Art. 8 ZWG sieht grosszügige Ausnahmen[1020] für die Hotellerie vor. Nach Art. 8 Abs. 1 ZWG dürfen neue Wohnungen ohne Nutzungsbeschränkung, die sich frei nutzen, vermieten oder verkaufen lassen, unter fünf kumulativ[1021] zu erfüllenden Voraussetzungen bewilligt und erstellt werden.[1022] Der Gesetzestext fordert, dass der «Betrieb nur mit dem Ertrag aus der Erstellung solcher Wohnungen wirtschaftlich geführt oder weitergeführt werden kann» (lit. a),[1023] dass «die Eigentümerin oder der Eigentümer bzw. die Betreiberin oder der Betreiber auf Verlangen den Nachweis erbringt, dass der Ertrag aus den Wohnungen in den Bau oder Betrieb der strukturierten Beherbergung investiert wird» (lit. b),[1024] dass «die Hauptnutzfläche der Zimmer und der Wohnungen einen Anteil von 20 % der gesamten Hauptnutzfläche der Zimmer und der Wohnung nicht übersteigt» (lit. c), dass die «Wohnungen mit dem strukturierten Beherbergungsbetrieb eine bauliche und funktionale Ein-

---

[1017] ARE, Erläuterungen ZWG, S. 6.

[1018] Botschaft ZWG, S. 2303 f.

[1019] Botschaft ZWG, S. 2306.

[1020] Gl.M. ALIG, ZBl 2016, S. 237; DETTWILER, SJZ 2014, S. 344.

[1021] Komm. ZWG-PFAMMATTER, Art. 8 N 4.

[1022] Botschaft ZWG, S. 2307.

[1023] Vgl. dazu GÄUMANN/STÖHR, S. 271, die darauf abstellen, ob mit dem Betrieb eine angemessene Rendite erzielt werden kann. Der Gesetzgeber lässt offen, nach welchen Kriterien die Wirtschaftlichkeit zu beurteilen ist; m.w.H. auch Komm. ZWG-PFAMMATTER, Art. 8 N 8.

[1024] M.w.H. BIANCHI, RNRF 2015, S. 311; EQUEY, Rz. 83.

heit bilden, es sei denn, Gründe des Ortsbild- oder Denkmalschutzes stehen dem entgegen» (lit. d)[1025] und dass «keine überwiegenden Interessen entgegenstehen» (lit. e). Es muss durch ein unabhängiges Gutachten nachgewiesen werden, dass die Voraussetzungen erfüllt sind (Art. 8 Abs. 5 ZWG, Art. 5 Abs. 1 und 2 ZWV).

Art. 8 Abs. 2 ZWG normiert eine Art Sonderregelung für Wohnungen nach Abs. 1, die zwar als «kalte Betten» vermietet werden dürfen, jedoch entfällt die Veräusserungsmöglichkeit. Die Hauptnutzungsfläche solcher Wohnungen ist auf 33 % der gesamten Hauptnutzungsfläche nach Abs. 1 lit. c beschränkt (Art. 8 Abs. 2 Satz 1 ZWG).[1026] Die Veräusserungsbeschränkung ist im Grundbuch anzumerken (Satz 2). Art. 8 Abs. 3 ZWG dient der Klärung der Situation, wenn sowohl Wohnungen nach Art. 8 Abs. 1 ZWG als auch Wohnungen nach Art. 8 Abs. 2 ZWG erstellt worden sind.[1027] Mit einer höchst umständlich formulierten Berechnungsmethode soll dabei gewährleistet werden, dass die in Art. 8 Abs. 2 ZWG normierten 33 % verringert werden. Diese gelten gemäss Art. 8 Abs. 3 ZWG als Höchstanteil für die Erstellung beider Kategorien von Wohnungen, reduziert um den Wert, der sich daraus ergibt, dass der Quotient aus der Fläche der Wohnungen nach Abs. 1 und der Summe der Flächen der Wohnungen nach den Abs. 1 und 2 mit 13 multipliziert wird.[1028]

[1025] Botschaft ZWG, S. 2307.

[1026] Vgl. SR Bischofberger, AB 2014 S 939; ablehnend BR Leuthard, AB 2014 S 939, welche die Verfassungsmässigkeit der Regelung anzweifelt; vgl. auch SR Diener, AB 2014 S 939, die von einer «massiven Erhöhung der Flächennutzung» spricht.

[1027] Vgl. hierzu EQUEY, Rz. 84, der davon ausgeht, dass Art. 8 Abs. 1–3 ZWG nicht auf Betriebe Anwendung findet, die bereits vor dem 11. März 2012 bestanden haben. Diese Ansicht ist abzulehnen, da weder dem Gesetzeswortlaut noch den Materialien diesbezüglich etwas zu entnehmen ist. Im Ständerat wurde explizit darauf hingewiesen, dass die Regelung auch auf bestehende Betriebe Anwendung findet, vgl. SR Bischofberger, AB 2014 S 941.

[1028] Vgl. SR Bischofberger, AB 2014 S 941; vgl. auch BR Leuthard, AB 2014 S 939, die gegen diese Formulierung war; ablehnend auch NR Jans, AB 2015 N 57; so auch NUSSBAUMER, S. 436 ff., der Abs. 3 als «Monsterparagraph» taxiert.

Sodann regelt Art. 8 Abs. 4 ZWG die Umnutzungsmöglichkeiten für strukturierte Beherbergungsbetriebe.[1029] Demnach kann ein strukturierter Beherbergungsbetrieb, der bereits am 11. März 2012 bestanden hat, bis zu 50 % der Hauptnutzfläche[1030] in «kalte Betten» umnutzen, wenn kumulativ[1031] folgende vier Voraussetzungen erfüllt werden (Art. 8 Abs. 1 lit. a–d ZWG): Es liegt eine minimale Bewirtschaftungsdauer von 25 Jahren vor (lit. a); der Beherbergungsbetrieb kann nicht mehr wirtschaftlich weitergeführt und auch nicht in touristisch bewirtschaftete Wohnungen umgenutzt werden (lit. b); die Tatsache, dass der betreffende Beherbergungsbetrieb nicht mehr wirtschaftlich weitergeführt werden kann, ist nicht durch ein Fehlverhalten der Eigentümer bzw. der Betreiber verursacht worden (lit. c); es stehen keine überwiegenden Interessen entgegen (lit. d). Auch hier muss zwecks Missbrauchsverhinderung ein unabhängiges Gutachten vorliegen (Art. 8 Abs. 5 ZWG). Der Begriff der Umnutzung nach Art. 8 Abs. 4 ZWG ist indessen nicht eng zu verstehen.[1032] Der Gesetzgeber verlangt auch keine minimale Betriebsgrösse.[1033] Erfasst werden mithin gewisse bauliche Massnahmen, da Hotelzimmer ihrer Natur entsprechend über keine Kocheinrichtung verfügen. In diesem Sinn sind Änderungen an den Hotelzimmern zwecks Erfüllung des gesetzlichen Zweitwohnungsbegriffs in Art. 2 ZWG als rechtmässig anzusehen. Darüber hinausgehende Umbauten – insbesondere solche, welche die statisch wichtigen Elemente betreffen – sind nicht mehr vom Anwendungsbereich gedeckt.[1034]

Der Erlass von Art. 8 ZWG wurde damit begründet, dass der Bau «kalter Betten» zur Querfinanzierung von Hotelneubauprojekten (Abs. 1) üblich sei bzw. dass die Möglichkeit zur Umnutzung in «kalte Betten» (Abs. 4) für einen sinnvollen Strukturwandel unabdingbar wäre.[1035] Art. 8 ZWG ist jedoch als verfassungswidrig anzusehen. Die Erstellung neuer «kalter Betten»

[1029] Vgl. hierzu auch ALIG/GRIFFEL, S. 23 ff.

[1030] Vgl. für die Aufnahme dieser Regelung nach dem Kompromiss mit den Initianten, AB 2015 S 107.

[1031] Komm. ZWG-PFAMMATTER, Art. 8 N 22.

[1032] ALIG, ZBl 2016, S. 238.

[1033] SR Imoberdorf und SR Fournier, AB 2014 S 940.

[1034] Gl.M. ALIG, ZBl 2016, S. 238.

[1035] Botschaft ZWG, S. 2306 f.; so auch SR Bischofberger, AB 2014 S 938.

bzw. die Umnutzung von Erst- in Zweitwohnungen ist insbesondere mit dem «harten Kern» von Art. 75b BV nicht vereinbar.[1036] Hierdurch wird zwangsläufig der Anteil an Zweitwohnungen in Gemeinden mit bereits überschiessendem Zweitwohnungsanteil erhöht.

bb) Neue «kalte Betten» in geschützten Bauten

Gemäss Art. 9 Abs. 1 ZWG[1037] sind neue «kalte Betten» in Gemeinden mit einem Zweitwohnungsanteil von über 20 % nur in geschützten oder ortsbildprägenden Bauten innerhalb der Bauzonen bewilligungsfähig, wenn kumulativ die in lit. a–c genannten Voraussetzungen erfüllt sind.[1038] Ferner müssen die übrigen Voraussetzungen des Bundesrechts und des kantonalen Rechts eingehalten werden (Art. 9 Abs. 3 ZWG). Als geschützte Bauten im Sinne von Art. 9 ZWG gelten nur Baudenkmäler, die mittels individuell-konkreter Schutzanordnung unter Schutz gestellt wurden.[1039] Das Kernanliegen von Art. 9 Abs. 1 ZWG ist die Berücksichtigung des verfassungsmässig normierten Interesses des Denkmalschutzes (Art. 78 BV). Aufgrund einer harmonisierenden Auslegung erscheint es vertretbar, neue «kalte Betten» zuzulassen, um den Verfall eines geschützten Gebäudes abzuwenden bzw. den Erhalt eines ortsbildprägenden Gebäudes sicherzustellen.[1040] Diese Begründung deckt sich auch mit der historischen Auslegung, da die Initianten vor allem bezweckten, den originären Charakter der Ortschaft zu erhalten.[1041] Ausserhalb der Bauzonen richtet sich die Zulässigkeit der Umwandlung schüt-

---

1036 So auch ALIG, Jusletter 1. Dezember 2014, S. 240; Griffel, ZBl 2014, S. 78, für den Entwurf zum ZWG; BSK BV-ALIG/GRIFFEL, Art. 75b N 40; a.M. Komm. ZWG-PFAMMATTER, Art. 7 N 21; so auch SR Germann, AB 2015 S 109, nach dem Art. 8 ZWG (Art. 9 gemäss Entwurf) «besser» sei, «als es in der Initiative vorgesehen war oder als man es gemäss Initiative hätte auslegen können».

1037 Entspricht Art. 5 ZwVo.

1038 Vgl. Komm. ZWG-STADLER, Art. 9 N 12, der darauf hinweist, dass ein Bewilligungsanspruch besteht, wenn die Voraussetzungen erfüllt sind.

1039 Botschaft ZWG, S. 2308; vgl. auch für die Annahme des Antrags NR Huber und NR Amstutz, AB 2015 N 63, die sich für die Aufnahme ortsbildprägender Bauten aussprachen und für die Streichung der gemäss bundesrätlichem Entwurf vorgeschlagenen Regelung, dass diese Bauten in einem bedeutenden Ortsbild liegen müssen; vgl. zum Vorschlag des Bundesrates Botschaft ZWG, S. 2330.

1040 GRIFFEL, ZBl 2014, S. 79; gl.M. ALIG, ZBl 2016, S. 241 f.

1041 Argumentarium Zweitwohnungsinitiative, S. 3.

zenswerter Bausubstanz gemäss Art. 9 Abs. 2 ZWG «nach den Bestimmungen des Raumplanungsgesetzes». Dabei muss Abs. 2 kumulativ zu Abs. 1 angewendet werden, da stets die Erhaltung der schützenswerten Bausubstanz im Vordergrund steht.[1042] Darüber hinausgehende Erweiterungen bzw. Umbauten oder gar Ersatzbauten widersprechen sowohl der systematischen, der teleologischen als auch der verfassungskonformen Auslegung von Art. 9 ZWG.[1043]

e) Altrechtliche Wohnungen

Intensiv diskutiert wurde seit der Annahme der Zweitwohnungsinitiative, wie mit bereits bestehenden Zweitwohnungen umzugehen ist. Dazu wurden vom Bundesrat zwei Varianten in die Vernehmlassung gegeben: Die liberale Variante sah vor, dass bestehende Wohnungen weitgehend frei umgenutzt und geringfügig auch erweitert hätten werden dürfen, wobei es in die Zuständigkeit der Kantone gefallen wäre, allfällige Missbräuche zu verhindern.[1044] Nach dem restriktiveren Vorschlag hätten altrechtliche Wohnungen noch im Rahmen der bestehenden Hauptnutzungsfläche geändert werden dürfen und Umnutzungen wären nur noch durch besondere Umstände, wie aufgrund eines Todesfalls oder einer Zivilstandsänderung, möglich gewesen. Die Umnutzung einer Erst- in eine Zweitwohnung wurde zudem der Bewilligungspflicht unterstellt.[1045] In Anbetracht der Vernehmlassungsergebnisse schloss sich der Bundesrat keiner dieser vorgeschlagenen Varianten an, sondern legte eine Kompromisslösung vor, die sich im Wesentlichen an Art. 3 Abs. 1 ZwVo anlehnte.[1046]

Zunächst wird in Art. 10 ZWG der Begriff der altrechtlichen Wohnungen verbindlich definiert. Darunter fallen Wohnungen, die am 11. März 2012

[1042] Für eine kumulative Anwendung, GRIFFEL, ZBl 2014, S. 79; ALIG, ZBl 2016, S. 243; vgl. auch NR Fässler, AB 2015 N 56; zum Gehalt des bundesrätlichen Entwurfs Botschaft ZWG, S. 2308.

[1043] Gl.M. ALIG, Jusletter 1. Dezember 2014, S. 243; so auch GRIFFEL, NZZ vom 24. Oktober 2014, S. 23; vgl. Diskussionen im Nationalrat, AB 2015 N 37 ff., 52 ff.; Botschaft ZWG, S. 2308.

[1044] Botschaft ZWG, S. 2292.

[1045] Botschaft ZWG, S. 2292.

[1046] Botschaft ZWG, S. 2292.

rechtmässig bestanden oder rechtskräftig bewilligt waren. Damit wird von der bundesgerichtlichen Rechtsprechung abgewichen. Nach den hierzu ergangenen Entscheiden gelten gemäss der höchstrichterlichen Rechtsprechung solche Wohnungen als altrechtliche Wohnungen, deren Baubewilligungen bereits vor dem 11. März 2012 erteilt worden waren, die jedoch nach dem 11. März 2012 noch Gegenstand eines Rechtsmittelverfahrens waren.[1047] Sodann wird in Art. 11 Abs. 1 ZWG festgelegt, dass altrechtliche Wohnungen unter Vorbehalt bestehender oder künftiger Nutzungsbeschränkungen des kantonalen und kommunalen Rechts in der Art der Wohnungsnutzung frei sind. Sie sind somit als Erst- oder Zweitwohnungen oder als den Erstwohnungen gleichgestellte Wohnungen nutzbar. Damit kann dem Anliegen Rechnung getragen werden, wonach altrechtliche Wohnungen durch Annahme der Zweitwohnungsinitiative keinen Wertzerfall erleiden sollen.[1048] Solche Wohnungen dürfen im Rahmen der vorbestehenden Hauptnutzungsfläche erneuert, umgebaut und wiederaufgebaut werden. Kommt es in diesem Rahmen zur Schaffung zusätzlicher Wohnungen, so können diese ohne Nutzungsbeschränkung – unter Vorbehalt des übrigen Bundesrechts und des kantonalen Rechts – bewilligt werden (Art. 11 Abs. 2 ZWG).

Obwohl der Bundesrat in seinem Gesetzesentwurf die Erweiterungsmöglichkeit von altrechtlichen Wohnungen, die als Zweitwohnungen genutzt werden, ausschliesst,[1049] wurde dies in den parlamentarischen Debatten geändert.[1050] Gemäss Art. 11 Abs. 3 ZWG dürfen altrechtliche Wohnungen innerhalb der Bauzonen um max. 30 % der am 11. März 2012 vorbestehen-

---

1047 Vgl. BGer, Urteil 1C_215/2012 vom 14. Dezember 2012 E. 2.4, BGer, Urteil 1C_159/2012 vom 14. Dezember 2012 E. 6.2.

1048 Vgl. Botschaft ZWG, S. 2309; EQUEY, Rz. 94.

1049 Vgl. Botschaft ZWG, S. 2309.

1050 Vgl. hierzu SR Luginbühl, AB 2014 S 921; vgl. auch SR Bischofberger, AB 2014 S 962; vgl. auch SR Hösli, AB 2014 S 963, der diese Erweiterungsmöglichkeit für die Berggebiete als «existenziell» bezeichnet; SR Schmid, AB 2014 S 963, der dadurch den Willen der Initianten nicht tangiert sieht und «geringfügige» Erweiterungen als mit Art. 75b BV vereinbar erachtet; vgl. auch den Minderheitsantrag von SR Fournier, AB 2014 S 963, der innerhalb der Bauzone jegliche Erweiterung zulassen wollte; vgl. den Minderheitsantrag SR Berberat, AB 2014 S 962 f., der eine solche Erweiterungsmöglichkeit nur mit der Pflicht verbunden haben will, diese Erweiterungsbauten auch als Erstwohnung zu nutzen.

den Hauptnutzungsfläche erweitert werden, sofern keine neue Wohnung geschaffen wird. Erweiterungen, die das genannte Mass übersteigen, sind gemäss Art. 11 Abs. 4 ZWG zulässig, wenn die Wohnung als Erstwohnung bzw. als Wohnung, die einer Erstwohnung gleichgestellt wird, oder als touristisch bewirtschaftete Wohnung deklariert wird und die entsprechenden Bewilligungsvoraussetzungen erfüllt sind (Satz 1). Art. 11 ZWG verdeutlicht zwar, unter welchen Voraussetzungen eine Wohnung noch als altrechtlich zu gelten hat. Er gibt jedoch keine Auskunft darüber, ob eine Änderung bzw. Erweiterung im Einzelfall zulässig ist.[1051] Innerhalb der Bauzonen ist dies nach kantonalem bzw. kommunalem Recht zu klären, ausserhalb der Bauzonen nach dem RPG.[1052] Im Anwendungsbereich der erweiterten Besitzstandsgarantie dürfen auch altrechtliche Zweitwohnungen umgebaut bzw. erweitert werden. Nichts anderes ergibt sich im Hinblick auf rechtswidrig gewordene Bauten innerhalb und ausserhalb der Bauzonen.[1053] Die Verfassungsbestimmung normiert, dass der Anteil an Zweitwohnungen, gemessen am Gesamtbestand der Wohneinheiten und der für Wohnzwecke genutzten Bruttogeschossfläche einer Gemeinde, auf höchstens 20 % beschränkt ist. Die freie Umnutzung von Erst- in Zweitwohnungen erweist sich hingegen als verfassungswidrig.[1054]

f) Rechtsfolgen erteilter Baubewilligungen vor Inkrafttreten des ZWG

Art. 25 Abs. 5 ZWG statuiert, dass die nach dem 1. Januar 2013 erteilten und rechtskräftig gewordenen Baubewilligungen gültig bleiben, soweit sich diese auf die Übergangsverordnung vom 22. August 2012 über die Zweitwohnungen stützen. Diese Regelung ist verfassungskonform, da die Übergangsverordnung die Nichtigkeitsfolgen gemäss Art. 197 Ziff. 9 Abs. 1 BV bereits umgesetzt hat.

[1051] Vgl. ALIG, ZBl 2016, S. 246.

[1052] SG Kommentar BV-RUCH, Art. 75b N 42.

[1053] GRIFFEL, ZBl 2014, S. 79.

[1054] Vgl. ALIG, Jusletter 1. Dezember 2014, S. 247; so auch BSK BV-ALIG/GRIFFEL, Art. 75 N 43; SG Kommentar BV-RUCH, Art. 75b N 39, 42; a.M. SCHEIDEGGER, S. 102; für die Zulässigkeit auch Komm. ZWG-PFAMMATTER, Art. 11 N 4.

g) Weitere Regelungen

Das Zweitwohnungsgesetz wird bezüglich der Änderung und Sistierung der Nutzungsbeschränkung um eine Reihe von Vollzugsvorschriften sowie um Strafbestimmungen ergänzt. Die beiden Strafbestimmungen sind als Vergehen konzipiert, wodurch zum Ausdruck gebracht wird, dass es sich nicht um Kavaliersdelikte handelt.[1055]

7. Ergebnis

Das Zweitwohnungsgesetz normiert in Art. 2 Abs. 4 ZWG einen weiten Zweitwohnungsbegriff und erfasst auch klassische, touristisch bewirtschaftete Zweitwohnungen. Art. 75b Abs. 1 BV beschränkt demgegenüber einzig den Bau von «kalten Betten», mithin Wohnungen, die eine geringe Nutzungsintensität aufweisen. Der weite Anwendungsbereich erweist sich damit als verfassungswidrig. Auch Art. 4 ZWG bezieht sich für die Berechnung des Anteils an Zweitwohnungen einzig auf den Gesamtbestand an Wohneinheiten und damit entgegen Art. 75b Abs. 1 BV nur auf eine Tatbestandsvariante. Die «für Wohnzwecke genutzte Bruttogeschossfläche» wird dabei gänzlich unberücksichtigt gelassen. Auch diese Regelung ist insbesondere mit Blick auf den direkt anwendbaren «harten Kern» als verfassungswidrig zu taxieren. Gleiches gilt für die in Art. 8 ZWG verankerte Regelung. Die Erstellung neuer «kalter Betten» bzw. die Umnutzung von Erst- in Zweitwohnungen läuft sowohl dem direkt anwendbaren «harten Kern» entgegen als auch der programmatischen Zielsetzung von Art. 75b BV. Da das Zweitwohnungsgesetz nunmehr geltendes Recht darstellt, besteht aufgrund von Art. 190 BV ein Anwendungsgebot der rechtsanwendenden Behörden.[1056] Entgegen einem jüngst veröffentlichten Beitrag hindert Art. 190 BV nicht daran, einzelne Bestimmungen des Ausführungsgesetzes als verfassungswidrig zu qualifizieren. Vielmehr regelt Art. 190 BV einzig, dass das Bundesgericht trotz Verfassungswidrigkeit an Bundesgesetze gebunden ist und diese anzu-

---

1055 Vgl. dazu ausführlich ALIG, ZBl 2016, S. 247 ff.

1056 Gl.M. ALIG, Jusletter 1. Dezember 2014, S. 240; vgl. auch PFAMMATTER, S. 143 f.; WALDMANN, BRT 2013, S. 139; DERS., Jusletter 10. Dezember 2012, Rz. 30; vgl. auch SR Imoberdorf, AB 2014 S 928; NR Hess, AB 2015 N 42 f.

wenden hat.[1057] Sofern die Ausführungsgesetzgebung das Verfassungsrecht verdrängt, kommt der Verfassungsbestimmung indessen immer noch eine Bedeutung im Rahmen der verfassungskonformen Auslegung des Gesetzesrechts zu.[1058]

1057 Vgl. ROTH, Jusletter 12. September 2012, Rz. 31 ff., der in Fn. 163 festhält, dass Bestimmungen des Ausführungsgesetzes nach unbenutzter Referendumsfrist nicht mehr als verfassungswidrig bezeichnet werden können.

1058 SEFEROVIC, S & R 2014, S. 110.

IV. Die Abzockerinitiative

1. Ausgangslage

Die Volksinitiative «gegen die Abzockerei» (sog. Abzockerinitiative) wurde am 17. Oktober 2006 von der Bundeskanzlei vorgeprüft und am 26. Februar 2008 mit den nötigen Unterschriften eingereicht. Mit Verfügung vom 2. April 2008 stellte die Bundeskanzlei fest, dass die Volksinitiative mit 114'260 gültigen Unterschriften zustande gekommen war.[1059]

Der Bundesrat verabschiedete am 5. Dezember 2008 seine Botschaft zur Abzockerinitiative und unterbreitete dieser dabei einen indirekten Gegenvorschlag in Form der Änderung des Obligationenrechts (OR).[1060] Die Botschaft zur Abzockerinitiative und zur Änderung des OR wurde ausdrücklich als Zusatzbotschaft zur Revision des Aktien- und Rechnungslegungsrechts ausgestaltet.[1061] Diese sah in erster Linie verschiedene Anpassungen und Ergänzungen zu den Vorschlägen der ersten Botschaft vom Dezember 2007 zur grossen Aktienrechtsrevision vor.[1062] In der Sommersession 2009 behandelte der Ständerat die Revision des Aktienrechts als Erstrat.[1063] Dieser empfahl die Abzockerinitiative mit 26 zu 10 Stimmen zur Ablehnung und die Zusatzbotschaft des Bundesrates in abgeschwächter Form im Sinn eines indirekten Gegenvorschlags mit 26 zu 8 Stimmen bei 5 Enthaltungen zur Annahme.[1064] In der Frühjahressession 2010 folgte der Nationalrat seiner Rechtskommission[1065] und beschloss am 17. März 2010 Volk und Ständen, sowohl die Initiative als auch den direkten Gegenentwurf zur Annahme zu empfehlen

---

1059 BBl 2008 2577.

1060 Zusatzbotschaft 2008, S. 299; vgl. für den Gegenvorschlag des Bundesrates BÖCKLI, in: Trigo et al., S. 29 ff.

1061 Zusatzbotschaft 2008, S. 299.

1062 Botschaft Änderung OR 2007, S. 1589 ff.

1063 AB 2009 S 601 ff.

1064 Bericht RK-S vom 20. Mai 2010, S. 1.

1065 Medienmitteilung RK-N vom 29. Januar 2010.

und diese damit von der Aktienrechtsrevision abzukoppeln.[1066] Bei der Stichfrage sei dem Gegenentwurf der Vorzug zu geben.[1067]

Danach begann das Differenzbereinigungsverfahren im Parlament: Die Kommission für Rechtsfragen des Ständerates (RK-S) nahm die Idee des indirekten Gegenentwurfs wieder auf.[1068] Auch die Kommission für Wirtschaft und Abgaben des Ständerates (WAK-S) brachte am 22. Juni 2010 mithilfe einer parlamentarischen Initiative einen weiteren Revisionsvorschlag ein. Demnach sollten Art. 677 OR und Art. 5 Abs. 2 des Bundesgesetzes über die Alters- und Hinterlassenenversicherung (AHVG) dahingehend angepasst werden, dass Vergütungen ab drei Millionen Franken pro Jahr für Angestellte sowie Tantiemen an den Verwaltungsrat künftig nicht mehr als Lohn, sondern als Gewinnbeteiligung gelten sollten.[1069] Die RK-S entschied sich in der Folge dafür, diese Vorstösse im Rahmen der Ausarbeitung des indirekten Gegenvorschlags materiell zu berücksichtigen.[1070] Im Ergebnis mündeten die Arbeiten der RK-S in zwei Gesetzesentwürfe: Der erste war als indirekter Gegenvorschlag zur Abzockerinitiative konzipiert und auf die aktienrechtlichen Regelungen beschränkt, während der zweite Entwurf zusätzlich Regelungen für die steuerliche Behandlung von Löhnen ab drei Mio. Franken, die sog. «Bonussteuer»,[1071] enthielt.[1072] Der Ständerat verabschiedete in der Wintersession 2010 beide Vorlagen ohne inhaltliche Änderungen und stellte der Initiative dabei keinen direkten Gegenvorschlag gegenüber.[1073]

In der Sommersession 2011 verabschiedete der Nationalrat die ständerätliche Vorlage als indirekten Gegenvorschlag zur Initiative und trat gleichzeitig

---

1066 Diese wurde bis auf Weiteres sistiert, vgl. Medienmitteilung RK-N vom 26. März 2010 u. Medienmitteilung RK-N vom 3. September 2010.

1067 AB 2010 N 328 ff., 336 ff., 435 ff. u. 467 ff.

1068 Medienmitteilung RK-S vom 23. April 2010.

1069 Medienmitteilung WAK-S vom 22. Juni 2010; vgl. auch Parlamentarische Initiative.

1070 Medienmitteilung RK-S vom 7. September 2010 (inkl. Beilage).

1071 Vgl. FORSTMOSER, SJZ 2012, S. 339 m.w.H. auf Bericht RK-S vom 25. Oktober 2010, S. 8253 ff.; vgl. auch Stellungnahme BR vom 17. November 2010, S. 8323 ff.; siehe auch Zusatzbericht RK-S vom 22. November 2010, S. 209 ff.; Stellungnahme BR vom 3. Dezember 2010, S. 243 ff.

1072 Vgl. auch FORSTMOSER, SJZ 2012, S. 339.

1073 AB 2010 S 1342.

nicht auf die Vorlage «Bonussteuer» ein.[1074] Im Februar 2012 kam die RK-N überraschenderweise auf die «Bonussteuer»-Vorlage zurück. Da die ständerätliche Vorlage schon abgeschrieben war, beantragte die RK-N dem Nationalrat, den direkten Gegenvorschlag in eine «Bonussteuer»-Vorlage» umzuwandeln.[1075] In der folgenden Frühjahrssession 2012 wurde der indirekte Gegenvorschlag von beiden Räten je einmal behandelt[1076] und in der Schlussabstimmung angenommen, wobei der direkte Gegenvorschlag abgelehnt wurde.[1077] Der Volksinitiative «gegen die Abzockerei» wurde in der Volksabstimmung kein direkter Gegenvorschlag, sondern einzig der im März 2012 verabschiedete indirekte Gegenentwurf des Parlaments gegenübergestellt.[1078]

2. Abstimmung durch Volk und Stände

Am 3. März 2013 nahmen Volk und Stände die Volksinitiative «gegen die Abzockerei» mit 67.9 % Ja-Stimmen und durch die Zustimmung sämtlicher Kantone deutlich an.[1079] Die Schweizer Bundesverfassung wurde durch folgende Bestimmungen ergänzt:

> **Art. 95 Abs. 3**
>
> [3] Zum Schutz der Volkswirtschaft, des Privateigentums und der Aktionärinnen und Aktionäre sowie im Sinne einer nachhaltigen Unternehmensführung regelt das Gesetz die im In- oder Ausland kotierten Schweizer Aktiengesellschaften nach folgenden Grundsätzen:
>
> a. Die Generalversammlung stimmt jährlich über die Gesamtsumme aller Vergütungen (Geld und Wert der Sachleistungen) des Verwaltungsrates, der Geschäftsleitung und des Beirates ab. Sie wählt jährlich die Verwaltungsratspräsidentin oder den Verwaltungsratspräsidenten und einzeln die Mitglieder des Verwaltungsrates und des Vergütungsausschusses sowie die unabhängige Stimmrechtsvertreterin oder den unabhängigen Stimmrechtsvertreter. Die Pensionskassen stimmen im Interesse ihrer Versicherten ab und legen offen, wie

1074 Vgl. FORSTMOSER, SJZ 2012, S. 339 m.w.H.

1075 Medienmitteilung RK-N vom 2. Februar 2012.

1076 AB 2012 S 344 ff.; AB 2012 N 230 ff.

1077 AB 2012 N 1237; AB 2012 S 638.

1078 Vgl. Abstimmungserläuterungen Abzockerinitiative, S. 17.

1079 AS 2013 1303.

sie gestimmt haben. Die Aktionärinnen und Aktionäre können elektronisch fernabstimmen; die Organ- und Depotstimmrechtsvertretung ist untersagt.

b. Die Organmitglieder erhalten keine Abgangs- oder andere Entschädigung, keine Vergütung im Voraus, keine Prämie für Firmenkäufe und -verkäufe und keinen zusätzlichen Berater- oder Arbeitsvertrag von einer anderen Gesellschaft der Gruppe. Die Führung der Gesellschaft kann nicht an eine juristische Person delegiert werden.

c. Die Statuten regeln die Höhe der Kredite, Darlehen und Renten an die Organmitglieder, deren Erfolgs- und Beteiligungspläne und deren Anzahl Mandate ausserhalb des Konzerns sowie die Dauer der Arbeitsverträge der Geschäftsleitungsmitglieder.

d. Widerhandlung gegen die Bestimmungen nach den Buchstaben a–c wird mit Freiheitsstrafe bis zu drei Jahren und Geldstrafe bis zu sechs Jahresvergütungen bestraft.

Art. 197 Ziff. 10

Bis zum Inkrafttreten der gesetzlichen Bestimmungen erlässt der Bundesrat innerhalb eines Jahres nach Annahme von Artikel 95 Absatz 3 durch Volk und Stände die erforderlichen Ausführungsbestimmungen.

3. Typologie und Rechtsnatur

a) Normtyp

In der Lehre[1080] wurde die Rechtsnatur von Art. 95 Abs. 3 i.V.m. Art. 197 Ziff. 10 BV bislang nur rudimentär thematisiert. Art. 95 Abs. 3 i.V.m. Art. 197 Ziff. 10 BV hält fest, dass das Gesetz zum Schutz der Volkswirtschaft, des Privateigentums der Aktionärinnen und Aktionäre sowie im Sinne einer nachhaltigen Unternehmensführung die im In- und Ausland kotierten Schweizer Aktiengesellschaften nach den in lit. a–d statuierten Grundsätzen zu regeln hat. Art. 95 Abs. 3 BV sowie Art. 197 Ziff. 10 BV enthalten unbestrittenermassen einen Gesetzgebungsauftrag («regelt das Gesetz», «bis zum Inkrafttreten der gesetzlichen Bestimmungen»), weshalb die Rechtsnatur zunächst auf eine reine Aufgabennorm hinweist. Die Normierung des Gesetzgebungsauftrags konkretisiert jedoch implizit die bereits bestehende, umfassende und ausschliessliche Kompetenz des Bundes im Bereich des

[1080] Bis anhin gibt es dazu keine einschlägige Rechtsprechung.

Zivilrechts (Art. 122 Abs. 1 BV),[1081] des Strafrechts (Art. 123 Abs. 1 BV)[1082] und des Sozialversicherungsrechts (Art. 113 Abs. 1 und 4 BV).[1083] Art. 95 Abs. 3 BV begründet daher keine neue Bundeskompetenz, sondern knüpft an bestehende Bundeskompetenzen an und verpflichtet im Rahmen dieser ausschliesslichen Kompetenz dazu, die übermässigen Vergütungen einer Sonderregulierung zu unterstellen.[1084] Art. 95 Abs. 3 BV stellt gleichzeitig aber auch eine Zielnorm dar, indem die Volkswirtschaft und das Privateigentum der Aktionäre geschützt werden sollen und eine nachhaltige Unternehmensführung angestrebt wird. UHLMANN weist daher zu Recht auf die Vergleichbarkeit mit Ziel- und Zweckbestimmungen eines Gesetzes hin und führt exemplarisch auf, dass dem «Schutz der Volkswirtschaft» (Art. 95 Abs. 3 BV) ein ähnlicher Sinn zukommen müsse wie den Interessen der «schweizerischen Gesamtwirtschaft» (Art. 94 Abs. 2 BV) und den «günstigen Rahmenbedingungen» (Art. 94 Abs. 3 BV). Der Autor schliesst daraus, dass Art. 95 Abs. 3 BV eine reine Zielnorm programmatischer Natur sei.[1085] Nach BIAGGINI stellt Art. 95 Abs. 3 BV einen eng begrenzten Gesetzgebungsauftrag dar, der nicht direkt anwendbar sei.[1086]

Diesen Ansichten kann nicht vollends gefolgt werden: Zuzustimmen ist UHLMANN dahingehend, dass der Ingress von Art. 95 Abs. 3 BV als Ziel- und Aufgabennorm konzipiert ist.[1087] Der Ingress ist zu unbestimmt formuliert, um daraus unmittelbare Rechte und Pflichten für die Rechtsunterworfe-

---

1081 Vgl. zur ausschliesslichen Bundeskompetenz statt vieler BIAGGINI, Komm. BV, Art. 122 N 2; SG Kommentar BV-LEUENBERGER, Art. 122 N 4.

1082 Statt vieler SG Kommentar BV-VEST, Art. 123 N 2; BIAGGINI, Komm. BV, Art. 123 N 2; BGE 115 Ia 234, 273 E. 12.

1083 Statt vieler BIAGGINI, Komm. BV, Art. 113 N 2; SG Kommentar BV-KIESER, Art. 113 N 2.

1084 Gl.M. BIAGGINI, Komm. BV, Art. 95 N 13; SG Kommentar BV-HÄUSERMANN, Art. 95 N 28, der von einer Konkretisierung der bestehenden Bundeskompetenz im Zivilrecht spricht.

1085 BSK BV-UHLMANN, Art. 95 N 34.

1086 BIAGGINI, Komm. BV, Art. 95 N 13 f.; für die nicht direkte Anwendbarkeit plädiert auch ZIHLER, S. 46.

1087 Ähnlich VOGT/BASCHUNG, S. 15, die den Schutz der Aktionäre in erster Linie nicht als Zielnorm verstehen, sondern als «Umschreibung des unmittelbaren Zwecks und Regelungsgegenstandes» der Grundsätze.

nen abzuleiten. Die zulässigen aktienrechtlichen Mittel zur Verwirklichung des im Ingress normierten Zwecks werden jedoch durch die in Art. 95 Abs. 3 lit. a–d BV zu befolgenden «Grundsätze» in abschliessender und hinreichend präziser Weise genannt, womit einerseits so gut wie kein Spielraum für eine Konkretisierung verbleibt. Andererseits wird die Qualifikation als reine Aufgabennorm mit programmatischen Zielvorgaben durch den mangelnden Spielraum verunmöglicht. Für diese Auslegung spricht in erster Linie die hohe Normdichte der in Art. 95 Abs. 3 lit. a–d BV normierten Grundsätze.[1088] Diese statuieren ein klares und hinreichend genau bestimmtes Regelungsprogramm, das es dem Einzelnen erlaubt, sein Verhalten konkret danach auszurichten. In diesem Sinn ist Art. 95 Abs. 3 lit. a–d BV keine reine Aufgabennorm mit programmatischen Zielvorgaben, welche die direkte Anwendbarkeit einer Verfassungsbestimmung auszuschliessen vermag.

b) Direkte oder nicht direkte Anwendbarkeit

aa) Anwendungsbereich

Die Verfassungsbestimmung normiert, dass die im In- oder Ausland kotierten Schweizer Aktiengesellschaften der neuen Bestimmung unterliegen. Umfasst werden demnach Gesellschaften, die nach Schweizer Recht als Aktiengesellschaften konzipiert und im In- oder Ausland an einer Börse kotiert sind.[1089]

bb) Ingress Art. 95 Abs. 3 BV

Art. 95 Abs. 3 BV bestimmt, dass zum Schutz der Volkswirtschaft, des Privateigentums und der Aktionärinnen und Aktionäre sowie im Sinne einer nachhaltigen Unternehmensführung das Gesetz die im In- oder Ausland kotierten Schweizer Aktiengesellschaften nach den Grundsätzen in lit. a–d zu regeln hat. Der Aktionärsschutz und auch der Schutz des Privateigentums

---

1088 Vgl. für die hohe Normdichte auch VOGT/BASCHUNG, S. 36.

1089 GLANZMANN, S. 3; BSK BV-UHLMANN, Art. 95 N 35; BÜHLER, GesKR 2012, S. 4.

kann mit dem umstrittenen Begriff der sog. «Aktionärsdemokratie»[1090] gleichgesetzt werden. Die «nachhaltige Unternehmensführung» ist mit «Corporate Governance» deckungsgleich.[1091]

Die Bedeutung von Art. 95 Abs. 3 BV ist zuerst über den allgemeinen Sprachgebrauch zu ermitteln, den Wörterbücher und Lexika zu vermitteln vermögen. Zunächst drängt es sich auf, den Begriff «Grundsatz» näher zu betrachten. Nach allgemeinem Sprachgebrauch ist ein Grundsatz eine «feste Regel, die jemand zur Richtschnur seines Handelns macht bzw. ein allgemeingültiges Prinzip, das einer Sache zugrunde liegt, nach dem sie ausgerichtet ist und das sie kennzeichnet; ein Grundprinzip».[1092] Ob diesem Grundsatz zwingender Charakter zukommt, lässt sich nicht pauschal beantworten, sondern muss mittels Auslegung der in Art. 95 Abs. 3 lit. a–d BV festgeschriebenen Grundsätze bestimmt werden.[1093] HÄUSERMANN vertritt die Auffassung, die explizit als «Grundsätze» genannten Forderungen in Art. 95 Abs. 3 lit. a–d BV seien per Definition konkretisierungsbedürftig (und damit nicht zwingender Natur) und liessen daher Ausnahmen zu.[1094] Für diese Auffassung spreche insbesondere das grammatikalische Auslegungselement. Auch im Hinblick auf den Grundsatz der praktischen Konkordanz und des Verhältnismässigkeitsprinzips sei eine solche Auslegung sachgerecht.[1095] Dieser Auffassung kann nicht zugestimmt werden. Ob ein Grundsatz der Konkretisierung auf Gesetzes- und Verordnungsstufe bedarf, bestimmt sich einzig nach dem Auslegungsergebnis.[1096] Eine andere Frage hingegen ist, ob den in Art. 95 Abs. 3 BV aufgelisteten Grundsätzen zwin-

---

1090 Vgl. – krit. – BÖCKLI, GesKR 2013, S. 179 ff.; vgl. auch FORSTMOSER, NZZ vom 29. Juli 2010, S. 26; HÄUSERMANN, GesKR 2014, S. 210 ff.; VOGT, Aktionärsdemokratie, S. 4 ff.

1091 Vgl. zur Corporate Governance, «Swiss Code»; vgl. auch BÜHLER, Corporate Governance, S. 125 ff., insb. 229 ff.

1092 Duden online.

1093 Vgl. auch VOGT/BASCHUNG, S. 9 ff.; a.M. HÄUSERMANN, SJZ 2012, S. 538 ff.; SG Kommentar BV-HÄUSERMANN, Art. 95 N 34 f.; KUNZ, NZZ vom 5. März 2013, S. 19.

1094 SG Kommentar BV-HÄUSERMANN, Art. 95 N 34 f.; HÄUSERMANN, SJZ 2012, S. 539.

1095 SG Kommentar BV-HÄUSERMANN, Art. 95 N 35 f.

1096 Gl.M. VOGT/BASCHUNG, S. 10; BSK BV-UHLMANN, Art. 95 N 27.

gender Charakter zukommt und ob diese einer Ausnahmeregelung zugänglich sind. Diese drei Fragen sind strikt voneinander zu trennen.[1097]

Nach allgemeinem Sprachgebrauch und insbesondere im Sprachgebrauch der Bundesverfassung ist ein «Grundsatz» eine «Norm von grundlegender Bedeutung und allgemeiner Tragweite».[1098] Ein Quervergleich mit anderen Bestimmungen der Bundesverfassung bestätigt dieses Verständnis. Die weiteren in der Verfassung normierten «Grundsätze» lassen Ausnahmen teilweise zu,[1099] andere sind jedoch «als umfassend geltende inhaltliche Vorgaben zu verstehen».[1100] Letztere werden in der entsprechenden verfassungsrechtlichen Literatur denn auch als Verbote verstanden und nicht nur als Prinzipien, sind diese doch das «Ergebnis einer bereits vom Verfassungsgeber vorgenommenen Güterabwägung, die den Gesetzgeber bindet».[1101] Obwohl im juristischen Jargon der Begriff «Grundsatz» meist für eine Regel verwendet wird, die nicht absolut und ausnahmslos gilt, kann nicht gefolgert werden, dass die normierten Grundsätze ausnahmslos einer Konkretisierung auf Gesetzes- oder Verordnungsstufe bedürfen.[1102] Vielmehr muss der verwendete Begriff im Kontext der Verfassung eingeordnet werden, in dem er auch Verwendung findet.[1103]

Sodann ist HÄUSERMANN auch dahingehend nicht zuzustimmen, dass Grundsätze, unabhängig von ihrer Konkretisierungsbedürftigkeit, per se nicht direkt anwendbar seien, da Art. 95 Abs. 3 i.V.m. Art. 197 Ziff. 10 BV einen Gesetzgebungsauftrag normiere, der die unmittelbare Anwendbarkeit von

---

1097 So auch VOGT/BASCHUNG, S. 8 f.

1098 VOGT/BASCHUNG, S. 10.

1099 VOGT/BASCHUNG, S. 10; vgl. hierzu auch den Grundsatz der Wirtschaftsfreiheit, wobei die Verfassung in Art. 94 Abs. 4 BV die Schranken von der Abweichung gleich selber nennt.

1100 Art. 112 Abs. 2 BV, Art. 113 Abs. 2 BV, Art. 114 Abs. 2 BV, Art. 119 Abs. 2 BV; vgl. auch VOGT/BASCHUNG, S. 10; BIAGGINI, Komm. BV, Art. 112 N 4, Art. 113 N 3, Art. 114 N 4, Art. 119 N 10.

1101 Statt vieler BIAGGINI, Komm. BV, Art. 119 N 10; vgl. auch SG Kommentar BV-REUSSER/SCHWEIZER, Art. 119 N 20; AUBERT, Comm., Art. 119 N 11.

1102 Gl.M. VOGT/BASCHUNG, S. 11.

1103 Vgl. BIAGGINI, Komm. BV, Art. 95 N 16.

vornherein ausschliesse.[1104] Ob eine Verfassungsnorm unmittelbar anwendbar ist, entscheidet sich einzig danach, ob sie hinreichend genau bestimmt ist, um im Einzelfall Grundlage eines Entscheides zu sein. Es kann verschiedentlich wünschenswert erscheinen, trotz einer direkt anwendbaren Verfassungsnorm Konkretisierungen auf Gesetzes- und Verordnungsstufe zu erlassen. Daraus aber den zwingenden Umkehrschluss zu ziehen, ein Gesetzgebungsauftrag hindere die direkte Anwendbarkeit einer Verfassungsbestimmung per se, entbehrt jedoch einer Grundlage. Das Bundesgericht konstatierte bereits in seinem Leitentscheid zur Ausschaffungsinitiative, dass ein Gesetzgebungsauftrag die «Vorrangigkeit bzw. zumindest teilweise direkte Anwendbarkeit der neuen Verfassungsnorm gegenüber dem restlichen Verfassungsrecht nicht zwingend» exkludiere, sondern diese lediglich in Frage stelle.[1105]

Die in Art. 95 Abs. 3 BV genannten Grundsätze verwenden die bereits im Aktienrecht bekannten Termini. Diesen ist daher das allgemeine aktienrechtliche Verständnis zu Grunde zu legen. So kann beispielsweise für die Bezeichnungen «Generalversammlung», «Verwaltungsrat», «Beirat», «Geschäftsleitung» oder «Sachleistungen» auf die Umschreibung im OR Bezug genommen werden.[1106] Eine vom aktienrechtlichen Verständnis abweichende Bedeutung im Sinne einer Reduktion oder Erweiterung des Wortlautes kann den in Art. 95 Abs. 3 BV verwendeten Begriffen nur beigemessen werden, wenn die historische oder teleologische Auslegung sowie der Zusammenhang mit anderen Gesetzesbestimmungen dazu Anlass geben.[1107] Die Bezugnahme auf das aktienrechtliche Begriffsverständnis geht jedoch auch mit der

---

[1104] Gegen die direkte Anwendbarkeit aufgrund der Normierung eines Gesetzgebungsauftrags sind auch VOGT/BASCHUNG, S. 31; GLANZMANN, S. 2; HUBER, Rz. 243; BIAGGINI, Komm. BV, Art. 95 N 13 f.; ZIHLER, S. 46; EB E-VgdA, S. 31; für eine direkte Anwendbarkeit hingegen BSK BV-UHLMANN, Art. 95 N 23 m.w.H. auf BGE 139 II 243; HANDSCHIN, S. 25.

[1105] BGE 139 I 16, 26 E. 4.3.1; vgl. auch BGE 139 II 243, in dem ein direkt anwendbarer «harter Kern» anerkannt wurde, obwohl Art. 75b BV einen Gesetzgebungsauftrag normiert.

[1106] BK ZGB-EMMENEGGER/TSCHENTSCHER, Art. 1 N 212.

[1107] VOGT/BASCHUNG, S. 11 m.w.H. auf BGE 141 III 84, 87 E. 2; BGE 140 III 289, 292 E. 2.1; BGE 131 II 217, 221 f. E. 2.3.

Konsequenz einher, dass die Offenheit bzw. Unklarheit eines Begriffes im Aktienrecht nun in die Verfassungsbestimmung übernommen wird.[1108]

Der Ingress von Art. 95 Abs. 3 BV selbst bietet keine Hinweise darauf, ob es sich um einen Rechtssatz handelt, der sowohl konditionale als auch finale Elemente enthält. Er normiert einzig den Zweck der neuen Verfassungsbestimmung. Dieser ist daher stets in Verbindung mit den einzelnen «Grundsätzen» gemäss Art. 95 Abs. 3 lit. a–d BV auszulegen.

cc) Entschädigungen

aaa) Vergütungen

Art. 95 Abs. 3 lit. a Satz 1 BV normiert verschiedene Massnahmen, um die Aktionärsrechte zu stärken. Dabei sieht lit. a insbesondere vor, dass die Aktionäre Einfluss auf die Vergütungen des Verwaltungsrates, der Geschäftsleitung und des Beirates nehmen können (sog. «say on pay»).[1109] Entscheidend ist hierbei, dass die Generalversammlung jährlich über die Gesamtsumme aller Vergütungen (Geld- und Wert der Sachleistung) abstimmt. Hinreichend präzise umschrieben ist der Begriff «aller Vergütungen», der eine Abstimmung durch die Generalversammlung über die «Summe der Vergütungen, also den Wert der Entschädigungsleistung»,[1110] für den gesamten Verwaltungsrat, die Mitglieder der Geschäftsleitung und des Beirates in umfassender Weise verlangt.[1111] Für die Konkretisierung des Vergütungsbegriffs kann Art. $664b^{bis}$ Abs. 2 OR herangezogen werden. Eine «Sachleistung» stellt nach allgemeinem Sprachgebrauch eine «nicht in Geld bestehende Leistung»[1112] dar. In diesem Sinn wurde dieser Begriff auch von den Initianten verstanden.[1113] Überdies ist der Terminus der «Sachleistung» ein aus dem

[1108] VOGT/BASCHUNG, S. 11.

[1109] FORSTMOSER, SJZ 2012, S. 337 ff.

[1110] VOGT/BASCHUNG, S. 19 in fine.

[1111] Gl.M. GLANZMANN, S. 3.

[1112] Duden online.

[1113] Vgl. auch Erläuterungen der Initianten, Ziff. 1a: «Unter ‹Sachleistungen› fallen alle Entschädigungen, die nicht in Form von Geld oder Wertschriften ausbezahlten werden, wie Immobilien oder Autos».

Aktienrecht[1114] stammender Begriff, weshalb auf dieses Verständnis Bezug genommen werden kann.

In der Lehre war umstritten, ob das Wort «abstimmen» auch Konsultativabstimmungen zulässt.[1115] Die Bedeutung des Begriffs «abstimmen» ist nach allgemeinem Sprachgebrauch eindeutig: «durch Abgabe der Stimme eine Entscheidung über etwas herbeiführen».[1116] Der Ausdruck «stimmen» bezieht sich auf eine Handlung. Unter Einbezug des Ingresses von Art. 95 Abs. 3 BV (systematisches Element), der mittels lit. a die Stärkung der Aktionärsrechte anstrebt (Sinn und Zweck), folgt, dass keine Konsultativabstimmung zulässig ist.[1117] Auch das historische Auslegungselement geht von einer bindenden Abstimmung aus.[1118] Ausserdem wird explizit eine Abstimmung über die «Gesamtsumme» aller Vergütungen des Verwaltungsrates, der Geschäftsleitung und des Beirates verlangt. E contrario folgt daraus, dass keine separate Abstimmung über die Entlöhnung des Verwaltungsrates der Geschäftsleitung und des Beirates notwendig ist.[1119] Ob dies jedoch einer einzelnen Abstimmung über die Vergütung der jeweiligen Gremien entgegenstehen würde, scheint fraglich.[1120] Aus dieser Bestimmung kann demge-

---

1114 Vgl. Art. 663b^{bis} Abs. 2 Ziff. 3 OR.

1115 HÄUSERMANN, SJZ 2013, S. 155 f.; vgl. auch PK VegüV-MÜLLER/OSER, Art. 18 N 2; HAUSMANN/BECHTOLD-ORTH, S. 241; KUNZ, NZZ vom 5. März 2013, S. 19.

1116 Duden online.

1117 Vgl. auch Art. 18 Abs. 3 VegüV; BÜHLER, GesKR 2012, S. 4 ff., insb. 6; FORSTMOSER, SJZ 2012, S. 343; KNOBLOCH, S. 378 f.; KUNZ, Jusletter 4. Februar 2013, Rz. 21 und dort Fn. 30; VON DER CRONE/JENTSCH, S. 377 ff.; vgl. auch NOBEL, S. 18, 34; HÄUSERMANN, SJZ 2013, S. 156; MOSER-HARDER, Rz. 11; VOGT/BASCHUNG, S. 19; OSER/MÜLLER, S. 1, 4; PK VegüV-OSER/MÜLLER, Art. 18 N 2.

1118 Erläuterungen der Initianten, Ziff. 1a; MOSER-HARDER, Rz. 11; vgl. Abstimmungserläuterungen Abzockerinitiative, S. 17, wonach auch der Bundesrat von einer bindenden Abstimmung ausgeht, da sonst der indirekte Gegenvorschlag keine Konsultativabstimmung vorgeschlagen hätte; vgl. hierzu auch FORSTMOSER, SJZ 2012, S. 343.

1119 DAENIKER/PESTALOZZI, S. 395; GLANZMANN, S. 3; VOGT/BASCHUNG, S. 23.

1120 Vgl. VOGT/BASCHUNG, S. 23, die sich dafür aussprechen, dass drei separate Abstimmungen über die Gesamtsumme der Vergütungen für die einzelnen Gremiumsmitglieder möglich sein sollen.

genüber nicht gefolgert werden, es sei zwingend ein Beirat einzusetzen, da dieses Organ nicht weit verbreitet ist.[1121]

Konkretisierungsbedarf besteht hingegen hinsichtlich der geforderten «jährlichen Abstimmung». Es stellt sich namentlich die Frage, welchen Zeitraum die Abstimmung über die Arbeitsleistung umfasst und auf «welcher Grundlage (Geschäftsergebnis) über die Vergütung abgestimmt wird».[1122] Weder die systematische noch die historische oder teleologische Auslegung liefern dazu Hinweise. Zwingend erscheint einzig, dass eine jährliche Abstimmung über die Gesamtvergütung stattfindet. Die einzelnen Modalitäten werden in das Ermessen der betroffenen Aktiengesellschaften gestellt. In diesem Sinne scheint eine statutarische Regelung durch die Gesellschaften vorteilhaft.[1123]

Zusammenfassend kann konstatiert werden, dass Art. 95 Abs. 3 lit. a Satz 1 BV einerseits zwingender Natur[1124] ist, indem die Aktionäre jährlich an der Generalversammlung über die Gesamtvergütung, die an die Mitglieder der Geschäftsleitung, des Verwaltungsrates und eines allfälligen Beirates, ausbezahlt wird, abstimmen (Wert der Geld- und Sachleistungen). Andererseits ist Art. 95 Abs. 3 lit. a Satz 1 BV in einem «harten Kern» hinreichend bestimmt und mithin direkt anwendbar.

bbb) Unzulässige Leistungen

Art. 95 Abs. 3 lit. b Satz 1 BV enthält eine Aufstellung unzulässiger Leistungen, die nicht an Organmitglieder ausgerichtet werden dürfen. Darunter fallen Abgangs- oder andere Entschädigungen, Vergütungen im Voraus, Prämien für Firmenkäufe und -verkäufe und zusätzliche Berater- oder Arbeitsverträge von einer anderen Gesellschaft der Gruppe.

Zunächst stellt sich die Frage, ob der Begriff «Organmitglieder» hinreichend bestimmt ist. Gemäss dem Wortlaut der Verfassungsbestimmung werden

---

1121 GLANZMANN, S. 4; so auch Abstimmungserläuterungen Abzockerinitiative, S. 14 in fine.

1122 VOGT/BASCHUNG, S. 19 in fine; m.w.H. auch HÄUSERMANN, SJZ 2012, S. 542 f.

1123 VOGT/BASCHUNG, S. 19 in fine, die sich für eine Regelung auf Gesetzesebene oder in den Statuten aussprechen; für die statutarische Regelung spricht auch KUSTER, NZZ vom 4. März 2013, S. 21.

1124 Gl.M. NOBEL, S. 19; BÜHLER, GesKR 2012, S. 4; Abstimmungserläuterungen Abzockerinitiative, S. 13 (Was will die Initiative).

darunter die Mitglieder des Verwaltungsrates, der Geschäftsleitung und des Beirates subsumiert.[1125] Für diese Auslegung spricht sowohl die Systematik von Art. 95 Abs. 3 lit. a BV, die explizit die genannten Gremien als Organe bezeichnet, als auch der Sinn und Zweck der Verfassungsbestimmung, nämlich das Privateigentum der Aktionäre zu schützen.

Der Terminus «Abgangsentschädigung» stammt aus dem Aktienrecht.[1126] Eine Abgangsentschädigung ist eine «Leistung an ein Organmitglied, dass dieses im Zusammenhang mit der Beendigung seiner Organstellung erhalten soll und die nicht der Entschädigung für eine der Gesellschaft erbrachte oder zu erbringende Gegenleistung dient».[1127] Etwas missverständlich ist die Formulierung im Hinblick auf «andere Entschädigung». Entgegen dem Wortlaut ergibt eine systematische und teleologische Auslegung, dass nicht sämtliche Entschädigungen unzulässig sind, sondern nur Entschädigungen, die einer Abgangsentschädigung im Sinne einer Abfindung gleichgestellt werden können.[1128] Im Sinne der objektiv-historischen Auslegung ist für die Konkretisierung der «Entschädigungen» auf die aktienrechtliche Vergütungstransparenz Bezug zu nehmen.[1129]

Bezüglich des verfassungsrechtlich statuierten Verbots, wonach Organmitglieder weder «Abgangs- und andere Entschädigungen» erhalten dürfen, besteht demnach hinreichende Bestimmtheit hinsichtlich des Tatbestandes (Entrichtung einer Abfindung an Organmitglieder) und der Rechtsfolge (Verbot, das strafrechtlich sanktioniert werden kann).[1130] Die Bestimmung ist zwingender Natur, da sowohl der Wortlaut als auch der Zweck und die Materialien[1131] für diese Auslegung sprechen.[1132]

1125 Gl.M. GLANZMANN, S. 5.

1126 Vgl. Art. 663b^{bis} Abs. 2 Ziff. 5 OR.

1127 VOGT/BASCHUNG, S. 26.

1128 So auch GLANZMANN, S. 5; VOGT/BASCHUNG, S. 27.

1129 VOGT/BASCHUNG, S. 28.

1130 Gl.M. VOGT/BASCHUNG, S. 9

1131 Vgl. Abstimmungserläuterungen Abzockerinitiative, S. 15 (Verbotene Vergütungsarten); vgl. auch Erläuterungen der Initianten, Ziff. 5, welche eine «Abgangs- und andere Entschädigung» als verboten bezeichnen.

1132 Vgl. NOBEL, S. 19, der Art. 95 Abs. 3 BV als «zwingender Natur» qualifiziert; GLANZMANN, S. 5, der das Verbot der Abgangs- und andere Entschädigung als

Sodann werden durch die Verfassungsbestimmung Vergütungen, die im Voraus erfolgen, verboten. Nach allgemeinem Sprachgebrauch fällt jede Art von Kompensation, die vor Vertragsbeginn mit der Gesellschaft vereinbart wird und die nicht als Entschädigung für eine der Gesellschaft erbrachte oder zu erbringende Gegenleistung qualifiziert werden kann, unter den Anwendungsbereich. Dazu zählt insbesondere die Vorauszahlung von Lohn.[1133] Mithin ist von einem weiten Anwendungsbereich auszugehen. Strittig war, ob auch sog. Antrittsprämien eine Vergütung im Voraus darstellen.[1134] Sowohl die historische Auslegung[1135] als auch Sinn und Zweck der neuen Verfassungsbestimmung verbieten solche, besteht der Zweck dieses Verbots ja vornehmlich darin, das Eigentum der Aktionäre zu schützen. Die Entrichtung von Antrittsprämien, welche die vertraglichen Zusicherungen des vorgängigen Arbeitgebers abfedern, stehen offenkundig in einem Widerspruch zur Verfassungsnorm. In diesem Sinn bedarf dieser Grundsatz keiner Konkretisierung auf Gesetzesebene. Aufgrund des Wortlautes, der historischen sowie der teleologischen Auslegung ist das Verbot der Vergütungen im Voraus als zwingend einzustufen, sodass kein Raum für eine Ausnahmeregelung verbleibt.[1136]

Der neue Verfassungsartikel untersagt in Art. 95 Abs. 3 lit. b Satz 1 BV zusätzlich sog. Transaktionsprämien bei «Firmenkäufen und -verkäufen». Auch wenn die Begriffe «Firmenkäufe und -verkäufe» aus dem umgangssprachlichen Jargon stammen, sind sie nach allgemeinem Sprachgebrauch im weitesten Sinne für einen Durchschnittsadressaten als hinreichend bestimmt anzusehen. Auch die übrigen Auslegungselemente stützen ein solches Ergebnis.

«absolut» bezeichnet; BÜHLER, GesKR 2012, S. 11; BÜHLER, in: Watter, S. 276; WATTER, S. 13; Zusatzbotschaft 2008, S. 332; VOGT, NZZ vom 5. Juni 2009, S. 27.

1133 GLANZMANN, S. 6.

1134 GLANZMANN, S. 6; Antrittsprämien waren nach dem indirekten Gegenvorschlag zulässig, vgl. Bericht RK-S vom 25. Oktober 2010, S. 8278.

1135 Vgl. Stellungnahme Initiativkomitee, die verlangt, dass Antrittsprämien gesetzlich verboten sein sollen; vgl. auch Bericht RK-S vom 25. Oktober 2010, S. 8278; vgl. Erläuterungen der Initianten, Ziff. 5 lit. b.

1136 BÜHLER, GesKR 2012, S. 11; vgl. auch Abstimmungserläuterungen Abzockerinitiative, S. 15, die diese Art von Vergütung als «verboten» bezeichnen; vgl. auch Erläuterungen der Initianten, Ziff. 5 lit. f., das von «verboten» spricht.

In diesem Sinne ist die Auszahlung von Prämien beim Kauf- oder Verkauf eines Unternehmensteils nach Art. 95 Abs. 3 lit. b Satz 1 BV verboten.[1137] Die Bestimmung ist zwingender Natur.[1138]

Schliesslich untersagt die neue Verfassungsnorm, dass Organmitglieder einen Berater- oder Arbeitsvertrag mit einer anderen Gesellschaft der Gruppe abschliessen dürfen (Art. 95 Abs. 3 lit. b Satz 1 BV). Der Wortlaut dieser Norm ist nicht konkretisierungsbedürftig. Sinn und Zweck der Bestimmung sowie das historische Auslegungselement helfen, den Umfang dieses Verbots zu präzisieren; unterbunden werden sollen Arbeits- oder Beraterverträge anderer Gesellschaften innerhalb des Konzerns.[1139] Ziel ist es, den Vergütungsauszahlungen über nicht-kotierte Tochtergesellschaften Einhalt zu gebieten, um so den Zweck der Verfassungsbestimmung zu verwirklichen.[1140] Damit erweist sich Art. 95 Abs. 3 lit. b Satz 1 BV einerseits als direkt anwendbar und andererseits als zwingender Natur.[1141]

ccc) Kredite, Darlehen und Renten

Art. 95 Abs. 3 lit. c BV legt fest, dass die Statuten von Schweizer Aktiengesellschaften, die im In- oder Ausland an der Börse kotiert sind, die Höhe der Kredite, Darlehen und Renten an Organmitglieder, deren Erfolgs- und Beteiligungspläne und deren Anzahl Mandate ausserhalb des Konzerns sowie die Dauer der Arbeitsverträge der Geschäftsleitungsmitglieder regeln. Art. 95 Abs. 3 lit. c BV verlangt die Erweiterung des Katalogs bedingt notwendiger Statuteninhalte.[1142] Der Terminus «Statuten» ist im Sinne des geltenden Ak-

---

1137 Vgl. GLANZMANN, S. 6; HÄUSERMANN, Jusletter 19. März 2012, Rz. 11, die dieses absolute Verbot als nicht nachvollziehbar qualifizieren; vgl. auch Zusatzbotschaft 2008, S. 332; BÜHLER, GesKR 2012, S. 11; a.M. BSK BV-UHLMANN, Art. 95 N 43, der bei Art. 95 Abs. 3 lit. b und c von «augenscheinlichem» Auslegungsbedarf spricht.

1138 Implizit BÜHLER, GesKR 2012, S. 11; Abstimmungserläuterungen Abzockerinitiative, S. 15, welche diese Art von Vergütung als «verboten» bezeichnen.

1139 Erläuterungen der Initianten, Ziff. 5 lit. f.

1140 Erläuterungen der Initianten, Ziff. 5 lit. f.

1141 BÜHLER, GesKR 2012, S. 11; implizit auch GLANZMANN, S. 6.

1142 VOGT/BASCHUNG, S. 28, die sich für die Erweiterung des bedingt notwendigen Statuteninhalts aussprechen; a.M. BÜHLER, GesKR 2012, S. 7, der von der zwingenden statutarischen Regelung ausgeht.

tienrechts zu verstehen. Demnach sind für die statutarische Regelung ein Generalversammlungsbeschluss, die öffentliche Beurkundung und die Handelsregisterpublizität erforderlich.[1143] Art. 95 Abs. 3 lit. c BV weist eine hohe Normdichte auf und ist damit direkt anwendbar.[1144] Festzuhalten ist, dass lit. c eine zwingende[1145] Regelung der genannten Inhalte in den Statuten verlangt; darüber hinaus werden insbesondere im Hinblick auf die Höhe keine inhaltlichen Vorgaben normiert. Somit reicht eine Regelung in Grundzügen aus.[1146] Hier wurde den Aktiengesellschaften bewusst ein gewisser Spielraum belassen.[1147]

dd) Wahlen und Abstimmungen

aaa) Jährliche Wahl

Art. 95 Abs. 3 lit. a BV verlangt, dass die Generalversammlung jährlich den Verwaltungsratspräsidenten, die Mitglieder des Verwaltungsrates sowie den Vergütungsausschuss und den unabhängigen Stimmrechtsvertreter wählt. Diese Bestimmung ist im weitesten Sinne als hinreichend bestimmt anzusehen, sind die Begriffe des «Verwaltungsratspräsidenten», der «Mitglieder des Verwaltungsrates» und des «unabhängigen Stimmrechtsvertreters» weitgehend selbsterklärend. Unklarheiten bestehen jedoch im Hinblick auf den Vergütungsausschuss, da dieser nach geltendem Obligationenrecht kein zwingendes Organ der Aktiengesellschaft darstellt. Ein «Ausschuss» bezeichnet nach allgemeinem Sprachgebrauch eine «für besondere Aufgaben aus einer grösseren Gemeinschaft, Körperschaft ausgewählte Personengruppe».[1148] Demnach nimmt der Vergütungsausschuss eine Tätigkeit wahr, die «in Wechselwirkung mit den dem Verwaltungsrat zukommenden Aufgaben wie Nomination neuer Organe, Finanzverantwortung etc. steht. Der Vergü-

---

1143 Vgl. Art. 647 OR i.V.m. Art. 43 Abs. 1 lit. b HRegV.

1144 VOGT/BASCHUNG, S. 9.

1145 BÜHLER, GesKR 2012, S. 7, der von der zwingenden statutarischen Regelung ausgeht; Abstimmungserläuterungen Abzockerinitiative, S. 15.

1146 So auch GLANZMANN, S. 7; VOGT/BASCHUNG, S. 28 in fine.

1147 So auch VOGT/BASCHUNG, S. 29; FORSTMOSER, SJZ 2012, Fn. 25; sinngemäss GLANZMANN, S. 7.

1148 Duden online.

tungsausschuss ist deshalb ungeachtet seines Spezialmandats weiterhin Teil des Verwaltungsrates».[1149]

Fraglich scheint, ob eine generelle Pflicht zur Einsetzung eines Vergütungsausschusses für in- und ausländische börsenkotierte Aktiengesellschaften normiert wurde. Der Wortlaut schreibt imperativ die Wahl des Vergütungsausschusses durch die Generalversammlung vor.[1150] Mit Blick auf Sinn und Zweck der Verfassungsbestimmung und die im Ingress von Art. 95 Abs. 3 BV normierten Ziele, die Aktionärsrechte durch die Stärkung des Mitspracherechts bei den Vergütungen auszubauen, könnte eine Pflicht zur Bestellung eines Vergütungsausschusses abgeleitet werden, da eine Kompetenzverschiebung zugunsten der Generalversammlung nur Sinn ergibt, wenn ein Vergütungsausschuss bereits besteht. Die objektiv-historische Auslegung zeigt demgegenüber auf, dass das geltende Aktienrecht keine solche Pflicht kennt, obwohl die meisten Gesellschaften tatsächlich über einen Vergütungsausschuss verfügen.[1151] Der Wille des Verfassungsgebers kann mithin schlecht eruiert werden. Unklar und nicht nachweisbar ist, ob er von dieser irrigen Annahme ausging oder nicht.[1152] GLANZMANN vertritt – bezugnehmend auf den Wortlaut – die Auffassung, dass nur eine Pflicht zur Wahl des Vergütungsausschusses durch die Generalversammlung für jene Aktiengesellschaften besteht, die bereits über einen Vergütungsausschuss verfügen, da es einer Gesellschaft grundsätzlich freistehe selbst zu entscheiden, wie sie sich organisieren wolle.[1153] Aufgrund des Wortlautes und der teleologischen Auslegung ist jedoch darauf zu schliessen, dass der Verfassungsgeber durch die imperative Normierung der Wahl des Vergütungsausschusses durch die Generalversammlung insofern eine Wertentscheidung getroffen hat, als er eine neue, generelle Pflicht für im In- oder Ausland kotierte Aktiengesell-

---

[1149] VON DER CRONE/HUBER, S. 302; implizit auch Erläuterungen der Initianten, Ziff. 1.d.

[1150] Gl.M. BSK VegüV-VOGT, Art. 7 N 16.

[1151] Vgl. dazu BSK VegüV-VOGT, Art. 7 N 18–21.

[1152] A.M. BSK VegüV-VOGT, Art. 7 N 19, der diese falsche Annahme des Verfassungsgebers aufgrund der tatsächlichen Verbreitung des Vergütungsausschusses als gegeben betrachtet.

[1153] GLANZMANN, S. 8; so auch BÜHLER, in: Watter, S. 266. Die Autoren qualifizieren diese Kompetenzverschiebung als unnötigen Eingriff in die Organisationsfreiheit des Verwaltungsrates.

schaften begründet und die bestehende Organisationsfreiheit zugunsten der Stärkung der Aktionärsrechte einschränkt.[1154] E contrario folgt daraus, dass die Unterlassung der jährlichen Wahl der Ausschussmitglieder zu einer nicht ordnungsgemässen Bestellung der Gesellschaft führt.[1155] Mithin erweist sich Art. 95 Abs. 3 lit. a BV als hinreichend bestimmt, um im Einzelfall Grundlage eines Entscheides zu sein.

Die Wahl der Mitglieder des Verwaltungsrates, des Vergütungsausschusses und des unabhängigen Stimmrechtsvertreters muss dabei zwingend «jährlich»[1156] durch die Generalversammlung erfolgen, wobei von einer festen Periodizität auszugehen ist.[1157]

bbb) Stimmrechtsvertretung

Art. 95 Abs. 3 lit. a letzter Halbsatz BV verbietet die Organ- und Depotstimmrechtsvertretung. Dieses absolut formulierte Verbot ist ausnahmefeindlich[1158] und nicht konkretisierungsbedürftig und damit direkt anwendbar.[1159] Dieses Ergebnis wird durch den Wortlaut bekräftigt, der die Organ- und Depotstimmrechtsvertretung «untersagt». Nach allgemeinem Sprachgebrauch ist darunter eine Anordnung zu verstehen, die besagt, dass etwas zu unterlassen ist.[1160] Auch mit Blick auf Sinn und Zweck der neuen Verfassungsbestimmung, dass in der Generalversammlung der «tatsächliche Wille der Aktionäre»[1161] zum Ausdruck kommen soll, erweist sich die Bestimmung

---

1154 Gl.M. von der Crone/Huber, S. 302.

1155 von der Crone/Huber, S. 302.

1156 Gl.M. Glanzmann, S. 7.

1157 A.M. Glanzmann, S. 7, der zum Ergebnis gelangt, dass die Verfassungsbestimmung nicht darauf abziele, mittelbar eine feste Periodizität der ordentlichen Generalversammlung im Sinne einer Maximalfrist von einem Jahr zu normieren; vgl. hinsichtlich des Klärungsbedarfs des Begriffs «jährlich» C.IV.4.e)aa).

1158 Sinngemäss Glanzmann, S. 8; Bühler, GesKR 2012, S. 9.

1159 Gl.M. Vogt/Baschung, S. 26; a.M. Glanzmann, S. 8, der von einer Regelung in der Ausführungsgesetzgebung ausgeht.

1160 Duden online.

1161 Bühler, GesKR 2012, S. 9.

als ausnahmefeindlich und direkt anwendbar. Von diesem Begriffsverständnis gingen sowohl die Initianten als auch der Bundesrat aus.[1162]

ccc) Elektronische Fernabstimmung

Die neue Verfassungsbestimmung verlangt, dass die Aktionäre auf elektronische Weise eine Fernabstimmung vornehmen können (Art. 95 Abs. 3 lit. a Satz 4 erster Halbsatz BV). Bei diesem «Grundsatz» handelt es sich um eine zwingende Bestimmung,[1163] womit keine Ausnahmen hinsichtlich der elektronischen Abstimmungsmöglichkeit bestehen. Der Wortlaut der Bestimmung umfasst auch eigentliche Liveübertragungen und nicht nur Instruktionsmöglichkeiten (sog. «direct voting») für den unabhängigen Stimmrechtsberater.[1164] Für diese Auslegung spricht einerseits das historische Auslegungselement, das besagt, dass die Aktionäre auch virtuell an der Generalversammlung teilnehmen können und ihnen die Möglichkeit einer neuen Art der «Aktionärsdemokratie» eröffnet wird.[1165] Andererseits sprechen auch Sinn und Zweck sowie die Systematik der Bestimmung, die eine Stärkung der Aktionärsrechte anstreben, dafür. Es ist jedoch ein gewisser Konkretisierungsbedarf im Hinblick auf die genaue Durchführung einer Fernabstimmung oder auf die Identifizierung der Teilnehmer auszumachen.[1166] Damit erweist sich die Verfassungsbestimmung als nicht direkt anwendbar.[1167]

[1162] Vgl. Erläuterungen der Initianten, Ziff. 5 lit. d; vgl. auch Abstimmungserläuterungen Abzockerinitiative, S. 15, die von «verbieten» sprechen.

[1163] Vgl. HÄUSERMANN, Jusletter 11. Februar 2013, Rz. 12; BÜHLER, GesKR 2012, S. 10; GLANZMANN, S. 9.

[1164] A.M. BSK BV-UHLMANN, Art. 95 N 40; gl.M. BÖCKLI, GesKR 2013, S. 184 ff., der davon spricht, dass die Zulässigkeit durch Inkrafttreten von Art. 95 Abs. 3 lit. a BV nicht mehr zu negieren sei, selbst wenn die elektronische Fernabstimmung («direct voting») weder verfassungsrechtlich noch in der Ausführungsgesetzgebung explizit geregelt wäre.

[1165] Vgl. Erläuterungen der Initianten, Ziff. 3.

[1166] Gl.M. GLANZMANN, S. 8; so auch VOGT/BASCHUNG, S. 9, jedoch ohne Begründung.

[1167] VOGT/BASCHUNG, S. 9.

ddd) Abstimmung durch die Pensionskassen

Art. 95 Abs. 3 lit. a Satz 4 BV verlangt schliesslich, dass die Pensionskassen im Interesse ihrer Versicherten abstimmen und offenlegen müssen, wie sie abgestimmt haben.

In der Lehre wurde der Begriff der «Pensionskasse» in Art. 95 Abs. 3 lit. a Satz 4 BV als auslegungsbedürftig angesehen.[1168] Unklar war, ob der AHV-Ausgleichsfonds und Freizügigkeitsleistungen auch vom Anwendungsbereich umfasst werden. Entgegen der Auffassung des Initiativkomitees[1169] vertritt die herrschende Lehre die Auffassung, dass Freizügigkeitseinrichtungen und der AHV-Ausgleichsfonds nicht unter die neue Verfassungsbestimmung zu subsumieren sind.[1170] Einem Teil der Lehre folgend, gelten als Pensionskassen demnach Vorsorgeeinrichtungen und Anlagestiftungen gemäss dem Bundesgesetz über die Alters-, Hinterlassenen- und Invalidenvorsorge (BVG), jedoch nicht ausländische Einrichtungen.[1171] Nach VOGT/BASCHUNG ist die Subsumtion unter das BVG jedoch «unklar».[1172] Klärungsbedürftig scheint, ob sich der Anwendungsbereich nur auf die Pensionskassen des jeweiligen Unternehmens oder auf sämtliche Pensionskassen bezieht.[1173] GLANZMANN plädiert dafür, dass ein solcher Regelungsbedarf nur für die Pensionskassen des jeweiligen Unternehmens bestehe, da Art. 95 Abs. 3 lit. a Satz 4 BV nur in diesem Bereich tatsächlich greifen könne.[1174] HÄUSERMANN verneint potenzielle Interessenskonflikte indessen gänzlich.[1175]

[1168] BSK VegüV-BOHRER, Art. 22 N 8 f.; BSK BV-UHLMANN, Art. 95 N 38; VOGT/BASCHUNG, S. 23 ff.

[1169] Vgl. Erläuterungen der Initianten, Ziff. 2.

[1170] Zusatzbericht VegüV, S. 28 ff., 47 f.; VOGT/BASCHUNG, S. 23; GLANZMANN, S. 9; implizit HÄUSERMANN, Jusletter 11. Februar 2013, Rz. 12 und Fn. 30; BSK BV-UHLMANN, Art. 95 N 38 m.w.H. auf Zusatzbericht VegüV, S. 28 ff., 47 f.; VOGT/BASCHUNG, S. 23; a.M. WOHLMANN/BOSSY, Rz. 1.

[1171] GLANZMANN, S. 9 m.w.H. auf HÄUSERMANN, Jusletter 11. Februar 2013, Rz. 12.

[1172] VOGT/BASCHUNG, S. 23.

[1173] GLANZMANN, S. 9.

[1174] GLANZMANN, S. 9.

[1175] HÄUSERMANN, Jusletter 11. Februar 2013, Rz. 12 u. Fn. 30.

Nach allgemeinem Sprachgebrauch ist eine Pensionskasse eine Einrichtung zur betrieblichen Altersvorsorge.[1176] Für einen Durchschnittsadressaten ist der Begriff eindeutig und bedarf keiner weiteren Konkretisierung. Der AHV-Ausgleichsfonds ist aufgrund seiner Entstehungsgeschichte und auch im Hinblick auf das geltende Recht (vgl. Art. 53g ff. BVG) der ersten Säule zuzuordnen und fällt nicht unter den Anwendungsbereich der neuen Verfassungsbestimmung. Art. 95 Abs. 3 lit. a Satz 4 BV umfasst aufgrund des Wortlautes, der Systematik und basierend auf Sinn und Zweck der Verfassungsnorm (Schutz des Eigentums der Aktionäre) in einem «harten Kern» einzig die betriebliche Altersvorsorge (2. Säule). Sodann sind die «Interessen der Versicherten» näher zu untersuchen. Nach allgemeinem Sprachgebrauch sind auch diese für einen Durchschnittsadressaten hinreichend genau bestimmt. Das geltende Recht normiert unter Art. 51b Abs. 2 Satz 1 BVG, dass die Pensionskassen «die Interessen der Versicherten der Vorsorgeeinrichtung wahren» müssen, womit bei deren Eruierung auf das geltende Recht Bezug genommen werden kann.

Sodann muss geklärt werden, ob die Pensionskassen einer Stimmpflicht unterliegen.[1177] Nach allgemeinem Sprachgebrauch umschreibt das Verb «abstimmen» folgenden Vorgang: «durch Abgabe der Stimme eine Entscheidung über etwas herbeiführen».[1178] Aus systematischen Erwägungen und unter Einbezug der bindenden Wirkung der Abstimmung der Generalversammlung (GV) über die Vergütungen gemäss Art. 95 Abs. 3 lit. a Satz 4 BV resultiert auch für die Pensionskassen eine zwingende Stimmpflicht. Sowohl Sinn und Zweck der Verfassungsbestimmung als auch die Materialien bestätigen dieses Ergebnis.[1179] Es ist aufgrund des Wortlautes, der Sys-

---

1176 Duden online.

1177 Hiervon geht der Bundesrat aus, vgl. Medienmitteilung EJPD vom 18. Dezember 2012 sowie die Mehrheit der Literatur z.B. BÜHLER, GesKR 2012, S. 10 u. 13; HÄUSERMANN, Jusletter 19. März 2012, Rz. 60; VOGT/BASCHUNG, S. 23 f.; offen dagegen HANDSCHIN, S. 25; verneinend GLANZMANN, S. 9.

1178 Duden online.

1179 Erläuterungen der Initianten, Ziff. 2, wonach eine «GV-Stimmpflicht der Pensionskassen/AHV-Ausgleichsfonds im Interesse ihrer Versicherten» bestehe und diese deshalb «gezwungen werden können, die Verantwortung ihrer Versicherten gegenüber wahrzunehmen und deshalb obligatorisch im Interesse und Sinne ihrer Versicherten abzustimmen»; so auch Medienmitteilung EJPD vom

tematik sowie im Hinblick auf die Zweckerreichung von einer Stimmpflicht der Pensionskassen im Interesse ihrer Versicherten auszugehen. Damit einhergehend ist auch die Offenlegung zwingend vorgeschrieben.

Art. 95 Abs. 3 lit. a Satz 4 BV erweist sich in einem «harten Kern» als direkt anwendbar, da sowohl Tatbestand als auch Rechtsfolgen hinreichend genau bestimmt sind. Auf die weiteren klärungsbedürftigen Fragen hinsichtlich der Subsumtion der Anlagestiftungen unter das BVG und des umfassenden Anwendungsbereichs auf sämtliche Pensionskassen wird im Rahmen der Ausführungsgesetzgebung einzugehen sein.

ee) Delegation der Geschäftsführung

aaa) Delegation der Geschäftsführung

Art. 95 Abs. 3 lit. b Satz 2 BV normiert das Verbot der Delegation der Führung der Gesellschaft an eine juristische Person. Art. 95 Abs. 3 lit. b Satz 2 BV verankert sowohl Tatbestand als auch Rechtsfolgen und ist damit direkt anwendbar. Die Bestimmung ist darüber hinaus zwingender Natur.

bbb) Regelung von VR-Mandaten und Arbeitsverträgen

Die Statuten müssen zudem zwingend[1180] die Anzahl der Mandate der Organmitglieder ausserhalb des Konzerns sowie die Dauer der Arbeitsverträge der Geschäftsleitungsmitglieder regeln (Art. 95 Abs. 3 lit. c BV). Auch dieser «Grundsatz» normiert einen «bedingt notwendigen Statuteninhalt», der aufgrund seiner hohen Normdichte, die jener von formell-gesetzlichen Bestimmungen entspricht, keiner Konkretisierung in Form einer Ausführungsgesetzgebung bedarf.[1181]

---

18. Dezember 2012; vgl. auch BÜHLER, GesKR 2012, S. 10; FORSTMOSER, in: Watter, S. 52; a.M. GLANZMANN, S. 9, der von einer Stimmpflicht nur dann ausgeht, wenn eine Stimmenthaltung zu einer Verletzung der Interessen der Versicherten führt; offen hingegen HANDSCHIN, S. 25.

1180 Vgl. C.IV.4.e)cc).

1181 Gl.M. VOGT/BASCHUNG, S. 9; a.M. GLANZMANN, S. 10, der von einer weiteren unklaren Bestimmung spricht.

ff) Strafbestimmung

Die neue Verfassungsnorm verlangt schliesslich, dass Widerhandlungen gegen die Bestimmungen nach Art. 95 Abs. 3 lit. a–c BV mit einer Freiheitsstrafe von bis zu drei Jahren und einer Geldstrafe von bis zu sechs Jahresvergütungen bestraft werden müssen (Art. 95 Abs. 3 lit. d BV). Nachfolgend ist zu prüfen, ob Art. 95 Abs. 3 BV eine ausreichende Grundlage darstellt, um die Strafbestimmung direkt anwenden zu können.

Sowohl Art. 36 Abs. 1 BV als auch Art. 164 Abs. 1 lit. b BV verlangen für schwere Eingriffe in grundrechtlich geschützte Positionen bzw. für Eingriffe in verfassungsmässige Rechte die Form des Gesetzes bzw. Bundesgesetzes, worunter die Bundesverfassung nicht zu subsumieren ist.[1182] Verfassungsbestimmungen weisen jedoch aufgrund ihrer Entstehungsgeschichte im Hinblick auf das Erfordernis des obligatorischen Referendums eine höhere demokratische Legitimation auf als Bundesgesetze.[1183] Art. 36 Abs. 1 BV verlangt als Eingriffsgrundlage gerade Normen von hoher demokratischer Legitimation.[1184] Folglich stellt die Verfassung zweifelsfrei selbst für schwere Grundrechtseingriffe eine genügende Normstufe dar.[1185] Im Strafrecht sind jedoch erhöhte Anforderungen an das Bestimmtheitsgebot (Art. 1 Abs. 1 StGB) zu stellen, das eine präzise Umschreibung des Tatbestandes fordert.[1186]

Ausgehend von der direkten Anwendbarkeit der 24 Forderungen sind das geschützte Rechtsgut[1187] und die Frage des Täterkreises sowie des objektiven und subjektiven Tatbestandes zu untersuchen. Anschliessend ist zu prüfen, ob die strafrechtlich zu sanktionierenden Verhaltensweisen nicht bereits eine Entsprechung im geltenden Strafrecht aufweisen. Es bietet sich an, die in der

---

1182 HEINIGER, S. 67.

1183 Vgl. Art. 140 Abs. 1 lit. a BV.

1184 BGE 131 II 13, 26 f. E. 6.3; SG Kommentar BV-SCHWEIZER, Art. 36 N 16; BIAGGINI, Komm. BV, Art. 36 N 9.

1185 Gl.M. HEINIGER, S. 67 in fine; vgl. auch BIAGGINI, Komm. BV, Art. 36 N 9, der festhält, dass qualifizierte Grundrechtseinschränkungen des Gesetzes im formellen Sinn bedürfen, um den demokratisch erhöhten Anforderungen betreffend die Normstufe gerecht zu werden; SG Kommentar BV-SCHWEIZER, Art. 36 N 16.

1186 HÄUSERMANN, Jusletter 11. Februar 2013, Rz. 11; NOBEL, S. 23.

1187 NOBEL, S. 23; VOGT/BASCHUNG, S. 29.

Verfassungsbestimmung normierten Forderungen in vier Gruppen zu unterteilen. Jeder dieser vier Gruppen lässt sich sowohl das geschützte Rechtsgut als auch die strafbare Verhaltensweise entnehmen.[1188]

Dabei geben die im Ingress von Art. 95 Abs. 3 BV verankerten Ziele Hinweise auf die geschützten Rechtsgüter. Als kollektives Ziel, das durch die in Art. 95 Abs. 3 lit. a–c BV aufgestellten Verhaltenspflichten und Verbote konkretisiert wird, wird der «Schutz der Volkswirtschaft» genannt. Sodann wird auch das «Privateigentum» angesprochen, womit das Eigentum am Vermögen der Aktiengesellschaft gemeint ist. Gleichzeitig ist auch der «Aktionärsschutz» tangiert. Damit soll die mitgliedschaftliche Stellung der Aktionäre in der Aktiengesellschaft geschützt werden.[1189] Aus den geschützten Rechtsgütern ergeben sich sowohl die Täter als auch die Tathandlungen.[1190]

aaa) Unerlaubte Ausrichtung von Vergütungen

Die erste unter Strafe gestellte Verhaltensweise betrifft die unerlaubte Zahlung von Vergütungen an die Mitglieder der Unternehmensleitung. Darunter fallen gemäss Art. 95 Abs. 3 lit. a und b BV die Forderung nach einer jährlichen GV-Abstimmung über die Vergütungen sowie die Forderung, dass die Organmitglieder keine Abgangs- und andere Entschädigungen, Vergütungen im Voraus und Prämien für Firmenkäufe und -verkäufe sowie zusätzliche Berater- oder Arbeitsverträge mit einer anderen Gesellschaft der Gruppe erhalten. Auch die statutarischen Regelungen gemäss Art. 95 Abs. 3 lit. c BV sind darunter zu subsumieren. Hält sich ein Organmitglied nicht an diese Vorgaben, ist die entrichtete Vergütung als «unbefugt» zu qualifizieren.[1191] Als Täter kommen nur die Organmitglieder, d.h. die Mitglieder des Verwaltungsrates, der Geschäftsleitung und eines allfälligen Beirates, in Betracht.[1192] Vor diesem Hintergrund erweisen sich sowohl der Täterkreis, das geschützte Rechtsgut (Eigentum am Vermögen der Aktiengesellschaft) als auch die strafbare Verhaltensweise als so «präzise formuliert, dass der Bürger sein Verhalten danach ausrichten und die Folgen eines bestimmten Ver-

1188 Vgl. auch HÄUSERMANN, Jusletter 11. Februar 2013, Rz. 12.

1189 VOGT/BASCHUNG, S. 29.

1190 VOGT/BASCHUNG, S. 29.

1191 HÄUSERMANN, Jusletter 11. Februar 2013, Rz. 12.

1192 Vgl. auch HÄUSERMANN, Jusletter 11. Februar 2013, Rz. 14.

haltens mit einem den Umständen entsprechenden Grad an Gewissheit erkennen kann».[1193]

Die unerlaubte Ausrichtung von Vergütungen an Organmitglieder erfüllt darüber hinaus auch den Tatbestand der ungetreuen Geschäftsbesorgung nach Art. 158 StGB.[1194] Es verbleibt jedoch ein Unterschied zwischen der Sanktion nach Art. 95 Abs. 3 lit. d BV und der Sanktion gemäss Art. 158 Ziff. 1 StGB. Hier besteht ein Spielraum für die rechtsanwendenden Behörden, denn diese sind – trotz der direkten Anwendbarkeit – nicht von ihrer Pflicht entbunden, das Recht auf den Einzelfall anzuwenden.

bbb) Vereitelung von Mitwirkungsrechten der Aktionäre

Die Verfassungsbestimmung verlangt zusätzlich, dass die Aktionäre an der Generalversammlung jährlich über die Gesamtsumme aller Vergütungen des Verwaltungsrates, der Mitglieder der Geschäftsleitung und des Beirates abstimmen. Darüber hinaus wählen die Aktionäre in der Generalversammlung jährlich den Verwaltungsratspräsidenten und einzeln die Mitglieder des Verwaltungsrates sowie des Vergütungsausschusses. Sie wählen zudem den unabhängigen Stimmrechtsvertreter. Durch die Verfassungsbestimmung soll zukünftig eine elektronische Fernabstimmung möglich sein. Untersagt wird die Organ- und Depotstimmrechtsvertretung (Art. 95 Abs. 3 lit. a BV).

Als Täter kommen auch hier Personen in Betracht, die aufgrund ihrer Stellung in der Aktiengesellschaft in der Lage sind, Beschlüsse, Wahl- und Abstimmungsverfahren zu veranlassen und die verpflichtet sind, die entsprechenden Beschlüsse nach Massgabe des geltenden Aktienrechts herbeizuführen.[1195] Zu denken ist namentlich an den Verwaltungsrat, der von Gesetzes wegen zur Durchführung der Generalversammlung verpflichtet ist.[1196] Eine strafbare Verhaltensweise läge bspw. dann vor, wenn Verwaltungsräte einen Präsidenten aus ihrer Mitte wählen, den Aktionären einen Organvertreter vorschlagen, keine Möglichkeit zur elektronischen Fernabstimmung anbie-

---

1193 BGE 138 IV 13, 19 f. E. 4.1 und BGE 119 IV 242, 244 E. 1c.

1194 So BR Sommaruga in der parlamentarischen Beratung des indirekten Gegenvorschlags, AB 2010 S 1257; zustimmend NOBEL, S. 21; HÄUSERMANN, Jusletter 11. Februar 2013, Rz. 14; VOGT/BASCHUNG, S. 31.

1195 VOGT/BASCHUNG, S. 30.

1196 Statt vieler BÖCKLI, Aktienrecht, § 12 N 73c.

ten, oder eine gemäss Art. 95 Abs. 3 lit. a BV verlangte Wahl und Abstimmung gänzlich unterlassen.[1197] Geschützt sind hier die Aktionäre selbst.

Es zeigt sich auch vorliegend, dass das geschützte Rechtsgut, die strafbaren Verhaltensweisen und der Täterkreis hinreichend genau bestimmt sind. Mithin kann die Verfassungsnorm direkt angewendet werden.

ccc) Verletzung der Stimm- und Offenlegungspflicht der Vorsorgeeinrichtungen

Art. 95 Abs. 3 lit. a Satz 3 BV verlangt, dass «die Pensionskassen im Interesse ihrer Versicherten abstimmen und offenlegen müssen, wie sie abgestimmt haben». Der Täterkreis erfasst hier die Leitungsorgane der Pensionskassen im engeren Sinn.[1198] Wie oben[1199] ausgeführt, ist für die Tathandlung, die das Abstimmen «nicht im Interesse ihrer Versicherten» beinhaltet, das geltende Recht zu beachten. Auch im Hinblick auf die Strafbarkeit der Verletzung der Stimm- und Offenlegungspflicht der Pensionskassen kann konstatiert werden, dass sowohl Täterkreis und Tathandlung als auch das geschützte Rechtsgut hinreichend genau umschrieben sind, sodass die Norm im Einzelfall direkt angewendet werden kann.

ddd) Fehlende statutarische Regelungen

Schliesslich fordert die Verfassungsbestimmung, dass die Statuten die Höhe der Kredite, Darlehen und Renten an die Organmitglieder, deren Erfolgs- und Beteiligungspläne und deren Anzahl an Mandaten ausserhalb des Konzerns sowie die Dauer der Arbeitsverträge der Geschäftsleitungsmitglieder regeln (Art. 95 Abs. 3 lit. c BV). Als potenzielle Täter kommen hier die Verwaltungsratsmitglieder in Betracht, die aufgrund ihrer Stellung in der Aktiengesellschaft befugt sind, Beschlüsse, Wahl- und Abstimmungsverfahren zu veranlassen.[1200] Der Verwaltungsrat ist von Gesetzes wegen zur Durchführung der Generalversammlung verpflichtet, in der über die Statutenänderung Beschluss zu fassen ist.[1201] Als mögliche Pflichtverletzung

---

1197 HÄUSERMANN, Jusletter 11. Februar 2013, Rz. 31.

1198 VOGT/BASCHUNG, S. 30.

1199 Vgl. C.IV.3.b)dd)ddd).

1200 VOGT/BASCHUNG, S. 30.

1201 Vgl. Art. 698 Abs. 2 Ziff. 1 OR, der die unübertragbare Kompetenz der Generalversammlung zur Statutenänderung normiert.

kommt vorliegend auch das Nichtausführen der Generalversammlungsbeschlüsse in Frage (Art. 716a Abs. 1 Ziff. 6 OR).

Abschliessend ist somit festzuhalten, dass auch die geforderten statutarischen Regelungen im Hinblick auf das geschützte Rechtsgut (Vermögen der Gesellschaft), den potenziellen Täterkreis und die strafbare Verhaltensweise hinreichend bestimmt sind.

gg) Zwischenfazit

In der Lehre wurde bis anhin die direkte Anwendbarkeit der Strafnorm als «heikel»[1202] eingestuft beziehungsweise aufgrund des verankerten Gesetzgebungsauftrages als konkretisierungsbedürftig und damit als nicht direkt anwendbar qualifiziert.[1203] Begründet wurde dies mehrheitlich damit, dass die Strafbestimmung in Art. 95 Abs. 3 lit. d BV dem Bestimmtheitsgebot nicht genüge.[1204]

Die vorangehenden Ausführungen können eine solche Auslegung nicht bestätigen. Art. 95 Abs. 3 lit. a–d BV erfüllen sowohl die Anforderungen an die Normstufe als auch jene an die Normdichte. Insbesondere im Hinblick auf das in Art. 1 Abs. 1 StGB normierte Bestimmtheitsgebot können den einzelnen Grundsätzen das geschützte Rechtsgut sowie der Täterkreis hinreichend genau entnommen werden. Für die direkt anwendbaren Grundsätze von Art. 95 Abs. 3 lit. a–c BV kann die Strafbestimmung daher direkt angewendet werden.

1202 Vgl. BSK BV-UHLMANN, Art. 95 N 45.

1203 HÄUSERMANN, Jusletter 11. Februar 2013, Rz. 7; VOGT/BASCHUNG, S. 29, die von «Umsetzung» sprechen und damit für eine mittelbare Anwendbarkeit plädieren; NOBEL, S. 23 f., der das geschützte Rechtsgut und den Täterkreis für zu unbestimmt ansieht; ablehnend auch BIAGGINI, Komm. BV, Art. 95 N 18; KUNZ, NZZ vom 5. März 2013, S. 19; für die direkte Anwendbarkeit plädiert HANDSCHIN, S. 25, der den Verfassungstext als unmittelbar anwendbar liest.

1204 NOBEL, S. 23 f.; GLANZMANN, S. 11; VOGT/BASCHUNG, S. 29 ff.; BSK BV-UHLMANN, Art. 95 N 45; HÄUSERMANN, Jusletter 11. Februar 2013, Rz. 7; HEINIGER, S. 67 ff.

hh) Einordnung

Das schweizerische Verfassungsrecht ist vom Grundsatz der Einheit der Verfassung und der Gleichwertigkeit der Verfassungsbestimmungen geprägt.[1205] «Die Verfassungsinterpretation ist einem möglichst schonenden Ausgleich der verschiedenen Verfassungs- und Grundrechtsinteressen verpflichtet; sie soll praktische Konkordanz schaffen».[1206] Trotz dieses herrschenden Grundsatzes ist es nicht ausgeschlossen, dass sich eine neue Verfassungsbestimmung den Vorrang vor anderen Verfassungsnormen im Sinne einer Kollisionsregel erteilt,[1207] wofür vorliegend Anhaltspunkte bestehen.[1208] Die Regelungen von Art. 95 Abs. 3 lit. a–d BV weisen eine hohe Normdichte auf und sind mehrheitlich direkt anwendbar. Dies spricht dafür, dass die Verfassungsbestimmung «bei gegenläufigen Grundrechtsinteressen die erforderliche Güterabwegung selber vornimmt».[1209] Die normierten Grundsätze sind als Einschätzungen und Wertentscheidungen des schweizerischen Verfassungsgebers zu werten.[1210] Aufgrund ihres zwingenden Charakters erweisen sie sich denn auch als abwägungsfeindlich. Insbesondere der Wortlaut und die Entstehungsgeschichte bekräftigen dieses Auslegungsergebnis.[1211] In diesem Sinne äusserte sich auch die ehemalige Bundesrätin Eveline Widmer-Schlumpf im Rahmen der parlamentarischen Beratungen:

«Die Volksinitiative sieht starre, abstrakte Regeln und Verbote vor, die den Gesellschaften auch dann keinen Handlungsspielraum zugestehen, wenn dies im Interesse der Aktionäre wäre».[1212]

[1205] BGE 139 I 16, 24 E. 4.2.1.

[1206] BGE 139 I 16, 24 f. E. 4.2.2 mit Bezug auf die Bestimmungen der Ausschaffungsinitiative.

[1207] BGE 139 I 16, 24 f. E. 4.2.2; UEBERSAX, Asyl 2011, S. 9 f.; kritisch BIAGGINI, ZBl 2013, S. 321 ff.

[1208] Gl.M. BSK BV-UHLMANN, Art. 95 N 25.

[1209] BGE 139 I 16, 24 f. E. 4.2.2.

[1210] VOGT/BASCHUNG, S. 15; im Ergebnis auch BÜHLER, GesKR 2012, S. 13 und Fn. 109; NOBEL, S. 18 f.

[1211] Vgl. Zusatzbotschaft 2008, S. 338 f., die von «starr», «zwingend» sowie von «rigoros» spricht.

[1212] AB 2010 N 435.

Als zwingende Bestimmungen stehen diese dennoch nicht im Widerspruch zum Ziel des «Schutzes der Volkswirtschaft» und der Wirtschaftsfreiheit (Art. 27 und Art. 94 BV), da insbesondere die Verwirklichung einer freiheitlichen Wirtschaftsordnung solch imperative Normen erfordert.[1213] Folglich darf von den Grundsätzen nicht abgewichen werden, da die erforderliche Güterabwägung durch den Bundesverfassungsgeber bereits vorgenommen worden ist.

c) Ergebnis

Die Auslegung von Art. 95 Abs. 3 i.V.m. Art. 197 Ziff. 10 BV zeigt ein einheitliches Auslegungsergebnis. Mit Ausnahme von Art. 95 Abs. 3 lit. a Satz 4 BV, wonach die Aktionäre auch auf elektronischem Weg fernabstimmen können, sind alle anderen Grundsätze direkt anwendbar.[1214] Für Art. 95 Abs. 3 lit. a Satz 4 BV ist ebenfalls ein «harter Kern» auszumachen, der unmittelbar angewendet werden kann. Die Auslegung ist auch hinsichtlich der zwingenden Natur sämtlicher Grundsätze einheitlich.

4. Verfassungsmässigkeit der Verordnung gegen übermässige Vergütungen bei börsenkotierten Aktiengesellschaften

a) Ausgangslage

Mit Annahme von Art. 95 Abs. 3 BV ist gleichzeitig auch die Übergangsbestimmung in Art. 197 Ziff. 10 BV in Kraft getreten.[1215] Diese normiert, dass «bis zum Inkrafttreten der gesetzlichen Bestimmungen» der Bundesrat innerhalb eines Jahres nach Annahme von Art. 95 Abs. 3 BV die «erforderlichen Ausführungsbestimmungen» erlässt. Der Bundesrat war einerseits angesichts der kurzen Frist für die ordentliche Gesetzgebung verpflichtet, diesem Verordnungsauftrag nachzukommen.

1213 VOGT/BASCHUNG, S. 15; BSK BV-UHLMANN, Art. 95 N 26, der keinen Eingriff in die Wirtschaftsfreiheit sieht.

1214 Gl.M. BSK BV-UHLMANN, Art. 95 N 23; a.M. VOGT/BASCHUNG, S. 31; HUBER, Rz. 185; HÄUSERMANN, SJZ 2012, S. 540; GLANZMANN, S. 2.

1215 Vgl. Art. 195 Abs. 1 BV.

Der Bundesrat beauftragte daraufhin das BJ mit den Umsetzungsarbeiten, damit die Verordnungsbestimmungen mit dem 1. Januar 2014 in Kraft treten konnten.[1216] Das BJ eröffnete am 14. Juni 2013 die schriftliche Anhörung zum Vorentwurf der Verordnung gegen die Abzockerei.[1217] In diesem Zusammenhang wurden bis am 28. Juli 2013 71 Stellungnahmen eingereicht.[1218] Ferner wurden am 26. August 2013 die RK-S und am 5./6. September 2013 die RK-N angehört.[1219] Das BJ hielt in seinem erläuternden Bericht zur Verordnung fest, dass es sich bei der Umsetzung von Art. 95 Abs. 3 BV «sehr eng» an den Wortlaut des Verfassungstextes halten werde, um diesen möglichst «wortgetreu» umzusetzen.[1220] Im Lichte der Vernehmlassungsergebnisse überarbeitete der Bundesrat den Entwurf und verabschiedete am 20. November 2013 die Verordnung gegen übermässige Vergütungen bei börsenkotierten Aktiengesellschaften (VegüV).[1221] Diese gilt gemäss Art. 33 VegüV seit dem 1. Januar 2014 und wurde aufgrund der Übergangsbestimmungen in Art. 26 ff. VegüV gemeinsam mit den Strafbestimmungen stufenweise wirksam. Seit dem 1. Januar 2016 gilt diese indessen vollumfänglich.[1222]

b) Rechtsnatur der Verordnung

Der Bundesrat wird durch die Übergangsbestimmung in Art. 197 Ziff. 10 BV dazu ermächtigt, die «erforderlichen Ausführungsbestimmungen» zu erlassen, sofern innerhalb eines Jahres die «gesetzlichen Bestimmungen» nicht in Kraft getreten sind. Die Kompetenz zum Erlass von Verordnungsrecht ergibt sich – wie auch bei der Verordnung zur Zweitwohnungsinitiative – ausdrücklich aus der Übergangsbestimmung und nicht aus Art. 182 Abs. 2 BV.[1223]

1216 Medienmitteilung BR vom 26. März 2013.

1217 Medienmitteilung EJPD vom 26. März 2013.

1218 Siehe Zusammenfassung Stellungnahmen, S. 2.

1219 Botschaft Änderung OR 2016, S. 416.

1220 EB E-VgdA, S. 6.

1221 Vgl. Zusatzbericht VegüV, S. 3 ff.

1222 Botschaft Änderung OR 2016, S. 418.

1223 BSK BV-UHLMANN, Art. 95 N 28; SG Kommentar BV-HÄUSERMANN, Art. 95 N 63; a.M. VOGT/BASCHUNG, S. 32; so auch BÜHLER, ST 2013, S. 333; vgl. auch Erläuterungen zur Zweitwohnungsverordnung C.III.4.b).

Der Bundesrat hat denn auch bei der Verordnung gegen übermässige Vergütungen bei börsenkotierten Aktiengesellschaften gestützt auf Art. 95 Abs. 3 i.V.m. Art. 197 Ziff. 10 BV legiferiert.[1224]

Dass es sich bei der VegüV um eine verfassungsunmittelbare, d.h. eine selbstständige Verordnung, handelt, ist unbestritten. Gänzlich unbeantwortet hingegen ist die Frage, ob der VegüV der Charakter einer selbstständigen Vollzugsverordnung analog Art. 182 Abs. 2 BV oder einer selbstständigen gesetzesvertretenden Verordnung zukommt. Die Beantwortung dieser Frage ist im Hinblick auf den Umsetzungsspielraum des Bundesrates von entscheidender Bedeutung. Zunächst wird – unabhängig von der unmittelbaren oder mittelbaren Anwendbarkeit von Art. 95 Abs. 3 i.V.m. Art. 197 Ziff. 10 BV – die Rechtsnatur der Verordnung bestimmt.

Das BJ führte ohne Begründung anlässlich des Erlasses einer Strafbestimmung auf Verordnungsebene aus, dass Art. 197 Ziff. 10 BV «explizit zum Erlass von gesetzesvertretenden Ausführungsbestimmungen zu Art. 95 Abs. 3 BV» ermächtige.[1225] Unklar ist, ob sich diese Ausführungen nur auf den Erlass der Strafbestimmungen beziehen oder generell für die gesamte Verordnung gelten, da eine selbstständige Verordnung Elemente beider Typen enthalten kann. Gemäss KNOBLOCH ist die Rechtsnatur der bundesrätlichen Verordnung hingegen ungeklärt.[1226] Ohne nähere Begründung geht HÄUSERMANN davon aus, dass es sich bei der VegüV um eine gesetzesvertretende Verordnung handelt, die Vorrang vor entgegenstehendem Gesetzesrecht beanspruchen würde.[1227] Auch JAAG/RÜSSLI sprechen sich implizit für eine selbstständige gesetzesvertretende Verordnung aus, die den Bundesrat ermächtigen würde, «bis zum Abschluss der Arbeiten des Gesetzgebers dessen Aufgabe»[1228] zu erfüllen.

Art. 197 Ziff. 10 BV ermächtigt den Bundesrat zum Erlass der erforderlichen Ausführungsbestimmungen «bis» zum Inkrafttreten der gesetzlichen Nor-

---

1224 Vgl. Ingress VegüV; anders bei der Zweitwohnungsverordnung, vgl. C.III.4.b).

1225 EB E-VgdA, S. 31; so auch BÜHLER, ST 2013, S. 333.

1226 BSK VegüV-KNOBLOCH, Art. 1 N 8.

1227 SG Kommentar BV-HÄUSERMANN, Art. 95 N 61; vgl. auch VOGT/BASCHUNG, S. 32–34, jedoch ohne klaren Positionsbezug.

1228 JAAG/RÜSSLI, S. 19.

men. Der Begriff «Ausführungsbestimmung» ist im Sinne von Konkretisierung von Verfassungsnormen durch Detailvorschriften zu verstehen. Durch die Präposition «bis» wird verdeutlicht, dass Art. 95 Abs. 3 BV im Hinblick auf ihre Anwendbarkeit im Einzelfall zu vollziehen, d.h. zu konkretisieren ist. Die Präposition «bis» verhindert damit die Qualifikation als gesetzesvertretende Verordnung, da dieser ja bereits die Bedeutung eines formellen Gesetzes zukommt. Anders würde es sich verhalten, wenn Art. 197 Ziff. 10 BV den Wortlaut von Art. 197 Ziff. 9 BV (Zweitwohnung) aufweisen würde. Letzterer statuiert eine Ermächtigung zum Erlass einer gesetzesvertretenden Verordnung, da mit Ausbleiben des Inkrafttretens der gesetzlichen Bestimmungen innerhalb von zwei Jahren der Bundesrat die nötigen Ausführungsbestimmungen mangels Gesetzesrecht erlassen muss. Das Parlament wird somit willentlich nach Fristablauf ausgeschlossen und der Bundesrat dazu ermächtigt, die Aufgaben des Parlaments mittels einer gesetzesvertretenden Verordnung zu erfüllen. Bei einer solchen Verordnung gehen die Kompetenzen des Bundesrates bei der Umsetzung gleich weit wie jene des ordentlichen Gesetzgebers.[1229] Vorliegend wird jedoch das Parlament verpflichtet, eine Ausführungsgesetzgebung unabhängig von einer Fristansetzung zu erlassen. «Bis» zu diesem Zeitpunkt darf der Bundesrat die Verfassungsbestimmung soweit präzisieren, dass eine «sichere und gleichmässige Anwendung»[1230] des Rechts gewährleistet wird, jedoch nicht gesetzesvertretend legiferieren.

Mithin umfasst der Gesetzgebungsauftrag in Art. 197 Ziff. 10 BV eine selbstständige Vollzugsverordnung analog Art. 182 Abs. 2 BV, die auf einer direkt anwendbaren Delegationsnorm beruht. Sowohl der Regelungsrahmen der Verordnung als auch die Regelungsbefugnisse des Bundesrates werden durch die Rechtsnatur der Delegationsnorm bestimmt. Das Wort «erforderlich» begrenzt den Umsetzungsspielraum des Bundesrates dahingehend, dass nur Verordnungsbestimmungen zu erlassen sind, die tatsächlich einer Konkretisierung bedürfen und damit «nötig» sind. Dafür spricht auch, dass Art. 197 Ziff. 10 BV den Bundesrat zum Erlass von Verordnungsrecht ermächtigt, bis die «gesetzlichen Bestimmungen» in Kraft treten. Mithin ist der Umsetzungsspielraum als eng zu qualifizieren und die Verordnung hat sich

[1229] BGE 125 II 326, 331 E. 3a.

[1230] TSCHANNEN, Staatsrecht, § 46 Rz. 19.

streng an die Vorgaben von Art. 95 Abs. 3 BV zu halten.[1231] Ein Abweichen von den direkt anwendbaren und zwingenden Regelungsinhalten von Art. 95 Abs. 3 BV mittels Verordnung wäre einerseits als verfassungswidrig zu qualifizieren und andererseits als Kompetenzüberschreitung seitens des Bundesrates zu taxieren.

Nachfolgend stellt sich die Frage, ob der Bundesrat widersprechende aktien- und arbeitsrechtliche Normen des OR gestützt auf die Ermächtigung zum Erlass der «erforderlichen Ausführungsbestimmungen» mittels selbstständiger Vollzugsverordnung in Art. 197 Ziff. 10 BV aufheben, abändern bzw. derogieren darf, wie das in Art. 1 Abs. 2 Satz 1 VegüV normiert wurde. Die Fragestellung verdeutlicht, dass es hierbei nicht um eine Auslegungsfrage, sondern um eine Vorrangfrage auf der Ebene der Gesetzgebung und nicht der Rechtsanwendung geht. Ein Präzedenzfall besteht bis zum gegenwärtigen Zeitpunkt nicht. Auch der Verordnungsgeber hat sich kaum mit dieser Fragestellung auseinandergesetzt, obwohl er aus kompetenzrechtlichen Erwägungen und aufgrund der damit verbundenen institutionell-prozeduralen Gegebenheiten dazu verpflichtet gewesen wäre. Die Lehre hat diese verzwickte Rechtslage nur aus Sicht der Rechtsanwendung zu klären versucht und dabei die beiden Ebenen nicht immer klar voneinander getrennt.

aa) Verhältnis zwischen der VegüV und dem Gesetzesrecht

Bei einer inzidenten Normenkontrolle überprüft das Bundesgericht selbstständige Verordnungen nicht nur auf ihre Vereinbarkeit mit der Bundesverfassung, sondern auch auf ihre Vereinbarkeit mit geltendem Gesetzesrecht.[1232]

VOGT/BASCHUNG vertreten die Ansicht, dass die materielle Abänderung formellen Gesetzesrechts durch die Ermächtigung zum Erlass von Ausführungsbestimmungen in Art. 95 Abs. 3 i.V.m. Art. 197 Ziff. 10 BV gedeckt

---

[1231] So auch BSK BV-UHLMANN, Art. 95 N 28; JAAG/RÜSSLI, S. 19; HUBER, Rz. 251; im Detail auch VOGT/BASCHUNG, S. 31 ff.

[1232] Statt vieler BGE 141 I 20, 23 E. 4.2; BGE 125 II 326, 330 E. 3; BGE 123 IV 29, 33 f. E. 2; für die Lehre statt vieler HÄFELIN/HALLER/KELLER/THURNHERR, N 2098; TSCHANNEN, Staatsrecht, § 8 Rz. 13; SG Kommentar BV-HANGARTNER/LOOSER, Art. 190 N 19; BIAGGINI, Komm. BV, Art. 190 N 11; BSK BV-EPINEY, Art. 190 N 31.

sei.[1233] Unter Verweis auf Sinn und Zweck[1234] des Massgeblichkeitsgebots folgern sie, dass Art. 197 Ziff. 10 BV eine «lex specialis» zu Art. 190 BV darstelle. Die basierend darauf erlassene Verordnung gehe älterem Gesetzesrecht im Rahmen der Ausführungskompetenz vor.[1235] Auch SCHÄRER leitet den Vorrang aus dem Verordnungsauftrag in Art. 197 Ziff. 10 BV ab.[1236]

HUBER vertritt die Auffassung, dass das Massgeblichkeitsprinzip der Bundesgesetze nur dann greifen könne, wenn die Bundesversammlung sich mit der Verfassungsbestimmung auseinandersetzen konnte. Die Massgeblichkeit entfalle in Fällen, in denen dies nicht geschehen sei. Sodann sei trotz der nicht direkten Anwendbarkeit[1237] der Grundsatz einschlägig, dass neuere Verfassungsbestimmungen ältere Bundesgesetze verdrängten, da der Bundesrat zum Erlass von Ausführungsbestimmungen ermächtigt sei. Andernfalls wäre eine solche Befugnis zwecklos, wenn bereits vorher klar sei, dass das Bundesgesetz nicht abgelöst werden könne. Unter Verweis auf VOGT kommt der Autor zum Schluss, dass Art. 197 Ziff. 10 BV den Bundesrat zum Erlass von Normen, die dem OR widersprechen, ermächtige und diese für die rechtsanwendenden Behörden massgebend seien.[1238] Ausserdem sei die derogative Kraft der Verordnungsbestimmungen durch Art. 197 Ziff. 10 BV auf die «erforderlichen Ausführungsbestimmungen» beschränkt.[1239]

UHLMANN argumentiert dahingehend, dass der VegüV der «Charakter» einer Art «Ersatzbundesrecht» zukomme.[1240] Folglich stehe das Verordnungsrecht des Bundes grundsätzlich auf der «gleichen Stufe wie andere Bundesgesetze», sei jedoch «neuer». Der VegüV komme daher vor anderen Bundesgeset-

---

[1233] VOGT/BASCHUNG, S. 32; so auch GesKR Kommentar VegüV-VOGT, Art. 1 N 27 ff.

[1234] VOGT/BASCHUNG, S. 34 f.

[1235] VOGT/BASCHUNG, S. 35; vgl. auch GesKR Kommentar VegüV-VOGT, Art. 1 N 28.

[1236] PK VegüV-SCHÄRER, Art. 1 N 35.

[1237] HUBER, Rz. 185.

[1238] HUBER, Rz. 254 m.w.H. auf GesKR Kommentar VegüV-VOGT, Art. 1 N 28.

[1239] HUBER, Rz. 254.

[1240] BSK BV-UHLMANN, Art. 95 N 31.

zen Vorrang zu, sofern die VegüV «eine Korrektur des bestehenden Rechts intendiert». Dies sei insofern gleich wie bei neueren Bundesgesetzen.[1241]

Auch KNOBLOCH plädiert in eine ähnliche Richtung, jedoch ohne klaren Positionsbezug. Ausgehend von der allgemeinen Normenhierarchie würden Bundesgesetze (auch ältere) grundsätzlich Vorrang gegenüber jüngeren Bundesverordnungen beanspruchen. Dieser «Grundsatz» werde demgegenüber durchbrochen, wenn eine selbstständige Verordnung vorliege und diese neue Verfassungsbestimmung (Art. 95 Abs. 3 BV) trotz des Massgeblichkeitsgebots in Art. 190 BV den Bundesgesetzen vorgehe.[1242] Im Allgemeinen sei folglich älteres Bundesrecht bei jüngerem Verfassungsrecht nicht massgebend.[1243] Relativiert werde dies hingegen bei Vorliegen einer schweren Beeinträchtigung der Rechtsordnung.[1244] Letztlich solle die VegüV qualitativ auf eine reine Vollzugsverordnung im Sinne von Art. 182 Abs. 2 BV beschränkt werden, da die Verfassungsbestimmung nicht direkt anwendbar sei und unklar sei, ob sie eine Vollzugsverordnung nach Art. 182 Abs. 2 BV oder eine gesetzesvertretende Verordnung darstelle.[1245]

Nach einhelliger Lehre sind dem Bundesrat beim Erlass von Vollziehungsverordnungen, die sich auf Art. 182 Abs. 2 BV stützen, enge Grenzen gesetzt.[1246] Dies muss in analoger Weise auch für selbstständige Vollzugsverordnungen gelten, die auf eine *nicht direkt anwendbare Übergangsbestimmung* in der Verfassung beruhen.[1247] Eine formelle Aufhebung der

---

1241 Zum Ganzen BSK BV-UHLMANN, Art. 95 N 31.

1242 Zum Ganzen BSK VegüV-KNOBLOCH, Art. 1 N 8.

1243 BSK VegüV-KNOBLOCH, Art. 1 N 8 m.w.H. auf LOOSER, § 8 Rz. 400; BGE 139 II 243, 249 ff. E. 8 und E. 10; so bereits Botschaft BV, S. 429.

1244 BSK VegüV, KNOBLOCH, Art. 1 N 8; m.w.H. Botschaft BV, S. 429.

1245 BSK VegüV, KNOBLOCH, Art. 1 N 8.

1246 Statt vieler HÄFELIN/HALLER/KELLER/THURNHERR, N 1860; TSCHANNEN, Staatsrecht, § 8 N 13; NUSSBAUM, S. 11; vgl. BGE 130 I 140, 149 E. 5.1 m.w.H. auf BGE 128 II 222, 225 E. 3.2.1; analog zu den Grenzen des Vollzugsverordnungsrechts gegenüber Gesetzen BGE 139 II 460, 462 f. E. 2.1; BGE 136 I 29, 33 E. 3.3; BGE 130 I 140, 149 E. 5.1; BGE 129 V 95, 97 E. 2.1.

1247 Gemäss der hier vertretenen Ansicht handelt es sich um eine direkt anwendbare Norm. Es wird jedoch die Problematik für nicht direkt anwendbare Verfassungsnormen erläutert. Von dieser Rechtsnatur gehen sowohl das BJ als auch die herrschende Lehre aus, vgl. vorne C.IV.3.b)gg).

widersprechenden Bestimmungen des OR kommt aufgrund der der Bundesversammlung inhärenten Gesetzgebungskompetenz und mit Blick auf Art. 5 Abs. 1 BV nicht in Frage.[1248] Gleiches muss auch für eine materielle Abänderung und Derogation von entgegenstehendem Recht auf Stufe des Gesetzes durch selbstständiges Vollzugsverordnungsrecht, das sich auf eine mittelbar anwendbare Delegationsnorm stützt, gelten. Die Art. 95 Abs. 3 BV widersprechenden, aber geltenden Bestimmungen des Obligationenrechts werden durch die Vorrangregelung in Art. 1 Abs. 2 VegüV «faktisch ausser Kraft»[1249] gesetzt. Diese Vorgehensweise ist zum einen aufgrund der mittelbaren Anwendbarkeit der Delegationsnorm[1250] sowie der Rechtsnatur der Verordnung (selbstständige Vollzugsverordnung analog Art. 182 Abs. 2 BV) nicht statthaft. Zum anderen erweist sich ein solches Vorgehen bei selbstständigen Vollzugsverordnungen, die auf einer nicht direkt anwendbaren Delegationsnorm beruhen, auch mit Blick auf Art. 190 BV als ausgeschlossen.

Die Beantwortung von Vorrangfragen, die sich im Zuge des Umsetzungsprozesses von auf Volksinitiativen beruhenden Verfassungsbestimmungen stellen, obliegt in erster Linie dem Bundesverfassungsgeber und hiernach der Bundesversammlung als Organ der Gesetzgebung.[1251] Der Bundesverfassungsgeber hat denn auch mit Annahme von Art. 95 Abs. 3 i.V.m. Art. 197 Ziff. 10 BV eine Wertentscheidung getroffen und eine direkt anwendbare Norm statuiert, welche die bestehenden aktien- und arbeitsrechtlichen Regelungen ergänzen, materiell ändern bzw. aufheben sollen. Diese werden dabei einerseits aufgrund der unmittelbaren Anwendbarkeit von Art. 95 Abs. 3 BV und andererseits aufgrund der höheren Normstufe (Verfassung – Gesetz) direkt derogiert; das neue Verfassungsrecht tritt funktionell an die Stelle des Bundesgesetzes,[1252] bis das geltende Bundesgesetz angepasst wird. Dies ist insofern auch mit Blick auf das in Art. 190 BV verankerte Massgeblichkeits-

---

[1248] Vgl. Art. 163 Abs. 1 und Art. 164 Abs. 1 BV.

[1249] Vgl. Bericht E-VgdA, S. 10.

[1250] Vgl. Bericht E-VgdA, S. 1 ff.

[1251] So auch BIAGGINI, ZBl 2016, S. 595; vgl. für die Vorrangregelung durch die Bundesversammlung Art. 139 Abs. 3 BV, der anlässlich der Prüfung der Volksinitiative «für eine vernünftige Asylpolitik» entstanden ist, wonach Volksinitiativen, die gegen zwingende Bestimmungen des Völkerrechts verstossen, für ungültig zu erklären sind, Botschaft Asylinitiative, S. 1493 ff.

[1252] SG Kommentar BV-HANGARTNER/LOOSER, Art. 190 N 16.

gebot der Bundesgesetze[1253] unproblematisch, da eine direkt anwendbare Verfassungsbestimmung älteren Bundesgesetzen stets vorgeht.[1254] Eine Nichtanwendung steht im Widerspruch zu Sinn und Zweck von Art. 190 BV, da direkt anwendbares Verfassungsrecht nicht geschaffen wird, um im Ergebnis nicht angewendet zu werden.[1255] Auch aus demokratischen Gesichtspunkten muss der unmittelbar anwendbaren Verfassungsnorm, die stets der doppelten Mehrheit durch Volk und Stände bedarf, Vorrang gegenüber bestehendem, aber widersprechendem Gesetzesrecht zukommen. Letzteres unterstand «nur» dem fakultativen Referendum.[1256]

Der Bundesrat hat mit Erlass von Art. 1 Abs. 2 Satz 1 VegüV das Gewaltenteilungs- und Gesetzmässigkeitsprinzip verletzt sowie die geltende Stufenordnung Verfassung – Gesetz – Verordnung auf den Kopf gestellt, da angesichts des Wortlautes der Übergangsbestimmung von einer selbstständigen Vollzugsverordnung analog Art. 182 Abs. 2 BV auszugehen ist, die gemäss den Ansichten des BJ und des Bundesrates auf einer *nicht* direkt anwendbaren Verfassungsbestimmung beruht.[1257]

Daran vermögen auch die Begründungsversuche, die seitens der Lehre vorgebracht wurden, nichts zu ändern. Die von VOGT/BASCHUNG vertretene Lehrmeinung vermag nur dann zu überzeugen, wenn von einer direkt anwendbaren Norm ausgegangen wird, die älteren Bundesgesetzen vorgeht. Sinn und Zweck des Massgeblichkeitsgebots ist gerade die «Durchsetzung der Normenhierarchie» und nicht die «Hierarchie der Normen» im Sinne von Vorrangfragen im Stufenbau der Rechtsordnung.[1258] Bei einer nicht direkt anwendbaren Verfassungsbestimmung kann die durch den Bundesrat zu

[1253] Hier ist die Ebene der Rechtsanwendung betroffen.

[1254] SG Kommentar BV-HANGARTNER/LOOSER, Art. 190 N 16; BIAGGINI, Komm. BV, Art. 190 N 14; AUER/MALINVERNI/HOTTELIER, Rz. 1951; MAHON, Comm., Art. 190 N 15; RHINOW/SCHEFER/UEBERSAX, Rz. 2858; LOOSER, § 8 Rz. 400; BRUNNER, S. 50; HALLER, in: Aubert et al., Komm. BV 1874, Art. 113 N 219 f.; Botschaft BV, S. 429; kritisch TSCHANNEN, Staatsrecht, § 8 Rz. 10; BSK BV-EPINEY, Art. 190 N 34.

[1255] SG Kommentar BV-HANGARTNER/LOOSER, Art. 190 N 16.

[1256] SG Kommentar BV-HANGARTNER/LOOSER, Art. 190 N 16.

[1257] Vgl. EB E-VgdA, S. 31; vgl. auch Botschaft Änderung OR 2016, S. 416.

[1258] BIAGGINI, Komm. BV, Art. 190 N 4.

erlassene «erforderliche Ausführungsbestimmung»[1259] folglich einzig darin bestehen, die Verfassungsbestimmung mittels Verordnung mit dem widersprechenden Gesetzesrecht zu harmonisieren. Die Massgeblichkeit von Bundesgesetzen muss dabei aber selbst dann beachtet werden, wenn sich Bundesgesetze als verfassungswidrig erweisen sollten.[1260] Solange eine Verfassungsbestimmung nicht unmittelbar anwendbar ist, greift der Grundsatz der Gleichrangigkeit der Verfassungsbestimmungen, weshalb Art. 197 Ziff. 10 BV keine «lex specialis» zu Art. 190 BV darstellen kann. Auch im Hinblick auf den Regelungszweck kann Art. 197 Ziff. 10 BV keine «lex specialis» zu Art. 190 BV sein; Zweck der «Immunisierung»[1261] der Bundesgesetze bildeten demokratische Erwägungen, «damit sich die richterliche nicht über die gesetzgebende Gewalt erhebe».[1262]

Eine andere Situation ergebe sich freilich, bei Vorliegen einer selbstständigen gesetzesvertretenden Verordnung. Kraft ihrer Bedeutung als formelles Gesetzesrecht stünden das ältere Bundesgesetz und die selbstständige gesetzesvertretende Verordnung einander faktisch gleichrangig gegenüber. Im Konfliktfall müsste daher die Kollisionsregel «lex posterior derogat legi priori» greifen, womit sich auch keine Probleme mit Blick auf Art. 190 BV ergeben würden. Eine solche selbstständige gesetzesvertretende Verordnung müsste aufgrund ihrer Bedeutung als formelles Gesetz selbst vom Massgeblichkeitsgebot in Art. 190 BV erfasst werden. Insbesondere demokratische Gesichtspunkte sprechen dafür: So kann es nicht Sinn und Zweck sein, den Bundesrat als «Ersatzgesetzgeber» zu ermächtigen, gleichzeitig aber den durch diesen erlassenen Bestimmungen die Anwendung zu versagen.[1263] Die Delegationsnorm setzt dieser Massgeblichkeit aufgrund ihrer Rechtsnatur und aufgrund ihrer darin enthaltenen Regelungsbefugnisse jedoch unterschiedlich enge Grenzen.[1264] Mitunter sind diese bei einer direkt anwendba-

---

1259 Aufgrund eines Gesetzgebungsauftrags in der Verfassungsbestimmung.

1260 Statt vieler BIAGGINI, Komm. BV, Art. 190 N 6.

1261 BIAGGINI, Komm. BV, Art. 190 N 7 m.w.H. auf Botschaft BV, S. 428.

1262 BIAGGINI, Komm. BV, Art. 190 N 7 m.w.H. auf Botschaft BV, S. 428.

1263 Im Ergebnis auch HUBER, Rz. 254.

1264 Im Ergebnis auch HUBER, Rz. 254; GesKR Kommentar VegüV-VOGT, Art. 1 N 28; a.M. BGE 123 II 16, 23 E. 3b, in dem das Bundesgericht die Mehrwertsteuerverordnung, die eine selbstständige gesetzesvertretende Verordnung

ren Delegationsnorm[1265] enger als dies bei einer nicht direkt anwendbaren Delegationsnorm der Fall wäre.

Vor diesem Hintergrund vermag daher die von HUBER vertretene Lehrmeinung, wonach keine direkte Anwendbarkeit von Art. 95 Abs. 3 i.V.m. Art. 197 Ziff. 10 BV gegeben sei sowie mangels der Bestimmung der Rechtsnatur der Verordnung nicht vollends zu überzeugen. Die Bundesverfassung als qualifiziertes Bundesgesetz[1266] wurde absichtlich nicht als massgebend aufgenommen. Dies erfolgte nicht, weil sie weniger schützenswert ist, sondern weil Art. 190 BV einzig den verfahrensrechtlichen Vorrang der massgebenden Normen zur Bundesverfassung regeln will.[1267] Demokratische Gesichtspunkte und Sinn und Zweck von unmittelbaren Verfassungsnormen bekräftigen deren Intention, widersprechende Bundesgesetze abzulösen.[1268] Dies gilt jedoch – entgegen HUBER – nicht für mittelbar anwendbare Verfassungsbestimmungen, da es diesen an der hinreichenden Bestimmtheit mangelt.[1269] Insofern sind Gesetzgebungsaufträge hinsichtlich der Frage nach ihrer derogatorischen Kraft als konkretisierungsbedürftig anzusehen.[1270] Mithin erscheint es auch inkonsequent, die direkte Anwendbarkeit einer Verfassungsbestimmung aufgrund der Normierung eines Gesetzgebungsauftrages zu negieren, gleichzeitig aber aus diesem die derogatorische Kraft gegenüber geltendem Bundesrecht abzuleiten.[1271]

Auch die von UHLMANN vertretene Lehrmeinung überzeugt nur partiell. Die VegüV kann nur dann Vorrang vor älteren Bundesgesetzen beanspruchen, wenn sie sich auf eine Delegationsnorm[1272] stützt, die unmittelbar anwendbar

---

war, nicht unter das Massgeblichkeitsgebot subsumierte; ablehnend auch SCHERRER, S. 112.

1265 Vgl. vorne C.IV.4.b).

1266 Vgl. Art. 192 Abs. 2 BV.

1267 SG Kommentar BV-HANGARTNER/LOOSER, Art. 190 N 16 m.w.H. auf Botschaft BV, S. 429.

1268 So auch SG Kommentar BV-HANGARTNER/LOOSER, Art. 190 N 16.

1269 SG Kommentar BV-HANGARTNER/LOOSER, Art. 190 N 16.

1270 SG Kommentar BV-HANGARTNER/LOOSER, Art. 190 N 16.

1271 Sowohl VOGT/BASCHUNG als auch SCHÄRER und HUBER verfallen dieser Inkonsequenz, vgl. vorne C.IV.4.b).

1272 Das wäre vorliegend eine Verfassungsbestimmung.

ist. Die neue, direkt anwendbare Verfassungsbestimmung verdrängt dabei entgegenstehendes älteres Gesetzesrecht und tritt funktionell an dessen Stelle. Eine basierend darauf erlassene selbständige Verordnung kann dabei einen Vorrang vor Gesetzesrecht einzig aufgrund der direkt anwendbaren Delegationsnorm beanspruchen oder kraft ihrer Rechtsnatur als selbstständige gesetzesvertretende Verordnung unter Anwendung der Kollisionsregel «lex posterior derogat legi priori». Solange die direkte Anwendbarkeit einer Verfassungsbestimmung negiert wird, kann, gestützt auf diese, entgegenstehendes Recht auf Stufe des Gesetzes nicht derogiert oder abgeändert werden. Die Zulässigkeit eines solchen Vorgehens steht der Stufenordnung der Rechtsordnung diametral entgegen.

Im weitesten Sinne ist hingegen KNOBLOCH zuzustimmen. *Ausgehend von der direkten Anwendbarkeit* von Art. 95 Abs. 3 i.V.m. Art. 197 Ziff. 10 BV ist die erlassene Verordnung gegen übermässige Vergütungen bei börsenkotierten Aktiengesellschaften einerseits keine gesetzesvertretende Verordnung und andererseits geht sie «qualitativ» über eine reine Vollzugsverordnung im Sinne von Art. 182 Abs. 2 BV hinaus, indem sie gestützt auf die unmittelbar anwendbare Delegationsnorm widersprechende Bestimmungen des OR faktisch ausser Kraft setzen darf. Sie tritt funktionell an die Stelle des geltenden Gesetzesrechts.

bb) Verhältnis zwischen der VegüV und der Delegationsnorm

Art. 197 Ziff. 10 BV ermächtigt den Bundesrat, «bis» zum Inkrafttreten der gesetzlichen Bestimmungen die «erforderlichen Ausführungsbestimmungen» zu erlassen. Dieser darf nur soweit auf Verordnungsstufe legiferieren, als es die Umsetzung von Art. 95 Abs. 3 BV gebietet.[1273] Der Bundesrat ist im Rahmen seiner Rechtsetzungskompetenz einerseits ermächtigt, die direkt anwendbaren Grundsätze zu konkretisieren, er darf jedoch nicht davon abweichen. Andererseits hat der Bundesverfassungsgeber durch das Wort «erforderlich» die Regelungsbefugnis eingeschränkt. Mithin ist die Rechtsetzungskompetenz als eng zu taxieren.[1274] Ausserdem ist die erlassene selbstständige Vollzugsverordnung einer inzidenten (akzessorischen) Nor-

1273 So auch VOGT/BASCHUNG, S. 31 ff.; diesen folgend HUBER, Rz. 251.
1274 Gl.M. HUBER, Rz. 251.

menkontrolle durch das Bundesgericht zugänglich.[1275] Grundsätzlich hat sich das Gericht angesichts des politischen Entscheidungsspielraums, der dem Bundesrat eingeräumt wurde, eine gewisse Zurückhaltung aufzuerlegen.[1276] Aufgrund des Wortlautes der Übergangsbestimmung («erforderlich») und der direkten Anwendbarkeit wird der Spielraum des Bundesrates indessen stark eingeschränkt, was durch das Gericht zu überprüfen ist.[1277] Stehen Bestimmungen der Verordnung und der Verfassung, auf die sich die Normen stützen, miteinander im Widerspruch, so müssen die rechtsanwendenden Behörden die fraglichen Verordnungsbestimmungen nicht anwenden.[1278]

cc) Verhältnis zwischen der VegüV und dem übrigen Verfassungsrecht

Selbstständige Verordnungen haben grundsätzlich dem weiteren Verfassungsrecht zu entsprechen. In einem Konfliktfall dürfte im Rahmen des akzessorischen Prüfungsrechts auch das Verhältnis der Delegationsnorm zu möglichen konfligierenden Verfassungsbestimmungen überprüft werden,[1279] «soweit die ermächtigende Verfassungsnorm nicht selber Abweichungen anordnet oder in Kauf nimmt».[1280] Bei direkt anwendbaren Verfassungsbestimmungen wie Art. 95 Abs. 3 BV ist aufgrund des Auslegungsergebnisses evident, dass der Verfassungsgeber die erforderliche Güterabwägung im Verhältnis zu konfligierenden Normen selber vorgenommen hat und sich im Sinn einer Kollisionsregel den Vorrang vor widersprechenden Bestimmungen zuweist. In solchen Fällen ist die Überprüfungsbefugnis des Bundesgerichts eingeschränkt.[1281] Es darf die vom Verfassungsgeber vorgenommene

---

1275 Zur gerichtlichen Überprüfung selbstständiger Verordnungen des Bundesrates NUSSBAUM, S. 19 f.; HÄFELIN/HALLER/KELLER/THURNHERR, N 2098; so auch BSK BV-UHLMANN, Art. 95 N 30.

1276 HÄFELIN/HALLER/KELLER/THURNHERR, N 2098.

1277 A.M. BSK BV-UHLMANN, Art. 95 N 30, der, angesichts des Wortlautes und der nicht unmittelbaren Anwendbarkeit, von einer Zurückhaltung der Gerichte ausgeht.

1278 HÄFELIN/HALLER/KELLER/THURNHERR, N 2070.

1279 BSK BV-UHLMANN, Art. 95 N 32; BGE 125 II 326, 331 E. 3a.

1280 BGE 125 II 326, 331 E. 3a.

1281 Vgl. BGE 123 II 385; BGE 123 II 16, 22 ff. E. 3 und BGE 123 II 295, 298 f. E. 3.

Güterabwägung «nicht durch eigene Ordnungsvorstellungen schmälern».[1282] Diese Rechtsprechung, die insbesondere den politischen Entscheidungsspielraum des Bundesrates respektieren und wahren möchte, muss gleichermassen auch auf Wertentscheidungen des Verfassungsgebers Anwendung finden, die sich in direkt anwendbaren Verfassungsbestimmungen zeigen.

dd) Zwischenfazit

Es bleibt festzuhalten, dass sowohl die Qualifikation als selbstständige Vollzugs- oder gesetzesvertretende Verordnung als auch die Rechtsnatur der Verfassungsbestimmung einerseits weitreichende Auswirkungen auf den Umsetzungsspielraum des Bundesrates zeitigen. Andererseits sind die Rechtsnatur der Verfassungsnorm sowie die Rechtsnatur der auf dieser beruhenden Verordnung von entscheidender Bedeutung im Hinblick auf die sich stellenden Vorrangfragen zwischen Normen unterschiedlicher Hierarchiestufen. Eine direkt anwendbare Verfassungsbestimmung verdrängt entgegenstehendes älteres Gesetzesrecht und tritt funktionell an dessen Stelle. Eine basierend darauf erlassene selbstständige Vollzugsverordnung kann dabei einen Vorrang vor Gesetzesrecht einzig aufgrund der direkt anwendbaren Delegationsnorm beanspruchen. Dies ist insofern auch vor dem in Art. 190 BV verankerten Massgeblichkeitsgebot der Bundesgesetze[1283] unproblematisch, da eine direkt anwendbare Verfassungsbestimmung älteren Bundesgesetzen stets vorgeht.[1284] Gleiches gilt für eine selbstständige, gesetzesvertretene Verordnung des Bundesrates, unabhängig von der Rechtsnatur der Delegationsnorm. Für eine solche greift im Einzelfall die Kollisionsregel «lex posterior derogat legi priori», da dieser die Bedeutung eines formellen Gesetzes zukommt. Für beide Verordnungstypen sind der durch die Verfas-

[1282] BGE 125 II 326, 331 E. 3a, in Bezug auf den politischen Entscheidungsspielraum des Gesetzgebers.

[1283] Hier ist die Ebene der Rechtsanwendung betroffen.

[1284] SG Kommentar BV-HANGARTNER/LOOSER, Art. 190 N 16; BIAGGINI, Komm. BV, Art. 190 N 14; AUER/MALINVERNI/HOTTELIER, Rz. 1951; MAHON, Comm., Art. 190 N 15; RHINOW/SCHEFER/UEBERSAX, Rz. 2858; LOOSER, § 8 Rz. 400; BRUNNER, S. 50; HALLER, in: Aubert et al., Komm. BV 1874, Art. 113 N 219 f.; Botschaft BV, S. 429; kritisch TSCHANNEN, Staatsrecht, § 8 Rz. 10; BSK BV-EPINEY, Art. 190 N 34.

sungsbestimmung abgesteckte Regelungszweck und der Regelungsrahmen zwingend einzuhalten.

Mithin ist der Regelungsrahmen bei direkt anwendbaren Verfassungsnormen und Verfassungsbestimmungen mit zwingenden inhaltlichen Vorgaben als eng zu taxieren. Dies spiegelt sich in der Regelungskompetenz des Bundesrates wider, die bei einer selbstständigen Vollzugsverordnung – da diese ja nur «vollzieht» – stärker eingeschränkt ist, als bei einer gesetzesvertretenden. Im Rahmen der akzessorischen Normenkontrolle ist das Bundesgericht dazu verpflichtet, die selbstständige Vollzugsverordnung des Bundesrates daraufhin zu überprüfen und dieser gegebenenfalls die Anwendung zu versagen.

c) Geltungsbereich

aa) Persönlicher und räumlicher Geltungsbereich

Eine Aktiengesellschaft nach Art. 620–762 OR liegt dann vor, wenn eine Gesellschaft (so auch Art. 1 Abs. 1 VegüV) als Aktiengesellschaft nach Art. 629 ff. gegründet wurde und im Handelsregister nach Art. 640 OR mit Sitz in der Schweiz eingetragen ist.[1285] Die betroffenen Aktiengesellschaften müssen gemäss dem Wortlaut von Art. 1 Abs. 1 VegüV unmittelbar den aktienrechtlichen Bestimmungen des OR unterstehen.[1286] Dem Wortlaut und der historischen Auslegung folgend schliesst Art. 1 Abs. 1 VegüV somit Gesellschaften nach Art. 736 OR[1287] sowie nach Bundesrecht gegründete spezialgesetzliche Aktiengesellschaften nach Art. 762 OR aus.[1288] Art. 95 Abs. 3 BV hält demgegenüber fest, dass «Schweizer Aktiengesellschaften» unabhängig von der gesetzlichen Grundlage im OR vom Anwendungsbereich erfasst werden. Verlangt wird demnach ein weiter Anwendungsbereich. Der Ausschluss der Gesellschaften nach Art. 736 OR wurde damit begründet, dass diese bereits nach geltendem Recht nicht den aktienrechtlichen

1285 BSK VegüV-KNOBLOCH, Art. 1 N 2; GesKR Kommentar VegüV-VOGT, Art. 1 N 6.

1286 GesKR Kommentar VegüV-VOGT, Art. 1 N 6 m.w.H. auf GLANZMANN, S. 2 f.

1287 So auch Zusatzbericht VegüV, S. 3 f.

1288 BSK VegüV-KNOBLOCH, Art. 1 N 2; MÜLLER/OSER, GesKR 2015, S. 99.

Bestimmungen des OR unterstellt seien.[1289] Mit Blick auf Sinn und Zweck von Art. 95 Abs. 3 BV, auf den im Ingress der Norm erwähnten Schutz des Privateigentums sowie auch hinsichtlich der Systematik (die Marginalie von Art. 95 Abs. 3 BV regelt die privatrechtliche Erwerbstätigkeit) erweist sich der Ausschluss – trotz des weiten Anwendungsbereichs – als verfassungskonform. Demgegenüber ist der Ausschluss in Art. 1 Abs. 1 VegüV in Bezug auf spezialgesetzliche Aktiengesellschaften, die nicht nur öffentliche Aufgaben wahrnehmen, als verfassungswidrig zu taxieren.[1290]

Im Falle eines Konzerns muss zwischen vollständig und nicht vollständig beherrschten Gesellschaften differenziert werden. Letztere umfassen die Schweizer Obergesellschaften und Untergesellschaften, sofern die Aktien an einer Schweizer Börse kotiert sind. Erstere fallen nur in den Anwendungsbereich von Art. 1 Abs. 1 VegüV, sofern Aktien einer Gesellschaft an der Börse kotiert sind. Art. 14 Abs. 1 und Art. 21 Ziff. 1 VegüV kommen auch dann zur Anwendung, wenn «die Geschäftsleitungsmitglieder der Muttergesellschaft bzw. die Mitglieder der Konzernleitung auch oder zusätzlich bei anderen Konzerngesellschaften angestellt sind».[1291] Mit diesen Bestimmungen wird das Aktienrecht um einige weitere Tatbestände mit reiner konzernrechtlicher Betrachtung *ergänzt*.[1292] Diese Ergänzungen erweisen sich zwar mit Blick auf den Regelungsinhalt und -bereich als mit Art. 95 Abs. 3 BV ver-

---

1289 GesKR Kommentar VegüV-VOGT, Art. 1 N 10 f., für letztere Gesellschaftsform sei ein Ausschluss jedoch nur dann mit dem Wortlaut und Sinn und Zweck von Art. 95 Abs. 3 BV vereinbar, sofern die spezialgesetzlichen Aktiengesellschaften einerseits keine eigentliche Erfüllung öffentlicher Aufgaben wahrnehmen und andererseits im Regelungsbereich von Art. 95 Abs. 3 lit. a–c BV und in ihrer Organisation (Wahlen und Abstimmungen, Entschädigungen) gestützt auf die spezialgesetzliche Regelung oder der Verweisung auf das Aktienrecht einer dem Obligationenrecht unterstehenden Aktiengesellschaft ähnlich sind. Dies erweist sich aufgrund der Systematik und der teleologischen Auslegung als verfassungskonform; so auch KUSTER/MINDER, S. 9.

1290 Im Ergebnis wohl auch BSK VegüV-KNOBLOCH, Art. 1 N 2 in fine; GesKR Kommentar VegüV-VOGT, Art. 1 N 11.

1291 GesKR Kommentar VegüV-VOGT, Art. 1 N 13 in fine m.w.H. auf VOGT/BASCHUNG, S. 18 f.; VON DER CRONE/HUBER, S. 298.

1292 GesKR Kommentar VegüV-KNOBLOCH, Art. 1 N 13 in fine.

einbar,[1293] jedoch ist der Bundesrat zu einer solchen Regelung gar nicht befugt, weil selbstständige Vollzugsverordnungen, die auf einer mittelbar anwendbaren Delegationsnorm beruhen, das geltende Recht materiell weder abändern noch ergänzen dürfen.[1294] Art. 14 Abs. 1 und Art. 21 Ziff. 1 VegüV sind folglich kompetenzwidrig erlassen worden und damit verfassungswidrig.[1295]

Der persönliche Geltungsbereich umfasst auch die dem Freizügigkeitsgesetz unterstellten Vorsorgeeinrichtungen hinsichtlich der Stimm- und Offenlegungspflicht gemäss Art. 22 Abs. 1 VegüV.[1296] Diese unterliegen der VegüV jedoch «nur in ihrer Eigenschaft als Aktionäre in einer der VegüV unterstellten Aktiengesellschaft».[1297]

Art. 1 Abs. 1 VegüV knüpft seinen Geltungsbereich an der vollständigen oder teilweisen Kotierung von Aktien an einer Börse an. Umfasst werden damit Inhaber- und Namenaktien einer Aktiengesellschaft.[1298] Nicht erfasst sind demgegenüber Partizipations- und Genussscheine sowie «weitere» Beteiligungspapiere.[1299] Die herrschende Lehre verneint den Anwendungsbereich der VegüV auf andere kotierte Wertpapiere unter Verweis auf den Zweck der Verfassungsnorm, der primär die Stärkung der generalversammlungsbezogenen Aktionärsrechte bezwecke. Dies sei insofern nur möglich, wenn die kotierten Effekte als solche tatsächlich ein Stimmrecht vermitteln würden. Der Ingress nenne sodann einzig die Aktionäre.[1300] Obwohl der

---

1293 Sowohl der Wortlaut als auch die teleologische Auslegung schliessen die Konzerne bei der Vergütungsausrichtung mit ein.

1294 Vgl. oben C.IV.4.b).

1295 Gemäss der hier vertretenen Ansicht handelt es sich bei Art. 95 Abs. 3 i.V.m. Art. 197 Ziff. 10 BV um eine direkt anwendbare Norm, die ergänzende Vorschriften erlauben würde.

1296 Vgl. BSK VegüV-KNOBLOCH, Art. 1 N 1; EB E-VgdA, S. 29 f.; vgl. auch PK VegüV-SCHÄRER, Art. 1 N 15; GesKR Kommentar VegüV-VOGT, Art. 1 N 16.

1297 PK VegüV-SCHÄRER, Art. 1 N 15.

1298 EB E-VgdA, S. 9.

1299 EB E-VgdA, S. 9; GLANZMANN, S. 3; VOGT/BASCHUNG, S. 18; BSK VegüV-KNOBLOCH, Art. 1 N 3.

1300 GesKR Kommentar VegüV-VOGT, Art. 1 N 19 m.w.H. auf MALACRIDA/SPILLMANN, S. 487; vgl. zu Art. 95 Abs. 3 BV GLANZMANN, S. 2 f.; VOGT/

Ingress von Art. 95 Abs. 3 BV noch weitere Ziele anführt – wie den Schutz des Privateigentums, der auch den Partizipanten zukommt – ist Art. 95 Abs. 3 BV unter Beachtung der in lit. a–c statuierten Grundsätze primär auf die Stärkung der Aktionärsrechte und damit auf die Stärkung der «Aktionärsdemokratie» ausgerichtet. Dem Partizipant kommt gemäss Art. 656c Abs. 1 OR kein Stimmrecht und keines der damit zusammenhängenden Rechte zu, wie insbesondere das Recht auf Einberufung einer Generalversammlung, das Teilnahmerecht, das Recht auf Auskunft und Einsicht sowie das Antragsrecht (Abs. 2). Der Ausschluss erweist sich damit als verfassungskonform.

Gefordert wird weiter, dass die Aktien an einer inländischen oder ausländischen Börse teilweise oder vollständig kotiert sind. Für das Verständnis des Börsenbegriffs kann sowohl für die inländischen als auch für die ausländischen Börsen auf Art. 2 lit. b des Börsengesetzes (BEHG) verwiesen werden.[1301] Sodann ist auch bezüglich des Begriffs «Kotierung» auf Art. 2 lit. c BEHG Bezug zu nehmen, die auf Veranlassung der Gesellschaft erfolgt ist.[1302]

bb) Zeitlicher Geltungsbereich

Die VegüV trat gemäss Art. 33 VegüV am 1. Januar 2014 in Kraft und findet gemäss Art. 26 Abs. 2 VegüV auf alle bei Inkrafttreten bestehenden Gesellschaften Anwendung.

d) Vorrang gegenüber widersprechenden Bestimmungen des OR

Art. 1 Abs. 2 Satz 1 VegüV regelt den Vorrang gegenüber widersprechenden Bestimmungen des OR. Der hier normierte Vorrang ist kompetenz- und verfassungswidrig verankert worden. Es sei auf die obigen Ausführungen verwiesen.[1303] Kein Vorrang kommt der VegüV gegenüber dem Recht der öf-

---

BASCHUNG, S. 18; VON DER CRONE/HUBER, S. 297 f.; BSK VegüV-KNOBLOCH, Art. 1 N 3; a.M. KUSTER/MINDER, S. 10.

1301 EB E-VgdA, S. 9.

1302 EB E-VgdA, S. 9.

1303 Vgl. C.IV.4.b)aa).

fentlich-rechtlichen Körperschaften zu, Vertreter in den Verwaltungsrat abzuordnen oder abzuberufen (Art. 1 Abs. 2 Satz 2 VegüV). Ein Teil der Lehre vertritt die Ansicht, dass die VegüV in ihrem Geltungsbereich umfassend Vorrang vor dem OR beansprucht und nicht nur gegenüber den in Klammern referenzierten Gesetzesartikel.[1304] Eine solche Betrachtung kann nur bei einer selbstständigen gesetzesvertretenden Verordnung in Betracht gezogen werden oder bei einer selbstständigen Vollzugsverordnung analog Art. 182 Abs. 2 BV, die auf einer direkt anwendbaren Delegationsnorm beruht.

e) Inhalt und Umfang der VegüV

aa) Generalversammlung

Gemäss Art. 2 VegüV hat die Generalversammlung die folgenden neuen, unübertragbaren Befugnisse: die Wahl des Präsidenten des Verwaltungsrates (Art. 4 VegüV), die Wahl der Mitglieder des Vergütungsausschusses (Art. 7 VegüV), die Wahl des unabhängigen Stimmrechtsvertreters (Art. 8 VegüV) und die Abstimmung über die Vergütungen des Verwaltungsrates, der Geschäftsleitung und des Beirates (Art. 18 VegüV). Diese und die in Art. 698 Abs. 2 OR aufgelisteten Befugnisse können ausschliesslich durch die Generalversammlung wahrgenommen werden und sind zwingender Natur.[1305]

Art. 2 Ziff. 4 VegüV bildet zweifelsfrei das Kernelement der Konkretisierung der angenommenen Verfassungsnorm. Demnach kommt der Generalversammlung die unübertragbare Befugnis zu, über die Vergütungen des Verwaltungsrates, der Personen, die vom Verwaltungsrat ganz oder zum Teil mit der Geschäftsführung betraut sind (Geschäftsleitung), sowie des Beirates abzustimmen. In Umsetzung des Verfassungsauftrags (Art. 95 Abs. 3 lit. a BV) erfolgte eine zwingende Kompetenzverschiebung vom Verwaltungsrat hin zur Generalversammlung. Während der Vorentwurf zur Verordnung gegen die Abzockerei (VgdA) noch den Begriff der «Genehmigung»[1306] enthielt, wurde dieser im Rahmen der Vernehmlassung insbesondere von den

[1304] GesKR Kommentar VegüV-TRIEBOLD, Art. 2 N 22; a.M. BSK VegüV-KNOBLOCH, Art. 2 N 8.

[1305] PK VegüV-LAMBERT/MÜLLER, Art. 2 N 2; BSK VegüV-KNOBLOCH, Art. 2 N 1; vgl. zur zwingenden Natur GesKR Kommentar VegüV-TRIEBOLD, Art. 2 N 5 f.

[1306] Vgl. EB E-VgdA, S. 10.

Initianten THOMAS MINDER und CLAUDIO KUSTER dahingehend kritisiert, dass den Aktionären die Möglichkeit gewährt werden müsse, nicht nur die vom Verwaltungsrat vorgeschlagenen Vergütungen zu genehmigen oder abzulehnen. Vielmehr müssten diese auch zwingend eigene Anträge stellen können.[1307] Eine reine Genehmigungskompetenz würde das Antragsrecht der Aktionäre ausschliessen.[1308] Die Initianten schlugen vor, Art. 2 Ziff. 4 VegüV in «Festsetzung aller Vergütungen» umzuändern.[1309] Da sich dieser Vorschlag ebenfalls vom Verfassungswortlaut entfernt, fiel die Entscheidung für eine wortgetreue Umsetzung mittels des Begriffs «Abstimmung».[1310]

Der Begriff «Vergütung» wird in Art. 14 Abs. 2 VegüV in einer nicht abschliessenden Aufzählung konkretisiert.[1311] Der Terminus «Verwaltungsrat» ist in Art. 707 ff. OR klar definiert und bedarf keiner weiteren Präzisierung. Der Wortlaut von Art. 2 Ziff. 4 VegüV ist jedoch missverständlich; die Vergütungen betreffen nicht den Verwaltungsrat als Gesamtgremium, sondern angesprochen sind die Vergütungen, die an sämtliche Mitglieder des Verwaltungsrates ausgezahlt werden.[1312] Schliesslich besteht auch hinsichtlich des Begriffs «Geschäftsleitung» kein eigentlicher Präzisierungsbedarf, da dieser dem geltenden Recht nach Art. 663b^{bis} Abs. 1 Ziff. 2 OR entspricht.

Die VegüV definiert nicht, was unter einem Beirat zu verstehen ist. Als Beirat gelten in der Rechtspraxis Gremien unterschiedlicher Art mit verschiedensten Aufgaben,[1313] die von der Beratung des Verwaltungsrats und der Geschäftsleitung bis hin zur Überwachungsfunktion und Geschäftsleitungsfunktion tätig sein können.[1314] Entscheidend ist dabei die Unterscheidung zwischen dem Beirat als Gremium und dem Beirat als blossem Sach-

[1307] KUSTER/MINDER, S. 16.

[1308] KUSTER/MINDER, S. 16; Zusatzbericht VegüV, S. 10; so auch GesKR Kommentar VegüV-TRIEBOLD, Art. 2 N 12.

[1309] KUSTER/MINDER, S. 16.

[1310] GesKR Kommentar VegüV-TRIEBOLD, Art. 2 N 12.

[1311] GesKR Kommentar VegüV-TRIEBOLD, Art. 2 N 13.

[1312] GesKR Kommentar VegüV-TRIEBOLD, Art. 2 N 14.

[1313] PK VegüV-LAMBERT/MÜLLER, Art. 2 N 35; GesKR-Kommentar VegüV-TRIEBOLD, Art. 2 N 17; m.w.H. auch FORSTMOSER, Organisation, S. 120.

[1314] GesKR Kommentar VegüV-TRIEBOLD, Art. 2 N 17; m.w.H. auch FORSTMOSER, Organisation, S. 121.

verständigen, der in einem konkreten Einzelfall herangezogen wird.[1315] In der Lehre wird postuliert, dass eine gewisse Institutionalisierung und Beständigkeit gegeben sein muss, bevor ein Sachverständigengremium zum Beirat im Sinne von Art. 95 Abs. 3 BV wird.[1316]

bb) Verwaltungsrat

Art. 95 Abs. 3 lit. a BV fordert, dass die Mitglieder des Verwaltungsrates jährlich und einzeln durch die Generalversammlung gewählt werden. Art. 3 VegüV setzt diese Vorgaben um. Gemäss Abs. 1 wählt die Generalversammlung zwingend[1317] die Mitglieder des Verwaltungsrates einzeln. Abs. 2 bestimmt, dass die Amtsdauer mit dem Abschluss der nächsten ordentlichen Generalversammlung endet,[1318] wobei eine Wiederwahl möglich ist. Dem Wortlaut von Art. 3 Abs. 2 VegüV folgend, endet die Amtsdauer eines Verwaltungsratsmitglieds stets mit der Beendigung der nächsten ordentlichen Generalversammlung,[1319] auch wenn bspw. zuvor anlässlich einer ausserordentlichen Generalversammlung gewählt wurde.[1320] Als «ordentliche Generalversammlung» gilt eine, die Art. 699 Abs. 2 OR entspricht.[1321]

Unter «Amtsdauer» ist in Anlehnung an das OR eine Wahlperiode zu verstehen.[1322] Diese ist unterdessen auf den Zeitraum zwischen zwei ordentlichen Generalversammlungen beschränkt, mithin auf ungefähr ein Jahr.[1323] Seit der Annahme von Art. 95 Abs. 3 BV stellt diese Sechsmonatsfrist keine Ord-

---

1315 PK VegüV-LAMBERT/MÜLLER, Art. 2 N 41; GesKR Kommentar VegüV-TRIEBOLD, Art. 2 N 18; m.w.H. auch FORSTMOSER, Organisation, S. 121.

1316 GesKR Kommentar VegüV-TRIEBOLD, Art. 2 N 18 m.w.H. auf FORSTMOSER, Organisation, S. 120; PK VegüV-LAMBERT/MÜLLER, Art. 2 N 40.

1317 BSK VegüV-KNOBLOCH, Art. 3 N 1; GesKR-Kommentar VegüV-TRIEBOLD, Art. 3 N 1.

1318 GesKR Kommentar VegüV-TRIEBOLD, Art. 3 N 3.

1319 Vgl. auch EB E-VgdA, S. 11.

1320 BSK VegüV-KNOBLOCH, Art. 3 N 2.

1321 BSK VegüV-KNOBLOCH, Art. 3 N 2.

1322 GesKR Kommentar VegüV-TRIEBOLD, Art. 3 N 3 m.w.H. auf BÖCKLI, Aktienrecht, § 13 N 53b.

1323 GesKR Kommentar VegüV-TRIEBOLD, Art. 3 N 3; a.M. BSK VegüV-KNOBLOCH, Art. 3 N 3 m.w.H. auf FORSTMOSER/MEIER-HAYOZ/NOBEL, § 23 Rz. 44; so auch PK VegüV-DAENIKER, Art. 3 N 24.

nungsvorschrift mehr dar, sondern eine zwingend einzuhaltende Regelung. Dafür spricht einerseits die zwingende Natur der Verfassungsbestimmung sowie von Art. 3 Abs. 2 VegüV und andererseits auch der Wortlaut der Bestimmungen. Die Amtsdauer ist demnach stets auf ein Jahr begrenzt.[1324]

Dem Verwaltungsrat kommt seit Inkrafttreten der VegüV die unübertragbare und unentziehbare Aufgabe zu, den Vergütungsbericht zu erstellen (Art. 5 VegüV). Art. 95 Abs. 3 BV ist demgegenüber eine solche Pflicht zur Regelung nicht zu entnehmen. Als Begründung wurde vorgebracht, dass die Offenlegung dieser Informationen nicht im Anhang zur Jahresrechnung nach Art. 663b^{bis} OR, sondern neu im Vergütungsbericht entsprechend der bestehenden Kompetenzordnung zum OR zu erfolgen hätte.[1325] Die Lehre leitet indessen ein implizites Erfordernis eines Vergütungsberichts aus dem Verfassungstext ab.[1326] Diese Regelung erweist sich jedoch als verfassungswidrig, da Art. 95 Abs. 3 lit. a–d BV keine solche Pflicht zu entnehmen ist. Die bestehenden Regelungen des OR werden durch Art. 5 VegüV damit materiell ergänzt, was mit Blick auf die beschränkte Regelungsbefugnis des Bundesrates eine Kompetenzüberschreitung sowie eine Verletzung des Legalitätsprinzips darstellt.

cc) Übertragung der Geschäftsführung

Art. 6 Abs. 1 VegüV normiert, dass die Statuten den Verwaltungsrat dazu ermächtigen können, die Geschäftsführung nach Massgabe eines Organisationsreglements ganz oder zum Teil an einzelne Mitglieder oder an andere natürliche Personen zu übertragen. Art. 6 Abs. 1 VegüV enthält damit das in Art. 95 Abs. 3 lit. b Satz 2 BV verankerte Verbot, die Geschäftsführung an eine juristische Person zu delegieren.

Natürliche Personen im Sinne von Art. 6 Abs. 1 VegüV sind Personen, die «Mitglieder des Gremiums [sind], das unmittelbar dem Verwaltungsrat un-

---

[1324] Vgl. hierzu auch Praxismitteilung EHRA, S. 5; BSK VegüV-KNOBLOCH, Art. 3 N 5; PK VegüV-DAENIKER, Art. 3 N 5; GesKR Kommentar VegüV-TRIEBOLD, Art. 3 N 4.

[1325] EB E-VgdA, S. 12.

[1326] VOGT, Aktionärsdemokratie, S. 48 Fn. 163; FORSTMOSER, SJZ 2012, S. 342; GesKR Kommentar VegüV-MAIZAR, Art. 5 N 1; BSK VegüV-WATTER/MAIZAR, Art. 5 N 1.

tergeordnet ist».[1327] Als «einzelne Mitglieder» haben die anderen Verwaltungsratsmitglieder zu gelten.[1328]

In der Lehre wird die Auffassung vertreten, dass das Delegationsverbot an juristische Personen nicht Aufgaben umfasse, die eine Geschäftsleitung aufgrund eines Organisationsreglements üblicherweise an hierarchisch untergeordnete Stellen weiter delegieren dürfe. Es sei daher weiterhin zulässig, gewisse Bereiche an einen als juristische Person konstituierten Dritten auszulagern und in diesem Bereich auch eine gewisse Entscheidungskompetenz zuzugestehen. Begründet sei dies durch den Zweck der Verfassungsbestimmung, die «nur eine Umgehung der Vorschriften über Zahlungen» an Verwaltungsrat und Geschäftsleitung verhindern, nicht aber ein generelles Delegationsverbot normieren wollte.[1329] Dabei stützt sich die Lehre insbesondere auf den vom Initiativkomitee verfassten erläuternden Bericht zur Verfassungsbestimmung.[1330] Aufgrund des Wortlautes, der Systematik und der Entstehungsgeschichte ist jedoch von einem zwingenden und generellen Delegationsverbot an eine juristische Person auszugehen.

Entgegen Art. 6 Abs. 1 lässt Art. 6 Abs. 2 VegüV indessen eine Delegation an eine juristische Person bei einer Vermögensverwaltung zu. Während der Vorentwurf zur Verordnung gegen die Abzockerei noch keine solche Ausnahme vorsah, wurde im Zusatzbericht aufgrund der in der Vernehmlassung geäusserten Kritik im Hinblick auf börsenkotierte Investmentgesellschaften oben genannte Ausnahme hinzugefügt, da diese sonst «vor kaum lösbare Probleme gestellt» werden.[1331]

Der Wortlaut der Ausnahmeregelung in Art. 6 Abs. 2 VegüV ist indessen missglückt; von der Ausnahme der Vermögensverwaltung sind nicht nur börsenkotierte Investmentgesellschaften, sondern gerade auch börsenkotierte Aktiengesellschaften befreit, was dem verfassungsrechtlichen Delegations-

---

1327 Zusatzbericht VegüV, S. 4.

1328 GesKR Kommentar VegüV-Wolf, Art. 6 N 7.

1329 GesKR Kommentar VegüV-Wolf, Art. 6 N 8; BSK VegüV-Watter, Art. 6 N 7; PK VegüV-Gerhard, Art. 6 N 10; siehe zur Zulässigkeit auch Müller/Oser, GesKR 2015, S. 100.

1330 Vgl. Erläuterungen der Initianten, Ziff. 5 lit. e.

1331 Zusatzbericht VegüV, S. 5; vgl. für die Kritik Stellungnahmen Vernehmlassung, S. 4.

verbot an juristische Personen in Art. 95 Abs. 3 lit. b Satz 2 BV widerspricht.[1332] Art. 6 Abs. 2 VegüV ist daher in Bezug auf börsenkotierte Aktiengesellschaften als verfassungswidrig zu taxieren. Überdies ist die im Zusatzbericht angeführte Negierung der Interessenskollision nicht ganz richtig, da diese insbesondere bei dissidenten Minderheitsaktionären, die eine andere Entschädigungsstruktur verlangen, häufig anzutreffen ist.[1333]

dd) Vergütungsausschuss

Gemäss Art. 7 Abs. 1 VegüV wählt die Generalversammlung die Mitglieder des Vergütungsausschusses zwingend einzeln.[1334] Mit dieser Bestimmung kommt der Verordnungsgeber der in Art. 95 Abs. 3 lit. a BV geforderten Wahl des Vergütungsausschusses durch die Generalversammlung nach. Art. 698 Abs. 2 OR, der den bestehenden Katalog der unübertragbaren Befugnisse der Generalversammlung normiert, wird damit materiell erweitert.[1335]

Sodann fordert die Verfassungsbestimmung gemäss dem Wortlaut und der teleologischen Auslegung eine Wahl des Vergütungsausschusses durch die Generalversammlung für alle im In- oder Ausland börsenkotierten Aktiengesellschaften. Für diese Gesellschaftsform wird die Verpflichtung begründet, einen solchen einzuführen.[1336] Entsprechend der Verfassungsbestimmung lässt auch der Wortlaut von Art. 7 Abs. 1 VegüV auf eine solche Pflicht zur Wahl des Vergütungsausschusses durch die Generalversammlung schliessen, ist Art. 7 Abs. 1 VegüV doch unbedingt formuliert und enthält keinerlei Hinweise darauf, dass die Verpflichtung der Wahl des Vergütungsausschus-

---

1332 Sinngemäss auch BSK VegüV-WATTER, Art. 6 N 9; GesKR Kommentar VegüV-WOLF, Art. 6 N 13.

1333 BSK VegüV-WATTER, Art. 6 N 9.

1334 Gl.M. GesKR Kommentar VegüV-TRIEBOLD, Art. 7 N 2; MALACRIDA/SPILLMANN, S. 500; PK VegüV-DAENIKER, Art. 7 N 19; VON DER CRONE/HUBER, S. 302.

1335 BSK VegüV-VOGT, Art. 7 N 65; vgl. zur Frage der Rechtsnatur des Vergütungsausschusses VON DER CRONE/HUBER, S. 299, 302, nach denen dieser ein besonderer Verwaltungsratsausschuss bzw. ein Verwaltungsratsausschuss eigener Art sei; so auch VOGT, Aktionärsdemokratie, S. 62 f.; a.M. BSK VegüV-VOGT, Art. 7 N 22.

1336 A.M. GLANZMANN, S. 8.

ses durch die GV nur für Gesellschaften besteht, die bereits über einen Vergütungsausschuss verfügen.[1337] Art. 7 Abs. 1 VegüV ist dabei vom Regelungsgehalt in Art. 95 Abs. 3 lit. a Satz 2 BV gedeckt und somit verfassungskonform.[1338] Eine Pflicht zur Einsetzung eines Vergütungsausschusses kann auch aus Art. 12 Abs. 1 Ziff. 3 VegüV abgeleitet werden,[1339] wonach die Statuten zwingend Regelungen bezüglich der «Grundsätze über die Aufgaben und Zuständigkeiten des Vergütungsausschusses» enthalten müssen. Ferner bestätigt auch die Systematik von Art. 7 VegüV dieses Ergebnis, statuiert Art. 7 Abs. 4 VegüV doch die Behebung eines Organisationsmangels beim Vergütungsausschuss, der in Anlehnung an Art. 731b OR nur bei «vorgeschriebenen Organen» vorliegen kann. Insofern ist Art. 7 Abs. 4 VegüV eine implizite Pflicht zur Bildung eines Vergütungsausschusses zu entnehmen.[1340]

Wählbar sind gemäss Abs. 2 von Art. 7 VegüV nur die Mitglieder des Verwaltungsrates. Aus der zwingenden Natur[1341] dieser Bestimmung folgt, dass die Verwaltungsratsmitglieder die Wählbarkeitsvoraussetzungen im Verwaltungsrat dauerhaft erfüllen müssen.[1342] Dritte werden damit ausgeschlossen.[1343] Der Ausschluss Dritter ist verfassungsrechtlich nicht unproblematisch, da einerseits Art. 95 Abs. 3 BV keine solche Einschränkung festhält. Andererseits war auch angesichts der bisherigen Rechtslage der Ausschluss Dritter in der Lehre umstritten, obwohl in der Praxis Vergütungsausschüsse regelmässig aus Verwaltungsratsmitgliedern bestehen.[1344] Darüber hinaus ist der VegüV «nichts zu den Anforderungen an die Mitglieder des Vergütungs-

---

[1337] Gl.M. BSK VegüV-VOGT, Art. 7 N 12.

[1338] Gl.M. BSK VegüV-VOGT, Art. 7 N 21; vgl. zum Ganzen auch VON DER CRONE/HUBER, S. 301 f.

[1339] GesKR Kommentar VegüV-VOGT, Art. 7 N 17; gl.M. MALACRIDA/SPILLMANN, S. 500; PK VegüV-DAENIKER, Art. 7 N 7; VON DER CRONE/HUBER, S. 302; BSK VegüV-VOGT, Art. 7 N 12; HUBER, Rz. 471.

[1340] BSK VegüV-VOGT, Art. 7 N 12 und 14; diesem folgend HOCHSTRASSER, Rz. 53.

[1341] BSK VegüV-VOGT, Art. 7 N 85.

[1342] BSK VegüV-VOGT, Art. 7 N 82, 85 ff.; PK VegüV-DAENIKER, Art. 7 N 11.

[1343] BSK VegüV-VOGT, Art. 7 N 83; GesKR Kommentar VegüV-TRIEBOLD, Art. 7 N 3; a.M. KUSTER/MINDER, S. 23.

[1344] BSK VegüV-VOGT, Art. 7 N 83 m.w.H.; dagegen BÖCKLI, Aktienrecht, § 13 N 408; EICHENBERGER, S. 56 f.; so auch PHILIPPIN, S. 312 Fn. 246.

ausschusses» zu entnehmen.[1345] Die Verfassungsbestimmung normiert einzig die zwingende Wahl des Vergütungsausschusses durch die Generalversammlung (Art. 95 Abs. 3 lit. a BV); darüber hinausgehende Anforderungen wären damit vom Verfassungswortlaut nicht mehr gedeckt.[1346] Auch im Hinblick auf die beschränkte Verordnungskompetenz des Bundesrates wäre eine solche Regelung verfassungswidrig.[1347]

Ist der Vergütungsausschuss nicht vollständig besetzt, so ernennt der Verwaltungsrat für die verbleibende Amtszeit die fehlenden Mitglieder, wobei die Statuten andere Regeln zur Behebung des Organisationsmangels vorsehen können (Art. 7 Abs. 4 BV). «Besetzt» ist das Amt mit Personen, die bereits Amtsträger sind.[1348] Die VgdA sah für allfällige Organisationsmängel keine Regelung vor. Der Zusatzbericht ergänzte Art. 7 um einen Absatz vier, der es dem Verwaltungsrat nunmehr ermöglicht, Organisationsmängel «ohne Mitwirkung der Generalversammlung zu beheben».[1349] Hierbei müssen jedoch wiederum die Wählbarkeitsvoraussetzungen beachtet werden.[1350] Aufgrund der allgemeinen Kompetenzzuweisung im OR ist davon auszugehen, dass der Verwaltungsrat die nötige Mindestzahl im Rahmen seines Organisationsreglements bestimmt.[1351] Folglich wird vorausgesetzt, dass bereits eine Mindestzahl an Vergütungsausschussmitgliedern in den Statuten festgesetzt ist, um diesen Organisationsmangel überhaupt beheben zu können.[1352] «Vollständig» besetzt ist der Vergütungsausschuss dabei, wenn er i) die in den Statuten festgelegte Anzahl an Mitgliedern aufweist und wenn ihm ii) mindestens zwei Mitglieder angehören.[1353] Der Tatbestand der «nicht vollständi-

---

1345 EB E-VgdA, S. 12.

1346 Gl.M. HOCHSTRASSER, Rz. 57; VON DER CRONE/HUBER, S. 302; ebenso BSK VegüV-VOGT, Art. 7 N 96 ff.; vgl. auch PK VegüV-DAENIKER, Art. 7 N 12.

1347 Gl.M. VON DER CRONE/HUBER, S. 302, die eine solche Regelung in Form eines formellen Bundesgesetzes befürworten.

1348 BSK VegüV-VOGT, Art. 7 N 161.

1349 Zusatzbericht VegüV, S. 4.

1350 Zusatzbericht VegüV, S. 4; GesKR Kommentar VegüV-TRIEBOLD, Art. 7 N 11 f.; PK VegüV-DAENIKER, Art. 7 N 24.

1351 GesKR Kommentar VegüV-TRIEBOLD, Art. 7 N 13.

1352 GesKR Kommentar VegüV-TRIEBOLD, Art. 7 N 13.

1353 Vgl. VON DER CRONE/HUBER, S. 302, die von mindestens zwei Mitgliedern ausgehen; a.M. BSK VegüV-VOGT Art. 7 N 162, der ein Mitglied als ausreichend

gen Besetzung» kann daher jederzeit erfüllt sein.[1354] Klärungsbedürftig scheint, auf welcher statutarischen Grundlage die Anzahl der notwendigen Mitglieder des Vergütungsausschusses zu bestimmen sind. Die Generalversammlung ist nach Art. 7 Abs. 4 VegüV einzig zur statutarischen Regelung hinsichtlich der Behebung allfälliger Organisationsmängel befugt. Eine weitergehende Ermächtigung ist darin nicht zu erblicken.[1355] Nach dem Wortlaut und den Materialien zur VegüV bleibt damit unklar, ob die Generalversammlung über die Organisationsmängel hinaus zur statutarischen Regelung berechtigt ist. Aus verfassungsrechtlicher Sicht ist Art. 7 Abs. 4 VegüV problematisch, da die Generalversammlung einzig zur Wahl des Vergütungsausschusses legitimiert ist (Art. 95 Abs. 1 lit. a Satz 2 BV). Anderweitige statutarische Abweichungen, die sich auf Art. 7 Abs. 4 Satz 2 VegüV stützen, sind weder vom Verfassungstext[1356] noch von der Systematik gedeckt und wären als verfassungswidrig anzusehen. Die Ersatzwahl in Art. 7 Abs. 4 Satz 1 VegüV ist daher ein taugliches Mittel zur Behebung des Organisationsmangels. Ferner sei noch erwähnt, dass Art. 7 Abs. 4 Satz 2 VegüV sich auch mit Blick auf die bundesrätliche Verordnungskompetenz nur als rechtmässig erweisen würde, wenn sich die statutarischen Bestimmungen an das geltende Aktienrecht halten, da die Verordnung die bestehenden Bestimmungen des OR materiell weder abändern noch ergänzen darf.[1357]

Art. 7 Abs. 5 VegüV hält zusätzlich noch fest, dass die Statuten die Grundsätze über die Aufgaben und Zuständigkeiten des Vergütungsausschusses bestimmen. Art. 12 Abs. 1 Ziff. 3 VegüV verdeutlicht dabei, dass es sich um einen absolut notwendigen Statuteninhalt handelt.[1358] Die Statuten müssen entgegen Art. 7 Abs. 4 E-VgdA nur noch die Grundsätze festschreiben und

---

ansieht; a.M. GesKR Kommentar VegüV-TRIEBOLD, Art. 7 N 47, der nur von der statutarischen Mitgliedzahl ausgeht. M.E ist sich VON DER CRONE/HUBER anzuschliessen, da es sich sonst um einen Delegierten handelt.

1354 BSK VegüV-VOGT, Art. 7 N 167; PK VegüV-DAENIKER, Art. 7 N 26; GesKR-Kommentar VegüV-TRIEBOLD, Art. 7 N 15.

1355 Gl.M. GesKR Kommentar VegüV-TRIEBOLD, Art. 7 N 14; BSK VegüV-VOGT, Art. 7 N 173.

1356 So auch BSK VegüV-VOGT, Art. 7 N 173 u. 186.

1357 Ähnlich BSK VegüV-VOGT, Art. 7 N 187.

1358 GesKR Kommentar VegüV-VOGT, Art. 7 N 17.

nicht die Aufgaben und Zuständigkeiten bestimmen.[1359] Aufgrund der Kritik im Vernehmlassungsverfahren[1360] wurde Art. 7 Abs. 5 VegüV dahingehend geändert, um so der Gesellschaft (wohl dem Verwaltungsrat)[1361] eine grössere Autonomie bei der Festlegung ihrer Organisation zu gewähren.[1362] Durch die Regelung in den Statuten soll das Mitspracherecht der Aktionäre ermöglicht werden.[1363] Art. 7 Abs. 5 VegüV erweist sich gleich wie Art. 7 Abs. 4 VegüV als problematisch, da Art. 95 Abs. 3 lit. a Satz 2 BV keine solche Kompetenzzuweisung zu entnehmen ist. Weder der Wortlaut noch Sinn und Zweck der Verfassungsbestimmung lassen dies zu.[1364] Der Bundesrat hat hier seine Kompetenz zur Regelung mittels Verordnung überschritten; Art. 7 Abs. 5 VegüV ist verfassungswidrig.[1365]

Weder die Verfassungsbestimmung noch die VegüV legen fest, welche Aufgaben und Zuständigkeiten der Vergütungsausschuss wahrzunehmen hat.[1366] Der Verordnungsgeber hält jedoch explizit fest, dass die Gesellschaften in der Ausgestaltung des Vergütungsausschusses frei sind.[1367] Die Lehre ist sich uneinig, ob dem Vergütungsausschuss nur Antrags- oder auch Beschlussfassungskompetenz eingeräumt werden soll. VON DER CRONE/HUBER qualifizieren den Vergütungsausschuss als einen Ausschuss des Verwaltungsrates, der mit einem Spezialmandat ausgestattet ist und dem Entscheidungskompetenz zukomme und der demnach nicht nur vorbereitend und ausführend tätig sei.[1368] Nach VOGT kommt dem Vergütungsausschuss nur eine Antrags- und keine Beschlussfassungskompetenz zu.[1369] Gleicher Ansicht sind auch AM-

[1359] Vgl. auch Zusatzbericht VegüV, S. 5; EB E-VgdA, S. 13.

[1360] Zusammenfassung Stellungnahmen, S. 4.

[1361] GesKR Kommentar VegüV-VOGT, Art. 7 N 18.

[1362] Zusatzbericht VegüV, S. 5.

[1363] EB E-VgdA, S. 13.

[1364] Ähnlich GesKR Kommentar VegüV-VOGT, Art. 7 N 20, der von einer «dünnen verfassungsmässigen Grundlage» spricht.

[1365] Gl.M. SG Kommentar BV-HÄUSERMANN, Art. 95 N 62.

[1366] Gl.M. GesKR Kommentar VegüV-VOGT, Art. 7 N 29; GLANZMANN, S. 8; MALACRIDA/SPILLMANN, S. 500; PK VegüV-DAENIKER, Art. 7 N 30.

[1367] EB E-VgdA, S. 13.

[1368] VON DER CRONE/HUBER, S. 299, 302.

[1369] GesKR Kommentar VegüV-VOGT, Art. 7 N 33.

STUTZ[1370] und BÖCKLI.[1371] Auch die Initianten KUSTER/MINDER plädieren dafür, dass der Vergütungsausschuss nur ein vorbereitendes, ausführendes und überwachendes Gremium ohne finale Beschlusskompetenz sei.[1372]

Die Rechtsnatur des Vergütungsausschusses ist eng mit den ihm zustehenden Kompetenzen verknüpft. Art. 95 Abs. 3 lit. a Satz 2 BV begründet einzig eine zwingende Zuständigkeit der Generalversammlung zur Wahl des Vergütungsausschusses. Eine Erteilung weitergehender Befugnisse kann der Verfassungsnorm nicht entnommen werden. Gleiches gilt für die Verordnungsbestimmung. Der Bundesrat ist im Übrigen mangels Verfassungsgrundlage gar nicht zum Erlass einer solchen Regelung ermächtigt. In diesem Sinne steht es den Gesellschaften frei, ihre Vergütungsausschüsse mit oder ohne Beschlussfassungskompetenz auszugestalten.[1373]

ee) Unabhängiger Stimmrechtsvertreter

aaa) Wahl und Amtsdauer

Art. 8 VegüV regelt einzelne Modalitäten hinsichtlich der Wahl und der Amtsdauer des unabhängigen Stimmrechtsvertreters und verdeutlicht damit, dass nur noch eine Form der institutionellen Stimmrechtsvertretung zulässig ist. Davon unberührt bleibt die gewillkürte Stellvertretung nach Art. 689 Abs. 2 OR.[1374] Abs. 1 statuiert die unübertragbare Kompetenz der Generalversammlung,[1375] den unabhängigen Stimmrechtsvertreter zu wählen. Mithin wird die zwingende Pflicht für sämtliche dem VegüV unterstehenden Aktiengesellschaften, einen unabhängigen Stimmrechtsvertreter vorzusehen, eingeführt.[1376] Damit wird Art. 95 Abs. 3 lit. a letzter Satz BV verfassungskonform umgesetzt. Während im E-VgdA noch festgehalten wurde, dass die Generalversammlung auch mehrere unabhängige Stimmrechtsvertreter wäh-

---

1370 AMSTUTZ, S. 10.

1371 BÖCKLI, in: Grundmann et al., S. 3010.

1372 KUSTER/MINDER, S. 24.

1373 Gl.M. PK VegüV-DAENIKER, Art. 7 N 30.

1374 EB E-VgdA, S. 13.

1375 Vgl. auch Art. 2 Ziff. 3 VegüV.

1376 EB E-VgdA, S. 13.

len könne,[1377] wurde dies in der geltenden Verordnung gestrichen. Der Gesellschaft ist es jedoch nicht untersagt, mehrere unabhängige Stimmrechtsvertreter zu haben.[1378] Die Organ- und die Depotstimmrechtsvertretung sind entsprechend den verfassungsrechtlichen Vorgaben nunmehr verboten (Art. 11 VegüV).

bbb) Erteilung von Vollmachten und Weisungen

Art. 9 Abs. 1 VegüV verpflichtet den Verwaltungsrat sicherzustellen, dass die Aktionäre die Möglichkeit haben, dem unabhängigen Stimmrechtsvertreter zu allen in der Einberufung gestellten Anträgen Weisungen zukommen zu lassen.[1379] Dabei müssen die Aktionäre das Recht haben, zu jedem in der Einberufung gestellten Antrag einzeln[1380] Weisungen zu geben (Ziff. 1). Hinsichtlich nicht angekündigter Anträge, die sich auf Verhandlungsgegenstände beziehen, sowie bezüglich neuer Verhandlungsgegenstände gemäss Art. 700 Abs. 3 OR kommt den Aktionären das Recht zu, allgemeine Weisungen zu erteilen (Ziff. 2). Gemäss dem Bericht zur VgdA könne dies beispielsweise dadurch erfüllt werden, indem das Formular zu den bereits bekannt gegebenen Anträgen eine zusätzliche Rubrik «Nicht angekündigte Anträge» bzw. «Neue Verhandlungsgegenstände» enthalte und dort die Wahlmöglichkeiten «Annahme», «Ablehnung», «Entstehung» oder «Gemäss Verwaltungsrat» vorsehe.[1381]

Art. 95 Abs. 3 lit. a BV verlangt zusätzlich, dass die Aktionäre die Möglichkeit haben müssen, elektronisch fernabzustimmen. Das BJ hält in seinem erläuternden Bericht zur VgdA fest, dass sich die Verfassungsnorm nur an das sog. «indirect voting» richte, d.h. die Option der Aktionäre, dem unabhängigen Stimmrechtsvertreter auf elektronischem Weg Vollmachten und Weisungen zu erteilen. Hingegen sei das sog. «direct voting», d.h. die direkte Teilnahme der Aktionäre an der Generalversammlung auf elektronischem Weg, den Gesellschaften nicht zwingend vorgeschrieben, bleibe aber mög-

1377 EB E-VgdA, S. 13.

1378 NIKITINE, S. 355 in fine; m.w.H. Zusatzbericht VegüV, S. 5 ff.

1379 EB E-VgdA, S. 14.

1380 EB E-VgdA, S. 14.

1381 EB E-VgdA, S. 14.

lich.[1382] Die Verfassungsnorm sieht indessen keine zwingende Pflicht zur Einführung eines «direct voting» vor. Die Regelung erweist sich damit als verfassungskonform.

Die Erteilung von dauernden Vollmachten und Weisungen wird in Art. 9 Abs. 2 VegüV untersagt. Dies wurde aufgrund der in der Vernehmlassung vorgebrachten Kritik[1383] hinzugefügt und ist insofern auch richtig, da der unabhängige Stimmrechtsvertreter nur für eine Amtsdauer von einem Jahr gewählt ist. Auch mit Blick auf die Willensbildung der Aktionäre erweist sich das generelle Verbot als zweckmässig, da gerade keine Stimmrechtsvertretung erfolgen soll, die automatisch und ohne den klaren Willen der Aktionäre gebildet wurde.[1384]

Der unabhängige Stimmrechtsvertreter ist verpflichtet, die ihm von den Aktionären übertragenen Stimmrechte weisungsgemäss auszuüben (Art. 10 Abs. 1 VegüV). Damit der unverfälschte und wirkliche Wille der Aktionäre auch tatsächlich zum Ausdruck kommt, normiert Art. 10 Abs. 2 VegüV die Enthaltung des Stimmrechtsvertreters bei Ausbleiben von Weisungen. Diese wirken sich analog zu Art. 703 OR wie «Nein»-Stimmen aus,[1385] jedoch dürfen die Statuten anderslautende Regelungen aufstellen.[1386] Trotz der in der Vernehmlassung geforderten Streichung des zweiten Absatzes hat dieser richtigerweise Eingang in die Verordnung gefunden, da andernfalls gegen den Zweck sowie gegen die im Ingress normierten Ziele der Verfassungsbestimmung verstossen würde.

ff) Statutenbestimmungen

Art. 12 VegüV normiert in Erweiterung von Art. 626 OR in Abs. 1 den zwingend notwendigen und in Abs. 2 den bedingt notwendigen Statuteninhalt. Diese beiden Absätze wurden infolge der Vernehmlassung materiell und formell zum Teil deutlich überarbeitet.[1387]

1382 Vgl. EB E-VgdA, S. 14.

1383 Zusammenfassung Stellungnahmen, S. 6.

1384 Zusatzbericht VegüV, S. 6.

1385 EB E-VgdA, S. 15.

1386 Zusatzbericht VegüV, S. 7.

1387 Zusatzbericht VegüV, S. 7.

aaa) Zwingend notwendiger Statuteninhalt

Die Verfassungsbestimmung fordert in Art. 95 Abs. 3 lit. c BV, dass die Statuten die «Anzahl Mandate ausserhalb des Konzerns» regeln. Art. 12 Abs. 1 VegüV normiert deshalb, dass die Statuten die Anzahl der zulässigen Tätigkeiten der Mitglieder des Verwaltungsrates, der Geschäftsleitung und des Beirates in den obersten Leitungs- oder Verwaltungsorganen von Rechtseinheiten, die sich im Handelsregister eintragen müssen und die nicht durch die Gesellschaft kontrolliert werden oder die Gesellschaft kontrollieren, festlegen müssen. Die Anzahl der zulässigen Tätigkeiten muss für die Aktionäre bestimmt bzw. bestimmbar sein. In erster Linie soll dadurch Transparenz geschaffen werden im Hinblick auf die potentielle Belastung des obersten Kaders ausserhalb des Konzerns.[1388] Gegenüber dem Entwurf zur VgdA präzisiert der Zusatzbericht in Ziff. 1, dass auch ausländische Gesellschaften unter den Anwendungsbereich der Bestimmung fallen.[1389] Der Begriff der «Rechtseinheit» ist dabei im Sinne von Art. 2 lit. a der Handelsregisterverordnung (HRegV) zu verstehen.[1390] Der Terminus «oberstes Leitungs- oder Verwaltungsorgan» wird bis anhin bspw. im Fusionsgesetz verwendet und erfasst den Verwaltungsrat von Schweizer Aktiengesellschaften; das Management fällt nicht darunter. Demgegenüber verlangt Art. 95 Abs. 3 lit. c BV in hinreichend präziser Weise die Regelung der «Anzahl Mandate», womit insbesondere auch die Tätigkeiten der Exekutive unterhalb der Stufe des Verwaltungsrates subsumiert werden.[1391] Vor diesem Hintergrund erweist sich Art. 12 Abs. 1 Ziff. 1 VegüV als verfassungswidrig.

Gemäss Art. 12 Abs. 1 Ziff. 2 VegüV müssen die Statuten einerseits die maximale Dauer der Verträge, die den Vergütungen für die Mitglieder des Verwaltungsrates und der Geschäftsleitung zugrunde liegen, und andererseits die maximale Kündigungsfrist für unbefristete Verträge regeln, wobei die Dauer und die Kündigungsfrist höchstens ein Jahr betragen dürfen. Diese «zwingende Statutenbestimmung» dient dazu, das verfassungsrechtlich statuierte Verbot von Abgangsentschädigungen in Art. 95 Abs. 3 lit. c BV umzusetzen und dessen Umgehung zu verhindern. Sinn und Zweck der Regelung

[1388] Zusatzbericht VegüV, S. 7.

[1389] Zusatzbericht VegüV, S. 7.

[1390] EB E-VgdA, S. 16.

[1391] GesKR Kommentar VegüV-WATTER, Art. 12 N 6.

bildet insbesondere die Verhinderung der Umgehung von Arbeitsverträgen durch «übermässige Kündigungsfristen», obwohl die Verfassungsnorm keine solche Regelung verlangt.[1392] Diese Ausdehnung kann noch mit Blick auf Sinn und Zweck von Art. 95 Abs. 3 lit. c BV als Konkretisierung der Verfassungsnorm gewertet werden.[1393]

Der Zusatzbericht präzisierte Art. 12 Abs. 1 Ziff. 2 VegüV hinsichtlich des verfassungsrechtlich auslegungsbedürftigen Begriffs der «Dauer» und fügte eine Regelung zur max. zulässigen Kündigungsfrist für unbefristete Verträge als zwingenden Statuteninhalt hinzu.[1394] Zusätzlich erweiterte der Zusatzbericht auch den Anwendungsbereich auf die Verwaltungsratsmitglieder,[1395] obwohl dies von der Verfassungsbestimmung nicht gefordert wird. Ein Teil der Lehre kritisiert diese Erweiterung als formale Kompetenzüberschreitung des Bundesrates.[1396] Gemäss der hier vertretenen Ansicht handelt es sich dabei jedoch um eine Konkretisierung der Verfassungsbestimmung, die insbesondere durch die teleologische Auslegung gedeckt ist.

bbb) Bedingt notwendiger Statuteninhalt

Art. 12 Abs. 2 VegüV erweitert den bedingt notwendigen Statuteninhalt nach Art. 627 OR hinsichtlich der Höhe der Darlehen, Kredite und Vorsorgeleistungen ausserhalb der beruflichen Vorsorge für die Mitglieder des Verwaltungsrates, der Geschäftsleitung und des Beirates (Ziff. 1). Als «Renten» i.S.v. Art. 95 Abs. 3 lit. c BV gelten «Vergütungsarten zur finanziellen Absicherung des Ruhestandes ausserhalb der beruflichen Vorsorge».[1397] Diese stellen keine reglementarischen Leistungen von Einrichtungen der beruflichen Vorsorge dar, sondern Erwerbseinkommen.[1398] Art. 12 Abs. 2 Ziff. 1

1392 EB E-VgdA, S. 16; vgl. BSK VegüV-Kägi, Art. 12 N 12, der diese Regelung als teilweise verfassungswidrig qualifiziert.

1393 A.M. BSK VegüV-Kägi, Art. 12 N 12, der diese Regelung als teilweise verfassungswidrig qualifiziert.

1394 Zusatzbericht VegüV, S. 7.

1395 Zusatzbericht VegüV, S. 7.

1396 Vgl. BSK VegüV-Kägi, Art. 12 N 14; PK VegüV-Lambert/Müller, Art. 12 N 78.

1397 Zusatzbericht VegüV, S. 8.

1398 Zusatzbericht VegüV, S. 8.

VegüV kommt dem in Art. 95 Abs. 3 lit. c BV normierten statutarischen Regelungsauftrag nach.

Art. 12 Abs. 2 Ziff. 2 VegüV hält fest, dass die Statuten die Grundsätze bezüglich der erfolgsabhängigen Vergütungen, die an die Mitglieder des Verwaltungsrates, der Geschäftsleitung und des Beirates ausgezahlt werden, regeln. Der Ausdruck «Grundsätze» soll verdeutlichen, dass die Statuten keine Detailregelungen enthalten müssen, jedoch sollen die wichtigsten Voraussetzungen und Grundlagen für die konkrete Ausgestaltung festgelegt werden. Der Begriff der «erfolgsabhängigen» Vergütungen wurde durch den Zusatzbericht präzisiert (VgdA sah den Begriff «leistungsabhängige Vergütung» vor) und umfasst nicht nur persönliche, sondern auch unternehmensbezogene Aspekte der Vergütungen, womit der Verfassungsnorm am besten entsprochen werde.[1399]

Gemäss Art. 12 Abs. 2 Ziff. 7 VegüV bedürfen abweichende Regelungen zur Ernennung des Präsidenten des Verwaltungsrates (Art. 4 Abs. 4 VegüV), eines Mitgliedes des Vergütungsausschusses (Art. 7 Abs. 4 VegüV) und des unabhängigen Stimmrechtsvertreters (Art. 8 Abs. 6 VegüV) für ihre Verbindlichkeit der statutarischen Aufnahme. Dabei handelt es sich insgesamt um eine verfassungswidrige Lockerung von Art. 95 Abs. 3 lit. a BV, wonach die Wahl dieser Organpersonen eine unübertragbare Befugnis der Generalversammlung darstellt.[1400]

Art. 12 Abs. 2 Ziff. 8 i.V.m. Art. 21 Ziff. 2 VegüV regelt die zulässige statutarische Abweichung vom verfassungsrechtlichen Verbot, wonach Vergütungen an Mitglieder des Verwaltungsrates, der Geschäftsleitung und des Beirates für Tätigkeiten in Unternehmen, die durch die Gesellschaft direkt oder indirekt kontrolliert werden, ausgerichtet werden dürfen. Art. 95 Abs. 3 lit. b BV verbietet jedoch einen «zusätzlichen Berater- oder Arbeitsvertrag von einer anderen Gesellschaft der Gruppe», womit gerade auch Mehrfachverträge und damit einhergehend auch Vergütungen über nicht-kotierte

---

1399 Zusatzbericht VegüV, S. 8.

1400 Vgl. hierzu BSK VegüV-Kägi, Art. 12 N 9, der diese Regelung begrüssenswert im Hinblick auf die Entschärfung der Problematik von Art. 95 Abs. 3 lit. a BV erachtet. Diese Auffassung ist abzulehnen.

Tochtergesellschaften[1401] an die Mitglieder des Verwaltungsrates, der Geschäftsleitung und des Beirates unter das verfassungsrechtliche Verbot fallen. Auch Sinn und Zweck der Verfassungsnorm bestätigen dieses Auslegungsergebnis. Art. 12 Abs. 2 Ziff. 8 i.V.m. Art. 21 Ziff. 2 VegüV ist daher als verfassungswidrig zu taxieren.

gg) Vergütungsbericht

Art. 14–16 VegüV normieren in detaillierter Weise, welche Angaben zu welchen Personen bzw. Organen oder diesen nahestehenden Personen im Vergütungsbericht offenzulegen sind. Ausdrücklich gestattet werden gemäss Art. 14 Abs. 2 Ziff. 5 VegüV die Antrittsprämien. Als Begründung führt der Verordnungsgeber die mangelnde verfassungsmässige Grundlage für ein solches Verbot an.[1402] Dem kann nicht gefolgt werden. Die Auslegung des Begriffs «Vergütungen im Voraus» ist als weiter Begriff zu verstehen und umfasst gerade auch die Antrittsprämien. Dies ist insbesondere mit Blick auf Sinn und Zweck der Verfassungsbestimmung sachgerecht, weshalb die vorgesehene Möglichkeit, Antrittsprämien auszurichten, sich als verfassungswidrig erweist.[1403]

hh) Abstimmung der Generalversammlung über die Vergütungen

Gemäss Art. 95 Abs. 3 lit. a BV stimmt die Generalversammlung jährlich über die Gesamtsumme aller Vergütungen (Geld- und Wert der Sachleistungen) des Verwaltungsrates, der Geschäftsleitung und des Beirates ab. Der Verordnungsgeber hat die Verfassungsvorgaben in Art. 18 VegüV umgesetzt. Art. 18 VegüV ist in drei Absätze unterteilt und regelt mit unterschiedlichem Detaillierungsgrad die verfassungsrechtlichen Vorgaben: Abs. 1 normiert den Abstimmungsgegenstand; die Generalversammlung muss über die Vergütungen abstimmen, die der Verwaltungsrat, die Geschäftsleitung und der Beirat direkt oder indirekt von der Gesellschaft erhalten. Abs. 2 verdeutlicht dabei, dass es sich um eine unübertragbare Befugnis der Generalver-

---

[1401] Vgl. Erläuterungen der Initianten, Ziff. 5 lit. f.

[1402] EB E-VgdA, S. 26; a.M. KUSTER/MINDER, S. 41 f.

[1403] Vgl. für die arbeitsrechtlichen Auswirkungen von Art. 20 Ziff. 1 VegüV MÜLLER, S. 481 ff.

sammlung handelt.[1404] Abs. 3 legt den verbindlichen Mindestinhalt der statutarischen Regelung vor: Die Generalversammlung muss jährlich, einzeln und bindend über den Gesamtbetrag der Vergütungen von Verwaltungsrat, Geschäftsleitung und Beirat abstimmen. Damit werden die Vergütungen für die einzelnen Organe separat genehmigt.[1405] Die Verfasssungsbestimmung verlangt indessen nicht, dass eine einzige Abstimmung über die Gesamtvergütungen stattfinden muss. Abs. 3 erweist sich als verfassungskonform.

Art. 19 Abs. 1 VegüV normiert eine Ausnahme von der generellen Pflicht zur bindenden und jährlichen Abstimmung der Generalversammlung über sämtliche Vergütungen der Geschäftsleitung. Gemäss Abs. 1 können die Statuten einen Zusatzbetrag vorsehen, wenn die Generalversammlung prospektiv über die Vergütungen der Geschäftsleitung abstimmt und der Gesamtbetrag bis zur nächsten ordentlichen Generalversammlung für die Vergütungen der neuen Mitglieder nicht ausreicht (Abs. 2). Art. 95 Abs. 3 BV enthält keine Regelung für einen Zusatzbetrag der Geschäftsleitung, womit die Verordnung über den Wortlaut der Verfassungsbestimmung hinausgeht. In der Vernehmlassung wurde der Zusatzbetrag nicht in Frage gestellt.[1406] Angesichts des Umstandes, dass es den börsenkotierten Aktiengesellschaften freisteht, ob sie pro- oder retrospektiv abstimmen wollen, kann Art. 19 VegüV noch als Konkretisierung der Verfassungsnorm gewertet werden. Die Aktionäre können dabei durch die statutarisch festzulegende max. Höhe des Zusatzbetrages indirekt über die entsprechenden Vergütungen abstimmen,[1407] aber nicht direkt über den verwendeten Zusatzbetrag (Art. 19 Abs. 3 VegüV). Auch diese Konkretisierung erweist sich noch als mit Art. 95 Abs. 3 BV vereinbar.

ii) Stimm- und Offenlegungspflicht der Vorsorgeeinrichtungen

Gemäss Art. 95 Abs. 3 lit. a BV müssen die Pensionskassen im Interesse ihrer Versicherten abstimmen und offenlegen, wie sie abgestimmt haben. Die Verfassung sieht eine Stimmpflicht vor.[1408] Entsprechend der Verfassungs-

[1404] BSK VegüV-BLAESER/GLANZMANN, Art. 18 N 4.

[1405] EB E-VgdA, S. 20.

[1406] Vgl. Zusammenfassung Stellungnahmen, S. 5.

[1407] Vgl. BSK VegüV-BLAESER/GLANZMANN, Art. 19 N 8.

[1408] Vgl. Auslegung oben C.IV.3.b)dd)ddd); so auch EB E-VgdA, S. 28.

norm regelt Art. 22 VegüV, dass Vorsorgeeinrichtungen, die dem Freizügigkeitsgesetz (FZG) unterstellt sind, in der Generalversammlung der Gesellschaft das Stimmrecht der von ihnen gehaltenen Aktien zu angekündigten Anträgen zwingend[1409] ausüben (Abs. 1). Die Stimmpflicht bezieht sich auf die Wahl der Verwaltungsratsmitglieder, des Verwaltungsratspräsidenten, der Mitglieder des Vergütungsausschusses und des unabhängigen Stimmrechtsvertreters (Ziff. 1), der Statutenbestimmungen nach Art. 12 VegüV (Ziff. 2) sowie auf die Abstimmungen gemäss Art. 18 und Art. 21 Ziff. 3 VegüV.

Dem Verfassungswortlaut folgend, normiert Art. 22 Abs. 2 VegüV die Stimmpflicht der Vorsorgeeinrichtungen im Interesse ihrer Versicherten. Eine Stimmenthaltung ist insofern zulässig, als dies im Interesse der Versicherten ist (Abs. 3). Gewahrt wird das Interesse der Versicherten, wenn das Stimmverhalten dem dauernden Gedeihen der Vorsorgeeinrichtung dient. Dabei muss das oberste Organ der Vorsorgeeinrichtung die Grundsätze festlegen, die das Interesse der Versicherten bei der Ausübung des Stimmrechts konkretisieren (Abs. 4). Vom Anwendungsbereich ausgenommen werden Anlagestiftungen und Anlagefonds.[1410]

jj) Strafbestimmung

Art. 95 Abs. 3 lit. d BV sanktioniert Widerhandlungen gegen die Grundsätze nach lit. a–c mit einer Freiheitsstrafe bis zu drei Jahren und einer Geldstrafe bis zu sechs Jahresvergütungen. Art. 24 Abs. 1 VegüV stellt die Ausrichtung oder den Bezug einer unzulässigen Abgangsentschädigung, Vergütungen im Voraus oder von Kontrollwechselprämien durch ein Mitglied des Verwaltungsrates, der Geschäftsleitung und des Beirates unter Strafe. Abs. 2 sichert darüber hinaus das Verbot der Delegation an eine juristische Person und das Verbot der Depot- oder Organisationsstimmrechtsvertretung strafrechtlich ab. Zudem wird die Verhinderung der von der VegüV geforderten jährlichen Wahl und Abstimmung über die Vergütungen unter Strafe gestellt. Sanktioniert werden ebenso die elektronische Instruktion des unabhängigen Stimmrechtsvertreters und die Aufnahme von Statutenbestimmungen gemäss

[1409] EB E-VgdA, S. 28.
[1410] EB E-VgdA, S. 28.

Art. 12 Abs. 1 Ziff. 1 und 2 VegüV. Auch die Strafbarkeit der Verletzung der Stimm- und Offenlegungspflicht der Vorsorgeeinrichtungen ist durch die Verordnung in Art. 25 VegüV geregelt.[1411]

Das BJ qualifizierte Art. 95 Abs. 3 lit. d BV mangels hinreichender Bestimmtheit als nicht direkt anwendbar. Die Verfassungsnorm stelle «in diffuser Weise Verstösse insbesondere gegen aktienrechtliche Bestimmungen unter Strafe».[1412] Weder die Rechtsfolgen noch die Tatbestände seien insbesondere mit Blick auf die Täterschaft klar.[1413] Die Umschreibung der Tatbestände in den Grundzügen durch die Verfassungsnorm selbst genüge jedoch den Anforderungen der demokratischen Legitimation; diese sei insbesondere auch durch die Ermächtigung des Bundesrates (Art. 197 Ziff. 10 BV) zum Erlass von gesetzesvertretenden Ausführungsbestimmungen zu Art. 95 Abs. 3 BV erfüllt. Infolgedessen sei eine Regelung auf Verordnungsstufe möglich.[1414] Diese Ausführungen wurden in der Lehre unterschiedlich aufgenommen.

Die überwiegende Lehre geht dabei von der Zulässigkeit von Art. 24 f. VegüV aus, da die demokratische Legitimierung der Übergangsbestimmung (Art. 197 Ziff. 10 BV) auch auf die Verordnung übergehe, obwohl die Verfassungsnorm dem Bestimmtheitsgebot nicht genüge.[1415] Eine Mindermeinung versagt einer auf einer Übergangsbestimmung beruhenden Verordnung mit Verweis auf das Gewaltenteilungsprinzip und das in Art. 1 Abs. 1 StGB normierte Bestimmtheitsgebot die Möglichkeit, eine Strafbestimmung zu regeln.[1416] Für strafrechtliche Sanktionen bedarf es grundsätzlich eines Gesetzes im formellen Sinn, soweit schwere Grundrechtseingriffe vorgenommen werden sollen.[1417] Ausnahmen werden für das in Art. 185 Abs. 3 BV

1411 Vgl. dazu eingehend BSK VegüV-DONATSCH/STOFFEL, Art. 24 N 1 ff.

1412 EB E-VgdA, S. 31.

1413 EB E-VgdA, S. 31.

1414 EB E-VgdA, S. 32; GesKR Kommentar VegüV-WOHLERS, Art. 24 N 1.

1415 Vgl. BSK BV-UHLMANN, Art. 95 N 44; BSK VegüV-DONATSCH/SCHOLL, Art. 24 N 8; VOGT/BASCHUNG, S. 32 f.; GesKR Kommentar VegüV-WOHLERS, Art. 24 N 1; so auch Zusatzbericht VegüV, S. 31 f.; JAAG/RÜSSLI, S. 19.

1416 BRAND/WYSS/ZYSSET, Rz. 21 ff.; OSER/MÜLLER, S. 12; PK VegüV-RICHERS, Art. 24 N 17.

1417 Vgl. BRAND/WYSS/ZYSSET, Rz. 1; BGE 124 IV 23, 25 E. 1.

und Art. 184 Abs. 3 BV normierte Notrecht als zulässig erachtet. Auch für selbstständige Verordnungen kann es unter bestimmten Voraussetzungen zulässig sein, im Rahmen eines Polizeinotstandes Strafbestimmungen vorzusehen.[1418] Auch direkt anwendbare Verfassungsbestimmungen vermögen gemäss der hier vertretenen Ansicht eine Ausnahme vom obigen Grundsatz zu legitimieren, soweit diese die Anforderungen an die Normdichte erfüllen; die Normstufe ist regelmässig als genügend anzusehen, da Verfassungsbestimmungen eine höhere demokratische Legitimation aufweisen als Bundesgesetze.[1419] Ob der Bundesrat, gestützt auf Art. 197 Ziff. 10 BV und in Abwesenheit einer mit Art. 185 Abs. 3 bzw. Art. 184 Abs. 3 BV vergleichbaren Notlage und ohne zeitliche Dringlichkeit ausnahmsweise zum Erlass einer Strafbestimmung auf Verordnungsebene legitimiert war, scheint klärungsbedürftig. Ebenso erweist sich die Vorgehensweise mit Blick auf die von der Lehre als unbestimmt und damit als nicht direkt anwendbar eingestuften Grundsätze als diskutabel.

Soweit sich der Verordnungsgeber auf eine selbstständige gesetzesvertretende Verordnung beruft, die auf einer mittelbar anwendbaren Delegationsnorm beruht, ist die Normierung einer Strafbestimmung auf Verordnungsstufe nicht möglich. Der Bundesrat hat zwar ein solches Vorgehen bereits bei der Mehrwertsteuerverordnung gewählt und sich auf eine selbstständige gesetzesvertretende Verordnung gestützt, jedoch die strafbaren Verhaltensweisen einzig mit Busse belegt. Auch das Bundesgericht hat ein solches Vorgehen unter der Bedingung, dass einzig eine Busse angedroht war, geschützt.[1420] Art. 24 und Art. 25 VegüV sanktionieren demgegenüber die strafbaren Verhaltensweisen nicht nur mit Busse, sondern entsprechend der Verfassungsbestimmung auch mit Freiheitsstrafe. In diesem Sinn hat der Bundesrat mit Erlass der Strafbestimmungen auf Verordnungsebene gegen das Legalitätsprinzip verstossen. Ein solches Vorgehen ist einzig bei einer selbständigen Vollzugs- sowie bei einer selbständigen gesetzesvertretenden Verordnung möglich, die auf einer direkt anwendbaren Delegationsnorm beruht.

[1418] BGE 123 IV 29, 34 ff. E. 3a.

[1419] Vgl. vorne B.III.2.a).

[1420] Vgl. BGE 124 IV 23, 25 E. 1.

Die in Art. 24 Abs. 2 und Art. 25 VegüV angedrohten Strafen entsprechen darüber hinaus nicht denjenigen von Art. 95 Abs. 3 lit. d BV. So verlangt die Verfassungsnorm, dass Widerhandlungen gegen die Bestimmungen nach den Buchstaben a–c mit «Freiheitsstrafe bis zu drei Jahren und Geldstrafe bis zu sechs Jahresvergütungen» bestraft werden. Der Verordnungsgeber hat die in letzterer Norm geforderten Strafandrohungen unter Berücksichtigung des verfassungsmässig vorgegebenen Reglungsrahmens – dazu zählen u.a. die Interessen der schweizerischen Gesamtwirtschaft (abzuleiten aus Art. 94 Abs. 2 und 3 BV) sowie der Grundsatz der Verhältnismässigkeit (Art. 5 Abs. 2 BV) – einerseits kompetenzwidrig umgesetzt.[1421] Andererseits resultieren für Art. 24 Abs. 1 VegüV (Freiheitsstrafe bis zu drei Jahren «und» Geldstrafe) für Art. 24 Abs. 2 VegüV (Freiheitsstrafe bis zu drei Jahren «oder» Geldstrafe) sowie Art. 25 VegüV (Geldstrafe bis zu 180 Tagessätzen) von der Verfassungsnorm abweichende Sanktionsandrohungen.

Es ist fraglich, ob Art. 95 Abs. 3 lit. d BV Raum für eine harmonisierende Auslegung und somit für eine abweichende Regelung belässt. Art. 95 Abs. 3 lit. d BV ist weitgehend direkt anwendbar, da die einzelnen «Grundsätze» eine hohe Normdichte aufweisen. Die Anwendung des Verhältnismässigkeitsprinzips nach Art. 5 Abs. 2 BV ist im Rahmen der vom Verfassungsgeber vorgenommenen Wertung, den Strafrahmen imperativ vorzuschreiben (Freiheitsstrafe bis zu drei Jahren und Geldstrafe bis zu sechs Jahresvergütungen), immer noch möglich. Es ist jedoch zwingend eine Kumulation von Freiheitsstrafe und Geldstrafe (angesichts der Verwendung der Konjunktion «und») für die unter Strafe gestellten Verhaltensweisen vorzusehen. Die oben genannten Abweichungen sind daher verfassungswidrig.

5. Ergebnis

Die durch die VegüV erlassenen Bestimmungen müssen sich innerhalb des Regelungsrahmens bewegen, der durch den Zweck und die Vorgaben des Verfassungsartikels abgesteckt wird. Der Bundesrat hat seine Regelungsbefugnisse teilweise überschritten und kompetenzwidrig legiferiert. Die Erstellung eines Vergütungsberichtes durch den Verwaltungsrat sowie die generel-

[1421] EB E-VgdA, S. 32 ff.; Zusatzbericht VegüV, S. 32 ff.

le Derogation des Obligationenrechts durch die Verordnung erweist sich als formelle Kompetenzüberschreitung. Mithin sind diese nicht durch den Regelungsrahmen von Art. 95 Abs. 3 lit. a–d BV gedeckt.

Insbesondere die Zulässigkeit der Ausrichtung von Antrittsprämien, die sprachlich missglückte Ausnahmeregelung in Art. 6 Abs. 2 VegüV, die Möglichkeit der statutarischen Abweichung von der vorgesehenen Ersatzwahl des Vergütungsausschusses in Art. 7 Abs. 4 VegüV sowie die statutarische Festlegung der Grundsätze und Zuständigkeiten des Vergütungsausschusses in Art. 7 Abs. 5 VegüV sind verfassungswidrig. Mit der Verfassungsbestimmung unvereinbar ist auch Art. 12 Abs. 1 VegüV, der das Management vom Anwendungsbereich in Art. 95 Abs. 3 lit. c BV ausnimmt. Auch Art. 12 Abs. 2 i.V.m. Art. 21 Ziff. 2 VegüV, der eine Abweichung vom verfassungsrechtlichen Verbot regelt, wonach Vergütungen an Mitglieder des Verwaltungsrates, der Geschäftsleitung und des Beirates für Tätigkeiten in Unternehmen, die durch die Gesellschaft direkt oder indirekt kontrolliert werden, als zulässig erachtet, erweist sich als mit Art. 95 Abs. 3 lit. b BV unvereinbar. Als verfassungswidrig muss auch die Ausgestaltung der Strafbestimmung in Art. 24 f. VegüV bezeichnet werden. Diese ist nebst der Verfassungswidrigkeit auch kompetenzwidrig erlassen worden und verstösst damit gegen das Legalitätsprinzip.

V. Die Masseneinwanderungsinitiative

1. Ausgangslage

Die eidgenössische Volksinitiative «Gegen Masseneinwanderung» (sog. Masseneinwanderungsinitiative) wurde am 12. Juli 2011 von der Bundeskanzlei vorgeprüft[1422] und am 14. Februar 2012 eingereicht. Die Bundeskanzlei stellte mit Verfügung vom 19. März 2012 fest, dass die Initiative mit 135'557 gültigen Unterschriften zustande gekommen war.[1423]

Der Bundesrat verabschiedete am 7. Dezember 2012 seine Botschaft zur Masseneinwanderungsinitiative und unterbreitete dieser weder einen direkten Gegenentwurf noch einen indirekten Gegenvorschlag.[1424] Das Hauptanliegen der eidgenössischen Initiative war insbesondere eine «grundsätzliche Neuausrichtung der schweizerischen Zuwanderungspolitik durch eine umfassende Regulierung».[1425] Dabei sollte die Zuwanderung durch Festlegung jährlicher Höchstzahlen und Kontingente für sämtliche Bewilligungserteilungen wieder eigenständig gesteuert werden. In erster Linie sollten dadurch die negativen Folgen der Zuwanderung zukünftig verhindert werden.[1426]

2. Abstimmung durch Volk und Stände

Am 14. Februar 2014 wurde die Masseneinwanderungsinitiative vom Volk mit 1'463'854 Ja- gegen 1'444'552 Nein-Stimmen und von den Ständen mit 12 5/2 Ja- gegen 8½ Nein-Stimmen angenommen.[1427] Die Bundesverfassung wurde um Art. 121a sowie Art. 197 Ziff. 11 ergänzt, die wie folgt lauten:

> **Art. 121a**
>
> [1] Die Schweiz steuert die Zuwanderung von Ausländerinnen und Ausländern eigenständig.

[1422] BBl 2011 6269.

[1423] BBl 2012 3869.

[1424] Botschaft MEI, S. 297.

[1425] Botschaft MEI, S. 292.

[1426] Vgl. Art. 121a BV.

[1427] BBl 2014 4117.

[2] Die Zahl der Bewilligungen für den Aufenthalt von Ausländerinnen und Ausländern in der Schweiz wird durch jährliche Höchstzahlen und Kontingente begrenzt. Die Höchstzahlen gelten für sämtliche Bewilligungen des Ausländerrechts unter Einbezug des Asylwesens. Der Anspruch auf dauerhaften Aufenthalt, auf Familiennachzug und auf Sozialleistungen kann beschränkt werden.

[3] Die jährlichen Höchstzahlen und Kontingente für erwerbstätige Ausländerinnen und Ausländer sind auf die gesamtwirtschaftlichen Interessen der Schweiz unter Berücksichtigung eines Vorranges für Schweizerinnen und Schweizer auszurichten; die Grenzgängerinnen und Grenzgänger sind einzubeziehen. Massgebende Kriterien für die Erteilung von Aufenthaltsbewilligungen sind insbesondere das Gesuch eines Arbeitgebers, die Integrationsfähigkeit und eine ausreichende, eigenständige Existenzgrundlage.

[4] Es dürfen keine völkerrechtlichen Verträge abgeschlossen werden, die gegen diesen Artikel verstossen.

[5] Das Gesetz regelt die Einzelheiten.

Art. 197 Ziff. 11

[1] Völkerrechtliche Verträge, die Artikel 121a widersprechen, sind innerhalb von drei Jahren nach dessen Annahme durch Volk und Stände neu zu verhandeln und anzupassen.

[2] Ist die Ausführungsgesetzgebung zu Artikel 121a drei Jahre nach dessen Annahme durch Volk und Stände noch nicht in Kraft getreten, so erlässt der Bundesrat auf diesen Zeitpunkt hin die Ausführungsbestimmungen vorübergehend auf dem Verordnungsweg.

3. Typologie und Rechtsnatur

a) Normtyp

Art. 121a Abs. 1 BV statuiert, dass die Schweiz die Zuwanderung von Ausländerinnen und Ausländern eigenständig steuert. Abs. 1 ist entgegen der Auffassung des Bundesrates nicht nur programmatischer Natur.[1428] Gemäss SCHWEIZER stellt der Zuwanderungsartikel in Abs. 1 eine weit gefasste Zielnorm dar, die ein «besonderes Staatsziel» normiert und für Bund und Kantone eine verfassungsrechtliche Handlungspflicht festschreibt.[1429] UEBERSAX plädiert hingegen dafür, dass Abs. 1 eine klassische Aufgabennorm sei, die

[1428] Vgl. Botschaft MEI, S. 313.

[1429] SG Kommentar BV-SCHWEIZER, Art. 121a N 23, 28 f.; im weitesten Sinne auch BJ, Auslegung, S. 6.

einerseits die staatlichen Akteure verbindlich verpflichte, eine «aktive Migrationspolitik» zu betreiben. Andererseits solle dadurch die Zuwanderung eigenständig gesteuert und im weitesten Sinne kontrolliert werden.[1430] Die Zuwanderungssteuerung ist als verbindlicher Handlungsauftrag zu qualifizieren,[1431] der sich an die staatlichen Behörden richtet und von diesen auch zu erfüllen ist.

Sodann verpflichtet Abs. 2 der Verfassungsbestimmung den Gesetzgeber, eine Begrenzung der Bewilligungserteilung zwingend durch Höchstzahlen und Kontingente einzuführen.[1432] Auch Abs. 3 statuiert einen Gesetzgebungsauftrag, indem die jährlichen Höchstzahlen und Kontingente – gemessen an den gesamtwirtschaftlichen Interessen der Schweiz und unter Anwendung eines Vorrangs für Schweizer – festzulegen sind. Die in Abs. 2 und 3 enthaltenen materiellen Vorgaben hinsichtlich der Ausgestaltung des Kontingentssystems sind in die Ausführungsgesetzgebung zu übernehmen, wobei dem Gesetzgeber im Hinblick auf die Frage des «Wie»[1433] ein Konkretisierungsspielraum verbleibt. Ferner verbietet Abs. 4 den Abschluss neuer völkerrechtlicher Verträge, wenn diese gegen die in Abs. 1–3 aufgestellten Vorgaben verstossen. Abs. 4 richtet sich als verfassungsrechtliche Unterlassungspflicht sowohl an den Bundesrat als auch an den Gesetzgeber. Aufgrund seiner hinreichenden Bestimmtheit ist dieser für sämtliche staatlichen Akteure direkt anwendbar.[1434] Ferner verpflichtet Abs. 5 den Gesetzgeber, die Einzelheiten in einem «Gesetz» im Sinn von Art. 164 Abs. 1 BV zu regeln. Demgegenüber normiert Art. 197 Ziff. 11 Abs. 1 i.V.m. Art. 121a Abs. 4 BV ein direkt anwendbares Handlungsgebot für die rechtsanwendenden Behörden (Bundesversammlung und Bundesrat)[1435] im Hinblick auf die Neuverhandlungen und Anpassungen von Staatsverträgen. Des Weiteren wird der Bundesrat in Abs. 2 der Übergangsbestimmung ermächtigt, Ausfüh-

---

1430 UEBERSAX, Jusletter 14. April 2014, Rz. 4; BSK BV-UEBERSAX, Art. 121a N 11; gl.M. BJ, Auslegung, S. 3 f.; a.M. EPINEY, Jusletter 2. Juni 2014, Rz. 32 ff.

1431 So auch BIAGGINI, Komm. BV, Art. 121a N 6.

1432 So auch BIAGGINI, Komm. BV, Art. 121a N 9, 12.

1433 BIAGGINI, Komm. BV, Art. 121a N 12.

1434 Gl.M. SG Kommentar BV-SCHWEIZER, Art. 121a N 22; BJ, Auslegung, S. 3.

1435 SG Kommentar BV-EHRENZELLER, Art. 121a N 54; SG Kommentar BV-SCHWEIZER, Art. 121a N 22; BIAGGINI, Komm. BV, Art. 121a N 14; a.M. EPINEY, Jusletter 2. Juni 2014, Rz. 32 ff.

rungsbestimmungen mit Ablauf der verfassungsrechtlich festgelegten Umsetzungsfrist des ordentlichen Gesetzgebers auf dem Verordnungsweg zu erlassen.[1436]

Art. 121a i.V.m. Art. 197 Ziff. 11 BV stellt somit eine gemischte Verfassungsbestimmung dar, die sowohl eine Aufgabennorm ist als auch direkt anwendbare Elemente für die staatlichen Akteure enthält. Die in Art. 121a Abs. 2–3 BV statuierten materiellen Vorgaben und Instrumente hinsichtlich der geforderten Zuwanderungsbegrenzung sind einerseits zwingender Natur. Andererseits müssen diese beim Erlass der Ausführungsbestimmungen durch den Gesetzgeber berücksichtigt werden.[1437]

b) Direkte oder nicht direkte Anwendbarkeit

aa) Grundsätzliche Zuwanderungssteuerung

Gemäss Art. 121a Abs. 1 BV steuert die Schweiz die Zuwanderung von Ausländerinnen und Ausländern eigenständig. Abs. 1 enthält keine klare Kompetenzzuweisung zugunsten des Bundes.[1438] Vielmehr sind sowohl der Bund als auch die Kantone unter dem Begriff «Schweiz» angesprochen.[1439] Dabei untermauern das grammatikalische, teleologische und systematische Element, dass die Schweiz autonom, also «eigenständig»,[1440] über die Art und den Umfang der Zuwanderung ausländischer Personen entscheiden soll.[1441] Mithin wird insbesondere die Mitbestimmung anderer Staaten, supranationa-

---

1436 BJ, Auslegung, S. 3.

1437 Gl.M. BIAGGINI, Komm. BV, Art. 121a N 9.

1438 Vgl. Art. 121 Abs. 1 BV, der im Bereich des Ausländerrechts eine ausschliessliche Kompetenz zugunsten des Bundes statuiert; a.M. BIAGGINI, Komm. BV, Art. 121a N 6, der aufgrund der allgemeinen Kompetenzlage den Bund darunter subsumiert.

1439 Vgl. auch SG Kommentar BV-SCHWEIZER, Art. 121a N 21; a.M. BIAGGINI, Komm. BV, Art. 121a N 6, der davon ausgeht, dass Art. 121a Abs. 1 BV an bestehende Bundeskompetenzen (Art. 121 BV) anknüpft.

1440 Der französische Begriff «de manière autonome» und der italienische Begriff «autonomamente» sind mit dem deutschen Begriff deckungsgleich.

1441 Botschaft MEI, S. 311; HESELHAUS/HÄNNI, S. 26 f.; BSK BV-UEBERSAX, Art. 121a N 28; m.w.H. auch UEBERSAX, Jusletter 14. April 2014, Rz. 4.

ler Gemeinschaften und internationaler Organisationen aufgrund eingegangener völkerrechtlicher Verpflichtungen untersagt.[1442]

Als «Ausländerinnen und Ausländer» gelten sämtliche Personen, die nicht die Schweizer Staatsangehörigkeit besitzen.[1443] Unter «Zuwanderung» wird «Immigration, Einwanderung»[1444] verstanden. Gemäss der bundesrätlichen Botschaft stellt die «Zuwanderung» einen neuen, präzisierungsbedürftigen Begriff dar.[1445] Nach allgemeinem Sprachgebrauch erfasst die «Zuwanderung» jegliche Formen der Ansiedlung in die Schweiz. Die rechtswissenschaftliche Lehre geht demgegenüber von einem engeren Begriffsverständnis aus. Mithin bezeichnet der Terminus die Verlagerung des Lebensmittelpunktes für eine gewisse zeitliche Dauer.[1446] E contrario folgt daraus, dass Grenzgänger und Touristen[1447] nicht unter den Zuwanderungsbegriff fallen, da keine Lebensmittelpunktverlagerung erfolgt.[1448] Fraglich scheint, inwieweit auch die Saisonniers von der Regelung erfasst werden.[1449] Aus systematischen,[1450] historischen[1451] und teleologischen Erwägungen ist indessen von einem weiten Begriffsverständnis auszugehen.[1452] Vom Anwendungsbereich

---

1442 So auch UEBERSAX, Jusletter 14. April 2014, Rz. 4.

1443 MAHON, Comm., Art. 121 N 8; RHINOW/SCHEFER/UEBERSAX, Rz. 371; der Begriff «Ausländer» ist mit dem französischen Begriff «étrangers» und dem italienischen Begriff «stranieri» deckungsgleich.

1444 Duden online.

1445 Botschaft MEI, S. 313.

1446 SG Kommentar BV-SCHWEIZER, Art. 121a N 25; UEBERSAX, Jusletter 14. April 2014, Rz. 5; BJ, Auslegung, S. 10; BIAGGINI, Komm. BV, Art. 121a N 7; so auch Botschaft MEI, S. 313.

1447 Gl.M. BIAGGINI, Komm. BV, Art. 121a N 7, der die Grenzgänger und die Touristen vom Anwendungsbereich ausnimmt.

1448 BJ, Auslegung, S. 10; so auch BIAGGINI, Komm. BV, Art. 121a N 7; vgl. aber Art. 121a Abs. 3 BV, der die Grenzgänger ausdrücklich nennt; dazu weiter hinten C.V.3.b)bb)bbb).

1449 Vgl. Botschaft MEI, S. 302.

1450 Vgl. Art. 121a Abs. 3 BV, der die Grenzgänger explizit von der Zuwanderungssteuerung erfasst.

1451 So auch Botschaft MEI, S. 301, 311, 313; Argumentarium MEI, S. 39; BJ, Auslegung, S. 9 in fine; so auch NR Moret, AB 2013 N 1120.

1452 BSK BV-UEBERSAX, Art. 121a N 5, 17; HESELHAUS/HÄNNI, S. 25 f.; KUNZ R., ZaöRV 2014, S. 332, die den Begriff der «Zuwanderung» in einem weitesten

der Verfassungsnorm sind demnach alle Ausländer unabhängig von ihrer Staatsangehörigkeit (inkl. Staatenlose) und unabhängig davon, ob sie erwerbstätig[1453] sind oder nicht, erfasst. Mithin werden auch Schüler, Studenten und Rentner unter den Begriff der «Zuwanderung» subsumiert, wenn eine gewisse Dauerhaftigkeit der Anwesenheit gegeben ist.[1454] Hingegen sollten Personen, denen in der Schweiz aufgrund von internationalen Abkommen über Privilegien und Immunitäten für ausländische Vertretungen ein Residenzrecht zukommt, nicht der Regelung unterstellt werden.[1455] Mangels inhaltlicher Vorgaben in Art. 121a Abs. 1 BV obliegt die Konkretisierung der normierten Handlungspflicht dem Gesetzgeber.[1456]

Unter systematischen Gesichtspunkten soll die Zuwanderung insbesondere für «sämtliche Bewilligungen des Ausländerrechts unter Einbezug des Asylwesens» souverän reguliert werden (Art. 121a Abs. 1 i.V.m. Abs. 2 BV). Eine historisch-teleologische Auslegung von Art. 121a Abs. 1 BV bestätigt, dass nur erstmalig einreisende ausländische Staatsangehörige von der Regelung erfasst werden.[1457] Unter die «eigenständige Steuerung der Zuwanderung» fallen demnach – aber nicht ausschliesslich – die Arbeitsmigration, der Familiennachzug, das Asylwesen, die Migration zwecks Aus- und Weiterbildung[1458] sowie das Residenzrecht der Rentner. Aus Abs. 1 kann e contrario nicht abgeleitet werden, dass für erwerbslose ausländische Staatsangehörige die Pflicht besteht, die Schweiz zu verlassen. Dies lässt sich weder aus dem Wortlaut noch aus der systematischen und teleologischen Auslegung ablei-

Sinn versteht; im Ergebnis auch SG Kommentar BV-SCHWEIZER, Art. 121a N 25.

1453 Gl.M. BIAGGINI, Komm. BV, Art. 121 N 7.

1454 So auch SG Kommentar BV-SCHWEIZER, Art. 121a N 26; BSK BV-UEBERSAX, Art. 121a N 22.

1455 SG Kommentar BV-SCHWEIZER, Art. 121a N 26 f.; ähnlich UEBERSAX, Jusletter 14. April 2014, Rz. 34; vgl. auch DV, Auswirkungen, S. 28 ff.; BJ, Auslegung, S. 15; BSK BV-UEBERSAX, Art. 121a N 16.

1456 SG Kommentar BV-SCHWEIZER, Art. 121a N 22; ihm folgend BSK BV-UEBERSAX, Art. 121a N 21.

1457 Gl.M. UEBERSAX, Jusletter 14. April 2014, Rz. 7.

1458 UEBERSAX, Jusletter 14. April 2014, Rz. 9; BSK BV-UEBERSAX, Art. 121a N 42 ff.; vgl. auch BJ, Auslegung, S. 10, für die unter den Anwendungsbereich fallenden Bewilligungskategorien.

ten.[1459] Anhaltspunkte für eine materielle Ausgestaltung der geforderten Zuwanderungsregulierung bieten jedoch Abs. 2 Satz 2 sowie Abs. 3 der Verfassungsnorm. Die Zuwanderung soll mithilfe von Höchstzahlen und Kontingenten «gesteuert», aber nicht gänzlich verhindert werden.[1460]

Art. 121a Abs. 1 BV richtet sich somit an die staatlichen Institutionen und stellt insofern eine verfassungsrechtliche Handlungspflicht auf,[1461] womit von einer klassischen Aufgabennorm und keiner Ziel- und Zweckbestimmung[1462] auszugehen ist.

bb) Die jährliche Zuwanderungsbegrenzung

aaa) Geltungsbereich und Steuerungsinstrumente

Art. 121a Abs. 2 Satz 1 BV normiert aufgrund seiner systematischen Stellung die allgemeinen Vorgaben im Hinblick auf die Begrenzung «sämtlicher ausländer- und asylrechtlicher Bewilligungen» für den «Aufenthalt» von Ausländerinnen und Ausländern in der Schweiz mittels «jährlicher Höchstzahlen und Kontingente». Abs. 2 statuiert eine Art Rahmenordnung[1463] für alle ausländischen Zuwanderer unabhängig von ihrem Herkunftsland. In erster Linie wird dadurch die Privilegierung von EU-/EFTA-Staatsangehörigen relativiert. Es ergibt sich ein Widerspruch mit dem Freizügigkeitsabkommen, das einen Anspruch auf Aufenthalt bei gegebenen Voraussetzungen nach Art. 4, Art. 5 und Art. 6 FZA gewährt.[1464]

1459 A.M. Argumentarium MEI, S. 37.

1460 So auch Argumentarium MEI, S. 37; so auch BIAGGINI, Komm. BV, Art. 121a N 6.

1461 Vgl. UEBERSAX, Jusletter 14. April 2014, Rz. 12.

1462 So auch BJ, Auslegung, S. 6, das von «normativem» Charakter spricht; anders Botschaft MEI, S. 313, nach der Abs. 1 «vorab programmatischen Charakter» hat; i.d.S. auch Argumentarium MEI, S. 29, das von einer programmatischen Norm ausgeht.

1463 SG Kommentar BV-SCHWEIZER, Art. 121a N 35.

1464 Gl.M. hinsichtlich des Verstosses gegen das FZA SG Kommentar BV-SCHWEIZER, Art. 121a N 35; KUNZ R., ZaöRV 2014, S. 343 ff.; SCHLEGEL/SIEBER-GASSER, Rz. 53, die mit Annahme der Masseneinwanderungsinitiative davon ausgehen, dass Ausnahmen von Höchstzahlen ganz grundsätzlich nicht mehr möglich sind.

Hinsichtlich des Terminus «Bewilligung»[1465] kann an das bestehende AuG und AsylG angeknüpft werden, wobei es dem Gesetzgeber freilich freisteht, auch neue Bewilligungskategorien einzuführen.[1466] Abs. 2 ist eine Konkretisierung von Abs. 1 und erfasst damit nur die erstmalige Zulassung.[1467] Bereits erteilte Bewilligungen fallen entsprechend dem Sinn und Zweck der Bestimmung nicht darunter. Unter «Aufenthalt» wird nach allgemeinem Sprachgebrauch eine «zeitlich begrenzte Anwesenheit» verstanden.[1468] Auch der in Art. 121a Abs. 2 Satz 1 BV verwendete Begriff des «Aufenthalts» verfügt bereits über eine gesetzliche Entsprechung im AuG und im AsylG, ergo kann auf dieses Verständnis zurückgegriffen werden. In diesem Sinn ist der Terminus – entgegen der bundesrätlichen Auffassung[1469] – in einem rechtstechnischen Sinn zu verstehen.[1470] Demnach werden dem Anwendungsbereich sämtliche Anwesenheitsformen[1471] nach geltendem AuG und dem AsylG unterstellt.[1472] Darunter sind im Wesentlichen die Kurz-, Aufenthalts- und Niederlassungsbewilligung von Ausländern unabhängig von ihrer Staatsangehörigkeit zu subsumieren.[1473] Mithin entfällt eine Differenzierung zwischen EU-/EFTA-Bürgern und Drittstaatsangehörigen. Darüber hinaus fallen auch die Grenzgänger, Personen zur Aus- und Weiterbildung, der Familiennachzug sowie das Residenzrecht der Rentner unter die Begriffsdefinition des «Aufenthaltes». Die Pflicht zur Einholung einer Bewilligung ergibt sich – entsprechend dem geltenden Recht – dann, wenn i) eine Person in der

---

[1465] «Autorisations» in der französischsprachigen Fassung und «permessi» in der italienischsprachigen stimmen mit dem deutschen Begriff überein.

[1466] SG Kommentar BV-SCHWEIZER, Art. 121a N 36.

[1467] So auch UEBERSAX, Jusletter 14. April 2014, Rz. 21.

[1468] Duden online.

[1469] Botschaft MEI, S. 314.

[1470] Gl.M. UEBERSAX, Jusletter 14. April 2014, Rz. 40.

[1471] So auch UEBERSAX, Jusletter 14. April 2014, Rz. 30.

[1472] Vgl. auch BJ, Auslegung, S. 15, das von einem weiten Anwendungsbereich spricht; vgl. Argumentarium MEI, S. 37, das den Ausdruck «Aufenthalt» als Oberbegriff versteht; gl.M. UEBERSAX, Jusletter 14. April 2014, Rz. 20.

[1473] Vgl. BSK BV-UEBERSAX, Art. 121a N 15; DERS., Jusletter 14. April 2014, Rz. 41, der von keiner «grossen Flexibilität» des Wortlautes spricht; vgl. auch Argumentarium MEI, S. 37.

Schweiz arbeitet oder ii) sich länger als drei Monate in der Schweiz aufhält.[1474]

Im Asylbereich ist hingegen eine differenzierte Prüfung angezeigt. Asylsuchende haben aufgrund von Art. 33 FK und Art. 42 AsylG das Recht, bis zum Entscheid ihres Gesuches in der Schweiz zu bleiben, ohne formell eine «Bewilligung» zu erhalten. Sofern kein Schutzstatus verliehen wurde, fallen somit Asylsuchende nicht unter den Anwendungsbereich des Aufenthaltes,[1475] da dies gegen das zwingende Völkerrecht verstossen würde. Insofern werden – anders als in der Botschaft des Bundesrates festgehalten[1476] – die «Aufnahme aus humanitären Gründen» und die «vorläufige Aufnahme»[1477] nicht darunter subsumiert, da diesen keine «Bewilligung im rechtstechnischen Sinne» verliehen wird.[1478] Entgegen UEBERSAX steht es daher nicht im freien Ermessen des Gesetzgebers, die «zahlenmässigen Begrenzung unterworfenen Bewilligungen im Gesetzesrecht» festzulegen. Vielmehr ist der Gesetzgeber dazu verpflichtet, «sämtliche» bereits bestehenden Bewilligungskategorien im Ausländerrecht unter Einschluss der asylrechtlichen Bewilligungsarten einer zahlenmässigen Begrenzung zu unterwerfen. Insofern besteht ein wesentlicher Unterschied zu der in Abs. 1 begründeten allgemeinen Handlungspflicht, die Zuwanderung für alle möglichen Zuwanderungskonstellationen zu steuern,[1479] da Abs. 2 auf «Bewilligungen» im rechtstechnischen Sinn ausgerichtet ist.[1480]

Vor diesem Hintergrund begründet Art. 121a Abs. 2 BV eine Kehrtwendung im bestehenden dualen Zulassungssystem, indem nicht mehr nur die Drittstaatsangehörigen, sondern gerade auch die EU-/EFTA-Bürger sowie die

[1474] Wegleitung Migrationsamt Zürich.

[1475] UEBERSAX, Jusletter 14. April 2014, Rz. 37.

[1476] Botschaft MEI, S. 314.

[1477] Die vorläufige Aufnahme ist eine Ersatzmassnahme und keine Bewilligung (vgl. Art. 83 AuG).

[1478] UEBERSAX, Jusletter 14. April 2014, Rz. 38; a.M. Argumentarium MEI, S. 37 f.

[1479] UEBERSAX, Jusletter 14. April 2014, Rz. 30.

[1480] UEBERSAX, Jusletter 14. April 2014, Rz. 30.

Grenzgänger[1481] Höchstzahlen und Kontingenten unterstehen.[1482] Insofern ist der Ansicht SCHWEIZERS, wonach «abgeschwächte Zuwanderungskontrollen» resp. «Bewilligungen für den Aufenthalt» zugunsten von EU-/EFTA-Staatsangehörigen zulässig seien, zu widersprechen.[1483] Zuzustimmen ist dem Autor aber dahingehend, dass es dem Gesetzgeber grundsätzlich freisteht, das bestehende duale Zulassungssystem beizubehalten. Gleichwohl ist dieser aufgrund des Wortlautes, der systematischen, historischen[1484] sowie teleologischen Auslegung dazu verpflichtet, auch die EU-/EFTA-Staatsangehörigen den Höchstzahlen und Kontingenten zu unterwerfen.[1485]

Die jährliche Steuerung der Zuwanderung soll dabei anhand von «Höchstzahlen und Kontingenten begrenzt» werden (Art. 121a Abs. 2 Satz 1 BV). Klärungsbedürftig scheint, ob die beiden Termini kongruent sind oder Unterschiedliches meinen.[1486] Die französischsprachige Version spricht von «plafonds et des contingents» und die italienischsprachige von «tetti massimi e contingenti annuali». Der Wortlaut liefert indessen keine eindeutigen Ergebnisse.[1487] Aus teleologischen Erwägungen ist Abs. 2 dahingehend zu verstehen, dass «im Voraus festgelegte jährliche Maximalzahlen von Neuzulassungen nicht überschritten werden dürfen».[1488] Unter «Höchstzahlen» wird vermutlich eine absolute Obergrenze («plafonds») für die Bewilligungskategorien gemeint sein, während der Begriff «Kontingente» die Unterteilung dieser Maximalzahlen in Teilmengen anspricht.[1489]

1481 Vgl. Botschaft MEI, S. 311.

1482 Gl.M. UEBERSAX, Jusletter 14. April 2014, Rz. 41; Botschaft MEI, passim; BIAGGINI, Komm. BV, Art. 121a N 16.

1483 SG Kommentar BV-SCHWEIZER, Art. 121a N 37.

1484 Argumentarium MEI, S. 6, 29 ff.

1485 Gl.M. BIAGGINI, Komm. BV, Art. 121a N 9, N 12; im Ergebnis auch SG Kommentar BV-SCHWEIZER, Art. 121a N 36, der von der Zulässigkeit der «abgeschwächten» Zulassungsbedingungen ausgeht.

1486 UEBERSAX, Jusletter 14. April 2014, Rz. 22.

1487 Zum gleichen Ergebnis kommt auch SG Kommentar BV-SCHWEIZER, Art. 121a N 36.

1488 UEBERSAX, Jusletter 14. April 2014, Rz. 22.

1489 SG Kommentar BV-SCHWEIZER, Art. 121a N 36; so auch UEBERSAX, Jusletter 14. April 2014, Rz. 22; m.w.H. auch Botschaft MEI, S. 311; Argumentarium MEI, S. 37.

Die Verfassungsnorm macht in Art. 121a Abs. 2 Satz 1 und 2 BV weder konkrete zahlenmässige und inhaltliche Vorgaben im Hinblick auf die festzusetzenden Höchstzahlen und Kontingente noch Kompetenzzuweisungen, wer diese festzulegen hat.[1490] Insofern wird dem Gesetzgeber bei der quantitativen Festlegung – mithin bei der Frage des «Wie»[1491] – ein erheblicher Ermessensspielraum belassen,[1492] obwohl dies aus kompetenzrechtlichen Erwägungen wohl an den Bundesrat zu delegieren wäre.[1493] Daraus folgt, dass Art. 121 Abs. 2 Satz 2 BV mangels hinreichender Bestimmtheit zwar nicht direkt anwendbar ist,[1494] aber die zwingend zu verwendenden Instrumentarien und den von der Zuwanderungssteuerung erfassten Adressatenkreis hinreichend genau und verbindlich festlegt.[1495] In diesem Sinn stellt der in Abs. 2 verwendete Begriff des «Aufenthaltes» eine Konkretisierung des weit gefassten Terminus der «Zuwanderung» in Abs. 1 dar.[1496]

Art. 121 Abs. 2 Satz 3 BV normiert sodann, dass der Anspruch auf «dauernden Aufenthalt», auf Familiennachzug und auf Sozialleistungen «beschränkt» werden «kann». Satz 3 soll insbesondere verdeutlichen, dass es der Schweiz frei steht, in diesem Bereich Grenzen bei der Zulassung zu setzen,[1497] sie dies aber nicht zwingend tun muss, da es sich um eine «Kann-Bestimmung» handelt.[1498] Darüber hinaus stellt Art. 121a Abs. 2 Satz 3 BV aufgrund der Formulierung und der Zielsetzung eine nicht abschliessende Aufzählung dar.[1499] Mit «dauerndem Aufenthalt» sind aufgrund der Systematik, der teleologischen sowie der grammatikalischen Auslegung vermutlich jene Konstellationen gemeint, in denen aufgrund gesetzlicher oder völ-

---

1490 So auch Botschaft MEI, S. 314.

1491 BIAGGINI, Komm. BV, Art. 121 N 12.

1492 So auch BIAGGINI, Komm. BV, Art. 121 N 12.

1493 So auch Botschaft MEI, S. 314; Argumentarium MEI, S. 37 ff.

1494 So auch Botschaft MEI, S. 314.

1495 Implizit auch UEBERSAX, Jusletter 14. April 2014, Rz. 41; DERS., Jusletter 20. März 2017, Rz. 10, der vom zwingenden Charakter der Höchstzahlen und Kontingente ausgeht; gl.M. BIAGGINI, Komm. BV, Art. 121a N 12.

1496 Vgl. HESELHAUS/HÄNNI, S. 25, welche Abs. 2–3 als Konkretisierung des Abs. 1 verstehen.

1497 Vgl. Argumentarium MEI, S. 30.

1498 Gl.M. SG Kommentar BV-SCHWEIZER, Art. 121a N 39.

1499 Gl.M. SG Kommentar BV-SCHWEIZER, Art. 121a N 39.

kerrechtsvertraglicher Verpflichtungen ein direkter Anspruch auf eine Bewilligung für einen «dauernden Aufenthalt» besteht (also vornehmlich Niederlassungsbewilligungen).[1500] Erfasst werden auch jene Fälle, in denen ein Anspruch auf Umwandlung in eine Niederlassungsbewilligung aufgrund des FZA gegeben ist; hier sind jedoch allfällige Vertragsanpassungen nach Art. 121a Abs. 4 i.V.m. Art. 197 Ziff. 11 Abs. 1 BV vorbehalten.[1501] Ausserdem werden die Fälle des klassischen ausländerrechtlichen Familiennachzugs sowie des Familienasyls vom Anwendungsbereich erfasst.[1502] Ferner «kann» die Ausrichtung von «Sozialleistungen» beschränkt werden. Der Begriff der «Sozialleistungen» entstammt dem schweizerischen Sozialrecht, weshalb an dieses Begriffsverständnis anzuknüpfen ist. Dem Gesetzgeber ist es gestattet, solche Ansprüche im Rahmen der grund- und verfassungsrechtlichen Grenzen einzuschränken, wobei aufgrund der dispositiven Natur der Norm genügend Raum für eine völkerrechtskonforme Auslegung verbleibt.

Gemäss Art. 121a Abs. 2 Satz 2 BV untersteht grundsätzlich auch der Familiennachzug den Höchstzahlen und Kontingenten, da er unter die Begriffsdefinition des «Aufenthaltes» fällt. Dieser Anwendungsbereich wird jedoch durch Satz 3 relativiert. Angesichts der klaren Formulierung der Norm «kann» der Familiennachzug auch Höchstzahlen und Kontingenten unterworfen werden. Dem Gesetzgeber verbleibt damit ein Ermessensspielraum. Dafür spricht insbesondere der Wortlaut, die Systematik sowie eine völkerrechtskonforme Auslegung der Verfassungsbestimmung.

bbb) Höchstzahlen und Kontingente für ausländische Erwerbstätige

Gemäss Art. 121a Abs. 3 BV sind die jährlichen Höchstzahlen und Kontingente für erwerbstätige Ausländerinnen und Ausländer nach den gesamtwirtschaftlichen Interessen der Schweiz unter Berücksichtigung eines Vorrangs für Schweizerinnen und Schweizer auszurichten, wobei die Grenzgängerinnen und Grenzgänger einzubeziehen sind. Abs. 3 normiert Zusatzvorschriften sowie Voraussetzungen für die Bewilligungserteilung zu Erwerbszwecken und ist als Ergänzung zu Art. 121a Abs. 2 BV zu sehen. Sowohl der

[1500] UEBERSAX, Jusletter 14. April 2014, Rz. 55.

[1501] Vgl. DV, Auswirkungen, passim; HESELHAUS/HÄNNI, S. 45 ff.

[1502] Vgl. Art. 42 ff. AuG, Art. 3 FZA u. Art. 51 AsylG; m.w.H. SG Kommentar BV-SCHWEIZER, Art. 121a N 30.

Wortlaut als auch eine historisch-teleologische Auslegung sowie die Systematik der Verfassungsnorm sprechen für ein solches Verständnis.[1503]

Der Bundesverfassungsgeber hat sich in Art. 121a Abs. 3 BV am bestehenden Konzept für Drittstaatsangehörige orientiert und dieses auf sämtliche Ausländer unabhängig von ihrer Staatsangehörigkeit ausgedehnt. Für die Termini «Höchstzahlen» und «Kontingente» sei daher auf das in Abs. 2 erarbeitete Begriffsverständnis verwiesen. Unter «erwerbstätig» wird nach allgemeinem Sprachgebrauch die Ausübung eines Berufes zu Erwerbszwecken verstanden.[1504] Auch im geltenden Recht wird der Ausdruck der «Erwerbstätigkeit» in Art. 11 Abs. 2 AuG verwendet. Darunter fällt «jede üblicherweise gegen Entgelt ausgeübte unselbstständige oder selbstständige» Tätigkeit.[1505] Der im Ausländerrecht normierte Begriff ist demnach weiter gefasst als der in Art. 27 BV statuierte Terminus der «privatwirtschaftlichen Erwerbstätigkeit».[1506] Da Art. 121 Abs. 3 BV mangels genügender Bestimmtheit für die Rechtsunterworfenen nicht direkt anwendbar ist,[1507] hat sich die Ausführungsgesetzgebung bei der Begrenzung der Zuwanderung ausländischer Arbeitnehmer an Art. 36 und Art. 94 BV zu orientieren. Dies setzt jedoch voraus, dass die Rekrutierungsmöglichkeiten der Arbeitgeber tangiert werden.[1508]

Sodann fordert Art. 121a Abs. 3 BV, dass die jährlichen Höchstzahlen und Kontingente unter Berücksichtigung des Vorrangs für Schweizerinnen und Schweizern festzusetzen sind. Unter den Begriff «Schweizer» werden gemäss Wortlaut und der historischen Auslegung nur Personen mit Schweizer

1503 Vgl. Botschaft MEI, S. 315; Argumentarium MEI, S. 17 f., insb. 39; a.M. UEBERSAX, Jusletter 14. April 2014, Rz. 43; vgl. für die arbeitsmarktbezogenen Vorgaben SG Kommentar BV-HETTICH, Art. 121a N 40; EPINEY, Jusletter 2. Juni 2014, Rz. 9; so auch BJ, Auslegung, S. 16; gl.M. BIAGGINI, Komm. BV, Art. 121a N 13.

1504 Vgl. Duden online.

1505 Vgl. Art. 1a ff. VZAE.

1506 SG Kommentar BV-HETTICH, Art. 121a N 40.

1507 Gl.M. SG Kommentar BV-EHRENZELLER, Art. 121a N 54, der festhält, dass Abs. 1–3 nicht direkt anwendbar sind.

1508 SG Kommentar BV-HETTICH, Art. 121a N 41; vgl. auch BIAGGINI, Komm. BV, Art. 121a N 13.

Staatsangehörigkeit erfasst,[1509] wobei bereits zugelassene, arbeitslose Ausländer nicht unter die Privilegierung fallen.[1510] Eine historisch-teleologische Auslegung verdeutlicht jedoch, dass die Kapazitäten des schweizerischen Marktes ausgeschöpft werden sollen, bevor neue Bewilligungen ausgestellt werden.[1511] Folglich erweist sich der Verfassungswortlaut als zu eng. Mithin werden auch Personen mit ausländischer Staatsangehörigkeit umfasst, die bereits über eine Bewilligung zu Erwerbszwecken verfügen und als arbeitslos angemeldet sind.[1512]

Ein Teil der Lehre plädiert dafür, der normierte Vorrang sei einzig zu «berücksichtigen» und daher nicht «absoluter»[1513] Natur. Das Vorrecht der inländischen Arbeitnehmer entfällt indessen dann, wenn für die betreffende Stelle die fachlichen Voraussetzungen nicht erfüllt werden.[1514] Darüber hinaus ist bei einer neu zu besetzenden Stelle die Privilegierung der inländischen Arbeitnehmer zwingender Natur, da eine solche Relativierung weder durch den Zweck noch durch die systematische und historische Auslegung gedeckt wird.[1515] Insofern greift die Vorrangstellung der inländischen Arbeitnehmer nicht mehr nur hinsichtlich der Drittstaatsangehörigen, sondern auch in Bezug auf EU-/EFTA-Staatsangehörige. Es resultiert ein Widerspruch zwischen der Verfassungsbestimmung und dem FZA, der nicht auf dem Weg der harmonisierenden Auslegung beseitigt werden kann.[1516] Dies

1509 Botschaft MEI, S. 315; Argumentarium MEI, S. 38; Abstimmungserläuterungen MEI, S. 38.

1510 Botschaft MEI, S. 315; BJ, Auslegung, S. 17.

1511 Argumentarium MEI, S. 38 in fine, 39.

1512 Gl.M. UEBERSAX, Jusletter 14. April 2014, Rz. 60; SG Kommentar BV-HETTICH, Art. 121a N 43.

1513 Botschaft MEI, S. 315; gl.M. UEBERSAX, Jusletter 14. April 2014, Rz. 60; BJ, Auslegung, S. 17; SCHLEGEL/SIEBER-GASSER, Rz. 42, 44, 57 ff.; so auch BIAGGINI, Komm. BV, Art. 121a N 13, der darunter keine «rigorose Massgeblichkeit» des Vorrangs versteht.

1514 Vgl. Argumentarium MEI, S. 38.

1515 Vgl. Argumentarium MEI, S. 38; Botschaft MEI, S. 310.

1516 So auch SG Kommentar BV-HETTICH, Art. 121a N 43; BIAGGINI, Komm. BV, Art. 121a N 9, 16; divergierend UEBERSAX, Jusletter 14. April 2014, Rz. 60 in fine; DERS., Jusletter 20. März 2017, Rz. 15, der sich hier für eine «harmonische Auflösung» ausspricht; für eine extensive harmonisierende Auslegung hingegen EPINEY, Jusletter 2. Juni 2014, Rz. 48 ff. u. 74; Botschaft Umsetzung MEI,

bedeutet jedoch nicht, dass der Gesetzgeber nicht weiterhin gewisse Vorrechte gewähren kann. Die Verfassungsbestimmung lässt unterdessen genügend Spielraum für eine solche Ausgestaltung,[1517] sofern der Inländervorrang gegenüber «neuen» Zuwanderern strikt durchgreift.[1518]

Vor diesem Hintergrund verbleibt die Frage, «wo» der Inländervorrang zum Tragen kommen soll. Dem Wortlaut folgend und entgegen der historischen Auslegung[1519] greift dieser bereits bei der Festlegung der jährlichen Höchstzahlen und Kontingente unter Berücksichtigung des inländischen Arbeitsangebots und nicht im konkreten Einzelfall.[1520] Eine Überprüfung der Einhaltung der prioritären Berücksichtigung der Inländer bei der Erteilung der Bewilligung im Einzelfall ist verfassungsrechtlich weder verboten noch geboten.[1521] Art. 121a Abs. 3 BV fordert zusätzlich, dass bei der Festlegung von Höchstzahlen und Kontingenten die Grenzgänger einzubeziehen sind. In erster Linie soll dadurch der weit gefasste Adressatenkreis hervorgehoben werden.[1522] Daraus folgt, dass der in Art. 121a Abs. 1 BV statuierte Begriff der «Zuwanderung» unter systematischen Gesichtspunkten auch die Grenzgänger umfasst.[1523]

Die jährlichen Höchstzahlen und Kontingente für erwerbstätige Ausländer sind dabei an den «gesamtwirtschaftlichen Interessen» der Schweiz auszurichten (Art. 121a Abs. 3 BV). Es scheint fraglich, wie und durch wen die vorgenannten Interessen zu ermitteln sind. Erste Anknüpfungspunkte ergeben sich aus Art. 94 Abs. 2 BV sowie aus dem geltenden Migrationsrecht für

S. 3009 f.; für die Unvereinbarkeit der Verfassungsbestimmung mit dem FZA BR Sommaruga, AB 2016 N 1511.

[1517] Vgl. dazu auch NR Amarelle, AB 2016 N 1513, die von einem «marge de manoeuvre» spricht.

[1518] Vgl. BJ, Auslegung, S. 17; EJPD, Umsetzungskonzept, S. 23; diesen folgend SG Kommentar BV-HETTICH, Art. 121a N 44.

[1519] Vgl. Argumentarium MEI, S. 38.

[1520] UEBERSAX, Jusletter 14. April 2014, Rz. 60; EJPD, Umsetzungskonzept, S. 25, 29; darauf abstellend SG Kommentar BV-HETTICH, Art. 121a N 43.

[1521] UEBERSAX, Jusletter 14. April 2014, Rz. 60.

[1522] Argumentarium MEI, S. 39.

[1523] Vgl. Botschaft MEI, S. 314; EJPD, Umsetzungskonzept, S. 24, 26 f., 38; weniger restriktiv SG Kommentar BV-HETTICH, Art. 121a N 45; extensive Auslegung bei UEBERSAX, Jusletter 14. April 2014, Rz. 61.

die Zulassung von Ausländern zu Erwerbszwecken.[1524] Für Erwerbstätige sind zusätzlich die «gesamtwirtschaftlichen Interessen» zu beachten. E contrario gelten demnach für Nichterwerbstätige weniger strenge Voraussetzungen. Der Gesetzgeber wird Abs. 3 im Rahmen der Ausführungsgesetzgebung entsprechend den inhaltlich zwingenden Vorgaben der Verfassungsnorm zu konkretisieren haben.

Als massgebende Kriterien für die Erteilung einer Aufenthaltsbewilligung gelten nach Art. 121a Abs. 3 BV insbesondere «das Gesuch des Arbeitgebers, die Integrationsfähigkeit und eine ausreichende, eigenständige Existenzgrundlage». Die Aufzählung ist jedoch nicht abschliessender Natur.[1525] So hält bereits Art. 18 lit. b AuG fest, dass für unselbstständig Erwerbstätige ein Gesuch des Arbeitgebers für die Erteilung einer Aufenthaltsbewilligung notwendig ist.[1526] Auch die geforderte «Integrationsfähigkeit» wird bereits in Art. 4 AuG insbesondere für Drittstaatsangehörige verlangt, wohingegen für EU-/EFTA-Bürger kaum Erfordernisse gestellt werden.[1527] In diesem Sinne dehnt Art. 121 Abs. 3 Satz 3 BV den Anwendungsbereich auf EU-bzw. EFTA-Staatsangehörige aus. Gemäss der Botschaft des Bundesrates muss die «Integrationsfähigkeit» für jedes gestellte Gesuch einzeln geprüft werden, was einen ausserordentlichen Verwaltungsaufwand bedingen würde.[1528] Ein Teil der Lehre plädiert hingegen dafür, die «Integrationsfähigkeit» nicht im Sinne von Art. 4 AuG, sondern aufgrund der systematischen Stellung mit Blick auf die Eingliederung in den Arbeitsmarkt nach Art. 96 AuG auszulegen.[1529]

Sodann verlangt Art. 121a Abs. 3 Satz 3 BV für die Erteilung einer Aufenthaltsbewilligung, dass ausländische Staatsangehörige über eine «eigenständige Existenzgrundlage» verfügen. Gemäss den Initianten soll darunter die «absehbare finanzielle Selbständigkeit» des Gesuchstellers verstanden wer-

---

1524 Vgl. Art. 3 Abs. 1, Art. 18 lit. a, Art. 19 lit. a AuG; Botschaft MEI, S. 315; BJ, Auslegung, S. 16; UEBERSAX, Jusletter 14. April 2014, Rz. 59.

1525 Botschaft MEI, S. 312; Argumentarium MEI, S. 31.

1526 SHK AuG-OTT, Art. 18 N 4.

1527 HESELHAUS/HÄNNI, S. 47 f.

1528 Botschaft MEI, S. 321.

1529 SG Kommentar BV-HETTICH, Art. 121a N 48 m.w.H. auf SHK AuG-SCHINDLER, Art. 96 N 14 f.

den.[1530] Diese verfassungsrechtlich verankerte Voraussetzung ist dabei bereits im geltenden Recht implizit normiert. Gemäss Art. 62 lit. e AuG stellt die Sozialhilfeabhängigkeit einen Grund dafür dar, eine Bewilligung und sogar eine Niederlassungsbewilligung zu widerrufen (Art. 63 Abs. 1 lit. c AuG).[1531] Folglich kann für die Begriffspräzisierung auf das geltende Recht Bezug genommen werden.

cc) Verbot neuer widersprechender völkerrechtlicher Verträge

Art. 121a Abs. 4 BV besagt, dass keine neuen völkerrechtlichen Verträge «abgeschlossen» werden dürfen, die gegen die Verfassungsbestimmung verstossen. Abs. 4 begrenzt die allgemeine Kompetenz des Bundes, völkerrechtliche Verträge abzuschliessen,[1532] wenn diese nicht mit Art. 121a BV vereinbar sind. Abs. 4 ist stets in Verbindung mit den materiellen Vorgaben in Abs. 1–3 auszulegen, da andernfalls der Regelungsrahmen nicht genau erfasst werden kann.[1533] Das Abschlussverbot nach Abs. 4 findet nur auf neue völkerrechtliche Verträge Anwendung.[1534] Vom Wortlaut und Normsinn erfasst werden sämtliche neuen «völkerrechtlichen Verträge» bzw. «Verpflichtungen».[1535] Demgemäss gelten auch Änderungen von bestehenden Verträgen dann als «neu», wenn sie gegen die materiellen Vorgaben in Art. 121a Abs. 1–3 BV verstossen, ungeachtet ihrer Einstufung als «genehmigungspflichtige oder executive agreements».[1536] Gemäss der Botschaft des Bundesrates ist der Begriff des «Abschlusses» auslegungsbedürftig.[1537] Ein Teil der Lehre spricht sich dafür aus, diesen in einem rechtstechnischen Sinne zu verstehen, womit es dem Bundesrat weiterhin erlaubt wäre, einen Staatsvertrag im Hinblick auf den parlamentarischen Genehmigungsbe-

---

[1530] Argumentarium MEI, S. 39.

[1531] UEBERSAX, Jusletter 14. April 2014, Rz. 62.

[1532] Botschaft MEI, S. 316.

[1533] Gl.M. SG Kommentar BV-EHRENZELLER, Art. 121a N 50; UEBERSAX, Jusletter 14. April 2014, Rz. 65.

[1534] Gl.M. SG Kommentar BV-EHRENZELLER, Art. 121a N 51; UEBERSAX, Jusletter 14. April 2014, Rz. 63; uneindeutig hingegen Botschaft MEI, S. 316.

[1535] SG Kommentar BV-EHRENZELLER, Art. 121a N 51.

[1536] SG Kommentar BV-EHRENZELLER, Art. 121a N 51, 52, 58.

[1537] Botschaft MEI, S. 316.

schluss zu unterzeichnen.[1538] EHRENZELLER plädiert hingegen für ein weites Begriffsverständnis; einerseits richte sich die Bestimmung nicht nur an den Bundesrat, sondern gerade auch an die Bundesversammlung. Andererseits sei damit nicht nur die «Ratifikation eines genehmigungspflichtigen Vertrages resp. der direkte Vertragsabschluss im Falle von Exekutivabkommen durch den Bundesrat» gemeint.[1539] Sinn und Zweck der Bestimmungen ist es aber gerade zu verhindern, dass der Gesetzgeber durch neue konfligierende völkerrechtliche Verträge bei der Umsetzung der materiellen Vorgaben eingeschränkt wird. Auch aufgrund der systematischen und historischen Auslegung ist der letztgenannten Lehrmeinung zu folgen. In diesem Sinne ist unter «Abschluss» das Eingehen von jeglichen völkerrechtlichen Verpflichtungen gemeint, die in der «Rechtsanwendung» zu einem unvermeidbaren Konflikt mit Art. 121a BV führen könnten,[1540] worunter insbesondere auch die Ansprüche auf Freizügigkeit fallen.[1541] Im Gegensatz dazu sind potentielle Konflikte, wie bspw. Freihandelsabkommen, nicht unter die Verfassungsbestimmung zu subsumieren, sofern im Rahmen der Umsetzungsgesetzgebung Widersprüche beseitigt werden können.[1542]

Art. 121a Abs. 4 BV hält sowohl Tatbestand als auch Rechtsfolgen hinreichend genau fest und kann daher durch die rechtsanwendenden Behörden direkt angewendet werden.[1543] Auch unter systematischen Gesichtspunkten (Art. 121a Abs. 4 i.V.m. Art. 197 Ziff. 11 Abs. 1 BV) erweist sich die Verfassungsnorm als direkt anwendbar. Die gegenteilige Ansicht, wonach Abs. 4 auf die Ausführungsgesetzgebung in Abs. 5 ausgerichtet und daher nicht hinreichend bestimmt sei, vermag nicht zu überzeugen. Konsequenter-

---

1538 So EPINEY, Jusletter 2. Juni 2014, Rz. 19; Botschaft MEI, S. 316; UEBERSAX, Jusletter 14. April 2014, Rz. 68.

1539 SG Kommentar BV-EHRENZELLER, Art. 121a N 52.

1540 So auch EPINEY, Jusletter 15. Juni 2015, Rz. 14; DIES., Jusletter 13. Juni 2016, Rz. 14; SG Kommentar BV-EHRENZELLER, Art. 121a N 52.

1541 SG Kommentar BV-EHRENZELLER, Art. 121a N 52 f.

1542 SG Kommentar BV-EHRENZELLER, Art. 121a N 53; nicht ganz überzeugend UEBERSAX, Jusletter 14. April 2014, Rz. 63 ff.

1543 Gl.M. SG Kommentar BV-EHRENZELLER, Art. 121a N 54; SG Kommentar BV-SCHWEIZER, Art. 121a N 22; SCHLEGEL/SIEBER-GASSER, Rz. 56; a.M. EPINEY, Jusletter 2. Juni 2014, Rz. 32 ff.; DIES., Jusletter 15. Juni 2015, Rz. 17; so auch UEBERSAX, Jusletter 14. April 2014, Rz. 72.

weise würde eine solche Betrachtung bis zum Inkrafttreten der Ausführungsbestimmungen dazu führen, dass die rechtsanwendenden Behörden Verträge abschliessen könnten, die gegen Art. 121a BV verstossen. Dies ist mit Sinn und Zweck der Verfassungsnorm indessen unvereinbar.[1544]

dd) Gesetzgebungsauftrag

Art. 121a Abs. 5 BV hält fest, dass das «Gesetz» die Einzelheiten regelt. Abs. 5 verpflichtet den Gesetzgeber dazu, die materiellen Vorgaben in Abs. 1–3 BV im Sinne von Art. 164 Abs. 1 BV näher zu konkretisieren. Lehre und Rechtsprechung leiten aus diesem Gesetzgebungsauftrag die mittelbare Anwendbarkeit von Art. 121a BV ab.[1545] An dieser Stelle sei jedoch nochmals daran erinnert, dass ein Gesetzgebungsauftrag die direkte Anwendbarkeit einer Verfassungsbestimmung nicht per se auszuschliessen vermag. Vielmehr muss diese durch Auslegung der einzelnen Absätze bestimmt werden. Trotz der unmittelbaren Anwendbarkeit einer Verfassungsnorm kann es verschiedentlich wünschenswert erscheinen, Einzelheiten in einem Ausführungsgesetz näher zu konkretisieren.[1546]

ee) Anpassung widersprechender völkerrechtlicher Verträge

Art. 197 Ziff. 11 Abs. 1 BV sieht vor, dass völkerrechtliche Verträge, die Art. 121a BV widersprechen, innerhalb von drei Jahren nach dessen Annah-

---

[1544] So SG Kommentar BV-EHRENZELLER, Art. 121a N 54; a.M. EPINEY, Jusletter 2. Juni 2014, Rz. 32 ff.; UEBERSAX, Jusletter 14. April 2014, Rz. 72; vgl. zur Zulässigkeit der Ratifizierung des Kroatien-Protokolls zum FZA EPINEY, Jusletter 13. Juni 2016, Rz. 4 ff.

[1545] BGE 142 II 35, 38 E. 3.1 in fine; SG Kommentar BV-EHRENZELLER, Art. 121a N 56; BSK BV-UEBERSAX, Art. 121a N 9; UEBERSAX, Jusletter 14. April 2014, Rz. 72; EPINEY, Jusletter 2. Juni 2014, Rz. 32; DIES., Jusletter 15. Juni 2015, Rz. 15; GLASER/BRUNNER, Rz. 13; KUNZ R., ZaöRV 2014, S. 347 in fine; SCHLEGEL/SIEBER-GASSER, Rz. 39; HESELHAUS/HÄNNI, S. 19, 33; Botschaft MEI, S. 314; a.M. NR Rutz und NR Köppel, AB 2016 N 1510, nach denen Art. 121a BV das «Konzept» darstelle und daher direkt anwendbar sei; vgl. dazu NR Fluri, AB 2016 N 1514, der sich dafür ausspricht, dass ein Umsetzungsbeschluss erforderlich sei; vgl. auch NR Amarelle, AB 2015 N 1513, die aufgrund des Gesetzgebungsauftrags und infolge von BGE 142 II 35 von einer nicht direkten Anwendbarkeit ausgeht.

[1546] Vgl. dazu B.III.2.

me am 9. Februar 2014 durch Volk und Stände «neu» zu «verhandeln» und «anzupassen» sind. Demnach endete die Dreijahresfrist am 9. Februar 2017. Art. 197 Ziff. 11 BV ist aus systematischen Gesichtspunkten stets zusammen mit Art. 121a Abs. 4 BV zu lesen und anzuwenden, da diese eine Einheit bilden.

Abs. 1 bezieht sich auf bereits in Kraft stehende «völkerrechtliche Verträge». Der Begriff stammt aus dem geltenden Verfassungsrecht,[1547] womit auf dieses Verständnis zurückzugreifen ist. Vom Anwendungsbereich erfasst werden demnach sämtliche internationalen Abkommen – unabhängig vom Abschlussverfahren und ihrem Inhalt[1548] – die im Widerspruch zu Art. 121a BV stehen.[1549] Ob ein solcher im konkreten Einzelfall vorliegt, ist durch Auslegung zu ermitteln.

Art. 197 Ziff. 11 Abs. 1 BV stellt keinen reinen Ziel- oder Programmartikel dar,[1550] sondern enthält klare Handlungspflichten im Sinn einer klassischen Aufgabennorm. Die Übergangsbestimmung richtet sich dabei an verschiedene staatliche Akteure: Die Neuverhandlung bzw. Anpassung bestehender völkerrechtlicher Verträge sowie die Kündigung solcher fällt in den Zuständigkeitsbereich des Bundesrates[1551] und muss hierauf von der Bundesversammlung[1552] genehmigt werden. Im Falle eines Widerspruchs zu bestehenden völkerrechtlichen Verträgen kann die Bundesversammlung zwar den Bundesrat zur Kündigung eines Vertrages auffordern, dies jedoch nicht erzwingen. Ein Teil der Lehre plädiert indessen dafür, dass der grundlegende Gehalt von Art. 197 Ziff. 11 Abs. 1 BV nicht im Verhandlungs- und Anpassungsauftrag, sondern im Erlass einer völkerrechtskonformen Umsetzungsgesetzgebung zu erblicken sei.[1553] Es trifft zwar zu, dass die zwischen der

1547 Vgl. Art. 141 Abs. 1 lit. d und Art. 166 Abs. 2 BV.

1548 SG Kommentar BV-EHRENZELLER, Art. 121a N 58; BIAGGINI, Komm. BV, Art. 121a N 15.

1549 Vgl. auch BIAGGINI, Komm. BV, Art. 121a N 16.

1550 In diesem Sinne EPINEY, Jusletter 2. Juni 2014, Rz. 28 ff.; Avenir Suisse, Globalziel, passim; offen hingegen SG Kommentar BV-EHRENZELLER, Art. 121a N 59.

1551 Vgl. Art. 184 Abs. 2 BV.

1552 Vgl. Art. 166 Abs. 2 BV; Ausnahmen in Art. 7a Abs. 2 RVOG.

1553 Vgl. SG Kommentar BV-EHRENZELLER, Art. 121a N 63; in eine ähnliche Richtung plädiert UEBERSAX, Jusletter 14. April 2014, Rz. 75.

Verfassungsnorm und den völkerrechtlichen Verträgen resultierenden Widersprüche vorgängig ermittelt werden müssen, damit überhaupt «Anpassungen und Neuverhandlungen» stattfinden können. Die Entstehungsgeschichte zeigt jedoch, dass die Verfassungsbestimmung insbesondere mit dem FZA nicht vereinbar ist.[1554] Die völkerrechtskonforme Auslegung findet ihre Grenzen stets im Normsinn und im klaren Wortlaut einer Verfassungsregelung.[1555] Art. 197 Ziff. 11 Abs. 1 BV kann aus diesem Grund nicht so gelesen werden, dass die Umsetzungsgesetzgebung einzig völkerrechtskonform auszugestalten sei. Vielmehr ist der übliche Methodenkanon bei der Auslegung des Verfassungsrechts zur Anwendung zu bringen.

Art. 197 Ziff. 11 Abs. 1 BV lässt allerdings offen, wie nach Ablauf der Dreijahresfrist und infolge eines Scheiterns oder der Unmöglichkeit, bestehende völkerrechtliche Verträge anzupassen, weiter vorzugehen ist.[1556] In der Lehre wird zum Teil die Meinung vertreten, dass durch das Verbot, neue völkerrechtliche Verträge abzuschliessen (Art. 121a Abs. 4 BV), sowie aufgrund des Anpassungs- bzw. Neuverhandlungsgebots in Art. 197 Ziff. 11 Abs. 1 BV implizit der Vorrang des Völkerrechts gegenüber Art. 121a BV anerkannt werde.[1557] Eine solche Leseart kann noch mit dem Wortlaut der Verfassungsnorm als vereinbar angesehen werden; sie wird jedoch insbesondere aufgrund der Entstehungsgeschichte und durch Sinn und Zweck der Verfassungsbestimmung nicht mehr gedeckt.[1558] Es wäre denn auch paradox, wenn das nach wie vor strittige Verhältnis des Völkerrechts zum Landesrecht in einer Übergangsbestimmung implizit eine Klärung erfahren würde.[1559]

Unklar erscheint zudem, ob die in Art. 197 Ziff. 11 Abs. 1 BV normierte Dreijahresfrist eine gleichzeitige Verwirkungsfrist für die Rechtsunterworfenen und eine intertemporalrechtliche Norm für die rechtsanwendenden Be-

---

1554 Botschaft MEI, passim; Abstimmungserläuterungen MEI, S. 28; gl.M. BIAGGINI, Komm. BV, Art. 121a N 16, 20.

1555 Vgl. Grundlagenteil B.II.4.

1556 Gl.M. UEBERSAX, Jusletter 16. März 2015, Rz. 13.

1557 UEBERSAX, Jusletter 14. April 2014, Rz. 75, 79; so auch andeutungsweise BGE 142 II 35, 40 E. 3.2 in fine; BSK BV-UEBERSAX, Art. 121a N 8; SCHLEGEL/SIEBER-GASSER, Rz. 19 in fine.

1558 Gl.M. BIAGGINI, ZBl 2016, S. 593; vgl. Argumentarium MEI, S. 39.

1559 BIAGGINI, Komm. BV, Art. 121a N 20.

hörden[1560] darstellt. Auf intertemporalrechtlicher Ebene resultiert daraus, dass konfligierende völkerrechtliche Verträge drei Jahre lang weiterhin ihre Gültigkeit behalten. Nach Ablauf dieser Frist greifen die materiellen Vorgaben von Art. 121a Abs. 1 – 3 BV.[1561] Auf Ebene der Verwirkungsfrist können sich die Rechtsunterworfenen, insbesondere die EU-/EFTA-Staatsangehörigen, drei Jahre lang weiterhin auf ihre Freizügigkeitsrechte berufen. Nach Fristablauf ist von einem Dahinfallen des Anspruchs aufgrund des Zeitablaufs auszugehen. Ungeklärt bleibt angesichts des Wortlautes und der Entstehungsgeschichte, ob nach Fristablauf die Kündigung solcher Verträge zu erfolgen hätte. Der Bundesrat geht in seiner Botschaft von einer Kündigung – insbesondere des FZA – aus.[1562] Die Auffassung, wonach bestehende und mit Art. 121a BV in Widerspruch stehende völkerrechtliche Verträge nach Ablauf der Dreijahresfrist «unverändert weiter gelten», ist abzulehnen.[1563] Eine solche materiell-rechtliche Leseart[1564] kann aufgrund des Wortlauts noch angezeigt sein, steht jedoch im Widerspruch zur Entstehungsgeschichte und insbesondere im Widerspruch zum Sinn und Zweck der Verfassungsnorm. Gemäss einem Teil der Lehre wird die Annahme einer völkerrechtswidrigen Volksinitiative als Auftrag verstanden, die betreffenden völkerrechtlichen Verträge zu kündigen.[1565] Der Verfassungsnorm kann zwar kein expliziter Kündigungsauftrag entnommen werden, jedoch ist nach Ablauf der Dreijahresfrist von einer Handlungspflicht des Gesetzgebers auszu-

---

1560 BIAGGINI, ZBl 2016, S. 593.

1561 Gl.M. BIAGGINI, ZBl 2016, S. 593; DERS., Komm. BV, Art. 121a N 20; a.M. UEBERSAX, Jusletter 14. April 2014, Rz. 79.

1562 Vgl. Botschaft MEI, S. 293; v.a. das FZA steht in einem Widerspruch zur Verfassungsbestimmung.

1563 Vgl. hierzu UEBERSAX, Jusletter 14. April 2014, Rz. 79; im Ergebnis auch BIAGGINI, Komm. BV, Art. 121a N 20.

1564 BIAGGINI, Komm. BV, Art. 121a N 20; DERS., ZBl 2016, S. 592 f.

1565 KUNZ R., ZaöRV 2014, S. 357; BLUM/NAEGELI/PETERS, S. 554; PETERS, Kapitel 8, Rn. 44; SG Kommentar BV-HANGARTNER (2008), Vorbemerkungen zu Art. 192–195 N 6 sowie Art. 139 N 34; Bericht BR Völkerrecht und Landesrecht, S. 2317; Botschaft Tierschutzinitiative, S. 3299.

gehen. Die widersprechenden völkerrechtlichen Verträge müssen entweder gekündigt werden oder die Verfassungsbestimmung ist abzuändern.[1566]

ff) Subsidiäre Verordnungskompetenz des Bundesrates nach drei Jahren

Ist die Ausführungsgesetzgebung zu Art. 121a BV drei Jahre nach Annahme durch Volk und Stände noch nicht in Kraft getreten, so erlässt der Bundesrat «auf diesen Zeitpunkt hin» die Ausführungsbestimmungen «vorübergehend» auf dem Verordnungsweg (Art. 197 Ziff. 11 Abs. 2 BV). Abs. 2 ist zusammen mit Art. 197 Ziff. 11 Abs. 1 BV zu lesen. Erfasst werden sowohl die Vertragsverhandlungen bzw. Anpassungen nach Abs. 1 als auch die ordentliche Ausführungsgesetzgebung nach Art. 121a Abs. 5 BV. Die beiden Tatbestände sind dabei aufgrund der allgemeinen Kompetenzordnung (Verhandlungen-Bundesrat, Genehmigung-Parlament) als kumulativ anzusehen. Der subsidiäre Handlungsauftrag in Abs. 2 entfaltet gemäss EHRENZELLER dabei eine Vorwirkung: «Die ‹Verordnungsgesetzgebung› und alle mit ihr verbundenen Umsetzungsmassnahmen auf Bundes- und Kantonsebene müssen so in die Wege geleitet werden, dass sie gegebenenfalls auf den Tag nach Ablauf der Dreijahresfrist in Kraft treten, also vollzogen werden können».[1567]

Die nach Art. 197 Ziff. 11 Abs. 2 BV vom Bundesrat zu erlassende Verordnung entspricht dabei einer selbstständigen Vollzugsverordnung analog Art. 182 Abs. 2 BV. Dafür spricht der Normwortlaut, der die «Ausführungsbestimmungen» durch den Bundesrat als «vorübergehend» einstuft. Der Gesetzgeber wird jedoch nicht von seiner in Art. 121a Abs. 5 BV auferlegten Handlungspflicht befreit, ein Ausführungsgesetz zu erlassen. Die Verfassungsbestimmung hält fest, dass der Bundesrat «auf diesen Zeitpunkt hin» die Ausführungsbestimmungen auf dem Verordnungsweg erlassen muss, sofern die Ausführungsgesetzgebung bis zum 9. Februar 2017 nicht in Kraft

---

[1566] In zutreffender Weise daher UEBERSAX, Jusletter 14. April 2014, Rz. 79; SG Kommentar BV-EHRENZELLER, Art. 121a N 71; BIAGGINI, ZBl 2016, S. 592; a.M. Botschaft MEI, S. 317; nicht mehr hingegen im Parlament vertretene Ansicht von BR Sommaruga AB 2013 N 1161 ff. u. AB 2013 S 826 ff.; vgl. auch NR Fehr, AB 2013 N 1124; NR Bäumle, AB 2013 N 1128; NR Heim, AB 2013 N 1128 u. SR Jenny, AB 2013 S 821.

[1567] SG Kommentar BV-EHRENZELLER, Art. 121a N 66.

getreten ist. Abs. 2 enthält damit intertemporalrechtliche Elemente; vor Ablauf der Dreijahresfrist ist es dem Bundesrat aufgrund der mittelbaren Anwendbarkeit der Delegationsnorm untersagt, eine selbstständige Vollzugsverordnung zu erlassen.[1568] Ab dem 10. Februar 2017 muss der Bundesrat gestützt auf Art. 197 Ziff. 11 Abs. 2 BV legiferieren. Dabei dürfen die mittelbar anwendbaren materiellen Vorgaben in Art. 121a Abs. 1–3 BV durch die selbstständige Vollzugsverordnung lediglich konkretisiert werden. Geltendes Gesetzesrecht darf weder ergänzt, abgeändert noch derogiert werden, da die Verordnung auf einer mittelbar anwendbaren Delegationsnorm beruht. Unter dem Wort «erlassen» ist entgegen der Auffassung EHRENZELLERS nicht die formelle Inkraftsetzung der Verordnung zu verstehen, sondern es wird lediglich verdeutlicht, dass dem Bundesrat vor Ablauf dieser Frist keine Legiferierungskompetenz zukommt.

Hingegen stellt sich mit Blick auf den direkt anwendbaren Normgehalt von Art. 121a Abs. 4 i.V.m. Art. 197 Ziff. 11 Abs. 1 BV die Frage, ob der Bundesrat widersprechendes Völkerrecht infolge der Ermächtigung zum Erlass der erforderlichen Ausführungsbestimmungen (Art. 197 Ziff. 11 Abs. 2 BV) mittels einer selbstständigen Vollzugsverordnung hätte aufheben, abändern bzw. derogieren dürfen, um den Widerspruch zwischen der Bundesverfassung und dem Völkerrecht, der sich nach Ablauf der Umsetzungsfrist ergibt, zu lösen. Gemäss einem Teil der Lehre hätte der Bundesrat weder Bestimmungen erlassen, die gegen die geltenden völkerrechtlichen Verpflichtungen verstossen, noch durch eine extensive harmonisierende und teleologische Auslegung von Art. 121a BV den Konflikt zwischen der Verfassungsbestimmung und dem FZA in Einklang bringen dürfen.[1569] Dem ist insofern zuzustimmen, als ein solches Vorgehen gestützt auf eine selbstständige Vollzugsverordnung, die auf einer *mittelbar* anwendbaren Delegationsnorm beruht, mit der Stufenordnung der Rechtsordnung unvereinbar erscheint. Auch

---

[1568] Vgl. die Ausführungen zur Zweitwohnungsverordnung C.III.4.b). Der Bundesrat hatte damals vor Ablauf dieser Frist eine Vollzugsverordnung gestützt auf Art. 182 Abs. 2 BV erlassen.

[1569] SG Kommentar BV-EHRENZELLER, Art. 121a N 70; für eine solche harmonisierende und extensive Auslegung aber EPINEY, Jusletter 2. Juni 2014, Rz. 48 ff., 74.

mit Blick auf Art. 190 BV[1570] hätte sich ein solches Vorgehen als unzulässig erwiesen. Die Massgeblichkeit von «Bundesgesetzen» und «völkerrechtlichen Verträgen» hätte selbst dann beachtet werden müssen, wenn sie sich als verfassungswidrig erwiesen hätten.[1571]

Anders hätte es sich für den direkt anwendbaren Normgehalt von Art. 121a Abs. 4 i.V.m. Art. 197 Ziff. 11 Abs. 1 BV verhalten können. Eine direkt anwendbare Verfassungsbestimmung, die absolute Geltung beansprucht und demnach jede Abwägung mit anderen Verfassungs- oder völkerrechtlichen Interessen ausschliesst, wäre als «lex specialis»[1572] bzw. als «lex posterior» vorgegangen. Es ist stets die Verfassungsnorm selbst, die «die Reichweite einer konkurrierenden Verfassungsnorm nach bestimmten Richtungen hin genau festsetzt».[1573] Direkt anwendbare Verfassungsregelungen sind als «autoritative Grenzziehungen des Verfassungsgebers»[1574] zu qualifizieren und hätten auch als solche berücksichtigt werden müssen.[1575] Analoges hätte daher auch mit Blick auf widersprechendes Völkerrecht gelten können.[1576] Die Ausführungen des Bundesgerichts in seinem Leitentscheid zum Ausschaffungsartikel[1577] hätten daher sinngemäss auch für Kollisionen zwischen einer Verfassungsbestimmung und dem Völkerrecht Anwendung finden können. Mithin wären solche Verfassungsnormen im Sinn einer eigentlichen verfassungsrechtlichen Kollisionsregel zu verstehen gewesen.[1578] Das Verbot, neue konfligierende völkerrechtliche Verträge abzuschliessen, und das Neuverhandlungs- bzw. Anpassungsgebot verdeutlichen, dass der Verfas-

---

1570 Ebene der Rechtsanwendung.

1571 Vgl. in Bezug auf Bundesgesetze SG Kommentar BV-HANGARTNER/LOOSER, Art. 190 N 7.

1572 TSCHANNEN, Staatsrecht, § 4 Rz. 41; BAUMANN, ZBl 2007, S. 199 m.w.H.; SG Kommentar BV-HANGARTNER (2008), Art. 190 N 33; NOBS, S. 33.

1573 TSCHANNEN, Staatsrecht, § 4 Rz. 41.

1574 TSCHANNEN, Staatsrecht, § 4 Rz. 41.

1575 TSCHANNEN, Staatsrecht, § 4 Rz. 41.

1576 Vgl. für einen Vorrang bewusst völkerrechtswidrigen Landesrechts SASSÓLI, S. 194 ff..; so auch SCHÖBI, S. 135 f.

1577 BGE 139 I 16, 25 E. 4.2.2.

1578 Vgl. BGE 139 I 16, 25 E. 4.2.2; vgl. TSCHANNEN, Staatsrecht, § 4 Rz. 41, der richtigerweise festhält, dass in einem solchen Fall kein wirklicher «Widerspruch im rechtstechnischen Sinn» mehr vorliegt.

sungsgeber eine Vorrangstellung von Art. 121a BV gegenüber widersprechendem Völkerrecht statuiert hat. Für die Ebene der Gesetzgebung wäre die Vorrangfrage – angesichts der vom Verfassungsgeber vorgenommenen Grenzziehung – geklärt gewesen.

Für die Ebene der Rechtsanwendung hätte Folgendes resultiert: Das Massgeblichkeitsgebot für Bundesgesetze wird dann durchbrochen, wenn eine selbstständige Vollzugsverordnung, die auf einer direkt anwendbaren Verfassungsbestimmung beruht oder eine selbstständige gesetzesvertretende Verordnung[1579] vorliegt. Aufgrund der normhierarchischen Gleichstellung von Bundesgesetzen und dem Völkerrecht[1580] wäre es konsequent, auch die Durchbrechung des Massgeblichkeitsprinzips des Völkerrechts durch selbstständige Vollzugsverordnungen gestützt auf eine direkt anwendbare Verfassungsbestimmung[1581] in Betracht zu ziehen. Gleiches gilt für selbstständige gesetzesvertretende Verordnungen, die auf einer direkt anwendbaren Delegationsnorm beruhen. Diese Betrachtungsweise wird durch Art. 190 BV bekräftigt, da gerade nicht die landesrechtliche materiell-rechtliche Normenhierarchie berücksichtigt wird, sondern verfahrensrechtliche Anwendungsgebote entgegen der Hierarchie statuiert werden.[1582]

Im Ergebnis hätte der Bundesrat, gestützt auf den unmittelbar anwendbaren Normgehalt von Art. 121a Abs. 4 i.V.m. Art. 197 Ziff. 11 Abs. 1 BV, den Widerspruch zwischen der Bundesverfassung und dem Völkerrecht mittels selbstständiger Vollzugsverordnung nach Ablauf der Umsetzungsfrist und

---

[1579] Hier greift die Kollisionsregel «lex posterior derogat legi priori».

[1580] Das Völkerrecht steht nicht über Bundesgesetzen oder dem Landesrecht, Art. 190 BV gibt darüber keine Hinweise, vgl. Botschaft BV, S. 429; BIAGGINI, Komm. BV, Art. 190 N 16; HERTIG, S. 241; KÄLIN, ZSR 1993, S. 75 f.; DERS., Verfahren, S. 36 f.; LOOSER, § 8 Rz. 372 ff.; SCHERRER, S. 186; AUER, Verfassungsgerichtsbarkeit, S. 104; RHINOW/SCHEFER/UEBERSAX, Rz. 2861; TSCHANNEN, Staatsrecht, § 9 Rz. 27; BGE 136 II 241, 255 E. 16.1; BGE 131 II 352, 355 E. 1.3.1; BGE 125 II 417, 424 E. 4d; BGE 117 Ib 367, 372 E. 2e; a.M. EPINEY, Jusletter 2. Juni 2014, Rz. 53; vgl. auch für das FZA BGE 142 II 35, 39 E. 3.2.

[1581] Diese bildet die Delegationsnorm.

[1582] SG Kommentar BV-HANGARTNER/LOOSER, Art. 190 N 24.

der damit gewährten Anpassungszeit klären können.[1583] In diesem Sinn hätten auch die in Art. 121a Abs. 1–3 BV normierten Ziele und zu verwendenden Instrumente in der Verordnung – soweit notwendig – konkretisiert werden können. Dem Bürger wären damit auch keine neuen Rechte und Pflichten auferlegt worden, da im Falle des FZA der Anspruch auf Bewilligungserteilung nicht mehr gegriffen hätte. Freilich wäre durch eine solche Verordnungsregelung faktisch eine Präjudizierung der ordentlichen Gesetzgebung erfolgt.[1584] Insbesondere die Klärung der Vorrangfrage wäre entgegen dem Wortlaut der Verfassungsbestimmung nicht nur «vorübergehend» gewesen. Mithin wären auch die Überprüfungsmöglichkeiten des Bundesgerichts im Rahmen einer akzessorischen Normenkontrolle angesichts des dem Bundesrat eingeräumten politischen Entscheidungsspielraums eingeschränkt gewesen.[1585]

Das geltende AuG und AsylG hätten durch die selbstständige Vollzugsverordnung jedoch trotz der Klärung des Widerspruchs zwischen Art. 121a BV und dem Völkerrecht nicht derogiert werden können, da Art. 121a Abs. 1–3 BV nicht direkt anwendbar sind. Eine Nichtanwendung und damit eine faktische Derogation von entgegenstehendem Recht auf Stufe des Gesetzes[1586] wäre dagegen aus der direkten Anwendbarkeit von Art. 121a Abs. 4 i.V.m. Art. 197 Ziff. 11 Abs. 1 BV möglich gewesen. Sofern Bundesgesetze aufgrund geltender, aber mit Art. 121a BV in Konflikt stehender Staatsverträge Rechte und Pflichten einräumen, wären diese kraft der direkten Anwendbarkeit von Art. 121a Abs. 4 i.V.m. Art. 197 Ziff. 11 Abs. 1 BV faktisch derogiert worden. Bis zur Anpassung des Bundesgesetzes wäre die Verfassungsbestimmung funktionell an dessen Stelle getreten. Dies hätte insofern auch mit Blick auf das Massgeblichkeitsgebot (Art. 190 BV) der Bundesgeset-

---

1583 Der Gesetzgeber hat innerhalb der verfassungsrechtlich normierten Umsetzungsfrist ein Ausführungsgesetz erlassen, weshalb der Bundesrat keine «vorübergehenden» Ausführungsbestimmungen erlassen musste.

1584 JAAG/RÜSSLI, S. 19; so auch HUBER, Rz. 246.

1585 Vgl. oben C.IV.4.b)aa).

1586 Insbesondere von Art. 2 Abs. 2 AuG.

ze[1587] standgehalten, da eine direkt anwendbare Verfassungsbestimmung älteren Bundesgesetzen stets vorgeht.[1588]

gg) Einordnung

Art. 121a BV befindet sich aufgrund seiner systematischen Stellung im 9. Abschnitt des 2. Kapitels des 3. Titels der Bundesverfassung im Bereich der Aufgaben- und Kompetenznormen zum Aufenthalt und Niederlassung von Ausländerinnen und Ausländern. Art. 121a BV ist nicht kompetenzbegründend, vielmehr ergeben sich die entsprechenden Zuständigkeiten aus Art. 121 BV.[1589] Dabei bildet Art. 121 BV ein Gemisch aus drei unterschiedlichen Normkategorien. Abs. 1 stellt eine reine Kompetenznorm dar. Der Bund verfügt damit über eine Gesetzgebungskompetenz mit nachträglich derogatorischer Wirkung. Die Kompetenz ist im Hinblick auf den Status und die Stellung von Ausländern als umfassend anzusehen.[1590] Im Gegensatz zu Art. 121 Abs. 1 BV ist die in Art. 121a Abs. 1 BV verankerte Pflicht zur Zuwanderungssteuerung kein Ermessensentscheid, sondern eine Handlungspflicht.[1591]

aaa) Harmonisierende Auslegung

Aus Art. 121a Abs. 1–3 i.V.m. Art. 197 Ziff. 11 BV lässt sich kein expliziter Vorrang vor anderen Verfassungsnormen ableiten.[1592] Die Verfassung schreibt die zu befolgende Methode und die zu verwendenden Instrumentarien in Abs. 1–3 zwar verbindlich vor, belässt dem Gesetzgeber aber auch einen gewissen Ermessens- und Gestaltungsspielraum bei der Konkretisie-

[1587] Hier ist die Ebene der Rechtsanwendung betroffen.

[1588] SG Kommentar BV-HANGARTNER/LOOSER, Art. 190 N 17 m.w.H. auf Botschaft BV, S. 429; HALLER, in: Aubert et al., Komm. BV 1874, Art. 113 N 219 f.; BIAGGINI, Komm. BV, Art. 190 N 14; BRUNNER, S. 50; TSCHANNEN, Staatsrecht, § 8 Rz. 10; AUER/MALINVERNI/HOTTELIER, Rz. 1951.

[1589] BSK BV-UEBERSAX, Art. 121a N 12; BIAGGINI, Komm. BV, Art. 121a N 6.

[1590] Vgl. statt aller SG Kommentar BV-THURNHERR, Art. 121 N 3.

[1591] UEBERSAX, Jusletter 14. April 2014, Rz. 12; BSK BV-UEBERSAX, Art. 121a N 12 in fine.

[1592] BSK BV-UEBERSAX, Art. 121a N 32; ähnlich SG Kommentar BV-SCHWEIZER, Art. 121a N 24.

rung.[1593] In diesem Rahmen muss das übrige Verfassungsrecht berücksichtigt und praktische Konkordanz hergestellt werden. Dies gilt insbesondere für die Anforderungen rechtsstaatlichen Handelns nach Art. 5 BV. Soweit die Wirtschaftsfreiheit der Arbeitgeber durch die eingeschränkten Rekrutierungsmöglichkeiten aufgrund der normierten Zuwanderungsbegrenzung (Abs. 2 und 3) berührt wird, muss im Rahmen der Ausführungsgesetzgebung Art. 36 und Art. 94 BV berücksichtigt werden,[1594] da keine unmittelbare verfassungsrechtliche Beschränkung vorliegt. Die erwerbstätigen Ausländerinnen und Ausländer (Abs. 3) können sich gemäss höchstrichterlicher Rechtsprechung nur bei Vorhandensein eines Anspruches auf Erwerbstätigkeit auf Art. 27 BV berufen.[1595] Für bereits zugelassene Erwerbstätige ist die Zuwanderungsbegrenzung in der Ausführungsgesetzgebung wettbewerbsneutral und anhand sachlich begründeter Kriterien auszugestalten.[1596] Hingegen bewirkt Art. 121a Abs. 2 und 3 BV für die Zulassung neuer ausländischer Arbeitnehmer eine unmittelbare verfassungsrechtliche Beschränkung.[1597] Art. 121a i.V.m. Art. 197 Ziff. 11 BV enthält eine besondere Ermächtigung für den Bund, gemäss Art. 94 Abs. 4 BV (sog. Verfassungsvorbehalt)[1598] grundsatzwidrige Massnahmen pro- und retrospektiv[1599] zu erlassen.[1600] Für Staatsverträge, die einen Anspruch auf Bewilligungserteilung zu Arbeitszwecken

---

1593 Gl.M. BIAGGINI, Komm. BV, Art. 121 N 12.

1594 SG Kommentar BV-HETTICH, Art. 121a N 41 m.w.H. auf UEBERSAX, Jusletter 14. April 2014, Rz. 15; ähnlich BGE 130 I 26, 42 f. E. 4.5.

1595 BSK BV-UEBERSAX, Art. 121a N 33 m.w.H. auf BGE 123 I 212; BGE 131 I 223, 226 E. 1.1; vgl. BGE 130 I 26, 42 f. E. 4.5; diese Rechtsprechung wird kritisiert vgl. hierzu KIENER/MEDICI, S. 147 f. m.w.H.

1596 SG Kommentar BV-HETTICH, Art. 121a N 41; UEBERSAX, Jusletter 14. April 2014, Rz. 15; BSK BV-UEBERSAX, Art. 121a N 33.

1597 A.M. SG Kommentar BV-HETTICH, Art. 121a N 41.

1598 Vgl. hierzu statt vieler BIAGGINI, Komm. BV, Art. 94 N 13.

1599 Vgl. das Abschlussverbot widersprechender völkerrechtlicher Verträge in Art. 121a Abs. 4 BV (prospektiv), das durch Art. 197 Ziff. 11 Abs. 1 BV nach Ablauf der Umsetzungsfrist (retrospektiv) ergänzt wird.

1600 Vgl. Art. 105 und Art. 106 Abs. 2 BV, die aufgrund der darin enthaltenen Bundeskompetenz zu einer impliziten Abweichung ermächtigen; explizit zur Abweichung ermächtigen demgegenüber Art. 100 Abs. 3, Art. 101 Abs. 2, Art. 103 Satz 2, Art. 104 Abs. 2 BV, vgl. hierzu statt vieler BIAGGINI, Komm. BV, Art. 94 N 14a.

einräumen, ist für die Dauer von drei Jahren die Berufung auf Art. 27 BV statthaft (intertemporalrechtliche Norm). Nach Fristablauf greifen die absoluten Norminhalte. Damit wird der Bund für geltende und mit Art. 121a BV in Widerspruch stehende Staatsverträge retrospektiv zum Erlass grundsatzwidriger Massnahmen ermächtigt.

Für die Einschränkung der Wirtschaftsfreiheit wird nebst der verfassungsrechtlichen Grundlage auch die Prüfung der Voraussetzungen nach Art. 36 BV gefordert. So müssen ausser einer gesetzlichen Grundlage (Abs. 1) auch ein öffentliches Interesse (Abs. 2) sowie die Verhältnismässigkeit (Abs. 3) gegeben sein. Die Steuerung der Zuwanderung liegt im Ziel- und Kompetenzbereich von Art. 121 BV, womit ein grundsatzkonformes[1601] öffentliches Interesse für die Beschränkung der Wirtschaftsfreiheit ausländischer Arbeitnehmer gegeben ist. Zudem erweist sich eine Zuwanderungsbegrenzung als nicht unverhältnismässig, da die Höchstzahlen und Kontingente jährlich neu festgelegt werden müssen. Als Kombination einer Aufgaben-, Kompetenz- und Zielnorm steht Art. 121a BV im gleichen Rang wie die Grundrechte; es ist daher praktische Konkordanz herzustellen.[1602] Es sei an dieser Stelle nochmals daran erinnert, dass die Herstellung praktischer Konkordanz ihre Grenzen im klaren Wortlaut und im eindeutigen Normsinn einer Verfassungsbestimmung findet.[1603] Die vorliegend normierten Zielvorgaben, die für die Zuwanderungssteuerung zu verwendenden Instrumentarien und der von der Verfassungsbestimmung erfasste Adressatenkreis sind hinreichend klar umschrieben. Eine harmonisierende Auslegung von Art. 121a BV und Art. 27 BV nach Ablauf der Umsetzungsfrist in Art. 197 Ziff. 11 Abs. 1 BV stösst aufgrund des klaren Wortlauts von Art. 121a Abs. 4 i.V.m. Art. 197 Ziff. 11 Abs. 1 BV an ihre Grenzen.[1604]

[1601] Vgl. hierzu statt vieler BIAGGINI, Komm. BV, Art. 94 N 13.

[1602] Vgl. statt aller HÄFELIN/HALLER/KELLER/THURNHERR, N 689.

[1603] Vgl. Grundlagenteil B.II.4.

[1604] A.M. BSK BV-UEBERSAX, Art. 121a N 7; EPINEY, Jusletter 2. Juni 2014, Rz. 44 ff., insb. 48 ff., 74; UEBERSAX, Jusletter 14. April 2014, Rz. 15, die zwingend von einer auf Harmonisierung ausgerichteten Auslegung ausgehen; verneinend hingegen SG Kommentar BV-EHRENZELLER, Art. 121a N 70.

bbb) Kollision zwischen Bundesverfassung und Völkerrecht

Art. 121a Abs. 1–3 i.V.m. Art. 197 Ziff. 11 Abs. 2 BV sind nicht direkt anwendbar.[1605] Zwar enthalten sie überwiegend präzise Anweisungen an den Gesetzgeber, insbesondere hinsichtlich der zeitlichen Umsetzungsdauer und der materiellen Ausgestaltung der Zuwanderungssteuerung, überlassen dem Gesetzgeber aber auch gewisse Ermessenspielräume bei der Konkretisierung.[1606] Insofern kann von einer punktuell offenen Norm gesprochen werden, die dem Gesetzgeber einen Interpretationsspielraum im Hinblick auf die materielle Verwirklichung der Verfassungsanliegen belässt. Der vom Anwendungsbereich der Verfassungsnorm erfasste Personenkreis und die zu verwendenden Instrumentarien für die Zuwanderungssteuerung werden durch Art. 121a Abs. 1–3 BV hingegen verbindlich festgelegt.[1607] Diese sind im Rahmen der Ausführungsgesetzgebung zu verwirklichen. Im Unterschied dazu ist Art. 121a Abs. 4 i.V.m. Art. 197 Ziff. 11 Abs. 1 BV für die rechtsanwendenden Behörden direkt anwendbar. Diese haben zuerst zu bestimmen, wann ein völkerrechtlicher Vertrag gegen Art. 121a Abs. 1–3 BV verstösst. Aus der systematischen sowie historisch-teleologischen Auslegung folgt, dass im Widerspruchsfall zum einen der Abschluss neuer widersprechender völkerrechtlicher Verträge untersagt ist. Zum anderen sind bestehende, konfligierende völkerrechtliche Verträge neu zu verhandeln bzw. anzupassen.[1608]

[1605] So auch Botschaft MEI, S. 315, 322; EPINEY, Jusletter 2. Juni 2014, Rz. 1, 10, 40; SCHLEGEL/SIEBER-GASSER, Rz. 39; SG Kommentar BV-SCHWEIZER, Art. 121a N 22 und SG Kommentar BV-EHRENZELLER, Art. 121a N 56; UEBERSAX, Jusletter 14. April 2014, Rz. 72, 84; BSK BV-UEBERSAX, Art. 121a N 9; GLASER/BRUNNER, Rz. 13; BGE 142 II 35, 38 E. 3.1; NR Fluri, AB 2016 N 1514 in fine; a.M. NR Köppel u. NR Rutz, AB 2016 N 1510.

[1606] BSK BV-UEBERSAX, Art. 121a N 8, der von «erheblichen Gestaltungsspielräumen» spricht; SG Kommentar BV-HETTICH, Art. 121a N 40, der trotz der einschränkenden Vorgaben in Abs. 3 von einem «beachtlichen» Gestaltungsspielraum des Gesetzgebers ausgeht.

[1607] Gl.M. BIAGGINI, Komm. BV, Art. 121a N 12, der einen Gestaltungsspielraum bei der Frage des «Wie», jedoch nicht bei der Frage des «Ob» sieht.

[1608] Gl.M. BIAGGINI, Komm. BV, Art. 121a N 16; a.M. EPINEY, Jusletter 10. August 2015, Rz. 1 f., 7 ff., welche die «rechtliche Undurchführbarkeit» der Verfassungsbestimmung diskutiert.

Entgegen einem Teil der Lehre ist gemäss Art. 121a Abs. 4 i.V.m. Art. 197 Ziff. 11 Abs. 1 BV widersprechendes Völkerrecht nicht unmassgeblich,[1609] sondern behält während der in Art. 197 Ziff. 11 Abs. 1 und 2 BV festgesetzten Dauer (intertemporalrechtliche Norm) weiterhin seine Gültigkeit. Nach Ablauf dieser Frist müssen der Gesetzgeber und der Bundesrat den Widerspruch durch Neuverhandlungen und Anpassungen der völkerrechtlichen Verträge auflösen.[1610] Weder Art. 5 Abs. 4 BV[1611] noch Art. 190 BV[1612] lässt sich eine Aussage über die Normenhierarchie zwischen dem Landesrecht und dem Völkerrecht entnehmen. Vielmehr regeln sie lediglich, dass beide «beachtet» werden müssen bzw. für die rechtsanwendenden Behörden «massgebend» sind.[1613] Dem Bundesverfassungsgeber und Gesetzgeber steht es indessen frei, widersprechende völkerrechtliche Verträge zu unterlaufen (Schubert-Praxis)[1614] bzw. den Bundesrat zur Kündigung aufzufordern.[1615]

Das Bundesgericht verneinte eine solche Auffassung in seinem Leitentscheid vom 26. November 2015 und hielt fest, dass in Übereinstimmung mit Art. 27 des Wiener Übereinkommens über das Recht der Verträge (VRK) «in der Rechtsanwendung völkerrechtliche Normen widersprechendem Landesrecht» vorgehen würden.[1616] Eine Ausnahme sei dann möglich, wenn der Gesetzgeber «bewusst» die völkerrechtliche Verpflichtung missachten und

---

1609 Vgl. BSK BV-UEBERSAX, Art. 121a N 8.

1610 BIAGGINI, ZBl 2016, S. 593; DERS., Komm. BV, Art. 121 N 20.

1611 REICH, ZaöRV 2008, S. 994; NOBS, S. 284, der von der Zulässigkeit von Ausnahmen ausgeht; vgl. MALINVERNI, S. 461; BIAGGINI, in: Biaggini et al., § 9 Rz. 28.

1612 Vgl. Botschaft BV, S. 429; BIAGGINI, Komm. BV, Art. 190 N 16; HERTIG, S. 241; KÄLIN, ZSR 1993, S. 75 f.; DERS., Verfahren, S. 36 f.; LOOSER, § 8 Rz. 372 ff.; SCHERRER, S. 186; AUER, Verfassungsgerichtsbarkeit, S. 104; RHINOW/SCHEFER/UEBERSAX, Rz. 2861; TSCHANNEN, Staatsrecht, § 9 Rz. 27.

1613 EPINEY, Jusletter 2. Juni 2014, Rz. 42; UEBERSAX, Jusletter 14. April 2014, Rz. 75; vgl. für Art. 190 BV auch DUBEY, Droits fondamentaux, Rz. 939.

1614 Verneinend hingegen BGE 142 II 35, 40 E. 3.2, nach dem die Schubert-Rechtsprechung «im Verhältnis zur Europäischen Union und den von der Schweiz im Freizügigkeitsrecht staatsvertraglich eingegangenen Pflichten nicht» gilt.

1615 Vgl. zur fehlenden Erzwingbarkeit der Kündigung durch den Bundesrat C.V.3.b)ee).

1616 BGE 142 II 35, 39 E. 3.2 m.w.H. auf BGE 139 I 16, 28 E. 5.1; BGE 138 II 524, 532 f. E. 5.1 m.w.H.

insoweit auch die politische Verantwortung dafür «bewusst» tragen wolle.[1617] Diese Rechtsprechung gelte jedoch nicht für menschenrechtliche Verpflichtungen, auch wenn der Gesetzgeber dagegen verstossen wolle. Diesfalls sei ein Vorrang des Völkerrechts gegenüber dem Landesrecht gegeben.[1618] Das Bundesgericht erweiterte diese Rechtsprechung in Bezug auf das FZA und stellte fest, dass «falls innerstaatliche Rechtsänderungen vom Freizügigkeitsabkommen abweichen sollten und diese nicht durch völkerrechtskonforme Auslegung in Übereinstimmung mit dem FZA angewendet werden könnten»,[1619] die Schubert-Praxis «im Verhältnis zur Europäischen Union und den von der Schweiz im Freizügigkeitsrecht staatsvertraglich eingegangenen Pflichten»[1620] nicht zur Anwendung gelange. Dabei würde im Falle eines Normkonfliktes in der Rechtsanwendung das FZA vorgehen.[1621] Zu Recht wurde daher in der Lehre die Problematik erörtert,[1622] weshalb sich das Bundesgericht zu Fragen äusserte, die in keinem unmittelbaren Zusammenhang mit der Beschwerde standen, die im damaligen Umsetzungsprozess von Art. 121a BV – womit wohl die «innerstaatlichen Rechtsänderungen» gemeint waren – aber von grosser politischer Relevanz waren.

Die Frage ist insbesondere kompetenzieller Natur. Der vom Bundesgericht postulierte «abstrakt-hypothetische»[1623] Vorrang des FZA auch gegenüber vom Gesetzgeber «bewusst» beabsichtigten Völkerrechtsverletzungen kann nicht ohne Weiteres unberücksichtigt bleiben, zumal die Regelung von Vorrangfragen in erster Linie dem Bundesverfassungsgeber und hiernach der

1617 BGE 142 II 35, 39 E. 3.2 m.w.H. auf BGE 99 Ib 39, 44 f. E. 3 u. 4 (Schubert); BGE 138 II 524, 534 f. E. 5.3.2.

1618 BGE 142 II 35, 39 E. 3.2 m.w.H. auf BGE 125 II 417, 425 E. 4d (PKK); BGE 139 I 16, 28 f. E. 5.1.

1619 BGE 142 II 35, 40 E. 3.3.

1620 BGE 142 II 35, 39 f. E. 3.2.

1621 BGE 142 II 35, 39 f. E. 3.2; ebenso die Bewertung bei TOBLER, Rz. 48.

1622 Vgl. dazu BIAGGINI, ZBl 2016, S. 594 f.; GLASER/BRUNNER, Rz. 4, 12; a.M. EPINEY, Jusletter 14. März 2016, Rz. 15, welche die Klärung der Normhierarchie zwischen Völkerrecht und nationalem Recht als Voraussetzung für die Beantwortung der Frage nach der anwendbaren Auslegungsmethodik ansieht; vgl. auch NAY, Rz. 15, der diese Fragestellung für relevant hält.

1623 BIAGGINI, ZBl 2016, S. 595.

Bundesversammlung als Organ der Gesetzgebung obliegt. Aufgrund der fehlenden direkten Anwendbarkeit der Verfassungsnorm ist es dem Bundesgericht indessen verwehrt, Vorrangregelungen aufzustellen. In einem solchen Fall obliegt die Verfassungskonkretisierung der Legislative.[1624] Mithin hat das Bundesgericht durch den postulierten Vorrang des FZA die Schwelle zur Verfassungskonkretisierung überschritten und damit in den Zuständigkeitsbereich des Gesetzgebers eingegriffen (Art. 188 BV). Es müsste in einem solchen Rechtsanwendungsfall vielmehr prüfen, ob infolge eines bewussten Verstosses des Gesetzgebers gegen das Völkerrecht dieses nicht zurückzutreten hätte. Folglich oblag dem Bundesgericht einzig die Rechtsanwendung (Schubert-Praxis) und nicht die Verfassungskonkretisierung.[1625]

Dies gilt umso mehr bei auf Volksinitiativen beruhendem Verfassungsrecht.[1626] Auch wenn das FZA über eine demokratische Legitimation[1627]

1624 TSCHANNEN, in: Belser et al., S. 131; FORSTMOSER/VOGT, § 15 N 3 f.; HUBER, S. 195; a.M. AUER, Verfassungsgerichtsbarkeit, S. 85.

1625 Vgl. auch KÜNZLI im Hinblick auf die «Schubert-Praxis», S. 70; es scheint denn überhaupt fraglich, ob das Bundesgericht durch seine beiden Leitentscheide BGE 139 I 16 und BGE 142 II 35 die «Schubert-Praxis» aufgegeben hat. Vgl. hierzu die umfassende Rechtsprechungsanalyse bei SCHÜRER, ZBl 2015, S. 115 ff.; dieser Meinung ist HANGARTNER, AJP 2013, S. 702; so auch BIAGGINI, ZBl 2016, S. 595, der davon ausgeht, dass die Schubert-Praxis «sektoriell» aufgegeben wurde; gl.M. TOBLER, Rz. 48 ff.; so auch TSCHANNEN, Staatsrecht, § 9 Rz. 34; KÄLIN/EPINEY/CARONI/KÜNZLI, S. 124; vorsichtiger SG Kommentar BV-TSCHUMI/SCHINDLER, Art. 5 N 83; RHINOW/SCHEFER/UEBERSAX, Rz. 3643b, die von «einer neuen Ausnahme zur Schubert-Praxis» sprechen.

1626 Vgl. auch Bericht BR Verhältnis Völkerrecht und Landesrecht, S. 2309.

1627 Vgl. BGE 142 II 35, 39 E. 3.2; das FZA unterstand dem fakultativen Referendum nach Art. 141 BV, vgl. hierzu Bundesbeschluss vom 8. Oktober 1999 über die Genehmigung der sektoriellen Abkommen zwischen der Schweizerischen Eidgenossenschaft einerseits und der Europäischen Gemeinschaft sowie gegebenenfalls ihren Mitgliedstaaten oder der Europäischen Atomgemeinschaft andererseits, AS 2002 1527; Bundesbeschluss über die Genehmigung und Umsetzung des Protokolls über die Ausdehnung des Freizügigkeitsabkommens auf die neuen EG-Mitgliedstaaten zwischen der Schweizerischen Eidgenossenschaft einerseits und der Europäischen Gemeinschaft und ihren Mitgliedstaaten andererseits sowie über die Genehmigung der Revision der flankierenden Massnahmen zur Personenfreizügigkeit vom 17. Dezember 2004, AS 2006 979; Bundesbeschluss vom 13. Juni 2008 über die Genehmigung der Weiterführung des Freizügigkeitsabkommens zwischen der Schweiz und der Europäischen Gemein-

verfügt, so steht es dem Bundesverfassungsgeber dennoch zu, einer neuen Verfassungsbestimmung im Sinne einer eigentlichen Kollisionsregel den Vorrang vor dem Völkerrecht zukommen zu lassen. Bei widersprechenden Willenskundgaben muss die jüngere Willensäusserung des Bundesverfassungsgebers, gestützt auf die «lex posterior»- Regel, Vorrang geniessen.[1628] Soweit die Verfassungsbestimmung die zuständigen Organe dazu verpflichtet, den Konflikt mit entgegenstehendem Völkerrecht zu lösen, ist davon auszugehen, dass das Völkerrecht bis zur Auflösung der Verpflichtung anzuwenden ist.[1629] Genau dies regelt Art. 121a Abs. 4 i.V.m. Art. 197 Ziff. 11 Abs. 1 BV. Nach Ablauf der Umsetzungsfrist von drei Jahren greifen die absoluten Normgehalte der Verfassungsbestimmung.[1630] In diesem Sinne geht der Zuwanderungsartikel im Verhältnis zu anderen Verfassungsbestimmungen als speziellere und im Verhältnis zum Völkerrecht als jüngere Norm vor. Das Bundesgericht kann sich folglich nicht auf Art. 190 BV berufen und

---

schaft und ihren Mitgliedstaaten sowie über die Genehmigung und die Umsetzung des Protokolls über die Ausdehnung des Freizügigkeitsabkommens auf Bulgarien und Rumänien, AS 2009 2411.

1628 Für einen Vorrang des jüngeren Verfassungsrechts BAUMANN, ZBl 2010, S. 262 m.w.H.; DERS., Einfluss, Rz. 362, 403 ff.; SG Kommentar BV-HANGARTNER (2008), Art. 190 N 13, 33; SG Kommentar BV-HANGARTNER (2008), Art. 5 N 49; NOBS, S. 33; GLASER, AJP 2013, S. 69; indirekt auch Botschaft BV, S. 429. Für einen Vorrang des Verfassungsrechts im Hinblick auf mit dem Völkerrecht kollidierende Verfassungsbestimmungen unter analoger Anwendung der Schubert-Praxis, HANGARTNER, in: Schluep et al., S. 669; vgl. auch SCHERRER, S. 281; NOBS, S. 362 ff.; ACHERMANN, S. 78. Vgl. für einen Vorrang bewusst völkerrechtswidrigen Landesrechts SASSÓLI, S. 194 ff..; so auch SCHÖBI, S. 135 f. Vgl. auch Botschaft Tierschutzinitiative, S. 3307; Botschaft Minarettinitiative, S. 7645 und 7650 f., in denen der Bundesrat dafür plädiert, eine Annahme der Initiative zwinge die Schweiz zur Verletzung fundamentaler wichtiger Verträge und zentraler Werte der Verfassung; vgl. auch Bericht BR Völkerrecht und Landesrecht, S. 2340; ablehnend hingegen KÜNZLI, S. 71 f.; so auch EPINEY, ZBl 1994, S. 559 f.; KIENER/KRÜSI, S. 249; für eine Entscheidung im Einzelfall HÄFELIN/HALLER/KELLER/THURNHERR, N 1922.

1629 SCHERRER, S. 282.

1630 So auch BIAGGINI, Komm. BV, Art. 121a N 20, der davon spricht, dass die Verfassungsbestimmung «voll durchgreift».

einer solchen Verfassungsbestimmung die Anwendung versagen.[1631] Eine Vorrangstellung des Völkerrechts ergibt sich weder explizit aus der Beachtungspflicht in Art. 5 Abs. 4 BV[1632] noch aus Art. 190 BV.[1633]

Es scheint, als ob das Bundesgericht den postulierten Anwendungsvorrang des FZA aus Art. 27 VRK abgeleitet hat, indem es darauf hinwies, dass «in Übereinstimmung mit Art. 27 VRK» die völkerrechtlichen Normen in der Rechtsanwendung dem widersprechenden «Landesrecht» vorgehen würden.[1634] Das Bundesgericht verschleiert dabei in seinen Ausführungen, dass sich der Vorrang des Völkerrechts eindeutig aus dem nationalen Recht ergeben muss und nicht aus Art. 27 VRK abgeleitet werden kann. Vielmehr bezieht sich dieser ausschliesslich auf die völkerrechtliche Ebene.[1635] Staaten dürfen Vorrangregelungen gegenüber internationalem Recht statuieren, jedoch mit der Konsequenz einer Völkerrechtsverletzung. In diesem Fall greifen die Grundsätze der (völkerrechtlichen) Staatenverantwortlichkeit.[1636]

Art. 121a Abs. 4 i.V.m. Art. 197 Ziff. 11 Abs. 1 BV normiert entgegen der höchstrichterlichen Auffassung keinen impliziten Vorrang des Völkerrechts,[1637] sondern bekräftigt, dass dieses während der Umsetzungsfrist von drei Jahren seine Gültigkeit behält und hiernach die Verfassungsbestimmung

---

1631 BAUMANN, ZBl 2007, S. 199 m.w.H.; SG Kommentar BV-HANGARTNER, Art. 190 N 33; NOBS, S. 33; Botschaft BV, S. 429; so auch HANGARTNER, AJP 1995, S. 1023.

1632 BSK BV-EPINEY, Art. 5 N 85; Botschaft BV, S. 134 f.; REICH, ZaöRV 2008, S. 994; NOBS, S. 284; BIAGGINI, in: Biaggini et al., § 9 Rz. 28; MALINVERNI, S. 461.

1633 DUBEY, Droits fondamentaux, Rz. 939; SCHERRER, S. 280; Bericht BR Verhältnis Völkerrecht und Landesrecht, S. 2308; a.M. BSK BV-EPINEY, Art. 5 N 99 f. m.w.H., die den Anwendungsvorrang des Völkerrechts gegenüber der Bundesverfassung aus Art. 190 BV ableitet; so auch BIAGGINI, Komm. BV, Art. 190 N 16.

1634 BGE 142 II 35, 39 E. 3.2; so auch EPINEY, Jusletter 14. März 2016, Rz. 25; gl.M. BIAGGINI, Komm. BV, Art. 190 N 16; für den Vorrang des Völkerrechts gegenüber jüngeren Verfassungsbestimmungen BENOÎT, S. 470; vgl. auch MARTENET, S. 153 f.; EPINEY, ZBl 1994, S. 557.

1635 EPINEY, Jusletter 14. März 2016, Rz. 25.

1636 So auch EPINEY, Jusletter 14. März 2016, Rz. 26.

1637 Vgl. andeutungsweise BGE 142 II 35, 40 E. 3.2 in fine; in diesem Sinn auch BIAGGINI, Komm. BV, Art. 121a N 20.

durchgreift. In diesem Sinne ist die Verfassungsnorm trotz der fehlenden direkten Anwendbarkeit von Art. 121a Abs. 1–3 BV durch den Gesetzgeber und die weiteren rechtsanwendenden Behörden entsprechend ihrem Zweck und den darin enthaltenen materiellen Vorgaben umzusetzen. Auch das Bundesgericht ist – mangels expliziter Vorrangstellung des Völkerrechts in der Bundesverfassung – nicht davon befreit, im Falle eines Konfliktes mit dem Völkerrecht die absoluten Norminhalte zu berücksichtigen sowie der Zweckerreichung der Verfassungsbestimmung zum Durchbruch zu verhelfen. Art. 190 BV greift gemäss der hier vertretenen Ansicht nicht.[1638] Art. 121a Abs. 4 i.V.m. Art. 197 Ziff. 11 Abs. 1 BV ist denn auch für die rechtsanwendenden Behörden unmittelbar applikabel.

Trotz des Vorhandenseins von Auslegungsspielräumen verneinte das Bundesgericht eine restriktive Auslegung des FZA im Sinne der Zielsetzung der Verfassungsbestimmung unter Berufung auf die fehlende direkte Anwendbarkeit von Art. 121a BV.[1639] Dabei verkannte es, dass die mangelnde unmittelbare Anwendbarkeit einer Verfassungsnorm nicht gleichzeitig auch die Berücksichtigung einer Verfassungsbestimmung im Rahmen der Auslegung zu hindern vermag. Anwendungs- und Auslegungsebene sind strikt voneinander zu trennen.[1640] Die Nichtberücksichtigung von mittelbar anwendbaren Verfassungsartikeln im Rahmen der Auslegung völkerrechtlicher Verträge führt – den bundesgerichtlichen Erwägungen folgend – zur Unbeachtlichkeit der Verfassungsbestimmung als Ganzes gegenüber völkerrechtlichen Verträgen.[1641] Dem Bundesgericht als Rechtsanwendungsorgan obliegt im Rahmen der Auslegung aber gerade die Pflicht, auch den Verfassungsbestimmungen gegenüber dem Völkerrecht zum Durchbruch zu verhelfen; dies ungeachtet der mittelbaren oder unmittelbaren Anwendbarkeit der Verfassungsnorm. In diesem Sinn hätte das Bundesgericht im Rahmen der landesrechtskonformen Auslegung des Freizügigkeitsabkommens die Zielsetzung und die darin enthaltenen materiellen Vorgaben von Art. 121a BV zwingend berücksichtigen müssen. Entgegen der höchstrichterlichen Auffassung müssen nicht einzig

[1638] In diesem Sinne auch KÄLIN, Verfahren, S. 77 ff., (insb. Fn. 6) m.w.H., der die Nichtanwendung einer demokratisch legitimierten Norm kritisiert.

[1639] BGE 142 II 35, 40 E. 3.3.

[1640] So auch GLASER/BRUNNER, Rz. 25.

[1641] BGE 142 II 35, 40 E. 3.3; kritisch hierzu GLASER/BRUNNER, Rz. 27.

mit dem Völkerrecht konfligierende Verfassungsbestimmungen völkerrechtskonform ausgelegt werden. Vielmehr sind gerade auch völkerrechtliche Verträge in Übereinstimmung mit dem Landesrecht zu interpretieren, sofern – wie vorliegend – der völkerrechtliche Vertrag dies zulässt.[1642]

Vor diesem Hintergrund vermag die bundesgerichtliche Argumentation weder hinsichtlich des Vorrangs des Freizügigkeitsabkommens gegenüber Bundesgesetzen (Ebene der Rechtsanwendung) noch mit Blick auf den Ausschluss von Verfassungsbestimmungen im Rahmen der Auslegung von völkerrechtlichen Verträgen aufgrund der fehlenden direkten Anwendbarkeit einer Verfassungsnorm zu überzeugen. Insbesondere die fehlende dogmatische Begründung des Vorrangs des Völkerrechts, die innerstaatlich nicht eindeutige Rechtsgrundlage für den postulierten Anwendungsvorrang sowie die Negierung einer restriktiven Auslegung des Freizügigkeitsabkommens führen zu einer Relativierung der bundesgerichtlichen Erwägungen. Hinzu kommt, dass das Bundesgericht den an sich vorhandenen Auslegungsspielraum des Gesetzgebers bei der Anwendung des Freizügigkeitsabkommens in nicht unerheblicher Weise einschränkt.[1643] Das höchste Gericht hat damit in den Zuständigkeitsbereich des Gesetzgebers eingegriffen. Mithin ist diese Vorgehensweise als formelle Kompetenzüberschreitung zu taxieren. Das Bundesgericht hätte sich in Anlehnung an seinen Leitentscheid zur Zweitwohnungsinitiative vielmehr eine gewisse Zurückhaltung auferlegen müssen, «um dem Gesetzgeber nicht vorzugreifen und eine Präjudizierung der künftigen Ausführungsbestimmungen zu vermeiden».[1644]

c) Ergebnis

Art. 121a Abs. 1–3 i.V.m. Art. 197 Ziff. 11 Abs. 2 BV sind nicht direkt anwendbar.[1645] Zwar enthalten sie überwiegend präzise Anweisungen an den

---

[1642] Vgl. für die EMKR HANGARTNER, in: Schluep et al., S. 672.

[1643] Vgl. GLASER/BRUNNER, Rz. 27; FONTANA, S. 18; a.M. EPINEY, Jusletter 14. März 2016, Rz. 35 f., die in diesem Zusammenhang von der «Absolutierung des ‹Volkswillens›» spricht.

[1644] BGE 139 II 243, 257 E. 10.5.

[1645] So auch Botschaft MEI, S. 315, 322; EPINEY, Jusletter 2. Juni 2014, Rz. 1, 10, 40; SCHLEGEL/SIEBER-GASSER, Rz. 39; SG Kommentar BV-SCHWEIZER, Art. 121a N 22 und SG Kommentar BV-EHRENZELLER, Art. 121a N 56;

Gesetzgeber, insbesondere hinsichtlich der zeitlichen Umsetzungsdauer und der materiellen Ausgestaltung der Zuwanderungssteuerung, überlassen dem Gesetzgeber aber auch gewisse Ermessenspielräume bei der Ausgestaltung.[1646] Insofern kann von einer punktuell offenen Norm gesprochen werden, die dem Gesetzgeber einen Interpretationsspielraum im Hinblick auf die materielle Verwirklichung der Verfassungsanliegen belässt. Der vom Anwendungsbereich der Verfassungsnorm erfasste Personenkreis und die zu verwendenden Instrumentarien für die Zuwanderungssteuerung werden durch Art. 121a Abs. 1–3 BV hingegen verbindlich festgelegt.[1647] Diese sind im Rahmen der Ausführungsgesetzgebung zu verwirklichen.

4. Notwendigkeit und Ablauf der Umsetzungsgesetzgebung

Gemäss Art. 121a Abs. 5 BV regelt das Gesetz die Einzelheiten zu den in Abs. 1–3 aufgestellten Anforderungen. Infolge dieses Gesetzgebungsauftrags verabschiedete der Bundesrat bereits kurz nach der Annahme der Masseneinwanderungsinitiative am 20. Juni 2014 das Konzept zur Umsetzung des Zuwanderungsartikels.[1648] Er hielt darin im Wesentlichen fest, dass die Zuwanderung mithilfe von Höchstzahlen und Kontingenten gesteuert werden solle. Die Beziehungen zur EU und EFTA sollen jedoch grundsätzlich erhalten werden, gleichzeitig solle aber auch das vorhandene inländische Potenzial des Arbeitsmarktes besser gefördert und ausgeschöpft werden.[1649] Am 11. Februar 2015 schickte er die Gesetzesentwürfe in die Vernehmlassung, die bis zum 28. Mai 2015 dauerte. Ebenfalls am 11. Februar 2015 verab-

UEBERSAX, Jusletter 14. April 2014, Rz. 72, 84; BSK BV-UEBERSAX, Art. 121a N 9; GLASER/BRUNNER, Rz. 13; BGE 142 II 35, 38 E. 3.1; NR Fluri, AB 2016 N 1514 in fine; a.M. NR Köppel u. NR Rutz, AB 2016 N 1510.

[1646] BSK BV-UEBERSAX, Art. 121a N 8, der von «erheblichen Gestaltungsspielräumen» spricht; SG Kommentar BV-HETTICH, Art. 121a N 40, der trotz der einschränkenden Vorgaben in Abs. 3 von einem «beachtlichen» Gestaltungsspielraum des Gesetzgebers spricht.

[1647] Gl.M. BIAGGINI, Komm. BV, Art. 121a N 12, der einen Gestaltungsspielraum bei der Frage des «Wie», jedoch nicht bei der Frage des «Ob» sieht.

[1648] Vgl. EJPD, Umsetzungskonzept, S. 4 f.; vgl. auch Synthesebericht, S. 5 ff.

[1649] Medienmitteilung EJPD vom 20. Juni 2014.

schiedete der Bundesrat das Mandat zur Verhandlung über die Personenfreizügigkeit mit der EU. Angesichts der Vernehmlassungsergebnisse erarbeitete der Bundesrat am 4. März 2016 mehrere Gesetzesentwürfe sowie die Botschaft zur Umsetzung von Art. 121a BV zuhanden des Parlaments.[1650] In erster Linie wurde dabei eine einvernehmliche Lösung mit der EU intendiert, um die bilateralen Verträge nicht zu gefährden. Für den Fall, dass dies nicht möglich ist, wurde eine einseitige Schutzklausel für die Zuwanderungssteuerung der unter das FZA fallenden Personen vorgeschlagen.[1651] Bei Überschreitung eines bestimmten Schwellenwertes müsse der Bundesrat jährliche Höchstzahlen festlegen.[1652] Gleichzeitig sollte das inländische Arbeitskräftepotenzial besser ausgeschöpft werden.[1653] Vorgesehen wurde zusätzlich, dass Personen aus dem Asylbereich, die in der Schweiz ein Verbleiberecht haben, leichter eine Arbeit finden.[1654] Zugleich sollte das AuG angepasst werden, um zu verhindern, dass ausländische Stellensuchende Sozialhilfe beziehen.[1655] Parallel dazu wurden intensive Konsultationen mit der EU durchgeführt. Infolge der Annahme des Brexit-Referendums wurde jedoch klar, dass eine einvernehmliche Lösung mit der EU ausgeschlossen war.[1656]

Der Nationalrat behandelte die Vorlage des Bundesrates als Erstrat in der Herbstsession 2016 und lehnte die einseitige Schutzklausel ab. Er beschloss am 21. September 2016 einen sog. «Inländervorrang light», gestützt auf den

---

[1650] Botschaft Umsetzung MEI, S. 3007 ff.; für den entsprechenden Entwurf zur Änderung des AuG, vgl. E-AuG, S. 3079; vgl. zum bundesrätlichen Vernehmlassungsentwurf UEBERSAX, Jusletter 16. März 2015, Rz. 15 ff.

[1651] Vgl. E-AuG, S. 3080 f., Art. 17c und 17d; vgl. auch Botschaft Umsetzung MEI, S. 3024, 3077; vgl. dazu auch BR Sommaruga, AB 2016 N 1511, welche die einseitige Schutzklausel und die Botschaft des Bundesrates als «verfassungskonform» bezeichnet.

[1652] Vgl. E-AuG, S. 3080 f., Art. 17c und 17d; vgl. auch Botschaft Umsetzung MEI, S. 3024, 3077; vgl. dazu auch BR Sommaruga, AB 2016 N 1511.

[1653] Botschaft Umsetzung MEI, S. 3033 f.

[1654] Vgl. E-AuG, S. 3083, Art. 21 Abs. 2 lit. d und e; vgl. Botschaft Umsetzung MEI, S. 3052.

[1655] Vgl. E-AuG, S. 3084, Art. 29a; vgl. Botschaft Umsetzung MEI, S. 3053; vgl. auch Medienmitteilung SEM vom 4. März 2016.

[1656] Vgl. Medienmitteilung SEM vom 4. März 2016.

Umsetzungsvorschlag seiner Staatspolitischen Kommission.[1657] Dieser sah einen dreistufigen Massnahmekatalog vor, bei dem der Bundesrat zunächst für die bessere Ausnutzung des inländischen Arbeitskräftepotenzials sorgen muss. Überschreitet die Zuwanderung dennoch einen bestimmten Schwellenwert, so kann eine Stellenmeldepflicht für Arbeitgeber eingeführt und allenfalls auf weitere Abhilfemassnahmen zurückgegriffen werden. Diese müssten jedoch vom gemischten Ausschuss Schweiz – EU beschlossen werden, sofern sie mit dem Freizügigkeitsabkommen nicht vereinbar sind.[1658]

Hierauf behandelte der Ständerat in der Wintersession 2016 die Vorlage. Dabei wurden die Idee der SPK-N und der Entwurf des Bundesrates im Wesentlichen verworfen. Unter dem Stichwort «Arbeitslosenvorrang» wurde Art. 21a nAuG geschaffen und die Begrenzungsmassnahmen gemäss Art. 17 ff. E-AuG des bundesrätlichen Entwurfs[1659] gänzlich gestrichen.[1660] Als Kriterien für die Festlegung der Höchstzahlen und Kontingente sowie des Schwellenwertes (nach Art. 17a–17d E-AuG) sollten insbesondere die gesamtwirtschaftlichen Interessen und die völkerrechtlichen Verpflichtungen der Schweiz sowie die weiteren Grundsätze der Zulassung, die Wirtschafts- und Arbeitsmarktentwicklung, namentlich die Entwicklung des Bruttoinlandprodukts, der Beschäftigung und der Arbeitslosigkeit, der Vorrang der inländischen Arbeitnehmer, die Bedarfserhebung der Kantone und die Empfehlung der Zuwanderungskommission berücksichtigt werden (Art. 17e E-AuG).[1661]

Beide Kammern strebten ein Gesetz an, das mit dem FZA kompatibel war. Die vom Parlament beschlossenen Änderungen vom 16. Dezember 2016 im AuG treten infolge des Nichtergreifens des Referendums[1662] nach Festset-

[1657] Beschluss des Nationalrates vom 21. September 2016, AB 2016 N 1530 ff.; EHRENZELLER, NZZ vom 13. September 2016.

[1658] AB 2016 N 1498, damit wäre der EU faktisch ein Vetorecht zugestanden worden; vgl. auch AB 2016 S 921 ff.

[1659] Vgl. Botschaft Umsetzung MEI, S. 3080.

[1660] Vgl. SR Müller, AB 2016 S 921 ff.; vgl. auch AB 2016 S 939 ff.; vgl. auch Änderung AuG, BBl 2016 8917.

[1661] Vgl. NR Fluri, AB 2016 N 1499 ff.; vgl. zum bundesrätlichen Gesetzesentwurf E-AuG, S. 3079 ff.

[1662] Vgl. für die Referendumsfrist Änderung AuG, BBl 2016 8917, das mangels genügender Unterschriftenzahl nicht zustande kam.

zung durch den Bundesrat in Kraft. Am 28. Juni 2017 schickte der Bundesrat sodann die Verordnungsänderung zur Umsetzung des Ausführungsgesetzes zu Art. 121a BV in die Vernehmlassung, die bis zum 6. September 2017 dauerte.[1663] Voraussichtlich bis Anfang des Jahres 2018 wollte der Bundesrat die Verordnung verabschieden und über die Inkraftsetzung entscheiden.[1664] Bis zum gegenwärtigen Zeitpunkt ist dies jedoch noch nicht geschehen.

5. Verfassungsmässigkeit der Ausführungsgesetzgebung

Die Ausführungsbestimmungen zu Art. 121a BV wurden durch den Gesetzgeber nicht nur in einer Gesetzesnorm umgesetzt. Vielmehr erfolgte eine Änderung verschiedener Bestimmungen des Ausländer- und Asylgesetzes, wobei in erster Linie Änderungen im AuG vorgenommen wurden.[1665] Auf diese wird nachfolgend schwerpunktmässig eingegangen.

a) Zulassung zum Aufenthalt mit Erwerbstätigkeit

Als massgebende Kriterien für die Erteilung von Aufenthaltsbewilligungen statuiert die Verfassung in Art. 121a Abs. 3 BV insbesondere das Gesuch eines Arbeitgebers, die Integrationsfähigkeit und eine ausreichende, eigenständige Existenzgrundlage. Diese Anforderungen für die Bewilligungserteilung gelten sowohl für die selbstständige als auch für die unselbstständige Erwerbstätigkeit und für sämtliche Personen ausländischer Staatsangehörigkeit, die noch über keine Aufenthaltsbewilligung verfügen. Erfasst werden folglich auch EU-/EFTA-Staatsangehörige.[1666] Gemäss Art. 19 nAuG können Ausländerinnen und Ausländer zur Ausübung einer selbstständigen Erwerbstätigkeit zugelassen werden, wenn eine ausreichende, eigenständige Existenzgrundlage vorhanden ist (lit. c) und die Voraussetzungen nach Art. 20 und Art. 23–25 AuG erfüllt sind. Art. 19 AuG wurde um lit. c und d ergänzt.[1667] Diese Ergänzungen beziehen sich entgegen den verfassungs-

---

1663 Medienmitteilung BR vom 28. Juni 2017.

1664 Medienmitteilung BR vom 28. Juni 2017.

1665 Vgl. zum Ganzen Änderung AuG, BBl 2016 8917 ff.

1666 Vgl. C.V.3.b)bb)bbb).

1667 Vgl. AB 2016 S 960.

rechtlichen Anforderungen einzig auf die selbstständige Erwerbstätigkeit von Drittstaatsangehörigen, da der Vorbehalt in Art. 2 Abs. 2 und 3 AuG für EU-/EFTA-Staatsangehörige nach wie vor gilt. Der bundesrätliche Entwurf für die Umsetzung des Zuwanderungsartikels sah demgegenüber sowohl eine Regelung für die unselbstständige als auch für die selbstständige Erwerbstätigkeit vor. Dabei wurde die Bewilligungserteilung insbesondere auch von Höchstzahlen und Kontingenten abhängig gemacht.[1668] Das Parlament beabsichtigte jedoch eine FZA-konforme Umsetzung und folgte daher nicht dem bundesrätlichen Entwurf. Die Umsetzung erfolgte damit in verfassungswidriger Weise.

b) Inländische Arbeitnehmer

Art. 21 Abs. 2 lit. d und e nAuG definiert in Abs. 2 den Begriff der inländischen Arbeitnehmer. Als solche gelten gemäss lit. d auch vorläufig aufgenommene Personen und Personen, denen vorübergehender Schutz gewährt wurde und die eine Bewilligung zur Aufnahme einer Erwerbstätigkeit besitzen. Art. 21 Abs. 2 lit. d und e nAuG geht auf den bundesrätlichen Gesetzesentwurf zurück, der von beiden Räten unverändert übernommen wurde.[1669] In erster Linie sollten durch die weite Begriffsdefinition die vorgenannte Personengruppe den inländischen Arbeitnehmern gleichgestellt werden, um das inländische Arbeitsmarktpotenzial besser auszunutzen.[1670] Diese Erweiterung des inländischen Arbeitnehmerbegriffs ist zwar nicht mehr vom Wortlaut von Art. 121a Abs. 3 BV, jedoch insbesondere durch die historische Auslegung und durch Sinn und Zweck der Verfassungsnorm gedeckt.[1671] Je besser das inländische Arbeitsmarktpotenzial genutzt wird, desto weniger müssen neue Bewilligungen zu Erwerbszwecken ausgestellt werden.[1672] Art. 21 Abs. 2 lit. d und e nAuG erweisen sich daher als verfassungskonform.

[1668] Vgl. E-AuG, S. 3082, Art. 18 lit. c und d, Art. 19 lit. e.

[1669] Vgl. AB 2016 N 1535; AB 2016 S 961.

[1670] Botschaft Umsetzung MEI, S. 3052.

[1671] Vgl. Auslegungsergebnis oben C.V.3.b)bb)bbb); ablehnend hingegen BIAGGINI, Komm. BV, Art. 121a N 13.

[1672] Vgl. Auslegung oben C.V.3.b)bb)bbb).

c) Massnahmen für stellensuchende Personen

Art. 21a nAuG[1673] regelt in acht Absätzen Massnahmen für stellensuchende Personen. Art. 21 nAuG wurde durch den Ständerat[1674] infolge der durch den Bundesrat vorgeschlagenen Begrenzungsmassnahmen eingebracht. Er wird insbesondere durch Art. 18 ff. AuG sowie durch die persönlichen Voraussetzungen in Art. 23 AuG ergänzt. Die bereits geltenden Art. 20 und 23 des AuG wurden dabei nicht verändert.[1675]

In Anknüpfung an den durch den bundesrätlichen Entwurf vorgeschlagenen Art. 17 ff. E-AuG[1676] regelt Art. 21a Abs. 1 nAuG,[1677] dass der Bundesrat die Massnahmen zur Ausschöpfung des inländischen Arbeitsmarktpotenzials festlegt. Dabei hört er vorgängig die Kantone und die Sozialpartner an. Liegt die Arbeitslosigkeit in bestimmten Berufsgruppen, Tätigkeitsbereichen oder Wirtschaftsregionen über dem Durchschnitt, so sind zeitlich befristete Massnahmen zur Förderung jener Personen zu ergreifen, die bei der öffentlichen Arbeitsvermittlung als stellensuchend registriert sind. Die Massnahmen können auf Wirtschaftsregionen beschränkt werden (Art. 21a Abs. 2 nAuG). Dabei wird keine wie vom Nationalrat vorgeschlagene «erhebliche»[1678] Arbeitslosigkeit vorausgesetzt, sondern lediglich eine, die für eine Berufsgruppe über dem normalen Durchschnitt liegt.[1679] Die Anforderungen sollen nicht so hoch angesetzt werden, dass Massnahmen erst bei enorm hoher Arbeitslosigkeit getroffen werden können,[1680] jedoch auch nicht so tief, dass immer

---

1673 Durch beide Kammern in der Schlussabstimmung angenommen, vgl. dazu AB 2016 N 2318 u. AB 2016 S 1253.

1674 Vgl. AB 2016 S 921 ff.

1675 UEBERSAX, Jusletter 20. März 2017, Rz. 9.

1676 Vgl. E-AuG, S. 3081 ff.

1677 Änderung AuG, BBl 2016 8917.

1678 Der Vorschlag des Nationalrates, die Formulierung «erheblich über dem Durchschnitt liegende Arbeitslosigkeit» in Abs. 2 sowie in Abs. 3 zu verankern, wurde im Ständerat wieder gestrichen, denn es sei nicht eine Arbeitslosigkeit von 10–15 % gemeint, vgl. befürwortend NR Jauslin, AB 2016 N 1998; ablehnend hingegen NR Amstutz, AB 2016 N 1998; ablehnend auch die Voten im Ständerat, vgl. statt aller SR Bischof, AB 2016 S 1045.

1679 Vgl. die Zusammenfassung bei SR Bischof, AB 2016 S 1045; BR Sommaruga, AB 2016 S 951, 1045.

1680 SR Müller, AB 2016 S 1046.

wieder neue Massnahmen festgelegt werden müssen. Die Ermittlung dieses Durchschnittswertes erfolgt entweder anhand der Arbeitslosigkeit in einer Branche im Vergleich zur gesamtschweizerischen Arbeitslosigkeit oder anhand der Schwankungen der Arbeitslosigkeit innerhalb einer gewissen Branche selbst. Die Einzelheiten sind durch den Bundesrat in einer Verordnung zu klären.[1681] Die Änderungen in der Arbeitsvermittlungsverordnung (AVV) sehen in Art. 53a Abs. 1 E-AVV vor, dass Massnahmen nach Art. 21a nAuG für stellensuchende Personen in denjenigen Berufsarten zu ergreifen sind, in denen die gesamtschweizerische Arbeitslosenquote den Schwellenwert von 5 % erreicht oder überschreitet. Die Berechnung der Arbeitslosenquote basiert dabei auf der Arbeitsmarktstatistik des SECO. Die Arbeitslosenquote errechnet sich anhand des Quotienten aus der Anzahl der bei den regionalen Arbeitsvermittlungszentren registrierten Arbeitslosen und der Anzahl der Erwerbstätigen. Die über dem Durchschnitt liegende Arbeitslosigkeit muss sich entweder auf eine bestimmte Berufsgruppe, einen Tätigkeitsbereich oder eine Wirtschaftsregion auswirken. Diese drei Faktoren sind alternativ zu verstehen.[1682] Eine Wirtschaftsregion kann dabei – wie im Falle des Tessins – nur einen Kanton betreffen oder aber auch mehrere Kantone.[1683] Art. 53a Abs. 2 E-AVV hält fest, dass die Berufsarten, in denen der Schwellenwert erreicht oder überschritten wird, im Anhang zur Verordnung festgelegt werden müssen. Es finden jährliche Anpassungen durch das eidgenössische Departement für Wirtschaft, Bildung und Forschung statt.

Der Adressatenkreis von Art. 21a Abs. 2 nAuG erfasst sämtliche Personen, «die bei der öffentlichen Arbeitsvermittlung als stellensuchend registriert sind». Darunter fallen nicht nur Schweizer (wie von Art. 121a Abs. 3 BV gefordert), sondern auch Stellensuchende aus dem EU-/EFTA-Raum, die sich bei einem Schweizer Amt für Wirtschaft und Arbeit (RAV) angemeldet haben.[1684] Diese Personen erhalten jedoch keine Sozialhilfe oder Arbeitslosengeld, sondern profitieren einzig von der administrativen Hilfe des

[1681] Vgl. BR Sommaruga, AB 2016 S 1045.

[1682] SR Müller, AB 2016 S 1046 u. BR Sommaruga, AB 2016 S 1045.

[1683] SR Abate, AB 2016 S 1045; SR Bischof, AB 2016 S 1045; SR Müller, AB 2016 S 1046.

[1684] Vgl. Kritik bei SR Föhn, AB 2016 S 926.

RAV.[1685] Als weitere Anforderungen werden dabei die Vermittlungsfähigkeit sowie die finanzielle Unabhängigkeit gefordert.[1686] Sind die Voraussetzungen nach Abs. 2 erfüllt, so kann ein Kanton beim Bundesrat die Einführung einer Stellenmeldepflicht beantragen.

Sodann regelt Art. 21a Abs. 3 Satz 1 nAuG für Berufsgruppen, Tätigkeitsbereiche oder Wirtschaftsregionen mit einer über dem Durchschnitt liegenden Arbeitslosigkeit die Meldepflicht des Arbeitgebers für offene Stellen bei der öffentlichen Arbeitsvermittlung. Der Zugriff auf die gemeldeten Stellen wird für eine befristete Zeit auf Personen beschränkt, die bei der öffentlichen Arbeitsvermittlung in der Schweiz angemeldet sind (Art. 21a Abs. 3 Satz 2 nAuG). Diese Zeit beträgt nach dem Verordnungsentwurf fünf Arbeitstage (Art. 53b Abs. 5 u. 6 E-AVV). Dabei stellt die öffentliche Arbeitsvermittlung den Arbeitgebern innert drei Tagen die passenden Dossiers der angemeldeten Stellensuchenden zu (Art. 21a Abs. 4 Satz 1 nAuG i.V.m. Art. 53c Abs. 1 E-AVV). Darunter wird in Anlehnung an das Genfer und Zürcher Modell eine Frist von zwei bis fünf Tagen verstanden.[1687] Mit dem Begriff «passende Dossiers» ist eine Vorprüfung und Zusammenstellung durch das RAV gemeint. Der Arbeitgeber soll demnach nicht erneut eine volle Überprüfung der Eignung vornehmen, sondern er prüft anhand objektiver Kriterien, ob die vorgeschlagenen Personen in Frage kommen.[1688]

Der Arbeitgeber lädt daraufhin geeignete Kandidaten zu einem Bewerbungsgespräch oder einer Eignungsabklärung ein (Art. 21a Abs. 4 Satz 2 nAuG). Die Ergebnisse sind der öffentlichen Arbeitsvermittlung mitzuteilen (Art. 21 Abs. 4 Satz 3 nAuG i.V.m. Art. 53c Abs. 2 E-AVV). Eine Begründungspflicht bei einer Ablehnung ist indessen nicht vorgesehen.[1689] Die Unternehmen sind jedoch verpflichtet, die Bewerbungsdossiers einer sorgfältigen

1685 SR Müller, AB 2016 S 935; zusammenfassend auch SR Müller, AB 2016 S 1047.

1686 SR Müller, AB 2016 S 1047.

1687 SR Bischof, AB 2016 S 1046.

1688 Vgl. zum Ganzen BR Sommaruga, AB 2016 S 1047.

1689 Die Begründungspflicht für eine Nichtanstellung eines Stellensuchenden wurde im Laufe der Debatte gestrichen, weil diese zu viel Bürokratie mit sich bringe, vgl. statt vieler NR Fluri, AB 2016 N 2009.

Prüfung und Behandlung zu unterziehen, andernfalls eine Busse bis zu CHF 40'000 ausgesprochen werden kann (Art. 117a Abs. 1 nAuG).

Abs. 5 von Art. 21a nAuG hält sodann fest, dass keine Meldung der offenen Stelle an die öffentliche Arbeitsvermittlung erforderlich ist, wenn die offene Stelle nach Abs. 3 durch eine bei der öffentlichen Arbeitsvermittlung angemeldete stellensuchende Person besetzt wurde. Der Vorschlag der Minderheit die Formulierung «durch eine bei der öffentlichen Arbeitsvermittlung angemeldete Person» durch «inländische Arbeitnehmer» zu ersetzen, wurde im Nationalrat aufgrund der FZA-Widrigkeit verworfen.[1690] Sodann regelt Art. 21a Abs. 6 nAuG, dass der Bundesrat weitere Ausnahmen von der Stellenmeldepflicht nach Abs. 3 festlegen kann. Der Bundesrat hört jedoch vor Erlass der Ausführungsbestimmungen die Kantone und die Sozialpartner an.[1691] Die einzelnen Ausnahmemöglichkeiten wurden im bundesrätlichen Verordnungsentwurf in Art. 53d E-AVV näher geregelt.

Sind die Voraussetzungen nach Art. 21a Abs. 2 nAuG erfüllt, so kann ein Kanton beim Bundesrat die Einführung einer Stellenmeldepflicht beantragen (Art. 21a Abs. 7 nAuG i.V.m. Art. 53e E-AVV). Der Bundesrat unterbreitet der Bundesversammlung nach Anhörung der Kantone und der Sozialpartner zusätzliche Massnahmen, sofern diejenigen nach den Absätzen 1–5 nicht die gewünschte Wirkung erzielen oder sich neue Probleme ergeben. Bei erheblichen Schwierigkeiten, insbesondere bei solchen, die durch die Grenzgänger verursacht werden, kann ein Kanton beim Bundesrat weitere Massnahmen beantragen (Art. 21a Abs. 8 nAuG). Abs. 8 von Art. 21a nAuG soll dabei verdeutlichen, dass die in Art. 14 FZA vorgesehenen Abhilfemassnahmen weiterhin möglich sind.[1692] Auch hier soll der Bundesrat für die wirksame und praktikable Umsetzung durch Verordnung sorgen.[1693]

Art. 121a Abs. 2 BV schreibt vor, dass Höchstzahlen und Kontingente für sämtliche Bewilligungen des Ausländerrechts unter Einschluss des Asylwesens erlassen werden müssen. Erfasst werden nicht nur Dritt-, sondern gerade auch EU-/EFTA-Staatsangehörige. Art. 20 AuG findet für Aufenthalts- und

[1690] Vgl. SR Müller, AB 2016 S 1047; vgl. auch BR Sommaruga, AB 2016 S 1052.

[1691] Vgl. BR Sommaruga, AB 2016 S 1051.

[1692] BR Sommaruga, AB 2016 S 1042; SR Caroni, AB 2016 S 1041.

[1693] Vgl. SR Rechtsteiner, AB 2016 S 1046.

Kurzaufenthaltsbewilligungen für Drittstaatsangehörige Anwendung. Der Gesetzgeber hat indessen darauf verzichtet, diese auch auf EU-/EFTA-Staatsangehörige auszudehnen. Darüber hinaus wurde der verfassungsrechtliche Vorrang der «Schweizer» bzw. «Inländer» nicht umgesetzt. Die freizügigkeitsberechtigten Ausländer werden weiterhin den inländischen Arbeitnehmenden gleichgestellt (Art. 21 Abs. 1 AuG). Im Bedarfsfall kann zwar eine prioritäre Rekrutierung inländischer Arbeitsloser – im Sinne von Art. 21a nAuG – angeordnet werden;[1694] den verfassungsrechtlichen Anforderungen wird damit aber nicht Genüge getan. Folglich erweist sich die Umsetzung als verfassungswidrig.

d) Stellensuche

Entsprechend dem bundesrätlichen Entwurf regelt Art. 29a nAuG, dass Ausländerinnen und Ausländer, die sich lediglich zum Zweck der Stellensuche in der Schweiz aufhalten, sowie deren Familienangehörige keinen Anspruch auf Sozialhilfe haben. Diese Regelung ist auch im Anhang I Art. 2 Abs. 1 zweiter Unterabsatz FZA vorgesehen. Art. 29a nAuG erfasst nur Stellensuchende, die sich erstmals zum Zweck der Suche einer Arbeitsstelle in der Schweiz befinden. Personen, die nach der unfreiwilligen Beendigung des Arbeitsverhältnisses weiterhin in der Schweiz verweilen, bleiben von dieser Regelung unberührt.[1695] Ziel war es, im Bereich der Gewährung der Sozialhilfe die bestehenden und unterschiedlichen gesetzlichen Regelungen in den Kantonen zu vereinheitlichen.[1696] Art. 29a nAuG ist mit Art. 121a Abs. 1 BV vereinbar und daher verfassungskonform.[1697]

1694 BR Sommaruga AB 2016 S 1042; SR Caroni, AB 2016 S 1041, welche die Möglichkeit von Abhilfemassnahmen nach Art. 14 FZA weiterhin für möglich halten.

1695 Botschaft Umsetzung MEI, S. 3053.

1696 Botschaft Umsetzung MEI, S. 3053.

1697 Botschaft Umsetzung MEI, S. 3053.

e) Erlöschen und Widerruf der Bewilligungen und Erlöschen des Aufenthaltsrechts

Art. 61a nAuG regelt einerseits den Ausschluss von Personen von der Sozialhilfe, die entweder über eine Kurz- oder «Aufenthaltsbewilligung EU/EFTA» verfügen.[1698] Andererseits wird gleichzeitig auch die Beschränkung ihres Aufenthaltsrechts im Rahmen des FZA geregelt.[1699] Art. 61a nAuG findet ausschliesslich auf EU-/EFTA-Staatsangehörige Anwendung, die eine Bewilligung für die unselbstständige Erwerbstätigkeit erhalten haben.[1700] Gemäss Abs. 1 erlischt das Aufenthaltsrecht von EU-/EFTA-Staatsbürgern mit einer Kurzaufenthaltsbewilligung sechs Monate nach der unfreiwilligen Beendigung des Arbeitsverhältnisses. Für diejenigen mit einer Aufenthaltsbewilligung erlischt das Recht auf Aufenthalt sechs Monate nach der unfreiwilligen Beendigung des Arbeitsverhältnisses, wenn dieses vor Ablauf der ersten zwölf Monate des Aufenthaltes endet (Art. 61a Abs. 1 Satz 2 nAuG). Als «unfreiwillige Beendigung» des Arbeitsverhältnisses ist dabei der Verlust der Arbeitsstelle aufgrund von Entlassungen zu verstehen. Demgegenüber erlischt das Aufenthaltsrecht bei einer unfreiwilligen Beendigung der Erwerbstätigkeit nach der höchstrichterlichen Rechtsprechung mit sofortiger Wirkung.[1701] Nicht erfasst werden Fälle der vorübergehenden Arbeitsunfähigkeit infolge von Krankheit, Unfall oder Invalidität.[1702]

Art. 61a Abs. 2 nAuG regelt sodann, dass sofern nach Ablauf der sechs Monate in Abs. 1 weiterhin Arbeitslosenentschädigung ausbezahlt wird, das Aufenthaltsrecht erst mit dem Auslaufen der Entschädigung endet. Diese Regelung ist mit Anhang I Art. 24 Abs. 3 FZA vereinbar.[1703] Dabei besteht im Zeitraum von der Beendigung des Arbeitsverhältnisses bis zum Erlöschen des Aufenthaltsrechts nach den Abs. 1 und 2 kein Anspruch auf Sozialhilfe

[1698] Der bundesrätliche Entwurf zu Art. 61a AuG wurde in beiden Räten unverändert übernommen, vgl. AB 2016 N 1549 u. AB 2016 S 964.

[1699] Botschaft Umsetzung MEI, S. 3054.

[1700] Botschaft Umsetzung MEI, S. 3055.

[1701] Botschaft Umsetzung MEI, S. 3055 m.w.H auf BGer, Urteil 2C_412/2014 vom 27. März 2014 E. 3.2.

[1702] Botschaft Umsetzung MEI, S. 3055.

[1703] Botschaft Umsetzung MEI, S. 3058.

(Art. 61a Abs. 3 nAuG). Nach Ansicht des Bundesrates und auch des Parlaments ist auch diese Regelung mit Anhang I Art. 2 Abs. 1 zweiter Unterabsatz FZA vereinbar. Im Übrigen entspräche sie auch der Rechtsprechung des Bundesgerichts.[1704] In Anwendung von Art. 121a Abs. 3 BV, der für die Erteilung einer Aufenthaltsbewilligung unter anderem die Anforderungen an eine ausreichende, eigenständige Existenzgrundlage stellt, ist eine restriktive Auslegung des FZA angezeigt.[1705] Die Regelung erweist sich damit als verfassungskonform.

Bei unfreiwilliger Beendigung des Arbeitsverhältnisses nach den ersten zwölf Monaten des Aufenthaltes erlischt das Aufenthaltsrecht von EU-/EFTA-Staatsangehörigen mit einer Aufenthaltsbewilligung sechs Monate nach Beendigung des Arbeitsverhältnisses. Wird nach Ablauf der sechs Monate weiterhin Arbeitslosenentschädigung ausbezahlt, so erlischt das Aufenthaltsrecht sechs Monate nach dem Ende der Entschädigung (Art. 61a Abs. 4 nAuG). Weder das FZA noch das AuG legen den genauen Zeitpunkt fest, an dem ein EU-/EFTA-Staatsangehöriger in Besitz einer Aufenthaltsbewilligung sein Aufenthaltsrecht verliert. Gemäss Anhang I Art. 6 Abs. 1 FZA ist die Gültigkeitsdauer der Bewilligung zum Zeitpunkt der ersten Verlängerung der Aufenthaltsbewilligung, also nach fünf Jahren, auf mindestens zwölf Monate beschränkt, wenn der Inhaber während zwölf aufeinanderfolgende Monate unfreiwillig arbeitslos ist. Die Bestimmung regelt hingegen nicht, wie lange die Person ihre Rechte behält, wenn sie ihre Stelle im Zeitraum zwischen dem zweiten Jahr ihres Aufenthaltes in der Schweiz und dem Zeitpunkt der Verlängerung ihrer Aufenthaltsbewilligung am Ende ihres fünften Jahres verliert. Abs. 4 ist insofern eine Ausführungsbestimmung zum FZA.[1706] Das Ziel der Bestimmung bildet mangels Regelung im FZA insbesondere die Vereinheitlichung der kantonalen Vollzugspraxis. Demnach behält ein EU-/EFTA-Staatsangehöriger nach Beendigung der Erwerbstätigkeit die Arbeitnehmereigenschaft nach Anhang I Art. 6 Abs. 6 FZA sechs Monate lang. Das Aufenthaltsrecht bleibt somit weiterhin bestehen und es ist infolgedessen auch Sozialhilfe zu gewähren.[1707] Abs. 4 ermöglicht

---

1704 Botschaft Umsetzung MEI, S. 3058 m.w.H auf die Rechtsprechung.

1705 Botschaft Umsetzung MEI, S. 3059.

1706 Botschaft Umsetzung MEI, S. 3059 f.

1707 Botschaft Umsetzung MEI, S. 3060.

darüber hinaus im Falle der Ausrichtung einer Arbeitslosenentschädigung den Fortbestand des Aufenthaltsrechts der betroffenen Person für die Dauer von mindestens 18 bis maximal 30 Monaten.[1708] Schliesslich hält Abs. 5 auch fest, dass sich die Absätze 1–4 lediglich auf die Situation der unfreiwilligen Arbeitslosigkeit beziehen.

Art. 61a nAuG ist als verfassungskonform zu qualifizieren, da der Verfassungsbestimmung nicht entnommen werden kann, dass Personen nach dem Verlust ihrer Erwerbstätigkeit gleichzeitig auch ihr Aufenthaltsrecht verlieren sollen.

6. Ergebnis

Die Änderungen des Ausländergesetzes erweisen sich dann als verfassungskonform, wenn sie sich einerseits innerhalb der materiellen Vorgaben der Verfassungsnorm bewegen und andererseits durch den Regelungszweck der Verfassungsbestimmung gedeckt werden. Die Zulassung zum Aufenthalt mit Erwerbstätigkeit nach Art. 19 lit. c und d nAuG bezieht sich jedoch entgegen den verfassungsrechtlichen Anforderungen einzig auf die selbstständige Erwerbstätigkeit von Drittstaatsangehörigen und nicht wie gefordert auch auf selbstständig oder unselbstständig erwerbende EU- bzw. EFTA-Staatsbürger. Art. 19 lit. c und d nAuG sind daher mit Art. 121a Abs. 3 nicht zu vereinbaren. Als verfassungswidrig ist auch Art. 21a nAuG zu taxieren. Die Verfassungsbestimmung verlangt in Art. 121a Abs. 2 BV, dass «Höchstzahlen und Kontingente» für sämtliche Bewilligungen des Ausländerrechts unter Einschluss des Asylwesens erlassen werden müssen. Erfasst werden nicht nur Dritt-, sondern gerade auch EU-/EFTA-Staatsangehörige. Ausserdem ist der verfassungsrechtliche Vorrang der «Schweizer» bzw. «Inländer» nicht umgesetzt worden, da EU-/EFTA-Staatsangehörige bereits als «Inländer» gelten, auch wenn sie noch nicht zu Erwerbszwecken eine Bewilligung erhalten haben.

Der Bundesgesetzgeber hat aufgrund von Art. 190 BV beim Erlass der Ausführungsbestimmungen nicht nur korrigierend und abschwächend gewirkt, sondern die in Art. 121a Abs. 2 BV normierte Verpflichtung, die Zahl der

[1708] Botschaft Umsetzung MEI, S. 3060.

Aufenthaltsbewilligungen mithilfe von Höchstzahlen und Kontingenten für sämtliche nicht Schweizer Staatsangehörige zu begrenzen, nicht umgesetzt. Die Verfassungsbestimmung hat dem Gesetzgeber zwar einen Ermessenspielraum bei der Frage der Ausgestaltung des Kontingentsystems eingeräumt, aber nicht hinsichtlich der Frage des «Ob».[1709]

Den Befürwortern blieb letztlich die Möglichkeit, das fakultative Referendum gegen die Ausführungsgesetzgebung zu ergreifen. Mangels genügender Unterschriftenzahl kam dieses jedoch nicht zustande. Die Referendumsfrist lief am 7. April 2017 ab. Da die Ausführunsgesetzgebung nunmehr geltendes Recht darstellt, besteht aufgrund von Art. 190 BV ein Anwendungsgebot der rechtsanwendenden Behörden.

1709 BIAGGINI, Komm. BV, Art. 121a N 12.

D. Gesamtwürdigung

I. Die Umsetzung von Volksinitiativen im Spannungsfeld des Gewaltenteilungsprinzips

1. Kompetenzverschiebung bei der Verfassungskonkretisierung

Die seit dem Inkrafttreten der neuen Bundesverfassung angenommenen eidgenössischen Volksinitiativen haben alle für kontroverse Diskussionen gesorgt. Im Mittelpunkt stand dabei aber weniger die Typologie und die Rechtsnatur der auf einer Volksinitiative fussenden Verfassungsbestimmung, als vielmehr ihr Verhältnis zum übrigen Verfassungsrecht und insbesondere dem Völkerrecht.[1710] Sowohl der staatsrechtliche Diskurs als auch die politische Auseinandersetzung widmeten ersteren beiden Fragestellungen kaum Beachtung, obwohl Umfang und Wesen der Umsetzung in erster Linie vom Typus des umzusetzenden Verfassungsartikels abhängen. Damit einhergehend ergeben sich sowohl die Kompetenzen der mit der Ausführungsgesetzgebung betrauten staatlichen Akteure als auch der Regelungsrahmen, innerhalb dessen legiferiert werden muss und darf. Je offener und unbestimmter der zum Verfassungsrecht werdende Initiativtext formuliert ist, desto grösser ist der Konkretisierungsspielraum. Bei direkt anwendbaren Normen wird Umsetzung für gewöhnlich als Rechtsanwendung im Einzelfall verstanden. Demgegenüber nehmen Gesetzgebungsaufträge und reine Ziel- und programmatische Bestimmungen die Bundesversammlung und den Bundesrat in die Pflicht, Instrumente zur Verwirklichung des Verfassungsauftrags zu schaffen und diesen in rechtlicher und tatsächlicher Hinsicht zu verwirklichen.

Die bisherige staatsrechtliche Doktrin äusserte sich nur vereinzelt zur Frage der direkten Anwendbarkeit von Verfassungsbestimmungen.[1711] Dies ist

---

[1710] Vgl. Verwahrungs-, Ausschaffungs- und Masseneinwanderungsinitiative.

[1711] BIAGGINI, ZBl 2017, S. 581 f.; TSCHANNEN, in: Belser et al., S. 131 ff.; WALDMANN, LeGes 2015, S. 521 ff.; HANGARTNER, ZSR 2007, S. 148; vgl. zum Gesetzesvorbehalt im Verhältnis zur Gewaltenteilung BIAGGINI, Richterrecht,

wenig überraschend, da es nicht zu den ureigensten Aufgaben des Verfassungsrechts gehört, konkrete Rechtsverhältnisse zu regeln. Vielmehr bildet die Verfassung «den Beginn des Rechts in der Politik»,[1712] mithin die erste Stufe politischer Konsensfindung.[1713] Dies zeigte sich bis anhin auch in der Tatsache, dass Verfassungsnormen hauptsächlich offener Natur waren und damit der Konkretisierung, also des Aufbaus eines Normsinns, bedurften.[1714]

Die Rechtsschöpfung ist ein politischer Prozess, der in die originäre Zuständigkeit des demokratischen Gesetzgebers und nicht des Verfassungsrichters fällt.[1715] Aus dem Grundsatz der Gewaltenteilung und dem Demokratieprinzip folgt, dass der Judikative grundsätzlich die Rechtsanwendung und -auslegung im Einzelfall obliegt (Art. 188 BV). Durchbrochen werden diese Grundsätze durch die verfassungsmässigen Rechte, die direkt anwendbar sind. Sofern bei diesen eine Konkretisierung notwendig scheint, ist es in erster Linie die Verfassungsjustiz, die über den Anfang und das Ende der Justiziabilität der Ansprüche befindet und damit die Möglichkeit des Tätigwerdens des Gesetzgebers bestimmt.[1716] Im Bereich der Grundrechte kommt dem Verfassungsrichter demnach ein weiter Konkretisierungsspielraum, folglich auch eine Konkretisierungskompetenz, und nicht nur eine Auslegungsermächtigung zu.[1717] In diesem Sinn ist das Rechtsinstitut direkt anwendbarer Verfassungsbestimmungen nicht unbekannt.

Der Umsetzungsprozess von auf Volksinitiativen beruhendem Verfassungsrecht war bis anhin vom vorherrschenden Verständnis geprägt, dass die neuen Verfassungsbestimmungen zuerst durch den Gesetzgeber konkretisiert werden mussten, um eine allgemein annehmbare Lösung zu erreichen.[1718] Demgegenüber zeigt die Untersuchung der Verwahrungs-, Ausschaffungs-, Zweitwohnungs-, Abzocker- und Masseneinwanderungsinitiative, dass die

---

S. 314 ff. m.w.H.; vgl. KETTIGER, Rz. 15 ff.; WALDMANN, Schutz von Mooren, S. 70 f.; vgl. auch BLECKMANN, S. 55 ff.; FLEINER/GIACOMETTI, S. 243.

1712 TSCHANNEN, Staatsrecht, § 4 Rz. 9.

1713 TSCHANNEN, Staatsrecht, § 3 Rz. 29; MÜLLER J.P., Soziale Grundreche, S. 720.

1714 TSCHANNEN, in: Thürer et al., § 9 Rz. 3.

1715 HUBER, S. 195.

1716 TSCHANNEN, in: Belser et al., S. 131.

1717 FORSTMOSER/VOGT, § 15 N 3 f.

1718 TSCHANNEN, in: Belser et al., S. 137.

auf diesen beruhenden Verfassungsnormen gesetzesähnliche Vorschriften verankern. Mithin sind diese der Rechtsanwendung im Einzelfall zugänglich. Daraus resultiert einerseits eine gewichtige Einschränkung des Konkretisierungsspielraums der Bundesversammlung. Andererseits kommt dem Bundesgericht bei ganz oder teilweise direkt anwendbaren Bestimmungen – nebst der Auslegung – auch eine über den Einzelfall hinausgehende Konkretisierungskompetenz zu. Diese Verschiebung der Konkretisierungsprärogative von der Legislative zur Justiz und das damit gleichzeitig hervorgerufene Spannungsverhältnis zwischen den beiden Staatsorganen rückt heikle Kompetenzfragen in den Vordergrund.

Insbesondere wenn das Bundesgericht als Erstes eine Verfassungsbestimmung zu beurteilen hat, die auf einer Volksinitiative beruht, kommt der Frage, wann die Schwelle zwischen Verfassungsauslegung und Verfassungskonkretisierung überschritten und damit in die Zuständigkeit des Gesetzgebers eingegriffen wird, eine entscheidende Bedeutung zu. Prominent zeigt sich dies anhand des Ausschaffungs-, Zweitwohnungs- und Masseneinwanderungsartikels. Das Bundesgericht stufte den Zweitwohnungsartikel in einem «harten Kern» als direkt anwendbar ein, auferlegte sich jedoch eine gewisse Zurückhaltung, «um dem Gesetzgeber nicht vorzugreifen und eine Präjudizierung der künftigen Ausführungsbestimmungen zu vermeiden».[1719] Demgegenüber forderte das Gericht das Parlament beim Ausschaffungs- und beim Masseneinwanderungsartikel auf, die konfligierenden verfassungs- sowie völkerrechtlichen Bestimmungen durch abschwächende und korrigierende Ausführungsgesetzgebung im Sinne der weitreichenden obiter dicta zu harmonisieren. Sollte die Herstellung der praktischen Konkordanz nicht gelingen, so werde es diese im Rahmen der Rechtsanwendung selbst vornehmen.[1720] Die von der höchstrichterlichen Instanz gewählte Vorgehensweise hat aber – aufgrund der Negierung der direkten Anwendbarkeit der Verfassungsnormen – die Schwelle zur Verfassungskonkretisierung über-

[1719] BGE 139 II 243, 257 E. 10.5.

[1720] Vgl. für die Ausschaffungsinitiative C.II.3.c) und für die Masseneinwanderungsinitiative C.V.3.b)gg)bbb).

schritten. Mithin ist diese als formelle Kompetenzüberschreitung und damit als Verletzung des Gewaltenteilungsprinzips zu taxieren.[1721]

Wie aufgezeigt erweist sich das weit verbreitete Verständnis, dass direkt anwendbare Verfassungsnormen unter Umgehung des Parlaments der tatsächlichen Verwirklichung und der wortgetreuen Durchsetzung des «Volkswillens» am besten zu entsprechen vermögen, als trügerisch. Direkt anwendbare Bestimmungen beschneiden zwar den Handlungsspielraum und die Konkretisierungskompetenz der Bundesversammlung in erheblicher Weise, verlagern aber gleichzeitig das Konkretisierungsprärogativ des demokratisch legitimierten Gesetzgebers zur Judikative. Das Bundesgericht nimmt bei direkt anwendbaren Verfassungsbestimmungen folglich nicht nur die Rolle der «Rechtsanwenderin» im Einzelfall ein. Vielmehr kommt der Judikative eine nicht unbedeutende Verfassungskonkretisierungskompetenz zu. Daraus kann jedoch nicht abgeleitet werden, dass sich die Judikative über die direkt anwendbaren Normgehalte hinwegsetzen darf. Massgebende Grenzen der Konkretisierung durch das Bundesgericht bilden der Regelungszweck, die Zielsetzung der Verfassungsbestimmung sowie die direkt anwendbaren Normgehalte.[1722] Problematisch scheint diese dem Bundesgericht zukommende Konkretisierungskompetenz mit Blick auf das Initiativrecht. Sollte das höchste Gericht im Rahmen der Präzisierung und der Rechtsanwendung von den Normgehalten der Verfassungsbestimmung abweichen, so kann das Volk – anders als bei der Konkretisierung durch das Parlament – kein fakultatives Referendum ergreifen.

Anders als die Delegation der Rechtssetzungsbefugnisse an den Bundesrat stellt die hier aufgezeigte Verschiebung der Konkretisierungskompetenz von der Legislative zur Judikative einen unbeabsichtigten Nebeneffekt direkt anwendbarer Verfassungsbestimmungen dar. So wurde bspw. die unmittelbar anwendbare Durchsetzungsinitiative gerade aufgrund des weitreichenden obiter dictums des Bundesgerichts zur Ausschaffungsinitiative lanciert und zur Abstimmung gebracht. Als weiteres Beispiel dient die Selbstbestimmungsinitiative, die eine Vorrangstellung der Bundesverfassung vor entge-

---

[1721] Vgl. für die Ausschaffungsinitiative C.II.3.c) und für die Masseinwanderungsinitiative C.V.3.b)gg)bbb).

[1722] Vgl. auch in genereller Weise WALDMANN, LeGes 2015, S. 525.

genstehendem Völkerrecht anstrebt. Mithin soll es dadurch insbesondere der Judikative verunmöglicht werden, ihre eigene Interessensabwägung anstelle derjenigen des Bundesverfassungsgebers zu setzen. Soweit die durch die Selbstbestimmungsinitiative aufgeworfenen Rechtsfragen einer gerichtlichen Beurteilung zugeführt werden können, wäre jedoch auch hier das Bundesgericht zur Klärung der sich stellenden Vorrangfragen aufgerufen,[1723] was geradewegs der Stossrichtung der Initiative zuwiderläuft. Im Ergebnis würde daraus eine nicht unproblematische Verschiebung der Kompetenzen bei der Klärung des Verhältnisses zwischen Landesrecht und Völkerrecht einhergehen, die bislang richtigerweise dem Bundesverfassungsgeber und hiernach der Bundesversammlung als Organ der Gesetzgebung zugekommen ist. Es scheint indessen fraglich, ob der Bundesverfassungsgeber seine eigene Regelungskompetenz im Falle der Annahme der Initiative tatsächlich schwächen möchte.

2. Beurteilung der direkten Anwendbarkeit durch den Bundesrat

Vor diesem Hintergrund ist es wenig erstaunlich, dass der Bundesrat bei der Beurteilung der Frage der direkten Anwendbarkeit einer Verfassungsbestimmung eine zurückhaltende Einstellung einnimmt. So wurde für die Rothenthurminitiative und für die auf dieser beruhenden Verfassungsbestimmung (Art. 24sexies Abs. 5 aBV, heute Art. 78 Abs. 5 BV) die direkte Anwendbarkeit vom Bundesrat nicht erörtert. Vielmehr hielt dieser fest, dass die Schutzobjekte noch einer parzellenscharfen Abgrenzung bedürften.[1724] Der Bundesrat erachtete auch die Verwahrungsinitiative aufgrund der unpräzisen Begriffe, wie bspw. des «Gewaltstraftäters» sowie der «extremen Gefährlichkeit», als konkretisierungsbedürftig.[1725] Ebenso wurde bei der Ausschaffungsinitiative infolge des normierten Gesetzgebungsauftrags ein-

[1723] Botschaft Selbstbestimmungsinitiative, S. 5405.

[1724] Botschaft Rothenthurminitiative, S. 1450.

[1725] Botschaft Verwahrungsinitiative, S. 3442 ff.; Botschaft Ausführungsgesetz, S. 897.

gewendet, diese müsse näher umschrieben werden.[1726] Angesichts der unbestimmten Termini «Kinder vor der Pubertät» und «sexuelle und pornografische Straftaten» wurde Gleiches der Unverjährbarkeitsinitiative attestiert. Selbst die Minarettinitiative war gemäss der bundesrätlichen Botschaft präzisierungsbedürftig, denn es gäbe verschiedene Minarett-Typen. Es sei daher «möglicherweise sinnvoll, den Gegenstand des Verbots in der Gesetzgebung zu präzisieren».[1727] Auch die Pädophileninitiative qualifizierte der Bundesrat wegen der offenen Termini als «nicht direkt anwendbar», auch wenn der «zwingende Charakter» des Tätigkeitsverbots für verurteilte Straftäter anerkannt wurde.[1728] Demgegenüber qualifizierte der Bundesrat die Abzocker- und die Masseneinwanderungsinitiative als nicht direkt anwendbar, da beide den Gesetzgeber mit der Regelung der Einzelheiten beauftragten.[1729] Art. 121a Abs. 4 BV (Masseneinwanderungsinitiative) bedürfe zwar keiner Konkretisierung, richte sich jedoch als Kompetenzvorschrift an den Bund und könne daher nicht als Verfügungsgrundlage im Verhältnis zwischen Staat und Bürger dienen.[1730] Auch die Selbstbestimmungsinitiative erlege den Behörden von Bund und Kantonen «Handlungs- und Unterlassungspflichten» auf, ohne dass eine Umsetzungsgesetzgebung notwendig wäre,[1731] sei jedoch für die Rechtsunterworfenen nicht direkt anwendbar.[1732] Hingegen wurde die Durchsetzungsinitiative, die sich in der Sachüberschrift in Abs. 2 selbst als «direkt anwendbar» taxierte, auch vom Bundesrat so gedeutet. Sie schliesse jedoch nicht aus, dass der Gesetzgeber «ergänzendes Gesetzesrecht» erlassen könne, wenn dies «nötig oder sinnvoll» sei. Einzelne Fragen seien «aus rechtsstaatlichen und demokratischen Gründen eher durch den Gesetzgeber als durch die rechtsanwendenden Behörden zu beantworten».[1733]

1726 Botschaft Ausschaffungsinitiative, S. 5106 ff.; Botschaft Umsetzung Ausschaffungsinitiative, S. 5986, 6011.

1727 Botschaft Minarettinitiative, S. 6851.

1728 Botschaft Pädophileninitiative, S. 8839–8844.

1729 Vgl. für die Abzockerinitiative Botschaft Änderung OR 2016, S. 416.

1730 Botschaft MEI, S. 313–315.

1731 Botschaft Selbstbestimmungsinitiative, S. 5367.

1732 Botschaft Selbstbestimmungsinitiative, S. 5402 Fn. 144.

1733 Botschaft Durchsetzungsinitiative, S. 9491.

3. Beurteilung der direkten Anwendbarkeit durch die Bundesversammlung

Eine zurückhaltende Einstellung bei der Bejahung der Frage der direkten Anwendbarkeit einer Verfassungsbestimmung nimmt auch die Bundesversammlung ein. Die reservierte Haltung des Parlaments verwundert nicht, da sie so den ihr zukommenden Konkretisierungsspielraum ausnützen kann, um wie bei der Verwahrungs-, Ausschaffungs- und Masseneinwanderungsinitiative eine völkerrechtskonforme Auslegung der Bestimmungen vorzunehmen oder um die sich stellenden Einordnungsfragen in den Gesamtzusammenhang der Verfassung sowie in die Völkerrechtsordnung verbindlich zu beantworten.[1734] Die direkte Anwendbarkeit einer Verfassungsbestimmung bedeutet indessen nicht, dass das Parlament in seiner Funktion als Gesetzgeber keine weiteren Präzisierungen auf Gesetzesstufe erlassen darf.[1735] Gleichermassen gilt in umgekehrter Weise, dass Gesetzgebungsaufträge die direkte Anwendbarkeit einer Bestimmung nicht per se zu hindern vermögen. Es muss stets durch Auslegung ermittelt werden, ob die Verfassungsbestimmung ganz oder teilweise direkt angewendet werden kann. Dabei begrenzen die unmittelbar anwendbaren Normgehalte den Konkretisierungsspielraum der Bundesversammlung beim Erlass von präzisierendem Gesetzesrecht.

Bei der Umsetzung der Verwahrungsinitiative wurde durch die Kommission für Rechtsfragen des Nationalrates erstmalig der Vorschlag unterbreitet, auf eine Ausführungsgesetzgebung zu verzichten. In erster Linie wurde aufgrund der direkten Anwendbarkeit der Norm dafür plädiert, die Rechtsanwendung im Einzelfall der Judikative zu überlassen.[1736] Dabei wurde jedoch ausser Acht gelassen, dass dem Bundesgericht nicht nur die Rechtsanwendung im Einzelfall obliegen würde, sondern gerade auch die Konkretisierung der Verfassungsnorm in generell-abstrakter Weise. Ein solches Vorgehen ist einzig bei unmittelbar anwendbaren Verfassungsbestimmungen zulässig. Andernfalls muss der Verzicht ein Ausführungsgesetz zu erlassen als Ver-

---

[1734] Vgl. die eingehenden Ausführungen zur Verwahrungs-, Ausschaffungs- und Masseneinwanderungsinitiative C.I, C.II, C.V; so auch HANGARTNER, AJP 2011, S. 477.

[1735] Gl. M. HANGARTNER, AJP 2011, S. 477.

[1736] AB 2007 N 1184 ff.

weigerung des Gesetzgebers gewertet werden, seine ihm zukommenden Aufgaben zu erfüllen. Trotz der rechtlichen Zulässigkeit bei direkt anwendbaren Verfassungsnormen ist eine solche Vorgehensweise mit Blick auf das Initiativrecht nicht unbedenklich. Die dem Volk zustehende Möglichkeit des Ergreifens des fakultativen Referendums und die damit gleichzeitig geäusserte Zustimmung oder Ablehnung der Ausführungsgesetzgebung würde bei der Konkretisierung durch das Bundesgericht entfallen.

4. Beurteilung der direkten Anwendbarkeit durch das Bundesgericht

Auch das Bundesgericht zeigt sich entsprechend zurückhaltend bei der Bejahung der direkten Anwendbarkeit einer Verfassungsnorm.[1737] Bislang bejahte es die unmittelbare Anwendbarkeit bei Art. 24sexies Abs. 5 aBV, der heute Art. 78 Abs. 5 BV entspricht (Rothenthurminitiative).[1738] Das Bundesgericht führte dabei aus, dass eine «Interessenabwägung und Verhältnismässigkeit in der abstrakten Rechtsnorm vorab entschieden worden»[1739] sei und Art. 78 Abs. 5 BV dem Schutz von Mooren und Moorlandschaften «absoluten Vorrang» einräume und «keinen Raum für eine Abwägung mit anderen Interessen im Einzelfall»[1740] belasse. Diese Rechtsprechung hat mehrfache Bestätigung erfahren.[1741] So konstatierte das höchste Gericht in seinem Leitentscheid Breil/Brigels zur Zweitwohnungsinitiative, dass Verfassungsbestimmungen «genügend bestimmt sein [könnten], um mit ihrem Inkrafttreten

[1737] Vgl. für die Ausschaffungsinitiative (Art. 121 Abs. 3–6 BV) BGE 139 I 16, 26–28 E. 4.3 (direkte Anwendbarkeit verneint); für die Zweitwohnungsinitiative (Art. 75b Abs. 1 BV) BGE 139 II 243, 256–259 E. 10.5–10.8 (direkte Anwendbarkeit für den «harten Kern» bejaht); für die Rothenthurminitiative (Art. 78 Abs. 5 BV) BGE 117 Ib 243, 246 f. E. 3b; BGE 118 Ib 11, 15 E. 2e; BGE 123 II 248, 251 E. 3a, 3aa (direkte Anwendbarkeit bejaht); für die Masseneinwanderungsinitiative (Art. 121a BV) BGE 142 II 35, 38 E. 3 (direkte Anwendbarkeit verneint).

[1738] BGE 118 Ib 11, 15 E. 2e; BGE 117 Ib 243, 246 f. E. 3b.

[1739] BGE 117 Ib 243, 246 f. E. 3b.

[1740] BGE 138 II 281, 295 E. 6.2.

[1741] BGE 118 Ib 11, 15 E. 2e; BGE 127 II 184, 192 E. 5b/aa; BGE 138 II 281, 295 E. 6.2; BGE 138 II 23, 27 E. 3.3; vgl. auch BGE 139 II 243, 258 E. 10.7.

ohne ausführende Gesetzgebung (ganz oder teilweise) mit Wirkung auch für Private unmittelbare Anwendung zu finden», sofern «Tatbestand und Rechtsfolgen genügend genau formuliert» seien.[1742] Für den «harten Kern» von Art. 75b Abs. 1 BV, der insbesondere das Verbot neuer Zweitwohnungen in Gemeinden mit überschiessendem Zweitwohnungsanteil betrifft, sei die «speziellere» Verfassungsbestimmung direkt anwendbar, auch wenn dies eine «nicht unerhebliche Einschränkung der Eigentumsgarantie bedeute».[1743] Die Rechtslage sei mit derjenigen nach der Annahme der Rothenthurminitiative vergleichbar.[1744]

Demgegenüber taxierte das Bundesgericht die in Art. 121 Abs. 3 BV (Ausschaffungsinitiative) normierten Straftatbestände als «sehr offen und untechnisch [...], welche keine klaren Konturen haben und nach dem Verfassungstext selber erst noch durch den Gesetzgeber konkretisiert werden sollen (Art. 121 Abs. 4 BV)».[1745] Es treffe zwar zu, dass für einige der in Art. 121 Abs. 3 BV genannten Verhaltensweisen die Anforderungen der genügenden Bestimmtheit gegeben seien, doch bilde «die Abstimmung der gestützt auf Art. 121 Abs. 3–6 BV zu einer Aufenthaltsbeendigung führenden Straffälligkeit wertungsmässig ein noch erst zu konkretisierendes Gesamtsystem, aus dem nicht rechtsprechungsmässig einzelne Delikte herausgelöst werden können».[1746] Unter Anführung seines Leitentscheides zu Art. 78 Abs. 5 BV (Rothenthurminitiative) folgerte das Bundesgericht,[1747] dass die direkte Anwendbarkeit von Art. 121 Abs. 3–6 BV «zu gravierenden Eingriffen in die Grundrechte der betroffenen Ausländer führen» würde. In einem solchen Fall «verbieten es die Grundsätze der Legalität und der Gewaltenteilung, die Verfassungsbestimmung (ganz oder teilweise) direkt anzuwenden» bevor der Gesetzgeber die «erforderliche Konkretisierung und Feinabstimmung» vornimmt.[1748] Es sei daher «vorerst» Sache des Gesetzgebers, das Verhältnis der

---

1742 BGE 139 II 243, 248 f., 252 E. 8 u. E. 10.
1743 BGE 139 II 342, 256 E. 10.5.
1744 BGE 139 II 243, 258 E. 10.7.
1745 BGE 139 I 16, 26 E. 4.3.1.
1746 BGE 139 I 16, 26 E. 4.3.2.
1747 BGE 138 II 281, 295 E. 6.2.
1748 BGE 139 II 243, 257 E. 10.6.

konfligierenden Bestimmungen zueinander zu regeln;[1749] dieses könne aus Gründen der Gewaltenteilung «zurzeit»[1750] nicht durch das Bundesgericht beantwortet werden.

Mithin werden anhand von Art. 78 Abs. 5 BV die vom Bundesgericht gestellten Anforderungen an die Normdichte, welche die direkte Anwendbarkeit einer Verfassungsnorm zu begründen vermögen, ersichtlich. Der Wortlaut von Art. 78 Abs. 5 BV ist zwar hinreichend präzise formuliert, jedoch lässt sich darin ebenfalls keine explizite Zurücksetzung anderer Verfassungsbestimmungen[1751] oder eine Relativierung grundlegender rechtsstaatlicher Prinzipien wie des Gebots der Verhältnismässigkeit staatlichen Handelns finden,[1752] wie das Bundesgericht dies für die unmittelbare Anwendbarkeit von Art. 121 Abs. 3 BV fordert. Das Bundesgericht hat damit die Anforderungen an die Normdichte bei der Ausschaffungsinitiative höher gelegt, als dies bei der Rothenthurm- und der Zweitwohnungsinitiative der Fall war.

Die für die unterschiedlichen Anforderungen angeführte Begründung vermag indessen nur partiell zu überzeugen. Zustimmung verdient die zurückhaltende Beurteilung des Bundesgerichts bei der Bejahung der direkten Anwendbarkeit einer Verfassungsnorm mit Blick auf das Gewaltenteilungsprinzip. Die höchstrichterlichen Ausführungen sind dennoch mit Vorsicht zu betrachten. Durch den Zusatz «vorerst» und «zurzeit» relativierte das Gericht seine postulierte Rücksichtnahme und sendete gleichzeitig eine Warnbotschaft an die Adresse des Gesetzgebers: Sollte dieser nicht im Sinne des weitreichenden obiter dictums «die erforderliche Feinabstimmung» vornehmen, so werde das Bundesgericht dies im Rahmen der Rechtsanwendung selbst tun. Angesichts der Konkretisierungskompetenz des Gesetzgebers kommt eine Präzisierung von mittelbar anwendbaren Verfassungsbestimmungen durch das Bundesgericht indessen nicht in Frage. Vielmehr ist das höchste Gericht an diese grundlegenden Prinzipien gebunden, es sei denn, der Gesetzgeber komme seinen gesetzgeberischen Pflichten nicht nach.[1753] Sodann fällt die

[1749] BGE 139 I 16, 28 E. 4.3.4.

[1750] BGE 139 I 16, 27 E. 4.3.4.

[1751] Wie zum Beispiel die Eigentumsgarantie (Art. 26 BV).

[1752] So bereits BIAGGINI, ZBl 2013, S. 322.

[1753] So auch HANGARTNER, AJP 2013, S. 701.

im Leitentscheid zum Ausschaffungsartikel postulierte generelle Vorrangstellung der EMRK gegenüber dem Landesrecht in den originären Zuständigkeitsbereich des Gesetzgebers und nicht der Judikative. Die Klärung von Vorrangfragen stellt keine blosse Verfassungsauslegung, sondern vielmehr eine Verfassungskonkretisierung dar. Hätte das Bundesgericht jedoch Art. 121 Abs. 3–5 BV in einem «harten Kern» als direkt anwendbar eingestuft,[1754] so wäre die Klärung der Vorrangfrage – wie es das Bundesgericht im Rahmen seines obiter dictums vornahm – von der Konkretisierungskompetenz gedeckt gewesen.

Die Negierung der direkten Anwendbarkeit des Ausschaffungsartikels vermag überdies auch mit Blick auf die tangierten Grundrechte nicht vollends zu überzeugen. Es ist nicht ersichtlich, wieso ein Eingriff in die Eigentumsgarantie (Zweitwohnungs- und Rothenthurminitiative) weniger schwer wiegen soll als ein Eingriff in andere Grundrechte (Ausschaffungsinitiative).[1755] Die im Leitentscheid zur Zweitwohnungsinitiative herangezogene Kollisionsregel «lex specialis derogat legi generali»[1756] für die Auflösung von Wertungskonflikten zwischen den einzelnen Verfassungsnormen, durch welche die direkte Anwendbarkeit gleichzeitig legitimiert wird, erweist sich mit Blick auf die vom Bundesgericht selbst postulierte Gleichrangigkeit der Verfassungsnormen in seinem Leitentscheid zur Ausschaffungsinitiative als inkonsequent. Diese höchstrichterliche Rechtsprechung führt im Ergebnis dazu, dass jede speziellere Verfassungsnorm einer allgemeineren vorgeht.[1757] Würden diese Erwägungen auf den Leitentscheid zur Ausschaffungsinitiative übertragen werden, so würde daraus folgen, dass Art. 121 Abs. 3–6 BV dem Verhältnismässigkeitsprinzip als speziellere sowie dem Völkerrecht als jüngere Norm stets vorzugehen hätte.

Das Bundesgericht blieb auch in seinem späteren Leitentscheid zur Masseneinwanderungsinitiative seiner zurückhaltenden Einstellung bei der Bejahung der direkten Anwendbarkeit einer Verfassungsnorm treu. Es qualifizierte Art. 121a BV als nicht direkt anwendbar, da die Regelung «der Umsetzung

[1754] Vgl. Auslegung Ausschaffungsinitiative C.II.6.
[1755] Vgl. BGE 139 II 243, 257 E. 10.5; BGE 139 I 16, 27 E. 4.3.4.
[1756] BGE 139 II 243, 256 E. 10.5.
[1757] Vgl. BGE 139 II 243, 256 E. 10.5.

durch Verhandlungen mit den Vertragsparteien und durch Gesetzgebung» bedürfe.[1758] Während das höchste Gericht bei seinem Entscheid zum Ausschaffungsartikel zumindest anerkannte, dass im Rahmen des völkerrechtlich zulässigen Beurteilungsspielraums der vom Verfassungs- und Gesetzgeber zum Ausdruck gebrachten Wertung Rechnung zu tragen sei,[1759] relativierte es dies in seinem Leitentscheid zur Masseneinwanderungsinitiative und befand Art. 121a BV im Rahmen der Auslegung völkerrechtlicher Verträge als unbeachtlich.[1760] Gleichzeitig hielt es fest, dass es im Rahmen der Rechtsanwendung einem solchen Ausführungsgesetz die Anwendung versagen werde, selbst wenn der Bundesgesetzgeber bewusst gegen die völkerrechtlichen Verpflichtungen verstossen wolle und damit einer jüngeren Verfassungsbestimmung Vorrang zukommen liesse.[1761]

Die Anwendung der formalen Kollisionsregeln zur Auflösung von Wertungswidersprüchen zwischen Verfassungsnormen und zwischen Verfassungsnormen und dem Völkerrecht, wie das Bundesgericht dies im Rahmen seines Leitentscheides zur Zweitwohnungsinitiative vornahm, verdient im Ergebnis zwar Zustimmung, kann aber vom Bundesgericht kaum intendiert gewesen sein. Gemäss der hier vertretenen Ansicht geht eine direkt anwendbare Verfassungsbestimmung, die sich im Sinne einer Kollisionsregel Vorrang einräumt, als jüngere Willensäusserung des Bundesverfassungsgebers konfligierenden Verfassungsbestimmungen als speziellere Norm vor. Demgegenüber greift für ältere Staatsverträge die «lex posterior»-Regelung.[1762] Eine solche Verfassungsbestimmung ist als autoritative Grenzziehung des Bundesverfassungsgebers zu qualifizieren, die den Anwendungsbereich konkurrierender Verfassungsnormen und völkerrechtlicher Bestimmungen begrenzt. Ob dies der Fall ist, muss dabei durch Auslegung ermittelt werden.

[1758] BGE 142 II 35, 38 E. 3.1.

[1759] BGE 139 I 16, 31 E. 5.3.

[1760] Vgl. BGE 142 II 35, 40 E. 3.3.

[1761] Vgl. BGE 142 II 35, 39 f. E. 3.2.

[1762] So auch Botschaft Selbstbestimmungsinitiative, S. 5373; Botschaft Minarettinitiative, S. 2323; so auch BAUMANN, ZBl 2010, S. 260; vgl. auch die Literaturkontroverse bei SG Kommentar BV-TSCHUMI/SCHINDLER, Art. 5 N 85; Bericht BR Völkerrecht und Landesrecht, S. 2331; vgl. die Ausführungen zur Verwahrungsinitiative C.I.3.c), für die Ausschaffungsinitiative C.II.3.c), sowie für die Masseneinwanderungsinitiative C.V.3.b)gg)bbb).

II. Die Umsetzung von Volksinitiativen im Spannungsfeld des rechtlichen «Dürfens» und «Könnens»

1. Die Doppelfunktion der Bundesversammlung bei der Umsetzung von Volksinitiativen

Bei der Umsetzung von auf Volksinitiativen beruhenden Verfassungsnormen rückt – nebst der Eingliederungsproblematik in den Gesamtzusammenhang der Verfassung und der völkerrechtlichen Ordnung – die Frage des Umsetzungsspielraums der mit Erlass der Ausführungsbestimmungen betrauten Legislative in den Vordergrund. Es ist aufgrund des durch die Verfassungsbestimmung abgesteckten Regelungsrahmens und aufgrund der sich daraus ergebenden Regelungsbefugnisse zwischen zwei Fragen zu differenzieren: Einerseits muss geklärt werden, welche Bestimmungen durch die Bundesversammlung erlassen werden müssen, um den gesetzgeberischen Pflichten nachzukommen. Andererseits ist danach zu fragen, welche Normen aufgrund des Massgeblichkeitsgebots der Bundesgesetze (Art. 190 BV) erlassen werden können. Mithin ist zwischen rechtlichem «Dürfen» und rechtlichem «Können» zu unterscheiden.

Der Umfang der Rechtsetzungskompetenz in einem Sachbereich bestimmt sich in erster Linie anhand der Typologie des umzusetzenden Verfassungsartikels sowie aus dessen Formulierung.[1763] Daraus resultieren der Regelungsrahmen und die Regelungsbefugnisse der Bundesversammlung.

Bei Verfassungsnormen, die über eine hohe Normdichte verfügen und mithin direkt anwendbar sind, ist der Konkretisierungsspielraum des Parlaments für gewöhnlich eng begrenzt. Gleiches gilt für Bestimmungen, die zwar nicht direkt anwendbar sind, aber absolute oder zwingende Norminhalte statuieren. Demgegenüber belassen offen formulierte Bestimmungen dem Gesetzgeber einen erheblichen Präzisierungsspielraum. Grundsätzlich ist das Parlament beim Erlass von Ausführungsbestimmungen an die Verfassung gebunden (Art. 5 Abs. 1 und Abs. 4 BV).[1764] Im Rahmen der Rechtsanwendung erfolgt jedoch aufgrund von Art. 190 BV eine verfahrensrechtliche Durchbrechung

---

[1763] Statt vieler HÄFELIN/HALLER/KELLER/THURNHERR, N 1083.

[1764] Botschaft BV, S. 428; BIAGGINI, Komm. BV, Art. 190 N 8; TSCHANNEN, Staatsrecht, § 8 Rz. 8; AUER/MALINVERNI/HOTTELIER, Rz. 1936.

des Geltungsvorrangs der Bundesverfassung im konkreten Einzelfall.[1765] Mithin verfügt das Parlament über ein grosses rechtliches «Können» bei der Feststellung der Bedeutung einer Verfassungsnorm. Anhand des dem Parlament zukommenden grossen rechtlichen «Könnens» akzentuiert sich auch die Problematik der Doppelfunktion der Bundesversammlung, wonach diese einerseits die Politik gestaltet und andererseits über die Einhaltung der Verfassung zu wachen hat.[1766] Bei der Umsetzung der Verwahrungs-, Ausschaffungs-, Zweitwohnungs- sowie Masseneinwanderungsinitiative war das Parlament aufgrund der normierten Gesetzgebungsaufträge gehalten, die Verfassungsnormen ins Gesetzesrecht zu überführen. Dabei stellten sich insbesondere Umsetzungsschwierigkeiten im Hinblick auf die konfligierenden völker- und verfassungsrechtlichen Bestimmungen.

Vor diesem Hintergrund wurde der auf der Verwahrungsinitiative beruhende Verfassungsartikel im Rahmen des Erlasses des Ausführungsgesetzes nicht nur extensiv ausgelegt, sondern gerade in seinem Kernanliegen – der eingeschränkten Überprüfbarkeit der lebenslänglichen Verwahrung – völkerrechtskonform umgedeutet.[1767] Mithin könnte sogar von einer «Verfälschung des Volkswillens» im Zuge des Umsetzungsprozesses gesprochen werden. Demgegenüber hat der Gesetzgeber im Falle der Ausschaffungsinitiative (Art. 121 Abs. 3–6 BV) die Verfassungsbestimmung zwar nicht extensiv ausgelegt. Vielmehr wurde im Rahmen der Ausführungsgesetzgebung korrigierend und abschwächend eingewirkt, indem der verankerte Ausweisungsautomatismus sowie der Verlust aller Rechtsansprüche auf Aufenthalt in der Schweiz durch die Härtefallklausel erheblich relativiert wurden. Im Ergebnis wurde das Kernanliegen der Initiative damit nicht umgesetzt. Gleiches gilt für die Masseneinwanderungsinitiative (Art. 121a BV). Der normierte Vorrang der «Schweizer» wurde in der staatsrechtlichen Doktrin und in den parlamentarischen Beratungen als «Inländervorrang» interpretiert, was sich

---

1765 SG Kommentar BV-HANGARTNER/LOOSER, Art. 190 N 5.

1766 DIGGELMANN, S. 23.

1767 So bereits Botschaft Verwahrungsinitiative, S. 3434; so auch SEFEROVIC, S & R 2014, S. 112; BIAGGINI, Komm. BV, Art. 123a N 1; JOSITSCH/BISCHOFF, Rz. 12; JOSITSCH, S. 9; BAUMANN, ZBl 2007, S. 203 in fine; a.M. wohl FORSTER, S. 423 f. Fn. 27, wonach Art. 123a BV «menschenrechtskonform» auszulegen sei.

zwar aufgrund einer historisch-teleologischen Leseart als vertretbar erweist,[1768] aber offenkundig entgegen dem Wortlaut der Bestimmung erfolgt ist. Die von der Verfassungsnorm zwingend geforderte Begrenzung der Zuwanderung mithilfe von «Höchstzahlen und Kontingenten» für sämtliche ausländischen Staatsangehörigen unabhängig von ihrem Herkunftsland wurde ebenfalls nicht umgesetzt. Der Bundesgesetzgeber hat auch hier korrigierend und abschwächend gewirkt. Die Verfassungsnorm hat der Bundesversammlung zwar einen Interpretationsspielraum hinsichtlich der Ausgestaltung des Kontingentsystems belassen, jedoch nicht im Hinblick auf die Frage des «Ob».[1769] Auch im Falle der Zweitwohnungsinitiative hat das Parlament korrigierend und abschwächend eingegriffen. So sind der Bau von neuen Zweitwohnungen («kalte Betten») und die Umnutzung von Erst- in Zweitwohnungen in Gemeinden mit einem Zweitwohnungsanteil von über 20 % unter bestimmten Voraussetzungen weiterhin zulässig, obwohl diese Ausnahmen gegen die direkt anwendbaren Normgehalte verstossen.

Zusammenfassend kann somit konstatiert werden, dass der Bundesgesetzgeber bei der Verwahrungs-, Ausschaffungs-, Zweitwohnungs- und Masseneinwanderungsinitiative in verfassungswidriger Weise legiferiert hat.[1770] Dabei liess dieser jedoch ausser Acht, dass das ihm zukommende rechtliche «Können» aufgrund der Massgeblichkeit der Bundesgesetze für die rechtsanwendenden Behörden einzig zu einer Durchbrechung des Vorrangs der Bundesverfassung in verfahrensrechtlicher Hinsicht führt. Aus Art. 190 BV kann hingegen nicht die materiell-rechtliche Zulässigkeit einer korrigierenden oder abschwächenden Gesetzgebung abgeleitet werden.[1771] Mithin stellt das Anwendungsgebot der Bundesgesetze keine Blankovollmacht des Parlaments dar, um die Verfassung im Rahmen der Umsetzungsgesetzgebung zu missachten. Gemäss der hier vertretenen Ansicht bilden die Zielsetzung der auf einer Volksinitiative beruhenden Verfassungsbestimmung, ihr Sinn und Zweck sowie jene Normgehalte, die über eine hohe Normdichte verfügen

---

[1768] Vgl. Auslegung Masseneinwanderungsinitiative C.V.3.b)bb)bbb).

[1769] BIAGGINI, Komm. BV, Art. 121a N 12.

[1770] Vgl. für die Verwahrungsinitiative C.I.6; vgl. für die Ausschaffungsinitiative C.II.6; vgl. für die Zweitwohnungsinitiative C.III.7; vgl. für die Masseneinwanderungsinitiative C.V.6.

[1771] SG Kommentar BV-HANGARTNER (2008), Art. 190 N 35.

und absoluter sowie zwingender Natur sind, massgebende Grenzen der Konkretisierungskompetenz des Parlaments.

Gleichzeitig kann jedoch das bestehende Dilemma des Bundesgesetzgebers, Volksinitiativen umzusetzen, die mit nicht zwingenden Bestimmungen des Völkerrechts kollidieren, kaum negiert werden. In diesem Zusammenhang nimmt die Rechtsprechung des Bundesgerichts eine bedeutende Rolle ein. So liess das höchste Gericht in seinen beiden Leitentscheiden BGE 139 I 16 (Ausschaffungsinitiative) und BGE 142 II 35 (Masseneinwanderungsinitiative) erkennen, dass es gewillt ist, Bundesrecht nicht anzuwenden, wenn es gegen die EMRK oder das FZA verstösst. Sofern das Parlament es also nicht in Kauf nehmen möchte, dass das Bundesgericht einem EMRK- und FZA-widrigen Bundesgesetz die Anwendung versagt, so wird es dem Verfassungswortlaut – wie bei der Verwahrungs-, Ausschaffungs- und Masseneinwanderungsinitiative – im Rahmen der Ausführungsgesetzgebung einen völkerrechtskonformen Sinn zuschreiben. Dies stellt jedoch nicht mehr blosse Auslegung dar, sondern ein Umdeuten der Initiative bzw. die Nichtumsetzung in einem zentralen Punkt.[1772] Ob das Bundesgericht angesichts der normhierarchischen Gleichstellung der Bundesgesetze und des Völkerrechts (Art. 190 BV) überhaupt zu einer solchen Nichtanwendung der Bundesgesetze legitimiert wäre, bleibt fraglich.

2. Der Bundesrat als «Ersatzgesetzgeber»

a) Kompetenzverschiebung bei der Gesetzgebung und Umsetzungsspielraum

Mit Annahme der Ausschaffungs-, Zweitwohnungs-, Abzocker- und der Masseneinwanderungsinitiative rückte die Frage des direkten Vollzugs einer Verfassungsbestimmung durch eine selbstständige Verordnung des Bundes-

[1772] Vgl. zur Verwahrungsinitiative C.I.6; so bereits Botschaft Verwahrungsinitiative, S. 3434; zum gleichen Ergebnis kommt SEFEROVIC, S & R 2014, S. 112; BIAGGINI, Komm. BV, Art. 123a N 1; JOSITSCH/BISCHOFF, Rz. 12; JOSITSCH, S. 9; BAUMANN, ZBl 2007, S. 203 in fine; a.M. wohl FORSTER, S. 423 f. Fn. 27, wonach Art. 123a BV «menschenrechtskonform» auszulegen sei; vgl. auch für die Ausschaffungsinitiative C.II.6; vgl. für die Zweitwohnungsinitiative C.III.7, vgl. für die Masseneinwanderungsinitiative C.V.6.

rates in den Mittelpunkt des staatsrechtlichen Diskurses. Die Übergangsbestimmungen der Bundesverfassung treten gemäss der Regelung in Art. 195 BV mit ihrer Annahme durch Volk und Stände sofort in Kraft. Die Übergangsbestimmungen übernehmen üblicherweise eine Art Scharnierfunktion.[1773] Dabei enthalten sie zugleich auch ein gestaltendes Element; es wird entweder das Inkrafttreten der «Hauptnorm» abweichend von Art. 195 BV hinausgeschoben oder es werden vorübergehende Regelungen getroffen bzw. Fristen für den Erlass der Ausführungsbestimmungen[1774] normiert. Die Übergangsbestimmungen zur Ausschaffungs-, Zweitwohnungs-, Abzocker- und Masseneinwanderungsinitiative verankern eigentliche Rechtssetzungsbefugnisse[1775] des Bundesrates im Hinblick auf die Umsetzung der Hauptnorm, indem dieser zum Erlass der «nötigen»[1776] und «erforderlichen»[1777] Ausführungsbestimmungen durch Verordnung verpflichtet wird. Teilweise werden diese Ausführungsbestimmungen auch als «vorübergehend»[1778] bezeichnet. Die Delegation von Rechtssetzungsbefugnissen an die Exekutive kam bereits in der Vergangenheit vor und stellt daher kein wirklich neues Phänomen dar.[1779] Der Unterschied besteht jedoch vielmehr darin, dass die in jüngster Zeit in Kraft getretenen Übergangsbestimmungen vermehrt materiellrechtliche Inhalte, wie die Hauptnorm, verankern und weniger intertemporalrechtlichen Charakter haben.[1780]

Die Ermächtigung des Bundesrates zum Erlass einer selbstständigen Verordnung stellt dabei eine vom Verfassungsgeber gewollte Verschiebung der Gesetzgebungskompetenz dar. Der Zweck einer solchen Vorgehensweise liegt in erster Linie darin, das Parlament unter Handlungsdruck zu setzen, innerhalb der verfassungsrechtlich vorgegebenen Umsetzungsfrist zu legife-

---

1773 SG Kommentar BV-MÜLLER, Vorbemerkungen zu Art. 196–197 N 1; TSCHANNEN, Staatsrecht, § 5 Rz. 14.

1774 Vgl. Art. 197 Ziff. 8 BV.

1775 Gesetz- und Verordnungsgebungsaufträge, vgl. Art. 197 Ziff. 8 BV, Art. 197 Ziff. 9, 10 und 11 BV.

1776 Vgl. Art. 197 Ziff. 9 Abs. 1 BV.

1777 Vgl. Art. 197 Ziff. 10 BV.

1778 Vgl. Art. 197 Ziff. 11 Abs. 2 BV.

1779 Vgl. Art. 196 Ziff. 9 BV über den Bundesfeiertag oder Art. 196 Ziff. 14 BV über die MWST.

1780 SG Kommentar BV-MÜLLER, Vorbemerkungen zu Art. 196–197 N 14.

rieren.[1781] Die hierbei vom Bundesverfassungsgeber gewählte Vorgehensweise erscheint indessen hinsichtlich des Gesetzmässigkeitsprinzips und der Verwerfung des geltenden Stufenbaus der Rechtsordnung als nicht unbedenklich. Es besteht die Gefahr, dass die Verordnung als «vorläufige Umsetzung» zum mittel- bis längerfristigen Ersatz wird. Dies zeichnet sich etwa im Falle der VegüV ab, der damit eine gesetzesähnliche Funktion zukommt. Folglich präjudiziert die bundesrätliche Verordnung die spätere ordentliche Gesetzgebung faktisch in erheblicher Weise.[1782] Eine rechtliche Bindung des Parlaments erfolgt indessen nicht.[1783] Des Weiteren muss beachtet werden, dass das Verordnungsrecht des Bundesrates nicht dem fakultativen Referendum untersteht und dem Volk eine Kontrolle der «vorübergehenden Ausführungsbestimmungen» entzogen ist.

Die Delegation von Rechtssetzungsbefugnissen an den Bundesrat sorgte in der staatsrechtlichen Lehre für kontroversielle Diskussionen – einerseits mit Blick auf die Frage, ob der Bundesrat vor Ablauf der in der Übergangsbestimmung normierten Umsetzungsfrist des ordentlichen Gesetzgebers zum Erlass der Verordnung ermächtigt ist, andererseits bezüglich der Kompetenzgrundlage.[1784] Demgegenüber blieben die Rechtsnatur der Übergangsbestimmung und die auf dieser beruhenden Verordnung von der staatsrechtlichen Kontroverse weitgehend unberücksichtigt. Die Beantwortung dieser Fragen ist jedoch für die sich stellenden Folgefragen, wie der Einbettung der Verordnung in den Stufenbau der Rechtsordnung, des sich gleichzeitig aus der Rechtsnatur der Verordnung ergebenden Regelungsrahmens, der Rechtssetzungsbefugnisse des Bundesrates sowie der Überprüfungsbefugnis des Bundesgerichts, entscheidend. Ebenso erweist sich die Klärung der Frage, ob solche selbstständigen Verordnungen vom Massgeblichkeitsgebot in Art. 190 BV erfasst sind und damit «immunisiert»[1785] werden, als entscheidend.

Der Bundesrat setzte sich trotz der prinzipiellen Tragweite dieser Fragestellung weder vor noch beim Erlass der entsprechenden Verordnungsbestim-

---

[1781] So auch JAAG/RÜSSLI, S. 19.

[1782] JAAG/RÜSSLI, S. 19.

[1783] Gl.M. JAAG/RÜSSLI, S. 19; VOGT/BASCHUNG, S. 34; WALDMANN, Jusletter 10. Dezember 2010, Rz. 19.

[1784] Vgl. Zweitwohnungsinitiative C.III.4.b) und Abzockerinitiative C.IV.4.

[1785] Vgl. für den Begriff BIAGGINI, Komm. BV, Art. 190 N 2.

mungen damit auseinander.[1786] Eine eingehende Untersuchung wäre aber aus Gründen der Gewaltenteilung, der Stufenordnung der Rechtsordnung sowie der Verschiebung der Gesetzgebungskompetenz vom demokratisch legitimierten Gesetzgeber zur Exekutive angezeigt gewesen.[1787]

b) Verhältnis zwischen Verordnung und Delegationsnorm

Der Umsetzungsspielraum des Bundesrates beim Erlass einer selbstständigen Verordnung wird sowohl durch die Rechtsnatur der Delegationsnorm als auch durch die Qualifikation als selbstständige Vollzugs- oder als gesetzesvertretende Verordnung abgesteckt. Ersterer kommt überdies eine entscheidende Bedeutung im Hinblick auf die sich stellenden Vorrangfragen zwischen Normen unterschiedlicher Hierarchiestufen zu.

Die Rechtsnatur der Verfassungsbestimmung und diejenige der Verordnung sind strikt von der Kompetenzgrundlage zum Erlass einer solchen zu trennen. Die Übergangsbestimmung stellt stets die Kompetenzgrundlage für den Erlass einer selbstständigen Verordnung dar, nicht Art. 182 Abs. 2 BV. Art. 182 Abs. 2 BV findet aber in analoger Weise auf selbstständige Vollzugsverordnungen des Bundesrates hinsichtlich der Grenzen des Vollzugsverordnungsrechts Anwendung.[1788] Eine Missachtung dieser Schranken führt zur Verletzung des Gewaltenteilungs- und des Legalitätsprinzips.[1789]

Aufgrund der Verordnungsverpflichtung in den Übergangsbestimmungen kann der Bundesrat eine selbstständige Vollzugsverordnung sowohl bei direkt anwendbaren als auch bei nicht direkt anwendbaren Verfassungsbestimmungen erlassen. Bei einer direkten Anwendbarkeit der Delegationsnorm erfolgt jedoch in materieller Hinsicht eine Beschränkung des Regelungsrahmens und der Rechtsetzungsbefugnisse des Bundesrates. Die

---

[1786] Vgl. Zweitwohnungsinitiative C.III.4.b) und Abzockerinitiative C.IV.4.

[1787] Gl.M. GRIFFEL, ZBl 2014, S. 69.

[1788] Vgl. für die Zweitwohnungsverordnung WALDMANN, Jusletter 10. Dezember 2012, Rz. 5; HÄFELIN/HALLER/KELLER/THURNHERR, N 1860; m.w.H. JAAG, ZBl 2011, S. 643; analog zu den Grenzen des Vollzugsverordnungsrechts gegenüber Gesetzen BGE 139 II 460, 462 f. E. 2.1; BGE 136 I 29, 33 E. 3.3; BGE 130 I 140, 149 E. 5.1; BGE 129 V 95, 97 E. 2.1.

[1789] BIAGGINI, Komm. BV, Art. 182 N 4 m.w.H. auf BVGer, Urteil C-4724/2010 vom 10. März 2014, E. 4.3.5.

Verordnung hat sich in einem solchen Fall zwingend an den direkt anwendbaren Inhalt und Sinn und Zweck der Regelung zu halten und darf nicht davon abweichen. Mithin ist eine solche selbstständige Vollzugsverordnung nicht durchsetzbar, soweit sie den in der Haupt- und Übergangsnorm statuierten Regelungsinhalten widerspricht.[1790] In zeitlicher Hinsicht ist eine selbstständige Vollzugsverordnung, die auf einer direkt anwendbaren Delegationsnorm beruht, nicht an die in den Übergangsbestimmungen normierten Umsetzungsfristen des ordentlichen Gesetzgebers gebunden, da diese ja nur den direkt anwendbaren Gehalt «vollzugstauglich» macht.[1791]

Demgegenüber muss eine selbstständige gesetzesvertretende Verordnung des Bundesrates, die auf einer nicht direkt anwendbaren Delegationsnorm beruht, mit dem «Gegenstand, Zweck und dem Umfang der vom Verfassungsgeber gewollten Lösung»[1792] kongruent sein, da diesem derselbe Entscheidungsspielraum wie dem ordentlichen Gesetzgeber zukommt.[1793] Das Bundesgericht darf bei solchen Verordnungen die Regelungsbefugnis des Bundesrates «nicht durch eigene Ordnungsvorstellungen schmälern».[1794] Im Rahmen einer inzidenten (akzessorischen) Normenkontrolle[1795] prüft das Bundesgericht «zunächst, ob diese mit der Verfassungsnorm, auf die sie sich stützt [...] vereinbar ist. Ferner prüft es, ob der Bundesrat die [...] festgelegten Grundsätze beachtet und sich an Gegenstand, Zweck und Umfang der ihm eingeräumten Kompetenz gehalten hat. Schliesslich wird geprüft, ob die Verordnung nicht zu einer anderen Verfassungsbestimmung [...] in Widerspruch steht, soweit die ermächtigende Verfassungsnorm nicht selber Abweichungen anordnet oder in Kauf nimmt».[1796]

[1790] DETTWILER, SJZ 2013, S. 89, 91; vgl. auch BGE 128 II 222, 225 E. 3.2.1.

[1791] Vgl. Ausführungen zur Zweitwohnungsverordnung C.III.4.b).

[1792] BGE 125 II 326, 331 E. 3a.

[1793] BGE 125 II 326, 331 E. 3a.

[1794] BGE 125 II 326, 331 E. 3a; so auch BGE 128 II 222, 225 E. 3.2.1; so auch HÄFELIN/HALLER/KELLER/THURNHERR, N 2098; JAAG, ZBl 2011, S. 655.

[1795] Zur gerichtlichen Überprüfung selbstständiger Verordnungen des Bundesrates NUSSBAUM, S. 19 f.; HÄFELIN/HALLER/KELLER/THURNHERR, N 2098; so auch BSK BV-UHLMANN, Art. 95 N 30.

[1796] BGE 125 II 326, 331 E. 3a.

Beruht die selbstständige gesetzesvertretende Verordnung hingegen auf einer direkt anwendbaren Delegationsnorm, so erfolgt in materieller Hinsicht eine Beschränkung der Regelungsbefugnisse des Bundesrates und des zulässigen Regelungsrahmens. Die direkt anwendbaren Normgehalte sind zwingend zu berücksichtigen. Auch das Bundesgericht ist im Rahmen der inzidenten Normenkontrolle gehalten, die bundesrätliche Verordnung dahingehend zu überprüfen, ob diese mit dem durch den direkt anwendbaren Normgehalt abgesteckten Regelungsrahmen und den dadurch eingeräumten Regelungskompetenzen übereinstimmt. In zeitlicher Hinsicht wird die Legiferierungskompetenz des Bundesrates jedoch eingeschränkt. Dieser ist stets erst mit Ablauf der in der Übergangsbestimmung eingeräumten Umsetzungsfrist zum Erlass einer selbstständigen gesetzesvertretenden Verordnung ermächtigt.

c) Verhältnis zwischen der Verordnung und dem übrigen Verfassungsrecht

Selbstständige Verordnungen des Bundesrates haben grundsätzlich dem weiteren Verfassungsrecht zu entsprechen. In einem Konfliktfall dürfte im Rahmen des akzessorischen Prüfungsrechts auch das Verhältnis der Delegationsnorm zu möglichen konfligierenden Verfassungsbestimmungen überprüft werden,[1797] «soweit die ermächtigende Verfassungsnorm nicht selber Abweichungen anordnet oder in Kauf nimmt».[1798] Das Bundesgericht darf die vom Verfassungsgeber vorgenommene Güterabwägung «nicht durch eigene Ordnungsvorstellungen schmälern».[1799] Diese Rechtsprechung, die insbesondere den politischen Entscheidungsspielraum des Bundesrates bei selbstständigen gesetzesvertretenden Verordnungen respektieren und wahren möchte, muss gleichermassen auch bei selbstständigen Vollzugsverordnungen Anwendung finden, die auf einer direkt anwendbaren Verfassungsbestimmung beruhen. Bei solchen direkt anwendbaren Verfassungsnormen, die sich im Sinne einer eigentlichen Kollisionsregel Vorrang zuweisen, ist gemäss der hier vertretenen Ansicht die Überprüfungsbefugnis des Bundesge-

[1797] BSK BV-Uhlmann, Art. 95 N 32; BGE 125 II 326, 331 E. 3a.

[1798] BGE 125 II 326, 331 E. 3a.

[1799] BGE 125 II 326, 331 E. 3a, in Bezug auf den politischen Entscheidungsspielraum des Gesetzgebers.

richts bei einer darauf beruhenden Verordnung eingeschränkt.[1800] Eine auf einer unmittelbar anwendbaren Delegationsnorm erlassene Verordnung geht im Konfliktfall einer entgegenstehenden Verfassungsbestimmung vor, da die Delegationsnorm bereits die Reichweite der konfligierenden Verfassungsregelungen begrenzt.

d) Verhältnis zwischen Verordnung und Gesetzesrecht

Ein prominentes Beispiel für das ungeklärte Verhältnis zwischen selbstständigen Verordnungen und geltenden Bundesgesetzen stellt der Erlass der VegüV dar. Der Bundesrat derogierte faktisch das geltende OR, ohne vorgängig abzuklären, ob eine solche Vorgehensweise angesichts der Massgeblichkeit von Bundesgesetzen nach Art. 190 BV überhaupt zulässig war. Die Statthaftigkeit einer solchen Verfahrensweise wurde denn auch in der Lehre kontrovers diskutiert.[1801]

Eine selbstständige Vollzugsverordnung kann nur dann Vorrang vor älteren Bundesgesetzen beanspruchen, wenn sie sich auf eine Delegationsnorm stützt, die unmittelbar anwendbar ist. Die neue, direkt anwendbare Verfassungsbestimmung verdrängt in einem solchen Fall entgegenstehendes älteres Gesetzesrecht und tritt funktionell an dessen Stelle. Das in Art. 190 BV verankerte Massgeblichkeitsgebot der Bundesgesetze wird somit durch eine direkt anwendbare Verfassungsbestimmung durchbrochen, da diese älteren Bundesgesetzen stets vorgeht.[1802] Solange die direkte Anwendbarkeit einer Verfassungsbestimmung jedoch negiert wird, kann gestützt auf diese entgegenstehendes Recht auf Stufe des Gesetzes durch eine selbstständige Vollzugsverordnung nicht derogiert oder abgeändert werden. Die Zulässigkeit

---

1800 Vgl. für selbständige gesetzesvertretende Verordnungen BGE 123 II 385, 389 E. 3; BGE 123 II 16, 22 E. 3 und BGE 123 II 295, 298 E. 3.

1801 Vgl. Ausführungen Abzockerinitiative C.IV.4.

1802 SG Kommentar BV-HANGARTNER/LOOSER, Art. 190 N 16; BIAGGINI, Komm. BV, Art. 190 N 14; BRUNNER, S. 50; AUER/MALINVERNI/HOTTELIER, Rz. 1951; MAHON, Comm., Art. 190 N 15; RHINOW/SCHEFER/UEBERSAX, Rz. 2858; LOOSER, § 8 Rz. 400; Botschaft BV, S. 429; HALLER, in: Aubert et al., Komm. BV 1874, Art. 113 N 219 f.; kritisch TSCHANNEN, Staatsrecht, § 8 Rz. 10; BSK BV-EPINEY, Art. 190 N 34.

eines solchen Vorgehens steht dem Stufenbau der Rechtsordnung diametral entgegen.

Die Durchbrechung des Massgeblichkeitsprinzips von Bundesgesetzen ist auch bei einer selbstständigen gesetzesvertretenen Verordnung des Bundesrates unabhängig von der Rechtsnatur der Delegationsnorm möglich. Angesichts der ihr zukommenden Bedeutung als formelles Gesetz steht diese somit faktisch auf der gleichen Stufe wie Bundesgesetze. Für selbstständige gesetzesvertretende Verordnungen greift im Einzelfall die Kollisionsregel «lex posterior derogat legi priori». Eine solche selbstständige gesetzesvertretende Verordnung müsste aufgrund ihrer Bedeutung als formelles Gesetz selbst vom Massgeblichkeitsgebot in Art. 190 BV erfasst werden. Dafür sprechen insbesondere demokratische Gesichtspunkte: Es kann indessen nicht Sinn und Zweck sein, den Bundesrat als «Ersatzgesetzgeber» zu ermächtigen, gleichzeitig aber den durch diesen erlassenen Bestimmungen die Anwendung zu versagen.[1803] Die Delegationsnorm setzt dieser Massgeblichkeit aufgrund ihrer Rechtsnatur und ihrer darin enthaltenen Regelungsbefugnisse jedoch unterschiedlich enge Grenzen.[1804] Mitunter sind diese bei einer direkt anwendbaren Delegationsnorm[1805] enger als dies bei einer nicht direkt anwendbaren Delegationsnorm der Fall wäre.

Angesichts des direkten Vollzugs des Verfassungsrechts durch eine selbstständige Vollzugs- oder gesetzesvertretende Verordnung ist die vorgängige Ermittlung der Rechtsnatur der Delegationsnorm von entscheidender Bedeutung. Von Tragweite ist auch die Rechtsnatur der zu erlassenden Verordnung, die der vorgängigen Ermittlung durch Auslegung der Verfassungsbestimmung bedarf.

1803 Im Ergebnis auch HUBER, Rz. 254.

1804 Im Ergebnis auch HUBER, Rz. 254; GesKR Kommentar VegüV-VOGT, Art. 1 N 28; a.M. BGE 123 II 16, 23 E. 3b, in dem das Bundesgericht die Mehrwertsteuerverordnung, die eine selbstständige gesetzesvertretende Verordnung war, nicht unter das Massgeblichkeitsgebot subsumierte; ablehnend auch SCHERRER, S. 112.

1805 Bei einer direkt anwendbaren Delegationsnorm tritt diese – gleich wie bei selbstständigen Vollzugsverordnungen – funktionell an die Stelle des geltenden Bundesgesetzes. Eine direkt anwendbare Verfassungsbestimmung geht älteren Bundesgesetzen vor, vgl. C.IV.4.b)aa).

e) Verhältnis zwischen Verordnung und Völkerrecht

Übergangsbestimmungen, wie sie durch die Annahme der Masseneinwanderungsinitiative (Art. 197 Ziff. 11 Abs. 2 BV) in die Bundesverfassung aufgenommen wurden bzw. wie sie durch die Selbstbestimmungsinitiative (Art. 197 Ziff. 12 nBV) vorgeschlagen werden, weisen vermehrt Kollisionen mit dem internationalen Recht auf. Vereinzelt wird daher dafür plädiert, dass wichtige völkerrechtliche Verträge den Übergangsbestimmungen vorgehen müssten.[1806] Übersehen wird dabei, dass die Übergangsbestimmungen – gleich wie die Hauptnorm im formellen Verfahren der Verfassungsgebung (Art. 140 Abs. 1 lit a BV) – erlassen wurden und trotz ihrer teilweise technischen organisatorischen Natur Bestandteil des formellen Verfassungsrechts sind. Ihnen kommt damit Verfassungsrang zu.[1807] Konflikte zwischen verfassungsmässigem Übergangsrecht und Völkerrecht sind daher nach den anerkannten Auslegungsprinzipien zu klären. Dabei bilden die Übergangsbestimmung und die «Hauptnorm» stets eine Einheit,[1808] anhand derer der materielle Gehalt des potenziellen Konflikts bestimmt werden muss. Gänzlich ungeklärt ist, wie mit den darin normierten Befugnissen des Bundesrates (Art. 197 Ziff. 11 Abs. 2 BV) umzugehen ist. Mithin stellt sich die Frage, ob der Bundesrat Widersprüche zwischen Landesrecht und Völkerrecht mithilfe des selbstständigen Verordnungsrechts klären dürfte.

Gemäss einem Teil der Lehre darf der Bundesrat weder Bestimmungen erlassen, die gegen die geltenden völkerrechtlichen Verpflichtungen verstossen, noch darf er durch eine extensive harmonisierende und teleologische Auslegung der Verfassungsnorm den Konflikt zwischen der Verfassungsbestimmung und dem Völkerrecht in Einklang bringen.[1809] Dem ist insofern zuzustimmen, als ein solches Vorgehen, gestützt auf eine selbstständige Vollzugsverordnung, die auf einer *mittelbar* anwendbaren Delegationsnorm

---

[1806] HÄFELIN/HALLER/KELLER/THURNHERR, N 1922.

[1807] SG Kommentar BV-MÜLLER, Vorbemerkungen zu Art. 196–197 N 1; TSCHANNEN, Staatsrecht, § 3 Rz. 9; relativierend hingegen BGE 118 Ib 187, 190 f. E. 4.

[1808] So auch Urteil des Verwaltungsgerichts Graubünden R 12 77 vom 23. Oktober 2012 E. 2.b.

[1809] SG Kommentar BV-EHRENZELLER, Art. 121a N 70; für eine solche harmonisierende und extensive Auslegung aber EPINEY, Jusletter 2. Juni 2014, Rz. 48 ff., 74.

beruht, mit dem Stufenbau der Rechtsordnung unvereinbar erscheint. Auch mit Blick auf Art. 190 BV[1810] würde sich ein solches Vorgehen als unzulässig erweisen. Die Massgeblichkeit von «Bundesgesetzen» und «völkerrechtlichen Verträgen» müsste selbst dann beachtet werden, wenn sie sich als verfassungswidrig erweisen sollten.[1811]

Anders könnte es sich aber für selbstständige Verordnungen verhalten, die auf *direkt anwendbaren* Verfassungsbestimmungen beruhen. Solche Verfassungsnormen, die absolute Geltung beanspruchen und jede Abwägung mit anderen Verfassungs- oder völkerrechtlichen Interessen ausschliessen, sind als «autoritative Grenzziehung des Verfassungsgebers» zu verstehen.[1812] Für die Ebene der Gesetzgebung ergäbe sich die Klärung des Verhältnisses zwischen Landesrecht und Völkerrecht daher bereits aufgrund der Delegationsnorm.

Für die Ebene der Rechtsanwendung könnte Nachfolgendes in Erwägung gezogen werden: Das Massgeblichkeitsgebot für Bundesgesetze wird dann durchbrochen, wenn eine selbstständige Vollzugsverordnung vorliegt, die auf einer direkt anwendbaren Verfassungsbestimmung beruht. Gleiches gilt für eine selbstständige gesetzesvertretende Verordnung.[1813] Aufgrund der normhierarchischen Gleichstellung von Bundesgesetzen und dem Völkerrecht[1814] erschiene es konsequent, auch die Durchbrechung des Massgeblichkeitsprinzips des Völkerrechts durch selbstständige Vollzugsverordnungen, gestützt auf eine direkt anwendbare Verfassungsbestimmung,[1815] in Betracht zu zie-

---

1810 Ebene der Rechtsanwendung.

1811 Vgl. SG Kommentar BV-HANGARTNER/LOOSER, Art. 190 N 7, in Bezug auf Bundesgesetze.

1812 TSCHANNEN, Staatsrecht, § 4 Rz. 41.

1813 Hier greift die Kollisionsregel «lex posterior derogat legi priori».

1814 Das Völkerrecht steht nicht über Bundesgesetzen oder dem Landesrecht, Art. 190 BV gibt darüber keine Hinweise, vgl. Botschaft BV, S. 429; BIAGGINI, Komm. BV, Art. 190 N 16; HERTIG, S. 241; KÄLIN, ZSR 1993, S. 75 f.; DERS., Verfahren, S. 36 f.; LOOSER, § 8 Rz. 372 ff.; SCHERRER, S. 186; AUER, Verfassungsgerichtsbarkeit, S. 104; RHINOW/SCHEFER/UEBERSAX, Rz. 2861; TSCHANNEN, Staatsrecht, § 9 Rz. 27; BGE 136 II 241, 255 E. 16.1; BGE 131 II 352, 355 E. 1.3.1; BGE 125 II 417, 424 E. 4d; BGE 117 Ib 367, 372 E. 2e; a.M. EPINEY, Jusletter 2. Juni 2014, Rz. 53; für das FZA BGE 142 II 35.

1815 Diese bildet die Delegationsnorm.

hen. Ebenso könnte eine selbstständige gesetzesvertretende Verordnung, die auf einer direkt anwendbaren Delegationsnorm beruht, zu einer Durchbrechung des Massgeblichkeitsgebots des Völkerrechts führen. Diese Betrachtungsweise würde auch in Art. 190 BV eine Stütze finden, da gerade verfahrensrechtliche Anwendungsgebote entgegen der Hierarchie statuiert werden.[1816]

1816 SG Kommentar BV-HANGARTNER/LOOSER, Art. 190 N 24; vgl. zum Ganzen Masseneinwanderungsinitiative C.V.3.b)gg)bbb).

III. Fazit

Der Umsetzungsprozess der Verwahrungs-, Ausschaffungs-, Zweitwohnungs- und Masseneinwanderungsinitiative war von rechtlichen Schwierigkeiten geprägt, gesetzliche Konkretisierungen zu finden, welche die zu präzisierenden Verfassungsnormen im Rahmen des Erlasses der Ausführungsbestimmungen nicht aushöhlen, «verwässern» oder gar umdeuten. Die ausführenden Staatsorgane waren dabei vorrangig bemüht, Konflikte zwischen den auf Volksinitiativen beruhenden Verfassungsbestimmungen und dem Völkerrecht sowie der Bundesverfassung zu vermeiden bzw. Normwidersprüche in Einklang zu bringen. In erster Linie brachte der Umsetzungsprozess der behandelnden Initiativen das Spannungsverhältnis zwischen der Legislative und der Judikative zum Vorschein. Dieses zeigt sich im Wesentlichen bei der Auslegung sowie Konkretisierung von auf Volksinitiativen fussendem Verfassungsrecht.

Es stellt sich heraus, dass direkt anwendbare Verfassungsbestimmungen eine Begrenzung des dem Parlament zukommenden Ermessensspielraums bei der Konkretisierung von Verfassungsnormen bewirken. Gleichzeitig verlagert sich damit die Präzisierungskompetenz vom demokratisch legitimierten Gesetzgeber zur Judikative. Diese Verschiebung stellt einen unbeabsichtigten Nebeneffekt dar. Primär ist der Sinn und Zweck direkt anwendbarer Verfassungsregelungen in der tatsächlichen Verwirklichung sowie der Erfüllung des «Volkswillens» zu sehen, die einer gesetzlichen sowie richterlichen Konkretisierung entbehren. Infolgedessen ist es wenig verwunderlich, dass die staatlichen Akteure eine zurückhaltende Einstellung bei der Beurteilung der direkten Anwendbarkeit einer Verfassungsbestimmung einnehmen. Dies ist bislang wohl eher mit Blick auf das Gewaltenteilungsprinzip erfolgt und weniger aufgrund der weitreichenden Konsequenzen, die solche Regelungen bewirken können.

Kaum Beachtung geschenkt wird hierbei dem Umstand, dass direkt anwendbare Verfassungsnormen nebst der Begrenzung des Ermessens- und Konkretisierungsspielraums der Legislative auch eine Beschneidung der Auslegungs- und Konkretisierungskompetenz der Judikative zur Folge haben. Sowohl der Bundesgesetzgeber als auch das Bundesgericht werden durch die direkt anwendbaren Normgehalte gebunden. Sodann vermögen auch mittelbar anwendbare Verfassungsbestimmungen (Masseneinwanderungsartikel) aufgrund ihres absoluten oder zwingenden Charakters einerseits eine Beschränkung des Regelungsrahmens und der Regelungsbefugnisse der Legislative beim Erlass der Ausführungsbestimmungen zu bewirken. Andererseits führen diese zu einer Einschränkung des Auslegungsspielraums des Bundesgerichts im Rahmen der Rechtsanwendung. Dabei vermag auch Art. 190 BV weder von der Berücksichtigung der Bundesverfassung beim Erlass des Ausführungsgesetzes noch bei deren Anwendung und Auslegung zu entbinden. Art. 190 BV statuiert einzig die verfahrensrechtliche Durchbrechung des Geltungsvorrangs der Bundesverfassung durch Bundesgesetze und das Völkerrecht. Hingegen äussert sich Art. 190 BV nicht zur materiell-rechtlichen Zulässigkeit eines solchen Vorgehens.

Ausserdem bewirken direkt anwendbare Verfassungsbestimmungen eine Durchbrechung des Massgeblichkeitsprinzips der Bundesgesetze und des Völkerrechts. Soweit eine auf einer Volksinitiative fussende Verfassungsregelung direkt anwendbar ist, geht diese – als jüngere Willensäusserung des Bundesverfassungsgebers – im Einzelfall konfligierenden Verfassungsbestimmungen als «lex specialis» vor. Im Hinblick auf das Völkerrecht greift die «lex posterior»-Regelung. Unmittelbar anwendbare Verfassungsbestimmungen stellen autoritative Grenzziehungen des Verfassungsgebers dar, welche die Reichweite und die Anwendbarkeit konfligierender verfassungs- und völkerrechtlicher Bestimmungen selbst regeln.

Der Umsetzungsprozess der Verwahrungs-, Ausschaffungs-, Zweitwohnungs-, Abzocker- sowie Masseneinwanderungsinitiative zeigt indessen auch gewisse Kompetenzverschiebungen zwischen der Legislative und der Exekutive, die durch das Initiativrecht selbst intendiert sind. Primär sind hier die Rechtsetzungsbefugnisse des Bundesrates als «Ersatzgesetzgeber» im Rahmen seiner Verordnungsermächtigung zu nennen. Den durch den Bundesrat erlassenen selbstständigen Verordnungen kommt faktisch eine nicht unerhebliche präjudizielle Bedeutung im Hinblick auf die ordentliche Gesetzgebung zu. Hierbei nehmen sowohl die Rechtsnatur der Verfassungsbestimmung, welche die Delegationsnorm darstellt, als auch die Rechtsnatur der selbstständigen Verordnung eine entscheidende Rolle ein.

Eine unmittelbar anwendbare Verfassungsregelung geht älteren Bundesgesetzen vor. Eine darauf beruhende selbstständige Vollzugsverordnung des

Bundesrates kann kraft der direkt anwendbaren Delegationsnorm entgegenstehende Bundesgesetze derogieren. Die Verfassungsbestimmung tritt dabei funktionell an die Stelle des Bundesgesetzes, bis dieses im formellen Verfahren geändert wird. Auch eine selbstständige gesetzesvertretende Verordnung kann angesichts ihrer Bedeutung als formelles Gesetz widersprechende Bundesgesetze derogieren. Das Massgeblichkeitsgebot von Bundesgesetzen wird somit aufgrund der direkt anwendbaren Delegationsnorm bei selbstständigen Vollzugsverordnungen durchbrochen. Zum gleichen Ergebnis führt eine selbstständige gesetzesvertretende Verordnung aufgrund der Anwendbarkeit der Kollisionsregel «lex posterior derogat legi priori». In materieller Hinsicht erfolgt jedoch bei einer direkt anwendbaren Delegationsnorm eine Beschränkung des Regelungsrahmens und der Regelungsbefugnisse der Exekutive. Sowohl die selbstständige Vollzugsverordnung als auch die selbstständige gesetzesvertretende Verordnung haben sich dabei zwingend an den direkt anwendbaren Inhalt sowie den Sinn und Zweck der Verfassungsregelung zu halten und dürfen nicht davon abweichen. Mithin sind diese nicht durchsetzbar, soweit sie den in der Haupt- und Übergangsnorm statuierten Regelungsinhalten widersprechen.

Auch das Bundesgericht ist im Rahmen der inzidenten Normenkontrolle gehalten, die bundesrätliche Verordnung dahingehend zu überprüfen, ob diese mit dem durch den direkt anwendbaren Normgehalt abgesteckten Regelungsrahmen und den darin eingeräumten Regelungskompetenzen übereinstimmt. Die Überprüfungsbefugnis des Bundesgerichts wird jedoch bei direkt anwendbaren Verfassungsnormen, die sich im Sinne einer eigentlichen Kollisionsregel Vorrang zuweisen, eingeschränkt. Eine auf einer unmittelbar anwendbaren Delegationsnorm erlassene Verordnung geht im Konfliktfall – unabhängig von ihrer Rechtsnatur – einer entgegenstehenden Verfassungsbestimmung vor, da die Delegationsnorm bereits die Reichweite der konfligierenden Verfassungsregelungen begrenzt.

Der Umsetzungsprozess der untersuchten Initiativen zeigt überdies die Grenzen des Initiativrechts mit Blick auf Art. 190 BV auf. Das Massgeblichkeitsgebot der Bundesgesetze ermöglicht es dem Parlament, autoritativ festzustellen, welche Bedeutung einer Verfassungsbestimmung zukommen soll. Soweit die Verfassungsregelung nicht direkt anwendbar ist, erweist sich das rechtliche «Können» bis anhin als sehr gross. Gleich wie direkt anwendbare

Verfassungsnormen müssten auch mittelbar anwendbare Verfassungsbestimmungen, die absoluten oder zwingenden Charakter aufweisen, eine Begrenzung der Konkretisierungskompetenz des Bundesgesetzgebers bewirken. Dabei sollte die Zielsetzung der auf einer Volksinitiative beruhenden Verfassungsregelung, deren Sinn und Zweck sowie jene Normgehalte, die über eine hohe Normdichte verfügen und mithin zwingend einzuhalten sind, als massgebende Grenzziehung des Handlungsspielraums des Bundesgesetzgebers sowohl bei direkt anwendbaren als auch bei nicht direkt anwendbaren Verfassungsnormen anerkannt werden.

Gleiches sollte auch für das Bundesgericht einerseits bei der Auslegung von Verfassungsbestimmungen im Rahmen der Rechtsanwendung und andererseits bei der Konkretisierung von direkt anwendbaren Verfassungsnormen gelten.

E. Ausblick

Bei der Umsetzung erfolgreicher Volksinitiativen wurde beim Erlass der Ausführungsgesetzgebung korrigierend und abschwächend auf den zum Ausdruck gebrachten «Volkswillen» eingewirkt. Auch wenn dieser Vorgehensweise im Ergebnis aufgrund der tangierten rechtsstaatlichen Prinzipien von vielen Seiten zugestimmt wird, so bringt sie der direkten Demokratie wenig Beachtung entgegen. Das Initiativrecht, wie es in der Bundesverfassung vorgesehen ist, erfährt eine bedeutende Einschränkung. Die Verwirklichung der direkten Demokratie bedingt für die Umsetzung des «Volkswillens» aber stets das Dazwischentreten der ausführenden Staatsorgane. Auf Volksinitiativen beruhende Verfassungsnormen mögen zwar direkt anwendbar sein, «selbst durchsetzbar sind sie jedoch nicht».[1817] Dieser Umstand muss auch von den Initianten selbst stärker berücksichtigt werden. Solange die repräsentativen Institutionen auf Dauer mit Volksbegehren konfrontiert sind, die sich aufgrund der eingegangenen völkerrechtlichen Verpflichtungen sowie der rechtsstaatlichen Grundsätze als schwierig umsetzbar erweisen, könnte längerfristig mit einer Gegenbewegung gerechnet werden, die eine rechtliche und nicht nur faktische Einschränkung des Initiativrechts zur Folge haben könnte.

Um das im Bundesrecht de iure vorgesehene Initiativrecht zu stärken, drängen sich zwei Lösungsvorschläge in den Vordergrund: Zunächst bietet es sich an, den Anwendungsbereich von Art. 104 Abs. 2 des Parlamentsgesetzes (ParlG), der für die Volksinitiative in Form der allgemeinen Anregung zur Anwendung kommt, auszudehnen. Gemäss dieser Regelung muss sich das Parlament beim Erlass der Ausführungsbestimmungen an «den Inhalt und die Ziele der Volksinitiative» halten. Eine analoge Anwendung auf die Initiativen in Form des ausgearbeiteten Entwurfs erscheint insofern konsequent, als die «Inhalte und Ziele der Volksinitiative» bereits präziser formuliert sind und direkt zum Verfassungsrecht werden. Dabei bewirken die direkt anwendbaren sowie die zwingenden Normgehalte, die Zielsetzung der auf einer Volksinitiative beruhenden Verfassungsbestimmung sowie ihr Sinn und Zweck eine Einschränkung der Konkretisierungskompetenz der Legisla-

[1817] SEFEROVIC, in: Fahrländer et al., S. 436 in fine.

tive.[1818] In Kollisionsfällen gehen solche jüngeren Verfassungsnormen konfligierenden Verfassungsbestimmungen als spezielleres Recht vor. Im Hinblick auf das Völkerrecht ergibt sich eine Vorrangstellung aufgrund der «lex posterior»-Regelung. In diesem Sinn könnte eine Ausdehnung des Anwendungsbereichs von Art. 104 Abs. 2 ParlG zielführend sein.

Die zweite Variante zielt auf das Rechtsinstitut des Gesetzesreferendums ab. Nach geltendem Recht können die Befürworter einer Initiative das fakultative Referendum ergreifen, wenn sie mit der Ausführungsgesetzgebung einer auf einer Volksinitiative fussenden Verfassungsbestimmung nicht einverstanden sind. Diese Vorgehensweise ist jedoch stets auch von organisatorischen und finanziellen Voraussetzungen abhängig.[1819] Bei den hier untersuchten Initiativen wurde aus unterschiedlichsten Gründen auf das Referendum verzichtet. Bei der Verwahrungsinitiative war zum Zeitpunkt des Erlasses der Ausführungsgesetzgebung noch nicht absehbar, ob und auf welche Weise die Anwendbarkeit der Verfassungsbestimmung durch das Bundesgericht beschnitten würde, weshalb auch kein Referendum ergriffen wurde.[1820] Im Falle der Ausschaffungsinitiative wurde anstelle des Referendums die Durchsetzungsinitiative lanciert. Bei der Zweitwohnungsinitiative wurde infolge der Androhung des Referendums ein ausserparlamentarischer Kompromiss mit dem Initiativkomitee ausgehandelt, sodass auch hier kein Referendum erfolgte. Einzig bei der Masseneinwanderungsinitiative ist demgegenüber das Referendum mangels genügender Unterschriftenzahl nicht zustande gekommen.

Um der im Rahmen der Umsetzung von auf Volksinitiativen fussenden Verfassungsbestimmungen erfolgten «Korrektur», «Abschwächung» und der teilweisen «Umdeutung» des Volkswillens durch den Gesetzgeber Einhalt zu gebieten, könnte in Erwägung gezogen werden, die Ausführungsgesetzgebung dem obligatorischen Referendum zu unterstellen. Diese – wenn auch zugegebenermassen schwerfällige – Lösung würde es jedoch in erster Linie dem Bundesverfassungsgeber ermöglichen, die vorgenommene Umsetzung des «Volkswillens» zu kassieren, sofern die Ausführungsgesetzgebung nicht

[1818] Gleiches gilt – je nach Verschiebung der Konkretisierungskompetenz – auch für die Exekutive und die Judikative.

[1819] KLEY/SEFEROVIC, S. 195.

[1820] SEFEROVIC, S & R 2014, S. 110.

dem tatsächlich zum Ausdruck gebrachten Willen der Stimmbürgerinnen und Stimmbürger entsprechen würde. Gleichzeitig würde auf diesem Weg insbesondere eine korrigierende sowie abschwächende Ausführungsgesetzgebung die höchste demokratische Legitimation erhalten. In diesem Sinn könnte der Bundesverfassungsgeber seine eigenen Wertentscheide «korrigieren»,[1821] indem der Ausführungsgesetzgebung zugestimmt wird.

[1821] KLEY/SEFFEROVIC, S. 195 in Bezug auf positive und negative Volksentscheide, die durch das Parlament abgeändert wurden.